国家 "十二五"规划重点图书
国家出版基金资助项目

国家自然科学基金项目　国家社会科学基金项目
上海市社会科学重大项目

中國行政區劃通史

隋代卷

施和金　著

周振鹤 ◎ 主编

復旦大學出版社

中国行政区划通史

周振鹤　主编

总论 先秦卷	周振鹤　李晓杰　著
秦汉卷	周振鹤　李晓杰　张　莉　著
三国两晋南朝卷	胡阿祥　孔祥军　徐　成　著
十六国北朝卷	牟发松　毋有江　魏俊杰　著
隋代卷	施和金　著
唐代卷	郭声波　著
五代十国卷	李晓杰　著
宋西夏卷	李昌宪　著
辽金卷	余　蔚　著
元代卷	李治安　薛　磊　著
明代卷	郭　红　靳润成　著
清代卷	傅林祥　林　涓　任玉雪　王卫东　著
中华民国卷	傅林祥　郑宝恒　著

全书简介

本书研究自先秦至民国时期的中国行政区划变迁史。这一研究不仅是传统的关于历时政区沿革的考证（纵向），而且对同一年代各政区并存的面貌作出复原（横向），在条件许可的情况下相关的复原以详细至逐年为尺度。全书在总论外，分为十三卷，依次是先秦卷、秦汉卷、三国两晋南朝卷、十六国北朝卷、隋代卷、唐代卷、五代十国卷、宋西夏卷、辽金卷、元代卷、明代卷、清代卷及中华民国卷。

在掌握传世与出土历史文献的基础上，本书充分吸收前人的研究成果，力求最大可能地反映历史真实。全书以重建政区变迁序列、复原政区变迁面貌为主要内容，而由于历史时期中国行政区划的变化很大，在正式政区以外又有准政区的形式存在，加之政区层级、幅员及边界在不同时期的变迁程度不一，因此各卷又独立成书，其考证过程和编写结构有各自的侧重点。

本书是中华人民共和国成立以来第一部学术意义上的行政区划变迁通史。各卷作者在相关领域有长期的学术积累，全书的写作也倾注了十余年之功，希望能成为中国行政区划变迁史研究的重要参考著作。

作者简介

施和金（1944—2012），江苏丹阳人。1967年毕业于复旦大学历史系历史地理专业，1982年获华中师范大学历史学硕士学位。曾任南京师范大学教授、博士生导师。主要从事历史地理学研究及历史地理文献的整理工作。

著有《中国历史地理》、《中国历史地理研究》、《江苏农业气象气候灾害历史纪年》、《北齐地理志》等；并应中华书局之约，点校出版了《读史方舆纪要》、《方舆胜览》两部历史地理名著；又应湖北人民出版社之约，校注了杨守敬的《隋书地理志考证》、《晦明轩稿》两部著作。发表学术论文八十余篇。

隋代卷 提要

  本卷以传世及出土文献为依据，以隋代大业八年的疆域为范围，全面而系统地论述了隋代行政区划的演变历程，并总结了其中的历史经验和教训。

  全卷大致分为三个部分。

  绪言考证了隋代的疆域范围，并从总体上论述了隋代行政区划改革的原因、经过及值得关注的几个问题，从正面肯定了隋代变三级制为二级制、精简州县数量、加强对地方的监察等改革举措。

  上编十章按时段论述了隋代政区变革的过程。首先，对隋初开皇元年全国州郡县的分布情况进行描述；然后在此基础上论述开皇三年在北方、开皇九年在南方所进行的变三级制为二级制的改革，并梳理了改制后的州县分布；最后论述大业二年省并州县及大业三年改州为郡的变迁历程，其间对开皇六年、十六年、十八年及隋末增损州县和更改州县地名也作了简要的说明。

  下编十章分地区对各地州郡县的沿革进行了详尽的考证。由于《隋书·地理志》是按《禹贡》九州的分区体例来加以编写的，为便于读者阅读和对比研究，本卷亦按雍州、梁州、豫州、兖州、冀州、青州、徐州、扬州、荆州九大区的体例对各地所有州郡县进行考证和论述。

  本卷还附有隋代政区图及沿革表，便于读者对照检索。

目 录

绪 言 ·· 1
 一、隋代政区沿革研究的意义 ··· 1
 二、隋代的疆域范围 ·· 3
 三、隋代地方行政制度 ·· 6
 四、隋代政区沿革概述 ·· 8
 五、研究的途径及方法 ·· 16

上编　隋代行政区划变迁过程

第一章　开皇元年州郡县三级政区的分布 ························· 19
 第一节　开皇元年雍州地区州郡县的分布 ·························· 20
 第二节　开皇元年梁州地区州郡县的分布 ·························· 22
 第三节　开皇元年豫州地区州郡县的分布 ·························· 26
 第四节　开皇元年兖州地区州郡县的分布 ·························· 29
 第五节　开皇元年冀州地区州郡县的分布 ·························· 29
 第六节　开皇元年青州地区州郡县的分布 ·························· 32
 第七节　开皇元年徐州地区州郡县的分布 ·························· 32
 第八节　开皇元年扬州地区州郡县的分布 ·························· 33
 第九节　开皇元年荆州地区州郡县的分布 ·························· 34

第二章　开皇三年州县二级政区的分布 ···························· 37
 第一节　开皇三年雍州地区州县的分布 ····························· 38
 第二节　开皇三年梁州地区州县的分布 ····························· 41
 第三节　开皇三年豫州地区州县的分布 ····························· 46
 第四节　开皇三年兖州地区州县的分布 ····························· 49

- 第五节 开皇三年冀州地区州县的分布 …… 49
- 第六节 开皇三年青州地区州县的分布 …… 53
- 第七节 开皇三年徐州地区州县的分布 …… 54
- 第八节 开皇三年扬州地区州县的分布 …… 54
- 第九节 开皇三年荆州地区州县的分布 …… 56

第三章 开皇中期州县变更情形 …… 59
- 第一节 开皇六年州县增置情形 …… 59
- 第二节 开皇七年灭后梁所增州县 …… 60
- 第三节 开皇九年灭陈所得州县 …… 60

第四章 开皇末期州县变更情形 …… 68
- 第一节 开皇十六年增置州县经过 …… 68
- 第二节 开皇十八年更改县名情形 …… 80

第五章 大业二年并省州县过程 …… 83

第六章 大业三年改州为郡的变迁 …… 86
- 第一节 州名更郡名 …… 86
- 第二节 大业三年各郡所领之县 …… 93

第七章 隋末唐初政区的更改 …… 113

下编　隋代行政区划沿革考证

本编凡例 …… 118

第一章 雍州地区州郡县沿革 …… 119
- 第一节 雍州京兆郡政区沿革 …… 119
- 第二节 同州冯翊郡政区沿革 …… 125
- 第三节 岐州扶风郡政区沿革 …… 128
- 第四节 泾州安定郡政区沿革 …… 130
- 第五节 宁州北地郡政区沿革 …… 132

第六节　敷州上郡政区沿革………………………………………… 134
  第七节　绥州雕阴郡政区沿革………………………………………… 136
  第八节　延州延安郡政区沿革………………………………………… 138
  第九节　庆州弘化郡政区沿革………………………………………… 142
  第十节　原州平凉郡政区沿革………………………………………… 143
  第十一节　夏州朔方郡政区沿革……………………………………… 145
  第十二节　盐州盐川郡政区沿革……………………………………… 147
  第十三节　灵州灵武郡政区沿革……………………………………… 148
  第十四节　胜州榆林郡政区沿革……………………………………… 149
  第十五节　丰州五原郡政区沿革……………………………………… 151
  第十六节　秦州天水郡政区沿革……………………………………… 151
  第十七节　渭州陇西郡政区沿革……………………………………… 153
  第十八节　兰州金城郡政区沿革……………………………………… 155
  第十九节　河州枹罕郡政区沿革……………………………………… 156
  第二十节　廓州浇河郡政区沿革……………………………………… 157
  第二十一节　鄯州西平郡政区沿革…………………………………… 158
  第二十二节　凉州武威郡政区沿革…………………………………… 160
  第二十三节　甘州张掖郡政区沿革…………………………………… 162
  第二十四节　瓜州敦煌郡政区沿革…………………………………… 163
  第二十五节　鄯善、且末、西海、河源、伊吾政区沿革…………… 164

第二章　梁州地区州郡县沿革……………………………………………… 168
  第一节　梁州汉川郡政区沿革………………………………………… 168
  第二节　金州西城郡政区沿革………………………………………… 172
  第三节　迁州房陵郡政区沿革………………………………………… 175
  第四节　巴州清化郡政区沿革………………………………………… 177
  第五节　通州通川郡政区沿革………………………………………… 181
  第六节　渠州宕渠郡政区沿革………………………………………… 185
  第七节　成州汉阳郡政区沿革………………………………………… 187
  第八节　洮州临洮郡政区沿革………………………………………… 188
  第九节　宕州宕昌郡政区沿革………………………………………… 191
  第十节　武州武都郡政区沿革………………………………………… 192
  第十一节　邓州同昌郡政区沿革……………………………………… 194

第十二节　凤州河池郡政区沿革……………………………………… 197
　　第十三节　兴州顺政郡政区沿革……………………………………… 199
　　第十四节　利州义城郡政区沿革……………………………………… 200
　　第十五节　龙州平武郡政区沿革……………………………………… 203
　　第十六节　汶州汶山郡政区沿革……………………………………… 204
　　第十七节　始州普安郡政区沿革……………………………………… 207
　　第十八节　潼州金山郡政区沿革……………………………………… 210
　　第十九节　新州新城郡政区沿革……………………………………… 211
　　第二十节　隆州巴西郡政区沿革……………………………………… 213
　　第二十一节　遂州遂宁郡政区沿革…………………………………… 216
　　第二十二节　合州涪陵郡政区沿革…………………………………… 217
　　第二十三节　渝州巴郡政区沿革……………………………………… 218
　　第二十四节　信州巴东郡政区沿革…………………………………… 219
　　第二十五节　益州蜀郡政区沿革……………………………………… 223
　　第二十六节　雅州临邛郡政区沿革…………………………………… 228
　　第二十七节　眉州眉山郡政区沿革…………………………………… 230
　　第二十八节　陵州隆山郡政区沿革…………………………………… 233
　　第二十九节　资州资阳郡政区沿革…………………………………… 235
　　第三十节　泸州泸川郡政区沿革……………………………………… 238
　　第三十一节　戎州犍为郡政区沿革…………………………………… 239
　　第三十二节　西宁州越巂郡政区沿革………………………………… 242
　　第三十三节　牂州牂柯郡、黔州黔安郡、明阳郡政区沿革………… 245

第三章　豫州地区州郡县沿革 248
　　第一节　洛州河南郡政区沿革………………………………………… 248
　　第二节　郑州荥阳郡政区沿革………………………………………… 255
　　第三节　宋州梁郡政区沿革…………………………………………… 258
　　第四节　亳州谯郡政区沿革…………………………………………… 261
　　第五节　曹州济阴郡政区沿革………………………………………… 264
　　第六节　伊州襄城郡政区沿革………………………………………… 266
　　第七节　许州颍川郡政区沿革………………………………………… 269
　　第八节　豫州汝南郡政区沿革………………………………………… 273
　　第九节　陈州淮阳郡政区沿革………………………………………… 278

第十节　颍州汝阴郡政区沿革…………………………………………… 281
　　第十一节　商州上洛郡政区沿革………………………………………… 283
　　第十二节　东义州弘农郡政区沿革……………………………………… 285
　　第十三节　淅州淅阳郡政区沿革………………………………………… 287
　　第十四节　荆州南阳郡政区沿革………………………………………… 289
　　第十五节　蒙州淯阳郡政区沿革………………………………………… 292
　　第十六节　淮州淮安郡政区沿革………………………………………… 293

第四章　兖州地区州郡县沿革……………………………………………… 298
　　第一节　杞州东郡政区沿革……………………………………………… 298
　　第二节　郓州东平郡政区沿革…………………………………………… 300
　　第三节　济州济北郡政区沿革…………………………………………… 302
　　第四节　魏州武阳郡政区沿革…………………………………………… 304
　　第五节　棣州渤海郡政区沿革…………………………………………… 307
　　第六节　德州平原郡政区沿革…………………………………………… 309

第五章　冀州地区州郡县沿革……………………………………………… 312
　　第一节　冀州信都郡政区沿革…………………………………………… 312
　　第二节　贝州清河郡政区沿革…………………………………………… 314
　　第三节　相州魏郡政区沿革……………………………………………… 317
　　第四节　卫州汲郡政区沿革……………………………………………… 320
　　第五节　怀州河内郡政区沿革…………………………………………… 322
　　第六节　泽州长平郡政区沿革…………………………………………… 325
　　第七节　潞州上党郡政区沿革…………………………………………… 326
　　第八节　蒲州河东郡政区沿革…………………………………………… 329
　　第九节　绛州绛郡政区沿革……………………………………………… 332
　　第十节　南汾州文城郡政区沿革………………………………………… 336
　　第十一节　晋州临汾郡政区沿革………………………………………… 338
　　第十二节　汾州龙泉郡政区沿革………………………………………… 341
　　第十三节　介州西河郡政区沿革………………………………………… 342
　　第十四节　石州离石郡政区沿革………………………………………… 344
　　第十五节　肆州雁门郡政区沿革………………………………………… 346
　　第十六节　朔州马邑郡、云州定襄郡政区沿革………………………… 347

第十七节　楼烦郡政区沿革 349
　　第十八节　并州太原郡政区沿革 350
　　第十九节　邢州襄国郡政区沿革 354
　　第二十节　洺州武安郡政区沿革 356
　　第二十一节　赵州赵郡政区沿革 358
　　第二十二节　恒州恒山郡政区沿革 362
　　第二十三节　定州博陵郡政区沿革 365
　　第二十四节　瀛州河间郡政区沿革 367
　　第二十六节　幽州涿郡政区沿革 370
　　第二十七节　易州上谷郡政区沿革 373
　　第二十八节　玄州渔阳郡、平州北平郡政区沿革 374
　　第二十九节　玄州安乐郡、营州柳城郡政区沿革 376
　　第三十节　辽西郡、襄平郡、辽东郡政区沿革 378

第六章　青州地区州郡县沿革 380
　　第一节　青州北海郡政区沿革 380
　　第二节　齐州齐郡政区沿革 382
　　第三节　光州东莱郡政区沿革 385
　　第四节　胶州高密郡政区沿革 387

第七章　徐州地区州郡县沿革 390
　　第一节　徐州彭城郡政区沿革 390
　　第二节　兖州鲁郡政区沿革 394
　　第三节　沂州琅邪郡政区沿革 396
　　第四节　海州东海郡政区沿革 398
　　第五节　泗州下邳郡政区沿革 401

第八章　扬州地区州郡县沿革 404
　　第一节　吴州江都郡政区沿革 404
　　第二节　西楚州钟离郡政区沿革 410
　　第三节　扬州淮南郡政区沿革 412
　　第四节　光州弋阳郡政区沿革 414
　　第五节　蕲州蕲春郡政区沿革 418

第六节　庐州庐江郡政区沿革……………………………………420
第七节　晋州同安郡政区沿革……………………………………422
第八节　和州历阳郡政区沿革……………………………………423
第九节　扬州丹阳郡政区沿革……………………………………424
第十节　南豫州宣城郡政区沿革…………………………………427
第十一节　常州毗陵郡政区沿革…………………………………431
第十二节　吴州吴郡政区沿革……………………………………433
第十三节　东扬州会稽郡政区沿革………………………………435
第十四节　杭州余杭郡政区沿革…………………………………437
第十五节　歙州新安郡政区沿革…………………………………439
第十六节　婺州东阳郡政区沿革…………………………………440
第十七节　处州永嘉郡政区沿革…………………………………442
第十八节　丰州建安郡政区沿革…………………………………444
第十九节　睦州遂安郡政区沿革…………………………………446
第二十节　饶州鄱阳郡政区沿革…………………………………448
第二十一节　抚州临川郡政区沿革………………………………449
第二十二节　吉州庐陵郡政区沿革………………………………452
第二十三节　虔州南康郡政区沿革………………………………455
第二十四节　袁州宜春郡政区沿革………………………………457
第二十五节　洪州豫章郡政区沿革………………………………458
第二十六节　广州南海郡政区沿革………………………………460
第二十七节　循州龙川郡政区沿革………………………………467
第二十八节　潮州义安郡政区沿革………………………………469
第二十九节　高州高凉郡政区沿革………………………………470
第三十节　端州信安郡政区沿革…………………………………474
第三十一节　泷州永熙郡政区沿革………………………………478
第三十二节　成州苍梧郡政区沿革………………………………480
第三十三节　桂州始安郡政区沿革………………………………481
第三十四节　石州永平郡政区沿革………………………………488
第三十五节　南定州郁林郡政区沿革……………………………490
第三十六节　越州合浦郡政区沿革………………………………494
第三十七节　崖州珠崖郡政区沿革………………………………497
第三十八节　安州宁越郡政区沿革………………………………500

第三十九节　交州交趾郡政区沿革 …………………………… 502

　　第四十节　爱州九真郡政区沿革 ……………………………… 504

　　第四十一节　德州日南郡政区沿革 …………………………… 506

　　第四十二节　荡州比景郡、农州海阴郡、冲州林邑郡、宜州政区
　　　　　　　　沿革 ……………………………………………… 508

第九章　荆州地区州郡县沿革 ……………………………………… 512

　　第一节　荆州南郡政区沿革 …………………………………… 512

　　第二节　硖州夷陵郡政区沿革 ………………………………… 517

　　第三节　郢州竟陵郡政区沿革 ………………………………… 518

　　第四节　复州沔阳郡政区沿革 ………………………………… 520

　　第五节　辰州沅陵郡政区沿革 ………………………………… 522

　　第六节　武州武陵郡政区沿革 ………………………………… 524

　　第七节　亭州清江郡政区沿革 ………………………………… 526

　　第八节　襄州襄阳郡政区沿革 ………………………………… 528

　　第九节　昌州春陵郡政区沿革 ………………………………… 530

　　第十节　隋州汉东郡政区沿革 ………………………………… 533

　　第十一节　安州安陆郡政区沿革 ……………………………… 536

　　第十二节　衡州永安郡政区沿革 ……………………………… 539

　　第十三节　申州义阳郡政区沿革 ……………………………… 543

　　第十四节　江州九江郡政区沿革 ……………………………… 544

　　第十五节　鄂州江夏郡政区沿革 ……………………………… 546

　　第十六节　澧州澧阳郡政区沿革 ……………………………… 549

　　第十七节　巴州巴陵郡政区沿革 ……………………………… 551

　　第十八节　湘州长沙郡政区沿革 ……………………………… 553

　　第十九节　衡州衡山郡政区沿革 ……………………………… 556

　　第二十节　郴州桂阳郡政区沿革 ……………………………… 558

　　第二十一节　永州零陵郡政区沿革 …………………………… 559

　　第二十二节　连州熙平郡政区沿革 …………………………… 562

附录　隋代州郡沿革表 ……………………………………………… 565

主要参考文献 ………………………………………………………… 578

绪 言

有隋一代,国祚虽短,但在地方行政区划的改革和制度建设上却颇有建树,而且对后世影响较大。兹先就本课题研究意义及隋代疆域范围、制度建设、政区沿革等分论于"绪言",然后再分上、下二编对隋代历年行政区划的沿革和190郡及所属县作详细的叙述和考证。

一、隋代政区沿革研究的意义

隋朝结束魏晋南北朝之乱,一统天下,面对政区混乱、官员庞杂、效益低下的局面,当权者大刀阔斧,对原有的行政区划体制进行了全面而深刻的改革。先是在开皇初年,隋文帝接受兵部尚书杨尚希的建议,罢天下诸郡,改地方行政区划州郡县三级制为州县二级制,又存要去闲,省并了许多州县;后来至炀帝大业初年,又改州为郡,再次大规模省并州县,并置十四刺史巡行天下,使全国行政区划整齐划一,分布合理,上下通达,官民称善。从魏晋南北朝的乱局,转变为一个"朝野欢娱,区内晏如"(《隋书》卷2《高祖纪》史臣赞语)的太平盛世,其中的原因自然是多方面的,但隋朝在行政区划方面进行大力整顿,建立合理而健全的良好运行体制,应该说是重要原因之一。所以,隋朝行政区划制度的改革,不但是对秦汉以降政区演变过程中成败得失的一次批判总结,也为后来唐宋时期制定良好的行政区划体制打下了一个基础。很显然,这对研究整个中国行政区划史有着重要的意义。

公元前221年,秦始皇统一中国,正式在全国范围内推行郡县二级地方政区制度。西汉初,虽有郡国并行,县级单位中亦有侯国、道、邑等不同形式,但基本上仍是二级制。汉武帝创立十三州,是时州仅是监察区域,并非行政单位。至东汉灵帝时,黄巾军起,南阳太守刘焉"以为刺史威轻,既不能禁,且用非其人,辄增暴乱,乃建议改置牧伯,镇安方夏"(《后汉书》卷75《刘焉传》),于是改州刺史为州牧,并行使行政大权,地方政区亦由此变成了三级制。魏晋之初,三级制尚属正常。南北朝时,各级政区发生很大变化,乱象逐步增多。以州为例,不但数量开始迅速增多,由最初的二十几州增至二百多州,而且设置混乱，分布不均。在郡一级，数量亦从汉代的百余郡增至六七百郡，且其中又杂有许多侨郡和双头郡，亦是混乱不堪。所谓"百室之邑，便立州名；三户之民，空张郡目"（《北齐书》卷4《文宣帝纪》），真是千奇百怪，应有尽有。其间虽有北齐文宣帝略加整顿，于天保七年（556）在北齐范围内"并省三州、一百五十三郡、五百八十九县、二镇二十六戍"（《北齐书》卷4《文宣帝纪》），但至南北朝末年，北周仍有"州二百一十一，郡五百八，县一千一百二十四"，陈亦有"州四十二，郡一百九，县四百三十八"（《隋书》卷29《地理志》），南北相加，共有二百五十三州，六百一十七郡，一千五百六十二县。面对如此众多的州郡县，隋统一之初，君臣即有"民少官多，十羊九牧"之叹，兵部尚书杨尚希在呈给隋高祖的奏章中说："窃见当今郡县，倍多于古。或地无百里，数县并置；或户不满千，二郡分领。具僚以众，资费日多；吏卒人倍，租调岁减。清干良才，百分无一；动须数万，如何可觅？"（《隋书》卷46《杨尚希传》）所以，整顿天下州县，不但是加强行政管理、巩固隋朝统治的需要，而且可以减轻国家负担、合理配置各级官员，提高行政效率，使整个国家处于良好运行状态。隋高祖以为杨尚希言之有理，于是在开皇三年（583）下令罢天下诸郡，改州郡县三级制为州县两级制。开皇九年灭陈，又在南方实行了同样的改革。这一改革，表面看来是一个行政级别减少的问题，本质上却说明：在当时条件下，三级制不能真正代表那时生产力发展的水平，建立那么多的官僚机构，使用那么多的行政人员，只能造成政治局面的混乱，加重国家和人民的负担。杨尚希看到了天下州县过多的弊端，提出改革的主张，不但是他政治智慧的体现，也是对秦汉以来行政体制所作的一番对比和批判性总结。隋文帝采纳杨尚希的建议，既是出于巩固隋代政权的需要，也是顺应历史潮流作出的正确政治抉择。

隋初罢天下诸郡，总数约在七百左右。除此以外，又有省州并县之举同时进行。在州一级，开皇元年全国约有二百五十余州（包括陈境内四十二州），经整顿后，减少二十五州；县数原有一千五百六十多，经省并，数量也减少了三百二十八。开皇中期，州县数量有所反弹。炀帝大业初，又在全国范围内裁减一百二十一州、二百一十六县。这样，经过两次裁并，隋代政区的数量和分布都逐渐趋于合理，为社会政治的稳定和经济发展奠定了较好的基础。

隋代减少政区级别和裁减州县数量，大批官员被精减，总数当在十万人以上。我们今日已很难得知隋朝政府是如何安置这些官员的职位和生计的，但从后来隋代政局日趋稳定、经济日益繁荣来看，隋代的改革是成功的。《隋书》卷2《高祖纪》史臣曰："（高祖）躬节俭，平徭赋，仓廪实，法令行，君子咸乐其生，小人各安其业，强无凌弱，众不暴寡，人物殷阜，朝野欢娱。二十年间，天下无事,区宇之内宴如也。"这一段话虽有溢美之嫌,但至少可以证明,隋朝并没有因为大规模进行行政区改革和精减官员而导致社会动乱,也没有因此而影响经济发展,实际情况却是相反,出现了"朝野欢娱"、"区内晏如"的兴盛局面。由此可见,如果没有隋初的政治改革,仍像魏晋南北朝那样"民少官多,十羊九牧",要取得这样的社会效果是不可能的。

隋朝虽然存续时间不长,但它在行政区划制度改革上却是成绩斐然,影响深远。如同秦王朝一样,虽然二世而亡,但它推行的郡县制却影响了中国两千多年。隋朝总结秦汉以后七八百年的行政体制运行情况,存良除弊,改三级制为二级制,省并许多不必要的州县,使郡县制更趋合理,运行更为良好,其意义之深远,并不在秦代推行郡县制之下。唐宋以后基本上仍按二级制运行,事实就是最好的证明。有时或行三级制,州县数量也或有增加,盖与人口多有增加、疆域时有扩大有关,又不可与隋代同日语也。

二、隋代的疆域范围

隋朝的立国者是隋文帝杨坚,他是在取代北周的基础上建立隋朝的,而北周后期的疆域又是在灭北齐以后形成的,所以研究隋代早期的疆域,当首先明确北周乃至北齐的疆域范围。在开皇七年(587)并后梁、九年平陈之后,隋的疆域更为扩大,因此研究后梁及陈的疆域又成为明确隋代中期疆域的基础。至隋炀帝大业初年,南平林邑,西定吐谷浑,使疆域有进一步拓展,其范围即《隋书》卷29《地理志》所云:"东西九千三百里,南北万四千八百一十五里。东、南皆至海,西至且末(今新疆且末),北至五原(今内蒙古包头西北)。隋氏之盛,极于此也。"

北齐、北周源自东、西魏,而东、西魏又是由北魏分裂而来。故要明确北齐、北周疆域,当追溯北魏东西南北之境。北魏的疆域,《读史方舆纪要》说是"北逾大碛,西至流沙,东接高丽,南临江汉"。这个说法虽然勾画出了一个大致的界线,但仍然比较笼统。现按北、西、东、南四个方向细述如次。

先说北方。所谓大碛,就是今天蒙古高原上的戈壁滩。此戈壁滩南北数百里,如说以戈壁滩为界,仍嫌界线不明。据《魏书》卷4上《世祖纪》,太武帝拓跋焘曾于神麃二年(429)北伐,凯旋后"列置新民于漠南,东至濡源,西暨五原、阴山,竟三千里"。这可以看作是北魏早期的一条北部界线。濡源即濡水之源,此濡水即今之滦河,发源于今河北省东北部围场县一带;五原在今内蒙古包头市西北,阴山更在包头之北。后来北魏为防柔然侵扰,遂于此线之北筑六镇以防之。六镇即沃野(今内蒙古五原北)、怀朔(今内蒙古固阳西南)、武川

(今内蒙古武川西)、抚冥(今内蒙古四子王旗东南)、柔玄(今内蒙古兴和西北)、怀荒(今河北张北县境)。此后,太武帝有多次北伐,疆域一度向北又有所扩张。但至北魏后期,先有六镇起义,后有尔朱氏之乱,国力已经大为衰弱,故疆域又有所退缩。六镇虽然还在,但皆改名为州,而寄治于并州(州治在今山西太原南)界。如《魏书》卷106上《地形志》朔州下即云:"本汉五原郡,延和二年置为镇,后改为怀朔,孝昌中改为州,后陷,今寄治并州界。"蔚州下亦云:"永安中改怀荒、御夷二镇置,寄治并州邬县界。"所以,承继北魏的东、西魏,即大致可以六镇为其北界。而北齐、北周的疆界,仍因东、西魏之旧,其北界并无大的变化。

至于西边疆域,《读史方舆纪要》所云流沙亦是范围颇广之区,泛指今甘、新地区之沙漠,若要求实,还得细加考证和研讨。据《魏书》卷4下《世祖纪》,太平真君六年(445)魏军曾西进至鄯善(今新疆若羌),"九年夏五月甲戌,以交趾公韩拔为假节、征西将军、领护西戎校尉、鄯善王,镇鄯善,赋役其民,比之郡县"。则北魏之西境可达今新疆若羌一带。但至西魏时,吐谷浑势力有所壮大,夸吕为王时,"地兼鄯善、且末"(《魏书》卷101《吐谷浑传》),"东西三千里,南北千余里"(《周书》卷50《吐谷浑传》)。又据《周书》卷28《史宁传》,西魏废帝时,史宁曾任都督凉、甘、瓜三州诸军事、凉州刺史,并多次与吐谷浑战于边境内外。西魏凉州治今甘肃武威,甘州治今甘肃张掖,瓜州治今甘肃敦煌。由此可见,西魏西界仅至今敦煌一带。北周后期,虽曾攻取吐谷浑部分土地,增置扶州(治今四川松潘)、洮州(治今甘肃临潭),但大势无甚变化。

西、北二边既明,东、南二界就比较简单了。所谓"东接高丽",据《魏书》卷100《高句丽传》和《隋书》卷81《东夷传》,高丽曾于魏正始中入寇西安平,为幽州刺史毌丘俭所破。西安平是西汉所置之县,在今辽宁省宽甸县南,可见当时高丽是跨鸭绿江立国的。又据《通典·边防二》下所云"慕容宝以句丽王安为平州牧,封辽东、带方二国王,安始置长史、司马、参军官,后略有辽东郡",则十六国后期高丽范围已扩至辽东,与中原各国以辽水为界。其势经后魏至隋初,大致不变,故隋炀帝征高丽,战场仍在辽水东西之间。而所谓"南临江汉",界线虽较分明,但也不是一成不变。太武帝拓跋焘曾南临瓜步(今江苏六合东南),却又攻盱眙不克而去;其后,孝文帝元宏又略南齐沔北五郡(南阳、新野、南乡、北襄城及西汝南、北义阳双头郡),宣武帝元恪更取寿春、汉中、剑阁等地,至此,淮、沔(即汉水)以北皆为魏有,南北对峙局面大致稳定下来。但至北魏后期,六镇起义发生,南朝梁出兵北伐,收复淮南后曾一度攻至洛阳;不久,东、西魏即分而治之。而至梁太清元年(547),魏将侯景又以河南十三州(即豫、广、颍、荆、襄、兖、南兖、济、东豫、洛、阳、北荆、北阳等十三州,大致包括今河南中南部和山东西南部)归附于梁,梁的疆域向北大为拓展。不过好景不长,两年后侯景之乱又使梁国力大衰,而且在东魏的攻打下,长江以北的两淮土地又丧失殆尽。《北齐书》卷38《辛术传》有云:"及王僧辩破侯景,辛术招携安抚,城镇相继款附,前后二十余州,于是移镇广陵。"广陵即今江苏扬州,可见此时东魏及继之而起的北齐在东南方已进展至沿江一线。后来南朝以陈代梁,与北齐、北周基本上也是以江为界。在长江中上游地区,西魏乘侯景进逼江陵之机,于废帝元年(552)派兵攻克了上津(今湖北郧县西)、魏兴(今陕西安康)、汉中三郡,第二年又攻占成都,占有梁、益二州,在西南方向疆域也大有拓展。至西魏恭帝元年(554),更攻克江陵,戕杀梁元帝,立萧詧为梁主。萧詧虽统有江陵周围三百里之地,不过是西魏之附庸。至此,西魏及继之而起的北周,南面疆域也已到达长江,故《通典·州郡典》云:"废帝初克平汉中,又遣军平蜀,文帝西征姑臧,后又平江陵,自是疆理西有姑臧,西南有全蜀,南至于江矣。"

综上所述,可知北周后期的疆域,东北方向是以辽河为界,东则际海,南临长江,西南至今云贵中部,西北达今甘肃敦煌,而最北可至今内蒙古五原县以北。开皇元年(581),隋代北周,继承的就是上述疆域范围。

隋文帝立国之后,积极谋求平定南方的陈。在南朝宋、齐、梁、陈四代中,陈的疆域最小。《通典·州郡典》云:"陈氏比于梁氏,土宇弥蹙,西不得蜀汉,北失淮肥,以长江为境。"又云:"及隋军来伐,遣将守狼尾滩(位于今湖北宜昌西北)、荆门(即荆门山,位于今湖北宜都北)、安蜀城(位于今湖北宜昌西)、公安、巴陵以下,并风靡退败。隋军自采石、京口渡江而平之。"由此可知,陈之西北边界,即在今湖北宜昌一带,北部则全以长江与北周对峙。至于东、南二面,则沿袭齐、梁以来旧界,东则际海,南则拥有交、广二州,最南处可达今越南中部。隋平陈之后,即占有了陈的全部领土,在南方将疆域拓展到了交、广二州。

不过,隋平陈并拥有陈的领土之后,疆域并非就此再无变化,而是仍然有所拓展。隋文帝仁寿年间,交州人李佛子作乱,文帝即派大将军刘方前往平定。其后,又任命刘方为驩州道行军总管,要他"经略林邑"(林邑为古国名,位于今越南中、南部)。刘方南行途中,文帝病死,炀帝即位。其间,林邑王梵志曾处处抵抗,甚至摆出大象为阵,但均遭败绩。大业元年(605)四月,刘方率军至林邑国都,"林邑王梵志弃城奔海,获其庙主金人,污其宫室,刻石纪功而还"(《隋书》卷53《刘方传》)。接着,隋朝在林邑设置了荡、农、冲三州;大业三年改州为郡时,这三州又改为比景、海阴、林邑三郡。从设置州郡来看,隋朝的南疆应该说到达了这里,但由于距离遥远,鞭长莫及,隋朝对此地难以控制,而且刘方破林邑后旋即返回,林邑王梵志"又复其故地,遣使谢罪,于是朝贡不绝"

(《隋书》卷82《林邑传》)。所以即便说隋朝的南疆曾经到达过林邑,为时也很短暂。由"朝贡不绝"四字来看,将林邑比作隋之属国似更合适。谭其骧先生主编《中国历史地图集》,未将上述三郡列入隋朝版图,其意盖出于此。

与南方林邑情况有所不同,西北方向隋炀帝大业四年、五年间平定吐谷浑,并"设置郡县镇戍,发天下轻罪徙居之"(《隋书》卷83《吐谷浑传》),是比较切实而有效地控制了这一地区的。《隋书》卷29《地理志》云:"鄯善郡,大业五年平吐谷浑置,置在鄯善城,即古楼兰城也。并置且末、西海、河源,总四郡。"隋置郡县对该地区实行有效统治后,原吐谷浑主只得客于党项,直至大业末年天下大乱,才又复回故地。四郡之中,且末位置最西,因此,说隋之西疆于大业年间直达今新疆且末一带,应该是无可置疑的。

三、隋代地方行政制度

《隋书》卷28《百官志》云:"高祖既受命,改周之六官,其所制名,多依前代之法。"不但在官制及命名上如此,就是地方行政制度,隋初基本上也是沿袭了北周的旧制。

开皇初年,隋文帝实行的是州、郡、县三级政区体制。

在州一级,雍州因是京师所在地,故不置刺史而置牧。自汉武帝置立十三刺史部以来,汉成帝绥和元年(前8)曾"罢部刺史,更置州牧,秩二千石"(《汉书》卷10《成帝纪》),此后,屡经反复,至东汉中后期州牧定制为州一级长官之尊称,南北朝以降则以首都所在州长官为牧,其他州仍为刺史。故北齐、北周均于京师所在之州置牧,位从二品,与上大将军等同列,以示地位之高崇。即以其属官而言,有别驾、赞务、州都、郡正、主簿等五百二十四人,而通常之州只有属官二三百人。至于其他各州,隋初也根据地位高下及人口多寡,分为九等,从上上州至下下州,各置官员三百二十三人至一百六十五人不等,而长官皆为刺史。由于州是高层政区,辖地较广,事务较多,而且是上情下达的第一个层次,因此历代中央政府都很重视州官的选任,许多重要的州刺史官至三品,皆以宗亲或亲信官员担任,如炀帝即位前就做过雍州牧,高祖宗亲观德王雄、滕穆王瓒、卫昭王爽也都做过雍州牧。

在郡一级,长官是郡守,也分为九等,各有属员一百四十六人至七十七人不等。由于南北朝时期设置州郡过多,虽经北齐、北周精减,隋初仍有五百多郡。若以每郡平均有官员百人计算,全国即有五万多人,这是一个不小的数目,于国于民都是一个沉重的负担。所以隋初兵部尚书杨尚希在给隋文帝的上表中说:"具僚以众,资费日多;吏卒人倍,租调岁减。清干良才,百分无一;

动须数万,如何可觅?"(《隋书》卷46《杨尚希传》)由于在州县之间多了郡这一层政府机构,而这一级机构中的数万官员又是"清干良才,百分无一",因此不但国家和百姓负担沉重,而且政令下达往往受阻,民情上报也不顺畅。另外,许多郡属下只有一县,实在已无存在的必要。所以开皇三年废天下之郡,确实是一个有远见卓识的改革举措。

在县一级,隋初仍沿袭秦汉旧制,官设令、丞。按地位不同,隋县也分为九等,各有属员九十九人至四十七人不等。由于县是国家的基层政权、亲民机构,它的好坏直接关系到国家统治的安危,因此对这一级机构的组建和官员的任命,中央政府历来也很重视。开皇三年对全国地方政区进行整顿时,对县级政区的整改方针是"存要去闲,并小为大",其目的就是要进一步提高它的行政效率,完善它的管理职能,从而达到巩固基层政权的目的。

需要指出的是,郡、县与州一样,其治在京师者地位也比较尊崇,如京兆郡不置守,而置尹;大兴、长安二县虽置令、丞,但其属员多达一百四十七人,比常县多出近五十人。

隋初与州制有关的还有二事必须提及。

一是有些州除刺史外,因军事地位重要,往往还设置总管,而一人兼总管、刺史者,则加使持节。持节本非官称,古代使臣出访,必持节以作凭证;魏晋以后持节成为官称,又有使持节、持节、假持节之区分,其权力自然也有大小之别。总管制度起于北周,《周书》卷4《明帝纪》云:"武成元年,初改都督诸州军事为总管。"其前身为都督诸州军事,很显然是一种军事制度。隋承周制,总管并不是地方行政官员,但如由州官兼任,也就不是毫无关系。而经过一段时间的演变,后来就出现了唐代的节度使制度。安史乱后,节度使甚至兼管民政,成了事实上的地方一级政区的长官。所以,周、隋的这种总管刺史,实际上可以看作节度使制度之滥觞。

二是凡有盐池、矿冶乃至牧地之州,隋代均设监。监置总监、副监等官员,管理有关事务。《隋书》卷28《百官志》云:"同州,总监、副监各一人,置二丞,统食货农圃二监、副监。岐州亦置监、副监。诸冶亦置三等监,各有丞员。"又云:"盐池,置总监、副监、丞等员。"另外,陇右牧、原州牧、盐州牧等牧场也都置监。这种制度,在隋代只是与州有关联,而发展到了宋代,监就成了与州平行的地方一级政区,其源亦出于此。

开皇三年,罢天下诸郡,以州统县,行政区划由三级制改成了二级制,与此同时,又"别置品官,皆吏部除授,每岁考殿最"(《隋书》卷28《百官志》)。隋文帝这样做,显然是要加强对官员的考核,以政绩定品级,从而使有关制度正规化。与其配套的政策,还有"刺史、县令三年一迁,佐官四年一迁"(同上)。

开皇十四年,又改九等州县为上、中、中下、下四等。这样做,减少了等级,缩小了差别,既有利于行政管理上的简化,也有益于各级不同州县的发展。

炀帝即位后,各方面都有所改革,在行政区划方面除大业二年省并天下州县和大业三年改州为郡外,最突出的一点就是正式建立了对地方政区的巡察制度。这种制度,最初源自于汉武帝置十三州,每州设刺史,以六条问事。东汉后期,州成为一级行政区,其监察功能遂失。后来,有些朝代也在某种程度上恢复过这种监察制度,以加强对地方的督促和检查,如《周书》卷5《武帝纪》即云:"保定元年二月己卯,遣大使巡察天下。"但那是不定期的临时检查。炀帝将其制度化,在中央设司隶大夫一人,专掌巡察;另有别驾二人,分察畿内,一人案东都,一人案京师;又设刺史十四人,巡察畿外,诸郡从事十四人,协助刺史巡察。规定每年二月乘轺车巡察郡县,十月入奏。其巡察内容,类似汉代的"六条问事",即:"一察品官以上理政能不。二察官人贪残害政。三察豪强奸猾,侵害下人,及田宅逾制,官司不能禁止者。四察水旱虫灾,不以实言,枉征赋役,及无灾妄蠲免者。五察部内贼盗,不能穷逐,隐而不申者。六察德行孝悌,茂才异行,隐不贡者。"(《隋书》卷28《百官志》)这六条,如果认真实行,对于加强对地方各级政府的监督和管理,强化和稳定中央集权,会有很大的作用。但数年后,炀帝又罢司隶台,仅留司隶从事之名,不为常员,临时选京官清明者权摄以行。虽然炀帝没有将这个巡察制度很好地加以坚持,但它对后世的影响还是很大的。唐太宗贞观初年分全国为十道,"遣大使十三人巡幸天下诸州"(《新唐书》卷49下《百官志》);宋代设路,而赋予转运使、提点刑狱等官员以监察州县之责。应该说,他们的做法都受到了汉武帝和隋炀帝设刺史巡察天下的影响。

综观隋代政区制度的建设,历时虽不长,但改制却不少,而且日趋完善和精密。其中尤以开皇三年罢天下诸郡改地方政区三级制为二级制和炀帝置十四刺史巡察天下二事影响为最大,堪称一代制度中的经典之作。

四、隋代政区沿革概述

明确了隋代的疆域之后,叙述隋代的政区沿革就有了一个清晰的范围和初步的基础。

《隋书》卷29《地理志》说:"高祖受终,惟新朝政,开皇三年,遂废诸郡。泊于九载,廓定江表,寻以户口滋多,析置州县。炀帝嗣位,又平林邑,更置三州。既而并省诸州,寻即改州为郡,乃置司隶刺史,分部巡察。五年,平定吐谷浑,更置四郡。大凡郡一百九十,县一千二百五十五。"(实际只列 1 252 县)这一段话,既简略地说出了隋代地方政区的沿革,又指明了隋代极盛时全国共有 190 郡、1 255 县的政区事实。但是,如果要真正细究一下每一时期郡县更改的情况,以及每一郡县在隋代三十多年中的变迁,那就远非三言二语所能说得清楚。综观隋代地方政区的变迁,以下几个问题比较值得注意。

第一,隋代政区上承魏晋南北朝的州郡县沿革,而魏晋南北朝又是我国历史上一个长期分裂动乱且政区多变的时期。因此,隋初的政区变迁纷繁复杂。开皇三年,隋文帝决心对全国政区进行整顿(南方在平陈后此项工作始得进行),许多州郡县被合并或撤销,而此合并或撤消的情况,《隋书·地理志》虽有较多记载,但仍有许多情况不明或不确。炀帝大业初年,再次省并全国州县,不久又改州为郡,《隋书·地理志》不但记时模糊,均以"大业初"括之,省并情况也不够详尽。所以隋祚虽短,疆域范围在历代也不算最大,但要将其政区沿革完全搞清楚,却是非常的艰难。清末杨守敬作《隋书地理志考证》,即有"千移百变,巧算难明"之叹。

第二,《隋书·地理志》所记郡县以大业五年为断,五年之后增减郡县即无记载,特别是恭帝义宁年间,全国已陷于混乱之中,郡县或废或失,甚至地方自建州县,变迁情况更为复杂。《元和郡县志》及新旧《唐书·地理志》虽有部分记载,缺漏却也难免。所以,要将隋末政区沿革叙述清楚,也非易事。

第三,隋文帝开皇三年废郡,政区由原来的州郡县三级变为州县二级。但炀帝大业三年又改州为郡,政区再变为郡县二级。前郡非后郡,前郡为三级中之第二级,后郡为二级中之第一级,体制本来非常明确,但因古籍记载简略,今人又往往不明隋制改变之由,遂误以前郡后郡为一体。如《隋书》卷31《地理志》彭城郡彭城县下有云:"旧置郡,开皇初郡废,大业初复置郡。"观此志文,世人直以为开皇、大业二郡无甚差异,殊不知开皇时彭城郡属徐州管辖,只领彭城、沛、承高三县,而大业时彭城郡即相当于开皇时之徐州,所管辖区领有彭城、蕲、谷阳、沛、留、丰、萧、滕、兰陵、符离、方与等十一县,岂开皇时止领三县之彭城郡所能比? 所以,不明此理,就读不懂《隋书·地理志》,误前郡为后郡,指新郡为旧地,种种谬误,皆可发生。

第四,隋代大规模整顿地方政区计有三次:一次是开皇三年,地域范围基本上是在长江以北;第二次是开皇九年平陈之后,在原陈境内并省州县;第三次是大业三年,在全国范围内裁撤州县。三次调整,时间似乎都很明确,学者们直以开皇三年、开皇九年、大业三年为断。但实际情况并非如此简单,特别是平陈之后在江南地区的改制工作,沿江地区进展还算快捷,而在岭南地区却因种种原因要到开皇十年乃至更晚些时候才得以完成。如《隋书》卷31《地理志》记南海郡四会县（今广东四会）下原有绥建、乐昌二郡云："平陈，二郡并废。"而《元和郡县志》乃云："开皇十年废郡。"又如桂平县（今广西桂平），梁于此置桂平郡，《隋书》卷31《地理志》亦云："平陈，郡废。"而《元和郡县志》乃云："隋开皇十年罢郡。"其他如潮州所辖义安郡，钦州所辖宋寿郡、安京郡，郁州所辖郁林郡，成州所辖苍梧郡，端州所辖宋隆郡、晋康郡，桂州所辖南静郡，或废于开皇十年，或废于开皇十一年，最迟甚至至开皇十九年才废除。由此可见，岭南地区的改制工作并非在平陈当年即告完成。《隋书》卷2《高祖纪》云："开皇十年八月壬申，遣柱国、襄阳郡公韦洸，上开府、东莱郡公王景，并持节巡抚岭南，百越皆服。"岭南地区在确立隋代统治过程中有过一番斗争，今人一律以开皇九年来断定"平陈郡废"的时间是不确切的。

第五，炀帝大业二年省并州县和大业三年改州为郡是地方政区变革中两件性质不同的事。《隋书》卷3《炀帝纪》云："大业二年春正月丁卯，遣十二使并省州县。"又云："大业三年夏四月壬辰，改州为郡。"很明显，前者是裁撤部分州县，后者是改州为郡，不可混为一谈。但因时间仅隔一年，诸书在记述这两件事情时又往往概言为"大业初废州"，遂使后人易生误解，以为二者皆为废州之事，无甚区别。这也是必须澄清并引起高度重视的事。

第六，前人言及隋初地方政区改革，一般只提开皇三年在原北周地区、开皇九年在原陈朝境内之废郡并县，而往往忽略开皇七年并后梁所得州郡县之改制。《周书》卷48《萧詧传》云："魏恭帝元年，太祖令柱国于谨伐江陵，詧以兵会之。及江陵平，太祖立詧为梁主，资以江陵一州之地。"所谓江陵一州，即荆州。而萧詧在位八年，于周武帝保定二年（562）卒；其后，詧子岿继位，国势益衰。《周书》卷48《萧岿传》又云："岿之十年，华皎来朝，至襄阳，请卫公直曰：'梁主既失江南诸郡，民少国贫，朝廷兴亡继绝，理宜资赡，岂使齐桓、楚庄独擅救卫复陈之美？望借数州，以裨梁国。'直然之，乃遣使言状高祖。高祖许之，诏以基、平、鄀三州归之于岿。"据此，是后梁有荆、平、基、鄀四州。开皇七年，隋并后梁，此四州之地亦进行了省并改革。地域虽小，郡县数也不多，但亦不可或缺。

隋代疆域既明，郡县沿革中值得注意的事项也已清楚，其沿革过程的叙述才能简明顺畅。

开皇元年，杨坚代周为帝，是为隋文帝。此时隋所领州郡县，即周末所辖范围。据《隋书》卷29《地理志》前序记述："周大象二年，通计州二百一十一，郡五百八，县一千一百二十四。"周大象二年为公元580年，第二年二月，周即禅位于隋，所以隋初州郡县之数大致可以此为准。王仲荦著《北周地理志》，共著录州二百一十五,郡五百五十二,县一千零五十六。王仲荦先生说:"拙著和《隋志》比较起来,州数差不多少,郡数比《隋志》多,县数比《隋志》少了六十多个。县数减少的重要原因,是我的工作做得没有到家,凭借的资料不足,许多县当时实际还存在的,但因为考查不到,以为都省并了。"其实,生活在一千四百多年后的今天,许多资料已经散佚,一些郡县难以得到确证,这也是合乎常理的事。其工作已做得很细致周到,因为即使是离隋不远的唐人写《隋书·地理志》,从《元和郡县志》、《太平寰宇记》等书的记载及后来的考古发掘材料来看,它也有许多缺漏。究其根源,主要是南北朝时设置州郡县太滥太乱,不但使后人如治棼丝,就是当时的中央政府也早已感到有切实整顿的必要。如北齐文宣帝天保七年(556)发布整顿郡县的诏书中就说:"魏自孝昌之际,数钟浇否,禄去公室,政出多门,衣冠道尽,黔首涂炭。铜马、铁胫之徒,黑山、青犊之侣,枭张晋赵,豕突燕秦,纲纪从兹而颓,彝章因此而紊。是使豪家大族,鸠率乡部,托迹勤王,规自署置。或外家公主,女谒内成,昧利纳财,启立州郡。离大合小,本逐时宜,剖竹分符,盖不获已。牧守令长,虚增其数,求功录实,谅足为烦,损害公私,为弊殊久,既乖为政之礼,徒有驱羊之费。"又云:"要荒之所,旧多浮伪,百室之邑,便立州名,三户之民,空张郡目。譬诸木犬,犹彼泥龙,循名督实,事归乌有。"(《北齐书》卷4《文宣帝纪》)这一番话,不但回顾了北魏孝昌以后郡县大量增加的原因和混乱情况,而且指出了问题的严重性。于是文宣帝决定并省州县,仅在当时北齐的范围内,这次并省就减少了三州、一百五十三郡、五百八十九县、二镇二十六戍。当时郡县数量之滥,由此可见一斑。而在南方,梁初只有二十三州,至大同年间,却已猛增至一百零七州。数量的增加没有节制,管理上的混乱自然难免。《资治通鉴·梁纪十四》有记载说:"大同五年,散骑常侍朱异奏:'顷来置州稍广,而大小不伦,请分为五品,其位秩高卑,参僚多少,皆以是为差。'诏从之。于是上品二十州,次品十州,次品八州,次品二十三州,下品二十一州。时上方事征伐,恢拓境宇,北逾淮汝,东距彭城,西开牂柯,南平俚洞,纷纶甚众,故异请分之。其下品皆异国之人,徒有州名而无土地,或因荒徼之民所居村落置州及郡县,刺史守令皆用彼人为之,尚书不能悉领。山川险远,职贡罕通。五品之外,又有二十余州不知处所,凡一百七州。又以边境镇戍,虽领民不多,欲重其将帅,皆建为郡,或一人领二三郡太守,州郡虽多而户口日耗矣。"这种"有州名而无土地"、"二十余州不知处所"、"一人领二三郡太守"的现象,在中国历史上都是空前绝后的,其混乱程度可以想见。陈因梁旧,虽疆域弥蹙,而混乱情况并无多大改观。特别是在边远之处,有州无辖郡,有郡无领县,种种奇事,皆有发生。所以,要想求得周末隋初州郡县之实数,确乎其难。今综合诸书所记,至开皇元年末,隋仍有州二百一十一,郡五百三十八,县一千零一十一,另有八州所辖郡县不明,又有二十二郡不知所领何县。与王仲荦的《北周地理志》相比,州数相差无几,郡县数却有所减少。这主要是王仲荦所列郡县并不是个个都延续到了北周末年,有些只是在北周出现过;另外,开皇元年虽未明令大规模裁减郡县,但实际上确有一些郡县被省并,故数量必然有所减少。

不过,即便如此,隋朝廷仍感到郡县繁多,管理不易,于是有兵部尚书杨尚希上表建议省并,他说:"窃见当今郡县倍多于古,或地无百里,数县并置;或户不满千,二郡分领。具僚以众,资费日多,吏卒人倍,租调岁减。清干良才,百分无一,动须数万,如何可觅? 所谓民少官多,十羊九牧。琴有更张之义,瑟无胶柱之理。今存要去闲,并小为大,国家则不亏粟帛,选举则易得贤才。"(《隋书》卷46《杨尚希传》)隋文帝采纳了他的建议,但不止是"存要去闲,并小为大",而是采取了更为彻底的行动,于开皇三年下令罢废了天下诸郡。其后,开皇七年并后梁、开皇九年平陈,共得四十四州,一百五十郡,五百二十七县,也在这两个地区实行了同样的改革。据统计,开皇元年时,隋、后梁、陈三个地区共有郡近七百个,一旦废除,官员及费用均大幅度减少,于国于民这都是一项很有益处的改革措施。更何况废郡的同时,还省并了不少州县,这就更进一步增强了减员省费的效果。特别是在平陈之后,对南方地区进行整顿工作的力度很大。以并县为例,许多地方都是数县合一,如宣州由二十县并为五县,苏州由十三县并为三县,闽州由十二县并为四县,抚州由十七县并为四县,广州由三十三县并为十八县,潭州由十五县并为四县等等,都是较为典型的例子。当然,相比之下,南方县的并省稍有过分之处,但尚属矫枉过正之举。开皇九年前,陈境内原有五百一十一县,隋平陈后,经过整顿,只存二百九十一县,总数减少了五分之二。关于这一点,前人关注是不够的,总以为开皇初主要是废郡,州县并省的数量不会太多,而事实并非如此。不但县数减少较多,即以地方行政最高一级的州而言,这次整顿虽非重点,但也不是丝毫未动,一些设置不太合理或地位不甚重要的州,于废郡的同时也遭到了裁撤,如《隋书》卷29《地理志》房陵郡光迁县下云:"又有旧绥州,开皇初与郡并废。"洮州归政县下亦云:"后周立弘州,开皇初州废。"汝南郡西平县下又云:"有故洈州、潜州,并后齐置,开皇初皆废。"废除总数,约有二十五州之多。所以,开皇初期的地方政区整顿是一次比较全面的整改,并非仅仅是废郡而已。

不过,在州一级政区的整改中,南方原陈朝统治区,废郡之际虽然也裁撤了北江州等少数不太重要的州,却又在一些地方增设了为数不少的新州,如杭州、歙州、饶州、虔州、抚州、吉州、袁州、洪州、循州、潮州、端州、澧州、衡州、郴州、永州、连州等，均是平陈后新立之州。增设的原因，一方面是陈朝原来设州不大合理，重点在沿江地区，平陈后长江已不是两国分界线，州的设置自然要有一番调整；另一方面，废郡之后，隋朝为了加强对一些重要地区的统治，势必要设州加以控制，如杭州、洪州、抚州、衡州等，地处要冲，民物繁庶，设州加强统治是完全必要的。所以，同样是州一级的政区，隋初调整，南北方的情况并不完全相同。

经过开皇初年的整顿以后，隋的政区由三级简化成了二级，州县的数量减少了许多，行政效率也有了较大的提高。但随着形势的变化，进入中期以后，隋朝廷对地方政区仍在不断进行调整。总的来看，开皇年间是以增置州县为主，罢废为次；而大业年间则以罢废为主，增置虽有，却数量有限。其中大业初年裁撤州县，改州为郡，不但数量多，而且范围广，其影响不在开皇初年整顿之下。

据统计，开皇三年在全国范围内进行整顿，共减州21，罢郡538，废县108；开皇七年并后梁、开皇九年平陈之后，又在原后梁及陈境减州4，罢郡150，废县220；二者相加，开皇前期之整顿，共减州25，罢郡688，废县328，力度不可谓不大。但在北方，隋朝廷又在开皇六年增置1州、59县；开皇十六年又在全国范围内增置31州、128县。为何隋朝在开皇三年整顿不久以后的开皇六年即增置五十多县，开皇十六年又增置一百多县？其原因究竟是什么？据现有资料来看，很可能与户口因素有关。如果对上述增置州县进行统计分析，可发现增置州县地区主要集中在今河南、河北及山东三省，即相当于大业时的河南、荥阳、梁郡、济阴、颍川、淮阳、东郡、东平、济北、北海、武阳、渤海、平原、信都、清河、魏郡、汲郡、武安、恒山、博陵、河间、河内等郡。这些地方，基本上是原北齐旧境，大多在今太行山以东，亦即古代的山东地区。而《隋书》卷24《食货志》有云："是时（《资治通鉴》系于开皇五年下）山东尚承齐俗，机巧奸伪，避役惰游者十六七，四方疲人，或诈老诈小，规免租赋。高祖令州县大索貌阅，户口不实者，正长远配，而又开相纠之科。大功以下，兼令析籍，各为户头，以防容隐。于是计帐进四十四万三千丁，新附一百六十四万一千五百口。"《隋书》卷55《乞伏慧传》亦云："高祖受禅，拜曹州刺史。曹土旧俗，民多奸隐，户口簿帐，恒不以实。慧下车按察，得户数万。"《隋书》卷56《令狐熙传》亦云："开皇二年拜沧州刺史，时山东承齐之蔽，户口簿籍类不以实。熙晓喻之，令自归首，至者一万户。"由此可见，原北齐境内户口不实的问题一直比较严重，所以隋文帝"大索貌阅"主要也是以该地区为对象。而检查结果，竟得一二百万人，因此增设五十余县也就有了可能。至于开皇十六年之增县，亦应与户口增加有关。《隋书》卷29《地理志》云："高祖受终,惟新朝政,开皇三年,遂废诸郡。洎于九载,廓定江表,寻以户口滋多,析置州县。"《隋书》卷24《食货志》亦云："隋文帝既平江表,天下大同,躬先俭约,以事府帑。开皇十七年,户口滋盛,中外仓库,无不盈积。"又云："时天下户口岁增,京辅及三河,地少而人众。"上述资料说明,在统一和平的环境内,隋朝不但经济得到了长足的发展,而且户口的增加也出现了前所未有的景象。在这种情况下,增设州县是很自然的事情。

既然开皇年间两次大规模增置州县均与户口增加有关,那么炀帝大业初年大规模裁撤州县是否又与人口减少有关呢？核诸史书,未见炀帝初年有大规模户口锐减之事,其原因显然又当别论。

首先,隋文帝当政二十多年,天下太平,户口滋生,故屡屡增置州县,至仁寿四年(604)即隋文帝在位最后一年,全国已有州303,县1 362。县数虽未及开皇元年(时隋、后梁、陈相加共有1 500多县),但州数比当初已多了五十多州。一级政区如此之多,似有违开皇初年整顿之初衷,理应加以削减。

其次,炀帝为人与文帝不同。文帝"劬劳日昃,经营四方","躬节俭,平徭赋"(《隋书》卷2《高祖纪》史臣赞语);炀帝则"恃才矜己,傲狠明德,内怀险躁,外示凝简"(《隋书》卷4《炀帝纪》史臣赞语)。所以二人在治国方略上也显示出了很大的差异性。文帝既创下了"中外仓库,无不盈积"的富国之资,于是炀帝即位之初就好大喜功,"负其富强之资,思逞无厌之欲,狭殷周之制度,尚秦汉之规摹"(《隋书》卷4《炀帝纪》史臣赞语)。所谓"狭殷周之制度",是指炀帝意欲建立比殷周规模更大的帝国;而"尚秦汉之规摹",则是说他要以秦汉郡县二级制为榜样。在这种思想指导下,于是有大业二年春正月的"遣十使并省州县",大业三年四月又"改州为郡"之连续举动。

第三,从大业初年州县的裁撤地区来看,并不像开皇六年、十六年那样主要集中在几个地区,而是遍及全国各地。不同地区在数量上虽有差异,但却无一例外。以州而言,全国共裁减121州,其中梁州地区(《隋书·地理志》将大业年间190郡以《禹贡》九州之名分成九个地区叙述其沿革)最多,裁了28州;其次为扬州地区,19州;冀州地区,19州;豫州地区,17州;荆州地区,13州;雍州地区,11州;再次为兖州地区,6州;徐州地区,5州;青州地区,3州。以裁县而言,则以冀州地区最多,达60县;其次为扬州地区,47县;豫州地区,31县;荆州地区,22县;兖州地区,16县;雍州地区,12县;青州地区,11县;再次为梁州地区,10县,徐州地区,7县;共裁216县。由此可见,此次裁撤州县是又一次全面调整。

第四,从裁撤后保留下来的州县地理位置来看,孰去孰留,似与距离交通线远近有关。据《隋书》卷3《炀帝纪》记载,仁寿四年炀帝甫即位,就下诏营建东京,准备出幸;大业元年,又发天下男女开通济渠,乘龙舟巡幸江都;其后,北巡榆林,西平吐谷浑,东征高丽,南临扬子津,几乎年年外出,岁岁巡幸。为了交通便捷,巡幸安全,保障供给,炀帝必然要对交通沿线加强控制,驿道所经、运河两岸之县他绝不会轻易废去,而所废之县大多在远离交通要道之地区。以扬州地区为例,所废47县,只有江浦一县靠近长江,其余各县均在岭南地区的沿海地带,那里地属边远,又非炀帝所经,故废去甚多。

第五,炀帝调整州县,有反文帝之道而行之的倾向,最明显的表现便是文帝开皇六年、十六年所置州县有不少被废除,而且地点多集中在豫州地区、冀州地区、兖州地区之内。如冀州地区所废60县中,信都郡之泽城、昌亭、观津三县,清河郡之夏津、贝丘、府城三县,汲郡之清淇、阳原、繁阳三县,河内郡之武陟县,上党郡之榆社县,河东郡之解县,太原郡之清源、阳真、东山、交漳四县,襄国郡之青山、任县二县,武安郡之鸡泽、曲周、陟乡、阳邑四县,赵郡之灵山、廉平、大陆三县,恒山郡之常山、王亭、鹿泉、苇泽四县,博陵郡之望都县,河间郡之任丘、芜蒌二县,均是文帝所置而被炀帝所废之县,占其所废县数一半以上。冀州地区如此,豫州地区及兖州地区也有类似情况发生。炀帝这样做,一方面可以提高每县领户数,使县控户口达到一定的规模,产生好的规模效果;另一方面,也可能是出于对文帝的一种逆反心理,因而对其开皇年间增县过多作了大规模的裁撤。总之,大业初年炀帝对地方政区的调整,原因是多方面的。只有充分了解当时的社会背景和炀帝的为人,才能对这次改革作出较为公正而客观的评价。不过,无论有多少种原因,从其结果来看,改革涉及的层次和范围,以及对后世的影响,都是很大的。

炀帝大业初年对全国政区进行又一次大的调整之后,至大业十年之前,个别郡县的变动虽然还有,但再没有出现过全国性的大变革。这一阶段稍大的变化有三次:一是大业五年平吐谷浑,次年在西域地区设西海、河源、且末、鄯善四郡,共领八县;二是大业六年在今海南岛分珠崖一郡为珠崖、儋耳、临振三郡,并新立十县;三是大业八年出征高丽,拔辽水西之武厉逻,置辽东、辽西、襄平三郡及辽西、怀远、泸河三县、通定镇等。其后不久,杨玄感反于黎阳,张金称叛于清河,一时之间,各地乱起,"大则跨州连郡,称帝称王;小则千百为群,攻城剽邑"(《隋书》卷4《炀帝纪》史臣赞语),许多郡县隋朝廷已无力控制,全国陷于一片混乱之中。到了大业十三年十一月,唐兵入京师,代王侑虽被立为恭帝,其实一介傀儡。其间郡县废立,虽用恭帝年号义宁,实际皆李氏集团所为。翌年三月,炀帝被宇文化及等人杀死在江都,隋随之灭亡。叙述隋末这一混乱时期的地方政区沿革,其难度不亚于隋初承南北分裂之乱绪。因为,一方面,许多郡县被地方势力及其后的农民起义军所攻占,隋中央和地方政府已不能有效行使对这些郡县的统治;另一方面,有些地方势力不但自己称帝称王,改元建号,而且在其势力范围内还新设郡县(有些又称为州县),甚至一直保持到唐朝,为唐中央政府所承认。这些政区的变动,虽然不是隋朝廷所为,但皆发生在唐代隋之前,鉴于本书断代为书的体例,所以也一并列入隋代之中。

五、研究的途径及方法

研究隋代政区制度及其变迁,《隋书·地理志》自然是最为基本的史料,应当熟读无疑。但唐代修《隋书》时,最初并无志书,只有纪传。后来补写志书,鉴于北齐、北周、萧梁及陈朝各史均无志书,于是合修一书,称为《五代史志》。该书初本别行,后来与《隋书》纪传部分合为一书,始蒙《隋书》之名。所以《隋书·地理志》并非只有隋代政区内容,而实含北齐、北周、梁、陈及隋共五代政区沿革。此志既记五代史实,内容自然繁杂,又由于当时"监之者专司画诺,修之者第事苟完"(杨守敬《隋书地理志考证跋》,参见刘知幾《史通》卷10《辨职》),所以存于书中之讹误就不在少数,严重影响了该书质量,若贸然引用,必以讹传讹,贻误后人。至清末,有杨守敬三覆是书,见其枝梧丛生,文义扞格,于是详加考订,多方纠误,作《隋书地理志考证》九卷。因此,研究隋代行政区划及其演变,除精读《隋书·地理志》外,杨氏所著《隋书地理志考证》亦是必读之书。二十多年前,湖北人民出版社要出版《杨守敬集》,其中《隋书地理志考证》一书即委托我进行整理,使我得以熟读此书,对《隋书·地理志》中的讹误了如指掌,对魏晋南北朝行政区划中的弊端也有了深切了解,并得以知晓如何利用二十四史、《元和郡县志》、《太平寰宇记》、《读史方舆纪要》及各地方志、金石材料等来验证《隋书·地理志》之正误,补充其内容之不足。正当我进行此项工作不久,王仲荦先生《北周地理志》由中华书局出版,拜读之余,深感王仲荦先生学问精深,又从中学得许多研究魏晋南北朝及隋代行政区划变迁之方法。所以,今日来说隋代政区研究的方法和途径,我得益于杨守敬和王仲荦两位先贤实在良多,自己不过下了一点钻研的死工夫而已,并没有多少新的发明和创造。而谭其骧先生主编《中国历史地图集》,将魏晋南北朝及隋代各州郡县准确定位,并形诸地图,对我撰写本书亦有很大帮助。要之,若无以往诸位学者作出艰苦努力,取得丰硕成果,凭我之浅学,实不敢操觚此隋代行政区划史之写作也。

上编 隋代行政区划变迁过程

第一章　开皇元年州郡县三级政区的分布

公元581年，隋文帝杨坚代周为帝，在原北周疆域范围内建立起了隋朝，是年即为开皇元年。

隋初，各项制度大都沿袭北周旧制，地方政区也仍然是实行州郡县三级制。根据《隋书》卷29《地理志》记载，北周大象二年（580）全国有"州二百十一，郡五百八，县一千一百二十四"。次年隋即代周，其间虽有变化，但因时间短暂，变化不大，所以这个数字可以看作是开皇元年州郡县三级的基本情况。

南北朝时期，地方政区制度较为混乱。按理说，隋文帝立国以后，应该立即对此加以整顿。但由于朝廷新立，政权初建，所以巩固政权、稳定帝位就成了隋文帝在开皇元年的头等大事，故而未能对地方行政加以大力整顿和改革，只是对个别郡县作了一些调整。据现有材料统计，到开皇元年年末，全国仍有211州，538郡，1 011县。这个统计数与《隋书·地理志》所载周末州郡县数相比，州数相同，而郡县数有较大差异。原因是211州中，有8州所领郡县今已无从知晓，另有22郡的领县今天也已无从考定。按周末211州领508郡、1 124县计，平均每州领2.4郡，每郡领2.2县。则8州约领20郡，开皇元年实际应有558郡。王仲荦《北周地理志》考定北周有552郡，与此558郡较为接近，而《隋书·地理志》云周末有郡508，缺少50郡左右，开皇元年没有对郡一级作大的调整，不可能相差如此之多，颇疑《隋书·地理志》所云"郡五百八"当是"郡五百八十"之误。另外，县数相差也较多，这也与上述8州领郡县不明和22郡领县无从考定有关。8州约领有20郡，这20郡约领44县；另外22郡亦应领50县，二者相加，共有94县。因此，开皇元年实际领县当在1 100以上。可惜年代久远，这些缺佚郡县的具体名目都难以明白。

兹将开皇元年全国州郡县三级政区分布情况列为表1。

表 1　开皇元年全国州郡县分布表

政区\数量\地区	雍州地区	梁州地区	豫州地区	兖州地区	冀州地区	青州地区	徐州地区	扬州地区	荆州地区	合计
州	29	61	31	4	32	4	10	16	24	211
郡	68	154	82	9	77	9	25	56	58	538
县	151	248	157	23	183	29	55	79	86	1 011

《隋书·地理志》将隋代疆域以《禹贡》九州之名分成九大地区叙其州郡县沿革,本篇亦以此分区详析。

第一节　开皇元年雍州地区州郡县的分布

雍州地区位于今陕西、甘肃、宁夏、青海北部和新疆东部,开皇元年时共有 29 州,68 郡,151 县。其中雍州所领京兆、冯翊、扶风三郡是汉代以来的三辅地区,也是隋朝京师所在地,故《隋书·地理志》将其列为首州,而青海、新疆等地要到隋炀帝大业五年西逐吐谷浑时才为隋有,开皇元年疆域尚不及此。

该地区的 29 州是:雍州、宜州、华州、同州、岐州、陇州、泾州、宁州、邠州、敷州、绥州、银州、延州、丹州、原州、夏州、长州、盐州、灵州、秦州、渭州、交州、兰州、河州、廓州、鄯州、凉州、甘州、瓜州。

在 29 州中,雍州是京城所在之州,所领郡县也较多。开皇元年,该州共领京兆、冯翊、扶风、咸阳 4 郡。其中京兆郡领有万年、长安、鄠县、盩厔、蓝田、新丰、渭南 7 县,冯翊郡领有高陆、广阳、三原、富平、鄣 5 县,扶风郡领有始平、武功、莫西 3 县,咸阳郡领有泾阳、宁夷、石安 3 县,全州共领 18 县。

雍州之北为宜州。领通川、宜君、云阳 3 郡,其中通川郡领有泥阳、土门 2 县,宜君郡领有宜君、同官 2 县,云阳郡只领云阳 1 县,全州共领 5 县。

雍州之东为华州。领华山、延寿 2 郡,其中华山郡领有郑、华阴、敷西 3 县,延寿郡领有下封、莲勺 2 县,全州共领 5 县。

雍州东北为同州。领武乡、澄城、白水 3 郡,其中武乡郡领有武乡、朝邑 2 县,澄城郡领有澄城、郃阳 2 县,白水郡领有蒲城、白水、姚谷 3 县,全州共领 7 县。

雍州之西为岐州。领岐山、武都 2 郡,其中岐山郡领有雍、三龙、周城 3 县,武都郡领有洛邑 1 县,全州共领 4 县。

岐州之西有陇州。领陇东、安夷二郡,其中陇东郡领有汧阴、汧阳2县,安夷郡领有长蛇、南由2县,全州共领4县。

陇州之北为泾州。领安定、平凉、平原、安武4郡,其中安定郡领安定1县,平凉郡领鹑觚1县,平原郡领阴盘1县,安武郡领安武、朝那2县,全州共领5县。

泾州之东为宁州。领赵兴、西北地2郡,其中赵兴郡领有定安、阳周2县,西北地郡领有彭阳、襄乐、归德3县,全州共领5县。

宁州之南为邠州。仅领新平1郡,郡领白土、三水、永寿3县,全州共领3县。

宁州之东有敷州。领内部、敷城2郡,其中内部郡领有内部、三川2县,敷城郡领有敷城、洛川2县,全州共领4县。

敷州之北是延州。领遍城、文安2郡,其中遍城郡领有广武、沃野、因城、义乡、魏平、真川、临真、广安8县,文安郡领有文安1县,全州共领9县。

延州之东又有丹州。领丹阳、乐川2郡,其中丹阳郡领有丹阳、云岩、太平3县,乐川郡领有汾川、门山2县,全州共领5县。

延州之西又有原州。领平高、长城2郡,其中平高郡领有平高、默亭、乌兰3县,长城郡领有长城、平凉2县,全州共领5县。

延州之北有绥州。领安宁、安政、抚宁、绥德4郡,其中安宁郡领有上县、安宁、安人、义良4县,安政郡领有大斌、城平2县,抚宁郡领有开疆、抚宁、延陵3县,绥德郡领有绥德1县,全州共领10县。

绥州之北又有银州。领真乡、开光2郡,其中真乡郡领真乡1县,开光郡领有开光、银城2县,全州共领3县。

延州西北又有夏州。领弘化、金明2郡,其中弘化郡领有岩绿、宁朔2县,金明郡领有广洛、永丰、启宁3县,全州共领5县。

夏州西南又有长州,领大安、阐熙2郡,其中大安郡领长泽1县,阐熙郡领有山鹿、新囶2县,全州共领3县。

长州之西又有盐州。领大兴1郡,郡领五原1县,全州共领1县。

盐州之西有灵州。领普乐、新昌、怀远、历城4郡,其中普乐郡领回乐1县,新昌郡领临河1县,怀远郡领怀远1县,历城郡领建安1县,全州共领4县。

陇州之西又有秦州。领天水、汉阳、清水、略阳4郡,其中天水郡领上封1县,汉阳郡领黄瓜1县,清水郡领有清水、伯阳2县,略阳郡领有略阳、成纪2县,全州共领6县。

秦州之西更有渭州。领陇西、南安、渭源3郡,其中陇西郡领有襄武、障、新兴3县,南安郡领有武阳、桓道2县,渭源郡领渭源1县,全州共领6县。

渭州之东偏北又有交州。领安阳1郡,郡领安阳、乌水2县,全州共领2县。

渭州西北则是兰州。领金城、武始2郡,其中金城郡领子城1县,武始郡领有勇田、狄道、阳素3县,全州共领4县。

兰州之西又有河州。领枹罕1郡,郡领枹罕、大夏、龙支3县,全州共领3县。

河州之西又有廓州。领洮河、达化2郡,其中洮河郡领有洮河、广威、安戎3县,达化郡领有达化、绥远2县,全州共领5县。

廓州之北又有鄯州。领乐都1郡,郡领西都、化隆2县,全州共领2县。

鄯州之北又有凉州。领武威、番和、广武3郡,其中武威郡领有姑臧、昌松2县,番和郡领有彰、燕支、力乾、安宁、广城5县,广武郡领广武1县,全州共领8县。

凉州之西又有甘州。领张掖、酒泉2郡,其中张掖郡领有永平、山丹、兰池、万岁、仙提5县,酒泉郡领有福禄、乐涫2县,全州共领7县。

甘州之西还有瓜州。领敦煌、常乐、永兴3郡,其中敦煌郡领鸣沙1县,常乐郡领凉兴1县,永兴郡领会稽1县,全州共领3县。

第二节　开皇元年梁州地区州郡县的分布

梁州地区位于今陕西南部,四川、重庆、贵州、云南北部及湖北西部,开皇元年时共有61州、154郡、248县。该地区地域辽阔,州县众多;一些边远地区,常有州领何郡、郡领何县情况不明者,又有一些州县置废年代不清无从判定者,皆因典籍缺载,年代久远,故时至今日,虽旁搜远绍,亦不能明。

该地区的61州是:梁州、洋州、集州、金州、直州、迁州、绥州、罗州、巴州、万州、蓬州、通州、并州、开州、渠州、邻州、容州、成州、洮州、叠州、弘州、旭州、岷州、宕州、武州、文州、邓州、扶州、芳州、凤州、康州、兴州、利州、沙州、龙州、汶州、翼州、覃州、始州、潼州、新州、隆州、遂州、合州、渝州、信州、南州、临州、益州、邛州、黎州、眉州、嘉州、陵州、资州、普州、泸州、戎州、南宁州、西宁州、黔州。

列于梁州地区首位的是梁州,州治即今陕西汉中市。领汉川、襄内、华阳、傥城4郡,其中汉川郡领有南郑、城固2县,襄内郡领有襄内、白云2县,华阳郡领有华阳、嶓冢、沔阳3县,傥城郡领有兴势、龙亭2县,全州共领9县。

梁州之东有洋州。领洋川、丰宁、洋中3郡,其中洋川郡领有洋川、黄金2县,丰宁郡领有丰宁、怀昌2县,洋中郡则领县无考,全州领县可考者4。

梁州之南又有集州。领平桑、其章、安宁、敬水、平南5郡,其中平桑郡领有难江、盘道、曲细3县,其章郡领有符阳、白石2县,安宁、敬水、平南3郡则领县不明,全州领县可考者5。

洋州之东又有金州。领魏兴、吉安、洵阳3郡,其中魏兴郡领西城1县,吉安郡领吉安1县,洵阳郡领洵阳1县,全州共领3县。

金州之西则有直州。领安康、忠诚、金城3郡,其中安康郡领宁都1县,忠诚郡领有石泉、魏昌2县,金城郡领直城1县,全州共领4县。

金州之东又有迁州。领光迁1郡,郡领光迁、永清2县,全州共领2县。

迁州附近又有绥州。该州开皇元年领郡无考,有绥阳1县。

迁州之西又有罗州。领上庸1郡,郡领上庸、竹山、孔阳3县,全州共领3县。

梁州之南有巴州。共领大谷、归化、木门、遂宁、哀戎、义阳6郡,其中大谷郡领化成1县,归化郡领曾口1县,木门郡领有伏强、池川2县,遂宁郡领有始宁、同昌、诺水3县,哀戎郡领其章1县,义阳郡领义阳1县,全州共领9县。

巴州东南又有万州。领万荣1郡,郡领永康1县。

巴州之南又有蓬州。领伏虞、义安、隆城3郡,其中伏虞郡领安固1县,义安郡领宣汉1县,隆城郡领有仪陇、大寅2县,全州共领4县。

蓬州之东又有通州。共领开巴、新宁、宁巴、寿阳、巴中、东关、三冈、临清、三巴9郡,其中开巴郡领石城1县,新宁郡领三冈1县,东关郡领有蛇龙、新宁2县,临清郡领有石鼓、临清2县,三巴郡领有东乡、下蒲、巴梁3县,其余各郡领县皆无考,全州领县可考者9。

通州东北又有并州。领永昌1郡,郡领宣汉1县。

并州之东又有开州。领周安、万世2郡,其中周安郡领有西流、新浦2县,万世郡领有万世、永宁2县,全州共领4县。

通州西南又有渠州。领流江、景阳2郡,其中流江郡领有流江、始安2县,景阳郡领有宕渠、绥安2县,全州共领4县。

渠州之南又有邻州。领邻山1郡,郡领邻山、邻水2县,全州共领2县。

邻州之东又有容州。领容山1郡,郡领魏安1县,全州共领1县。

梁州西北又有凤州。领两当、广化2郡,其中两当郡领有两当、梁泉2县,广化郡领有广化、思安2县,全州共领4县。

凤州之西又有成州。领仇池、长道2郡,其中仇池郡领有仓泉、潭水2县,长道郡领有长道、汉阳2县,全州共领4县。

成州之西又有洮州。领洮阳、博陵2郡,其中洮阳郡领有美相、洮阳、汛潭3县,博陵郡领有博陵、宁人2县,全州共领5县。

洮州之南又有叠州。领西疆1郡,郡领叠川、合川、乐川3县,全州共领3县。

洮州之西又有弘州。领开远、河滨2郡,而二郡领县皆无考。

弘州之南又有旭州。领通义、广恩2郡,其中通义郡领金城1县,广恩郡领广恩1县,全州共领2县。

洮州东南又有岷州。领同和、祐川2郡,其中同和郡领有溢乐、和政、当夷3县,祐川郡领基城1县,全州共领4县。

成州西南又有宕州。领宕昌、甘松2郡,其中宕昌郡领有阳宕、和戎2县,甘松郡领怀道1县,全州共领3县。

宕州东南又有武州。领永都、武阶2郡,其中永都郡领有将利、建威2县,武阶郡领有覆津、盘堤2县,全州共领4县。

武州之南又有文州。领卢北、阴平2郡,其中卢北郡领有建昌、正西2县,阴平郡领曲水1县,全州共领3县。

文州西北又有邓州。领邓宁、昌宁、封统、钳川4郡,其中邓宁郡领尚安1县,昌宁郡领帖夷1县,封统郡领同昌1县,钳川郡领钳川1县,全州共领4县。

邓州西南又有扶州。领龙涸1郡,郡领嘉诚、金崖、交川、江源4县,全州共领4县。

邓州西北又有芳州。领深泉、恒香2郡,其中深泉郡领有封德、理定2县,恒香郡领有常芳、恒香2县,全州共领4县。

成州之西又有康州。领广业1郡,郡领同谷、广长2县,全州共领2县。

成州西南又有兴州。领顺政、落丛2郡,其中顺政郡领有汉曲、灵道2县,落丛郡领有落丛、长举2县,全州共领4县。

兴州之南又有利州。领晋寿、新巴、恩金、宋熙4郡,其中晋寿郡领有兴安、益昌、义城、晋安4县,新巴郡领新巴1县,恩金郡领恩金1县,宋熙郡则领有嘉川、岐坪2县,全州共领8县。

利州之西又有沙州。领平兴、建阳2郡,其中平兴郡领平兴、白水、鱼盘3县,建阳郡领秦兴1县,全州共领4县。

沙州之西又有龙州。领江油、马盘、静龙3郡,其中江油郡领有江油、平武

2县,马盘郡领马盘1县,静龙郡领阴平1县,全州共领4县。

龙州西南又有汶州。领北部、汶山2郡,其中北部郡领广阳、北川2县,汶山郡只领汶川1县,全州共领3县。

汶州之北又有翼州。领翼针、清江2郡,其中翼针郡领翼针1县,清江郡领龙求1县,全州共领2县。

翼州西北又有覃州。领有广年郡、左封郡及覃川、荣乡二郡(双头郡),其中广年郡领有广年、平康2县,左封郡领县无考,覃川、荣乡二郡领通轨1县,全州领县可考者3。

龙州东南又有始州。领普安、黄原、安都3郡,其中普安郡领有普安、永归、胡原3县,黄原郡领有黄安、茂陵2县,安都郡领武连1县,全州共领6县。

始州西南又有潼州。领巴西、万安、安城、潼川4郡,其中巴西郡领有巴西、昌隆、魏城、金山、益昌、西充国6县,万安郡领万安1县,安城郡领涪城1县,潼川郡领安寿1县,全州共领9县。

潼州东南又有新州。共领昌城、玄武、高渠、盐亭、涌泉5郡,其中昌城郡领有昌城、射洪2县,玄武郡领伍城1县,高渠郡领高渠1县,盐亭郡领盐亭1县,涌泉郡则领有涌泉、广汉2县,全州共领7县。

新州之东又有隆州。领盘龙、南宕渠、金迁、白马4郡,其中盘龙郡领有阆内、南部、汉昌3县,南宕渠郡领有汉安、相如2县,金迁郡领有晋安、晋城、西水3县,白马郡领有奉国、义阳2县,全州共领10县。

隆州西南又有遂州。领石山、怀化2郡,其中石山郡领方义1县,怀化郡领有长江、始兴2县,全州共领3县。

遂州东南又有合州。领垫江、清居2郡,其中垫江郡领石镜1县,清居郡领汉初1县,全州共领2县。

合州东南又有渝州。领巴郡、七门、涪陵3郡,其中巴郡领巴县1县,七门郡领江阳1县,涪陵郡领汉平1县,全州共领3县。

渝州东北又有信州。领永安、巴东、建平、秭归4郡,其中永安郡领人复1县,巴东郡领云安1县,建平郡领有巫山、大昌2县,秭归郡领有长宁、乐乡2县,全州共领6县。

信州之西又有南州。领万川、怀德2郡,其中万川郡领有安乡、梁山2县,怀德郡领武宁1县,全州共领3县。

南州之南又有临州。只领临江1郡,郡领临江1县,全州只领1县。

新州西南又有益州。益州为蜀中要地,故领郡较多。共领蜀郡、犍为、九陇、广汉、晋熙、金渊、武康7郡,其中蜀郡领有成都、温江、郫县、新繁、广都5

县,犍为郡领有僰道、新津、晋原、清城 4 县,九陇郡领有九陇、青阳、陇泉、兴固 4 县,广汉郡领有雒县、新都 2 县,晋熙郡领阳泉 1 县,金泉郡(即金渊郡)领金泉 1 县,武康郡则领有阳安、婆闰 2 县,全州共领 19 县。

益州西南又有邛州。领蒙山、蒲阳、蒲原、临邛 4 郡,其中蒙山郡领有始阳、蒙山 2 县,蒲阳郡领依政 1 县,蒲原郡领有广定、临溪 2 县,临邛郡领临邛 1 县,全州共领 6 县。

邛州之南又有黎州。只领沈黎 1 郡,郡领沈黎 1 县,全州只领 1 县。

邛州东南又有眉州。领齐通、青神 2 郡,其中齐通郡领有齐通、洪雅 2 县,青神郡领青神 1 县,全州共领 3 县。

眉州东南又有嘉州。只领平羌 1 郡,郡领平羌 1 县,全州只领 1 县。

嘉州之东又有陵州。领怀仁、和仁、隆山 3 郡,其中怀仁郡领有普宁、蒲亭 2 县,和仁郡领有贵平、籍县 2 县,隆山郡领有隆山、江阳、白水 3 县,全州共领 7 县。

陵州之东又有资州。领资阳、资中 2 郡,其中资阳郡领资阳 1 县,资中郡领有盘石、内江 2 县,全州共领 3 县。

资州之北又有普州。领普慈、安居 2 郡,其中普慈郡领有多业、安岳、永康 3 县,安居郡领柔刚 1 县,全州共领 4 县。

资州之南又有泸州。领东江阳、洛源 2 郡,其中东江阳郡领有泸川、汉安、绵水、合江 4 县,洛源郡领富世 1 县,全州共领 5 县。

泸州之西又有戎州。该州开皇三年前共领六同、沉犀 2 郡,其中六同郡领有外江、南广 2 县,沉犀郡领武阳 1 县,全州共领 3 县。

戎州西南又有南宁州。该州所领郡县无考。

戎州之西又有西宁州。领越巂、亮善、宣化、邛部、平乐、白沙 6 郡,其中越巂郡领邛都 1 县,亮善郡领苏祇 1 县,宣化郡领可泉 1 县,邛部郡领邛部 1 县,平乐郡领平乐 1 县,白沙郡领台登 1 县,全州共领 6 县。

渝州东南又有黔州。该州不领郡县。

整个梁州地区开皇元年时有 3 州领郡县不明,另有 11 郡领县无考。

第三节　开皇元年豫州地区州郡县的分布

豫州地区地处中原,主要包括今河南省黄河以南、山东省西部及安徽省淮河以北等地,开皇元年时共有 31 州,82 郡,157 县。

该地区的 31 州是:洛州、陕州、熊州、和州、郑州、汴州、亳州、谯州、曹州、广州、许州、豫州、洧州、潜州、永州、息州、陈州、颍州、商州、上州、东义州、浙州、丰州、荆州、蒙州、淮州、殷州、纯州、郑州、潘州、溱州。

列于该地区首位的是洛州。炀帝时,诏杨素营东京于此,故洛州亦为隋朝重地。该州开皇元年共领河南、洛阳、河阴、阳城 4 郡,其中河南郡领河南 1 县,洛阳郡领有洛阳、缑氏 2 县,河阴郡领河阴 1 县,阳城郡则领有阳城、堙阳、康城 3 县,全州共领 7 县。

洛州之西有陕州。领崤、阌乡、弘农 3 郡,其中崤郡领有陕、崤 2 县,阌乡郡领有阌乡、湖城 2 县,弘农郡领弘农 1 县,全州共领 5 县。

洛州西南又有熊州。领宜阳、同轨、新安 3 郡,其中宜阳郡领有宜阳、甘棠、昌洛 3 县,同轨郡领有熊耳、渑池 2 县,新安郡领有新安、东垣 2 县,全州共领 7 县。

洛州之南又有和州。领伊川、新城 2 郡,其中伊川郡领有南陆浑、汝原、梁 3 县,新城郡领有新城、北陆浑 2 县,全州共领 5 县。

洛州之东又有郑州。领成皋、广武 2 郡,其中成皋郡领有成皋、荥阳、密 3 县,广武郡领有内牟、阳武、苑陵 3 县,全州共领 6 县。

郑州之东又有汴州。领陈留、阳夏、东郡 3 郡,其中陈留郡领有浚仪、开封 2 县,阳夏郡领有雍丘、襄邑、济阳、外黄 4 县,东郡领有白马、东燕、长垣 3 县,全州共领 9 县。

汴州东南又有亳州。领陈留、梁郡 2 郡,其中陈留郡领有小黄、浚仪、武平 3 县,梁郡领有睢阳、城安、下邑 3 县,全州共领 6 县。

亳州东南又有谯州。领谯、蒙、颍川、龙亢 4 郡,其中谯郡领有涡阳、临涣、白樟、龙山、萧 5 县,蒙郡领蒙县 1 县,颍川郡领县无考,龙亢郡领龙亢 1 县,全州领县可考者 7。

汴州之东又有曹州。领济阴、濮阳 2 郡,其中济阴郡领有定陶、冤句、乘氏、离狐 4 县,濮阳郡领有鄄城、廪丘、濮阳、西濮阳 4 县,全州共领 8 县。

洛州之南又有广州。领鲁阳、南阳、武山、顺阳、襄城、南襄城、汉广、定陵、襄邑、舞阴、期城 11 郡,其中鲁阳郡领有鲁县、河山 2 县,南阳郡领南阳 1 县,武山郡领有雉阳、潕阳 2 县,顺阳郡领汝南 1 县,襄城郡领有襄城、繁昌 2 县,南襄城郡领有叶、定南 2 县,汉广郡领汝坟 1 县,定陵郡领北舞 1 县,襄邑郡领有方城、叶(此叶县乃西魏侨置)、北平 3 县,舞阴郡领舞阴 1 县,期城郡领有临舞、东舞阳 2 县,全州共领 18 县。

广州之东又有许州。领颍川、许昌、阳翟 3 郡,其中颍川郡领有长社、临颍 2 县,许昌郡领有许昌、扶沟 2 县,阳翟郡领有阳翟、黄台 2 县,全州共领 6 县。

许州东南又有豫州。领汝南、临颍、汝阳、文城、初安、广宁6郡,其中汝南郡领有上蔡、保城2县,临颍郡领有邵陵、西平2县,汝阳郡领汝阳1县,文城郡领有武阳、灈阳2县,初安郡领有安昌、昭越2县,广宁郡领有新蔡、滆水、包信3县,全州共领12县。

豫州西北又有洧州。该州领郡县无考。

豫州西北还有潜州。该州所领郡县亦无考。

豫州西南又有永州。只领城阳1郡,郡领义兴、城阳、真阳3县,全州共领3县。

豫州东南又有息州。领汝南、新蔡、梁安3郡,其中汝南郡领有新息、安阳、白狗3县,新蔡郡领有包信、长陵2县,梁安郡领朗中1县,全州共领6县。

豫州东北又有陈州。领陈郡、丹阳、项城、淮阳4郡,其中陈郡领有项、长平、柳城3县,丹阳郡领有秣陵、和城2县,项城郡则领县无考,淮阳郡领阳夏1县,全州共领6县。

豫州之东又有颍州。领汝阴、陈留、颍川3郡,其中汝阴郡领有汝阴、郑城2县,陈留郡领陈留1县,颍川郡领许昌1县,全州共领4县。

洛州西南有东义州,只领义川1郡,郡领卢氏、长渊、朱阳3县,全州共领3县。

东义州西南又有商州。领上洛、上庸、拒阳、魏兴、邑阳5郡,其中上洛郡领上洛1县,上庸郡领有丰阳、商县2县,拒阳郡领拒阳1县,魏兴郡领南阳1县,邑阳郡领邑阳1县,全州共领6县。

商州之南又有上州。领上津、上甲2郡,其中上津郡领上津1县,上甲郡领有黄土、丰利2县,全州共领3县。

商州东南又有淅州。只领淅阳1郡,郡领中乡1县,全州共领1县。

淅州西南又有丰州。领武当、广福、齐兴3郡,其中武当郡领有武当、均阳2县,广福郡领广福1县,齐兴郡领郧乡1县,全州共领4县。

淅州之东又有荆州。此荆州乃后魏所置,理穰县;另有晋宋以来之荆州,理江陵,开皇元年时尚属后梁。隋开皇七年并后梁,荆州还治江陵,此处改置邓州。该荆州开皇元年领新野、南阳、武关、顺阳、南乡5郡,其中新野郡领有棘阳、穰县2县,南阳郡领有上宛、涅阳、临湍、冠军4县,武关郡领有武关、郦、安山3县,顺阳郡领清乡1县,南乡郡领有南乡、丹水2县,全州共领12县。

荆州东北又有蒙州。领北淯、雉阳2郡,其中北淯郡领武川1县,雉阳郡领有向城、北雉2县,全州共领3县。

蒙州东南又有淮州。领江夏、真昌2郡,其中江夏郡领有江夏、阳平2县,真昌郡领比阳1县,全州共领3县。

淮州东南又有殷州。只领城阳1郡，郡领城阳1县，全州只领1县。

淮州之南又有纯州。领上川、大义、汉广3郡，其中上川郡领有义乡、淮南2县，大义郡则领县无考，汉广郡领平氏1县，全州领县可考者3。

淮州东北又有郑州，此州治所不详，领郡县无考。

淮州东北又有潘州，此州治所亦不详，领郡县无考。

淮州东北还有溱州，此州治所亦不详，领郡县无考。

整个豫州地区开皇元年时有5州领郡县不明，又有3郡领县无考。另外有周康郡不知隶于何州，上蔡、青山、震山3县不知隶于何州、何郡。

第四节　开皇元年兖州地区州郡县的分布

兖州地区位于今河南、山东、河北三省交界地带，包括今河南东部、山东西北部及河北省南部等地，开皇元年时共有4州，9郡，23县。

该地区的4州是：济州、魏州、屯州、沧州。

列于兖州地区首位的是济州。领济北、肥城、东平、平原4郡，其中济北郡领有卢县、东阿2县，肥城郡领有肥城、蛇丘2县，东平郡领有清泽、寿张2县，平原郡领有聊城、博平、高唐3县，全州共领9县。

济州之西有魏州。领昌乐、武阳2郡，其中昌乐郡领有昌乐、贵乡、卫国3县，武阳郡领有乐平、莘亭、武阳3县，全州共领6县。

魏州之北又有屯州。领阳平1郡，郡领馆陶、清渊2县，全州共领2县。

屯州东北又有沧州。领乐陵、浮阳2郡，其中乐陵郡领有乐陵、阳信、平昌3县，浮阳郡领有浮阳、饶安、高成3县，全州共领6县。

第五节　开皇元年冀州地区州郡县的分布

冀州地区主要包括今河北、山西二省及北京、天津二市，辽宁西部、内蒙古中南部也有一些土地属于这个地区，开皇元年时共有32州，77郡，183县。

该地区的32州是：冀州、贝州、相州、卫州、黎州、怀州、泽州、潞州、蒲州、虞州、绛州、邵州、南汾州、晋州、汾州、介州、石州、肆州、蔚州、朔州、并州、洺州、赵州、恒州、定州、瀛州、幽州、燕州、易州、平州、玄州、营州。

列于冀州地区首位的是冀州。领长乐、渤海、安德3郡，其中长乐郡领有信都、枣强、下博、阜城、武强5县，渤海郡领有东光、南皮、蓨县3县，安德郡领有安德、平原2县，全州共领10县。

冀州之南有贝州。领清河、广宗2郡，其中清河郡领有武城、贝丘2县，广宗郡领有斌强、广宗2县，全州共领4县。

贝州西南又有相州。领魏郡、成安、林虑3郡，其中魏郡领有邺县、成安、临漳、洹水、武安、灵芝6县，成安郡领有滏阳、临水2县，林虑郡领有林虑、灵泉2县，全州共领10县。

相州之南又有卫州。领汲郡、修武2郡，其中汲郡领有朝歌、伍城2县，修武郡领有修武、获嘉2县，全州共领4县。

卫州之东又有黎州。只领黎阳1郡，郡领黎阳1县，全州只领1县。

卫州西南又有怀州。领河内、武德2郡，其中河内郡领有野王、轵2县，武德郡领有州县、怀县2县，全州共领4县。

怀州之北又有泽州。领高平、安平2郡，其中高平郡领有高都、高平2县，安平郡领有端氏、濩泽、永宁3县，全州共领5县。

泽州之北又有潞州。领上党、乡郡2郡，其中上党郡领有壶关、襄垣、寄氏、刈陵4县，乡郡领有乡县、铜鞮、阳城3县，全州共领7县。

泽州之西有绛州，领高凉、龙门、正平、绛郡4郡，其中高凉郡领高凉1县，龙门郡领龙门1县，正平郡领有临汾、闻喜、曲沃3县，绛郡领有绛县、小乡2县，全州共领7县。

绛州西南又有蒲州。领河东、汾阴2郡，其中河东郡领有蒲坂、虞乡2县，汾阴郡领有汾阴、猗氏2县，全州共领4县。

蒲州东南又有虞州。领有河北、安邑2郡，其中河北郡领有河北、芮城2县，安邑郡领有夏县、安邑2县，全州共领4县。

绛州东南又有邵州。领邵郡、王屋2郡，其中邵郡领有亳城、清廉、蒲原3县，王屋郡领王屋1县，全州共领4县。

绛州西北又有南汾州。领定阳、中阳、伍城3郡，其中定阳郡领有定阳、文城2县，中阳郡领昌宁1县，伍城郡领有伍城、平昌、蒲子3县，全州共领6县。

绛州之北又有晋州。领平河、西河、定阳、北绛、义宁、永安、临汾7郡，其中平河郡领有平河、禽昌、太平3县，西河郡领永安1县，定阳郡领县无考，北绛郡领北绛1县，义宁郡领有沁源、义宁、安泽、冀氏4县，永安郡领有永安、杨县2县，临汾郡领临汾1县，全州共领12县。

晋州西北又有汾州。领龙泉、吐京、临河3郡，其中龙泉郡领有长寿、平昌、大宁3县，吐京郡领有吐京、新城2县，临河郡领有临河、归化2县，全州共领7县。

汾州东北又有介州。领西河、介休2郡，其中西河郡领隰城1县，介休郡领有平昌、永安 2 县,全州共领 3 县。

介州西北又有石州。共领离石、窟胡、定胡、乌突 4 郡,其中离石郡领有离石、宁乡、卢山、平夷、良泉 5 县,窟胡郡领窟胡 1 县,定胡郡领定胡 1 县,乌突郡领乌突 1 县,全州共领 8 县。

介州东北有朔州,领广安、长宁 2 郡,其中广安郡领有招远、神武、岢岚、蔚汾 4 县,长宁郡领有长宁、云内 2 县,全州共领 6 县。

朔州之东又有肆州。领雁门、新兴 2 郡,其中雁门郡领有广武、石城、驴夷、阳曲 4 县,新兴郡领有秀容、平寇、铜川 3 县,全州共领 7 县。

肆州东北又有蔚州。只领灵丘 1 郡,郡领灵丘、大昌、广昌 3 县,全州共领 3 县。

朔州之南又有并州。领太原、乐平 2 郡,其中太原郡领有龙山、晋阳、受阳、东受阳、中都、阳邑、平遥 7 县,乐平郡领有乐平、梁榆、石艾 3 县,全州共领 10 县。

并州东南又有洺州。领广平、襄国、南和 3 郡,其中广平郡领有广年、平恩 2 县,襄国郡领有易阳、襄国、内丘 3 县,南和郡领南和 1 县,全州共领 6 县。

并州之东又有赵州。领赵郡、南赵 2 郡,其中赵郡领有平棘、高邑、廮遥 3 县,南赵郡领有广阿、平乡、南栾、柏仁 4 县,全州共领 7 县。

赵州之北又有恒州。领常山、蒲吾 2 郡,其中常山郡领有真定、井陉 2 县,蒲吾郡领有灵寿、蒲吾、行唐 3 县,全州共领 5 县。

恒州之东又有定州。领鲜虞、巨鹿、博陵 3 郡,其中鲜虞郡领有安喜、北平、曲阳、毋极、新市 5 县,巨鹿郡领有高城、安国 2 县,博陵郡领有安平、饶阳 2 县,全州共领 9 县。

定州之东又有瀛州。领河间、章武、高阳、漳河 4 郡,其中河间郡领有武垣、乐城、鄚、任丘 4 县,章武郡领有平舒、成平、文安 3 县,高阳郡领有高阳、博野、永宁 3 县,漳河郡领长芦 1 县,全州共领 11 县。

瀛州之北又有幽州。领燕郡、范阳、渔阳 3 郡,其中燕郡领有蓟、良乡、安次 3 县,范阳郡领有涿、范阳 2 县,渔阳郡领有潞县、雍奴、无终 3 县,全州共领 8 县。

幽州西北又有燕州。领长宁、永丰、昌平 3 郡,其中长宁郡领怀戎 1 县,永丰郡领县无考,昌平郡领有昌平、万年 2 县,全州共领 3 县。

幽州西南又有易州。领昌黎 1 郡,郡领新昌、永乐、遒 3 县,全州共领 3 县。

幽州之东又有平州。领北平 1 郡,郡领新昌、肥如 2 县,全州共领 2 县。

幽州之北又有玄州。领安乐 1 郡,郡领密云、燕乐 2 县,全州共领 2 县。

幽州东北更有营州。领建德 1 郡,郡领龙城 1 县,全州共领 1 县。

整个冀州地区有 2 郡领县无考。

第六节　开皇元年青州地区州郡县的分布

青州地区主要包括今山东中部和东部,开皇元年时共有 4 州,9 郡,29 县。

该地区的 4 州是:青州、齐州、光州、胶州。

列于青州地区首位的是青州。领齐郡、高阳、乐安 3 郡,其中齐郡领有益都、昌国、广饶 3 县,高阳郡领有北海、都昌 2 县,乐安郡领有千乘、乐安、高阳、长乐 4 县,全州共领 9 县。

青州之西是齐州。领济南、东平原 2 郡,其中济南郡领有历城、卫国、临邑、山茌、祝阿 5 县,东平原郡领有武强、平原、高唐、贝丘 4 县,全州共领 9 县。

青州之东是光州。领东莱、长广 2 郡,其中东莱郡领有掖县、昌阳、长广 3 县,长广郡领有黄县、牟平、文登 3 县,全州共领 6 县。

青州东南则有胶州。领高密、平昌 2 郡,其中高密郡领有东武、琅邪、昌安 3 县,平昌郡领有黔陬、高密 2 县,全州共领 5 县。

第七节　开皇元年徐州地区州郡县的分布

徐州地区主要包括今江苏、安徽两省淮河以北及山东南部地带,开皇元年时共有 10 州,25 郡,55 县。

该地区的 10 州是:徐州、仁州、睢州、兖州、沂州、莒州、海州、泗州、宋州、邳州。

列于徐州地区首位的是徐州。领彭城、永昌、兰陵 3 郡,其中彭城郡领有彭城、沛、承高、龙城、吕、安阳 6 县,永昌郡领有成武、丰 2 县,兰陵郡领有承、蕃 2 县,全州共领 10 县。

徐州之南有仁州。领蕲城、谷阳 2 郡,其中蕲城郡领蕲城 1 县,谷阳郡领有高昌、临淮 2 县,全州共领 3 县。

徐州东南又有睢州。领睢南 1 郡,郡领符离、竹邑 2 县,全州共领 2 县。

徐州之北又有兖州。领高平、任城、东平 3 郡,其中高平郡领有任城、高平、金乡 3 县,任城郡领有鲁、汶阳、邹、平原、乐平 5 县,东平郡领有博平、奉高、岱山、梁父、须昌、嬴 6 县,全州共领 14 县。

徐州东北又有沂州。领琅邪 1 郡,郡领即丘、费、武阳、新泰 4 县,全州共领 4 县。

沂州东北又有莒州。领东安、义塘 2 郡，其中东安郡领有莒、东莞、新泰 3 县，义塘郡领有义塘、归义、怀仁 3 县，全州共领 6 县。

沂州东南则有海州。领朐山、东海、海安、武陵、沭阳 5 郡，其中朐山郡领朐山 1 县，东海郡领有广饶、东海 2 县，海安郡领襄贲 1 县，武陵郡领有上鲜、洛要 2 县，沭阳郡领沭阳 1 县，全州共领 7 县。

海州之西又有泗州。领宿豫、高平、淮阳 3 郡，其中宿豫郡领宿豫 1 县，高平郡领高平 1 县，淮阳郡则领有淮阳、临清 2 县，全州共领 4 县。

泗州之南又有宋州。领夏丘、潼郡 2 郡，其中夏丘郡领晋陵 1 县，潼郡领睢陵 1 县，全州共领 2 县。

泗州之北则有邳州。领下邳、武原、郯郡 3 郡，其中下邳郡领下邳 1 县，武原郡领武原 1 县，郯郡领郯县 1 县，全州共领 3 县。

第八节　开皇元年扬州地区州郡县的分布

扬州地区地域辽阔，包括今江苏、安徽两省淮河以南，以及浙江、福建、江西、广东、广西等省，最南处可达今越南中部，但开皇元年时隋朝只拥有长江以北地区，长江以南尚属陈朝，故当时属隋朝的只有 16 州，56 郡，79 县。

该地区属隋朝的 16 州是：吴州、楚州、方州、滁州、西楚州、扬州、光州、南郢州、南建州、浍州、义州、蕲州、庐州、霍州、晋州、和州。

列于扬州地区首位的是吴州。领广陵、江阳（双头郡）、海陵、山阳、盐城、神农、盱眙 7 郡，其中广陵、江阳二郡领有广陵、江都 2 县，海陵郡领有海陵、建陵、如皋、宁海 4 县，山阳郡领山阳 1 县，盐城郡领盐城 1 县，神农郡领有高邮、竹塘、三归、临泽 4 县，盱眙郡领盱眙、考城、直渎、阳城 4 县，全州共领 16 县。

吴州之北有楚州。领淮阴、阳平、东莞 3 郡，其中淮阴郡领淮阴 1 县，阳平郡领有安宜、石鳖 2 县，东莞郡领县无考，全州共领 3 县。

吴州之西又有方州。领六合、石梁 2 郡，其中六合郡领有尉氏、堂邑、方山 3 县，石梁郡领石梁 1 县，全州共领 4 县。

吴州西南又有滁州。领新昌、北谯、南梁 3 郡，其中新昌郡领有顿丘、高塘、乐巨 3 县，北谯郡领有北谯、西谯、丰乐 3 县，南梁郡领慎县 1 县，全州共领 7 县。

吴州西北又有西楚州。领钟离、广安、济阴、荆山 4 郡，其中钟离郡领钟离 1 县，广安郡领定远 1 县，济阴郡领昭义 1 县，荆山郡领马头 1 县，全州共领 4 县。

西楚州之西又有扬州。领淮南、梁郡、北谯、汝阴、陈留、北陈 6 郡,其中淮南郡领寿春 1 县,梁郡领蒙县 1 县,北谯郡领北谯 1 县,汝阴郡领汝阴 1 县,陈留郡领有浚仪、小黄、雍丘 3 县,北陈郡领有长平、西华 2 县,全州共领 9 县。

扬州之西又有光州。领光城、弋阳、宋安、丰安 4 郡,其中光城郡领有光城、乐安 2 县,弋阳郡领定城 1 县,宋安郡领宋安 1 县,丰安郡领新城 1 县,全州共领 5 县。

光州之北又有南郢州。领东光城、淮南、齐安、新蔡、边城 5 郡,其中东光城郡领光城 1 县,淮南郡领东新蔡 1 县,齐安、新蔡 2 郡领县无考,边城郡领茹由 1 县,全州领县可考者 3。

光州东南又有南建州。领平高、义城、新蔡、新城 4 郡,其中平高郡领平高 1 县,义城郡领包信 1 县,新蔡郡领新蔡 1 县,新城郡领新城 1 县,全州共领 4 县。

光州东北又有涢州。领新蔡、边城、光化 3 郡,其中新蔡郡领固始 1 县,边城郡领期思 1 县,光化郡领县无考,全州领县可考者 2。

光州之南又有义州。只领义城 1 郡,郡领罗田 1 县,全州只领 1 县。

义州之南又有蕲州。领齐昌、永安 2 郡,其中齐昌郡领有齐昌、蕲水 2 县,永安郡领浠水 1 县,全州共领 3 县。

蕲州东北又有庐州。领汝阴、庐江、枞阳 3 郡,其中汝阴郡领有汝阴、蕲县 2 县,庐江郡领庐江 1 县,枞阳郡领有枞阳、阴安 2 县,全州共领 5 县。

庐州西南又有霍州。领岳安、北沛、安丰 3 郡,其中岳安郡领有岳安、开化 2 县,北沛郡领新蔡 1 县,安丰郡领有安丰、松滋 2 县,全州共领 5 县。

霍州西南又有晋州。领晋熙、高塘、新蔡、大雷 4 郡,其中晋熙郡领有怀宁、太湖 2 县,高塘郡领高塘 1 县,新蔡郡领永兴 1 县,大雷郡领新冶 1 县,全州共领 5 县。

晋州东北又有和州。该州开皇元年共领历阳、乌江 2 郡,其中历阳郡领有历阳、龙亢 2 县,乌江郡只领乌江 1 县,全州共领 3 县。

隋开皇元年所有扬州地区州郡中,有 4 郡领县无考。

第九节　开皇元年荆州地区州郡县的分布

荆州地区包括今湖北大部和湖南全部,另外,江西九江、河南信阳、广东连县等地也属于这个地区。开皇元年时隋朝只拥有长江以北,而后梁还占有江陵周围三百里之地,故当时属隋朝的只有 24 州,58 郡,86 县。

该地区属于隋朝的 24 州是：硖州、郢州、复州、江州、亭州、施州、业州、襄州、昌州、湖州、蔡州、隋州、土州、唐州、顺州、安州、温州、应州、衡州、巴州、黄州、北江州、南定州、申州。

列于荆州地区首位的是荆州，但该州开皇元年时尚属后梁，不属隋朝。

荆州西北有硖州。领宜都、汶阳 2 郡，其中宜都郡领有夷道、夷陵 2 县，汶阳郡领远安 1 县，全州共领 3 县。

荆州东北有郢州。领石城、汉东、漻川 3 郡，其中石城郡领长寿 1 县，汉东郡领有蓝水、漻水、上蔡 3 县，漻川郡领有汵川、漻陂 2 县，全州共领 6 县。

荆州之东有复州。领沔阳、竟陵、汉川 3 郡，其中沔阳郡领建兴 1 县，竟陵郡领有竟陵、京山 2 县，汉川郡领甑山 1 县，全州共领 4 县。

荆州之西有江州。领宜都 1 郡，郡领宜昌 1 县，全州只领 1 县。

江州之西又有亭州。领资田 1 郡，郡领盐水 1 县，全州只领 1 县。

亭州之西又有施州。领清江 1 郡，郡领沙渠、飞乌 2 县，全州共领 2 县。

施州东北又有业州。领军屯 1 郡，郡领建始 1 县，全州只领 1 县。

荆州之北又有襄州。领襄阳、河南、德广、武泉、南襄阳、长湖 6 郡，其中襄阳郡领有襄阳、阴城、筑阳、义城 4 县，河南郡领安养 1 县，德广郡领上洪 1 县，武泉郡领有率道、汉南、义清 3 县，南襄阳郡领思安 1 县，长湖郡领有常平、旱停 2 县，全州共领 12 县。

襄州之东又有昌州。领广昌、安昌 2 郡，其中广昌郡领有广昌、清潭 2 县，安昌郡领有春陵、丰良 2 县，全州共领 4 县。

昌州之北又有湖州。领升平、洞川、襄城 3 郡，其中升平郡领有湖阳、柘林 2 县，洞川郡领钟离 1 县，襄城郡领上马 1 县，全州共领 4 县。

昌州之西又有蔡州。领蔡阳、千金 2 郡，其中蔡阳郡领有蔡阳、双泉 2 县，千金郡只领瀴源 1 县，全州共领 3 县。

昌州之东又有隋州。领隋、漂西 2 郡，其中隋郡领有隋、光化 2 县，漂西郡只领漂西 1 县，全州共领 3 县。

隋州东北又有土州。领齐郡、永川 2 郡，其中齐郡领有左阳、石武、漳川 3 县，永川郡则领县无考，全州共领 3 县。

隋州西北又有唐州。领下溠、漂川、涢水、遂安 4 郡，其中下溠郡领下溠 1 县，漂川郡领清嘉 1 县，涢水郡领有安贵、横山 2 县，遂安郡领梁安 1 县，全州共领 5 县。

隋州之北又有顺州。领南阳、淮南 2 郡，其中南阳郡领有厉城、顺义 2 县，淮南郡只领安化 1 县，全州共领 3 县。

隋州之南又有安州。领安陆、城阳、曲陵、澴岳4郡,其中安陆郡领有安陆、吉阳2县,城阳郡领有应城、云梦、浮城3县,曲陵郡领曲陵1县,澴岳郡领有孝昌、京池2县,全州共领8县。

安州西南又有温州。领梁宁、富水2郡,其中梁宁郡领有角陵、盘陂2县,富水郡领富水1县,全州共领3县。

安州东北又有应州。领永阳、平靖、上明3郡,其中永阳郡领永阳1县,平靖郡领平靖1县,上明郡领有平林、洛平2县,全州共领4县。

安州之东又有衡州。领齐安1郡,郡领南安1县,全州只领1县。

衡州之南又有巴州。领西阳1郡,郡领西阳1县,全州只领1县。

衡州之西又有黄州。领安昌1郡,郡领黄陂1县,全州只领1县。

黄州之北又有北江州。领梁安、义阳、永安3郡,其中梁安郡领梁安1县,义阳郡领义阳1县,永安郡领新城1县,全州共领3县。

衡州东北又有南定州。领弋阳、建宁、阴平、定城4郡,其中弋阳郡领信安1县,建宁郡领建宁1县,阴平郡领阴平1县,定城郡则领县无考,全州共领3县。

隋州之东又有申州。领义阳、宋安、齐安、淮安4郡,其中义阳郡领有平阳、义阳2县,宋安郡领有乐宁、东随2县,齐安郡领有齐安、高安2县,淮安郡领慕化1县,全州共领7县。

隋开皇元年所有荆州地区州郡中,有2郡领县无考。

第二章　开皇三年州县二级政区的分布

经过两年多的努力,隋文帝巩固了从北周取得的政权,开始改革前朝留下来的一些弊病。其中地方行政方面的改革,最引人注目的就是罢天下诸郡,改州郡县三级制为州县二级制,同时也省并了许多州县,使以往地方行政的混乱状态得到了一次大规模的整顿和改革。

《隋书》卷46《杨尚希传》云:"高祖受禅,拜度支尚书,进爵为公。岁余,出为河南道行台兵部尚书,加银青光禄大夫。尚希时见天下州郡过多,上表曰:'窃见当今郡县倍多于古,或地无百里,数县并置,或户不满千,二郡分领。具僚以众,资费日多,吏卒人倍,租调岁减。清干良才,百分无一,动须数万,如何可觅?所谓民少官多,十羊九牧。琴有更张之义,瑟无胶柱之理。今存要去闲,并小为大,国家则不亏粟帛,选举则易得贤才。敢陈管见,伏听裁处。'"杨尚希的表文不但指出了州郡过多的种种弊病,说明了改革的必要,而且提出了存要去闲,并小为大的具体做法,阐明了改革可使"国家不亏粟帛,选举易得贤才"的重要意义。隋文帝览此表后,十分赞赏杨尚希的看法,于是下令于开皇三年十一月在全国范围内进行地方行政制度的改革。

经过这次改革,全国一级政区的州由开皇元年的211个减少到了190个,取消了郡一级政区,县一级政区也由原先的1 011个减少到了903个。这样一来,不但减少了行政级别,有利于提高行政效率,而且裁减了大批官员,减轻了国家和百姓的负担。因此,这是一次成功的改革。

兹将开皇三年(583)地方政区改革整顿后全国州县的分布情况列为表2。

表2　开皇三年全国州县分布表

政区\数量\地区	雍州地区	梁州地区	豫州地区	兖州地区	冀州地区	青州地区	徐州地区	扬州地区	荆州地区	合计
州	30	56	25	4	31	4	9	11	20	190
县	133	215	147	21	185	28	44	51	79	903

第一节　开皇三年雍州地区州县的分布

雍州地区共有 30 州，133 县。

开皇三年地方政区改革整顿后，雍州地区原有的 29 州都得到了保留，并新建了榆林关（相当于州一级的特殊单位）；而各州所属的郡则全部废除，25 个县被省并；另外，出于统治需要，又新置了 7 个县，更改了 5 个县名。兹将各州情况介绍如下，并见图 1、图 2。

1. 雍州废原属冯翊郡之郃县，又废原属咸阳郡之石安县，并改万年县为大兴县，领 16 县：大兴、长安、鄠县、盩厔、蓝田、新丰、渭南、高陆、广阳、三原、富平、始平、武功、莫西、泾阳、宁夷。
2. 宜州无废县，仍领 5 县：泥阳、土门、宜君、同官、云阳。
3. 华州废原属华山郡之敷西县，领 4 县：郑县、华阴、下封、莲勺。
4. 同州废原属白水郡之姚谷县，领 6 县：武乡、朝邑、澄城、郃阳、蒲城、白水。
5. 岐州仍领 4 县：雍县、三龙、周城、洛邑。
6. 陇州仍领 4 县：汧阴、汧阳、长蛇、南由。
7. 泾州废原属安武郡之安武县，领 4 县：安定、鹑觚、阴盘、朝那。
8. 宁州无废县，开皇二年又立弘化县（开皇十八年改属弘州），共领 6 县：定安、阳周、彭阳、襄乐、归德、弘化。
9. 邠州废原属新平郡之永寿县，领 2 县：白土、三水。
10. 敷州无废县，开皇三年又立洛交县，共领 5 县：内部、三川、敷城、洛川、洛交。
11. 绥州无废县，但改安人县为吉万县，仍领 10 县：上县、安宁、吉万、义良、大斌、城平、开疆、抚宁、延陵、绥德。
12. 银州无废县，又新立儒林县，共领 4 县：真乡、开光、银城、儒林。
13. 延州仍领 9 县：广武、沃野、因城、义乡、魏平、真川、临真、广安、文安。
14. 丹州无废县，但改丹阳县为义川县，仍领 5 县：义川、云岩、太平、汾川、门山。
15. 原州仍领 5 县：平高、默亭、乌兰、长城、平凉。
16. 夏州废原属金明郡之永丰、启宁 2 县，领 3 县：岩绿、宁朔、广洛。
17. 长州废原属阐熙郡之山鹿、新囤 2 县，只领长泽 1 县。
18. 盐州仍领 1 县：五原。
19. 灵州废原属新昌郡之临河县，领 3 县：回乐、怀远、建安。

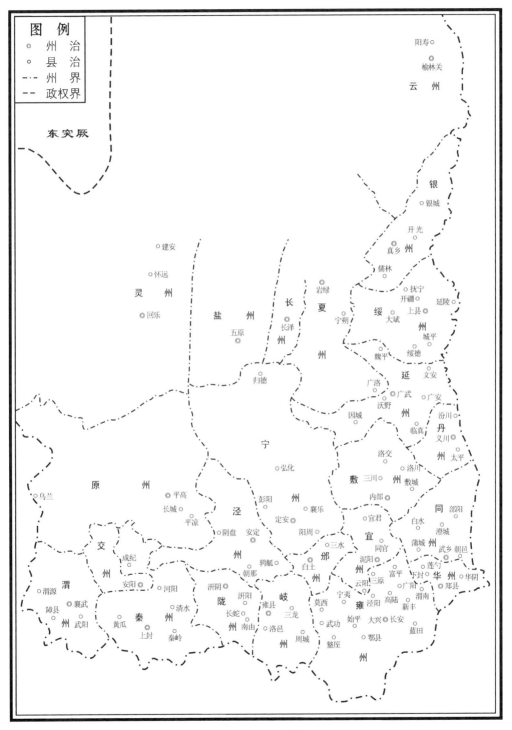

图1 开皇三年关陇诸州县

20. 开皇三年置榆林关,又立阳寿、油云 2 县。

21. 秦州无废县,但改伯阳县为秦岭县,又改略阳县为河阳县,仍领 6 县:上封、黄瓜、清水、秦岭、河阳、成纪。

22. 渭州废原属陇西郡之新兴县,又废原属南安郡之桓道县,领 4 县:襄武、障县、武阳、渭源。

23. 交州仍领 2 县:安阳、乌水。

24. 兰州废原属武始郡之勇田县和阳素县,领 2 县:子城、狄道。

25. 河州仍领 3 县:枹罕、大夏、龙支。

26. 廓州废原属洮河郡之洮河、广威、安戎 3 县,新立河津县,又废原属达化郡之绥远县,领 2 县:河津、达化。

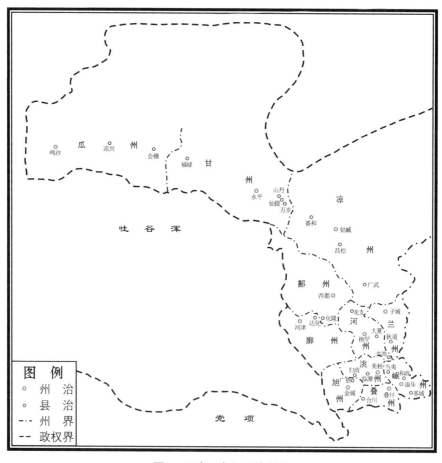

图 2　开皇三年河西诸州县

27. 鄯州仍领 2 县：西都、化隆。
28. 凉州废原属番和郡之彰县，新立番和县，又废燕支、力乾、安宁、广城 4 县，领 4 县：姑臧、昌松、番和、广武。
29. 甘州废原属酒泉郡之乐涫县，领 6 县：永平、山丹、兰池、万岁、仙提、福禄。
30. 瓜州仍领 3 县：鸣沙、凉兴、会稽。

第二节　开皇三年梁州地区州县的分布

梁州地区共有 56 州，215 县。

开皇三年地方政区改革整顿后，梁州地区废绥、万、容、弘、南、黎 6 州，新立垟州，共有 56 州；各州原有之郡全部废除，36 个县被省并；出于统治需要，又新立 3 县，更改 1 个州名、9 个县名。兹将各州及所废之州情况介绍如下，并见图 3、图 4、图 5。

1. 梁州废原属华阳郡之华阳、沔阳 2 县，又废原属倓城郡之龙亭县，领 6 县：南郑、城固、褒内、白云、蟠冢、兴势。
2. 洋州废原属洋川郡之洋川县，领 3 县：黄金、丰宁、怀昌。
3. 集州仍领 5 县：难江、盘道、曲细、符阳、白石。
4. 金州废原属吉安郡之吉安县，领 2 县：西城、洵阳。
5. 直州废原属忠诚郡之魏昌县，又废原属金城郡之直城县，领 2 县：宁都、石泉。
6. 迁州仍领 2 县：光迁、永清。
7. 绥州开皇三年废，所领绥阳 1 县亦废。
8. 罗州废原属上庸郡之孔阳县，领 2 县：上庸、竹山。
9. 巴州废原属木门郡之池川县，又废原属遂宁郡之诺水县。又万州废于开皇三年，所领永康县改隶巴州，故开皇三年巴州共领 8 县：化成、曾口、伏强、始宁、同昌、其章、义阳、永康。
10. 万州开皇三年废，所领永康 1 县改隶巴州。
11. 蓬州仍领 4 县：安固、宣汉、仪陇、大寅。
12. 通州废原属东关郡之蛇龙、新宁 2 县，又废原属临清郡之临清县，再废原属三巴郡之下蒲、巴渠 2 县，领 4 县：石城、三冈、石鼓、东乡。
13. 并州仍领宣汉 1 县。
14. 开州仍领 4 县：西流、新浦、万世、永宁。
15. 渠州无废县，又开皇三年废容州，所领魏安县亦隶渠州，故共领 5 县：

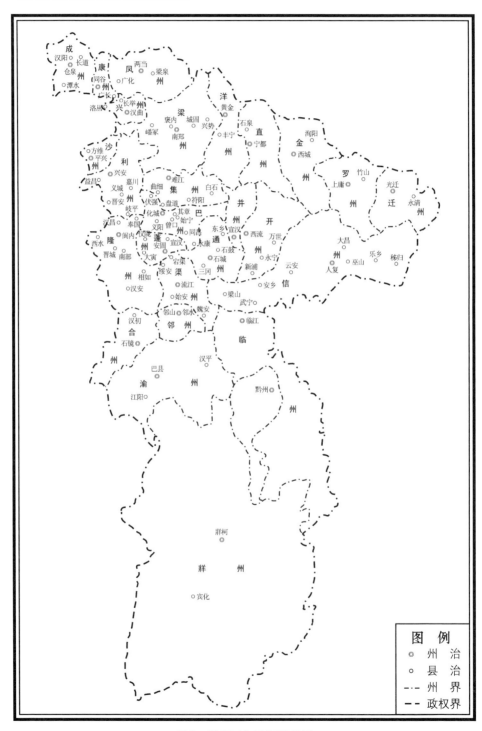

图 3 开皇三年巴汉诸州县

流江、始安、宕渠、绥安、魏安。

16. 邻州仍领 2 县：邻水、邻山。

17. 容州开皇三年废，所领魏安 1 县改隶渠州。

18. 成州仍领 4 县：仓泉、潭水、长道、汉阳。

19. 洮州废原属洮阳郡之洮阳县，又废原属博陵郡之博陵、宁人 2 县，而废弘州之归政县来属，领 3 县：美相、汎潭、归政。

20. 叠州仍领 3 县：叠川、合川、乐川。

21. 弘州开皇三年废，所领归政 1 县改隶洮州。

22. 旭州仍领 2 县：金城、广恩。

23. 岷州仍领 4 县：溢乐、和政、当夷、基城。

24. 宕州仍领 3 县：阳宕、和戎、怀道。

25. 武州仍领 4 县：将利、建威、覆津、盘堤。

26. 文州仍领 3 县：建昌、正西、曲水。

27. 邓州仍领 4 县：尚安、钳川、同昌、帖夷。

28. 扶州仍领 4 县：嘉诚、金崖、交川、江源。

29. 芳州废原属深泉郡之理定县，又废原属恒香郡之恒香县，领 2 县：封德、常芳。

30. 凤州仍领 4 县：两当、梁泉、广化、思安。

31. 康州仍领 2 县：同谷、广长。

32. 兴州仍领 4 县：汉曲、灵道、落丛、长举。

33. 利州废原属新巴郡之新巴县，领 7 县：兴安、益昌、义城、晋安、恩金、嘉川、岐坪。

34. 沙州废原属平兴郡之白水县，又改秦兴县为方维县，领 3 县：平兴、鱼盘、方维。

35. 龙州无废县，开皇三年以阴平县属始州，故只领 3 县：江油、平武、马盘。

36. 汶州仍领 3 县：广阳县、北川县、汶川县。

37. 翼州改龙求县为清江县，仍领 2 县：翼针、清江。

38. 覃州仍领 3 县：通轨、广年、平康。

39. 始州废原属黄原郡之茂陵县，又以龙州之阴平县、潼州之安寿县来属，故开皇三年领有 7 县：普安、永归、胡原、黄安、武连、阴平、安寿。

40. 潼州废原属巴西郡之益昌县，又改涪城县为安城县，并以安寿县改隶始州，故开皇三年只领 7 县：巴西、昌隆、魏城、金山、西充国、万安、安城。

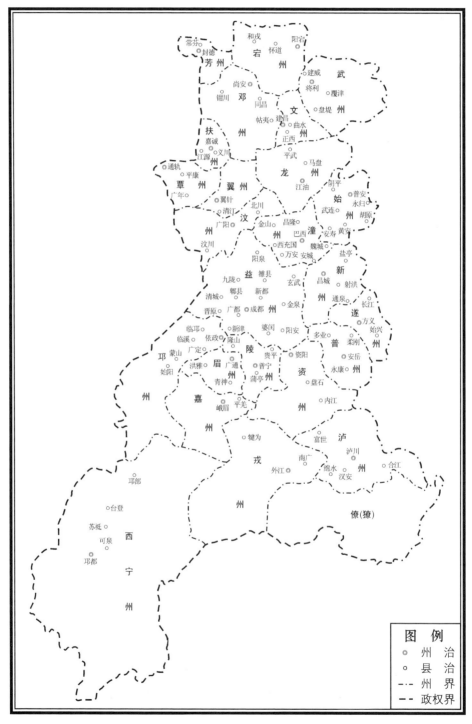

图 4 开皇三年岷蜀诸州县

41. 新州废原属涌泉郡之光汉县,又改涌泉县为通泉县、伍城县为玄武县,并以玄武县隶益州,故开皇三年只领5县:昌城、射洪、高渠、盐亭、通泉。

42. 隆州废原属金迁郡之晋安县,又废原属白马郡之义阳县,领8县:阆内、南部、汉昌、汉安、相如、晋城、西水、奉国。

43. 遂州仍领3县:方义、长江、始兴。

44. 合州开皇三年改名涪州,仍领2县:石镜、汉初。

45. 渝州仍领3县:巴县、江阳、汉平。

46. 信州无废县,开皇三年改长宁县为秭归县,又以废南州之安乡、梁山、武宁3县来属,共领9县:人复、云安、巫山、大昌、秭归、乐乡、安乡、梁山、武宁。

47. 南州开皇三年废,所领安乡、梁山、武宁3县改隶信州。

48. 临州仍领1县:临江。

49. 益州废原属蜀郡之温江、新繁2县,又废原属九陇郡之青阳、陇泉、兴固3县,并以新州之玄武县来属,故开皇三年共领15县:成都、郫县、广都、僰道、新津、晋原、清城、九陇、雒县、新都、阳泉、金泉、阳安、婆闰、玄武。

50. 邛州仍领6县:始阳、蒙山、依政、临邛、广定、临溪。

51. 黎州及所领沈黎县开皇三年皆废。

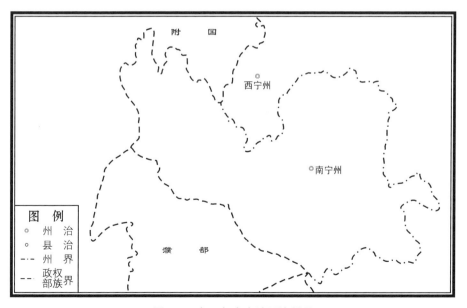

图5 开皇三年南宁地区诸州县

52. 眉州无废县，开皇三年改齐通县为广通县，仍领 3 县：广通、洪雅、青神。

53. 嘉州无废县，原平羌县改为峨眉县，又别置平羌县，故开皇三年共领 2 县：峨眉、平羌。

54. 陵州废原属隆山郡之江阳、白水 2 县，领 5 县：普宁、蒲亭、贵平、籍县、隆山。

55. 资州仍领 3 县：资阳、盘石、内江。

56. 普州仍领 4 县：多业、安岳、永康、柔刚。

57. 泸州仍领 5 县：泸川、绵水、汉安、合江、富世。

58. 戎州改武阳县为僰为县，仍领 3 县：外江、南广、僰为。

59. 南宁州领县无考。

60. 西宁州废原属平乐郡之平乐县，领 5 县：邛都、苏祇、可泉、台登、邛部。

61. 开皇三年新立牂州，又置牂柯、宾化 2 县以隶之。

62. 黔州开皇三年仍无领县。

第三节　开皇三年豫州地区州县的分布

豫州地区共有 25 州，147 县。

开皇三年地方政区改革整顿后，豫州地区废洧、潜、殷、郑、潘、溱 6 州，仍有 25 州；各州原有之郡全部废除，12 个县被省并；出于统治需要，又新立 1 县，更改 1 个州名、12 个县名。兹将各州及所废之州情况介绍如下，并见图 6。

1. 洛州无废县，开皇三年又新置伊川县，共领 8 县：河南、洛阳、缑氏、河阴、阳城、堙阳、康城、伊川。

2. 陕州仍领 5 县：陕县、崤县、阌乡、湖城、弘农。

3. 熊州仍领 7 县：宜阳、甘棠、昌洛、熊耳、渑池、新安、东垣。

4. 和州废原属新城郡之北陆浑县，又改南陆浑县为伏流县，领 4 县：伏流、汝原、梁县、新城。

5. 郑州仍领 6 县：荥阳、成皋、密县、内牟、阳武、苑陵。

6. 汴州仍领 9 县：浚仪、开封、雍丘、襄邑、济阳、外黄、白马、东燕、长垣。

7. 亳州仍领 6 县：睢阳、城安、下邑、小黄、浚仪、武平。

8. 谯州废原属蒙郡之蒙县，领 6 县：涡阳、临涣、白掸、龙山、萧县、龙亢。

9. 曹州有兖州之金乡县来属，共领 9 县：定陶、冤句、乘氏、离狐、鄄城、廪丘、濮阳、西濮阳、金乡。

10. 广州改原属舞阴郡之舞阴县为显冈县,并以显冈、北平、临舞、东舞阳等 4 县隶淮州,又以方城、叶县(此西魏侨置之叶县)隶蒙州,领 12 县:鲁县、河山、南阳、雉阳、漅阳、汝南、襄城、繁昌、叶县、定南、汝坟、北舞。

11. 许州改长社为颍川县,又有豫州之邵陵县来属,共领 7 县:颍川、临颍、许昌、扶沟、阳翟、黄台、邵陵。

12. 豫州以邵陵属许州,又以汝阳属陈州,以昭越属淮州,并废原属广宁郡之包信县,故领 8 县:上蔡、保城、西平、武阳、灈阳、安昌、新蔡、澺水。

13. 洧州开皇三年废,领县无考。

14. 潜州开皇三年废,领县无考。

15. 永州仍领 3 县:义兴、城阳、真阳。

16. 息州废原属汝南郡之安阳县,又废原属梁安郡之朗中县,并改白狗县为淮川县,领 4 县:新息、淮川、包信、长陵。

17. 陈州改项县为宛丘县,秫陵县为项城县,又有豫州之汝阳县来属,领 7 县:宛丘、长平、柳城、项城、和城、阳夏、汝阳。

18. 颍州仍领 4 县:汝阴、郑城、陈留、许昌。

19. 商州废原属魏兴郡之南阳县,又以邑阳县属虢州,领 4 县:上洛、丰阳、商县、拒阳。

20. 上州仍领 3 县:上津、黄土、丰利。

21. 东义州开皇三年改为虢州,又以商州之邑阳县来属,领 4 县:卢氏、长渊、朱阳、邑阳。

22. 淅州本领中乡 1 县,开皇三年改为内乡,又以荆州之南乡、丹水、安山 3 县来属,共领 4 县。

23. 丰州仍领 4 县:武当、均阳、广福、郧乡。

24. 荆州(开皇七年改为邓州)废原属武关郡之武关县,又以南乡、丹水、安山 3 县隶淅州,并改棘阳县为新野县、上宛县为南阳县、涅阳县为课阳县、临湍县为新城县、郦县为菊潭县、清乡县为顺阳县,领 8 县:穰县、新野、南阳、课阳、新城、冠军、菊潭、顺阳。

25. 蒙州废原属雉阳郡之北雉县,又以广州之方城、叶县来属,领 4 县:武川、向城、方城、叶县。

26. 淮州原领江夏、阳平、比阳 3 县,又以广州之显冈、北平、临舞、东舞阳和豫州之昭越等 5 县来属,领 8 县。

27. 殷州开皇三年废,所领城阳县亦废。

28. 纯州仍领 3 县:义乡、淮南、平氏。

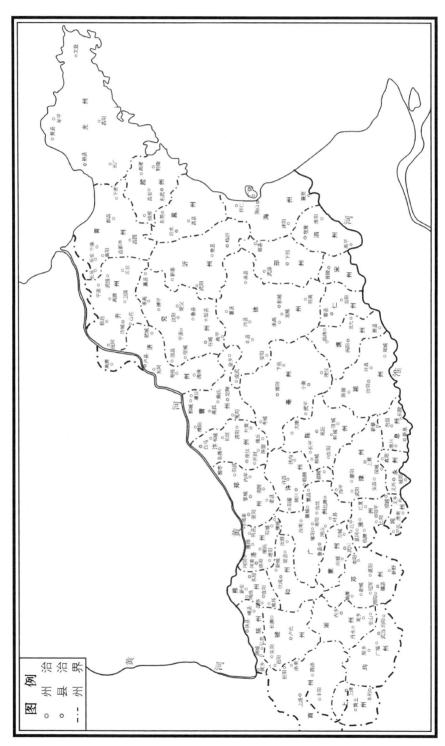

图 6 开皇三年河南诸州县

29. 郑州、潘州、溱州开皇三年皆废,领县无考。又有不知隶属何州之上蔡、青山、震山3县亦废。

第四节 开皇三年兖州地区州县的分布

兖州地区共有4州,21县。

开皇三年地方政区改革整顿后,兖州地区原有4州均得到了保留,各州所领之郡则全部废除,又省并1县,改隶1县,故开皇三年共有21县。兹将各州情况介绍如下。

1. 济州废原属肥城郡之蛇丘县,又以聊城县属冀州,以博平县属屯州,领6县:卢县、东阿、肥城、清泽、寿张、高唐。
2. 魏州仍领6县:昌乐、贵乡、卫国、乐平、莘亭、武阳。
3. 屯州无废县,有济州之博平县来属,共领3县:馆陶、清渊、博平。
4. 沧州仍领6县:乐陵、阳信、平昌、浮阳、饶安、高成。

第五节 开皇三年冀州地区州县的分布

冀州地区共有31州,185县。

开皇三年地方政区改革整顿后,冀州地区只废黎州一州,其他31州都得以保留;各州领郡则全部废除;又省并4县,新立5县,并由兖州地区划入1县,实际上比开皇元年增加2县,故共有185县;州名都没有改变,县名更改则有7个。兹将各州及所废之州情况介绍如下,并见图7、图8、图9。

1. 冀州开皇三年有济州之聊城县、贝州之斌强县来属,共领12县:信都、枣强、下博、阜城、武强、东光、南皮、蓨、安德、平原、聊城、斌强。
2. 贝州以斌强属冀州,又改武城县为清河县,别置武城、茌平2县,共领5县:清河、贝丘、广宗、武城、茌平。
3. 相州无废县,开皇三年新置淇阳县,共领11县:邺、成安、临漳、洹水、武安、灵芝、滏阳、临水、林虑、灵泉、淇阳。
4. 卫州开皇三年以修武、获嘉2县属怀州,又以废黎州之黎阳县来属,共领3县:朝歌、伍城、黎阳。
5. 黎州开皇三年废,所领黎阳县改隶卫州。
6. 怀州无废县,以卫州之修武、获嘉2县来属,共领6县:野王、轵县、州、怀、修武、获嘉。

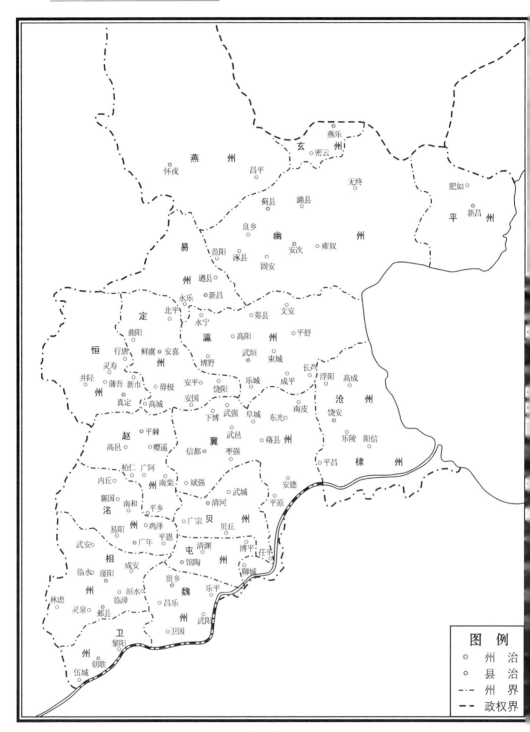

图 7 开皇三年河北诸州县

7. 泽州仍领5县：高都、高平、端氏、濩泽、永宁。
8. 潞州仍领7县：壶关、襄垣、寄氏、刈陵、乡、铜鞮、阳城。
9. 蒲州仍领4县：蒲坂、虞乡、汾阴、猗氏。
10. 虞州仍领4县：河北、芮城、夏、安邑。
11. 绛州仍领7县：高凉、龙门、临汾、闻喜、曲沃、绛、小乡。
12. 邵州仍领4县：亳城、清廉、蒲原、王屋。
13. 南汾州仍领6县：定阳、文城、昌宁、伍城、平昌、蒲子。
14. 晋州开皇三年改原平河郡之平河县为临汾县，又改原西河郡之永安县为西河县，再改原临汾郡之临汾县为汾西县，仍领12县：临汾、禽昌、太平、西河、北绛、沁源、义宁、安泽、冀氏、永安、杨县、汾西。
15. 汾州仍领7县：长寿、平昌、大宁、吐京、新城、临河、归化。
16. 介州无废县，开皇三年有并州之平遥县来属，共领4县：隰城、平昌、永安、平遥。
17. 石州开皇三年改窟胡县为脩化县，又改乌突县为太和县，仍领8县：离石、宁乡、卢山、平夷、良泉、脩化、定胡、太和。
18. 肆州阳曲县开皇三年改隶并州，领6县：广武、石城、驴夷、秀容、平寇、铜川。
19. 蔚州废原属灵丘郡之大昌县，领2县：灵丘、广昌。
20. 朔州仍领6县：招远、神武、岢岚、蔚汾、长宁、云内。
21. 并州开皇三年以平遥县属介州，又有肆州之阳曲县来属，并废原属太原郡之东受阳县，共领9县：龙山、晋阳、受阳、中都、阳邑、阳曲、乐平、梁榆、石艾。
22. 洺州仍领6县：广年、平恩、易阳、襄国、内丘、南和。
23. 赵州开皇三年又新立宋子县，共领8县：平棘、宋子、高邑、廮遥、广阿、平乡、南栾、柏仁。
24. 恒州无废县，开皇三年又有定州新市县来属，共领6县：真定、井陉、灵寿、蒲吾、行唐、新市。
25. 定州开皇三年以新市县属恒州，又新立鲜虞县，故仍领9县：安喜、鲜虞、北平、曲阳、毋极、高城、安国、安平、饶阳。
26. 瀛州废原属河间郡之任丘县，领10县：武垣、乐城、鄚、平舒、成平、文安、高阳、博野、永宁、长芦。
27. 幽州仍领8县：蓟、良乡、安次、涿县、范阳、潞、雍奴、无终。
28. 燕州废原属昌平郡之万年县，领2县：怀戎、昌平。
29. 易州仍领3县：新昌、永乐、遒。

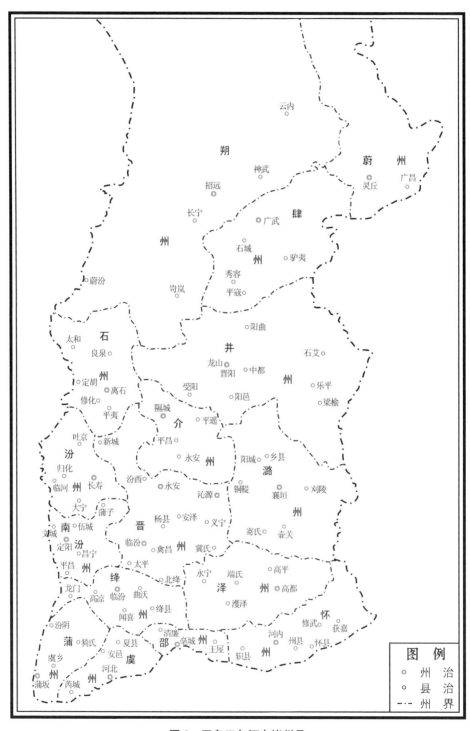

图 8　开皇三年河东诸州县

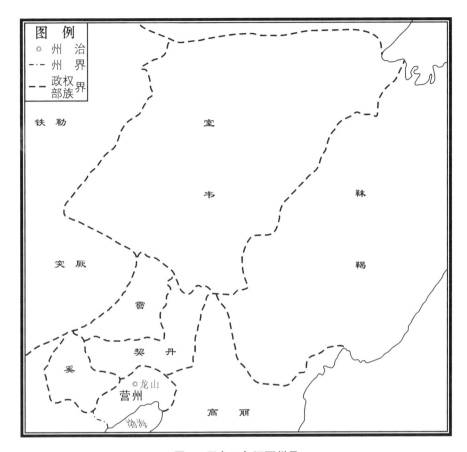

图 9　开皇三年辽西州县

30. 平州仍领 2 县：新昌、肥如。
31. 玄州仍领 2 县：密云、燕乐。
32. 营州领龙城 1 县，开皇三年改龙城县为龙山县。

第六节　开皇三年青州地区州县的分布

青州地区共有 4 州，28 县。

开皇三年地方政区改革整顿后，青州地区原有 4 州都得到了保留，只是光州改名为莱州，而各州所属诸郡则全被废除；又省并 1 县，改县名 1 个。兹将各州情况介绍如下。

1. 青州废原属齐郡之广饶县，又改北海县为下密县，共领 8 县：益都、昌国、下密、都昌、千乘、乐安、高阳、长乐。

2. 齐州仍领 9 县：历城、卫国、临邑、山茌、祝阿、武强、平原、高唐、贝丘。

3. 光州于开皇二年改为莱州，仍领 6 县：掖、昌阳、长广、黄、牟平、文登。

4. 胶州仍领 5 县：东武、琅邪、昌安、黔陬、高密。

第七节 开皇三年徐州地区州县的分布

徐州地区共有 9 州，44 县。

开皇三年地方政区改革整顿后，徐州地区废睢州，保留 9 州，各州所属诸郡全部废除；又省并 10 县，改县名 2 个，并以 1 县改隶豫州地区之曹州，故领县 44 个。兹将各州及所废之州情况介绍如下。

1. 徐州废原属彭城郡之吕县，又以废睢州之符离县来属，仍领 10 县：彭城、沛、承高、龙城、安阳、成武、丰、承、蕃县、符离。

2. 仁州改蕲城县为蕲县，又改高昌县为谷阳县，共领 3 县：蕲、谷阳、临淮。

3. 睢州开皇三年废，又废所领竹邑县，以符离县属徐州。

4. 兖州废原属东平郡之岱山县，又以金乡县改隶曹州，领 12 县：任城、高平、鲁、汶阳、邹、平原、乐平、博平、奉高、梁父、须昌、嬴。

5. 沂州仍领 4 县：即丘、费、武阳、新泰。

6. 莒州废原属义塘郡之归义、义塘 2 县，又以怀仁县改隶海州，领 3 县：新泰、东莞、莒。

7. 海州废原属东海郡之东海县，又废原属武陵郡之上鲜、洛要 2 县，并有莒州之怀仁县来属，领 5 县：朐山、广饶、襄贲、沭阳、怀仁。

8. 泗州废原属淮阳郡之临清县，仍领 3 县：宿豫、高平、淮阳。

9. 宋州废原属潼郡之睢陵县，只领 1 县：晋陵。

10. 邳州仍领 3 县：下邳、武原、郯。

第八节 开皇三年扬州地区州县的分布

扬州地区共有 11 州，51 县。

开皇三年地方政区改革整顿后，扬州地区废南郢、南建、浍、义、霍 5 州，保留 11 州，各州所属诸郡则全被废除；又省并 30 县，新立 2 县，改县名 8 个，仍有 51 县。兹将各州及所废之州情况介绍如下，并见图 10。

1. 吴州废原属海陵郡之建陵、如皋 2 县，又废原属神农郡之竹塘、三归、临泽 3 县,复废原属盱眙郡之考城、直渎、阳城 3 县,又新立江浦县,领 9 县:广陵、江都、海陵、宁海、江浦、山阳、盐城、高邮、盱眙。

2. 楚州废原属阳平郡之石鳖县,领 2 县:淮阴、安宜。

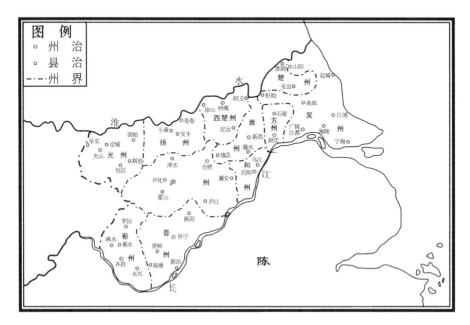

图 10　开皇三年淮南诸州县

3. 方州仍领 4 县:尉氏、堂邑、方山、石梁。

4. 滁州废原属新昌郡之高塘、乐巨 2 县,又废原属北谯郡之西谯、丰乐 2 县,并改顿丘县为新昌县、北谯县为滁水县,领 3 县:新昌、滁水、慎县。

5. 西楚州开皇三年改为濠州,又改马头县为涂山县,仍领 4 县:钟离、定远、昭义、涂山。

6. 扬州废原属梁郡之蒙县、北谯郡之北谯县、汝阴郡之汝阴县,又废原属陈留郡之浚仪、雍丘 2 县,再废北陈郡之西华县,而以废霍州之安丰县来属,领 4 县:寿春、小黄、长平、安丰。

7. 光州废原属宋安郡之宋安县,再废原属丰安郡之新城县,又改光城县为光山县,后有废南建州之包信县、废浍州之固始、期思 3 县来属,故实领 6 县:光山、乐安、定城、包信、固始、期思。

8. 南郢州开皇三年废,所领光城、东新蔡、茹由 3 县亦废。

9. 南建州开皇三年废,所领 4 县中惟存包信 1 县改隶光州,平高、新蔡、新城 3 县均废。

10. 浍州开皇三年废,所领固始、期思 2 县改隶光州。

11. 义州开皇三年废,所领罗田 1 县改隶蕲州。

12. 蕲州无废县,又有废义州之罗田县来属,原属晋州之永兴县亦来隶,领 5 县:齐昌、蕲水、浠水、永兴、罗田。

13. 庐州开皇三年改汝阴县为合肥县,蕲县为襄安县,又以原属枞阳郡之枞阳县属晋州,并废该郡之阴安县,而有废霍州之霍山、开化、浬水 3 县来属,共领 6 县:合肥、襄安、庐江、霍山、开化、浬水。

14. 霍州开皇三年废,改岳安县为霍山县,废原属北沛郡之新蔡县及原属安丰郡之松滋县,新立浬水县,而以霍山、开化、浬水 3 县改隶庐州,以安丰县改隶扬州。

15. 晋州开皇三年改太湖县为晋熙县,又以永兴县属蕲州,并有庐州之枞阳县来属,仍领 5 县:怀宁、晋熙、高塘、新冶、枞阳。

16. 和州仍领 3 县:历阳、龙亢、乌江。

第九节　开皇三年荆州地区州县的分布

荆州地区共有 20 州,79 县。

开皇三年地方政区改革整顿后,荆州地区废巴、黄、北江、南定 4 州,保留 20 州,而各州所属诸郡则全部废除;又省并 9 县,新立 1 县,外地区划入 1 县,改县名 3 个,共有 79 县。兹将各州及所废之州情况介绍如下,并见图 11。

1. 硖州仍领 3 县:夷道、夷陵、远安。

2. 郢州仍领 6 县:长寿、蓝水、潋水、上蔡、汈川、潋陂。

3. 复州无废县,有荆州之监利县来属,共领 5 县:建兴、竟陵、京山、甑山、监利。

4. 江州仍领 1 县:宜昌。

5. 亭州仍领 1 县:盐水。

6. 施州开皇三年改乌飞县为开夷县,领 2 县:沙渠、开夷。

7. 业州仍领 1 县:建始。

8. 襄州仍领 12 县:襄阳、阴城、筑阳、义城、安养、上洪、率道、汉南、义清、思安、常平、旱停。

9. 昌州仍领 4 县:广昌、清潭、春陵、丰良。

10. 湖州仍领 4 县:湖阳、柘林、钟离、上马。

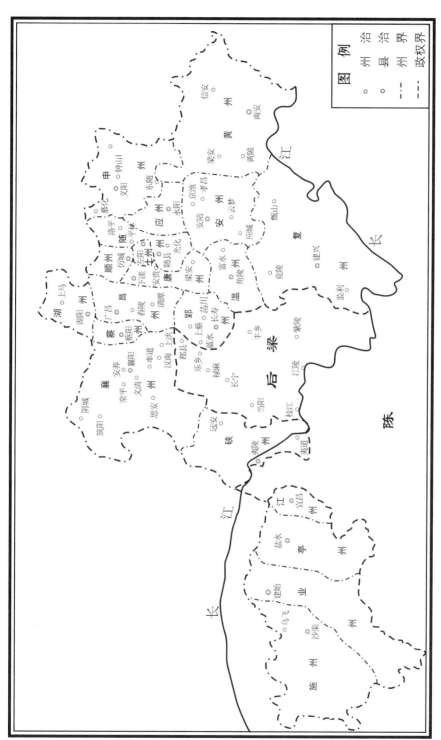

图 11 开皇三年江汉诸州县

11. 蔡州仍领 3 县：蔡阳、双泉、瀴源。

12. 隋州无废县，仍领 3 县：隋县、光化、溾西，后有应州之平林、洛平 2 县来属，实领 5 县。

13. 土州仍领 3 县：左阳、石武、漳川。

14. 唐州仍领 5 县：下溠、清嘉、安贵、横山、梁安。

15. 顺州仍领 3 县：厉城、顺义、安化。

16. 安州废原属城阳郡之浮城县，又废原属曲陵郡之曲陵县，领 6 县：安陆、吉阳、应城、云梦、孝昌、京池。

17. 温州仍领 3 县：角陵、盘陂、富水。

18. 应州开皇三年以平林、洛平 2 县改隶隋州，领 2 县：永阳、平靖。

19. 衡州开皇三年改为黄州，又有废黄州之黄陂县、废北江州之梁安县、废南定州之信安县来属，并新立鹿城县，共领 5 县：南安、黄陂、梁安、信安、鹿城。

20. 巴州开皇三年废，所领西阳 1 县亦废。

21. 黄州开皇三年废，所领黄陂县改隶衡州，而衡州又改名黄州。

22. 北江州开皇三年废，并废原属义阳郡之义阳县、永安郡之新城县，唯留梁安 1 县改隶黄州。

23. 南定州开皇三年废，并废原属建宁郡之建宁县、阴平郡之阴平县，唯留信安 1 县改隶黄州。

24. 申州废原属义阳郡之义阳县，又废原属齐安郡之高安县，并改平阳县为义阳县、齐安县为钟山县，领 5 县：义阳、乐宁、东随、钟山、慕化。

第三章　开皇中期州县变更情形

第一节　开皇六年州县增置情形

由于原北齐境内户口不实问题比较严重,开皇五年,隋文帝下令在全国"大索貌阅",对户口进行核查,结果竟查出原被隐匿的人口约二百万。历代设置州县,均曾以户口为基础,户口的增加必然要引起政区的增置,因此开皇六年又增设了1州、59县。这些州县主要分布在原北齐境内,即今日之河北、河南、山东等地区。所增59县中,有二十多县是恢复原被北齐废除的旧县。

兹将开皇六年(586)各地区新增州县情形介绍如下。

1. 梁州地区:汶州新增金川县,戎州新增开边县,西宁州新增越巂县,此三县皆是进一步开拓西南边疆所置,与"大索貌阅"增加人口无关。

2. 豫州地区:汴州新增酸枣、韦城2县,宋州新增宁陵、陈留、圉城3县,亳州新增谷阳县,曹州新增济阴、黄、单父3县,许州新增长葛、尉氏2县,豫州新增武津县,陈州新增郸县,整个豫州地区开皇六年共增置13县。

3. 兖州地区:开皇六年新增棣州;又济州新增济北县,魏州新增元城、马陵、繁水、魏、顿丘、临黄、堂邑、冠氏8县,沧州新置无棣县,该地区共增1州、10县。

4. 冀州地区:冀州新增长乐、武邑、南宫、安陵、广川5县,贝州新增东阳、临清、贝丘、经城、灵县5县,卫州新增汤阴、隋兴、阳源、内黄、临河5县,怀州新增新乡、共城2县,洺州新增洺水、曲周、广平3县,赵州新增巨鹿、元氏、房子3县,恒州新增九门、滋阳、石邑3县,定州新增望都、义丰、深泽3县,该地区开皇六年共增29县。

5. 青州地区:青州新增寿光、般阳、潍水3县,齐州新增朝阳县,该地区开皇六年共增4县。

6. 其余雍州地区、徐州地区、扬州地区、荆州地区开皇六年均无增置州县。

第二节 开皇七年灭后梁所增州县

后梁原有荆州一州,北周后来又资其基、平、鄀三州,故开皇七年(587)被灭之前共有四州。隋并后梁,得其四州及所领九郡、十六县。具体情况见表3。

表3 后梁四州所领郡县表

州	荆 州			基 州		平 州		鄀 州	
郡	南郡	新兴郡	监利郡	章山郡	上黄郡	漳川郡	远安郡	永宁郡	武宁郡
县	江陵县 枝江县	广牧县 安兴县 定襄县	监利县 紫陵县 云泽县	丰乡县	禄麻县	当阳县 安居县		长宁县	乐乡县 武山县 长林县

按隋并后梁之当年,即在该地进行了地方政区的改革整顿,不但废除了各州所领诸郡,而且改平州为玉州;不久,又废玉州,以所领县入荆州。

第三节 开皇九年灭陈所得州县

隋开皇九年(589)灭陈,遂据有陈境全部土地,共得40州、141郡、511县。其中南荆州宜都郡之佷山县,因县主李伯禽开皇八年即背陈入隋,故其县为隋所有在开皇八年,并于当年改为长杨县,其余州、郡、县均是开皇九年为隋所有。具体情况见表4。

表4 开皇九年灭陈所得州郡县及变更情形表

序号	州	郡	县(凡县名下加横线者平陈后即被省并,共省并220县)
1	南徐州	东海	丹徒、曲阿、兰陵
		义兴	阳羡、临津、义乡、国山
		晋陵	晋陵、延陵、无锡、暨阳
		江阴	江阴、利城、梁丰
		信义	常熟、信义、海阳、前京、海虞、兴国、南沙、海盐

续　表

序号	州	郡	县（凡县名下加横线者平陈后即被省并，共省并220县）
2	扬州	丹阳	江宁、建康、秣陵、溧阳、丹阳、永世、句容
		建兴	江乘、同夏、临沂、湖熟、建安、乌山
		陈留	石封、广德、故障、安吉
3	南豫州	淮南	当涂、于湖、繁昌、襄垣、西乡、逡遒
		宣城	宣城、宛陵、怀安、宁国、石埭、安吴、泾县、广阳
4	北江州	南陵	南陵、临城、石城、定陵、故冶
5	吴州	吴郡	吴县、嘉兴、昆山、盐官、桐庐
		吴兴	乌程、东迁、长城、武康、临安、余杭、原乡
		钱唐	钱唐、新城、富阳、於潜
6	东扬州	会稽	会稽、山阴、永兴、上虞、始宁、句章、余姚、鄞县、鄮县、剡县、诸暨
		临海	临海、乐安、宁海、始丰
		新安	海宁、歙县、黟县、始新、遂安、寿昌
		东阳	长山、太末、建德、丰安、永康、乌伤、信安、定阳
		永嘉	永宁、安固、松阳、乐城、横阳
		章安	章安
7	丰州	晋安	原丰、候官、温麻
		建安	建安、吴兴、建阳、沙村、邵武、将乐、绥成
		南安	晋安、尤溪、兰水、莆田
8	江州	寻阳	柴桑、汝南
		太原	彭泽、晋阳、和城、天水、西水
		鄱阳	鄱阳、广晋、银城、余干、上饶、安仁、葛阳
		临川	临汝、西丰、定川、南城、东兴、永城、南丰、宜黄、安浦
		巴山	巴山、新建、新安、兴平、西宁、广丰、丰城、新淦

续 表

序号	州	郡	县（凡县名下加横线者平陈后即被省并，共省并220县）
8	江州	庐陵	石阳、高昌、吉阳、巴丘、遂兴、阳丰、东昌
		安成	平都、安复、永新、广兴、萍乡、新喻、宜阳
		南康	赣县、雩都、陂阳、宁都、南康、南野、平固、虔化、安远
		豫章	南昌、建城、望蔡、吴平、康乐、宜丰
		豫宁	建昌、豫章、艾县、永修、新吴
9	广州	南海	番禺、增城、龙川、博罗、河源、新丰
		东官	宝安、海丰、齐昌、兴宁
		清远	翁源、清远、中宿、威正、廉平、恩洽、浮护、政宾
		绥建	四会、化蒙、怀集、新招、化穆、化注
		乐昌	始昌、宋元、安乐、乐山、义立
		高要	高要
		晋康	端溪、元溪、乐城、悦城、都城、晋化、文招、威城
		宋隆	平兴、初宁、建宁、熙穆、崇德、招兴、崇化、南安
		梁泰	梁泰
		义安	海阳、海宁、潮阳、程乡、义昭、绥安
		梁化	欣乐、安怀
10	东衡州	始兴	曲江、梁化、浈阳、平石
		安远	始兴
		卢阳	卢阳
11	西衡州	阳山	含洭、阳山、桂阳、广惠
		梁乐	梁乐、游安
		桂阳	郴县、便县、晋宁、临武、南平
12	新州	新会	盆允、新夷、义宁、封乐、封平、初宾、永昌、始康、新建、熙潭、化召、怀集

续 表

序号	州	郡	县（凡县名下加横线者平陈后即被省并，共省并220县）
12	新州	新宁	博林、索卢、抚纳、单牒、南兴
		新兴	新兴、铜陵、流南、西城
13	高州	高凉	高凉、茂名、良德
		杜陵	杜陵
		永宁	永宁
		宋康	宋康
		齐安	齐安
		阳春	阳春
		连江	连江
		南巴	南巴、梁丰
		电白	电白
		海昌	海昌
14	罗州	石龙	石龙
		高兴	高兴
15	泷州	平原	平原
		罗阳	罗阳
		开阳	开阳
16	建州	广熙	安遂、永熙、安南
17	成州	梁信	梁信、封兴
		苍梧	广信、宁新、遂成、猛陵
18	桂州	始安	始安、荔浦、永丰、平乐
		桂林	潭中、中溜、西宁、武熙
		象郡	象县

续 表

序号	州	郡	县（凡县名下加横线者平陈后即被省并，共省并220县）
18	桂州	韶阳	阳寿、淮阳
		齐乐	熙平、武化
		安成	安成
		领方	领方
		晋兴	晋兴
19	龙州	马平	<u>马平</u>、龙城
20	东宁州	齐熙	齐熙
		黄水	黄水、临牂
		梁化	梁化、兴安、建陵
21	静州	梁寿	龙平、博劳
		静慰	安乐
		南静	开建
		逍遥	豪静、开江
22	湘州	长沙	临湘、<u>醴陵</u>、浏阳、建宁
		衡阳	湘西、衡山、湘乡、益阳、<u>新康</u>、重安
		邵陵	邵陵、邵阳、<u>扶夷</u>、都梁、<u>高平</u>、<u>武强</u>、建兴
		岳阳	岳阳、<u>湘阴</u>、<u>玉山</u>、罗县、<u>吴昌</u>、湘滨
		湘东	临蒸、<u>新城</u>、沫阳、湘潭、<u>茶陵</u>、<u>攸水</u>、阴山、新宁
		零陵	泉陵、<u>零陵</u>、洮阳、祁阳、<u>灌阳</u>、应阳、<u>永昌</u>
		永阳	营浦、营道、<u>泠道</u>、<u>春陵</u>
		临贺	富川、临贺、冯乘、<u>谢沐</u>、封阳、兴安
		绥越	绥越
		乐梁	荡山

续 表

序号	州	郡	县（凡县名下加横线者平陈后即被省并，共省并220县）
23	石州	永平	夫宁、武林
		建陵	安基、建陵
		永建	
		梁德	梁德
		阴石	阴石
24	南定州	郁林	郁林、龙山、怀泽、布山、武平、郁平、马度、阿林
		石南	石南
		桂平	桂平
		宁浦	宁浦
		简阳	简阳
		乐阳	平山
		岭山	岭山、武缘
25	越州	合浦	合浦、椹县、扇沙、北流、陆川、南昌
		封山	封山、廉昌
		定川	方度
		龙苏	龙苏、大廉
		抱郡	抱县
26	南合州	齐康	齐康、摸落、罗阿、雷川
27	崖州	珠崖	义伦、武德、九龙、临振
28	安州	宋寿	宋寿
		宋广	宋广
		安京	安京
29	黄州	宁海	安平、海平、玉山

续 表

序号	州	郡	县(凡县名下加横线者平陈后即被省并,共省并220县)
30	交 州	宋平	宋平、国昌、临西
		交趾	龙编、朱䳒、句漏、嬴陵
		武平	武定
31	兴 州	新昌	嘉宁、新昌
32	爱 州	九真	移风、胥浦、高安、军安、常乐、日南、津梧、松原、建初、都庞
33	德 州	九德	九德、咸䲚、浦阳、越常、安远、西安
34	利 州		金宁
35	明 州	日南	交谷、西卷、朱吾、寿泠、比景
36	宜 州		
37	南荆州	南平	公安、孱陵、永安、作唐、安南
		河东	松滋、闻喜、谯县
		宜都	宜昌、宜都、归化、受陵、佷山
38	武 州	武陵	临沅、沅南、汉寿、龙阳、酉阳、辰阳
		沅陵	沅陵、盐泉、大乡、迁陵
		夜郎	夜郎
		南阳	龙标
		药山	药山、重华
		天门	澧阳、临澧、娄中
		义阳	安乡
39	郢 州	江夏	汝南、永兴
		武昌	武昌、鄂县、阳新、安昌、奉新、西陵
		上隽	蒲圻、沙阳、下隽、乐化
40	巴 州	巴陵	巴陵
合计	40 州	141 郡	511 县

因宜、利二州所领郡县有所不明,隋灭陈所得郡县数实际要超过141郡、511县。

隋开皇九年灭陈之后,即在原陈境内实行了地方行政区域的整顿和改革。这项工作在沿江地区推进较快,大致在开皇九年即告完成;岭南地区进展较慢,至开皇十一年乃至开皇十二年始告结束。经过一番整治,共废州4个,罢郡141,省县220。与此同时,根据统治需要,又在原陈境内新立27州、13县。二者相抵,实际新增23州,减省207县。兹将具体情况介绍如下。

1. 废除4州:南徐州、北江州、龙州、南荆州。

2. 新立27州:常州、杭州、歙州、婺州、处州、饶州、抚州、吉州、虔州、袁州、洪州、循州、潮州、端州、贺州、简州、松州、睦州、辰州、寿州、澧州、衡州、玉州、建州、郴州、永州、连州。

3. 减省220县(详情见表4)。

4. 新立13县:处州括苍县,抚州崇仁县,吉州西昌县,广州南海县、大庾县、新会县,高州吴川县,越州海康县,静州归化县,武州武陵县,澧州崇义县、零陵县、石门县。

第四章　开皇末期州县变更情形

第一节　开皇十六年增置州县经过

在统一和平的环境内,经过十几年的发展,隋朝政治稳定,经济繁荣,人口也有了较大的增殖。这种情况下,开皇十六年(596)又在全国增置了 31 州、128 县。因为当时黄河中下游地区是经济最发达和人口最密集地区,所以这次州县的增置主要集中在这个地区。其中豫州地区新增 9 州、19 县,兖州地区新增 3 州、25 县,冀州地区新增 13 州、60 县,青州地区新增 3 州、13 县,徐州地区新增 2 州、8 县,而梁州和荆州地区却没有增加一州、一县,雍州地区也只增加 1 州、2 县,扬州地区没有增州,只增 1 县。这次增置州县,人口增加虽是主要原因,但不会是唯一原因。因此,雍、梁、荆、扬等地区增置州县甚少或没有增置州县,一方面可能是雍、梁等地区人口增殖不多,另一方面,荆、扬等地区则可能是开皇九年灭陈后刚进行过一次大规模的州县调整,没有必要再作大的变动。兹将增置情形介绍如下,并见图 12 至图 22。

(一) 新增 31 州
1. 雍州地区:庆州。
2. 豫州地区:嵩州、谷州、管州、宋州、戴州、道州、洧州、舒州、沈州。
3. 兖州地区:濮州、莘州、博州。
4. 冀州地区:岩州、殷州、韩州、沁州、虞州、汾州、辽州、邢州、栾州、井州、深州、蒲州、景州。
5. 青州地区:潍州、淄州、牟州。
6. 徐州地区:鄫州、泰州。
梁州、扬州、荆州地区皆无增加。

(二) 新增 128 县
1. 雍州地区:庆州合水县,原州会宁县。

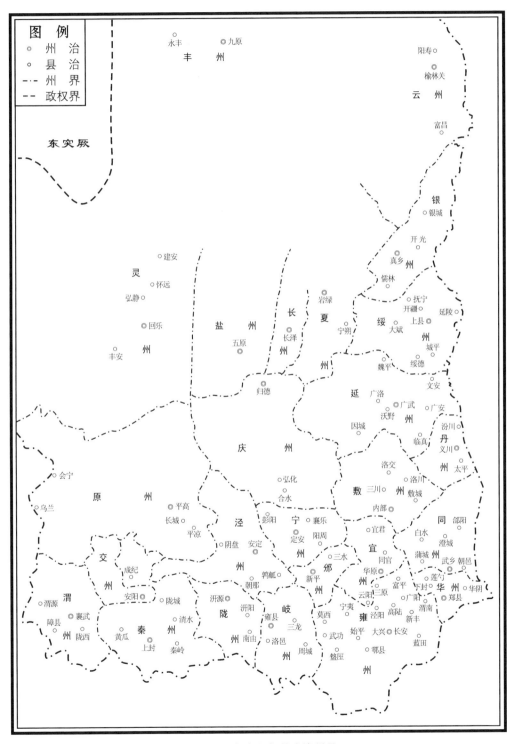

图 12 开皇十六年关陇诸州县

2. 豫州地区：陕州桃林县，洛州偃师县、巩县，管州管城县，郑州原武县、新郑县，汴州新里县，宋州虞城县、谷熟县、柘城县，亳州梅城县、酂县，曹州昌邑县，洧州蔡陂县，许州陶城县，舒州舒县，沈州漱水县，陈州临蔡县、扶乐县。

3. 兖州地区：滑州卫南县、昆吾县、封丘县、长垣县，濮州临黄县，郓州须昌县、雷泽县、巨野县、乘丘县，济州范县、阳谷县，魏州平邑县、漳阴县、河上县、武水县，棣州鬲津县、滴河县、厌次县、蒲台县、浮水县，德州绎幕县、将陵县、般县、弓高县、胡苏县。

4. 冀州地区：冀州泽城县、堂阳县、衡水县、昌亭县、观津县，贝州历亭县、鄃县、沙丘县、贝丘县、府城县，相州临淇县，卫州清淇县、繁阳县、澶渊县，怀州温县、济源县、河阳县、武陟县，泽州陵川县，潞州上党县、潞城县、屯留县、榆社县，蒲州河东县、桑泉县、解县，介州清世县、绵上县，辽州平城县、

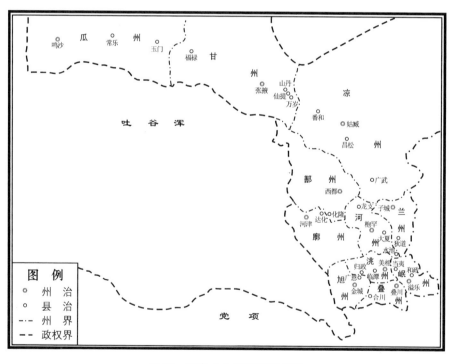

图 13　开皇十六年河西诸州县

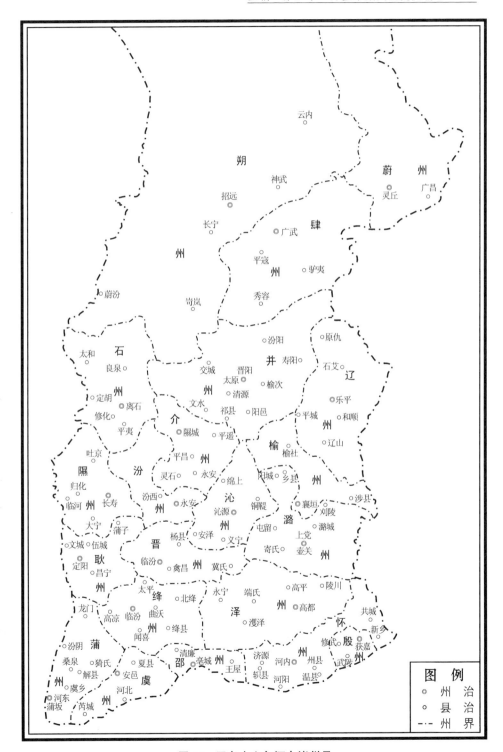

图 14　开皇十六年河东诸州县

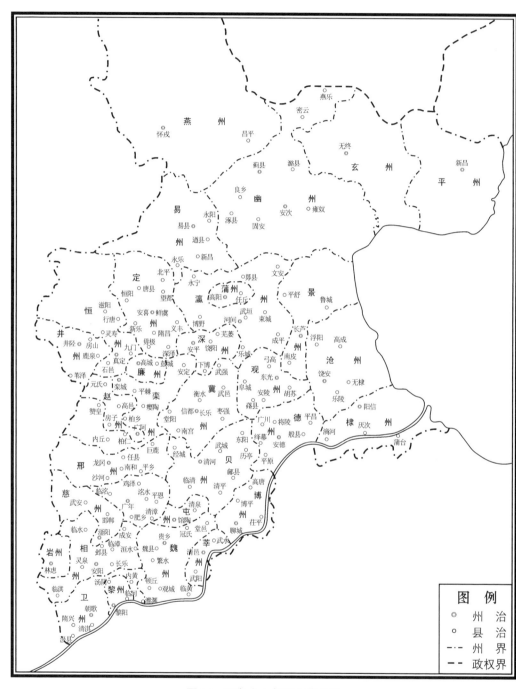

图 15 开皇十六年河北诸州县

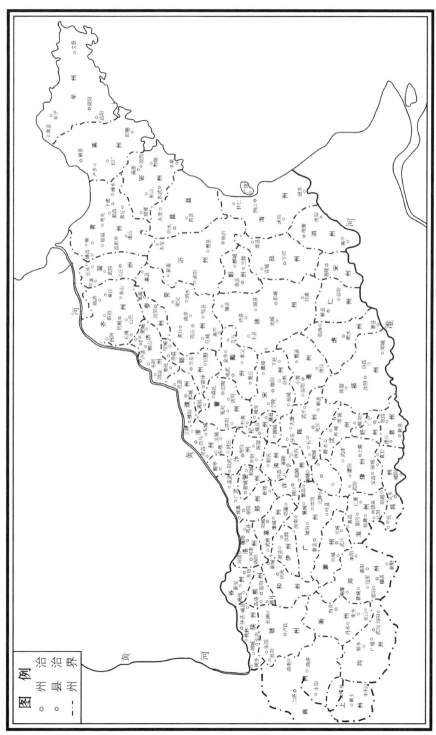

图16 开皇十六年河南诸州县

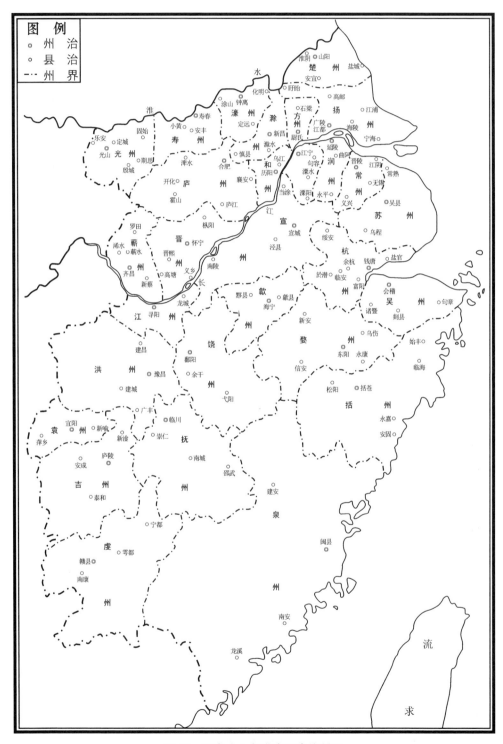

图 17　开皇十六年淮南江表诸州县

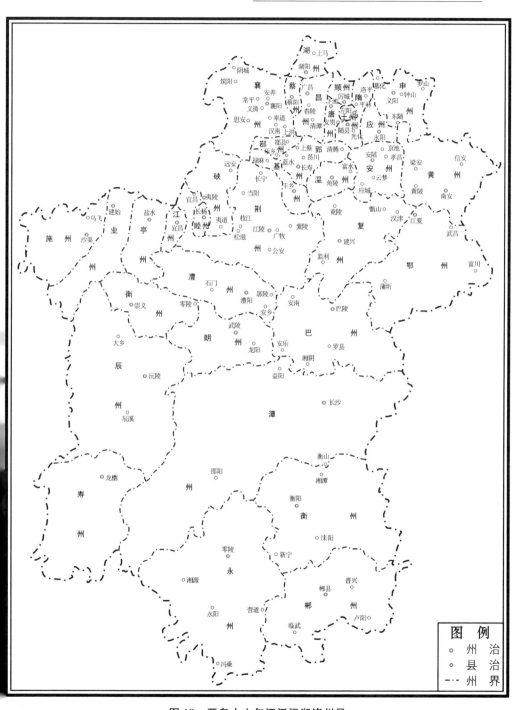

图18 开皇十六年江汉沅湘诸州县

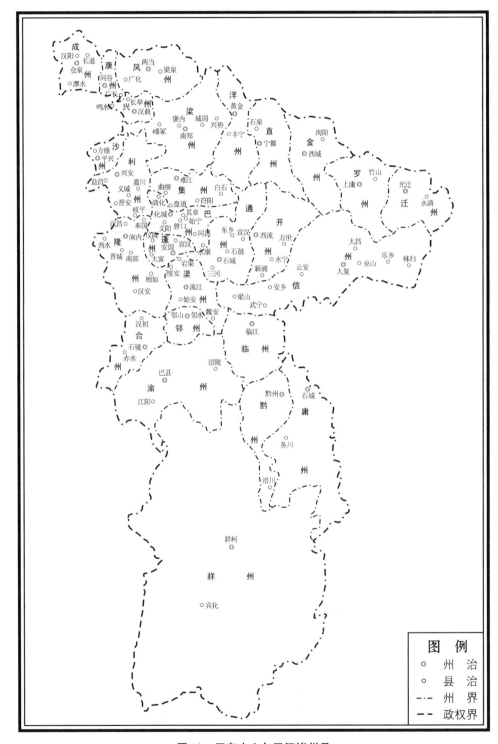

图 19 开皇十六年巴汉诸州县

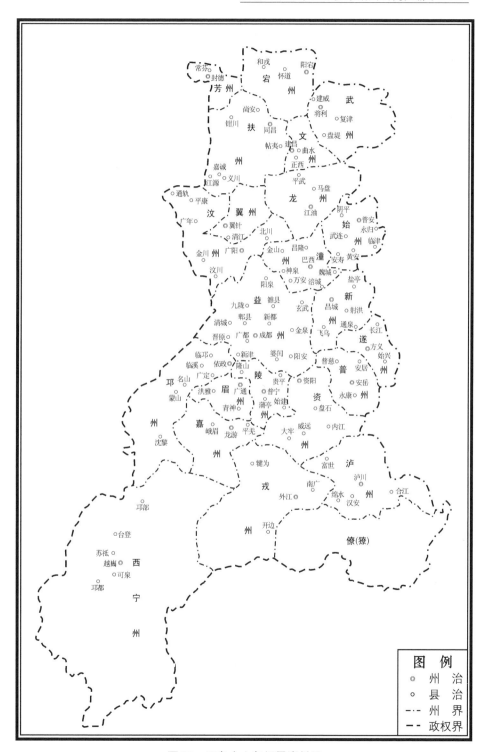

图20 开皇十六年岷蜀诸州县

原仇县,并州清源县、交城县、东山县、交漳县,邢州青山县、任县、沙河县,洺州陟乡县、清漳县,栾州栾城县、赞皇县、柏乡县,廉州鼓城县、柏肆县、廉平县,赵州大陆县、灵山县,井州苇泽县、房山县、鹿泉县,恒州常山县、王亭县,定州唐县、新乐县、隋昌县,景州鲁城县,深州芜蒌县,瀛州束城县、河间县,易州易县。

5. 青州地区:潍州营丘县,青州临淄县、时水县、闾丘县,齐州朝阳县、营城县、济南县,光州卢乡县、即墨县,牟州观阳县,胶州牟山县、胶西县、丰泉县。

6. 徐州地区:徐州留县,鄫州鄫城县、兰陵县,戴州方与县,兖州泗水县、牟城县,沂州临沂县、东安县。

7. 扬州地区:泷州永业县。

荆州、梁州地区皆无增加。

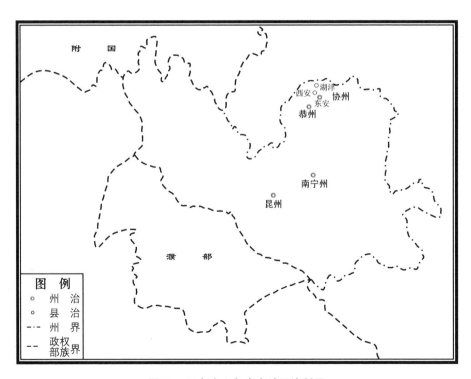

图 21 开皇十六年南宁地区诸州县

上编·第四章 开皇末期州县变更情形 79

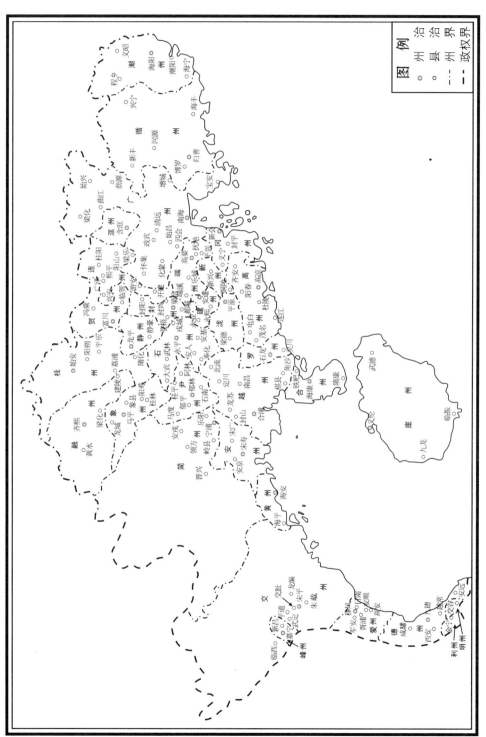

图 22 开皇十六年岭南诸州县

第二节　开皇十八年更改县名情形

隋朝立国三十多年中，县名更改是常有的事，比较集中的有三次：一次是开皇初年结合地方政区的改革和整顿，改动了 55 个县名；另一次是开皇十八年(598)，又更改了 169 个县名；第三次是仁寿元年(601)，杨广即太子位，为避其讳，将带有"广"字的县名全部作了改动，数量达三十余个。三次县名更改中，开皇十八年不但数量最多，而且涉及的面也最广，兹先将有关情况介绍如下。

1. 雍州地区。雍州：莫西县改为好畤县、宁夷县改为醴泉县。宁州：彭阳县改为彭原县、阳周县改为罗川县。延州：广武县改为丰林县、文安县改为延川县。灵州：建安县改为广润县。渭州：安阳县改为长川县。鄯州：西都县改为湟水县。

2. 梁州地区。金州：西城县改为吉安县。巴州：义阳县改为恩阳县、永康县改为永穆县、曲细县改为长池县、宣汉县改为伏虞县。通州：石城县改为通川县。渠州：始安县改为賨城县、绥安县改为咸安县。容州：魏安县改为垫江县。洮州：金城县改为美俗县。宕州：阳宕县改为良恭县。武州：建昌县改为长松县。兴州：汉曲县改为顺政县。利州：兴安县改为縣谷县、晋安县改为葭萌县、平兴县改为景谷县。汶州：清江县改为翼水县、金川县改为通化县。隆州：汉安县改为南充县。遂州：始兴县改为青石县。信州：安乡县改为南浦县、乐乡县改为巴东县。开州：永宁县改为盛山县。益州：雒县改为绵竹县、新都县改为兴乐县、阳泉县改为孝水县。简州：婆闰县改为平泉县。陵州：普宁县改为仁寿县。普州：永康县改为隆康县。泸州：汉安县改为江安县。

3. 豫州地区。洛州：武林县改为轮氏县。熊州：昌洛县改为洛水县。和州：新城县改为伊阙县。郑州：成皋县改为汜水县。宋州：睢阳县改为宋城县、城安县改为考城县、安阳县改为砀山县。亳州：浚仪县改为城父县。曹州：黄县改为蒙泽县。广州：南阳县改为期城县、雉阳县改为湛水县，汝南县改为辅城县、叶县改为澧水县，东舞阳改为昆水县。豫州：武阳县改为吴房县，安昌县改为朗山县。永州：义兴县改为纯义县。陈州：长平县改为鸿沟县、武平县改为鹿邑县。颍州：陈留县改为颍阳县，许昌县改为清丘县。虢州：邑阳县改为邑川县。淮州：江夏县改为慈丘县，义乡县改为桐柏县。纯州：淮南县改为油水县。

4. 兖州地区。滑州：东燕县改为胙城县。郓州：万安县改为郓城县。沧州：浮阳县改为清池县、高成县改为盐山县。

5. 冀州地区。冀州：安定县改为鹿城县。贝州：东阳县改为漳南县。相州：长乐县改为尧城县。怀州：州县改为邢丘县。泽州：高都县改为丹川县，永宁县改为沁水县。潞州：寄氏县改为长子县，刈陵县改为黎城县，阳城县改为甲水县，义宁县改为和川县。绛州：临汾县改为正平县，小乡县改为汾东县，高凉县改为稷山县，北绛县改为翼城县。汾州：定阳县改为吉昌县。晋州：永安县改为霍邑县。隰州：长寿县改为隰川县，吐京县改为石楼县，临河县改为永和县，归化县改为楼山县。介州：平昌县改为介休县。代州：广武县改为雁门县。廉州：高城县改为藁城县，昔阳县改为鼓城县。瀛州：乐城县改为广城县，永宁县改为清苑县，成平县改为景城县。易州：新昌县改为遂城县，永阳县改为涞水县。平州：新昌县改为卢龙县。营州：龙山县改为柳城县。

6. 青州地区。齐州：武强县改为长山县，平原县改为邹平县，贝丘县改为淄川县，长乐县改为会城县。胶州：东武县改为诸城县。

7. 徐州地区。徐州：龙城县改为临沛县。沂州：武阳县改为颛臾县。泗州：高平县改为徐城县、晋陵县改为夏丘县。

8. 扬州地区。扬州：广陵县改为邗江县。滁州：新昌县改为清流县。蕲州：齐昌县改为蕲春县、新蔡县改为黄梅县。熙州：晋熙县改为太湖县、高塘县改为宿松县、义乡县改为望江县、枞阳县改为同安县。歙州：海宁县改为休宁县。婺州：东阳县改为金华县。吉州：安成县改为安复县。虔州：宁都县改为虔化县。袁州：宜阳县改为宜春县。广州：梁化县改为乐昌县。循州：新丰县改为休吉县。高州：杜陵县改为杜原县，宋康县改为义康县，齐安县改为海安县，梁丰县改为义丰县。新州：流南县改为南流县。泷州：平原县改为泷水县，罗阳县改为正义县，梁德县改为怀德县。成州：梁信县改为封川县。桂州：淮阳县改为阳宁县，晋兴县改为宣化县。东宁州：齐熙县改为义熙县，梁化县改为纯化县。藤州：安人县改为宁人县。缘州：乐阳县改为乐山县，岭县改为岭山县。越州：椹县改为椹川县，抱县改为抱成县。钦州：宋寿县改为钦江县，新化县改为内亭县。交州：临西县改为安人县，武定县改为隆平县。爱州：高安县改为隆安县。德州：西安县改为光安县。

9. 荆州地区。荆州：安居县改为昭丘县，长宁县改为长林县。鄀州：上蔡县改为汉东县。襄州：义城县改为谷城县，思安县改为南漳县。昌州：钟离县改为洞川县。土州：左阳县改为真阳县，石武县改为宜人县。隋州：洛平县改为上明县。顺州：安化县改为宜化县。应州：永阳县改为应山县。黄州:南安县改为黄冈县,梁安县改为木兰县,信安县改为麻城县。江州:寻阳县改为彭蠡县,龙城县改为彭泽县。鄂州:富川县改为永兴县。崇州:零陵县改为慈利县。巴州:安南县改为华容县,安乐县改为沅江县。连州:梁乐县改为宜乐县,兴安县改为桂岭县。

隋朝更改县名的原因,基本上有三个:一是避讳,二是消除前朝影响,三是避免重名。以避讳而言,隋初因避隋文帝父亲杨忠之讳,将全国带有"中"字的县名都作了改动,如中部县改为内部县、褒中县改为褒内县等;仁寿元年,又因避太子杨广之讳,而将县名中带有"广"字的作了改动,如广安县改为延安县,广昌县改为枣阳县等。这种改名,数量不是很多,较多的是第二种情况,即为消除前朝影响所改,开皇十八年更改的县名大多属于此类。这种县名的更改,大致又可分为两种:一种是县名中明显带有前朝魏、晋、宋、齐、梁、陈等字眼的,基本上都在改动之列。据《元和郡县志》记载,滑州原领有东燕县,一次公文中出现了这个县名,隋文帝看了以后很不高兴,说:"今天下一统,何东燕之有?"于是开皇十八年将这个东燕县改成了胙城县。这也许就是开皇十八年大规模更改县名的起因。其他如魏安县改为垫江县、晋兴县改为宣化县、宋康县改为义康县、齐昌县改为蕲春县、梁德县改为怀德县等,皆属此类。另一种消除前朝影响的改名,是县名本身并不带有列朝字眼,但这些县是由魏、晋、宋、齐、梁、陈等朝设置的,为了彻底根除列朝影响,也将这些县名作了改动,而且数量还相当之多。以扬州地区为例,所改 39 个县名中,就有 14 个属于此种类型,如高塘县改为宿松县、杜陵县改为杜原县、平原县改为泷水县、罗阳县改为正义县、淮阳县改为阳宁县、椹县改为椹川县、西安县改为光安县等,并没有什么别的原因,只是因为这些县都是梁朝设置的,所以一定要改以新名。至于县名重名的问题,两汉时很少有这种现象,南北朝分裂时,南方和北方各自增设郡县,每取佳名,于是永安、永宁之类就有好几个;再加上侨州郡县,北方的县名移到了南方,南方的县名也有移到北方的。南北分裂时,这个矛盾并不突出,全国统一后,问题就显露出来了。以永宁县为例,当时的泽州(今属山西省)有永宁县,瀛州(今属河北省)有永宁县,高州(今属广东省)也有永宁县,为防混乱,当然要改名。后来改泽州永宁县为沁水县,改瀛州永宁县为清苑县,只保留了高州的永宁县。总的来讲,隋朝更改县名,目的是为了巩固政权、提高政府办事效率,基本保持了地名的相对稳定性。

第五章 大业二年并省州县过程

大业二年(606),隋炀帝遣十使分赴全国各地并省州县,共裁州110,省县216。其规模之大,范围之广,超过开皇三年在全国整顿州郡县,是隋朝地方政区的第二次大变革。兹将有关情况按九个地区列为表5。

表5 大业二年各地区并省州县情况表

地区	被裁州名	并省县名
雍州地区	宜州、华州、陇州、邠州、银州、弘州、纪州、肃州	宜州土门县,华州莲勺县,泾州灵台县,延州沃野县、义乡县、真川县,丹州云岩县、门山县,纪州乌水县,甘州兰池县、万岁县、仙提县
梁州地区	洋州、直州、房州、蓬州、开州、邻州、旭州、岷州、文州、芳州、康州、沙州、临州、庸州、濛州、简州、凯州、邛州、嘉州、普州、登州、南寿州	梁州白云县,洋州怀昌县,凤州思安县,兴州灵道县,利州恩金县,沙州鱼盘县,庸州石城县,益州僰道县、万春县,陵州籍县
豫州地区	陕州、熊州、和州、汴州、管州、谯州、戴州、广州、道州、洧州、舒州、息州、沈州、上州、均州、纯州	洛州伊川县,陕州崤县,熊州洛水县,郑州密县、苑陵县,汴州新里县,谯州白樟县,曹州外黄县、昌邑县、首城县,许州黄台县、邵陵县,广州河山县、期城县、定南县、澧水县、昆水县,洧州蔡陂县,豫州保城县、吴房县、滍水县,纯州纯义县、油水县,息州淮川县、长陵县,舒州舒县,陈州汝阳县、临蔡县,淅州安上县,虢州弘农县,淮州比阳县
兖州地区	濮州、莘州、屯州、博州、棣州、观州	滑州西濮阳县、昆吾县、长垣县,濮州临濮县,郓州廪丘县、乘丘县,济州济北县,魏州昌乐县、莘亭县、马陵县、漳阴县、河上县,沧州鬲津县、浮水县,观州安陵县,德州绎幕县

续 表

地区	被裁州名	并省县名
冀州地区	慈州、岩州、黎州、殷州、韩州、沁州、虞州、邵州、吕州、蔚州、忻州、辽州、廉州、栾州、井州、深州、蒲州、景州、燕州	冀州信都县、泽城县、昌亭县、观津县，贝州灵县、夏津县、沙丘县、贝丘县、府城县，相州淇阳县、相ът，卫州阳源县、清淇县、繁阳县，怀州轵县、怀县，殷州武陟县，潞州壶关县、甲水县，韩州榆社县，蒲州蒲坂县、解县，绛州汾东县，邵州清廉县、蒲原县，汾州大宁县，晋州西河县，隰州蒲川县，介州清世县，石州宁乡县、卢山县，忻州铜川县，并州阳真县、清源县，辽州东山县、交漳县，邢州南栾县、青山县、任县，洺州曲周县、鸡泽县、阳邑县、陟乡县，赵州大陆县、灵山县，廉州柏肆县、廉平县，栾州宋子县，井州蒲吾县、鹿泉县、苇泽县，恒州新市县、常山县、王亭县，定州安喜县、望都县，深州芜蒌县，瀛州武垣县、任丘县、永宁县
青州地区	潍州、淄州、牟州	青州高阳县、般阳县、时水县、闾丘县、新河县，齐州山茌县、朝阳县、营城县、济南县，胶州昌安县、黔陬县
徐州地区	鄫州、仁州、泰州、莒州、邳州	仁州临淮县，鄫州鄫城县、兰陵县，兖州高平县、牟城县，泰州岱山县，沂州即丘县
扬州地区	楚州、滁州、方州、润州、湖州、冈州、罗州、新州、建州、象州、融州、贺州、缘州、合州、玉州、峰州、智州、明州	扬州江浦县，楚州淮阴县，番州始昌县，冈州封乐县、封平县，循州休吉县，高州永宁县、义康县、南巴县、义封县，端州清泰县，新州南流县、西城县、索卢县、抚纳县，泷州开阳县，建州安南县，成州封兴县，桂州西宁县、阳宁县、猛陵县、归化县，融州黄水县、临牂县、纯化县、兴安县，静州博劳县、安乐县、开江县，贺州临贺县、荡山县、绥越县，尹州龙山县、怀泽县、布山县、武平县、武缘县、皇化县，越州棋川县、陆川县、廉昌县、大廉县，合州摸落县、罗阿县、雷川县，玉州海平县、玉山县
荆州地区	郜州、充州、津州、施州、业州、升州、蔡州、土州、唐州、顺州、温州、应州、崇州	荆州定襄县、云泽县，郢州㵋水县、㵋陂县，郜州武山县，复州京山县，襄州旱停县，昌州丰良县，湖州柘林县、洞川县，蔡州双泉县、瀍源县，隋州潕西县，土州宜人县、漳川县，唐州清嘉县、横山县，顺州顺义县、宁化县，安州吉阳县，温州盘陂县，应州平靖县
合计	110 州	216 县

由于史书记大业初省并州县时间上或有误差,因此另有丹州、长州、环州、集州、扶州、翼州、恭州、昆州、协州、杞州、静州等十一州,诸书记其废州时间在大业三年。如将此十一州也纳入大业初省并州县的范围,则其废州在120以上。

第六章　大业三年改州为郡的变迁

秦汉的郡县制是炀帝心目中的理想体制,于是在大业三年(607),下令改天下之州为郡。

第一节　州名更郡名

隋炀帝改州名为郡名,一般是采用汉郡旧名。但西汉只103郡国,而隋有190郡,因此汉名不够用,炀帝又创立不少新名。详细情况,大致如下(沿用汉郡旧名者一般不作说明)。

(一) 雍州地区：24郡
1. 雍州,改为京兆郡,取汉京兆尹为名。因是都城所在,故以京兆名之。
2. 同州,改为冯翊郡。左冯翊,汉郡旧名。
3. 岐州,改为扶风郡。右扶风,汉郡旧名。
4. 泾州,改为安定郡。安定,汉郡旧名。
5. 宁州,改为北地郡。此原为汉北地郡地,因在都城之北,故名。北地,汉郡旧名。
6. 敷州,改为上郡。上郡,汉郡旧名。
7. 绥州,改为雕阴郡。汉有雕阴道,在该郡之南,因取以名郡。
8. 延州,改为延安郡。此为汉上郡地,因敷州已改为上郡,不宜再改为上郡;又此地为延水所经,故取延安为名。
9. 庆州,改为弘化郡。因辖区内有弘化县,遂取以名郡。
10. 原州,改为平凉郡。因辖区内有平凉县,遂取以名郡。
11. 夏州,改为朔方郡。朔方,汉郡旧名。
12. 盐州,改为盐川郡。此地有盐池,因以为名。
13. 灵州,改为灵武郡。因辖区内有灵武县,遂取以名郡。

14. 胜州,改为榆林郡。此郡是以榆林关为名,即汉之榆溪塞。
15. 丰州,改为五原郡。五原,汉郡旧名。
16. 秦州,改为天水郡。天水,汉郡旧名。
17. 渭州,改为陇西郡。陇西,汉郡旧名。
18. 兰州,改为金城郡。金城,汉郡旧名。
19. 河州,改为枹罕郡。后周曾于此置枹罕郡,遂以为名。
20. 廓州,改为浇河郡。西魏曾于此置浇河郡,遂以为名。
21. 鄯州,改为西平郡。后魏曾于此置西平郡,遂以为名。
22. 凉州,改为武威郡。武威,汉郡旧名。
23. 甘州,改为张掖郡。张掖,汉郡旧名。
24. 瓜州,改为敦煌郡。敦煌,汉郡旧名。

(二) 梁州地区:34 郡

1. 梁州,改为汉川郡。此本汉之汉中郡地,隋文帝父讳忠,故改为汉川郡。
2. 金州,改为西城郡。因郡治所在金川县原名西城,遂以为郡名。
3. 房州,改为房陵郡。因郡治所在光迁县汉名房陵,遂以为郡名。
4. 巴州,改为清化郡。因辖区内有清化县,遂以为郡名。
5. 通州,改为通川郡。因郡治通川县为名。《太平寰宇记》云:"以地带四达,故曰通川。"
6. 渠州,改为宕渠郡。梁曾于此置宕渠郡,因以为名。
7. 成州,改为汉阳郡。后魏于此置汉阳郡,隋亦以汉阳为名。
8. 洮州,改为临洮郡。辖区内有临洮县,本秦汉旧县,因以为名。
9. 宕州,改为宕昌郡。后周曾于此置宕昌郡,遂以为郡名。
10. 武州,改为武都郡。武都,汉郡旧名。
11. 扶州,改为同昌郡。因辖区内有同昌县,遂以为郡名。
12. 凤州,改为河池郡。因辖区内有河池县,遂以为郡名。
13. 兴州,改为顺政郡。西魏曾于此置顺政郡,因以为名。
14. 利州,改为义城郡。因辖区内有义城县,遂以为郡名。
15. 龙州,改为平武郡。因辖区内有平武县,遂以为郡名。
16. 会州,改为汶山郡。汶山,汉郡旧名。
17. 始州,改为普安郡。西魏曾于此置普安郡,因以为名。
18. 緜州,改为金山郡。因辖区内有金山县,遂以为郡名。

19. 梓州,改为新城郡。郡治郪县原名新城,遂取以名郡。
20. 隆州,改为巴西郡。此为汉巴郡地,因地处巴郡西部,故名。
21. 遂州,改为遂宁郡。刘宋曾于此置遂宁郡,梁为东遂宁郡地,乃取宋、梁旧名。
22. 涪州,改为涪陵郡。此郡乃涪水与嘉陵江合流之处,大业三年遂以二水之名合之为名。
23. 渝州,改为巴郡。巴郡,汉郡旧名。
24. 信州,改为巴东郡。此为汉巴郡地,因在巴郡东部,故名为巴东郡。
25. 益州,改为蜀郡。蜀郡,汉郡旧名。
26. 雅州,改为临邛郡。西魏曾于此置临邛郡,因以为名。
27. 眉州,改为眉山郡。因郡境有峨眉山,遂以山名郡。
28. 陵州,改为隆山郡。后周曾于此置隆山郡,因以为名。《元和郡县志》云:"以境内有鼎鼻山,地形隆起,故为名。"
29. 资州,改为资阳郡。后周曾于此置资阳郡,因以为名。
30. 泸州,改为泸川郡。郡境有泸水,因以为名。
31. 戎州,改为犍为郡。犍为,汉郡旧名。
32. 嶲州,改为越嶲郡。越嶲,汉郡旧名。
33. 牂州,改为牂柯郡。牂柯,汉郡旧名。
34. 黔州,改为黔安郡。此原为黔州地,改郡名黔安,乃取佳名。

(三)豫州地区:16 郡
1. 豫州,改为河南郡。河南,汉郡旧名。
2. 郑州,改为荥阳郡。晋曾于此置荥阳郡,因以为名。
3. 宋州,改为梁郡。晋曾于此置梁郡,因以为名。
4. 亳州,改为谯郡。后魏曾于此置谯郡,因以为名。
5. 曹州,改为济阴郡。济阴,汉郡旧名。
6. 汝州,改为襄城郡。此汝州本后魏广州境,该州领有襄城郡,因以为名。
7. 许州,改为颍川郡。颍川,汉郡旧名。
8. 蔡州,改为汝南郡。汝南,汉郡旧名。
9. 陈州,改为淮阳郡。淮阳,汉侯国旧名。
10. 颍州,改为汝阴郡。曹魏曾于此置汝阴郡,因以为名。
11. 商州,改为上洛郡。晋曾于此置上洛郡,因以为名。

12. 虢州,改为弘农郡。弘农,汉郡旧名。
13. 淅州,改为淅阳郡。后魏曾于此置淅阳郡,因以为名。
14. 邓州,改为南阳郡。南阳,汉郡旧名。
15. 淯州,改为淯阳郡。此郡在淯水之北,故以淯阳为名。
16. 显州,改为淮安郡。淮水发源于此,因以淮安为名。

(四) 兖州地区:6 郡
1. 兖州,改为东郡。东郡,汉郡旧名。
2. 郓州,改为东平郡。刘宋曾于此置东平郡,因以为名。
3. 济州,改为济北郡。此为东汉济北国地,因以为名。
4. 魏州,改为武阳郡。后周置武阳郡于此,因以为名。
5. 沧州,改为渤海郡。汉为勃海郡,乃改为渤海郡。
6. 德州,改为平原郡。平原,汉郡旧名。

(五) 冀州地区:30 郡
1. 冀州,改为信都郡。此为汉信都国地,乃用汉旧名。
2. 贝州,改为清河郡。清河,汉郡旧名。
3. 相州,改为魏郡。魏郡,汉郡旧名。
4. 卫州,改为汲郡。晋曾于此置汲郡,因以为名。
5. 怀州,改为河内郡。河内,汉郡旧名。
6. 泽州,改为长平郡。境内有长平关,因以为名。
7. 潞州,改为上党郡。上党,汉郡旧名。
8. 蒲州,改为河东郡。河东,汉郡旧名。
9. 绛州,改为绛郡。西魏曾于此置绛郡,因以为名。
10. 汾州,改为文城郡。辖区内有文城县,因以为名。
11. 晋州,改为临汾郡。后齐曾于此置临汾郡,因以为名,盖郡临汾水故也。
12. 隰州,改为龙泉郡。后周曾于此置龙泉郡,因以为名。
13. 介州,改为西河郡。西河,汉郡旧名。
14. 石州,改为离石郡。后周曾于此置离石郡,因以为名。
15. 代州,改为雁门郡。雁门,汉郡旧名。
16. 朔州,改为马邑郡。北齐于马邑城置朔州,故以马邑为郡名。
17. 云州,改为定襄郡。定襄,汉郡旧名。

18. 并州,改为太原郡。太原,汉郡旧名。

19. 邢州,改为襄国郡。北齐于此置襄国郡,因以为名。

20. 洺州,改为武安郡。郡有武安县,赵将李牧封武安君于此,因以为名。

21. 赵州,改为赵郡。后魏曾于此置赵郡,因以为名。

22. 恒州,改为恒山郡。此为汉常山郡地,因以为名。本作恒山郡,因避汉文帝讳,改为常山郡。

23. 定州,改为博陵郡。北齐曾于此置博陵郡,因以为名。

24. 瀛州,改为河间郡。河间,汉侯国名。

25. 幽州,改为涿郡。涿郡,汉郡旧名。

26. 易州,改为上谷郡。《元和志》云:"遥取汉上谷郡为名。"

27. 玄州,改为渔阳郡。渔阳,汉郡旧名。

28. 平州,改为北平郡。右北平,汉郡旧名。

29. 檀州,改为安乐郡。后魏安乐郡寄治于此,因以为名。

30. 营州,改为柳城郡。辖区内有柳城县,因以为名。

(六)青州地区:4郡

1. 青州,改为北海郡。北海,汉郡旧名。

2. 齐州,改为齐郡。齐郡,汉郡旧名。

3. 莱州,改为东莱郡。东莱,汉郡旧名。

4. 胶州,改为高密郡。此为汉高密国地,亦是用汉旧名。

(七)徐州地区:5郡

1. 徐州,改为彭城郡。此为汉彭城郡地,乃用汉郡旧名。

2. 鲁州,改为鲁郡。汉鲁国地,晋于此置鲁郡,因以为名。

3. 沂州,改为琅邪郡。琅邪,汉郡旧名。

4. 海州,改为东海郡。东海,汉郡旧名。

5. 泗州,改为下邳郡。东汉曾于此置下邳国,因以为名。

(八)扬州地区:44郡

1. 扬州,改为江都郡。郡治为江都县,因以为名。

2. 濠州,改为钟离郡。晋曾于此置钟离郡,因以为名。

3. 寿州,改为淮南郡。西汉于此置淮南国,曹魏置淮南郡,因以为名。

4. 光州,改为弋阳郡。后魏曾于此置弋阳郡,因以为名。
5. 蕲州,改为蕲春郡。郡治在蕲春县,因以为名。
6. 庐州,改为庐江郡。庐江,汉郡旧名。
7. 熙州,改为同安郡。辖区内有同安县,因以为名。
8. 和州,改为历阳郡。晋曾于此置历阳郡,因以为名。
9. 蒋州,改为丹阳郡。丹阳,汉郡旧名。
10. 宣州,改为宣城郡。宣城,汉郡旧名。
11. 常州,改为毗陵郡。晋曾于此置毗陵郡,因以为名。
12. 吴州,改为吴郡。吴郡,汉郡旧名。
13. 越州,改为会稽郡。会稽,汉郡旧名。
14. 杭州,改为余杭郡。辖区内有余杭县,因以为名。
15. 歙州,改为新安郡。此原为晋新安郡地,因以为名。
16. 婺州,改为东阳郡。三国时东吴于此置东阳郡,因以为名。
17. 括州,改为永嘉。晋曾于此立永嘉郡,因以为名。
18. 闽州,改为建安郡。三国时东吴于此置建安郡,因以为名。
19. 睦州,改为遂安郡。辖区内有遂安县,因以为名。
20. 饶州,改为鄱阳郡。三国时东吴于此置鄱阳郡,因以为名。
21. 抚州,改为临川郡。三国时东吴于此置临川郡,因以为名。
22. 吉州,改为庐陵郡。三国时东吴于此置庐陵郡,因以为名。
23. 虔州,改为南康郡。晋曾于此置南康郡,因以为名。
24. 袁州,改为宜春郡。郡治在宜春县,因以名郡。
25. 洪州,改为豫章郡。豫章,汉郡旧名。
26. 番州,改为南海郡。南海,汉郡旧名。
27. 循州,改为龙川郡。郡有龙川县,为秦汉旧县,因取以名郡。
28. 潮州,改为义安郡。晋立义安郡于此,因以为名。
29. 高州,改为高凉。三国时东吴置高凉郡于此,因以为名。
30. 端州,改为信安郡。隋以前此地未有信安郡或信安县,盖取佳名。
31. 泷州,改为永熙郡。郡有永熙县,因以为名。
32. 封州,改为苍梧郡。苍梧,汉郡旧名。
33. 桂州,改为始安郡。三国时东吴于此置始安郡,因以为名。
34. 藤州,改为永平郡。晋曾立永平郡于此,因以为名。
35. 郁州,改为郁林郡。郁林,汉郡旧名。
36. 合州,改为合浦郡。合浦,汉郡旧名。

37. 崖州,改为珠崖郡。珠崖,汉郡旧名。
38. 钦州,改为宁越郡。此本古越地,郡名宁越,取佳名也。
39. 交州,改为交趾郡。交趾,汉郡旧名。
40. 爱州,改为九真郡。九真,汉郡旧名。
41. 驩州,改为日南郡。日南,汉郡旧名。
42. 荡州,改为比景郡。郡有比景县,乃汉旧县,因以为名。
43. 农州,改为海阴郡。郡在大海之滨,因以为名。
44. 冲州,改为林邑郡。此本林邑地,隋大业元年平之,因以名郡。

(九) 荆州地区: 22 郡
1. 荆州,改为南郡。南郡,汉郡旧名。
2. 硖州,改为夷陵郡。郡有夷陵县,乃秦汉旧县,因以为名。
3. 郢州,改为竟陵郡。晋曾于此置竟陵郡,因以为名。
4. 沔州,改为沔阳郡。梁置沔阳郡于此,因以为名。
5. 辰州,改为沅陵郡。陈置沅陵郡于此,因以为名。
6. 武州,改为武陵郡。武陵,汉郡旧名。
7. 庸州,改为清江郡。后周曾于此置清江郡,因以为名。
8. 襄州,改为襄阳郡。曹魏置襄阳郡于此,因以为名。
9. 昌州,改为春陵郡。郡有春陵县,乃汉旧县,因以为名。
10. 隋州,改为汉东郡。郡在汉水之东,因名汉东。
11. 安州,改为安陆郡。刘宋于此置安陆郡,因以为名。
12. 黄州,改为永安郡。梁置永安郡于此,因以为名。
13. 义州,改为义阳郡。曹魏立义阳郡于此,因以为名。
14. 江州,改为九江郡。此为秦九江郡地,因以为名。
15. 鄂州,改为江夏郡。江夏,汉郡旧名。
16. 澧州,改为澧阳郡。郡有澧阳县,因以名郡,盖以澧水为名也。
17. 罗州,改为巴陵郡。刘宋置巴陵郡于此,因以为名。
18. 潭州,改为长沙郡。此为汉长沙国地,乃用汉旧名。
19. 衡州,改为衡山郡。境有衡山,因以名郡。
20. 郴州,改为桂阳郡。桂阳,汉郡旧名。
21. 永州,改为零陵郡。零陵,汉郡旧名。
22. 连州,改为熙平郡。郡有熙平县,因以为名。

《隋书·地理志》载有 190 郡,此列 185 郡。大业四年又以离石郡之汾源、临泉 2 县和雁门郡之秀容县立楼烦郡；大业五年平吐谷浑，再置鄯善、且末、西海、河源 4 郡，共为 190 郡。

又有伊吾郡，置于大业六年，领伊吾 1 县。《隋书·地理志》不载。

又有明阳郡，置于大业七年，领绥阳、高富、宁夷、都上、义泉 5 县。《隋书·地理志》亦不载。

又有辽西、辽东、襄平 3 郡，皆大业八年置。辽西郡领辽西、怀远、泸河 3 县，襄平郡领县无考，辽东郡领通定镇。辽西郡虽见于《隋书·地理志》，实为柳城郡之误。辽东、襄平 2 郡，《隋书·地理志》亦未记载。据此，隋末实有 195 郡。

第二节　大业三年各郡所领之县

大业三年(607)各郡领县情况见表 6，并见图 23 至图 33。

表 6　大业三年各郡领县情况表

地区	郡名	领县数	所　领　县　名
雍州地区	京兆	22	大兴、长安、鄠县、盩厔、蓝田、新丰、渭南、高陵、万年、三原、富平、始平、武功、泾阳、醴泉、华原、宜君、同官、云阳、郑县、华阴、上宜
	冯翊	8	冯翊、朝邑、澄城、郃阳、蒲城、白水、下邽、韩城
	扶风	9	雍县、岐山、郿县、虢县、汧源、汧阳、南由、陈仓、普润
	安定	7	安定、鹑觚、阴盘、朝那、良原、湫谷、华亭
	北地	6	安定、罗川、彭原、襄乐、新平、三水
	上郡	5	内部、三川、鄜城、洛川、洛交
	雕阴	11	上县、大斌、城平、开疆、抚宁、延福、绥德、真乡、开光、银城、儒林
	延安	11	丰林、因城、魏平、临真、延安、延川、义川、咸宁、汾川、金明、肤施
	弘化	6	洛源、弘化、合水、华池、马岭、弘德
	平凉	7	平高、默亭、乌兰、百泉、平凉、凉川、他楼
	朔方	3	岩绿、宁朔、长泽
	盐川	1	五原

续　表

地区	郡名	领县数	所　领　县　名
雍州地区	灵武	6	回乐、怀远、灵武、丰安、弘静、鸣沙
	榆林	3	榆林、金河、富昌
	五原	3	九原、永丰、安化
	天水	6	上邽、冀城、清水、秦岭、陇城、成纪
	陇西	5	襄武、障县、陇西、渭源、长川
	金城	2	金城、狄道
	枹罕	4	枹罕、大夏、龙支、水池
	浇河	2	河津、达化
	西平	2	湟水、化隆
	武威	4	姑臧、昌松、允吾、番和
	张掖	3	张掖、删丹、福禄
	敦煌	3	敦煌、常乐、玉门
梁州地区	汉川	8	南郑、城固、褒城、西县、兴势、黄金、西乡、难江
	西城	6	金川、洵阳、安康、石泉、黄土、丰利
	房陵	4	光迁、永清、上庸、竹山
	清化	14	化成、曾口、清化、始宁、归仁、其章、恩阳、永穆、盘道、长池、符阳、白石、安固、伏虞
	通川	7	通川、三冈、石鼓、东乡、宣汉、西流、万世
	宕渠	7	流江、宾城、宕渠、咸安、邻水、邻山、垫江
	汉阳	3	上禄、潭水、长道
	临洮	11	美相、临潭、叠川、合川、乐川、归政、洮源、洮阳、临洮、和政、当夷
	宕昌	3	良恭、和戎、怀道
	武都	7	将利、建威、覆津、盘堤、长松、正西、曲水
	同昌	9	尚安、钳川、同昌、帖夷、嘉诚、金崖、封德、常芬、丹岭

续　表

地区	郡名	领县数	所　领　县　名
梁州地区	河池	4	两当、梁泉、河池、同谷
	顺政	4	顺政、鸣水、长举、修城
	义城	7	绵谷、益昌、义城、葭萌、嘉川、岐坪、景谷
	平武	4	江油、平武、马盘、方维
	汶山	11	汶山、北川、汶川、翼针、翼水、通轨、左封、平康、交川、江源、通化
	普安	7	普安、永归、临津、黄安、武连、阴平、梓潼
	金山	7	巴西、昌隆、魏城、金山、神泉、万安、涪城
	新城	5	郪县、射洪、盐亭、通泉、飞乌
	巴西	10	阆内、南部、苍溪、南充、相如、晋城、西水、奉国、仪陇、大寅
	遂宁	3	方义、长江、青石
	涪陵	3	石镜、汉初、赤水
	巴郡	3	巴县、江津、涪陵
	巴东	14	人复、云安、巫山、大昌、秭归、巴东、南浦、梁山、武宁、新浦、盛山、临江、务川、扶阳
	蜀郡	13	成都、郫县、双流、新津、晋原、清城、九陇、雒县、绵竹、金泉、阳安、平泉、玄武
	临邛	9	严道、名山、依政、临邛、蒲江、临溪、沈黎、卢山、汉源
	眉山	8	通义、丹稜、青神、龙游、平羌、峨眉、夹江、洪雅
	隆山	4	仁寿、贵平、隆山、始建
	资阳	9	资阳、盘石、内江、安岳、普慈、隆康、安居、威远、大牢
	泸川	5	泸川、绵水、江安、合江、富世
	犍为	4	僰道、南溪、犍为、开边
	越巂	6	邛都、苏祇、可泉、台登、邛部、越巂
	牂柯	2	牂柯、宾化
	黔安	2	彭水、涪川

续 表

地区	郡名	领县数	所 领 县 名
豫州地区	河南	17	河南、洛阳、缑氏、阳城、嵩阳、陕县、阌乡、宜阳、寿安、熊耳、渑池、新安、陆浑、伊阙、桃林、偃师、巩县
	荥阳	11	荥阳、汜水、圃田、阳武、浚仪、开封、荥泽、酸枣、管城、原武、新郑
	梁郡	13	宋城、考城、下邑、雍丘、襄邑、砀山、楚丘、宁陵、陈留、圉城、虞城、谷熟、柘城
	谯郡	6	谯县、城父、山桑、临涣、谷阳、鄼县
	济阴	9	济阴、定陶、冤句、乘氏、成武、济阳、外黄、金乡、单父
	襄城	8	承休、梁县、阳翟、鲁县、蘩城、辅城、汝南、汝源
	颍川	14	颍川、临颍、许昌、扶沟、襄城、繁昌、叶县、汝坟、北舞、郾城、长葛、尉氏、鄢陵、滟强
	汝南	11	汝阳、吴房、朗山、西平、新蔡、城阳、真阳、新息、褒信、上蔡、平舆
	淮阳	11	宛丘、西华、柳城、项城、南顿、太康、鹿邑、郸县、铜阳、澺水、扶乐
	汝阴	5	汝阴、颍上、颍阳、清丘、下蔡
	上洛	5	上洛、丰阳、商洛、洛南、上津
	弘农	4	卢氏、长渊、朱阳、弘农
	淅阳	7	内乡、南乡、丹水、武当、均阳、安福、郧乡
	南阳	8	穰县、新野、南阳、课阳、新城、冠军、菊潭、顺阳
	淯阳	3	武川、向城、方城
	淮安	7	比阳、慈丘、桐柏、平氏、真昌、显冈、临舞
兖州地区	东郡	9	白马、胙城、匡城、濮阳、离狐、韦城、灵昌、卫南、封丘
	东平	6	郓城、鄄城、宿城、须昌、雷泽、巨野
	济北	9	卢县、东阿、肥城、寿张、平阴、长清、济北、范县、阳谷
	武阳	14	贵乡、观城、莘县、武阳、馆陶、聊城、元城、繁水、魏县、顿丘、临黄、堂邑、冠氏、武水
	渤海	10	阳信、乐陵、饶安、清池、盐山、南皮、无棣、滴河、厌次、蒲台
	平原	9	安德、平原、东光、平昌、长河、将陵、般县、弓高、胡苏

续　表

地区	郡名	领县数	所　领　县　名
冀州地区	信都	12	长乐、枣强、下博、阜城、武强、蓨县、斌强、鹿城、武邑、南宫、堂阳、衡水
	清河	14	清河、清阳、宗城、清泉、高唐、博平、茌平、武城、漳南、临清、清平、经城、历亭、鄃县
	魏郡	11	安阳、成安、临漳、洹水、邺县、滏阳、临水、林虑、灵泉、尧城、临淇
	汲郡	8	卫县、汲县、黎阳、汤阴、隋兴、内黄、临河、澶渊
	河内	10	河内、安昌、王屋、获嘉、修武、新乡、共城、温县、济源、河阳
	长平	6	丹川、高平、端氏、濩泽、沁水、陵川
	上党	10	上党、襄垣、长子、黎城、乡县、铜鞮、沁源、涉县、潞城、屯留
	河东	10	河东、虞乡、汾阴、猗氏、安邑、夏县、河北、芮城、龙门、桑泉
	绛郡	8	正平、闻喜、曲沃、绛县、稷山、垣县、太平、翼城
	文城	4	吉昌、文城、伍城、昌宁
	临汾	7	临汾、襄陵、冀氏、岳阳、霍邑、杨县、汾西
	龙泉	5	隰川、石楼、永和、楼山、蒲县
	西河	6	隰城、介休、永安、平遥、灵石、绵上
	离石	8	离石、平夷、方山、修化、定胡、太和、汾源、蔚汾
	雁门	6	雁门、崞县、五台、灵丘、繁畤、秀容
	马邑	4	善阳、神武、开阳、云内
	定襄	1	大利
	太原	15	晋阳、太原、文水、寿阳、榆次、太谷、汾阳、乐平、和顺、石艾、祁县、辽山、交城、平城、孟县
	襄国	7	龙冈、内丘、南和、平乡、柏仁、巨鹿、沙河
	武安	8	永年、平恩、临洺、武安、洺水、肥乡、邯郸、清漳
	赵郡	11	平棘、高邑、廮陶、大陆、藁城、元氏、房子、栾城、赞皇、柏乡、鼓城
	恒山	8	真定、井陉、灵寿、行唐、九门、滋阳、石邑、房山

续 表

地区	郡名	领县数	所 领 县 名
冀州地区	博陵	10	鲜虞、北平、恒阳、毋极、安平、义丰、深泽、唐县、新乐、隋昌
	河间	13	河间、乐寿、鄚县、高阳、博野、清苑、平舒、景城、文安、长芦、饶阳、束城、鲁城
	涿郡	9	蓟县、良乡、安次、涿县、潞县、雍奴、怀戎、昌平、固安
	上谷	6	易县、遂城、永乐、遒县、涞水、飞狐
	渔阳	1	无终
	北平	1	卢龙
	安乐	2	燕乐、密云
	柳城	1	柳城
青州地区	北海	10	益都、临朐、北海、都昌、千乘、博昌、寿光、下密、临淄、营丘
	齐郡	11	历城、亭山、临邑、祝阿、长山、邹平、章丘、淄川、高苑、临济、长清
	东莱	9	掖县、昌阳、胶水、黄县、牟平、文登、卢乡、即墨、观阳
	高密	7	诸城、郚城、高密、东莞、安丘、胶西、琅邪
徐州地区	彭城	11	彭城、沛县、萧县、兰陵、滕县、丰县、蕲县、谷阳、符离、留县、方与
	鲁郡	10	瑕丘、任城、曲阜、邹县、龚丘、平陆、博城、梁父、嬴县、泗水
	琅邪	7	临沂、费县、颛臾、新泰、沂水、莒县、东安
	东海	5	朐山、东海、涟水、沭阳、怀仁
	下邳	7	宿豫、徐城、淮阳、夏丘、下邳、良城、郯县
扬州地区	江都	16	江阳、江都、海陵、宁海、山阳、盐城、高邮、盱眙、安宜、清流、全椒、六合、永福、延陵、曲阿、句容
	钟离	4	钟离、定远、化明、涂山
	淮南	5	寿春、安丰、小黄、长平、霍丘
	弋阳	6	光山、乐安、定城、殷城、固始、期思
	蕲春	5	蕲春、蕲水、浠水、黄梅、罗田

续 表

地区	郡名	领县数	所 领 县 名
扬州地区	庐江	7	合肥、襄安、庐江、慎县、霍山、开化、㴲水
	同安	5	怀宁、太湖、宿松、望江、同安
	历阳	2	历阳、乌江
	丹阳	3	江宁、当涂、溧水
	宣城	6	宣城、泾县、南陵、绥安、永世、秋浦
	毗陵	4	晋陵、无锡、江阴、义兴
	吴郡	5	吴县、昆山、常熟、乌程、长城
	会稽	4	会稽、句章、诸暨、剡县
	余杭	7	钱唐、富阳、於潜、余杭、盐官、武康、临安
	新安	3	休宁、歙县、黟县
	东阳	4	金华、永康、乌伤、信安
	永嘉	6	括仓、永嘉、安固、松阳、临海、始丰
	建安	4	闽县、建安、南安、龙溪
	遂安	3	雉山、遂安、桐庐
	鄱阳	3	鄱阳、余干、弋阳
	临川	4	临川、南城、邵武、崇仁
	庐陵	4	庐陵、安复、新淦、泰和
	南康	4	赣县、雩都、虔化、南康
	宜春	3	宜春、萍乡、新喻
	豫章	4	豫章、建城、建昌、丰城
	南海	15	南海、增城、宝安、翁源、清远、政宾、四会、化蒙、怀集、曲江、乐昌、始兴、含洭、义宁、新会
	龙川	5	归善、河源、博罗、兴宁、海丰
	义安	5	海阳、海宁、潮阳、程乡、万川

续 表

地区	郡名	领县数	所 领 县 名
扬州地区	高凉	9	高凉、茂名、杜原、海安、阳春、连江、电白、石龙、吴川
	信安	7	高要、端溪、乐城、平兴、新兴、铜陵、博林
	永熙	6	泷水、怀德、良德、安遂、永熙、永业
	苍梧	4	封川、苍梧、封阳、都城
	始安	16	始安、荔浦、平乐、桂林、象县、阳寿、龙城、马平、义熙、建陵、龙平、豪静、富川、阳朔、隋化、永福
	永平	11	永平、武林、安基、普宁、戎城、宁人、大宾、隋建、隋安、淳人、贺川
	郁林	12	郁林、郁平、马度、阿林、石南、桂平、宁浦、乐山、岭山、安成、领方、宣化
	合浦	11	合浦、扇沙、北流、南昌、封山、定川、龙苏、抱成、隋康、海康、铁杷
	珠崖	4	义伦、武德、九龙、临振
	宁越	6	钦江、内亭、安京、海安、南宾、遵化
	交趾	9	宋平、平道、安人、龙编、朱载、交趾、隆平、嘉宁、新昌
	九真	7	九真、移风、胥浦、隆安、军安、安顺、日南
	日南	8	九德、咸䣩、浦阳、越常、安远、光安、金宁、交谷
	比景	4	比景、朱吾、寿泠、西卷
	海阴	4	新容、真龙、安乐、多农
	林邑	4	象浦、金山、交江、南极
荆州地区	南郡	10	江陵、枝江、安兴、紫陵、公安、松滋、宜昌、长杨、当阳、长林
	夷陵	3	夷陵、夷道、远安
	竟陵	8	长寿、蓝水、汉东、芶川、清腾、乐乡、丰乡、章山
	沔阳	5	沔阳、竟陵、甄山、监利、汉阳
	沅陵	5	沅陵、盐泉、大乡、辰溪、龙标
	武陵	2	武陵、龙阳

续表

地区	郡名	领县数	所领县名
荆州地区	清江	5	盐水、巴山、清江、开夷、建始
	襄阳	11	襄阳、阴城、谷城、安养、上洪、率道、汉南、义清、南漳、常平、鄀县
	舂陵	6	枣阳、清潭、舂陵、湖阳、上马、蔡阳
	汉东	8	隋县、光化、上山、唐城、安贵、顺义、平林、上明
	安陆	8	安陆、应阳、云梦、孝昌、吉阳、京山、富水、应山
	永安	4	黄冈、黄陂、木兰、麻城
	义阳	5	义阳、礼山、钟山、罗山、淮源
	九江	2	湓城、彭泽
	江夏	5	江夏、武昌、永兴、蒲圻、城塘
	澧阳	6	澧阳、屋陵、安乡、崇义、慈利、石门
	巴陵	5	巴陵、华容、沅江、湘阴、罗县
	长沙	4	长沙、衡山、益阳、邵阳
	衡山	4	衡阳、沫阴、湘潭、新宁
	桂阳	4	郴县、晋兴、临武、卢阳
	零陵	5	零陵、湘源、永阳、营道、冯乘
	熙平	9	桂阳、阳山、连山、宣乐、游安、熙平、武化、桂岭、开建
合计	185郡	1 249县	

《旧唐书》卷38《地理志》云："大凡隋簿，郡一百九十，县一千二百五十五。"隋达到190郡之年是大业五年，与大业三年185郡相比，又增加了五郡，县数自然也会有所增多。大业四年所立楼烦郡，乃以原离石、雁门二郡之县组建而成，未立新县；大业五年所立鄯善、且末、西海、河源四郡，每郡新立二县，共增八县，总数为1 257县，与《旧唐书·地理志》所载1 255县相比，小有差异。盖诸书所记大业初省并州县或有出入，故此统计下来，就会稍有差异。

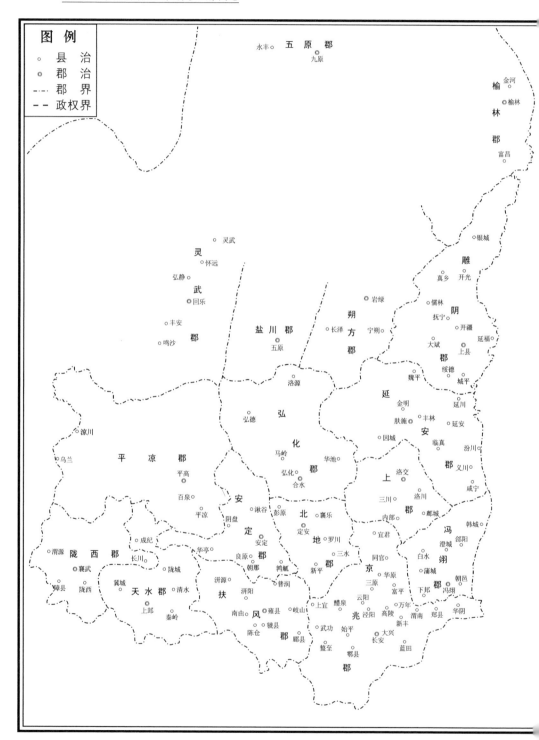

图23 大业三年关陇诸郡县

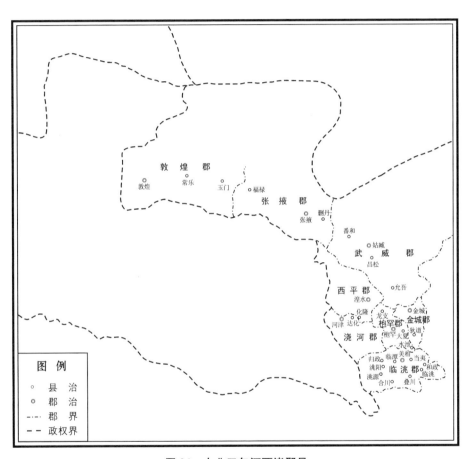

图 24　大业三年河西诸郡县

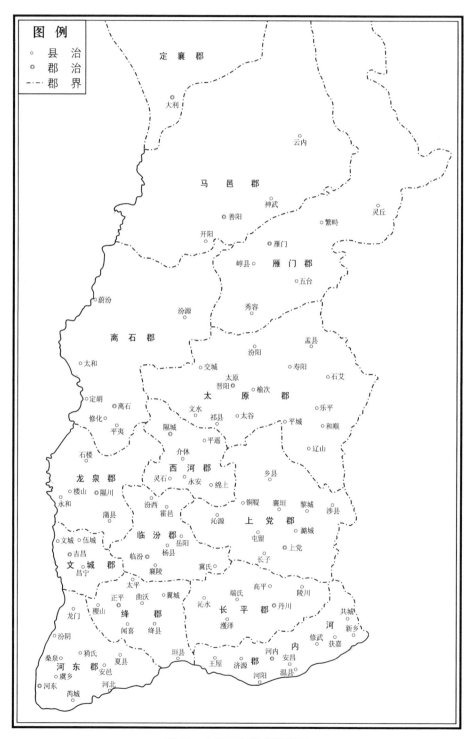

图 25　大业三年河东诸郡县

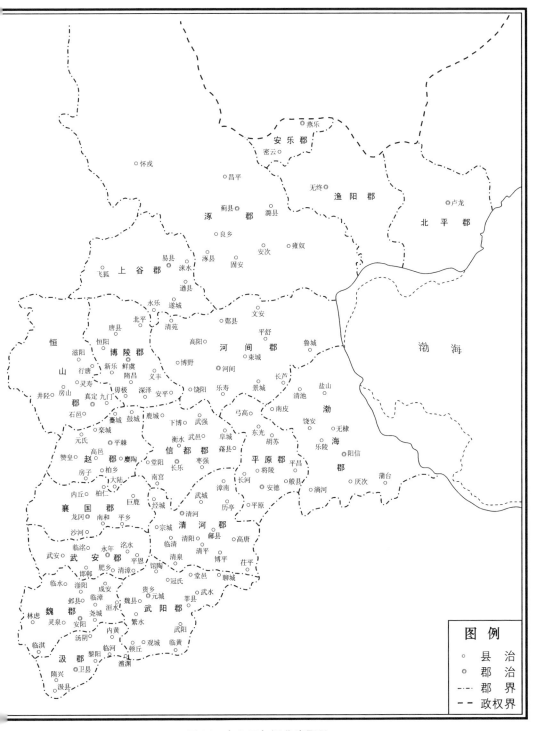

图 26 大业三年河北诸郡县

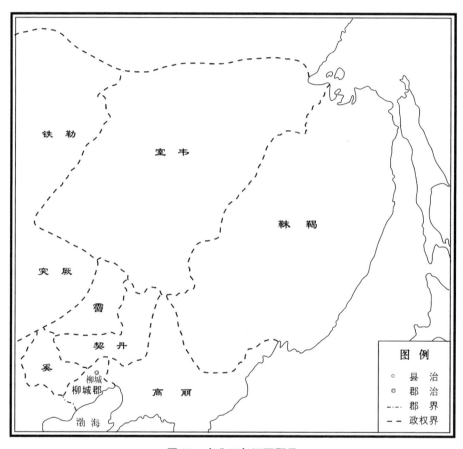

图 27 大业三年辽西郡县

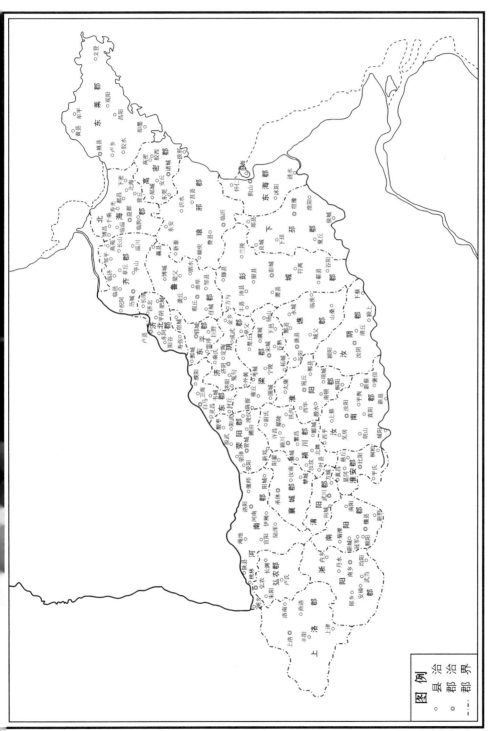

图 28 大业三年河南诸郡县

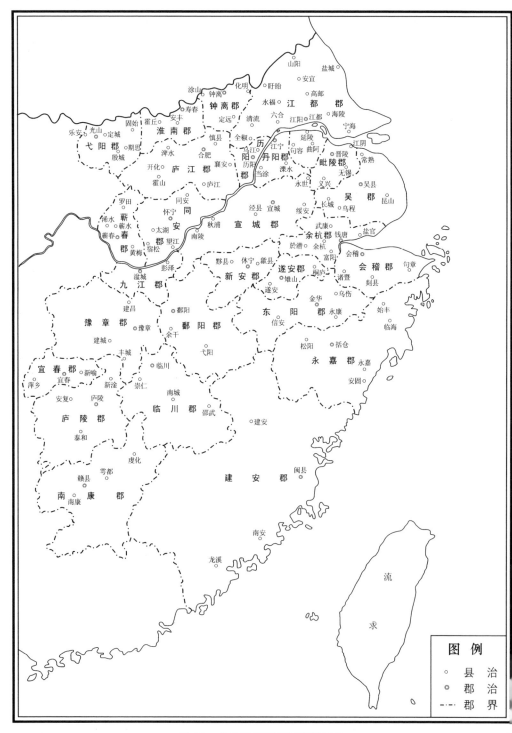

图 29 大业三年淮南江表诸郡县

图 30 大业三年江汉沅湘诸郡县

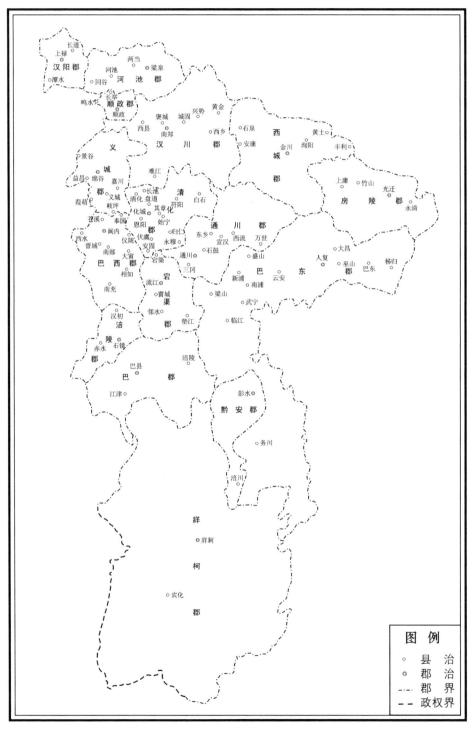

图31 大业三年巴汉诸郡县

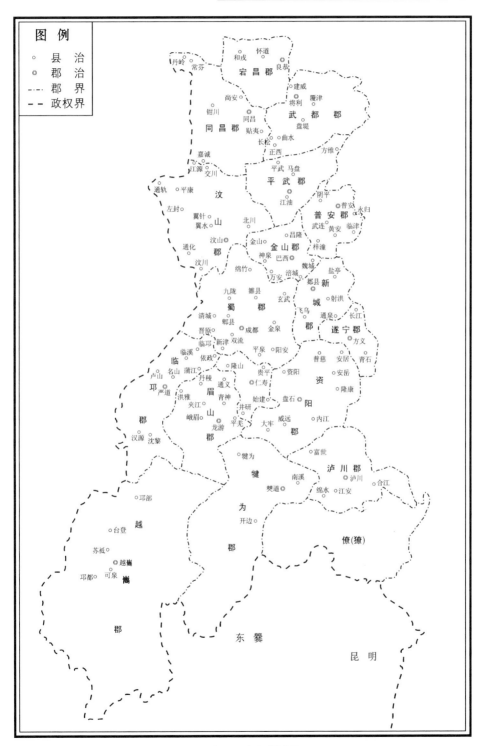

图32 大业三年岷蜀诸郡县

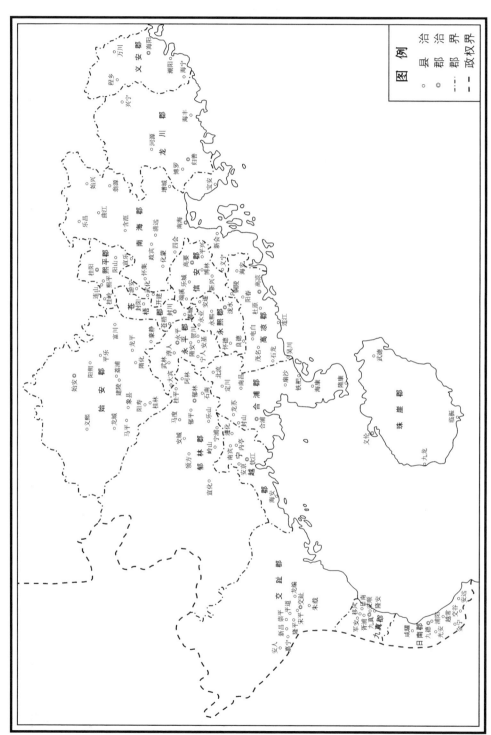

图 33 大业三年岭南诸郡县

第七章　隋末唐初政区的更改

　　隋末天下大乱,各割据势力纷纷称王。当此天下纷乱之时,有些地方因人口锐减,城池废坏,导致一些郡县被废除;在另一些地方,出于统治需要,一些割据政权却又会新立一些郡县。隋唐交替之际,又是行政区划多变之秋。这种变更,在北方主要是以李渊为首的李氏集团所为;在南方则主要是自称梁王的萧铣所为。据《隋书》卷4《炀帝纪》记载,大业十三年(617),李渊率兵入京师,立杨侑为恭帝,改年号为义宁。该年所立郡县,名义上虽云"义宁元年"建某郡某县,但实际上恭帝已为李渊控制,因此这些郡县皆可看作是李氏所建。《元和郡县志》在记载这些郡县的建立时,并不记义宁元年为其始年,而直云"义旗初"建某郡某县,由此即可见问题之实质。唐朝建立后,这些郡县都被新王朝所沿用。至于南方的萧铣,原为萧梁宗室,颇有声望,隋末唐初,他在南方占地既广,为时亦久,直至武德四年始被消灭,因此所立郡县也较多。兹将这一时期郡县变迁情况按地区详述如下。

　　(一) 雍州地区
　　1. 扶风郡下:义宁元年李渊置麟游县,并置凤栖郡,领麟游、上宜、普润三县。
　　2. 弘化郡下:义宁元年分合水县置乐蟠县。
　　3. 张掖郡下:义宁元年改福禄县为酒泉县。

　　(二) 豫州地区
　　1. 河南郡下:义宁元年置弘农郡,领陕、崤、桃林、长水四县。该郡武德元年改为陕州。
　　2. 河南郡下:义宁元年置湖城县。
　　3. 谯郡下:大业十二年,永城县为房宪伯所破,因废。
　　4. 济阴郡下:大业十三年,定陶县为孟海公所陷,因废。
　　5. 弘农郡下:义宁元年又置虢郡,领卢氏、玉城、朱阳三县。该郡武德元年改为虢州。

6. 弘农郡下：义宁元年改长渊县为长水县，避唐高祖李渊讳也。

7. 弘农郡下：义宁元年改弘农郡为凤林郡。该郡武德元年改为鼎州。

8. 弘农郡下：义宁元年又置玉城县。

（三）冀州地区

1. 上党郡下：义宁元年又置榆社县。

2. 河东郡下：义宁元年置安邑郡，领安邑、虞乡、夏县、河北四县。唐改该郡为虞州。

3. 绛郡下：义宁元年又置小乡县。

4. 绛郡下：义宁元年又置清廉县。

5. 绛郡下：义宁元年置邵原郡，领垣县、王屋、清廉、亳城四县。该郡武德元年改为邵州。

6. 绛郡下：义宁元年置亳城县。

7. 绛郡下：义宁元年置翼城郡，领翼城、绛、小乡三县。该郡武德元年改为浍州。

8. 文城郡下：义宁元年又置平昌县。

9. 临汾郡下：义宁元年置霍山郡，领霍邑、赵城、汾西、灵石四县。该郡武德元年改为吕州。

10. 临汾郡下：义宁元年置赵城县。

11. 西河郡下：义宁元年置介休郡，领介休、平遥二县。武德元年改为介州。

12. 赵郡下：义宁元年置巨鹿郡，领藁城、柏肆、新丰、宜安四县。武德元年改为廉州。

13. 赵郡下：义宁元年又置柏肆、新丰、宜安三县。其中柏肆、新丰二县废于大业初。

14. 恒山郡下：义宁元年置井陉郡，领井陉、苇泽二县。武德元年改为井州。

15. 恒山郡下：义宁元年又置苇泽县。该县废于大业初。

16. 恒山郡下：义宁元年置九门郡，领九门、新市、信义三县。武德元年改为观州。

17. 恒山郡下：义宁元年又置新市县。该县废于大业初。

18. 恒山郡下：义宁元年置房山郡，领房山、蒲吾二县。武德元年改为岳州。

19. 恒山郡下：义宁元年又置蒲吾县。该县废于大业初。
20. 恒山郡下：义宁元年置信义县。
21. 恒山郡下：义宁元年置燕州，领灵寿一县。
22. 上谷郡下：遒县，大业十三年"陷于寇"，城废。

（四）扬州地区
1. 江都郡下：金山县，隋末乱离，乡人自立金山县。
2. 弋阳郡下：期思县，大业十三年"狂贼方献伯"攻破，县废。
3. 同安郡下：太湖县，大业十三年李子通破没，武德四年复立。
4. 高凉郡下：阳江县，萧铣时置。

（五）荆州地区
1. 桂阳郡下：平阳县，隋末萧铣分郴县置。
2. 桂阳郡下：义章县，隋末萧铣分郴县置。
3. 零陵郡下：灌阳县，隋末萧铣分湘源县置。
4. 熙平郡下：开建县，大业十一年"因贼废"。

下编 隋代行政区划沿革考证

本 编 凡 例

一、《隋书》卷29《地理志》云："大业五年平定吐谷浑，更置四郡。大凡郡一百九十，县一千二百五十五。"以下所述隋代行政区划沿革，即以此郡县数为基础，按先后顺序分郡列出，郡下再列所辖之县。但考虑到要反映隋代地方政区的全貌，因此对隋代置而后废或前代原有而隋废之州、郡、县，凡有据可稽者，亦一并列出。其废县与未废之县同行列出，在县名后括号内标明存在年限及名称变更情况；而所废州郡，则在其治所所在地另行列出，为与未废州郡区别，此类州郡名称一律以方框标出，并在其名称之后标明存在年限及所辖郡县，以便读者了解当时情况。凡州郡县置废时间不明者，则暂付阙如，以俟来哲考定。如：

雍州京兆郡(581—606 雍州, 607—617 京兆郡)
万年县(581—582 万年县, 583—617 大兴县)
长蛇县(581—?)
扶风郡(581—582)——始平县、武功县、莫西县

二、《隋书·地理志》叙一百九十郡政区沿革，共分三卷九节，每节之末，必有当地人文风俗以作总结。观其九节之分，实遵《尚书·禹贡》九州之制，即按雍、梁、豫、兖、冀、青、徐、扬、荆九州为区划，分成九个地区逐一加以叙述。《禹贡》九州，大小不一，区分不尽合理，但千百年来人们如此阅读《隋书·地理志》已成习惯，今如另作区划，恐会招致误解，所以此次行文，仍以九州为序，但此九州并非隋之政区。为了与隋代之州有所区别，今于《禹贡》九州州名后加"地区"二字以示不同，如"雍州"即称为"雍州地区"，其余类推。

三、隋初继承北周行政区划，政区有州、郡、县三级，文帝开皇年间改为州县二级，炀帝又易为郡县二级。此次叙述，既要厘清各州郡县之沿革，又要明晰其统属关系。但不同时期统属关系多有变更，要完全搞清楚实在很难。虽然大多数郡县的隶属关系尚有据可查，但确有少数郡县不知属何州何郡，故其"度属自我，割隶从心"(见杨守敬《隋书地理志考证·后记》)的地方就在所难免。为使读者明了开皇、大业两个不同时期的政区情况，今于每郡沿革叙述结束后，举开皇元年、大业三年列二表以显示先后不同政区之差异。

四、叙述隋代州郡县沿革，本应上起开皇元年(公元581年)，下至大业十四年(或义宁二年，即公元618年)。但大业十四年既是隋亡之年，又是唐立之时，按统计郡县需遵循"年底见在"的原则，该年州县(唐高祖又改郡为州)的叙述应归入唐代，故本书只述及大业十三年，而大业十四年不与焉。又，隋末群雄割据，于政区亦有所更改，并为唐代所承继，为使前后一贯，本书将隋末割据势力对政区的更改亦予以列入。

五、本书考证各州郡县沿革时，所引资料大多出自正史及《元和郡县志》、《太平寰宇记》等历史地理名著，由于引用频率甚高，而上述诸书又为大家所熟知，故行文时书名均用简称，引文多有删节，资料出处除正史注明卷数外，其余各书之卷数亦略。

六、考证时，各州郡县沿革诸书无异说，则文字从简；如有不同意见，则辨析从详；凡众说纷纭、无有定论者，既列诸书所记，亦略申己意，然不强作断语。

第一章　雍州地区州郡县沿革

第一节　雍州京兆郡政区沿革

（一）雍州京兆郡（581—606 雍州，607—617 京兆郡）

开皇三年前领京兆、冯翊、扶风、咸阳4郡。

《隋书》卷29《地理志》（以下简称《隋志》）云："开皇三年置雍州，大业三年改为京兆郡。"《元和郡县志》（以下简称《元和志》）亦云："后魏太武破赫连昌，复于长安置雍州；孝武自洛阳迁长安，改为京兆尹。隋开皇三年自长安故城迁都龙首川，即今都城是也；废京兆尹，又置雍州；炀帝改为京兆郡。"据上述二书，雍州之立似始于开皇三年。然《周书》卷4《明帝纪》云："二年三月，改雍州刺史为雍州牧。"《隋书》卷43《观德王雄传》亦云："高祖为丞相，毕王贤伏诛，以功授上柱国、雍州牧。"《隋书》卷1《高祖纪》又云："开皇元年二月甲子，即皇帝位，以上柱国、雍州牧邘国公杨惠为左卫大将军。"则周及隋初均有雍州，而京兆尹（郡）为雍州属下一郡，《周书》卷4《明帝纪》即云："二年三月，改京兆郡守为京兆尹。"故杨守敬《隋书地理志考证》（以下简称《杨考》）云："后汉始置雍州，晋以后废置不常，至隋开皇迁都龙首川，仍置雍州，据迁徙之地言也。"即开皇三年迁雍州于龙首川，而非开皇三年始置雍州也。因此，雍州之始应为开皇元年（581），终于大业二年（606），大业三年炀帝改天下之州为郡，此又为京兆郡也。然前京兆郡为地方三级政区中第二级，后京兆郡为地方政区中第一级，两京兆郡名称虽同，实不一也。

又据王仲荦《北周地理志》（以下简称《北周志》），时雍州领京兆、冯翊、扶风、咸阳四郡，其京兆郡则领长安、万年、鄠、盩屋、蓝田、新丰、渭南7县。隋初一如北周，开皇三年前无有变化。

1. 万年县（581—582 万年县，583—617 大兴县）

《周书》卷4《明帝纪》："二年六月，分长安为万年县。"《隋志》："大兴，开皇三年置。后周于旧郡置县曰万年，高祖龙潜，封号大兴，故至是改焉。"《太平寰宇记》(以下简称《寰宇记》)："开皇三年改万年为大兴县。"比合诸书所记,是大兴原名万年,开皇三年改为大兴也。

2. 长安县(581—617)

《杨考》："长安,汉县。"《汉书》卷28上《地理志》(以下简称《汉志》)京兆尹下有长安县,云"高帝五年置"。《元和志》云："隋开皇三年迁都,长安移至长寿坊西南隅。"是县为汉代旧县,隋时县治稍有迁移。

京兆郡(581—582)——万年县、长安县、鄠县、盩厔县、蓝田县、新丰县、渭南县

《隋志》长安县下云："带郡。"按《隋志》例,此"带郡"二字,是指本县所属之郡治于此地,因上文已题"京兆郡"三字,故此处不再重复,而以"带郡"二字示之。

3. 鄠县(581—617)

《寰宇记》："自汉至隋皆以鄠城置县。"《汉志》右扶风领有鄠县。《魏书》卷106下《地形志》(以下简称《地形志》)云鄠县"二汉属右扶风,晋属始平,真君七年分属京兆"。《元和志》亦云"自后魏分属京兆,后遂因之"。

4. 盩厔县(581—617)

《杨考》："盩厔,汉县,后汉省,晋复置。"《汉志》右扶风领有盩厔县。《寰宇记》云："盩厔,武帝置,属右扶风。山曲曰盩,水曲曰厔,因山水之曲以名之。后汉省,晋武复立,魏因之。"《北周志》云盩厔属京兆郡,据《周书》卷39《梁昕传》"安定乌氏人也,其先因官徙京兆之盩厔焉",则盩厔后改属京兆郡,确有明证。

5. 蓝田县(581—617)

《杨考》："蓝田,秦县。"《汉志》京兆尹领有蓝田县,云"秦孝公置也"。《长安志》云："后魏太武帝太平真君七年省县,孝文帝太和十一年复置,隶京兆郡。"

6. 新丰县(581—617)

《杨考》："新丰,汉县。"《汉志》京兆尹领有新丰县,高祖七年置。应劭曰："太上皇思东归,于是高祖改筑城市街里以象丰,徙丰民以实之,故号新丰。"《地形志》新丰县亦属京兆郡。

7. 渭南县(581—617)

《元和志》云："后魏孝明帝于今县东南四里置渭南郡及南新丰县,西魏废帝三年改南新丰为渭南县。"《寰宇记》引郭缘生《述征记》亦云："后魏孝昌三年于今渭南县明光原上置渭南郡及南新丰县,西魏废帝三年改南新丰县为渭南县,周建德二年省郡,以县属京兆府。"

8. 高陆县(581—605 高陆县,606—617 高陵县)

《隋志》:"后魏曰高陆,大业初改焉。"《元和志》:"大业二年改为高陵。"《地形志》冯翊郡领有高陆县。

冯翊郡(581—582)——高陆县、广阳县、三原县、富平县、郃县

按《地形志》:冯翊郡治高陆,领高陆、频阳、万年、莲勺、广阳、郃等六县。此《隋志》高陵县下无冯翊郡置废之记载,盖有脱误,今补。

又汉京兆尹、左冯翊、右扶风谓之三辅,其治所均在长安城中;光武东都以后,左冯翊出治高陵;建安初,移治临晋(今陕西大荔);后魏冯翊郡又治高陆,即隋之高陵县也。

《北周志》冯翊郡亦治高陆,领高陆、广阳、郃、富平、三原、华池 6 县,时势变迁,故领县与《地形志》又有差异。

9. 广阳县(581—600 广阳县,601—617 万年县)

《元和志》云:"汉分栎阳置万年县,后汉省栎阳入万年,后魏宣武帝又分置广阳县,周明帝省万年入广阳,更于长安城中别置万年县,广阳仍属冯翊郡。隋开皇三年罢郡,广阳县属雍州。"《舆地广记》又云:"隋开皇三年改万年为大兴,而复改广阳为万年。"然《元和志》只云开皇三年罢郡,未言改广阳为万年。《杨考》云:"按隋宋文彪《造沣水石桥碑》后言'开皇十六年立',附列姓名有'翊军将军司马田威,冯翊广阳人',然则开皇中尚未改广阳为万年,盖仁寿初改,避炀帝讳也。"杨守敬所言有理有据,今从之。据《隋书》卷 2《高祖纪》,立晋王广为太子在开皇二十年十一月,第二年即改元为仁寿元年(601),故广阳县名应维持至开皇二十年。

10. 三原县(581—617)

《元和志》云:"后魏太武七年置三原县,属北地郡。"《寰宇记》同。然《地形志》北地郡无三原县,杨守敬以为是《魏书》漏载。

又《元和志》云:"魏明帝孝昌三年割北地郡之三原县置建忠郡,隋开皇三年罢郡,以县属雍州。"《寰宇记》亦谓郡废于开皇三年。然《隋志》三原县下云:"后周置建忠郡,建德初郡废。"《长安志》亦云:"周武帝建德二年郡废,以三原县隶冯翊郡。"《杨考》云:"隋文帝父名忠,不应至开皇三年始废。"《元和志》、《寰宇记》皆误,今从《隋志》、《长安志》,仍以三原县隶冯翊郡。

11. 富平县(581—617)

《杨考》:"富平,汉县。"《汉志》北地郡有富平县,《地形志》北地郡亦有富平县,《长安志》云:"前汉县治在今灵州回乐县界,后汉徙今宁州彭原县界。"《寰宇记》又云:"晋移于今富平县西南怀德城,西魏大统五年自怀德城移于今理。"

则此县多有移徙。

又《隋志》云:"旧置北地郡,后周改曰中华郡,寻罢。"《元和志》亦云:"周武帝省郡,以县属冯翊。"而《寰宇记》云中华郡开皇初始废,今不从,仍依《隋志》、《元和志》,以县属冯翊郡,不列中华郡。

12. 鄣县(581—582)

《读史方舆纪要》(以下简称《纪要》)云:"后魏太和二十一年分万年置鄣县,景明初又分鄣县置广阳县,俱属冯翊郡,隋废鄣县。"《地形志》冯翊郡无鄣县,而有郲县,云太和二十一年置。今二十四史新标点本已据《水经注》、《寰宇记》等改"郲"为"鄣",云"郲"乃"鄣"之讹。然此县废年不明,今查乾隆《临潼县志》,云"疑后周与阴槃同废",亦无所据。今从《纪要》。县盖开皇初与郡同废。

13. 始平县(581—617)

《杨考》:"汉置平陵县,魏改为始平,晋因之。"《地形志》:"始平,魏置,晋属始平郡。"其扶风郡下又云:"世祖真君年中,并始平郡属焉。"

扶风郡 (581—582)——始平县、武功县、莫西县

《隋志》始平县下云:"故置扶风郡,开皇三年郡废。"《北周志》扶风郡领始平、武功、莫西3县。

14. 武功县(581—617)

《元和志》:"武功,汉旧县。"《汉志》右扶风领有武功县。然《寰宇记》云:"后魏太和十一年改武功为美阳县,周天和四年美阳还旧理,建德三年别立武功县于中亭川,即今县理也。"则此县有改徙。

15. 莫西县(581—597 莫西县,598—606 好畤县)

《隋志》上宜县下云:"有旧莫西县,十八年改名好畤,大业三年废入焉。"《寰宇记》云:"好畤县,周建德三年并入莫西县,开皇十八年又改名好畤。"据《地形志》,莫西县置于后魏太和十一年,而好畤则是秦汉旧县,后汉废,晋元康中复置,故《寰宇记》云周并好畤入莫西,开皇十八年又改莫西为好畤也。

16. 泾阳县(581—617)

《元和志》云:"本秦旧县,汉属安定郡,惠帝改置池阳县,属左冯翊。故城在今县西北二里,以其地在池水之阳,故曰池阳。后魏废,于今县置咸阳郡,苻秦又置泾阳县。隋文帝罢郡,移泾阳县于咸阳郡,属雍州,即今县是也。"据此,自秦至隋,此泾阳县多有移徙。

咸阳郡 (581—582)——泾阳县、宁夷县、石安县

《隋志》泾阳县下:"旧置咸阳郡,开皇初郡废。"《晋》(《晋书·地理志》简称)云:"苻坚分京兆为咸阳郡。"《长安志》又云:"开皇三年废。"

《北周志》咸阳郡领泾阳、宁夷、石安三县,云北魏时咸阳郡治在池阳,至北周建德中,池阳废入石安,咸阳郡当移治石安。隋废石安县,而移泾阳县于石安故城,故《隋志》云"泾阳旧置咸阳郡,开皇初废"。

17. 宁夷县(581—597 宁夷县,598—617 醴泉县)

《隋志》云:"后魏曰宁夷,开皇十八年改县名醴泉。"《元和志》同。《地形志》咸阳郡领有宁夷县,可证《隋志》所云不误。

18. 石安县(581—582)

《纪要》咸阳县下云:"晋咸和中石勒置石安县,苻秦兼置咸阳郡,后魏因之,隋郡县俱废。"《地形志》咸阳郡领有石安县,据《纪要》所云"隋郡县俱废",此县当是开皇三年罢天下诸郡时与郡同废。

19. 泥阳县(581—585 泥阳县,586—617 华原县)

《元和志》华原县下云:"本汉祋祤县地,属左冯翊,魏、晋于其地置北地郡,元魏废帝二年改为通川郡,领泥阳县。隋开皇三年罢郡,以县属宜州;六年,改泥阳为华原县。"又据《汉志》,汉之泥阳县属北地郡,其治所在今甘肃宁县东;此隋之泥阳县,即后改为华原县者,治所则在今陕西耀县一带,《杨考》以为是三国魏侨置,则先后泥阳县有移徙也。

宜州 (581—605)——通川郡、宜君郡、云阳郡

《隋志》华原县下云:"后魏置北雍州,西魏改为宜州,大业初州废。"《周书》卷 2《文帝纪》云:"魏废帝三年春正月,改北雍州为宜州。"《元和志》云:"大业二年省宜州,县属雍州。"大业二年即公元 606 年,时炀帝命省并天下州县,故《隋志》所云"大业初州废"即大业二年废州。

《北周志》云宜州领通川、宜君、云阳 3 郡。

通川郡 (581—582)——泥阳县、土门县

《隋志》华原县下:"西魏置北地郡,寻改为通川郡,开皇初郡废。"《元和志》云:"元魏废帝三年改北地郡为通川郡,隋开皇三年罢郡。"《北周志》通川郡领泥阳、土门 2 县。

20. 土门县(581—605)

《元和志》美原县下云:"后魏别立土门县,以频山有二土阜,状似门,故曰土门,隋大业二年省。"《长安志》引《周地图志》亦云:"魏宣武景明元年分铜官县置土门县,属北地郡。"《地形志》北地郡领有土门县,云景明元年置,诸书所言甚合。

21. 宜君县(581—617)

《元和志》云:"前秦苻坚置宜君护军,后魏真君七年改为宜君县,西魏文帝大统五年移于今华原县北。"《地形志》北地郡领有宜君县,亦云真君七年置。

⬚宜君郡⬚(581—582)——宜君县、同官县

《隋志》宜君县下:"旧置宜君郡,开皇初郡废。"《十六国春秋》云同官县"庄帝永安元年属宜君郡",则郡盖置于北魏末年。《北周志》宜君郡领宜君、同官二县。

22. 同官县(581—617)

《元和志》云:"本汉祋祤县地,属左冯翊。苻秦于祋祤城东北铜官川置铜官护军,后魏太武帝改置铜官县,属北地郡。周朝除'金',作此'同'字,属宜州。隋大业二年省宜州,县属雍州。"又,《十六国春秋》云后周改铜官为同官在周武帝建德四年。

23. 云阳县(581—617)

《隋志》:"云阳,旧置。"《杨考》:"本汉县,后汉末省,太平真君七年复置。"《地形志》北地郡有云阳县,云"二汉属左冯翊,晋罢,后复属"。与《杨考》稍异。

⬚云阳郡⬚(581—582)——云阳县

《隋志》云阳县下云:"后周置云阳郡,开皇初郡废。"《北周志》云阳郡属宜州,领云阳1县。

24. 郑县(581—617)

《杨考》:"郑,秦置县。"《元和志》亦云:"本秦旧县,汉属京兆。"《汉志》京兆尹下领有郑县。

⬚华州⬚(581—605)——华山郡、延寿郡(延寿郡见同州冯翊郡内)

《隋志》郑县下云:"后魏置东雍州,西魏改曰华州,大业初州废。"《寰宇记》云:"东雍州,孝昌二年置。"《周书》卷2《文帝纪》又云:"魏废帝三年正月改东雍州为华州。"《元和志》则云:"隋大业二年省华州。"

《北周志》华州领华山郡、延寿郡。大业二年废州时,原延寿郡领县为同州所有,不隶雍州。

⬚华山郡⬚(581—582)——郑县、华阴县、敷西县

《隋志》郑县下云:"后魏置东雍州并华山郡,开皇初郡废。"

又《旧唐志》云"义宁元年(617)割京兆之郑县、华阴置华山郡",则此郡于隋末复置,只领2县,然何人复置,书无明证,谨记于此。

25. 华阴县(581—617)

《杨考》:"秦宁秦县,汉改华阴。"《汉志》京兆尹领有华阴县,又云:"故阴晋,秦惠文王五年更名宁秦,高帝八年更名华阴。"

26. 敷西县(581—582)

《地形志》华山郡领有敷西县,云太和十一年分夏阳置。《纪要》于华阴县

敷西城下云："太和十一年分夏阳县置敷西县,隋废,唐为敷水驿。"此县废年不明,诸书均无确切记载,当是开皇初与郡同废。

27. 上宜县(597—617)

《隋志》上宜县下云"开皇十七年置",《元和志》作十八年,今从《隋志》。

以上所列,为雍州京兆郡之政区沿革。其开皇三年前有3州、8郡、26县;大业三年改州为郡后,京兆郡共领22县。兹列表7如下。

表7 雍州京兆郡隋开皇元年、大业三年州郡县统辖关系表

	开 皇 元 年								小计
州	雍 州				宜 州			华 州	3州
郡	京兆郡	冯翊郡	扶风郡	咸阳郡	通川郡	宜君郡	云阳郡	华山郡	8郡
县	万年县 长安县 鄠县 盩厔县 蓝田县 新丰县 渭南县	高陆县 广阳县 三原县 富平县 鄜县	始平县 武功县 莫西县	泾阳县 宁夷县 石安县	泥阳县 土门县	宜君县 同官县	云阳县	郑县 华阴县 敷西县	
小计	7县	5县	3县	3县	2县	2县	1县	3县	26县

	大 业 三 年
郡	京兆郡
县	大兴县、长安县、鄠县、盩厔县、蓝田县、新丰县、渭南县、高陵县、万年县、三原县、富平县、始平县、武功县、泾阳县、醴泉县、华原县、宜君县、同官县、云阳县、郑县、华阴县、上宜县
小计	22县

第二节　同州冯翊郡政区沿革

(二)同州冯翊郡(581—606同州,607—617冯翊郡)

开皇三年前领武乡、澄城、白水3郡。

《隋志》："后魏置华州,西魏改曰同州。"《周书》卷2《文帝纪》："魏废帝三

年正月,改华州为同州。"又《隋志》冯翊县下:"大业初置冯翊郡。"

《北周志》同州领武乡、澄城、白水 3 郡。

1. 武乡县(581—606 武乡县,607—617 冯翊县)

《隋志》:"后魏曰华阴,西魏改曰武乡,大业初改名冯翊。"《元和志》:"大业三年改名冯翊。"

武乡郡(581—582)——武乡县、朝邑县

《隋志》冯翊县下云:"后魏曰华阴,西魏改曰武乡,置武乡郡,开皇初郡废。"

《北周志》武乡郡领武乡、朝邑 2 县。

2. 朝邑县(581—617)

《隋志》朝邑县下云:"后魏曰南五泉,西魏改焉。"《寰宇记》云:"西魏废帝三年改。"

3. 澄城县(581—617)

《元和志》云:"澄城县,后魏太平真君七年分邰阳县置。"《地形志》澄城郡领有澄城县,亦云真君七年置。

澄城郡(581—582)——澄城县、邰阳县

《隋志》澄城县下云:"后魏置澄城郡,开皇初郡废。"《元和志》亦云:"后魏太平真君七年置澄城郡,隋开皇三年罢郡。"

《北周志》澄城郡领澄城、邰阳、夏阳 3 县,夏阳不见于《隋志》,盖已废于周末。

4. 邰阳县(581—617)

《杨考》:"邰阳,汉县。"《汉志》左冯翊有邰阳县。《元和志》亦云:"本汉旧县,周武帝时属澄城郡。"

5. 蒲城县(581—617)

《隋志》云:"旧置南、北二白水,西魏改为蒲城。"《元和志》云:"西魏改南白水县置蒲城县。"故杨守敬云:"此南白水也。《隋志》当云'旧置南白水'。"

白水郡(581—582)——蒲城县、白水县、姚谷县

《隋志》蒲城县下云:"西魏置白水郡,开皇初郡废。"《地形志》云白水郡置于太和三年,而《元和志》则云"后魏文成帝分澄城郡置白水县及白水郡,开皇三年罢郡,县属同州"。

《北周志》白水郡领蒲城、白水、姚谷 3 县。

6. 白水县(581—617)

《地形志》:"白水,太和二年置。"《杨考》:"此即《隋志》上文所云北白

水也。"

7. 姚谷县(581—582)

《地形志》:"姚谷,太和二年置。"《周书》卷 33《杨荐传》有云:"孝闵帝践阼,进爵姚谷县公。"则此县北周尚存,《纪要》云"隋省",而废年不明,盖开皇三年与郡同废。

8. 下封县(581—605 下封县,606—617 下邽县)

《元和志》云:"后魏避道武讳改为下封,大业二年复旧。"《寰宇记》亦云:"隋开皇三年以下封县属华州,十七年属同州,大业二年复旧名。"道武帝即拓跋珪,该县原名下邽,邽、珪音同,故后魏避讳改也。

延寿郡 (581—582)——下封县、莲勺县

《隋志》下邽县下云:"旧置延寿郡,开皇初郡废。"

《北周志》延寿郡属华州,领下封、莲勺 2 县,而不属此同州。盖大业初废华州,以二县改隶同州也。

9. 莲勺县(581—605)

《地形志》云:"莲勺,二汉、晋属冯翊郡。"《汉志》冯翊郡有莲勺县。《隋志》下邽县下云:"大业初并莲勺县入焉。"《寰宇记》亦云:"莲勺以草为名,大业二年省。"

10. 韩城县(598—617)

《隋志》:"韩城,开皇十八年置。"《元和志》:"隋文帝分郃阳于此置韩城县。"

以上所列,为同州冯翊郡之政区沿革。其开皇三年前有 1 州、4 郡、9 县;大业三年改州为郡后,冯翊郡共领 8 县。兹列表 8 如下。

表 8　同州冯翊郡隋开皇元年、大业三年州郡县统辖关系表

	开　皇　元　年				小计		大　业　三　年
州	同　州			(华州)	1 州	郡	冯翊郡
郡	武乡郡	澄城郡	白水郡	延寿郡	4 郡	县	冯翊县、朝邑县、澄城县、郃阳县、蒲城县、白水县、下邽县、韩城县
县	武乡县朝邑县	澄城县郃阳县	蒲城县白水县姚谷	下封县莲勺县			
小计	2 县	2 县	3 县	2 县	9 县	小计	8 县

附注:华州已统计在前雍州京兆郡表内,此不当再重复统计,故加括号以示区别。炀帝大业初废州时,废州之属县多有分割,今发凡于此,下不再注明。

第三节　岐州扶风郡政区沿革

（三）岐州扶风郡(581—606 岐州,607—617 扶风郡)

开皇三年前领岐山、武都 2 郡。

《隋志》:"旧置岐州。"《地形志》:"岐州,太和十一年置。"《元和志》:"后魏太武于今州理东五里筑雍城镇,文帝改为岐州,大业三年罢州为扶风郡。"《隋志》雍县下亦云:"大业初置扶风郡。"

《北周志》岐州领岐山、武都 2 郡。

1. 雍县(581—617)

《元和志》云:"雍,汉县,属右扶风。四面积高曰雍,又四望不见四方,故谓之雍。"《汉志》右扶风有雍县。

岐山郡(581—582)——雍县、三龙县、周城县

《隋志》雍县下:"后魏置秦平郡,西魏改为岐山郡,开皇三年郡废。"

《北周志》岐山郡领雍、三龙、周城 3 县。

2. 三龙县(581—595 三龙县,596—617 岐山县)

《隋志》:"后周曰三龙县,开皇十六年改名焉。"《元和志》:"周武帝天和四年割泾州鹑觚县之南界置三龙县,隋开皇十六年移三龙县于岐山南十里,改为岐山县。"《寰宇记》:"后周天和四年置三龙县,属岐州。"

3. 周城县(581—597 周城县,598—605 渭滨县,606—617 郿县)

《隋志》:"旧曰平阳县,西魏改曰郿城,后周废入周城县,开皇十八年改周城为渭滨,大业二年改为郿。"《寰宇记》所载与《隋志》同。

4. 洛邑县(581—606 洛邑县,607—617 虢县)

《隋志》云:"西魏改县曰洛邑,大业初改县曰虢。"此不云原为何县,而直云"西魏改县曰洛邑",据《元和志》,该县原名虢县,中间虽改名洛邑,但隋大业初又复旧名,故《隋志》不云原为何县也。《元和志》又云:"隋大业三年,复为虢县。"此即《隋志》所云"大业初改县曰虢"也。

武都郡(581—582)——洛邑县

《隋志》虢县下:"后魏置武都郡,开皇初郡废。"《地形志》岐州领有武都郡,云"太延年置"。

《北周志》武都郡领洛邑 1 县。

5. 汧阴县(581—584 汧阴县,585—617 汧源县)

《隋志》:"西魏置汧阴县,后改县曰杜阳,后周又曰汧阴,开皇五年县改曰

汧源。"《元和志》："本汉汧县地,属右扶风,后魏改为汧阴县,隋改为汧源县。"

陇州(581—605)——陇东郡、安夷郡

《隋志》汧源县下云："又有西魏东秦州,后改为陇州,大业三年州废。"《元和志》亦云："后魏置东秦州,西魏文帝改名陇州。"今核《地形志》,无东秦州、陇州之名,盖有脱误。又《元和志》云大业二年省州,与《隋志》"大业三年州废"异。按炀帝遣十使省并天下州县在大业二年春正月,此陇州之废应在二年,而不是三年,今从《元和志》。

《北周志》陇州领陇东、安夷2郡。

陇东郡(581—582)——汧阴县、汧阳县

《隋志》汧源县下云："西魏置陇东郡,开皇三年郡废。"《寰宇记》亦云"后魏初于今汧源县界置陇东郡"。

《北周志》陇东郡领汧阴、汧阳2县。

又《杨考》云："《晋书》苻秦时有陇东郡,《地形志》陇东郡领泾阳、祖居、抚夷三县,在今平凉县,非此陇东也。据《寰宇记》所云,则魏有两陇东郡,《地形志》缺其一耳。"

6. 汧阳县(581—617)

《元和志》："周武帝置汧阳郡及县,寻省郡,以县属陇州。"《寰宇记》："后周天和五年,于今汧阳县西四十里马牢故城置汧阳县及汧阳郡,以在汧山之阳为名,寻废郡,以县属陇州。"

7. 长蛇县(581—589)

《隋志》南由县下云："又有旧长蛇县,开皇末废。"《纪要》同。然《元和志》、《寰宇记》均云开皇十八年改长蛇为吴山,而《新唐志》(《新唐书·地理志》简称)则云："吴山本长蛇,义宁二年置,贞观元年更名。"故《杨考》云："开皇末废长蛇县,义宁二年复置,至唐始改为吴山,《元和志》、《寰宇记》均未详确。"又《元和志》南由县下云"开皇二年省长蛇入南由",余疑"二年"乃"二十年"之误,因《隋志》云长蛇县"开皇末废",而开皇共二十年,故"开皇末"盖谓开皇二十年也。

安夷郡(581—582)——长蛇县、南由县

《寰宇记》陇州下云："孝明正光三年,分泾州、岐州之地兼置东秦州于故汧城,领陇东、安夷、汧阳三郡。"又云："隋开皇五年改汧阴为汧源县,仍废郡,而陇州如故。"废郡当在开皇三年,此叙述稍有误。

《北周志》安夷郡领长蛇、南由二县。

8. 南由县(581—617)

《隋志》："南由,后魏置,西魏改为镇,后周复置县。"《元和志》："后魏孝明

帝于县西南由谷口置县。"

9. 陈仓县(598—617)

《隋志》:"后魏曰宛川,西魏改曰陈仓,后周置显州,寻州县俱废,开皇十八年置曰陈仓。"《寰宇记》:"隋开皇十八年又置陈仓县,属岐州;大业十年移县理于渭水北留谷城,今县是也。"

10. 普润县(605—617)

《隋志》:"普润,大业初置。"《元和志》:"大业元年置县。"《寰宇记》同。

11. 麟游县(617)

《元和志》:"隋营仁寿宫,义宁元年高祖辅政,废宫,是年获白麟于宫所,因置县。"《旧唐志》(《旧唐书·地理志》简称)亦云义宁元年置麟游县,故《杨考》云:"隋有麟游县,即今麟游县治。"

凤栖郡(617)——麟游县、上宜县、普润县

《旧唐志》:"义宁元年于仁寿宫置凤栖郡,领麟游、上宜、普润三县。"

以上所列,为岐州扶风郡之政区沿革。其开皇三年前有2州、4郡、8县;大业三年改州为郡后,扶风郡共领9县;隋末又立凤栖郡,领3县。兹列表9如下。

表9 岐州扶风郡隋开皇元年、大业三年州郡县统辖关系表

开皇元年				小计	大业三年	
州	岐州		陇州	2州	郡	扶风郡
郡	岐山郡	武都郡	陇东郡	安夷郡	4郡	
县	雍县 三龙县 周城县	洛邑县	汧阴县 汧阳县	长蛇县 南由县		县	雍县、岐山县、郿县、虢县、汧源县、汧阳县、南由县、陈仓县、普润县
小计	3县	1县	2县	2县	8县	小计	9县

第四节 泾州安定郡政区沿革

(四)泾州安定郡(581—606 泾州,607—617 安定郡)

开皇三年前领安定、平凉、平原、安武4郡。

《隋志》:"旧置泾州。"《元和志》:"后魏太武神䴥三年置泾州,因水为名。隋大业三年改为安定郡。"《地形志》有泾州,治临泾城,领安定、陇东、新平、赵平、平凉、平原6郡。

《北周志》泾州领安定、安武、平凉、平原 4 郡。

1. 安定县(581—617)

《杨考》:"安定,汉县,后汉省,东晋复置。"《汉志》安定郡有安定县。《元和志》云:"后魏文帝大统元年自高平城移于今理,属安定郡。隋开皇三年罢郡,以县属泾州。"

安定郡(581—582)——安定县

《隋志》安定县下:"带郡。"《地形志》:"安定郡,汉武帝置。"

《北周志》安定郡领安定、乌氏、临泾、抚夷 4 县。据《纪要》,乌氏、临泾、抚夷 3 县皆后周废,故隋初安定郡止领 1 县。

2. 鹑觚县(581—617)

《地形志》:"鹑觚,前汉属北地,后汉、晋属安定,后属赵平郡。"然《隋志》鹑觚县下云赵平郡废于后周,而《寰宇记》引《周地图记》云鹑觚县属平凉郡,是赵平郡废后改属也。

平凉郡(581—582)——鹑觚县

《地形志》泾州领有平凉郡。《北周志》平凉郡领鹑阴、鹑觚 2 县。《纪要》云鹑阴后周已废,故隋初平凉郡止领鹑觚 1 县。

3. 阴盘县(581—617)

《地形志》平原郡领有阴盘县,云"二汉属安定,晋属京兆,后属平原郡"。按《隋志》阴盘县下云"后魏置平凉郡,开皇初郡废",王仲荦云此平凉郡当是平原郡之讹,上鹑觚县下已置平凉郡,而《地形志》阴盘县又属平原郡,王氏所纠甚是。

平原郡(581—582)——阴盘县

《隋志》阴盘县下:"后魏置平原郡(原作平凉郡,误,据《地形志》,应为平原郡),开皇初郡废。"

《北周志》平原郡领阴盘 1 县。

4. 安武县(581—582)

《隋志》朝那县下:"西魏置安武郡及析置安武县,开皇三年郡县并废。"

安武郡(581—582)——安武县、朝那县

《隋志》朝那县下:"西魏置安武郡,开皇三年郡废。"

《北周志》安武郡领安武、朝那 2 县。

5. 朝那县(581—617)

《杨考》:"朝那,汉县。"《汉志》安定郡有朝那县。《寰宇记》云:"西魏大统元年自原州百泉县朝那城徙朝那县于此。"则此县有移徙。

6. 灵台县(605)

《隋志》鹑觚县下云："大业初分置灵台县,二年废。"此云大业二年废县,则置县之"大业初"必为大业元年也。

7. 良原县(605—617)

《隋志》:"良原,大业初置。"《元和志》:"大业元年分安定县地置良原县。"《寰宇记》:"大业元年分安定、鹑觚二县地置。"

8. 湫谷县(605—615 湫谷县,616—617 临泾县)

《隋志》:"临泾,大业初置,初曰湫谷,寻改焉。"《元和志》:"大业元年置湫谷县,取县内湫谷为名,十二年改为临泾。"

9. 华亭县(605—617)

《隋志》:"华亭,大业初置。"《元和志》:"大业元年置华亭县,以在华亭川口,故名。"《寰宇记》亦云大业元年置县。

以上所列,为泾州安定郡之政区沿革。其开皇三年前有 1 州、4 郡、5 县;大业三年改州为郡后,安定郡共领 7 县。兹列表 10 如下。

表 10　泾州安定郡隋开皇元年、大业三年州郡县统辖关系表

	开　皇　元　年				小计		大　业　三　年
州	泾　州				1 州	郡	安定郡
郡	安定郡	平凉郡	平原郡	安武郡	4 郡	县	安定县、鹑觚县、阴盘县、朝那县、良原县、湫谷县、华亭县
县	安定县	鹑觚县	阴盘县	安武县 朝那县	5 县		
小计	1 县	1 县	1 县	2 县	5 县	小计	7 县

第五节　宁州北地郡政区沿革

(五)宁州北地郡(581—604 宁州,605—606 豳州,607—617 北地郡)

开皇三年前领赵兴、西北地 2 郡。

《隋志》:"后魏置豳州,西魏改为宁州,大业初复曰豳州。"《隋志》定安县下又云:"大业初置北地郡。"《地形志》有豳州,云"皇兴二年为华州,延兴二年为三县镇,太和十一年改为班州,十四年为豳州"。《元和志》又云:"废帝三年改豳州为宁州,以抚宁戎狄为名。"

《北周志》宁州领赵兴、西北地 2 郡。

1. 定安县(581—617)

《元和志》:"后魏太武帝置定安县,隋开皇三年移县入废赵兴郡理,仍属宁州。"《地形志》:"定安,真君二年置。"

赵兴郡(581—582)——定安县、阳周县

《隋志》定安县下:"旧置赵兴郡,开皇初郡废。"《地形志》:"赵兴郡,真君二年置。"

《北周志》赵兴郡领定安、阳周2县。

2. 阳周县(581—597 阳周县,598—617 罗川县)

《隋志》:"旧曰阳周,开皇中改焉。"《元和志》:"后魏太和十一年置阳周县,开皇十八年改为罗川,因县南罗水为名,属宁州。"《地形志》阳周属赵兴郡。

3. 彭阳县(581—597 彭阳县,598—617 彭原县)

《隋志》:"旧曰彭阳,开皇十八年改县曰彭原。"《元和志》:"后魏破赫连定后,于此置富平县,废帝改为彭阳县,属西北地郡。隋开皇三年罢郡,以县属宁州,十八年改为彭原县,因彭池为名。"

西北地郡(581—582)——彭阳县、襄乐县、归德县

《隋志》:"后魏置西北地郡,开皇初郡废。"《地形志》有西北地郡,领彭阳等3县。《元和志》云:"隋开皇三年罢郡。"

《北周志》西北地郡领彭阳、襄乐、归德3县。按《隋志》归德属弘化郡,见后庆州弘化郡下。

4. 襄乐县(581—617)

《地形志》:"襄乐,前汉属上郡,后汉、晋罢,后复,属襄乐郡。"然《隋志》襄乐县下云襄乐郡已废于后周,而《元和志》云襄乐后周属北地郡,是襄乐县原属襄乐郡,襄乐郡废后改属北地郡也。

5. 白土县(581—583 白土县,584—617 新平县)

《隋志》:"新平,旧曰白土,开皇四年改县曰新平。"《元和志》:"后魏于今新平县西南十里陈阳原上置白土县,属新平郡。隋开皇三年罢郡,移白土县于今州城中;四年,改白土县为新平县。"《地形志》新平郡领有白土县。

邠州(581—605)——新平郡

《隋志》:"西魏置邠州,大业初州废。"《元和志》:"后魏文帝大统十四年于今理置南邠州,废帝去'南'字。隋大业二年省入宁州。"《寰宇记》略同。

《北周志》邠州领新平1郡。

新平郡(581—582)——白土县、三水县、永寿县

《元和志》:"后汉置新平郡,及姚苌之乱,百姓夷灭,此地郡县并无理所,至

后魏又置郡焉。"《地形志》泾州领新平郡,亦云"后汉献帝建安中置",时领白土、三水等3县。

6. 三水县(581—617)

《元和志》:"后魏于今县理西二十八里重置三水县,取汉旧名,属新平郡。"《地形志》三水县属新平郡。

7. 永寿县(581—582)

《寰宇记》:"西魏大统十四年于今永寿县北广寿原上置广寿县,周大象元年改永寿,隋开皇三年省入新平。"

以上所列,为宁州北地郡之政区沿革。其开皇三年前有2州、3郡、7县;大业三年改州为郡后,北地郡共领6县。兹列表11如下。

表 11　宁州北地郡隋开皇元年、大业三年州郡县统辖关系表

开　皇　元　年			小计	大　业　三　年	
州	宁州		邠州	2州	郡	北地郡
郡	赵兴郡	西北地郡	新平郡	3郡		
县	定安县 阳周县	彭阳县 襄乐县	白土县 三水县 永寿县		县	定安县、罗川县、彭原县、襄乐县、新平县、三水县
小计	2县	2县	3县	7县	小计	6县

第六节　敷州上郡政区沿革

(六)敷州上郡(581—606 敷州,607—617 上郡)

开皇三年前领内部、敷城2郡。

《隋志》:"后魏置东秦州,后改为北华州,西魏改为敷州,大业二年改为敷城郡,后改为上郡。"《隋志》洛交县下又云:"大业三年置上郡。"据《隋书》卷3《炀帝纪》,改州为郡在大业三年四月,此"大业二年改为敷城郡"有误,"二年"当作"三年"。《寰宇记》云"大业三年罢州置敷城郡",是。

《北周志》敷州领中部、敷城2郡。

1. 内部县(581—617)

《元和志》:"后秦姚兴于今县南置中部县。"《寰宇记》:"隋开皇元年避庙讳改为内部县。"

内部郡 (581—582)——内部县、三川县

《隋志》内部县下："旧置内部郡,开皇初郡废。"《地形志》有中部郡,领中部、石保等4县。

《北周志》中部郡领中部、利人、三川、石保4县。利人县,《寰宇记》云废于后周,《纪要》云废于西魏;石保县,《纪要》亦云后周废,故隋世内部郡止领2县。

2. 三川县(581—617)

《隋志》："三川,旧名长城,西魏改焉。"《元和志》："后魏废帝改为三川县,属中部郡。"

3. 敷城县(581—604 敷城县,605—617 鄜城县)

《隋志》："后魏曰敷城,大业初改焉。"《寰宇记》："大业元年改敷为鄜。"

敷城郡 (581—582)——敷城县、洛川县

《元和志》："后魏置敷城郡,隋开皇三年罢郡。"《地形志》北华州领有敷城郡。

《北周志》敷城郡领敷城、洛川、定阳3县。《纪要》云："汉有定阳县,属上郡,魏废。苻秦时复置定阳县。晋义熙六年,夏王勃勃遣兵拔后秦之定阳是也。后魏敷城郡领定阳县。胡氏曰:废县在鄜城县界。"此定阳县废于何年不明,《北周志》并无确证说明该县北周世尚存,《隋志》亦不列此县,今不取。故敷城郡止领敷城、洛川2县。

4. 洛川县(581—617)

《地形志》："洛川,真君中置。"《元和志》："后秦姚苌于此置县,以县界有洛川水为名。"《寰宇记》同。

5. 洛交县(583—617)

《隋志》："洛交,开皇三年置。"《元和志》云开皇十六年置,今从《隋志》。

以上所列,为敷州上郡之政区沿革。其开皇三年前有1州、2郡、4县;大业三年改州为郡后,上郡共领5县。兹列表12如下。

表12 敷州上郡隋开皇元年、大业三年州郡县统辖关系表

	开 皇 元 年		小计		大 业 三 年
州	敷 州		1州	郡	上 郡
郡	内部郡	敷城郡	2郡	县	内部县、三川县、鄜城县、洛川县、洛交县
县	内部县 三川县	敷城县 洛川县	4县		
小计	2县	2县	4县	小计	5县

第七节　绥州雕阴郡政区沿革

（七）绥州雕阴郡（581—605 绥州，606 上州，607—617 雕阴郡）

开皇三年前领安宁、安政、抚宁、绥德4郡。

《隋志》："西魏置绥州，大业初改为上州。"《隋志》上县下又云："大业初置雕阴郡。"《寰宇记》："炀帝初改绥州为上州，寻废州置雕阴郡。"

《北周志》绥州领安宁、安政、抚宁、绥德4郡。

1. 上县（581—617）

《元和志》："后魏于此置上县，取上郡为名。"《寰宇记》："后魏废帝元年于此置上县，取郡为名。"

安宁郡（581—582）——上县、安宁县、安人县、义良县

《隋志》上县下云："西魏置安宁郡，开皇初郡废。"《纪要》："西魏置上县，为安宁郡治。"

《北周志》安宁郡领安宁、义良2县，云上县应在延州，乃《元和志》误系，又云安人亦属延州文安郡，但均与诸书所记不合，今不取。此仍据《隋志》等，安宁郡领4县。

2. 安宁县（581—606）

《隋志》上县下云："西魏置安宁郡，与安宁、绥德、安人三县同置。大业初置雕阴郡，废安宁县入。"《纪要》："西魏置安宁县，属安宁郡，大业初废入上县。"

3. 安人县（581—582 安人县，583—606 吉万县）

《隋志》上县下："西魏置安宁郡，与安宁、绥德、安人三县同置。开皇初郡废，改安人为吉万。大业初置雕阴郡，废吉万县入。"此安人县原作安民县，唐人避太宗讳改。

4. 义良县（581—606）

《隋志》上县下："又后周置义良县，大业初亦废入焉。"

5. 大斌县（581—617）

《隋志》："大斌，西魏置。"《元和志》："后魏孝明帝神龟元年于今县东五里置大斌县。"

安政郡（581—582）——大斌县、城平县

《隋志》大斌县下："西魏立安政郡，开皇初废。"

《北周志》安政郡领大斌、城中2县。隋讳中，后改城中为城平县。

6. 城平县(581—617)

《隋志》:"城平,西魏置。"《元和志》:"后魏孝明帝于今城平县西三十里库仁川置城中县,隋改为城平县,自库仁川移于今理。"《寰宇记》同。

7. 开疆县(581—617)

《隋志》:"开疆,西魏。"《纪要》:"开疆,西魏置县,为抚宁郡治,隋郡废,县属绥州。"

抚宁郡 (581—582)——开疆县、抚宁县、延陵县

《隋志》开疆县下:"有后魏抚宁郡,开皇三年郡废。"

《北周志》抚宁郡领开疆、抚宁、延陵 3 县。

8. 抚宁县(581—617)

《隋志》:"抚宁,西魏置。"《元和志》:"后魏废帝于县东抚宁故城置抚宁县,属抚宁郡。"

9. 延陵县(581—596 延陵县,597—617 延福县)

《隋志》:"西魏置曰延陵,开皇中改焉。"《元和志》:"隋文帝改为延福。"《寰宇记》:"开皇十七年改为延福县。"

10. 绥德县(581—616)

《隋志》:"绥德,西魏置。"《元和志》:"后魏文帝分上郡南界丘尼谷置绥德县,隋不改。"《寰宇记》:"西魏大统十二年分上郡南界丘尼谷置绥德县。"《纪要》:"义宁初废,唐武德二年复置。"《旧唐志》:"绥德,隋废县,武德二年复置。"

绥德郡 (581—582)——绥德县

《杨考》:"《周书》卷 32《陆通传》'西魏大统九年进爵绥德郡公',则西魏并置绥德郡。"

《北周志》绥德郡领绥德 1 县。

11. 真乡县(581—617)

《隋志》:"真乡,西魏置。"《元和志》:"真乡县,周武帝保定二年置,属银州。"

银州 (581—605)——真乡郡、开光郡

《周书》卷 5《武帝纪》:"保定三年春正月壬辰,于乞银城置银州。"《元和志》:"周武帝保定二年置银州,因谷为名。"《寰宇记》:"周武帝保定二年于骢马城置银城防,三年,置银州。"《元和志》又云:"大业二年废银州。"

《北周志》银州领中乡、开光 2 郡。隋讳中,开皇元年改中乡郡为真乡郡。

真乡郡 (581—582)——真乡县

《隋志》:"后周置真乡郡,开皇初郡废。"

《北周志》中乡郡领中乡 1 县。隋讳中,郡、县均改为真乡。

12. 开光县(581—617)

《隋志》:"开光,旧置开光郡。"王仲荦云:"据《隋志》例,不言置县者,例与郡同时置。"《元和志》:"周宣帝大象二年置开光县。"又《寰宇记》云"隋大业中县废,以其地入真乡县",而《元和志》、《纪要》等均无隋废县之说,今不取。

开光郡(581—582)——开光县、银城县

《隋志》开光县下:"旧置开光郡,开皇三年郡废。"按《元和志》云"周宣帝大象二年废开光郡",而《通典·州郡典》有"隋初真乡、开光二郡并废"之言,与《隋志》合,今仍从《隋志》。

《北周志》开光郡领开光、银城2县。

13. 银城县(581—617)

《隋志》:"银城,后周置曰石城,后改名焉。"《舆地广记》:"后魏置石城县,后周改为银城,隋属绥州。"

14. 儒林县(583—617)

《元和志》:"开皇三年置儒林县,属银州。"《寰宇记》同。

以上所列,为绥州雕阴郡之政区沿革。其开皇三年前有2州、6郡、13县;大业三年改州为郡后,雕阴郡共领11县。兹列表13如下。

表13 绥州雕阴郡隋开皇元年、大业三年州郡县统辖关系表

	开 皇 元 年						小计	大 业 三 年	
州	绥 州				银 州		2州	郡	雕阴郡
郡	安宁郡	安政郡	抚宁郡	绥德郡	真乡郡	开光郡	6郡		上县、大斌县、城平县、开疆县、抚宁县、延福县、绥德县、真乡县、开光县、银城县、儒林县
县	上县 安宁县 安人县 义良县	大斌县 城平县	开疆县 抚宁县 延陵县	绥德县	真乡县	开光县 银城县		县	
小计	4县	2县	3县	1县	1县	2县	13县	小计	11县

第八节 延州延安郡政区沿革

(八)延州延安郡(581—606延州,607—617延安郡)

开皇三年前领遍城、文安2郡。

《隋志》:"后魏置东夏州,西魏改为延州。"《周书·文帝纪》:"魏废帝三年

春正月,改东夏为延州。"《元和志》:"后魏宣武帝置东夏州,废帝改为延州,以界内延水为名。隋炀帝以为延安郡。"《隋志》肤施县下:"大业三年置延安郡。"

《北周志》延州领遍城、文安2郡。

1. 广武县(581—597广武县,598—617丰林县)

《隋志》:"丰林,后魏置曰广武,开皇十八年改为丰林。"按《元和志》云"周宣帝改为丰林",今从《隋志》。

遍城郡(581—582)——广武县、沃野县、因城县、义乡县、魏平县、真川县、临真县、广安县

《隋志》丰林县下:"后魏置遍城郡,开皇初郡废。"《地形志》东夏州领有遍城郡,云"太和元年置"。

《北周志》遍城郡领广武、沃野、因城、义乡、魏平、真川、临真、广安8县。

又,遍城郡,《地形志》、《隋志》、《纪要》等皆作"遍",《元和志》、《寰宇记》又作"偏",今从《隋志》。

2. 沃野县(581—605)

《隋志》丰林县下:"大业初又并沃野县入焉。"此"大业初"盖指炀帝大业二年,此年遣使省并天下州县。

3. 因城县(581—617)

《隋志》:"因城,后魏置,后周废,寻又置。"《元和志》:"后魏太和初置因城县。"

4. 义乡县(581—605)

《隋志》延安县下:"西魏置义乡县,大业中废入焉。"《纪要》亦云"隋大业中废入延安县",然"大业中"究为何年,不明。清乾隆《延长县志》作"大业初省义乡县入",嘉庆《延安府志》沿革表引《隋志》亦作"大业初废义乡县入延安",今从之。

5. 魏平县(581—617)

《隋志》:"魏平,后魏置。"《地形志》东夏州朔方郡领有魏平县。

6. 真川县(581—605)

《隋志》临真县下:"有西魏真川县,大业初废入焉。"

7. 临真县(581—617)

《元和志》:"后魏文成帝置临真县。"《寰宇记》:"后魏太武置临真县。"《地形志》东夏州定阳郡领有临真县。

8. 广安县(581—600广安县,601—617延安县)

《隋志》:"延安,西魏置。"《元和志》:"后魏废帝元年于丘头原置广安县,隋仁寿元年以广字犯皇太子名,改为延安。"《寰宇记》:"隋开皇二年,以广字犯

皇太子名,改为延安。"《杨考》:"当以仁寿元年改为是。"据《隋书》卷2《高祖纪》,晋王广立为太子在开皇二十年,次年即仁寿元年,故《杨考》云"仁寿元年改为是"。

9. 文安县(581—597 文安县,598—617 延川县)

《隋志》:"西魏置曰文安,开皇初改县曰延川。"《元和志》:"隋文帝改为延川,取吐延川为名。"以上二志,改县年代不明,《寰宇记》云:"开皇十八年改,取界内吐延川为名。"今从之。

文安郡 (581—582)——文安县

《隋志》延川县下:"西魏置文安郡,开皇初郡废。"

《北周志》文安郡领文安、安民2县。安民即安人,已见于绥州雕阴郡下,此不当复。《纪要》云:"西魏置安人县,属安宁郡,隋开皇初郡废,改安人为吉万县,属绥州,大业初废。"则该县不属文安郡。

10. 丹阳县(581—582 丹阳县,583—617 义川县)

《隋志》义川县下云:"西魏置汾州、义川郡,后改州为丹州。后周改县为丹阳。开皇初郡废,改县曰义川。"《隋志》不云何时置县,止云"后周改县为丹阳",而《元和志》云"文帝大统三年置义川县,属义川郡",则义川县非隋所置甚明。《舆地广记》云:"义川,西魏置义川郡,后周改县为丹阳,隋开皇初复为义川。"是该县初名义川,后周改名丹阳,隋初又复为义川。

丹州 (581—606)——丹阳郡、乐川郡

《隋志》义川县下:"西魏置汾州,后改为丹州,大业初州废。"《元和志》:"后魏文帝大统三年割鄜、延二州地置汾州,废帝以河东汾州同名,改为丹州,因丹阳川为名。隋大业三年废丹州。"

《北周志》丹州领丹阳、乐川2郡。

丹阳郡 (581—582)——丹阳县、云岩县、太平县(617年复丹阳郡)

《隋志》义川县云:"西魏置义川郡,后周改县为丹阳,开皇初郡废。"杨守敬以为后周是改郡为丹阳,并举《隋书》卷39《豆卢勣传》"周闵帝受禅,封丹阳郡公"为证。余以为郡、县名皆改为丹阳。县改丹阳,已见上义川县下;郡改丹阳,除豆卢勣北周封丹阳郡公外,《元和志》、《寰宇记》皆云"义宁元年于旧城复置丹阳郡",如旧无丹阳郡,何得云复?疑《隋志》本作"后周改郡、县为丹阳",后脱郡字,故使文义不明。《纪要》作"后周改县为丹阳郡",则为调和之说也。《北周志》丹阳郡领丹阳、云岩、太平3县。

11. 云岩县(581—605)

《隋志》:"大业初废云岩县入义川。"《寰宇记》:"大业二年隶入义川县。"

12. 太平县(581—597 太平县,598—617 咸宁县)

《隋志》:"旧曰永宁,西魏改为太平,开皇中改为咸宁。"《元和志》:"开皇十八年改,以界内有咸宁镇为名。"

13. 汾川县(581—617)

《隋志》:"旧曰安平,后周改曰汾川。"《元和志》:"后魏文帝改安平为汾川。"

乐川郡(581—582)——汾川县、门山县

《隋志》义川县下:"开皇初又废乐川郡入。"《元和志》汾川县下:"后魏孝文帝置安平县,理薛川,属乐川郡,隋开皇三年罢郡。"

《北周志》汾川郡领汾川、门山2县。

14. 门山县(581—605)

《元和志》:"门山县,周宣帝大象元年分汾川、云岩二县于今县南六里置。北有山,形似门,因以为名。"《隋志》汾川县下:"大业初废门山县入焉。"

15. 广洛县(581—600 广洛县,601—616 金明县)

《元和志》:"后魏太武帝置广洛县,属金明郡,隋开皇四年属延州,仁寿元年以太子名广,改为金明县。大业十三年省入肤施县。"《寰宇记》作"大业十二年省"。此从《元和志》。

《北周志》金明县属夏州金明郡,盖开皇三年废郡后改属延州也。《纪要》云:"隋初郡废,以县属延州。"

金明郡(581—582)——广洛县、永丰县、启宁县

《地形志》夏州领有金明郡,郡领广洛、永丰、启宁3县。《北周志》同。然永丰、启宁二县不知废于何时,唯《纪要》云"隋俱废入金明县",今从之。

16. 永丰县(581—582)

《地形志》夏州金明郡领有永丰县,云"真君十三年置"。《纪要》:"后魏太平真君十三年置永丰、启明二县,属金明郡,隋俱废入金明县。"此县废年不明,盖开皇初与郡同废。

17. 启宁县(581—582)

《地形志》夏州金明郡领有启宁县,《纪要》云隋废入金明县。盖开皇初与郡同废。

18. 肤施县(607—617)

《隋志》:"肤施,大业三年置。"《元和志》:"隋炀帝大业二年分丰林、金明二县置肤施县,属延安郡。"《寰宇记》与《隋志》同,置县时间在大业三年,今从之。

以上所列,为延州延安郡之政区沿革。其开皇三年前有2州、5郡、17县;

大业三年改州为郡后,延安郡共领 11 县。兹列表 14 如下。

表 14　延州延安郡隋开皇元年、大业三年州郡县统辖关系表

	开　皇　元　年					小计		大　业　三　年
州	延　州		丹　州		(夏州)	2州	郡	延安郡
郡	遍城郡	文安郡	丹阳郡	乐川郡	金明郡	5郡		丰林县、因城县、魏平县、临真县、延安县、延川县、义川县、咸宁县、汾川县、金明县、肤施县
县	广武县、沃野县、因城县、义乡县、魏平县、真川县、临真县、广安县	文安县	丹阳县 云岩县 太平县	汾川县 门山县	广洛县 永丰县 启宁县		县	
小计	8县	1县	3县	2县	3县	17县	小计	11县

第九节　庆州弘化郡政区沿革

(九)庆州弘化郡(596—606 庆州,607—617 弘化郡)

《隋志》:"西魏置朔州,后周废。开皇十六年置庆州。"《元和志》:"周保定元年废朔州为周武防,隋开皇十六年割宁州归德县置庆州,大业三年以庆州为弘化郡。"《隋志》合水县下:"大业初置弘化郡。"

1. 归德县(581—604 归德县,605—615 洛源县)

《元和志》:"后魏文帝大统元年置归德县,隋大业元年改为洛源县,因洛水所出为名。"《寰宇记》同。

《旧唐志》:"大业十二年为胡贼所破,县废。"

按《隋志》此归德县下原有洛源县,杨守敬云"《元和志》、《寰宇记》俱谓大业元年改归德为洛源,今志两县并列,恐亦误也"。今据删洛源,存归德。

《北周志》谓归德在今环县北一百里之归德堡,原属宁州西北地郡。

2. 弘化县(582—617)

此弘化县,《隋志》不云何时置县,但云"开皇十八年置弘州,大业初州废",《嘉庆重修一统志》遂定置县时间亦为开皇十八年。《纪要》云:"后周时置长城镇,隋初为弘化县,开皇二年遣虞敬则屯弘化以备突厥是也。"既然开皇二年已有弘化之名,则《纪要》之说不为无据。今从之。

弘州(598—605)——弘化县

《隋志》弘化县下:"开皇十八年置弘州,大业初州废。"《寰宇记》云开皇十六年置弘州,今从《隋志》。

3. 合水县(596—617)

《隋志》:"合水,开皇十六年置。"《元和志》:"开皇十六年置合水县,在马岭、白马二水口,故名。"

4. 华池县(602—616)

《隋志》:"华池,仁寿初置。"《元和志》:"隋仁寿二年于今县东北二里库多汗故城置华池县,因县西华池水为名。"《旧唐志》:"大业十三年为胡贼所破,县废。"

5. 马岭县(605—616)

《隋志》:"马岭,大业初置。"《元和志》:"大业元年分合水县置马岭县,十三年陷贼,县废。"

6. 弘德县(605—617)

《隋志》:"弘德,大业初置。"

7. 乐蟠县(617)

《元和志》:"义宁元年分合水县置乐蟠县,属弘化郡,取乐蟠城为名也。"

以上所列,为庆州弘化郡之政区沿革。其开皇三年前有归德、弘化2县,开皇十六年始置庆州,十八年又置弘州;大业三年改州为郡后,弘化郡共领6县。兹列表15如下。

表15 庆州弘化郡隋开皇元年、大业三年州郡县统辖关系表

	开 皇 元 年	小计		大 业 三 年	
州	(宁 州)		郡	弘化郡	
郡	(西北地郡)		县	洛源县、弘化县、合水县、华池县、马岭县、弘德县	
县	归德县				
小计	1县	1县	小计	6县	

第十节 原州平凉郡政区沿革

(十)原州平凉郡(581—606原州,607—617平凉郡)

开皇三年前领平高、长城2郡。

《隋志》:"旧置原州。"《地形志》:"原州,太延二年置镇,正光五年改置,并置郡县,治高平城。"《元和志》:"大业三年以原州为平凉郡。"《隋志》平高县下:"大业初置平凉郡。"

《北周志》原州领平高、长城2郡。

1. 平高县(581—617)

《元和志》:"平高县,本汉高平县,属安定郡。后魏太武帝太延二年于今县理置平高县,属平高郡。隋开皇三年罢郡,以县属原州。"《寰宇记》同。然《地形志》原州下所领郡县实为高平郡、高平县,不作"平高",故杨守敬云《元和志》、《寰宇记》皆误。《嘉庆重修一统志》谓后周改平高,《周书》卷47《艺术传》云明帝时有平高公侯伏侯龙恩,则改高平为平高在周初也。

平高郡(581—582)——平高县、默亭县、乌兰县

《隋志》:"后魏置高平郡,后改为平高,开皇初郡废。"《北周志》平高郡领平高、默亭、乌兰3县。

2. 默亭县(581—617)

《地形志》原州高平郡领里亭县,而此《隋志》作默亭县,王仲荦《北周志》以为"里"乃"默"之残字,则此县亦后魏所置也。

3. 乌兰县(581—617)

《元和志》云:"乌兰县东南至会州一百四十里。周武帝西巡,于此置乌兰关,又置县。旧城内沙石不堪久居,天授二年移于东北七里平川置。"则此县置于北周,至唐仍存,《隋志》无此县,脱也。

4. 长城县(581—605长城县,606—617百泉县)

《隋志》:"后魏置黄石县,西魏改黄石为长城,大业初县改为百泉。"《寰宇记》:"大业二年改为百泉。"

长城郡(581—582)——长城县、平凉县

《隋志》百泉县下:"后魏置长城郡,开皇初郡废。"《地形志》有长城郡,属原州。

《北周志》长城郡领长城、白池、平凉3县。白池为后魏县,不知废于何时,《隋志》、《元和志》等均未记载,今不取,故隋初长城郡止领长城、平凉2县。

5. 平凉县(581—617)

《隋志》:"平凉,后周置。"《元和志》:"周建德元年割泾州平凉郡置平凉县,属长城郡。"

6. 会宁县(596—605会宁县,606—617凉川县)

《隋志》:"会宁,开皇十六年置县。"《元和志》:"隋大业二年改为凉川县。"《寰宇记》同。

7. 他楼县(605—617)

《元和志》萧关县下:"本隋他楼县,大业元年置,神龙三年废。"

以上所列,为原州平凉郡之政区沿革。其开皇三年前有1州、2郡、5县;大业三年改州为郡后,平凉郡共领7县。兹列表16如下。

表16　原州平凉郡隋开皇元年、大业三年州郡县统辖关系表

	开　皇　元　年		小计		大　业　三　年
州	原　州		1州	郡	平凉郡
郡	平高郡	长城郡	2郡	县	平高县、默亭县、乌兰县、百泉县、平凉县、凉川县、他楼县
县	平高县、默亭县、乌兰县	长城县、平凉县			
小计	3县	2县	5县	小计	7县

第十一节　夏州朔方郡政区沿革

(十一)夏州朔方郡(581—606夏州,607—617朔方郡)

开皇三年前领弘化、金明2郡。

《隋志》:"后魏置夏州。"《地形志》有夏州,云"太和十一年置"。《元和志》:"大业元年以夏州为朔方郡。"《杨考》:"废州置郡在大业三年,则作元年误。"《隋志》岩绿县下:"大业初置朔方郡。"

《北周志》夏州领弘化、金明2郡。金明郡,见延州延安郡内。

1. 岩绿县(581—617)

《元和志》:"朔方县,本汉旧县,汉末荒废,后魏更置岩绿县,隋因之,贞观二年改为朔方县。"《地形志》夏州化政郡领有岩绿县,《寰宇记》云"后魏真君六年更名岩绿"。

弘化郡(581—582)——岩绿县、宁朔县

《隋志》:"西魏置弘化郡,开皇初废。"《寰宇记》同。

《北周志》仍沿《地形志》之名作化政郡,云弘为后魏献文帝讳,西魏改弘化郡似不可能;又据苏颋《扬州大都督长史王公神道碑》所云"高祖明远,雍州大

中正弘化郡守司金上士银青光禄大夫",以为其仕历似在西魏、北周之际,改郡当在周末隋初。该郡领岩绿、宁朔、代名3县。代名县不知废于何时,不见于《隋志》、《元和志》等书,今不取。

2. 宁朔县(581—617)

《隋志》:"宁朔,后周置。"《元和志》:"周置宁朔县,属化政郡。"《寰宇记》:"周武帝置宁朔县。"

3. 长泽县(581—617)

《元和志》:"后魏置长泽县,属阐熙郡,隋罢郡,以县属夏州。"然《地形志》阐熙郡领山鹿、新囶2县,无长泽。《隋志》长泽县下又云"有后魏大安郡,及置长州",则长泽县又似属大安郡。《纪要》云:"后魏太和十三年置阐熙郡,治山鹿县。西魏析置长泽县,又置大安郡及长州治焉。"盖阐熙郡所领山鹿、新囶2县隋初皆废入长泽,故《隋志》长泽县下既有阐熙郡,又有大安郡。阐熙郡实领山鹿、新囶2县,大安郡则领长泽1县,《元和志》有误。

长州(581—606)——大安郡、阐熙郡

《隋志》长泽县下:"又有后魏大安郡,及置长州;开皇三年郡废,大业三年州废。"《纪要》:"西魏析置长泽县,又置大安郡及长州治焉。开皇初郡废,大业初州废。"

《北周志》长州领大安、阐熙2郡。

大安郡(581—582)——长泽县

《隋志》长泽县下:"有后魏大安郡,开皇三年郡废。"

《北周志》大安郡领长泽1县。

4. 山鹿县(581—582)

《隋志》长泽县下:"开皇三年废山鹿县入焉。"《地形志》阐熙郡领有山鹿县。

阐熙郡(581—582)——山鹿县、新囶县

《隋志》长泽县下:"西魏置阐熙郡,开皇三年郡废。"《地形志》:"阐熙郡,太和十二年置。"

《北周志》阐熙郡领山鹿、新囶2县。

5. 新囶县(581—582)

《隋志》长泽县下:"开皇三年废新囶县入焉。"按《玉篇》云:"囶,古国字。"

6. 德静县(613—617)

《元和志》:"德静县,盖汉朔方县地,周武帝于此置弥浑戍,南有弥浑水,因名。隋改为德静镇,寻废镇为县。"《寰宇记》:"隋开皇三年改为德静镇,大业九

年废镇立县,隶朔方郡。"

以上所列,为夏州朔方郡之政区沿革。其开皇三年前有 2 州、3 郡、5 县;大业三年改州为郡后,朔方郡共领 3 县。兹列表 17 如下。

表 17　夏州朔方郡隋开皇元年、大业三年州郡县统辖关系表

	开　皇　元　年			小计		大　业　三　年
州	夏　州	长　州		2 州	郡	朔方郡
郡	弘化郡	大安郡	阐熙郡	3 郡	县	岩绿县、宁朔县、长泽县
县	岩绿县、宁朔县	长泽县	山鹿县、新囯县			
小计	2 县	1 县	2 县	5 县	小计	3 县

第十二节　盐州盐川郡政区沿革

(十二)盐州盐川郡(581—606 盐州,607—617 盐川郡)

开皇三年前领大兴 1 郡。

《隋志》:"西魏置西安州,后改为盐州。"《周书》卷 2《文帝纪》:"魏废帝三年正月,改西安为盐州。"《元和志》:"大业三年为盐川郡。"《隋志》五原县下:"大业初置盐川郡。"

《北周志》盐州领大兴 1 郡,郡领大兴 1 县。

1. 五原县(581—617)

《隋志》:"五原,后魏置郡曰大兴,西魏改曰五原,后又改为大兴。"此不云置县经过,盖郡县同名故也。《地形志》无大兴郡及领县,然《隋书》卷 75《儒林传》云:"辛彦之,武帝时进爵五原郡公。"《隋书》卷 1《高祖纪》亦云:"周明帝即位,封大兴郡公。"又《隋书》卷 65《董纯传》云:"从武帝平齐,进爵大兴县侯。"则周时既有五原郡,后又改为大兴郡,并立有大兴县。《纪要》云:"西魏改为五原县,后又为大兴,隋亦曰五原县,为盐州治。"是隋又名五原。

大兴郡 (581—582)——五原县

《隋志》:"后魏置郡曰大兴,西魏改曰五原,后又改为大兴,开皇初郡废。"

以上所列,为盐州盐川郡之政区沿革。其开皇三年前领有 1 郡 1 县;大业三年改州为郡后,盐川郡亦领 1 县。兹列表 18 如下。

表 18　盐州盐川郡隋开皇元年、大业三年州郡县统辖关系表

开　皇　元　年		小计	大　业　三　年	
州	盐　州	1 州	郡	盐川郡
郡	大兴郡	1 郡	县	五原县
县	五原县			
小计	1 县	1 县	小计	1 县

第十三节　灵州灵武郡政区沿革

(十三) 灵州灵武郡(581—606 灵州,607—617 灵武郡)

开皇三年前领普乐、新昌、怀远、历城 4 郡。

《隋志》:"后魏置灵州。"《地形志》:"孝昌中改薄骨律镇为灵州。"《寰宇记》:"孝昌二年置灵州。"又《隋志》回乐县下:"大业初置灵武郡。"

《北周志》灵州领普乐、临河、怀远、历城 4 郡。

1. 回乐县(581—617)

《隋志》:"回乐,后周置。"《元和志》:"后周置回乐县,枕黄河。"

普乐郡 (581—582)——回乐县

《隋志》回乐县下:"后周置普乐郡,开皇三年郡废。"《北周志》普乐郡领回乐 1 县。

2. 临河县(581—582)

《纪要》:"西魏置临河县,又置临河郡治焉。隋开皇初改郡曰新昌,三年郡县俱废。"

新昌郡 (581—582)——临河县

《隋志》:"西魏置临河郡,开皇元年改曰新昌,三年郡废。"《北周志》临河郡领临河 1 县。

3. 怀远县(581—617)

《隋志》:"怀远,后周置。"《元和志》:"后魏立怀远县。"《寰宇记》:"周建德三年迁三万户于此,置郡及县。"

怀远郡 (581—582)——怀远县

《隋志》:"后周置怀远郡,开皇三年郡废。"《北周志》怀远郡领怀远 1 县。

4. 建安县(581—597 建安县,598—600 广润县,601—617 灵武县)

《隋志》:"后周置,曰建安,开皇十八年改为广润,仁寿元年改为灵武。"《元和志》:"周天和中置建安县,隋开皇十八年改为广润,仁寿元年改为灵武县。"

历城郡(581—582)——建安县

《隋志》:"后周置历城郡,开皇三年郡废。"《水经·河水注》:"太和初,三齐平,徙历下民居此,遂有历城之名矣。"《北周志》历城郡领建安1县。

5. 丰安县(590—617)

《隋志》:"丰安,开皇十年置。"《纪要》:"隋开皇十年置县,属灵州。"

6. 弘静县(591—617)

《隋志》:"弘静,开皇十一年置。"

7. 鸣沙县(599—617)

《隋志》:"开皇十九年置鸣沙县。"《元和志》同。

环州(599—606)——鸣沙县

《隋志》:"开皇十九年置环州,大业三年州废。"《元和志》:"大业三年罢环州,以县属灵武郡。"

以上所列,为灵州灵武郡之政区沿革。其开皇三年前有1州、4郡、5县;大业三年改州为郡后,灵武郡共领6县。兹列表19如下。

表19 灵州灵武郡隋开皇元年、大业三年州郡县统辖关系表

	开 皇 元 年				小计		大 业 三 年	
州	灵 州				1州	郡	灵武郡	
郡	普乐郡	新昌郡	怀远郡	历城郡	4郡	县	回乐县、怀远县、灵武县、丰安县、弘静县、鸣沙县	
县	回乐县	临河县	怀远县	建安县				
小计	1县	1县	1县	1县	4县	小计	6县	

第十四节 胜州榆林郡政区沿革

(十四)胜州榆林郡(600—606 胜州,607—617 榆林郡)

《隋志》:"开皇二十年置胜州。"又榆林县下:"大业初置榆林郡。"《元和

志》:"后魏太武帝平赫连昌之后,讫于周代,往往置镇,不立郡县。隋文帝开皇三年于此置榆林关,七年又置榆林县,属云州。二十年,割云州之榆林、富昌、金河三县置胜州,立嘉名也。炀帝大业五年(当作三年)以胜州为榆林郡。"

1. 阳寿县(583—597 阳寿县,598—599、602—617 金河县)

《隋志》:"开皇三年置,曰阳寿,十八年改阳寿曰金河,二十年县废,仁寿二年又置金河县。"

云州(585—599)——阳寿县、油云县、榆林县、富昌县

《隋志》金河县下:"开皇五年置云州,二十年云州移。"《纪要》:"开皇二十年,突厥启民可汗来降,因移云州于河东之大利城,遣将赵仲卿为突厥启民可汗筑金河城,县废。"《元和志》:"开皇二十年,割云州之榆林、富昌、金河三县置胜州。"然则此处本有云州,后因突厥启民可汗来降,以此地给启民可汗居住,故移云州于河东,并废金河、油云二县也。后又立胜州,盖便于管理故也。

2. 油云县(583—599)

《隋志》:"开皇三年置油云县,二十年废。"《纪要》:"开皇三年置阳寿县及油云县;二十年,二县俱废。"

3. 榆林县(587—617)

《隋志》:"榆林,开皇七年置。"《元和志》:"地北近榆林,即汉之榆溪塞,因名。"

4. 富昌县(590—617)

《隋志》:"富昌,开皇十年置。"

以上所列,为胜州榆林郡之政区沿革。开皇三年前此地无州郡县,五年始置云州,二十年云州移往河东,于此地立胜州;大业三年改州为郡后,榆林郡共领 3 县。兹列表 20 如下。

表 20 胜州榆林郡隋开皇二十年、大业三年州郡县统辖关系表

开皇二十年		大业三年	
州	胜州	郡	榆林郡
		县	榆林县、金河县、富昌县
		小计	3 县

第十五节　丰州五原郡政区沿革

(十五)丰州五原郡(585—606 丰州,607—617 五原郡)

《隋志》:"开皇五年置丰州。"《寰宇记》同。然《元和志》云开皇三年置丰州,今从《隋志》。又《隋志》九原县下云:"大业初置五原郡。"

1. 九原县(585—617)

《隋志》:"九原,开皇五年置。"

2. 永丰县(585—617)

《隋志》:"永丰,开皇五年置。"《元和志》同。

3. 安化县(591—617)

《隋志》:"安化,开皇十一年置。"

以上所列,为丰州五原郡之政区沿革。其开皇三年前无州郡县,开皇五年始置丰州;大业三年改州为郡后,五原郡共领3县。兹列表21如下。

表 21　丰州五原郡隋开皇五年、大业三年州郡县统辖关系表

开　皇　五　年		大　业　三　年	
		郡	五原郡
州	丰　州	县	九原县、永丰县、安化县
		小计	3县

第十六节　秦州天水郡政区沿革

(十六)秦州天水郡(581—606 秦州,607—617 天水郡)

开皇三年前领天水、汉阳、清水、略阳4郡。

《隋志》:"天水郡,旧秦州。"《地形志》有秦州,治上封城,领天水、略阳、汉阳3郡。又《隋志》上邽县下:"大业初复置天水郡。"《元和志》:"大业三年罢州为天水郡。"

《北周志》秦州领天水、汉阳、略阳、清水、河阳5郡。河阳郡,《隋志》不载,今不列。

1. 上封县(581—604 上封县,605—617 上邽县)

《隋志》:"上邽,故曰上邽,大业初改名焉。"《杨考》:"故曰上邽,邽当是封之误。"《地形志》云:"以犯太祖讳,改为上封。"《杨考》所纠甚是。《元和志》:"隋大业元年复为上邽县,属天水郡。"

天水郡(581—582)——上封县

《隋志》上邽县下:"带天水郡,开皇初郡废。"《北周志》天水郡领上封、显亲2县。《纪要》云显亲县废于后周,故隋初天水郡止领上封1县。

2. 黄瓜县(581—605 黄瓜县,606—617 冀城县)

《隋志》:"后周曰冀城县,寻废入黄瓜县,大业初改曰冀城县。"《元和志》:"大业二年改黄瓜为冀城县。"

汉阳郡(581—582)——黄瓜县

《地形志》秦州领有汉阳郡,黄瓜为其属县。《北周志》汉阳郡领黄瓜1县,云郡不载于《隋志》,疑废于隋初。

3. 清水县(581—617)

《隋志》:"清水,后魏置。"《地形志》秦州略阳郡领有清水县。

清水郡(581—582)——清水县、伯阳县

《隋志》清水县下:"后魏置清水郡,开皇初郡废。"《元和志》:"后魏分略阳置清水郡,隋开皇三年罢郡。"《北周志》清水郡领清水、伯阳2县。

4. 伯阳县(581—582 伯阳县,583—617 秦岭县)

《隋志》:"后魏置曰伯阳县,开皇中改焉。"此"开皇中"年代不明,《隋志》武威郡番和县下亦作"开皇中改县",而《元和志》作"开皇三年改县",据此,则秦岭县亦应是开皇三年所改。

5. 略阳县(581—582 略阳县,583—585 河阳县,586—617 陇城县)

《隋志》:"旧曰略阳,开皇三年改曰河阳,六年改曰陇城。"《元和志》:"本汉略阳道,隋开皇三年罢郡,河阳县徙理焉,六年改为陇城县。"

略阳郡(581—582)——略阳县、成纪县

《隋志》陇城县下:"旧置略阳郡,开皇三年郡废。"《元和志》:"隋开皇三年罢郡。"《地形志》秦州有略阳郡,云"晋武帝分天水置"。《北周志》略阳郡领略阳、成纪2县。

6. 成纪县(581—617)

《隋志》:"后周置。"《元和志》:"周成纪县,属略阳郡。"

以上所列,为秦州天水郡之政区沿革。其开皇三年前有1州、4郡、6县;大业三年改州为郡后,天水郡共领6县。兹列表22如下。

表 22　秦州天水郡隋开皇元年、大业三年州郡县统辖关系表

开 皇 元 年					小计	大 业 三 年	
州	秦　州				1州	郡	天水郡
郡	天水郡	汉阳郡	清水郡	略阳郡	4郡	县	上邽县、冀城县、清水县、秦岭县、陇城县、成纪县
县	上封县	黄瓜县	清水县 伯阳县	略阳县 成纪县	6县		
小计	1县	1县	2县	2县	6县	小计	6县

第十七节　渭州陇西郡政区沿革

(十七)渭州陇西郡(581—606 渭州,607—617 陇西郡)

开皇三年前领陇西、南安、渭源 3 郡。

《隋志》:"陇西郡,旧渭州。"《地形志》有渭州,领陇西、南安阳、广宁 3 郡。《元和志》:"后魏庄帝永安三年置渭州,因渭水为名。隋大业三年罢州,复置陇西郡。"《隋志》襄武县下:"带郡。"

《北周志》渭州领陇西、南安、渭源 3 郡。

1. 襄武县(581—617)

《元和志》:"襄武,本汉旧县也,属陇西郡。隋开皇三年罢郡,县属渭州。"

陇西郡(581—582)——襄武县、障县、新兴县

《隋志》襄武县下:"带郡。"《地形志》有陇西郡,领襄武、首阳 2 县。《北周志》陇西郡领襄武、障、新兴 3 县。

2. 障县(581—617)

《隋志》:"后魏置。"《地形志》作彰县。《寰宇记》:"后魏景明三年分武阳置障县。"

3. 新兴县(581—582)

《纪要》:"后汉中平五年置新兴县,属南安郡,魏晋因之。后魏属广宁郡,后周郡废,隋并县入陇西。"此县废止年代不明,《嘉庆重修一统志》云"周隋时废",亦含糊其辞。盖开皇初废。

4. 武阳县(581—589 武阳县,590—617 陇西县)

《隋志》:"旧曰内陶,开皇初改为武阳,十年改名焉。"《元和志》:"后汉末于此置南安郡,隋开皇元年废郡,移武阳县名于郡理,属渭州,八年改武阳为陇西。"《寰宇记》又云开皇十八年改为陇西,今从《隋志》。

南安郡(581—582)——武阳县、桓道县

《隋志》陇西县下:"旧置南安郡,开皇初郡废。"《地形志》作南安阳郡。
《北周志》南安郡领桓道、中陶2县。中陶即内陶,隋初避讳改。

5. 桓道县(581—582)

《地形志》渭州南安阳郡领有桓道县。《纪要》:"后魏时改郡曰南安阳郡,县亦曰桓道县。隋郡废,又省县入陇西。"隋废郡在开皇三年,则此县亦废于开皇三年也。

6. 渭源县(581—617)

《元和志》:"本汉首阳县,属陇西郡。"《寰宇记》:"西魏大统十七年分陇西置渭源郡,因渭水为名,又改首阳为渭源县。"

渭源郡(581—582)——渭源县

《元和志》:"西魏文帝分陇西置渭源郡,因渭水为名,隋开皇三年罢郡。"《寰宇记》略同。

《北周志》渭源郡领渭源1县。

7. 安阳县(581—597安阳县,598—617长川县)

《隋志》:"后魏置安阳郡,领安阳、乌水二县,开皇十八年改安阳曰长川。"

交州(581—597交州,598—605纪州)——安阳郡

《隋志》长川县下:"西魏曰北秦州,后又改曰交州,开皇十八年改曰纪州,大业初州废。"《周书·文帝纪》:"魏废帝三年正月,改北秦为交州。"

安阳郡(581—582)——安阳县、乌水县

《隋志》长川县下:"后魏置安阳郡,领安阳、乌水二县,开皇三年郡废。"
《北周志》安阳郡领安阳、乌水2县。

8. 乌水县(581—605)

《隋志》:"后魏置安阳郡,领安阳、乌水二县,大业初又废乌水入长川。"

以上所列,为渭州陇西郡之政区沿革。其开皇三年前有2州、4郡、8县;大业三年改州为郡后,渭源郡共领5县。兹列表23如下。

表23 渭州陇西郡隋开皇元年、大业三年州郡县统辖关系表

	开 皇 元 年				小计		大 业 三 年
州	渭 州			交 州	2州		
郡	陇西郡	南安郡	渭源郡	安阳郡	4郡	郡	陇西郡
县	襄武县、障县、新兴县	武阳县、桓道县	渭源县	安阳县、乌水县		县	襄武县、障县、陇西县、渭源县、长川县
小计	3县	2县	1县	2县	8县	小计	5县

第十八节　兰州金城郡政区沿革

(十八)兰州金城郡(581—606 兰州,607—617 金城郡)

开皇三年前领金城、武始 2 郡。

《元和志》:"隋开皇元年立为兰州,大业三年罢州为金城郡。"《隋志》金城县下:"大业初置金城郡。"

《北周志》金城郡属河州,领子城县,时尚无兰州。

1. 子城县(581—606 子城县,607—617 金城县)

《隋志》:"旧县曰子城,大业初改县为金城。"《纪要》:"西魏置子城县,金城郡治焉。大业初改曰金城县。"

金城郡 (581—582)——子城县

《隋志》:"旧县曰子城,带金城郡,开皇初郡废。"《北周志》金城郡领子城 1 县。

2. 勇田县(581—582)

《地形志》:"勇田,真君八年置郡,后改。"《纪要》:"后魏真君八年置勇田郡,寻改勇田县,为武始郡治,隋开皇初废入狄道县。"

武始郡 (581—582)——勇田县、狄道县、阳素县

《地形志》:"武始郡,晋分陇西置。"《隋志》狄道县下:"后魏置武始郡,开皇初废。"《杨考》云:"前凉之武始郡治狄道,后魏之武始郡治勇田。"

《北周志》武始郡领勇田、狄道、阳素 3 县。

3. 狄道县(581—617)

《元和志》:"本汉县,晋改为武䠞县,隋复为狄道,属兰州。"今核《晋书》卷 14《地理志》,县名仍作狄道,盖改武䠞为时不长,寻复旧名。《地形志》亦作狄道,属河州武始郡,则复狄道非隋所为。

表 24　兰州金城郡隋开皇元年、大业三年州郡县统辖关系表

	开　皇　元　年		小计		大　业　三　年	
州	兰　州		1 州	郡	金城郡	
郡	金城郡	武始郡	2 郡	县	金城县、狄道县	
县	子城县	勇田县、狄道县、阳素县				
小计	1 县	3 县	4 县	小计	2 县	

4. 阳素县(581—582)

《地形志》武始郡领有阳素县。《纪要》:"后魏置阳素县,与狄道并属武始郡,隋开皇初与勇田俱废入狄道县。"

以上所列,为兰州金城郡之政区沿革。其开皇三年前有1州、2郡、4县;大业三年改州为郡后,金城郡共领2县。兹列表24如上。

第十九节 河州枹罕郡政区沿革

(十九)河州枹罕郡(581—606 河州,607—617 枹罕郡)

开皇三年前领枹罕1郡。

《隋志》:"旧置河州。"《地形志》:"真君六年置镇,后改为河州。"《元和志》:"后魏平定陇西,置枹罕镇,太和十六年改镇为河州,大业三年罢州为枹罕郡。"《隋志》枹罕县下:"大业初置枹罕郡。"

《北周志》河州领枹罕、武始、金城3郡。开皇元年立兰州,金城、武始2郡割属兰州,故隋初河州只领枹罕1郡。

1. 枹罕县(581—617)

《元和志》:"枹罕,本汉旧县,属金城郡。"《寰宇记》同。《汉志》金城郡领有枹罕县。

枹罕郡 (581—582)——枹罕县、大夏县、龙支县

《隋志》:"旧置枹罕郡,开皇初郡废。"《寰宇记》:"后周置枹罕郡。"

《北周志》枹罕郡领枹罕、大夏、凤林、龙支4县。凤林县不见于《隋志》,不知何时废除,今不取。

2. 大夏县(581—617)

《元和志》:"本汉旧县,属陇西郡。前凉张骏置大夏郡,县属焉。周改属枹罕郡。"《寰宇记》引《十六国春秋》云:"张骏十八年,分武始、晋兴、广武置大夏郡及县,取县西大夏水为名。"

3. 龙支县(581—617)

《隋志》:"龙支,后魏曰北金城,西魏改焉。"《元和志》:"后魏初于此置金城县,废帝二年更名龙支。"

4. 水池县(581—617)

《隋志》:"后魏曰蕈川,后周改焉。"王仲荦《北周志》云:"考《魏书·地形志》,洪和郡领水池、蓝川、蕈川三县,则水池、蕈川二县并立,非以蕈川改也。"又,此县北周原属岷州同和郡,当是开皇初废郡时改属河州。同和郡沿革,见

下洮州临洮郡。

以上所列，为河州枹罕郡之政区沿革。其开皇三年前有1州、1郡、4县；大业三年改州为郡后，枹罕郡共领4县。兹列表25如下。

表25　河州枹罕郡隋开皇元年、大业三年州郡县统辖关系表

	开　皇　元　年			小计		大　业　三　年
州	河　州		（岷州）	1州	郡	枹罕郡
郡	枹罕郡		（同和郡）	1郡	县	枹罕县、大夏县、龙支县、水池县
县	枹罕县、大夏县、龙支县		水池县			
小计	3县		1县	4县	小计	4县

第二十节　廓州浇河郡政区沿革

（二十）廓州浇河郡（581—606 廓州，607—617 浇河郡）

开皇三年前领洮河、达化2郡。

《元和志》："周建德五年于今州理西南达化县界浇河故城置廓州，盖以开廓边境为义。隋大业三年罢州，复为浇河郡。"《寰宇记》引《周地图记》："周建德五年西逐吐谷浑，又得河南地置廓州，取廓清之义为名。"《隋志》河津县下："大业初置浇河郡。"

《北周志》廓州领洮河、达化2郡。

1．洮河县（581—582）

《隋志》河津县下："后周置洮河郡，领洮河、广威、安戎三县，开皇初郡废，并三县入焉。"隋开皇三年废天下之郡，则此洮河等3县亦废于开皇三年。

洮河郡（581—582）——洮河县、广威县、安戎县

《隋志》河津县下："后周置洮河郡，领洮河、广威、安戎三县，开皇初郡废。"又《隋志》广威县下："西魏置浇河郡，后周郡废。"王仲荦《北周志》云："按据《隋志》，西魏置浇河郡于广威，北周置洮河郡于洮河，似不应有误。然洪亮吉《十六国疆域志》、顾祖禹《纪要》引《隋志》，于洮河郡、洮河县均改作后周置浇河郡，领浇河等三县。盖此为浇河旧城，距洮水甚远，不当有洮河郡之名，故疑而改之也。"王氏所辨甚是，今仍从《隋志》作洮河郡、洮河县。

2. 广威县(581—582)

《隋志》:"后周置洮河郡,领广威县,开皇初郡废,并广威入河津县。"

3. 安戎县(581—582)

《隋志》:"后周置洮河郡,领安戎县,开皇初郡废,并安戎入河津县。"

4. 达化县(581—617)

《元和志》:"后周置达化郡并达化县,隋开皇三年罢郡,移县入郡廨。"《寰宇记》:"周建德五年置达化县。"

达化郡(581—582)——达化县、绥远县

《隋志》:"后周置达化郡,开皇初郡废。"《北周志》达化郡领达化、绥远2县。

5. 绥远县(581—582)

《隋志》达化县下:"开皇初郡废,并绥远县入焉。"《纪要》:"绥远,后周所置县也,隋初并入达化县。"

6. 河津县(583—617)

《纪要》:"河津城,《隋志》'后周洮河郡领洮河、广威、安戎三县',隋初改置河津县,为廓州治。"

以上所列,为廓州浇河郡之政区沿革。其开皇三年前有1州、2郡、5县;大业三年改州为郡后,浇河郡共领2县。兹列表26如下。

表26　廓州浇河郡隋开皇元年、大业三年州郡县统辖关系表

	开　皇　元　年		小计		大　业　三　年
州	廓　州		1州	郡	浇河郡
郡	洮河郡	达化郡	2郡	县	河津县、达化县
县	洮河县、广威县、安戎县	达化县、绥远县			
小计	3县	2县	5县	小计	2县

第二十一节　鄯州西平郡政区沿革

(二一) 鄯州西平郡(581—606 鄯州,607—617 西平郡)

开皇三年前领乐都1郡。

《隋志》:"旧置鄯州。"又湟水县下:"大业初置西平郡。"《元和志》:"后魏以西平郡为鄯善镇,孝昌二年改立鄯州,隋大业三年罢州,复为西平郡。"

《北周志》鄯州领乐都、湟河2郡。湟河郡不见于《隋志》，其领县亦无考，今不取。

1. 西都县(581—597 西都县,598—617 湟水县)

《隋志》："旧曰西都,开皇十八年改县曰湟水。"《元和志》："本汉破羌县,后魏分置西都,属西平郡。"

乐都郡(581—582)——西都县、化隆县

《隋志》湟水县下："后周置乐都郡,开皇初郡废。"《北周志》乐都郡领西都1县。

2. 化隆县(581—617)

《隋志》："旧魏曰广威,仁寿初改为化隆。"广威已见上廓州浇河郡下,开皇三年并入河津县,此不当再于仁寿初改为化隆。《元和志》云："化隆县,本后魏石城县地,废帝二年因境内化隆谷改为化隆县。"《寰宇记》引《周地图记》亦云："后魏景明三年置石城县,西魏废帝二年因县内化隆谷改为化隆县,属浇河郡。"则化隆之名西魏已有,显与上廓州之广威非一地。《水经·河水注》云："河水又东,迳浇河城北,东北去西平二百二十里。河水又东,迳石城南。又东北,迳黄河城南,西北去西平一百七十里。河水又东北,迳广违(即广威)城北,右合乌头川水。"此亦可证石城与广威是二地,石城在黄河北,广威在黄河南。杨守敬云："今考《周书·贺兰祥传》'子敬,少历显职,封化隆县侯',则化隆之名不始于隋,当从《周地图记》。"又,据《寰宇记》,此化隆县西魏时属浇河郡,而《隋志》云后周废浇河郡,废郡后化隆县改属何郡？上廓州洮河郡下不领化隆,化隆隋世又属鄯州,则此县后周时当属鄯州某郡。今《地形志》鄯州郡县皆缺,《北周志》鄯州仅领乐都1郡,故权将化隆亦置于乐都郡之下。

以上所列,为鄯州西平郡之政区沿革。其开皇三年前有1州、1郡、2县；大业三年改州为郡后,西平郡共领2县。兹列表27如下。

表27 鄯州西平郡隋开皇元年、大业三年州郡县统辖关系表

	开 皇 元 年	小计		大 业 三 年
州	鄯 州	1州	郡	西平郡
郡	乐都郡	1郡	县	湟水县、化隆县
县	西都县、化隆县	2县		
小计	2县	2县	小计	2县

第二十二节　凉州武威郡政区沿革

(二二) 凉州武威郡(581—606 凉州,607—617 武威郡)

开皇三年前领武威、番和、广武 3 郡(镇)。

《隋志》:"旧置凉州。"《地形志》有凉州,云神䴥中为镇,太和中为州。《元和志》:"后魏孝文帝太和十四年置凉州,隋大业三年改为武威郡。"《隋志》姑臧县下:"大业初复置武威郡。"

《北周志》凉州领武威、番和、广武、泉城 4 郡。泉城郡及其领县新阳均不见于《隋志》,今不取。

1. 姑臧县(581—617)

《元和志》:"姑臧,汉县。"《汉志》武威郡领有姑臧县。《纪要》:"后魏武威郡治林中县,或曰即故姑臧也。西魏仍曰姑臧。"《嘉庆重修一统志》:"后魏改林中,周复故名。"

武威郡 (581—582)——姑臧县、昌松县

《隋志》:"旧置武威郡,开皇初郡废。"《地形志》武威郡领林中、襄城 2 县。

《北周志》武威郡领姑臧、武威、昌松、白山 4 县。武威县不见于《隋志》;白山县,《隋志》云"后周置县,寻废",此二县隋世皆无,今不取。

2. 昌松县(581—617)

《寰宇记》:"本汉苍松县,属武威郡。《十六国春秋》云:'后凉吕光麟嘉四年以郭䴢谶言改为昌松,兼于此立东张掖郡,后周废郡,县仍旧,隶凉州。'"又《隋志》云"开皇初改县曰永世,后改曰昌松",《元和志》云"开皇三年改昌松为永年(唐避讳,以年代世),以重名,复为昌松"。既发现所改之名与他县重名,当即又改回旧名,故此县隋代虽有改名一事,为时必不长,或当年即改回,故诸书皆不记时。

3. 彰县(581—582)

《隋志》番和县下:"开皇中,并彰县入焉。"《隋志》云开皇中置番和县,《元和志》则云开皇三年置番和县,则此彰县并入番和亦在开皇三年也。彰本旧县,《地形志》番和郡领有彰县。

番和郡(镇) (581—582)——彰县、燕支县、力乾县、安宁县、广城县

《地形志》:"番和郡,领县二:彰、燕支。"《隋志》:"后魏置番和郡,后周郡废为镇。"

《北周志》番和郡领彰、燕支、力乾、安宁、广城5县。

4. 燕支县(581—582)

《隋志》番和县下:"开皇中,并燕支县入焉。"《地形志》番和郡领有燕支县。

5. 力乾县(581—582)

《隋志》番和县下:"开皇中,并力乾县入焉。"

6. 安宁县(581—582)

《隋志》番和县下:"开皇中,并安宁县入焉。"

7. 广城县(581—582)

《隋志》番和县下:"开皇中,并广城县入焉。"

8. 广武县(581—605 广武县,606—609 允吾县,610—617 会宁县)

《隋志》:"后魏置曰广武,开皇初改县曰邑次,寻改为广武,后又改为邑次,大业初改为允吾。"此县改名多次,又无具体年代,《元和志》云:"前凉张骏三年分晋兴置广武郡,隋开皇三年罢郡,广武县属兰州,大业二年改为允吾县,取汉旧名也。六年,改为会宁县。"今依《元和志》。《纪要》:"开皇三年罢郡,县属凉州。"

广武郡 (581—582)——广武县

《隋志》:"后魏置广武郡,开皇初郡废。"《北周志》广武郡属凉州,领广武1县。

9. 番和县(583—617)

《隋志》:"番和,开皇中为县。"《元和志》:"后魏太武帝平凉,罢郡置军,隋开皇三年改为县。"

以上所列,为凉州武威郡之政区沿革。其开皇三年前有1州、3郡、8县;大业三年改州为郡后,武威郡共领4县。兹列表28如下。

表28 凉州武威郡隋开皇元年、大业三年州郡县统辖关系表

	开 皇 元 年			小计		大 业 三 年
州	凉 州			1州	郡	武威郡
郡	武威郡	番和郡(镇)	广武郡	3郡	县	姑臧县、昌松县、允吾县、番和县
县	姑臧县、昌松县	彰县、燕支县、力乾县、安宁县、广城县	广武县			
小计	2县	5县	1县	8县	小计	4县

第二十三节　甘州张掖郡政区沿革

(二三)甘州张掖郡(581—606 甘州,607—617 张掖郡)

开皇三年前领张掖、酒泉 2 郡。

《隋志》:"西魏置西凉州,寻改曰甘州。"《周书·文帝纪》:"魏废帝三年正月改西凉州为甘州。"《元和志》:"隋大业三年罢州为张掖郡。"《隋志》张掖县下:"大业初置张掖郡。"

《北周志》甘州领张掖、酒泉、建康 3 郡。建康郡不见于《隋志》,今不取。

1. 永平县(581—596 永平县,597—605 酒泉县,606—617 张掖县)

《隋志》:"旧曰永平县,开皇十七年县改为酒泉,大业初改为张掖。"《元和志》:"晋改名永平县,隋开皇三年改永平为酒泉,大业二年改为张掖。"《寰宇记》:"仁寿二年置酒泉县。"《舆地广记》:"大业初改永平为张掖。"按以上四说皆有不同,今从《隋志》。

张掖郡(581—582)——永平县、山丹县、兰池县、万岁县、仙提县

《隋志》:"后周置张掖郡,开皇初郡废。"《寰宇记》:"后魏太武平凉,以为张掖军,至太和十一年改军为郡。"

《北周志》张掖郡领永平、山丹、兰池、万岁、仙提、金山 6 县。按金山县,《隋志》云周置寻废,今不取。

2. 山丹县(581—606 山丹县,607—617 删丹县)

《隋志》:"后魏曰山丹,大业初改为删丹。"《舆地广记》:"大业初改为删丹。"《元和志》:"焉支山一名删丹山,故以名县。"

3. 兰池县(581—605)

《寰宇记》:"晋分删丹置兰池县,隋炀帝并入删丹县。"

4. 万岁县(581—605)

《寰宇记》:"晋分删丹置万岁县,隋炀帝并入删丹县。"《纪要》引宋白曰:"隋炀帝始并万岁入删丹。"

5. 仙提县(581—605)

《寰宇记》:"晋分删丹置仙提县,隋炀帝并入删丹县。"

6. 福禄县(581—616 福禄县,617 酒泉县)

《元和志》:"本汉福禄县地,属酒泉郡,自汉至隋不改。"《汉志》酒泉郡有禄福县,杨守敬云:"按《元和志》《寰宇记》并云酒泉为汉福禄县地,《魏志·陈留王纪传》亦作福禄,知今本《汉志》误也。"又《舆地广记》云:"隋义宁元年改福

禄为酒泉。"

⬚肃州⬚(602—605)——福禄县

《隋志》福禄县下："仁寿中置肃州,大业初州寻废。"《元和志》："仁寿二年以境宇辽远,分甘州置肃州。"

⬚酒泉郡⬚(581—582)——福禄县、乐涫县

《隋志》福禄县下："旧置酒泉郡,开皇初郡废。"《元和志》："后魏孝昌中置酒泉郡,隋开皇三年罢郡。"

《北周志》酒泉郡领福禄、乐涫2县。

7. 乐涫县(581—582)

《隋志》："后周置乐涫县,寻废。"《元和志》："隋改乐涫县为镇。"此县当是隋初废郡时改为镇。

以上所列,为甘州张掖郡之政区沿革。其开皇三年前有1州、2郡、7县;大业三年改州为郡后,张掖郡共领3县。兹列表29如下。

表29 甘州张掖郡隋开皇元年、大业三年州郡县统辖关系表

	开 皇 元 年		小计		大 业 三 年
州	甘 州		1州	郡	张掖郡
郡	张掖郡	酒泉郡	2郡	县	张掖县、删丹县、福禄县
县	永平县、山丹县、兰池县、万岁县、仙提县	福禄县、乐涫县			
小计	5县	2县	7县	小计	3县

第二十四节　瓜州敦煌郡政区沿革

(二四)瓜州敦煌郡(581—606瓜州,607—617敦煌郡)

开皇三年前领敦煌、常乐、永兴3郡。

《隋志》："旧置瓜州。"《元和志》："后魏明帝置瓜州,隋大业三年改为敦煌郡。"《隋志》敦煌县下："大业初置敦煌郡。"

《北周志》瓜州领敦煌、常乐、永兴3郡。

1. 鸣沙县(581—605鸣沙县,606—617敦煌县)

《隋志》："后周又并敦煌、鸣沙、平康、效谷、东乡、龙勒六县为鸣沙县,大业

初改鸣沙为敦煌。"《元和志》:"周武帝改为鸣沙县,大业二年复为敦煌。"

敦煌郡(581—582)——鸣沙县

《隋志》敦煌县下:"旧置敦煌郡,开皇初郡废。"《北周志》敦煌郡领鸣沙1县。

2. 凉兴县(581—583 凉兴县,584—617 常乐县)

《隋志》:"后周并凉兴、大至、冥安、闰泉合为凉兴县,开皇初县改为常乐。"《元和志》:"隋开皇四年改为常乐县,属瓜州。"

常乐郡(581—582)——凉兴县

《隋志》:"后魏置常乐郡,开皇初郡废。"《北周志》常乐郡领凉兴1县。

3. 会稽县(581—589 会稽县,590—617 玉门县)

《隋志》:"后周并会稽、新乡、延兴为会稽县,开皇中改为玉门。"《元和志》:"隋开皇十年改为玉门县。"

永兴郡(581—582)——会稽县

《元和志》:"晋惠帝分酒泉、敦煌二郡置晋昌郡,周武帝改为永兴郡,隋开皇三年罢郡。"《寰宇记》:"凉武昭王以南人置会稽郡,以中州人置广夏郡,至后周初并之为晋昌郡,至武帝改为永兴郡,隋初罢郡。"

《北周志》永兴郡领会稽1县。

以上所列,为瓜州敦煌郡之政区沿革。其开皇三年前有1州、3郡、3县;大业三年改州为郡后,敦煌郡共领3县。兹列表30如下。

表30 瓜州敦煌郡隋开皇元年、大业三年州郡县统辖关系表

	开 皇 元 年			小计		大 业 三 年
州	瓜 州			1州	郡	敦煌郡
郡	敦煌郡	常乐郡	永兴郡	3郡	县	敦煌县、常乐县、玉门县
县	鸣沙县	凉兴县	会稽县			
小计	1县	1县	1县	3县	小计	3县

第二十五节 鄯善、且末、西海、河源、伊吾政区沿革

(二五)鄯善郡(609—617)

《隋志》:"鄯善郡,大业五年平吐谷浑置。"《隋书》卷3《炀帝纪》:"大业五

年六月癸丑,置西海、河源、鄯善、且末等四郡。"《隋书》卷 83《吐谷浑传》:"炀帝令观王雄、宇文述击伏允,大破其众,其故地皆为隋有,置郡县镇戍。"

1. 显武县(609—617)

《隋志》鄯善郡领有显武县,当是大业五年平吐谷浑时与郡同置。

2. 济远县(609—617)

《隋志》鄯善郡领有济远县,当是大业五年平吐谷浑时与郡同置。

盐泽郡(581—582)
蒲昌郡(581—582)

《隋书》卷 56《宇文㢸传》:"开皇初西羌内附,诏㢸持节安集之,置盐泽、蒲昌二郡而还。"盐泽即今新疆罗布泊一带;蒲昌即今新疆鄯善,以临蒲昌海而名。此二郡隋初虽曾设置,但宇文㢸置郡后即还,隋朝廷恐亦未能有效统治。《隋书》卷 1《高祖纪》云:"开皇三年四月,吐谷浑寇临洮。""五月,窦荣定破突厥及吐谷浑于凉州。""六月,梁远破吐谷浑于尔汗山,斩其名王。"由此可见,隋初西域地区颇不安定,所设二郡并不能有效控制,且开皇三年废天下诸郡,此二郡当亦废也。又,二郡领县,诸书亦无记载,此处只得空缺。

以上所列,为鄯善郡之政区沿革。其开皇三年前,地属吐谷浑,隋朝所设二郡亦不能有效控制;大业五年平吐谷浑后,于此置 1 郡 2 县。兹列表 31 如下。

表 31 鄯善郡隋开皇元年、大业五年州郡县统辖关系表

开 皇 元 年			小计	大 业 五 年	
州			无	郡	鄯善郡
郡	盐泽郡	蒲昌郡	2 郡	县	显武县、济远县
				小计	2 县

(二六)且末郡(609—617)

《隋志》:"大业五年平吐谷浑,置且末郡。"《北史》卷 97《且末传》:"且末在鄯善西,去代八千三百二十里。"

1. 肃宁县(609—617)

《隋志》且末郡领有肃宁县,当是大业五年平吐谷浑时与郡同置。

2. 伏戎县(609—617)

《隋志》且末郡领有伏戎县,当是大业五年平吐谷浑时与郡同置。

以上所列,为且末郡之政区沿革。其开皇三年前为吐谷浑地,非隋所有;大业五年平吐谷浑后,于此地立1郡2县。兹列表32如下。

表32　且末郡隋开皇元年、大业五年州郡县统辖关系表

开 皇 元 年		小计	大 业 五 年	
州		无	郡	且末郡
			县	肃宁县、伏戎县
			小计	2县

(二七) 西海郡(609—617)

《隋志》:"大业五年平吐谷浑,置西海郡。置在古伏俟城,即吐谷浑国都。"

1. 宣德县(609—617)

《隋志》西海郡领有宣德县,当是大业五年平吐谷浑时与郡同置。

2. 威定县(609—617)

《隋志》西海郡领有威定县,当是大业五年平吐谷浑时与郡同置。

以上所列,为西海郡之政区沿革。其开皇三年前为吐谷浑地,非隋所有;大业五年平吐谷浑后,于此地立1郡2县。兹列表33如下。

表33　西海郡隋开皇元年、大业五年州郡县统辖关系表

开 皇 元 年		小计	大 业 五 年	
州		无	郡	西海郡
			县	宣德县、威定县
			小计	2县

(二八) 河源郡(609—617)

《隋志》:"大业五年平吐谷浑,置河源郡。置在古赤水城。"

1. 远化县(609—617)

《隋志》河源郡领有远化县,当是大业五年平吐谷浑时与郡同置。

2. 赤水县(609—617)

《隋志》河源郡领有赤水县,当是大业五年平吐谷浑时与郡同置。

以上所列,为河源郡之政区沿革。其开皇三年前为吐谷浑地,非隋所有;大业五年平吐谷浑后,于此地立1郡2县。兹列表34如下。

表34　河源郡隋开皇元年、大业五年州郡县统辖关系表

开　皇　元　年		小计	大　业　五　年	
州		无	郡	河源郡
			县	远化县、赤水县
			小计	2县

(二九)伊吾郡(610—617)

此伊吾郡《隋志》不载。《元和志》云:"魏立伊吾县,晋立伊吾都尉,并寄理敦煌北界。隋大业六年得其地,以为伊吾郡。隋乱,又为群胡所据。"《旧唐志》亦云:"隋于汉伊吾屯城之东筑城为伊吾郡。"则隋确有伊吾郡也。

伊吾县(610—617)

《元和志》:"魏立伊吾县。"《纪要》伊吾废县下:"隋大业中内属,置伊吾郡,后又为戎所据。"《寰宇记》:"伊吾县,后汉置伊吾屯,至后魏改为县,隋末为戎所据。"

以上所列,为伊吾郡之政区沿革。其开皇三年前非隋所有,大业六年隋得其地,立伊吾郡,领伊吾1县。兹列表35如下。

表35　伊吾郡隋开皇元年、大业六年州郡县统辖关系表

开　皇　元　年		小计	大　业　六　年	
州		无	郡	伊吾郡
			县	伊吾县
			小计	1县

第二章 梁州地区州郡县沿革

第一节 梁州汉川郡政区沿革

(三十)梁州汉川郡(581—606 梁州,607—617 汉川郡)

开皇三年前领汉川、褒内、华阳、傥城 4 郡。

《隋志》:"旧置梁州。"《元和志》:"魏钟会克蜀,置梁州。隋大业三年,罢州为汉川郡。"《隋志》南郑县下亦云:"大业初置汉川郡。"

《北周志》梁州领汉中、褒中、华阳、傥城 4 郡。其汉中、褒中 2 郡,隋避讳改为汉川、褒内。

1. 南郑县(581—617)

《元和志》:"本汉旧县,后魏改为光义县,隋开皇元年又为南郑县。"《寰宇记》:"后魏废帝三年改为光义县,隋开皇初复为南郑县。"

汉川郡(581—582)——南郑县、城固县

《隋志》南郑县下:"旧置汉川郡,开皇初郡废。"此郡本名汉中,隋避讳改名汉川。《地形志》汉中郡领南郑、汉阴、城固 3 县。《北周志》汉中郡领光义、汉阴、城固 3 县。汉阴县不见于《隋志》、《元和志》,今不取。

2. 城固县(581—617)

《元和志》:"城固县,本汉旧县,属汉中郡。"《汉志》汉中郡作成固县,《宋书》卷 37《州郡志》(以下简称《宋志》)始作城固县。

3. 褒内县(581—600 褒内县,601—617 褒城县)

《隋志》:"开皇初曰褒内,仁寿元年因失印更给,改名焉。"《元和志》:"本汉褒中县,魏又于此置褒中郡,隋开皇元年以避庙讳改为褒内县,仁寿元年改为褒城。"

褒内郡(581—582)——褒内县、白云县

《寰宇记》引《周地图记》云:"后魏分汉中郡之褒中、武乡二县立褒中郡;后周天和元年改武乡为白云县,而褒中郡领褒中、白云二县;隋开皇三年罢郡,以

县属梁州。"《元和志》："魏又于褒中县置褒中郡。"《隋志》不载此郡,盖有脱误。《北周志》褒中郡领褒中、白云2县。

按此郡于开皇元年更名褒内,亦是避庙讳所改。

4. 白云县(581—605)

《隋志》南郑县下："又西魏置白云县,大业初并入焉。"《寰宇记》："后周天和元年改武乡为白云县,而褒中郡领褒中、白云二县。"

5. 华阳县(581—582)

此华阳县不见于《隋志》。《地形志》梁州华阳郡领有华阳县,《北周志》同。《纪要》云："华阳,后魏析沔阳县地置,华阳郡亦治焉,西魏俱废入沔阳县。"然《周书》卷17《怡峰传》云："进爵华阳县公。"《周书》卷34《杨㩴传》亦云："大统十六年,改封华阳县侯。"《周书》卷19《豆卢宁传》又云："子讚,建德初赐爵华阳县侯。"则云西魏郡县俱废不确。光绪《沔阳县志》云"隋郡县俱废",似为得之,今从之。

华阳郡(581—582)——华阳县、嶓冢县、沔阳县

《地形志》梁州领有华阳郡,郡领华阳、嶓冢、沔阳3县,《北周志》同。《周书》卷15《于谨传》："子绍,华阳郡公。"《隋书》卷73《梁彦光传》："周宣帝即位,进爵华阳郡公。"《寰宇记》："后魏分沔阳县地置嶓冢县,属华阳郡,开皇三年罢郡。"

6. 嶓冢县(581—605 嶓冢县,606—617 西县)

《隋志》："西县,旧曰嶓冢,大业初改焉。"《元和志》："后魏置嶓冢县,隋大业二年改为西县。"《寰宇记》："后魏宣武帝正始中分沔阳县地置嶓冢县,属华阳郡。开皇三年罢郡,县理不改。大业二年改嶓冢县为西县。"

7. 沔阳县(581—582)

《寰宇记》："沔阳故城在梁州西八十四里,西县东南十六里,隋开皇三年废。"

8. 兴势县(581—617)

《元和志》："本汉成固县地,后魏宣武帝分置兴势县。"《地形志》晋昌郡有兴势县,云"延昌三年置"。《寰宇记》："后魏于今理西北二十里兴势山上置兴势县。"

傥城郡(581—582)——兴势县、龙亭县

《隋志》兴势县下："旧置傥城郡,开皇初郡废。"《地形志》梁州领有晋昌郡,郡领兴势、龙亭等县。《寰宇记》引《地记》云："魏废帝三年改晋昌郡为傥城郡。"《北周志》傥城郡领兴势、龙亭、南城3县。南城县不见于《隋志》、《元和志》等,今不取。

9. 龙亭县(581—582)

《地形志》晋昌郡治龙亭。《寰宇记》:"后魏正始中立龙亭县,隋开皇三年省龙亭县入洋州。"

10. 洋川县(581—582)

《隋志》:"西乡,旧曰丰宁,置洋州及洋川郡,开皇初废郡。"王仲荦《北周志》云:"按洋川郡当治洋川县,《寰宇记》西乡县下云'洋水出废洋川县东巴岭',此废洋川县,当是西魏世与郡同置。"《寰宇记》又云:"洋州领洋川、怀昌、洋中、丰宁四郡,后周天和五年省怀昌郡,隋开皇三年又罢三郡,领丰宁、怀昌、黄金三县。"此开皇三年废郡后洋州所领已无洋川县,则县当与郡同废。

洋州 (581—605)——洋川郡、丰宁郡、洋中郡

《隋志》西乡县下:"旧曰丰宁,置洋州,大业初州废。"《元和志》:"后魏废帝置洋州,因洋水为名。大业二年废洋州,置洋川镇。"《寰宇记》:"西魏废帝二年于今西乡县置洋州,因水为名,领洋川、怀昌、洋中、丰宁四郡。周天和五年省怀昌郡。"

洋川郡 (581—582)——洋川县、黄金县

《隋志》西乡县下:"旧曰丰宁,置洋州及洋川郡,开皇初废郡,大业初废州。"《寰宇记》:"后魏废帝二年分直州置洋川郡,隋开皇三年罢郡。"《北周志》洋川郡领洋川、黄金2县。

11. 黄金县(581—617)

《元和志》:"本汉安阳县地,属汉中郡,后魏文帝于此分置黄金县。"《寰宇记》:"本汉安阳县地,西魏文帝大统十二年分置黄金县,因县界有黄金水为名,属直州。废帝二年分直州置洋川郡,属焉。隋开皇三年废郡,以县属洋州。大业二年废州,又以县属汉川郡。"

12. 丰宁县(581—605 丰宁县,606—617 西乡县)

《隋志》:"旧曰丰宁,大业初改县曰西乡。"《寰宇记》:"先主分成固立南乡县,晋改南乡县为西乡县。后魏正始中废西乡县,仍于今西乡县西五十里丰宁成置丰宁郡、丰宁县。隋开皇三年罢郡,仍改丰宁为西乡。"此县改名时间,《隋志》与《寰宇记》不同,今从《隋志》。

丰宁郡 (581—582)——丰宁县、怀昌县

《寰宇记》:"后魏正始中废西乡县,仍于今西乡县西五十里丰宁成置丰宁郡、丰宁县,隋开皇三年罢郡,仍改丰宁为西乡。"《北周志》丰宁郡领丰宁、怀昌2县。

洋中郡 (581—582)

《寰宇记》:"后魏废帝二年置洋州,领洋中郡,隋开皇三年罢郡。"王仲荦《北周志》云洋中郡领县无考。

又,隋洋中郡亦在今西乡县境,故附列于此西乡县下。

13. 怀昌县(581—605)

《隋志》西乡县下:"又旧有怀昌郡,后周废为怀昌县,大业初省入西乡县。"《寰宇记》:"大业二年废洋州,仍省怀昌县。"

14. 难江县(581—617)

《寰宇记》:"本汉宕渠县地,周天和五年于此置难江县,因江水难涉,故以难江名。"

集州(581—606)——平桑郡(另有其章等郡,见巴州清化郡内)

《隋志》难江县下:"后周置集州,大业初州废。"《寰宇记》:"后魏恭帝二年改东巴州为集州,后周天和五年移集州于巴岭南,即今州理,领平桑、其章、安宁、敬水、平南五郡。隋开皇三年罢所领郡,立集州,领难江、曲细、符阳、白石四县。大业三年废集州,以难江属汉川郡。"《周书》卷2《文帝纪》:"废帝三年春正月,改东巴为集州。"

平桑郡(581—582)——难江县、盘道县、曲细县

《隋志》:"后周置集州及平桑郡,开皇初郡废。"《北周志》集州领平桑、其章、安宁、敬水、平南5郡,平桑郡领难江、盘道、曲细3县。按,其章郡及领县见下巴州清化郡内;安宁、敬水、平南3郡,《北周志》皆云领县无考;平桑郡所领盘道、曲细2县亦见巴州清化郡内。

以上所列,为梁州汉川郡之政区沿革。其开皇三年前,有3州、8郡、14县;大业三年改州为郡后,汉川郡共领8县。兹列表36如下。

表36 梁州汉川郡隋开皇元年、大业三年州郡县统辖关系表

	开　皇　元　年							小计	大业三年	
州	梁　州				洋　州		集　州	3州	郡	汉川郡
郡	汉川郡	褒内郡	华阳郡	傥城郡	洋川郡	丰宁郡	洋中郡	平桑郡	8郡		南郑县、城固县、褒城县、西县、兴势县、黄金县、西乡县、难江县
县	南郑县 城固县	褒内县 白云县	华阳县 嶓冢县 沔阳县	兴势县 龙亭县	洋川县 黄金县	丰宁县 怀昌县		难江县		县	
小计	2县	2县	3县	2县	2县	2县		1县	14县	小计	8县

第二节　金州西城郡政区沿革

(三一) 金州西城郡(581—606 金州,607—617 西城郡)

开皇三年前领魏兴、吉安、洵阳 3 郡。

《隋志》:"梁置梁州,寻改曰南梁州,西魏改置东梁州,寻改为金州。"《寰宇记》:"西魏废帝元年,大将军达奚武吞并山南,于魏兴置东梁州;三年,因其地出金,改为金州。"又《隋志》金川县下:"大业三年置西城郡。"

《北周志》金州领魏兴、吉安 2 郡。另有洵阳郡,后周属洵州,后州废,此郡改隶金州。

1. 西城县(581—597 西城县,598—606 吉安县,607—615 金川县)

《隋志》:"梁初曰上廉,后曰吉阳,西魏改曰吉安,后周以西城入焉。开皇十八年改县为吉安,大业三年改为金川。"《杨考》云:"西魏已曰吉安,开皇十八年又改县为吉安,此当有误字。"杨氏已发现《隋志》有误,但所误者为何内容,却未指明。《纪要》云:"西城,汉置县,为汉中郡治,东汉移郡治南郑,建安中置西城郡于此。魏为魏兴郡治,晋以后因之。宇文周省西城县,隋初复置,开皇十八年改为吉安县,大业三年又改为金川县,十二年废,义宁二年复置西城县为金州治。"其所云废置较合情理,今从之。

魏兴郡 (581—582)——西城县

《隋志》不载魏兴郡。《寰宇记》云:"建安十二年分汉中之安阳、西城为西城郡,魏文帝改为魏兴郡。西魏废帝元年,大将军达奚武吞并山南,又于魏兴置东梁州;三年,改为金州,仍领魏兴郡。隋开皇三年罢郡。"又《隋书》卷 47《韦世康传》:"弟艺,隋高祖受禅,进封魏兴郡公。"此皆可证自魏至隋确有魏兴郡。《北周志》云魏兴郡领吉安县,因后周已废西城入吉安,《寰宇记》又云吉安县遂移于西城废县廨。但如此一来,吉安郡领县则无,似为不妥。余意后周废西城县时,郡亦一并废除,《纪要》云"开皇初复",亦应是开皇元年郡县俱复,故隋初韦艺仍可进封魏兴郡公,而此郡领县仍为西城县也。参见下吉安县、吉安郡条。

2. 吉安县(581—582)

《寰宇记》:"晋于平利川置上廉县,取上廉水为名,寻又改为吉阳县,后魏又改为吉安县,后周天和四年移吉安于金州理。"此所云"后周天和四年移吉安于金州理",即上条金川县下所云后周废西城县,移吉安于废西城县廨也。《纪要》又云:"晋分立上廉县,属上庸郡。宋置吉阳县,属新兴郡。齐梁因之。西魏改为吉安县,兼置吉安郡,隋郡县俱废入西城。"《隋志》亦云"旧有吉安郡,开皇初废"。则此吉安县属吉安郡应该无疑。后周废西城入吉安,吉安县移治西城废县后,仍应属吉安郡。开皇元年魏兴郡、西城县复置后,此吉安郡县应还归旧治,直至开皇三年郡县俱废入西城为止。

吉安郡(581—582)——吉安县

《隋志》:"旧有吉安郡,开皇初废。"《纪要》:"西魏改置吉安县,兼置吉安郡,隋郡县俱废入西城县。"

3. 洵阳县(581—617)

《宋志》:"旬阳,前汉有,后汉无,晋武帝太康四年复立。"按旬阳即洵阳,旬、洵古今字。《舆地纪胜》引《元和郡县志》云:"洵阳县因洵水以为名。"《纪要》云:"汉置旬阳县,属汉中郡,后汉省。晋太康四年复置,属魏兴郡,宋、齐因之。西魏始置洵阳郡,改旬为洵。隋初郡废,属金州。"

洵阳郡(581—582)——洵阳县

《隋志》洵阳县下:"旧置洵阳郡,开皇初郡废。"《寰宇记》:"后魏于洵阳县置郡。"

按《北周志》洵阳郡属洵州,而《隋志》金川县下云"后周置洵州,寻废"。由"寻废"二字来看,此州当废于后周,隋世已无此州,废州后洵阳郡亦当属金州,因此郡治即在金州州治金川县境也。

4. 宁都县(581—606 宁都县,607—617 安康县)

《隋志》:"旧曰宁都,大业初改曰安康。"《寰宇记》:"汉阴县,本汉安阳县,属汉中郡,晋太康元年更名安康县。"《纪要》:"汉阴县,州西百五十里。汉置安阳县,属汉中郡,晋改县曰安康县,属魏兴郡。宋末置安康郡于此,萧齐因之。梁大宝末,设于西魏,置直州,又改安康为宁都县。隋初废安康郡,大业初废直州,复改宁都曰安康,属西城郡。"

直州(581—605)——安康郡、忠诚郡、金城郡

《隋志》安康县下:"后魏置东梁州,后萧詧改直州,大业初州废。"

《北周志》直州领安康、宁都、忠诚、金城4郡。然《隋志》不云有宁都郡,宁都县亦是西魏改安康所得,故今不列宁都郡。

安康郡(581—582)——宁都县

《隋志》安康县下:"齐置安康郡,开皇初废。"《北周志》安康郡领安康1县。安康即宁都也。

5. 石泉县(581—617)

《隋志》:"旧曰永乐,西魏改永乐曰石泉。"《寰宇记》:"周武成三年,仍并魏

昌郡所领诸县为永乐一县,理于今石泉县南一里旧长乐县所理处,续改名石泉县。"按上述二书所记改永乐为石泉时间有异,据《周书》卷41《王褒传》所云"孝闵帝践阼,封石泉县子",此周初已有石泉县之名,则当以《隋志》所云为是。

忠诚郡(581—582)——石泉县、魏昌县

《寰宇记》:"石泉县,本汉西城县地,梁武帝立晋昌郡,治王水口。夏侯道迁以梁州入魏,移晋昌郡于所领长乐县东阳村,即今石泉县理是也。后值黄众保反叛,移晋昌郡于旧理,因改曰魏昌。保定三年,废魏昌郡,移石泉县理郡城。"《隋志》:"旧置晋昌郡,西魏改郡曰魏昌,后周省魏昌郡入中城郡。"此石泉县本属魏昌郡,魏昌郡废入忠诚郡后,则改属忠诚郡也。《寰宇记》云:"后魏合华阳、金城二郡为忠诚郡。"北周封忠诚郡者,见《周书》卷29《宇文盛传》、《周书》卷13《秦王贽传》。忠诚之名,诸书所记稍有差异,《寰宇记》及《周书·秦王贽传》作忠诚,《隋志》作中城,《周书·宇文盛传》又作忠城,盖皆一地。《北周志》忠诚郡领石泉、魏昌2县。

6. 魏昌县(581—582)

《杨考》:"按西魏并置魏昌县。"杨守敬此言,是指西魏改晋昌郡为魏昌郡时并置魏昌县也。《周书》卷17《若干惠传》:"魏孝武西迁,进爵魏昌县伯。"《周书》卷20《王盟传》:"魏孝武至长安,封魏昌县公。"上述数条,可证杨守敬所言不谬。此县盖开皇初与郡同废也。

7. 直城县(581—582)

《纪要》:"直城废县在故县县城东,本东晋初戍守处也,后魏置直城县为金城郡治。"《地形志》东梁州金城郡领直城县。《嘉庆重修一统志》:"直城,隋废。"盖开皇初与郡同废也。

金城郡(581—582)——直城县

《地形志》东梁州领有金城郡。《隋志》金川县下:"旧有金城郡,开皇初废。"《北周志》金城郡领直城1县。

8. 黄土县(581—617)

《隋志》:"后周置县曰长冈,后置县曰黄土,并赤石、甲、临江三县入焉。"《寰宇记》:"后魏大统十七年,于晋洧口戍改置洧阳郡,又于郡西三十三里置黄土县,居汉水南黄土山之西为名。"

上甲郡(581—582)——黄土县、丰利县

《隋志》:"西魏置洧阳郡,后周改郡,置县曰长冈,后郡省入甲郡,开皇初郡废。"《寰宇记》:"后周保定二年,改洧阳郡为长冈郡,三年郡废,移黄土县于洧阳郡廨为理。"按甲郡郡名有误,据《周书》卷44《扶猛传》"上甲黄土人",此郡

名当作"上甲"。《北周志》上甲郡领黄土、丰利2县。

9. 丰利县(581—617)

《元和志》:"后魏文帝改南上洛郡为丰利郡,又立丰利县。隋以丰利县属金州。"《舆地广记》:"丰利县,西魏分锡县置。"又《隋志》丰利县下云:"梁置南上洛郡,西魏改郡曰丰利,后周省郡入上津郡,后又废上津郡入甲郡。"王仲荦《北周志》以为后周无废上津郡之事,后周当是直接省丰利郡入上甲郡,上津郡自领上津县,不可能越上甲郡而统丰利县,且《寰宇记》明言开皇三年始罢上津郡,《隋志》所记有误。

按上甲、上津二郡皆属上州,因上州治上津县,此县隋世属上洛郡,故此处不列上州、上津郡,州郡沿革可参见商州上洛郡下。又,此上甲郡之黄土、丰利二县改隶金州,当在大业二年废上州之后。

以上所列,为金州西城郡之政区沿革。其开皇三年前有2州、7郡、9县;大业三年改州为郡后,西城郡共领6县。兹列表37如下。

表37 金州西城郡隋开皇元年、大业三年州郡县统辖关系表

开皇元年							小计	大业三年	
州	金州			直州		(上州)	2州	郡	西城郡
郡	魏兴郡	吉安郡	洵阳郡	安康郡	忠诚郡	金城郡	上甲郡	7郡	金川县、洵阳县、安康县、石泉县、黄土县、丰利县
县	西城县	吉安县	洵阳县	宁都县	石泉县 魏昌县	直城县	黄土县 丰利县		县
小计	1县	1县	1县	1县	2县	1县	2县	9县	小计	6县

第三节 迁州房陵郡政区沿革

(三二)迁州房陵郡(581—605迁州,606房州,607—617房陵郡)

开皇三年前领光迁郡。

《隋志》:"西魏置光迁国,后周国废置迁州,大业初改名房州。"《周书》卷5《武帝纪》:"保定三年正月,改光迁国为迁州。"《隋志》光迁县下:"大业初置房陵郡。"

《北周志》迁州领光迁郡。

1. 光迁县(581—617)

《隋志》:"旧曰房陵,后周改为光迁。"《寰宇记》:"周武帝三年改房陵为

光迁。"

|光迁郡|(581—582)——光迁县、永清县

《隋志》:"旧置新城郡,后周改为光迁郡,开皇初郡废。"《北周志》光迁郡领光迁、永清2县。

2. 永清县(581—617)

《隋志》:"旧曰大洪,后周改为永清。"《元和志》:"后魏废帝分房陵东境置大洪县,周武帝改为永清县。"《寰宇记》:"后魏废帝三年分房陵东境置大洪县,属光迁国,后周保定二年移于今理,乃改为永清县。"

3. 绥阳县(581—582)

《宋志》新城郡领绥阳县。《纪要》:"绥阳县,魏置,晋属新城郡,宋、齐因之,梁置绥州,隋初与县俱废。"但《隋志》光迁县下云新城郡后周已改为光迁郡,而光迁郡属迁州,则此绥州无领郡矣!《补梁疆域志》云绥州领郡无考,《北周志》绥州直接领绥阳一县。州直接领县似乎不妥,今仍将领郡空缺。

|绥州|(581—582)——?

《隋志》光迁县下:"又有旧绥州,开皇初与郡并废。"《周书》卷44《扶猛传》云:"保定三年,转绥州刺史。"

《补梁疆域志》云绥州领郡无考,领绥阳1县;《北周志》云绥州领绥阳1县。余以为绥州下当有领郡,郡下领县,今因史料缺乏,无由得知绥州领郡,故只得暂付阙如。

4. 上庸县(581—617)

《隋志》:"梁曰新丰,西魏改焉,后周改曰孔阳,开皇十八年复曰上庸。"然《元和志》云:"萧齐武帝分上庸县地于此立新丰县,属上庸郡,后魏改为孔阳县,因界内孔阳水为名。隋开皇三年罢孔阳县,仍移上庸县理于废孔阳县理,属罗州。"《寰宇记》亦云:"隋开皇三年罢郡,废孔阳县,仍于今竹山县移上庸县于废孔阳县为理。"由此可见,西魏、后周至隋初,上庸县并无废置事,而《隋志》所云皆由上庸分置之孔阳县之变迁。

|罗州|(581—597 罗州,598—605 房州)——上庸郡

《隋志》竹山县下:"西魏置罗州,开皇十八年改曰房州,大业初州废。"《周书》卷44《扶猛传》:"魏废帝元年割上庸、新城二郡为罗州,以猛为刺史。"按新城郡后属迁州,故此罗州只领上庸1郡。开皇十八年改为房州后,大业二年又废,于是再改迁州为房州,大业三年房州又改为房陵郡也。《北周志》罗州领上庸1郡。

|上庸郡|(581—582)——上庸县、竹山县、孔阳县

《宋志》:"魏明帝太和二年分新城之上庸、武陵、北巫为上庸郡。"北周及隋

初时仍有上庸郡。《周书》卷28《陆腾传》："天和六年,进爵上庸郡公。"《隋书》卷47《韦世康传》："进爵上庸郡公。"《隋志》无上庸郡,盖有脱漏。

《北周志》上庸郡领上庸、竹山、孔阳3县。

5. 竹山县(581—617)

《隋志》:"竹山,梁曰安城,西魏改焉。"《元和志》:"后魏改置竹山县。"

6. 孔阳县(581—582)

参见上庸县条。

以上所列,为迁州房陵郡之政区沿革。其开皇三年前有3州、2郡、6县,另有绥州领郡不明;大业三年改州为郡后,房陵郡共领4县。兹列表38如下。

表38　迁州房陵郡隋开皇元年、大业三年州郡县统辖关系表

	开　皇　元　年			小计		大　业　三　年
州	迁　州	绥　州	罗　州	3州	郡	房陵郡
郡	光迁郡	?	上庸郡	2郡	县	光迁县、永清县、上庸县、竹山县
县	光迁县、永清县	绥阳县	上庸县、竹山县孔阳县	6县		
小计	2县	1县	3县	6县	小计	4县

第四节　巴州清化郡政区沿革

(三三)巴州清化郡(581—606 巴州,607—617 清化郡)

开皇三年前领大谷、归化、木门、遂宁、哀戎、义阳6郡。

《隋志》:"旧置巴州。"《寰宇记》:"后魏延昌三年于大谷郡北置巴州,隋大业三年改巴州为清化郡。"《隋志》化成县下:"大业初置清化郡。"

《北周志》巴州领大谷、归化、木门、遂宁、哀戎、义阳6郡。

1. 化成县(581—617)

《隋志》:"梁曰梁广,后周改县曰化成。"《寰宇记》:"梁普通六年于梁大溪西三里置梁大县,属大谷郡。周大象二年改梁大为化成县。"按梁大县即梁广县,或云避隋炀帝讳所改。

大谷郡(581—582)——化成县

《寰宇记》:"后魏正始元年,夏侯道迁以其地内属,于是分其地于汉昌县理

置大谷郡。"汉昌县为后汉县名，梁时于其地置梁广县，故《寰宇记》云梁广县属大谷郡。《隋志》不载此郡，盖有脱漏。

《北周志》大谷郡领梁广1县。

2. 曾口县(581—617)

《隋志》："曾口，梁置。"《舆地纪胜》(以下简称《纪胜》)引《元和志》："梁普通六年于归化郡置曾口县。"

归化郡 (581—582)——曾口县

《隋志》："梁置归化郡，开皇初郡废。"《寰宇记》："宋末置归化郡，以抚獠户。梁普通六年于郡理置曾口县，以曾口谷为邑名。后魏因而不改。隋开皇三年废郡，以曾口属巴州。"《北周志》归化郡领曾口一县。

3. 伏强县(581—586 伏强县，587—617 清化县)

《隋志》："梁置曰伏强，开皇七年县改曰清化。"《寰宇记》："梁普通六年置伏强县，开皇七年改清化。"

木门郡 (581—582)——伏强县、池川县

《隋志》："梁有木门郡，开皇三年郡废。"《寰宇记》："梁普通六年置木门郡，又于郡置伏强县，并因山为名。隋开皇中罢郡，以县属巴州。"《北周志》木门郡领伏强、池川2县。

4. 池川县(581—582)

《寰宇记》："梁大通六年置池川县，属木门郡，隋开皇三年省入伏强县。"

5. 始宁县(581—617)

《隋志》："始宁，梁置。"《寰宇记》："梁普通六年于遂宁郡理置始宁县。"

遂宁郡 (581—582)——始宁县、同昌县、诺水县

《隋志》："梁置遂宁郡，开皇初郡废。"《寰宇记》："梁普通六年于今其章县东南十五里置遂宁郡，隋开皇三年罢郡。"《北周志》遂宁郡领始宁、同昌、诺水3县。

6. 同昌县(581—588 同昌县，589—617 归仁县)

《隋志》："梁置曰平州县，后周改曰同昌，开皇中改为归仁。"《纪胜》引《元和志》："宋置平州县，隋改归仁。"《寰宇记》："梁普通六年于今曾口县东八十里置平州县，后魏不改，开皇九年改为归仁。"按《元和志》、《寰宇记》均不云后周改同昌事，王仲荦《北周志》云："平州，音近'平周'，恐宇文周所忌，改同昌说有理。"今从之。

7. 诺水县(581—582)

《寰宇记》："后魏大统中置诺水县，属遂宁郡，隋开皇三年省诺水县入始宁县。"《太平御览》引《十道志》："后魏分始宁置诺水县。"

8. 其章县(581—617)

《隋志》:"其章,梁置。"《寰宇记》:"梁普通六年置其章县。"

哀戎郡 (581—582)——其章县

《寰宇记》:"梁武帝普通六年于其章县置哀戎郡,以界内哀戎水为名,隋开皇三年罢郡。"《隋志》无哀戎郡,盖有脱误。《北周志》哀戎郡领其章1县。

9. 义阳县(581—597 义阳县,598—617 恩阳县)

《隋志》:"梁置曰义阳,开皇末改为恩阳。"《纪胜》引《元和志》:"梁普通六年分阆中置义阳郡及义阳县,属巴州。"《寰宇记》:"开皇十八年改义阳为恩阳县。"

义阳郡 (581—582)——义阳县

《寰宇记》:"梁普通六年分阆中置义阳郡,属巴州,隋开皇三年罢郡。"《北周志》义阳郡领义阳1县。

10. 永康县(581—597 永康县,598—617 永穆县)

《隋志》:"梁置曰永康,开皇十八年改名为永穆。"《寰宇记》:"梁大同中分宣汉县置万荣郡,兼立永康县属焉。"

万州 (581—582)——万荣郡

《寰宇记》:"梁大同中置万荣郡,兼立永康县。后周保定初于此置万州,隋开皇三年废万州。"《北周志》万州领万荣一郡。

万荣郡 (581—582)——永康县

《隋志》永穆县下:"又有万荣郡,开皇初郡废。"《寰宇记》:"梁大同中分宣汉县置万荣郡,隋开皇三年废郡。"《北周志》万荣郡领永康1县。

11. 盘道县(581—617)

《隋志》:"梁置曰难江,西魏改为盘道。"《寰宇记》:"梁置难江县,西魏恭帝三年改盘道县,因龙腹山道路盘曲为名。"此盘道县,《北周志》云属集州平桑郡。集州、平桑郡,见前梁州汉川郡内。

按集州平桑郡既领此盘道县,又领梁州汉川郡下之难江县,而盘道原名亦为难江,西魏改为盘道后,后周又于盘道分置难江县,前后难江范围大小不同,但又有一定承继关系。北周时本属一郡,隋代却分属二州,读者当仔细分析,方可明白。《嘉庆重修一统志》云:"梁为难江县地,西魏为盘道县地,周天和五年复分置难江县,于县置集州、平桑郡。"此说甚为简单明晰。

12. 曲细县(581—597 曲细县,598—617 长池县)

《隋志》:"后周置曰曲细,开皇末改为长池。"《隋志》义阳县下亦云"开皇末改",而《寰宇记》明确为"开皇十八年改",则此曲细县改为长池县亦应在开皇十八年也。

又，曲细县，《北周志》亦云属集州平桑郡，与上盘道县同属一郡。

13. 符阳县(581—617)

《寰宇记》："后魏正始中置其章郡，领符阳县。隋开皇三年罢郡，以县属集州。"

其章郡(581—582)——符阳县、白石县

《隋志》符阳县下："旧置其章郡，开皇初废。"《寰宇记》："后魏正始中置其章郡，隋开皇三年罢郡。"

《北周志》其章郡领符阳、白石2县，亦属集州。集州，见前梁州汉川郡内。又据《寰宇记》，集州尚领有安宁、敬水、平南3郡，领县不明，开皇三年皆废。

14. 白石县(581—617)

《寰宇记》："后魏废帝立白石县，因界内白石川为名，属其章郡。"

15. 安固县(581—617)

《隋志》："安固，梁置。"《纪胜》引《元和志》："梁大同元年分宕渠县置安固县。"《寰宇记》："取安静永固为名，属伏虞郡。"

蓬州(581—605)——伏虞郡、义安郡、隆城郡

《隋志》安固县下："后周置蓬州，大业初州废。"《寰宇记》引《周地图记》："周天和四年割巴州之伏虞郡、隆州之隆城郡置蓬州，因蓬山为名。"《纪要》："大业初州废，并其地入清化、宕渠、巴西三郡。"

《北周志》蓬州领伏虞、义安、隆城3郡。隆城郡，见后隆州巴西郡内。

伏虞郡(581—582)——安固县

《隋志》："伏虞，梁置曰宣汉，及置伏虞郡，开皇初郡废。"按《寰宇记》谓伏虞郡治于安固，义安郡置于宣汉，《纪胜》引《图经》亦云："隋初郡废，仍以伏虞郡之安固县、义安郡之宣汉县来属。"今从《寰宇记》、《纪胜》。

16. 宣汉县(581—597 宣汉县，598—617 伏虞县)

《隋志》："梁置曰宣汉，开皇十八年改为伏虞。"《寰宇记》："梁大同中置宣汉县，属义安郡。"

义安郡(581—582)——宣汉县

《寰宇记》："梁大同中置宣汉县，属义安郡，隋开皇三年废郡，以县属蓬州。"《北周志》义安郡领宣汉一县。

以上所列，为巴州清化郡之政区沿革。其开皇三年前有3州、13郡、16县；大业三年改州为郡后，清化郡共领14县。兹列表39如下。

表 39 巴州清化郡隋开皇元年、大业三年州郡县统辖关系表

开皇元年												小计	大业三年	
州	巴州					万州	（集州）			蓬州		3州	郡	清化郡
郡	大谷郡	归化郡	木门郡	遂宁郡	哀戎郡	义荣郡	万荣郡	（平桑郡）	其章郡	安宁郡	敬水郡	平南郡	伏虞郡	义安郡	13郡		化成县、曾口县、清化县、始宁县、归仁县、其章县、恩阳县、永穆县、盘道县、长池县、符阳县、白石县、安固县、伏虞县
县	化成县	曾口县	伏强县、池川县	始宁县、同昌县、诺水县	其章县	义阳县	永康县	盘道县、曲细县	符阳县、白石县				安固县	宣汉县		县	
小计	1县	1县	2县	3县	1县	1县	1县	2县	2县				1县	1县	16县	小计	14县

第五节 通州通川郡政区沿革

(三四) 通州通川郡(581—606 通州,607—617 通川郡)

开皇三年前领开巴、新宁、宁巴、寿阳、巴中、东关、三冈、临清、三巴 9 郡。《隋志》:"梁置万州,西魏曰通州。"《寰宇记》:"梁大同二年置万州,领开巴、新宁、宁巴、寿阳、巴中五郡。后魏废帝二年改为通州。建德五年,又以开州所领东关、三冈二郡来属,州领郡七。大业三年罢州为郡。"《隋志》通川县下又云:"大业初置通川郡。"

《北周志》通州领开巴、新宁、宁巴、寿阳、巴中、东关、三冈、临清、三巴 9 郡。

1. 石城县(581—597 石城县,598—617 通川县)

《隋志》:"梁曰石城。"《寰宇记》:"后魏废帝二年开拓山南,改宣汉为石城县,隋开皇十八年又改为通川县,以地带四达,故曰通川。"

开巴郡 (581—582)——石城县

《寰宇记》:"梁大同二年置万州,领开巴郡。隋开皇三年罢郡,废开巴郡之石城县属通州。"

《北周志》开巴郡领石城、新南 2 县。其新南县下云:"后魏废帝二年开拓山南,改宣汉为石城县,析置新南县。"并云此语出自《寰宇记》,而《寰宇记》实

作"析置新宁县",王仲荦引误。新宁县时属东关郡,不属开巴郡,参见蛇龙县下。

2. 三冈县(581—617)

《隋志》:"梁置。"《寰宇记》:"梁大同二年置新安郡,兼置三冈县,因邑界山有三陇为名。后魏废帝二年改新安为新宁郡。隋开皇三年罢郡,以三冈县属通州。"

新宁郡(581—582)——三冈县

《隋志》:"三冈,梁置,属新安郡,西魏改郡曰新宁,开皇初郡废。"《寰宇记》:"梁大同二年于三冈县置新安郡,后魏废帝二年改为新宁郡,隋开皇三年罢郡。"《北周志》新宁郡领三冈1县。

3. 蛇龙县(581—582)

《寰宇记》:"西魏废帝二年于新宁县置开州,领东关郡,郡领蛇龙、新宁二县。"又云:"故新宁城在新宁县西北十里,后魏恭帝二年于此立县,隋开皇三年废。"则蛇龙、新宁二县当是开皇三年与郡同废。

东关郡(581—582)——蛇龙县、新宁县

《隋志》:"梁置东关郡,开皇初郡废。"《寰宇记》:"西魏废帝二年于新宁县置开州,领东关郡,郡领蛇龙、新宁二县。"《北周志》亦云东关郡领蛇龙、新宁2县。

按《寰宇记》云梁大同二年置万州,领开巴、新宁、宁巴、寿阳、巴中5郡。其中宁巴、寿阳、巴中3郡,《北周志》皆云领县无考;后周建德五年,又割开州所领东关、三冈2郡来属,其三冈郡《北周志》亦云领县无考,附记于此。

4. 新宁县(581—582)

《寰宇记》:"后魏恭帝二年立新宁县,隋开皇三年废。"又云:"东关郡领蛇龙、新宁二县。"

5. 石鼓县(581—617)

《寰宇记》:"后魏恭帝三年于此立迁州,领临清一郡,寻于郡置石鼓县,因石鼓山为名。"

临清郡(581—582)——石鼓县、临清县

《隋志》:"西魏置迁州,后周废州置临清郡,开皇初郡废。"《北周志》临清郡领石鼓、临清2县。

6. 临清县(581—582)

《寰宇记》:"隋开皇三年罢临清郡,并临清县亦归石鼓县,以隶通州。"

7. 东乡县(581—617)

《嘉庆重修一统志》云东乡县是西魏所置,《杨考》云:"考《南史》梁吴平侯

子勋封东乡侯,则当为梁置。"

三巴郡(581—582)——东乡县、下蒲县、巴渠县

《隋志》:"西魏置石州,后周废州置三巴郡,开皇初郡废。"《寰宇记》:"周天和四年,废石州及巴渠郡,仍于故州城置三巴郡,领东乡、下蒲二县。"《北周志》三巴郡亦领东乡、下蒲2县。二书皆脱巴渠县,见下巴渠县。

8. 下蒲县(581—582)

《宋书·州郡志》(以下简称《宋志》)巴渠郡领下蒲县,《南齐书·州郡志》(以下简称《南齐志》)同。《寰宇记》云:"周天和四年置三巴郡,领东乡、下蒲二县。隋开皇三年罢郡,仍废下蒲入东乡县。"

9. 巴渠县(581—582)

《寰宇记》:"巴渠县,在两汉与宣汉县地同,梁大同中析置,以境在巴州宕渠内,故为巴渠县焉。隋初废。"杨守敬《隋书地理志考证》以为此县在今东乡县东北,而《宋志》、《南齐志》之巴渠郡皆领有巴渠县,因此该县非梁置,且应与东乡、下蒲等县同属三巴郡。《北周志》三巴郡无此县,盖脱。

10. 宣汉县(581—617)

《寰宇记》:"后魏废帝二年开拓山南,又于东关县置并州,仍并东关为宣汉县。"又云:"本汉宕渠县地,后汉分为宣汉县。后魏废帝二年于今东乡县东一百五十里梁所置南晋郡西百步置并州,仍自州移理宣汉县于南晋郡北二百里,今无遗址。按并州领南晋郡,郡领东关、宣汉二县,理东关。周改南晋郡为永昌郡,又省郡理东关入宣汉县。开皇三年罢郡,以县属并州。五年,自并州北二百里移宣汉县理于东关故城是也。寻又废并州,以县属通州。"

并州(581—584)——永昌郡

《隋志》宣汉县下:"西魏置并州,开皇五年州废。"《北周志》并州领永昌1郡。

永昌郡(581—582)——宣汉县

《隋志》:"西魏置并州及永昌郡,开皇三年郡废,五年州废。"《寰宇记》:"并州领南晋郡,郡领东关、宣汉二县。周改南晋郡为永昌郡,又省郡理东关入宣汉县。开皇三年罢郡。"《北周志》永昌郡领宣汉1县。

11. 西流县(581—617)

《隋志》:"西流,后魏曰汉兴,西魏改焉。"王仲荦《北周志》以为后魏地不至此,疑《隋志》有误。《寰宇记》云:"开州,秦汉之代为巴郡朐䏰县,后汉建安二十一年,分朐䏰西北界于今开州南二里置汉丰县,属固陵郡。后周天和元年又于汉丰县理置周安郡,领西流一县。"王仲荦云:"既云于汉丰县理置周安郡领西流一县,则改汉丰为西流至明。"

开州(581—605)——周安郡、万世郡

《隋志》："西魏置开州,大业初州废。"《寰宇记》："后魏于今达州新宁县理立开州,领东关、三冈、开江、马镫四郡,与州同理。后周天和元年,又于汉丰县理置周安郡;四年,自东关郡城移开州于今理,领周安、东关、三冈、开江四郡,其周安郡领西流一县。其年,以东关、三冈二郡属通州。"《北周志》开州领周安、万世2郡。

周安郡(581—582)——西流县、新浦县

《隋志》："西魏置开州及周安、万安、江会三郡,后省江会入周安,开皇初郡废。"《寰宇记》："后周天和元年于汉丰县理置周安郡,其周安郡领西流一县。隋开皇三年又罢周安郡,以废周安郡之西流、新浦二县属开州。"《北周志》周安郡领西流、新浦2县。新浦县,隋大业二年废开州后改属信州,见信州巴东郡内。

12. 万世县(581—617)

《隋志》："万世,后周置。"《舆地广记》同,并云"唐贞观二十三年更名万岁"。《寰宇记》亦作"万岁",王仲荦以为《寰宇记》多据唐代地志,以避唐讳。

万世郡(581—582)——万世县、永宁县

《隋志》："后周置万世郡,开皇初郡废。"《舆地广记》清水县下:"本万世县,及立万世郡,隋开皇初郡废。"《寰宇记》作万安郡,此郡《隋志》西流县下亦作万安,王仲荦云:"盖本为万世郡,为唐讳,又追改称万安郡也。"

《北周志》万世郡领万世、永宁2县。永宁县,隋开皇末改为盛山,见后巴东郡盛山县,亦是大业二年废开州后改属信州,信州又于大业三年改为巴东郡。

以上所列,为通州通川郡之政区沿革。其开皇三年前有3州、12郡、12县,其中宁巴、寿阳、巴中、三冈4郡领县无考;大业三年改州为郡后,通川郡共领7县。兹列表40如下。

表40 通州通川郡隋开皇元年、大业三年州郡县统辖关系表

	开 皇 元 年										小计
州	通 州								并州	开州	3州
郡	开巴郡	新宁郡	东关郡	宁巴郡	寿阳郡	巴中郡	三冈郡	三巴郡	永昌郡	周安郡	万世郡	12郡
县	石城县 巴县	三冈县	蛇龙县 新宁县				石鼓县 临清县	东乡县 下蒲县 巴渠县	宣汉县	西流县	万世县	
小计	1县	1县	2县				2县	3县	1县	1县	1县	12县

续 表

	大 业 三 年
郡	通川郡
县	通川县、三冈县、石鼓县、东乡县、宣汉县、西流县、万世县
小计	7县

第六节　渠州宕渠郡政区沿革

(三五) 渠州宕渠郡(581—606 渠州,607—617 宕渠郡)

开皇三年前领流江、景阳2郡。

《隋志》:"梁置渠州。"《寰宇记》:"梁大同三年于北宕渠郡理置渠州,隋大业三年废。"《隋志》流江县下:"大业初置宕渠郡。"

《北周志》渠州领流江、景阳2郡。

1. 流江县(581—617)

《隋志》:"流江,后魏置县。"《寰宇记》:"周武成元年改北宕渠郡为流江郡,仍于郡理置流江县。"

流江郡(581—582)——流江县、始安县

《隋志》:"后魏置流江郡,开皇初郡废。"《寰宇记》:"后周武成元年改北宕渠郡为流江郡,理流江县,隋开皇三年罢郡。"《北周志》流江郡领流江、始安2县。

2. 始安县(581—597 始安县,598—617 赛城县)

《隋志》:"赛城,旧曰始安,开皇十八年改焉。"《寰宇记》:"梁普通三年置始安县,取古始安城为名,属北宕渠郡。隋开皇三年罢郡,以县属渠州,十八年改为赛城县。"《舆地广记》:"始安县,宋置,属巴郡,西魏属流江郡,隋开皇十八年改曰赛城。"

3. 宕渠县(581—617)

《隋志》:"宕渠,梁置。"《寰宇记》:"梁太清元年置。"

景阳郡(581—582)——宕渠县、绥安县

《隋志》:"梁置境阳郡,开皇初郡废。"《寰宇记》:"梁太清元年于宕渠县置景阳郡。"《通典》亦作景阳郡,今从之。《北周志》景阳郡领宕渠、绥安2县。

4. 绥安县(581—597 绥安县,598—617 咸安县)

《隋志》:"梁置曰绥安,开皇末改名焉。"《寰宇记》:"梁大同中置绥安县,属景阳郡,隋开皇十八年改为咸安县。"

5. 邻水县(581—617)

《隋志》:"邻水,梁置县。"《寰宇记》:"梁大同三年置邻水县,属邻山郡。"

邻州 (581—605)——邻山郡

《隋志》:"邻水,梁置县,并置邻州,后魏改为邻山郡。"《寰宇记》:"梁大同三年于邻山县置邻州,后魏废帝改为邻山郡。"《杨考》云:"按《周书》卷44《李迁哲传》'明帝初,蛮酋蒲微为邻州刺史',则周尚有此州,当是大业初废州,《隋志》脱此五字。"《北周志》邻州领邻山1郡。

邻山郡 (581—582)——邻水县、邻山县

《隋志》:"邻水,梁置县,并置邻州,后魏改为邻山郡,开皇初郡废。"《寰宇记》:"后魏废帝改为邻山郡,以山为名,至隋初郡并。"《北周志》邻山郡领邻水、邻山2县。

6. 邻山县(581—617)

《纪胜》引《元和志》:"梁大同三年置邻山县。"《寰宇记》:"梁大同三年置邻州及邻山县。"《旧唐志》:"梁置邻山县,隋末县废。"《杨考》:"梁确置邻山县,而《隋志》无邻山县,盖邻州置于邻山县,而邻水县寄理州城,两县实同治一城,此志不言邻山县,以此,然亦为脱略。"今据以补之。

7. 魏安县(581—597魏安县,598—617垫江县)

《隋志》:"垫江,西魏置县,后周改为魏安县,开皇十八年县改名焉。"《寰宇记》:"后魏恭帝三年分临江地置垫江,后周天和二年改垫江为魏安县,隋开皇十八年改魏安复为垫江县。"

容州 (581—582)——容山郡

《隋志》原作"西魏置容川、容山郡",王仲荦《北周志》以为"容川"乃"容州"之讹。《周书》卷28《陆腾传》云:"天和初,涪陵郡守蔺休祖又据楚、向、临、容、开、信等州。"据此可知,周尝有容州。《杨考》云:"《舆地广记》作'容川、容山二县',误。"以杨守敬之意,似应作"容川、容山二郡",然诸书不见容川郡,《纪要》垫江县下亦只叙容山郡。比较二说,当以王仲荦《北周志》为长,今从之。此州废年,诸书亦无记载,据《隋志》容山郡废于开皇三年,而此州只领1郡,郡废州亦不存,亦是开皇三年与郡同废也。州郡废后,县当改隶渠州。

容山郡 (581—582)——魏安县

《隋志》:"西魏置容山郡,开皇初郡废。"《北周志》容州领容山一郡,郡领魏安1县。

以上所列,为渠州宕渠郡之政区沿革。其开皇三年前有3州、4郡、7县;大业三年改州为郡后,宕渠郡共领7县。兹列表41如下。

表41　渠州宕渠郡隋开皇元年、大业三年州郡县统辖关系表

	开　皇　元　年				小计		大　业　三　年
州	渠州	邻州		容州	3州	郡	宕渠郡
郡	流江郡	景阳郡	邻山郡	容山郡	4郡	县	流江县、賨城县、宕渠县、咸安县、邻水县、邻山县、垫江县
县	流江县 始安县	宕渠县 绥安县	邻水县 邻山县	魏安县			
小计	2县	2县	2县	1县	7县	小计	7县

第七节　成州汉阳郡政区沿革

(三六)成州汉阳郡(581—606成州,607—617汉阳郡)

开皇三年前领仇池、长道2郡。

《隋志》:"后魏曰南秦州,西魏曰成州。"《周书》卷2《文帝纪》:"魏废帝三年正月,改南秦为成州。"《元和志》:"魏废帝改秦州为成州,隋大业三年改为汉阳郡。"《隋志》上禄县下:"大业初置汉阳郡。"

《北周志》成州领仇池、长道2郡。

1. 仓泉县(581—606仓泉县,607—617上禄县)

《隋志》:"后魏置仓泉县,大业初改县曰上禄。"《地形志》:"仓泉,太和四年置。"《元和志》:"大业三年改为上禄县。"

仇池郡(581—582)——仓泉县、潭水县

《隋志》:"旧置仇池郡,开皇初郡废。"《地形志》南秦州领仇池郡。《北周志》仇池郡领仓泉、潭水2县。

2. 潭水县(581—617)

《嘉庆重修一统志》云潭水县为西魏所置。《隋志》潭水县下云"西魏置潭水郡",盖郡、县名相同,故不言置县也。《周书》卷33《赵昶传》有"魏恭帝初,潭水羌叛,杀武陵、潭水二郡守",可证西魏确有潭水郡、县。

3. 长道县(581—617)

《旧唐志》:"西魏分上禄置长道县。"《寰宇记》:"后魏分上禄置长道县。"

长道郡(581—582)——长道县、汉阳县

《元和志》:"长道县,本汉上禄县地,后魏之天水郡也,废帝改为长道郡,又立汉阳县属焉。"王仲荦《北周志》云:"按《元和志》谓长道郡以天水郡改,第天

水郡治水南县,长道郡治长道县,非一地,北周省水南入长道,故以云然。"《北周志》长道郡领长道、汉阳2县。《隋志》云:"开皇初郡废。"

4. 汉阳县(581—597)

《隋志》长道县下云"后魏置汉阳郡",而《地形志》汉阳郡治兰仓县,《元和志》又云西魏废帝立汉阳县,据此,《杨考》云:"后魏置兰仓县,并置汉阳郡,西魏改县曰汉阳,后周郡废,开皇十八年并汉阳入长道。"《隋志》本云"开皇十八年改曰长道",然长道县西魏已有,非改,而是并入长道。

以上所列,为成州汉阳郡政区沿革。其开皇三年前有1州、2郡、4县;大业三年改州为郡后,汉阳郡共领3县。兹列表42如下。

表42　成州汉阳郡隋开皇元年、大业三年州郡县统辖关系表

	开　皇　元　年		小计		大　业　三　年
州	成　州		1州	郡	汉阳郡
郡	仇池郡	长道郡	2郡	县	上禄县、潭水县、长道县
县	仓泉县、潭水县	长道县、汉阳县			
小计	2县	2县	4县	小计	3县

第八节　洮州临洮郡政区沿革

(三七)洮州临洮郡(581—606洮州,607—617临洮郡)

开皇三年前领洮阳、博陵2郡。

《隋志》:"后周武帝逐吐谷浑,以置洮阳郡,寻立洮州。"《元和志》:"后周武帝保定元年立洮州,大业三年罢洮州为临洮郡。"《隋志》美相县下:"大业初置临洮郡。"

《北周志》洮州领洮阳、博陵2郡。

1. 美相县(581—617)

《隋志》:"美相,后周置县,开皇初并洮阳入焉。"《元和志》:"周保定元年置美相县。"

洮阳郡(581—582)——美相县、洮阳县、汛潭县

《隋志》美相县下:"后周置洮阳郡,开皇初郡废。"《北周志》洮阳郡领美相、洮阳、汛潭3县。

2. 洮阳县(581—582)

《隋志》美相县下:"开皇初郡废,并洮阳县入焉。"按隋废天下诸郡在开皇三年,则此县并入美相亦在开皇三年。

3. 汎潭县(581—590 汎潭县,591—617 临潭县)

《隋志》:"后周曰汎潭,开皇十一年改名临潭。"

4. 博陵县(581—582)

《隋志》当夷县下:"后周置博陵郡及博陵、宁人二县,开皇初并入。"

博陵郡 (581—582)——博陵县、宁人县

《隋志》:"后周置博陵郡及博陵、宁人二县,开皇初并入当夷县。"《元和志》:"周明帝武成元年,行军总管博陵公贺兰祥讨吐谷浑,筑此城以保据西土,后因置博陵郡。"《北周志》博陵郡领博陵、宁人2县。

5. 宁人县(581—582)

《隋志》:"后周置博陵郡及博陵、宁人二县,开皇初并入当夷县。"

6. 叠川县(581—617)

《隋志》:"后周置叠川县。"

叠州 (581—604)——西疆郡

《隋志》:"后周置叠州。"《元和志》:"周武帝建德六年始统有其地,乃置叠州,盖取山川重叠为义。大业元年废州。"《北周志》叠州领西疆1郡。

西疆郡 (581—582)——叠川县、合川县、乐川县

《隋志》:"后周立西疆郡,开皇初郡废。"《北周志》西疆郡领叠川、合川、乐川3县。

7. 合川县(581—617)

《隋志》:"合川,后周置。"《元和志》:"周武成二年置县,有三谷水至县东合流,因以为名,属西疆郡。"

8. 乐川县(581—617)

《隋志》:"后周置乐川县。"

9. 归政县(582—617)

《隋志》:"归政,开皇二年置。"按归政县属疆泽郡,开皇三年废郡后,县即改隶洮州。

弘州 (581—582)——疆泽郡、开远郡、河滨郡

《隋志》:"后周立弘州,开皇初州废。"《周书》卷6《武帝纪》:"建德六年六月,于广川防置弘州。"《隋书》卷83《吐谷浑传》:"开皇初以兵侵弘州,高祖以弘州地旷人梗,因而废之。"《北周志》弘州领开远、河滨2郡。

疆泽郡 (582)——归政县

《隋志》："开皇二年立疆泽郡，三年废。"又开远、河滨二郡，《北周志》皆云领县无考，附记于此。

10. 金城县(581—597 金城县，598—605 美俗县，606—617 洮源县)

《隋志》："后周置曰金城，开皇十八年改为美俗，大业初州废，改为洮源县。"

旭州 (581—605)——通义郡、广恩郡

《隋志》："后周立旭州，大业初州废。"《周书》卷6《武帝纪》："建德六年六月，于河州鸡鸣防置旭州。"

《北周志》旭州领通义、广恩2郡。

通义郡 (581—582)——金城县

《隋志》洮源县下："后周又置通义郡，开皇初郡废。"《北周志》通义郡领金城1县。

11. 广恩县(581—600 广恩县，601—605 洮河县，606—617 洮阳县)

《隋志》："后周置曰广恩，仁寿元年改县为洮河，大业初改曰洮阳。"

广恩郡 (581—582)——广恩县

《隋志》洮阳县下："后周置广恩郡，开皇初郡废。"《北周志》广恩郡领广恩1县。

12. 溢乐县(581—605 溢乐县，606—617 临洮县)

《隋志》："西魏置曰溢乐，大业初更县名曰临洮。"《寰宇记》："本秦之临洮县，后魏大统中置同和郡，仍改临洮县为溢乐县，隋复改为临洮。"

岷州 (581—605)——同和郡、祐川郡

《隋志》："西魏置岷州，大业初州废。"《元和志》："后魏文帝始于此置岷州，南有岷山，因以为称。"《寰宇记》："后魏大统十年置同和郡及岷州，至炀帝初州废，并其地入临洮郡。"《北周志》岷州领同和、祐川2郡。

同和郡 (581—582)——溢乐县、和政县、当夷县

《隋志》："西魏置同和郡，开皇初郡废。"《寰宇记》："后魏大统十年置同和郡，隋文帝初废郡。"《北周志》同和郡领溢乐、和政、当夷、水池4县。按水池县已见前河州枹罕郡下，为开皇初废郡时改属。

13. 和政县(581—617)

《元和志》："周保定元年省洮城郡置同和县，属同和郡，宣政元年改为和政县。"

14. 当夷县(581—617)

《隋志》："后周置。"《寰宇记》美相县下："周明帝武成元年置洪和郡并当夷县，以郡属岷州，武帝时郡省，以县属同和郡。"

15. 基城县(581—588)

《隋志》:"后周置祐川郡、基城县,寻郡县俱废。"《元和志》:"周明帝武成元年置基城县,隋开皇九年省。"《纪要》:"后周置祐川郡,治基城县,隋郡县俱废。"按此祐川郡、基城县废年不明,郡应废于开皇三年,县之废年今从《元和志》。

祐川郡(581—582)——基城县

《北周志》祐川郡领基城1县。

以上所列,为洮州临洮郡之政区沿革。其开皇三年前有5州、9郡、14县;大业三年改州为郡后,临洮郡共领11县。兹列表43如下。

表43 洮州临洮郡隋开皇元年、大业三年州郡县统辖关系表

州	开 皇 元 年									小计
州	洮州		叠州	弘州		旭州		岷州		5州
郡	洮阳郡	博陵郡	西疆郡	开远郡	河滨郡	通义郡	广恩郡	同和郡	祐川郡	9郡
县	美相县 洮阳县 汎潭县	博陵县 宁人县	叠川县 合川县 乐川县			金城县	广恩县	溢乐县 和政县 当夷县	基城县	
小计	3县	2县	3县			1县	1县	3县	1县	14县

	大 业 三 年
郡	临洮郡
县	美相县、临潭县、叠川县、合川县、乐川县、归政县、洮源县、洮阳县、临洮县、和政县、当夷县
小计	11县

第九节 宕州宕昌郡政区沿革

(三八)宕州宕昌郡(581—606宕州,607—617宕昌郡)

开皇三年前领宕昌、甘松2郡。

《隋志》:"后周置宕昌国,天和元年置宕州。"《元和志》:"周天和元年置宕州,隋大业三年罢州置宕昌郡。"《隋志》良恭县下:"大业初置宕昌郡。"

《北周志》宕州领宕昌、甘松2郡。

1. 阳宕县(581—597 阳宕县,598—617 良恭县)

《隋志》:"后周置,初曰阳宕,开皇十八年改名良恭。"《元和志》:"本周之阳谷县也,开皇十八年改为良恭县。"按《旧唐志》、《寰宇记》及《隋志》均作"阳宕",《元和志》误为"阳谷"。

宕昌郡 (581—582)——阳宕县、和戎县

《隋志》:"后周置宕昌郡,开皇初郡废。"《元和志》:"周武帝天和五年置宕昌郡,隋开皇三年罢郡。"《北周志》宕昌郡领阳宕、和戎2县。

2. 和戎县(581—617)

《隋志》:"和戎,后周置。"

3. 怀道县(581—617)

《元和志》:"怀道县,周武帝天和元年置,属甘松郡。隋开皇三年罢郡,属宕州。"

甘松郡 (581—582)——怀道县

《隋志》怀道县下:"后周置甘松郡,开皇初郡废。"《北周志》甘松郡领怀道一县。

以上所列,为宕州宕昌郡之政区沿革。其开皇三年前有1州、2郡、3县;大业三年改州为郡后,宕昌郡共领3县。兹列表44如下。

表44 宕州宕昌郡隋开皇元年、大业三年州郡县统辖关系表

	开 皇 元 年		小计		大 业 三 年
州	宕 州		1州	郡	宕昌郡
郡	宕昌郡	甘松郡	2郡	县	良恭县、和戎县、怀道县
县	阳宕县、和戎县	怀道县			
小计	2县	1县	3县	小计	3县

第十节 武州武都郡政区沿革

(三九)武州武都郡(581—606 武州,607—617 武都郡)

开皇三年前领永都、武阶2郡。

《隋志》:"西魏置武州。"《元和志》:"后魏废帝置武州,隋大业三年又改为

武都郡。"《隋志》将利县下："大业初置武都郡。"

《北周志》武州领武都、武阶 2 郡。

1. 将利县(581—617)

《隋志》："旧曰石门，西魏改曰安育，后周改曰将利。"《元和志》："周闵帝改为将利县，属武都郡。"

永都郡(581—582)——将利县、建威县

《隋志》："后周置武都郡，后改曰永都郡，开皇初郡废。"《北周志》武都郡领将利、建威 2 县。

2. 建威县(581—617)

《隋志》："后魏置白水郡，后废，改为白水县。西魏复立郡，改为绥戎。后周郡废，改为建威县。"

3. 覆津县(581—617)

《隋志》："西魏置覆津县。"《元和志》："后魏文帝置福津县，属武阶郡。隋开皇三年罢郡，移福津于郡置焉，属武州。"《寰宇记》云"唐天福元年改覆为福"，然《元和志》已作"福津"，《杨考》云："或传抄者改。"

武阶郡(581—582)——覆津县、盘堤县

《隋志》："后魏置武阶郡，开皇初废。"《地形志》有武阶郡。《元和志》："后魏文帝置福津县，属武阶郡，隋开皇三年罢郡。"《北周志》武阶郡领覆津、盘堤 2 县。

4. 盘堤县(581—617)

《隋志》："盘堤，西魏置，曰南五部县，后改名焉。"《地形志》："南五部，太和四年置郡，后改县。"《杨考》："则县为后魏置，西魏改为盘堤。"

5. 建昌县(581—597 建昌县，598—617 长松县)

《隋志》："西魏置，初曰建昌，开皇十八年县改曰长松。"《元和志》："长松县，后魏之建昌县也，属芦北郡，隋开皇十八年改为长松县，属文州。大业二年罢州，县属武都郡。"

文州(581—605)——芦北郡、阴平郡

《隋志》："西魏置文州，大业初州废。"《元和志》："后魏平蜀，始于此置文州，理阴平郡，隋大业二年罢州。"

《北周志》文州领芦北、阴平 2 郡。

芦北郡(581—582)——建昌县、正西县

《隋志》："西魏置芦北郡，开皇初郡废。"《北周志》芦北郡领建昌、正西二县。

6. 正西县(581—617)

《隋志》:"正西,西魏置。"

7. 曲水县(581—617)

《隋志》:"曲水,西魏置。"《元和志》:"后魏平蜀,置曲水县,属阴平郡。隋开皇三年罢郡,县属文州。"

阴平郡(581—582)——曲水县

《元和志》:"后魏平蜀,置曲水县,属阴平郡,隋开皇三年罢郡。"《寰宇记》同。《北周志》阴平郡领曲水1县。

以上所列,为武州武都郡之政区沿革。其开皇三年前有2州、4郡、7县;大业三年改州为郡后,武都郡仍领7县。兹列表45如下。

表45 武州武都郡隋开皇元年、大业三年州郡县统辖关系表

开皇元年				小计	大业三年	
州	武 州		文 州	2州	郡	武都郡
郡	永都郡	武阶郡	芦北郡	阴平郡	4郡	
县	将利县 建威县	覆津县 盘堤县	建昌县 正西县	曲水县		县	将利县、建威县、覆津县、盘堤县、长松县、正西县、曲水县
小计	2县	2县	2县	1县	7县	小计	7县

第十一节 邓州同昌郡政区沿革

(四十)邓州同昌郡(581—586邓州,587—606扶州,607—617同昌郡)

开皇三年前领邓宁、昌宁、封统、钳川4郡。

《隋志》:"西魏逐吐谷浑,置邓州,开皇七年改曰扶州。"《元和志》:"后魏讨定阴平邓至羌,立为宁州,后改为邓州,因邓至羌为名也。隋开皇七年改为扶州,大业三年改为同昌郡。"《杨考》:"按扶州本周置,在嘉诚县,隋移徙耳。"即开皇七年废邓州,将扶州移至原邓州理所也。又《隋志》尚安县下:"大业初置同昌郡。"

《北周志》邓州领邓宁、昌宁、封统3郡。

1. 尚安县(581—617)

《隋志》:"尚安,西魏置县。"《元和志》:"西魏恭帝三年置。"

邓宁郡 (581—582)——尚安县

《隋志》尚安县下:"西魏置县及邓宁郡,开皇初郡废。"《太平御览》引《后魏书》:"废帝前元年西逐吐谷浑,定阴平,于此置邓州及邓宁郡,取前羌部落所居为之名。"而《元和志》、《寰宇记》皆云尚安县属武进郡,《旧唐志》又云武进郡后改为尚安郡。此地原为邓至羌所居,取名邓州、邓宁郡较为有理,今从《隋志》。

《北周志》邓宁郡领尚安1县。

2. 钳川县(581—617)

《隋志》:"钳川,西魏置。"《元和志》:"废帝二年置。"

钳川郡 (581—582)——钳川县

《旧唐志》:"钳川县,后魏置钳川郡,隋罢郡。"《杨考》:"《隋志》失书钳川郡。"王仲荦《北周志》云钳川县属封统郡,以为《旧唐志》不可据,云从《隋志》,而《隋志》亦未言属封统也。今仍属钳川郡。

3. 同昌县(581—617)

《隋志》:"同昌,西魏置。"《元和志》:"西魏废帝前元年置。"

封统郡 (581—582)——同昌县

《寰宇记》:"同昌县,废帝前元置,属封统郡。"《太平御览》引《周地图记》:"后魏废帝置同昌县,属封统郡。"《元和志》云同昌县属昌宁郡,今从《寰宇记》等。

4. 帖夷县(581—617)

《隋志》:"帖夷,西魏置。"《元和志》:"废帝元年置。"

昌宁郡 (581—582)——帖夷县

《隋志》:"西魏置昌宁郡,开皇三年郡废。"然《元和志》、《寰宇记》又云帖夷县属帖夷郡,王仲荦《北周志》云:"岂昌宁郡后又改帖夷郡耶? 今从《隋志》,而以帖夷郡附此。"

5. 嘉诚县(581—617)

《隋志》:"嘉诚,后周置县。"《元和志》:"周天和元年置,属龙涸郡,隋开皇三年罢郡,属扶州。"

扶州 (581—606)——龙涸郡

《隋志》:"后周置扶州,开皇七年州废。"《周书》卷5《武帝纪》:"天和元年五月,吐谷浑龙涸王莫昌率部落内属,以其地为扶州。"《元和志》:"后周保定五年置龙涸防,天和元年改置扶州,领龙涸郡,大业三年改扶州为同昌郡。"按《隋志》云"开皇七年州废",盖指开皇七年废邓州,迁此扶州于原邓州治所。

《北周志》扶州领龙涸1郡。

龙涸郡(581—582)——嘉诚县、金崖县、交川县、江源县

《隋志》:"后周置龙涸郡,开皇三年郡废。"《元和志》:"嘉诚县,周天和元年置,属龙涸郡,隋开皇三年罢郡。"

《北周志》龙涸郡领嘉诚、金崖、交川、江源4县,其中交川、江源2县隋世属汶州汶山郡。

6. 金崖县(581—617)

《隋志》:"金崖,后周置。"

7. 封德县(581—617)

《隋志》:"封德,后魏置,又置芳州。"《杨考》:"魏是周之误。"《周书》卷6《武帝纪》:"建德六年六月,于甘松防置芳州。"《元和志》:"芳州,秦汉及魏晋皆诸羌所居,至后魏,吐谷浑入侵据焉。周明帝武成中西逐诸戎,始有此地,乃于三交口筑城置甘松防。武帝建德中改为芳州,领恒香、深泉2郡。"据此,封德及芳州皆应是后周所置。

芳州(581—605)——深泉郡、恒香郡

《隋志》:"后魏(当作后周)立芳州,大业初州废。"《元和志》:"武帝建德中改为芳州,领恒香、深泉二郡,隋大业二年州废,以县属扶州。"《北周志》芳州亦领深泉、恒香2郡。

深泉郡(581—582)——封德县、理定县

《隋志》封德县下:"有深泉郡,开皇初郡废。"《北周志》深泉郡领封德、理定2县。

8. 理定县(581—582)

《隋志》封德县下:"开皇初郡废,又废理定县入焉。"《纪要》:"理定废县在封德故城西,西魏置。"

9. 常芬县(581—617)

《隋志》:"常芬,后周置。"《元和志》:"常芬县,本周置,属恒香郡。"《寰宇记》:"后周明帝武成元年始统有其地,因置恒香郡,又为三川县以隶恒香郡。至建德元年,改三川为常芬县,取其地多芳草,为县之名。"

恒香郡(581—582)——常芬县、恒香县

《隋志》:"后周立恒香郡,开皇初郡废。"《元和志》同。《北周志》恒香郡领恒香、常芬2县。

10. 恒香县(581—582)

《元和志》:"周武成中置恒香县,属芳州廓下。"按恒香县《隋志》不载,盖隋初与郡同废。

11. 丹岭县(599—617)

《元和志》:"丹岭县,本隋旧县,开皇十九年置,属芳州。"

以上所列,为邓州同昌郡之政区沿革。其开皇三年前有3州、7郡、10县;大业三年改州为郡后,同昌郡共领9县。兹列表46如下。

表46 邓州同昌郡隋开皇元年、大业三年州郡县统辖关系表

	开 皇 元 年							小计	大 业 三 年	
州	邓 州				扶 州		芳 州	3州	郡	同昌郡
郡	邓宁郡	钳川郡	封统郡	昌宁郡	龙涸郡	深泉郡	恒香郡	7郡	县	尚安县、钳川县、同昌县、帖夷县、嘉诚县、金崖县、封德县、常芬县、丹岭县
县	尚安县	钳川县	同昌县	帖夷县	嘉诚县金崖县	封德县理定县	常芬县恒香县			
小计	1县	1县	1县	1县	2县	2县	2县	10县	小计	9县

第十二节 凤州河池郡政区沿革

(四一) 凤州河池郡(581—606凤州,607—617河池郡)

开皇三年前领两当、广化2郡。

《隋志》:"后魏置南岐州,后周改曰凤州。"《地形志》:"孝昌中置南岐州。"《周书》卷2《文帝纪》:"魏废帝三年正月改南岐州为凤州。"《元和志》、《寰宇记》并同。然则改南岐州为凤州非后周,而为西魏。《元和志》又云:"隋大业三年改凤州为河池郡。"《隋志》梁泉县下亦云:"大业初置河池郡。"

《北周志》凤州领两当、广化2郡。

1. 两当县(581—617)

《隋志》:"两当,后魏置。"《元和志》:"因县界两当水为名;或云县西界有两山相当,因取为名。"

两当郡(581—582)——两当县、梁泉县

《隋志》:"后魏立两当郡,开皇初郡废。"《杨考》:"《地形志》无两当郡,《水经注》'尚婆水历两当县之尚婆城南,魏故道郡治也',亦无两当郡,然则县为后魏置,郡为西魏置。"《元和志》云两当县属固道郡,而《隋志》云固道郡已废于后周,王仲荦云:"《隋志》修撰时,当有所据,今从《隋志》。"故《北周志》不列固道郡,而两当郡领两当、广乡、梁泉3县。广乡,诸书无所见,只《元和志》云"后魏

固道郡领两当、广乡二县",隋世当已不存,故今不列。

2. 梁泉县(581—617)

《隋志》:"旧曰故道,后魏改县曰凉泉,寻改曰梁泉。"《元和志》:"后魏太和元年置梁泉县。"

3. 广化县(581—600 广化县,601—617 河池县)

《隋志》:"后魏曰广化,仁寿初县改名为河池。"《元和志》:"后魏置广化郡、广化县,仁寿元年改为河池县。"

广化郡 (581—582)——广化县、思安县

《隋志》:"后魏置广化郡,开皇初郡废。"《元和志》:"后魏置广化郡、广化县,隋开皇三年罢郡。"《北周志》广化郡领广化、思安2县。

4. 思安县(581—605)

《隋志》河池县下:"后魏置思安县,大业初省入。"

5. 同谷县(581—617)

《隋志》:"旧曰白石,西魏改曰同谷。"《元和志》:"后魏宣武帝置广业郡并白石县,恭帝改白石为同谷县。"

康州 (581—605)——广业郡

《隋志》:"后周置康州,大业初州废。"《周书》卷4《明帝纪》:"二年二月,以广业、修城二郡置康州。"按修城郡北周已废,故《北周志》康州只领广业1郡。

广业郡 (581—582)——同谷县、广长县

《隋志》同谷县下:"旧置广业郡,开皇初郡废。"《元和志》:"后魏宣武帝置广业郡并白石县,恭帝改白石为同谷县。隋开皇三年罢郡,以县属康州,大业初属凤州。"《北周志》广业郡领同谷、广长2县。按广长县即修城县,见兴州顺政郡内。

以上所列,为凤州河池郡之政区沿革。其开皇三年前有2州、3郡、5县;大业三年改州为郡后,河池郡共领4县。兹列表47如下。

表47 凤州河池郡隋开皇元年、大业三年州郡县统辖关系表

	开 皇 元 年			小计		大 业 三 年
州	凤 州		康 州	2州	郡	河池郡
郡	两当郡	广化郡	广业郡	3郡	县	两当县、梁泉县、河池县、同谷县
县	两当县、梁泉县	广化县、思安县	同谷县	5县		
小计	2县	2县	1县	5县	小计	4县

第十三节　兴州顺政郡政区沿革

（四二）兴州顺政郡(581—606 兴州,607—617 顺政郡)

开皇三年前领顺政、落丛2郡。

《隋志》:"后魏置东益州,西魏改为兴州。"《元和志》:"西魏废帝二年改东益州为兴州,因武兴郡为名,隋大业三年罢州为顺政郡。"《隋志》顺政县下:"大业初置顺政郡。"

《北周志》兴州领顺政、落丛2郡。

1. 汉曲县(581—597 汉曲县,598—617 顺政县)

《隋志》:"顺政,旧曰略阳,西魏改县曰汉曲,开皇十八年县改名焉。"《元和志》:"后魏废帝分置汉曲县,属顺政郡,隋开皇三年罢郡,以县属兴州,十八年改为顺政县。"

顺政郡 (581—582)——汉曲县、灵道县

《隋志》:"西魏置郡曰顺政,开皇初郡废。"《元和志》:"后魏废帝分置汉曲县,属顺政郡,隋开皇三年罢郡,以县属兴州。"《北周志》顺政郡领汉曲、灵道2县。

2. 灵道县(581—605)

《隋志》:"西魏又置仇池县,后改曰灵道,大业初省入顺政县。"

3. 落丛县(581—585 落丛县,586—587 厨北县,588—617 鸣水县)

《隋志》:"西魏置曰落丛,开皇六年县改为厨北,八年改曰鸣水。"《元和志》:"后魏宣武帝于此置落丛郡,因落丛山为名;又置鸣水县,因谷为名。"《纪要》:"鸣水城,略阳县西百十里。后魏置落丛郡,魏收志落丛郡领武都、明水二县。明水即鸣水矣。西魏改置落丛县,隋开皇六年改县曰厨谷,八年又改曰鸣水。"按《纪要》云开皇六年所改县名为厨谷县,且云县有厨谷山,与《隋志》有异。

落丛郡 (581—582)——落丛县、长举县

《隋志》:"西魏置落丛郡,开皇初郡废。"《元和志》:"后魏宣武帝置落丛郡,隋开皇三年罢郡。"《北周志》落丛郡领落丛、长举2县。

4. 长举县(581—617)

《隋志》:"长举,西魏置。"《元和志》:"后魏置长举县,属槃头郡;周武帝废槃头郡,县改属落丛郡;隋开皇三年罢郡,县属兴州。"

5. 广长县(581—600 广长县,601—617 修城县)

《隋志》:"旧置修城郡,县曰广长,后周郡废,仁寿初县改名焉。"《周书》卷4《明帝纪》云:"二年二月,以广业、修城二郡置康州。"修城郡后周又废,则此广长县改属广业郡也。故《北周志》云广业郡领同谷、广长2县。大业初康州又废,所辖2县,同谷改隶河池郡,此修城县(即广长县)改隶兴州也。

以上所列,为兴州顺政郡之政区沿革。其开皇三年前有1州、2郡、5县;大业三年改州为郡后,顺政郡共领4县。兹列表48如下。

表48 兴州顺政郡隋开皇元年、大业三年州郡县统辖关系表

	开 皇 元 年			小计		大 业 三 年
州	兴　　州		(康州)	1州	郡	顺政郡
郡	顺政郡	落丛郡	(广业郡)	2郡	县	顺政县、鸣水县、长举县、修城县
县	汉曲县、灵道县	落丛县、长举县	广长县	5县		
小计	2县	2县	1县	5县	小计	4县

第十四节 利州义城郡政区沿革

(四三)利州义城郡(581—606利州,607—617义城郡)

开皇三年前领晋寿、新巴、恩金、宋熙4郡。

《隋志》:"后魏立益州,世号小益州,梁曰黎州,西魏复曰益州,又改曰利州。"《周书》卷2《文帝纪》:"魏废帝三年春正月,改西益州为利州。"《元和志》:"后魏正始三年改西益州为利州,隋大业三年改为义城郡。"《寰宇记》:"大业初废利州为义城郡。"《隋志》绵谷县下:"大业初置义城郡。"

《北周志》利州领晋寿、新巴、恩金、宋熙4郡。

1. 兴安县(581—597兴安县,598—617绵谷县)

《隋志》:"绵谷,旧曰兴安,开皇十八年县改名焉。"《元和志》:"东晋孝武帝分晋寿县置兴安县,隋开皇十八年改为绵谷县。"

晋寿郡(581—582)——兴安县、益昌县、义城县、晋安县

《隋志》:"旧置晋寿郡,开皇初郡废。"《寰宇记》:"齐明帝永泰元年,分晋寿郡之兴安县置东晋寿郡于乌奴城北一里,即今利州是也。"则此晋寿郡应是东晋寿郡,《南齐志》梁州领有东晋寿郡。《北周志》晋寿郡领有兴安、义城、晋安、

益昌 4 县。

2. 益昌县(581—617)

《元和志》:"益昌县,本汉葭萌县地,晋改置晋寿县,周改为益昌县,属晋寿郡,隋改属利州。"

3. 义城县(581—617)

《隋志》:"义城,西魏置。"《元和志》:"后魏置义城县。"《寰宇记》:"后魏恭帝二年分晋寿置义城县。"

4. 晋安县(581—597 晋安县,598—617 葭萌县)

《隋志》:"葭萌,后魏曰晋安,开皇十八年县改名焉。"《地形志》东晋寿郡领晋安县,云"司马德宗立,魏因之"。

5. 新巴县(581—582)

《杨考》:"按新巴在今剑州西北,东晋立。"王仲荦云:"《地形志》:'新巴,司马德宗置,魏因之。'《周书》卷 44《任果传》:'父褒,新巴、南安、广汉三郡守,新巴县公。'疑此县迄周未废,盖省并于隋文帝初年。"

新巴郡 (581—582)——新巴县

《隋志》:"后魏置新巴郡,开皇初郡废。"《杨考》:"按《地形志》新巴郡惟领新巴一县,晋安县改属东晋寿郡,而《舆地广记》谓元魏新巴郡治晋安县,盖因《隋志》误。"王仲荦云:"自隋初废新巴县入晋安,故《隋志》系新巴郡于晋安,而世遂谓新巴郡治晋安,其实新巴郡治新巴,而晋安县《地形志》已改属东晋寿郡,记载甚明,不应混淆。"

6. 恩金县(581—605)

《隋志》葭萌县下:"大业初又并恩金县入焉。"

恩金郡 (581—582)——恩金县

《北周志》云恩金郡北周置。邵道生《造像记》云:"建德六年,像主前将军、银青光禄都督治恩金郡守邵道生一心供养。"王仲荦云:"据邵道生《造像记》,是北周有此郡至确。"又云:"郡领一县,疑县与郡同置。"

7. 嘉川县(581—617)

《寰宇记》:"宋武帝置兴乐县,西魏恭帝元年改为嘉川县,取嘉陵江所经为名。"《宋志》宋熙郡领有兴乐县。

宋熙郡 (581—582)——嘉川县、岐坪县

《隋志》:"旧置宋熙郡,开皇初废。"《北周志》宋熙郡领嘉川、元寿、岐坪 3县。元寿县不见于《隋志》及《元和志》等,今不取。

8. 岐坪县(581—617)

《纪胜》引《元和志》云："宋立宋安县,后魏改岐坪。"《寰宇记》："宋分晋寿置宋安,属宋熙郡,西魏废帝三年改岐坪,隋开皇三年属利州。"

9. 平兴县(581—597 平兴县,598—617 景谷县)

《隋志》："旧曰白水,开皇初县改名平兴,十八年改曰景谷。"《宋志》晋寿郡有白水县。然《元和志》云："宋元嘉十八年氐人杨难当克葭萌,分白水置平兴,属沙州,隋开皇十八年改为景谷县,因县北景谷为名。"《旧唐志》、《寰宇记》亦云宋置平兴县,隋改为景谷县,均无隋初改白水为平兴事。王仲荦云:"其实北周世白水、平兴二县并立,隋废白水,移平兴于白水县治,后又改名景谷耳。"今从其说,另立白水一县。

沙州(581—605)——平兴郡、建阳郡

《隋志》无沙州,《杨考》引《梁书》卷 22《鄱阳王恢传》,云恢都督七州中有沙州,并任益州刺史;又引《周书》卷 44《任果传》,云其父任褒曾任梁沙州刺史;再引《周书》卷 49《氐传》,云赵昶都督诸州中亦有沙州;还引《周书》卷 8《静帝纪》,云大象二年十一月大将军达奚儒破杨永安之乱于沙州;然后作结云:"梁、周间沙州甚著,盖废于隋,《隋志》无之,最疏也。"又据《元和志》云景谷县原属沙州,大业二年改属利州,则可知沙州废于大业二年。

《北周志》沙州领平兴、建阳 2 郡。建阳郡见龙州平武郡内。

平兴郡(581—582)——平兴县、白水县、鱼盘县

《隋志》："旧置平兴郡,开皇初郡废。"《北周志》平兴郡领平兴、白水、鱼盘 3 县。

10. 白水县(581—582)

表 49 利州义城郡隋开皇元年、大业三年州郡县统辖关系表

州	开皇元年					小计	郡	大业三年
	利 州				沙 州	2 州		义城郡
郡	晋寿郡	新巴郡	恩金郡	宋熙郡	平兴郡	5 郡		
县	兴安县 益昌县 义城县 晋安县	新巴县	恩金县	嘉川县 岐坪县	平兴县 白水县 鱼盘县		县	绵谷县、益昌县、义城县、葭萌县、嘉川县、岐坪县、景谷县
小计	4 县	1 县	1 县	2 县	3 县	11 县	小计	7 县

《宋书州郡志》晋寿郡领有白水县。王仲荦《北周志》云:"《隋志》谓开皇初改白水为平兴,其实北周世白水、平兴二县并立,隋废白水,移平兴于白水县治,后又改名为景谷耳。"

11. 鱼盘县(581—605)

《隋志》景谷县下:"大业初又省鱼盘县入焉。"《纪要》:"齐、梁间置鱼石洞戍于此,西魏置鱼盘县,隋大业初省入景谷。"

以上所列,为利州义城郡之政区沿革。其开皇三年前有2州、5郡、11县;大业三年改州为郡后,义城郡共领7县。兹列表49如上。

第十五节　龙州平武郡政区沿革

(四四)龙州平武郡(581—606龙州,607—617平武郡)

开皇三年前领江油、马盘、静龙3郡。

《隋志》:"西魏置龙州。"《元和志》:"西魏禅帝二年平蜀,于此立龙州。"《寰宇记》:"西魏废帝二年定蜀,于此立龙州,隋大业初废州为平武郡。"《隋志》江油县下:"大业初置平武郡。"

《北周志》龙州领江油、马盘、静龙3郡。据《寰宇记》,隋初静龙郡及其属县改隶始州,故此处不列。

1. 江油县(581—617)

《元和志》:"本晋平武县地,后魏于此置江油郡,并立江油县以属焉。"《寰宇记》:"西魏废帝二年置江油,取江水为名。"

江油郡 (581—582)——江油县、平武县

《隋志》:"后魏置江油郡,开皇三年郡废。"《寰宇记》:"后魏孝武帝置江油郡。"《北周志》江油郡领江油、平武2县。

2. 平武县(581—617)

《隋志》:"平武,梁末李文智自立为藩王,西魏废为县。"《元和志》:"晋于此置平武县,属阴平郡。至梁,有杨、李二姓最豪,分据其地,各称藩于梁。至西魏禅帝二年平蜀,于此立龙州。"《杨考》:"然则西魏得其地,仍旧县名也。"

3. 马盘县(581—617)

《元和志》:"本后魏之马盘郡,领马盘一县,隋开皇三年罢郡。"《寰宇记》同。

马盘郡 (581—582)——马盘县

《隋志》:"后魏置马盘郡,开皇三年郡废。"《元和志》:"后魏之马盘郡领马

盘一县,隋开皇三年罢郡。"《北周志》马盘郡亦领马盘1县。

4. 秦兴县(581—582 秦兴县,583—617 方维县)

《隋志》:"旧曰秦兴,置建阳郡,开皇初郡废,县改名焉。"按《北周志》建阳郡属沙州。沙州,见利州义城郡内。

建阳郡(581—582)——秦兴县

《隋志》:"旧置建阳郡,开皇初郡废。"《北周志》建阳郡领秦兴1县。《纪要》:"西魏置秦兴县,为建阳郡治。"

以上所列,为龙州平武郡之政区沿革。其开皇三年前有1州、3郡、4县;大业三年改州为郡后,平武郡共领4县。兹列表50如下。

表 50　龙州平武郡隋开皇元年、大业三年州郡县统辖关系表

开　皇　元　年				小计	大　业　三　年	
州	龙　州		(沙　州)	1 州	郡	平武郡
郡	江油郡	马盘郡	建阳郡	3 郡	县	江油县、平武县、马盘县、方维县
县	江油县、平武县	马盘县	秦兴县	4 县		
小计	2 县	1 县	1 县	4 县	小计	4 县

第十六节　汶州汶山郡政区沿革

(四五)汶州汶山郡(581—584 汶州,585 蜀州,586—606 会州,607—617 汶山郡)

开皇三年前领北部、汶山2郡。

《隋志》:"后周置汶州,开皇初改曰蜀州,寻为会州,置总管府,大业初府废。"《元和志》:"周保定四年立汶州,隋开皇五年改为会州,大业三年罢州为汶山郡。"《寰宇记》:"开皇五年改汶州为蜀州,六年改会州,取西夷交会为名。"

《北周志》汶州领北部、汶山2郡。

1. 广阳县(581—600 广阳县,601—617 汶山县)

《隋志》:"汶山,旧曰广阳,仁寿元年县改名焉。"《元和志》:"晋为广阳县,属汶山郡,隋开皇十八年改为汶山县,属会州。"何年改广阳为汶山,《隋志》与《元和志》有异,仁寿元年,杨广初立为太子,广阳改名汶山,当为避太子讳;《寰宇记》又云"后周置汶山县",今从《隋志》。

北部郡 (581—582)——广阳县、北川县

《隋志》:"梁置北部郡,开皇初郡废。"《北周志》北部郡领广阳、北川2县。

2. 北川县(581—617)

《隋志》:"北川,后周置。"

3. 汶川县(581—617)

《元和志》:"梁于此置汶川县,县西汶水,因以为名。"《舆地广记》:"周置汶川县。"

汶山郡 (581—582)——汶川县

《隋志》:"后周置汶山郡,开皇初郡废。"《元和志》:"梁置汶川县,仍于县置汶山郡,隋开皇三年罢郡。"《北周志》汶山郡领汶川1县。

4. 翼针县(581—617)

《隋志》:"翼针,后周置。"《元和志》:"周武帝置翼针县,以翼针水为名,属翼针郡。隋开皇三年罢郡,以县属翼州。"

翼州 (581—606)——翼针郡、清江郡

《隋志》:"周置翼州,大业初废。"《元和志》:"周天和元年讨蚕陵羌,又于七顷山下置翼州,以翼针溪为名。大业三年省州,改置和山镇,以翼水等三县属会州。"

《北周志》翼州领翼针、清江2郡。

翼针郡 (581—582)——翼针县

《隋志》:"后周置翼针郡,开皇初郡废。"《元和志》:"周武帝置翼针县,属翼针郡,隋开皇三年罢郡,以县属翼州。"《北周志》翼针郡领翼针1县。

5. 龙求县(581—582 龙求县,583—597 清江县,598—617 翼水县)

《隋志》:"后周置曰龙求,开皇初县改曰清江,十八年又改名翼水。"《元和志》:"周于此置龙求县,属清江郡,隋开皇三年改为清江县,十八年又改清江为翼水县。"

清江郡 (581—582)——龙求县

《隋志》:"后周置清江郡,开皇初郡废。"《北周志》清江郡领龙求1县。

6. 通轨县(581—617)

《隋志》:"通轨,后周置县。"

覃州 (581—583)——覃川荣乡二郡、广年郡、左封郡

《隋志》:"后周置覃州,开皇四年州废。"《北周志》覃州领覃川荣乡二郡、广年郡、左封郡。

覃川、荣乡二郡 (581—582)——通轨县

《隋志》："后周置覃川、荣乡二郡,开皇初郡废。"王仲荦云："杨守敬《北周疆域图》以覃川、荣乡为双头郡,今从之。"该郡领通轨1县。

7. 广年县(581—600 广年县,601—617 左封县)

《隋志》："后周置曰广年,仁寿初改名左封。"《元和志》："周天和元年置广平县,隋开皇十八年改曰左封。"此县原名,《隋志》作"广年",《元和志》作"广平",《杨考》云："《旧唐志》恭州、和集县下并作广平,宋本《舆地广记》作广年,《纪要》亦作广年,未知孰是。"今仍从《隋志》。

广年郡(581—582)——广年县、平康县
左封郡(581—582)——？

《隋志》："后周置广年郡、左封郡,开皇初郡并废。"杨守敬《北周疆域图》以为此广年、左封二郡为双头郡,王仲荦《北周志》则以为广年、左封二郡非治于一地,不是双头郡,其文云："盖周世广年郡本治广年县,即唐之当州利和县;左封郡郡治在左封部落境,即唐之悉州左封县。隋世广年、左封二郡并废,移广年县于左封郡治,并改县曰左封。此二郡本异治,杨守敬《北周疆域图》以为双头郡,盖误也。"今从之。

又《北周志》广年郡领广年、平康2县,左封郡无领县。

8. 平康县(581—617)

《隋志》："平康,后周置。"

9. 交川县(581—617)

《隋志》："交川,开皇初置。"《元和志》："本周旧县,天和中置,属龙涸郡。隋开皇三年罢郡,属扶州。"《寰宇记》："交川县,后周天和中于此置县,以领羌夷,属龙涸郡。"则此县后周已有,非开皇初置也。此县与江源、嘉诚、金崖等原属扶州龙涸郡,隋开皇三年罢郡后,四县均属扶州,据《元和志》"大业三年改扶州为同昌郡,领嘉诚县",而不云领交川、江源二县,则交川、江源二县当是大业初改隶汶州汶山郡也。

10. 江源县(581—617)

《隋志》："江源,后周置。"

11. 金川县(586—597 金川县,598—617 通化县)

《隋志》："开皇初置,曰金川,仁寿初改名焉。"《元和志》："周武帝时于此置石门镇,隋开皇十六年以近白狗生羌,于金川镇置金川县,十八年改为通化县。"《寰宇记》亦云开皇十八年改为通化县,今从之。

以上所列,为汶州汶山郡之政区沿革。其开皇三年前有3州、8郡、10县;大业三年改州为郡后,汶山郡共领11县。兹列表51如下。

表51　汶州汶山郡隋开皇元年、大业三年州郡县统辖关系表

开皇元年									小计
州	汶州	翼州		覃州				(扶州)	3州
郡	北部郡	汶山郡	翼针郡	清江郡	覃川郡 荣乡郡	广年郡	左封郡	(龙涸郡)	8郡
县	广阳县 北川县	汶川县	翼针县	龙求县	通轨县	广年县 平康县		交川县 江源县	
小计	2县	1县	1县	1县	1县	2县		2县	10县

大业三年	
郡	汶山郡
县	汶山县、北川县、汶川县、翼针县、翼水县、通轨县、左封县、平康县、交川县、江源县、通化县
小计	11县

第十七节　始州普安郡政区沿革

(四六)始州普安郡(581—606始州,607—617普安郡)

开皇三年前领普安、黄原、安都3郡。

《隋志》:"梁置南梁州,后改为安州,西魏改为始州。"《周书》卷2《文帝纪》:"魏废帝三年正月,改安州为始州。"《元和志》:"后魏废帝二年先下安州,始通巴蜀,故改安州为始州,大业三年罢州为普安郡。"《纪胜》:"梁置南梁州,武陵王纪又分立安州。"且《周书·文帝纪》又云"改南梁州曰隆州",既改南梁为隆州,不可再改为安州,《纪胜》所云是也。《隋志》普安县下:"大业初置普安郡。"

《北周志》始州领普安、黄原、安都3郡。

1. 普安县(581—617)

《隋志》:"旧曰南安,西魏改曰普安。"《元和志》:"宋于此置南安县,周改为普安县。"按《宋志》无南安县,《南齐志》益州南安郡始有南安县,则此县最初当是南齐所置。

普安郡(581—582)——普安县、永归县、胡原县

《隋志》:"西魏置普安郡,开皇初郡废。"《元和志》:"宋于剑州置南安郡。"

《寰宇记》:"西魏废帝改安州为始州,兼置普安郡。"《嘉庆重修一统志》:"西魏改南安置普安郡。"《北周志》普安郡领普安、永归、胡原3县。

2. 永归县(581—617)

《隋志》:"旧曰白水,西魏改为永归。"《元和志》:"宋于此置白水县,周闵帝改为永归县。"《杨考》:"《一统志》(指《嘉庆重修一统志》):'齐侨置。'按宋、齐志梁州晋寿郡之白水县在昭化县北,南齐益州南安郡之白水县在今剑州东,地虽近实不同也。当从《一统志》。"

3. 胡原县(581—586 胡原县,587—617 临津县)

《隋志》:"旧曰胡原,开皇七年改为临津。"《元和志》:"南齐于此置胡原县,隋开皇七年改为临津县。"

4. 黄安县(581—617)

《隋志》:"黄安,旧曰华阳,西魏改焉。"《元和志》:"宋于此置华阳县,属南安郡,后魏禅帝改为南安县,周武帝改为黄安县。"《寰宇记》:"废华阳县在普成县南四十里,《益州记》云宋大明年置,隶南安郡,后魏元帝废。"《杨考》:"按《宋志》秦州南安郡无华阳县,《齐志》益州南安郡有华阳县,是华阳为齐置。而《元和志》、《寰宇记》言之凿凿,或因置在大明间,故《宋志》未详欤?上南安、白水二县亦同此例。"

黄原郡(581—582)——黄安县、茂陵县

《隋志》:"西魏置黄原郡,开皇初郡废。"《北周志》黄原郡领黄安、茂陵2县。

5. 茂陵县(581—582)

《寰宇记》:"废茂陵县城在普成县西三十里。《益州记》云宋大明年置,隶扶风郡。《图经》云后魏□□元年改属黄原郡,至隋开皇三年废。"据此,知黄原郡还领有茂陵县,隋开皇三年废。

6. 武连县(581—617)

《隋志》:"旧曰武功,西魏改县曰武连。"《元和志》:"周明帝改武功为武连县。"《寰宇记》:"后魏废帝二年改武功为武连。"

安都郡(581—582)——武连县

《隋志》:"旧置辅剑郡,西魏改郡曰安都,开皇初郡废。"《杨考》以为辅剑郡无考,依诸书所记,当云"旧置扶风郡"。王仲荦《北周志》亦云:"旧侨置武都郡,后改为扶风郡,西魏又改曰安都郡,领武连一县。"

7. 阴平县(581—617)

《隋志》:"阴平,宋置北阴平郡,魏置龙州,西魏改郡为阴平,又名县焉。后周从江油,郡改曰静龙,县曰阴平。"《杨考》云:"此误。按宋、齐志北阴平郡所

领俱有阴平县,非至西魏始以阴平名县。观下文又有'改县曰阴平'之文,则知阴平先尝改名。考《寰宇记》引《舆地志》'西魏废帝二年定蜀,改阴平为龙安',《舆地广记》同,又考《周书》卷39《辛庆之传》'族子昂,与尉迟迥伐蜀,蜀平,迥表昂为龙州长史,领龙安郡事'。据此,志当云'西魏改郡为龙安,又名县焉。后州徙(《隋志》原误为"周从")江油,郡改曰静龙,县曰阴平。开皇初郡废。"按杨守敬所纠甚是,今从之。又龙州已见于龙州平武郡内,此不再列。

静龙郡 (581—582)——阴平县

《隋志》:"宋置北阴平郡,西魏改郡为龙安(此据《杨考》),后郡又改曰静龙,开皇初郡废。"《纪要》:"后周改郡曰静龙。"《北周志》静龙郡领龙安1县,龙安即阴平。

又,此静龙郡及阴平县本属龙州,《纪要》云:"隋郡废,县属始州。"则此县是开皇三年改隶始州。

8. 安寿县(581—606 安寿县,607—617 梓潼县)

《隋志》:"旧曰安寿,大业初县改名焉。"《寰宇记》:"大业三年还名梓潼。"

潼川郡 (581—582)——安寿县

《隋志》:"西魏置潼川郡,开皇初郡废。"《元和志》:"蜀先主分广汉置梓潼郡(郡名与《隋志》有异),以梓潼县属焉。隋开皇三年罢郡,以县属始州。"《寰宇记》:"西魏于梓潼县置潼川郡,移县于郡南三十里,改为安寿县。隋开皇三年废郡,移县复旧治,犹以安寿为名,大业三年还名梓潼。"《北周志》潼川郡领安寿一县,属潼州。

又,据《元和志》"隋开皇三年罢郡,以县属始州",知此县亦是开皇三年由潼州改隶始州。

以上所列,为始州普安郡之政区沿革。其开皇三年前有1州、5郡、8县;大业三年改州为郡后,普安郡共领7县。兹列表52如下。

表52 始州普安郡隋开皇元年、大业三年州郡县统辖关系表

	开皇元年					小计	大业三年	
州	始州			(龙州)	(潼州)	1州	郡	普安郡
郡	普安郡	黄原郡	安都郡	静龙郡	潼川郡	5郡	县	普安县、永归县、临津县、黄安县、武连县、阴平县、梓潼县
县	普安县永归县胡原县	黄安县茂陵县	武连县	阴平县	安寿县			
小计	3县	2县	1县	1县	1县	8县	小计	7县

第十八节 潼州金山郡政区沿革

（四七）潼州金山郡(581—584 潼州,585—606 绵州,607—617 金山郡)

开皇三年前领巴西、万安、安城、潼川 4 郡；潼川郡开皇三年废后，其领县改隶始州，见上始州普安郡内。

《隋志》："西魏置潼州，开皇五年改曰绵州。"《元和志》："西魏废帝二年徙梓潼郡理梓潼旧城，于此别置潼州。隋开皇五年改潼州为绵州，因绵水为名也。大业三年改州为金山郡。"《隋志》巴西县下："大业初置金山郡。"《北周志》潼州领巴西、万安、安城、潼川 4 郡。潼川郡见上始州普安郡内。

1. 巴西县(581—617)

《隋志》："旧曰涪，西魏改曰巴西。"《元和志》："后魏改涪县为巴中县，开皇元年避庙讳改为巴西。"《旧唐志》："隋改涪为巴西。"《寰宇记》："西魏分涪县别置巴中县，隋改涪县曰巴西，而以巴中县省入。"《杨考》云："三说各异，当以《寰宇记》为是。"

巴西郡(581—582)——巴西县、昌隆县、魏城县、金山县、益昌县、西充国

《隋志》："旧置巴西郡，开皇初郡废。"《北周志》巴西郡领巴西、昌隆、魏城、金山、益昌、西充国 6 县。

2. 昌隆县(581—617)

《元和志》："晋孝武帝自白沙戍移汉昌县侨理于此，仍属巴西郡，后魏废帝改汉昌为昌隆县。"

3. 魏城县(581—617)

《隋志》："魏城，西魏置。"《元和志》："后魏禅帝元年割涪县置魏城县。"

4. 金山县(581—617)

《隋志》："旧置益昌、晋兴二县，西魏省晋兴入益昌，后周别置金山县，开皇四年省益昌入金山。"《元和志》云"开皇三年省益昌县，大业三年废金山县"，今仍从《隋志》。

5. 益昌县(581—582)

《元和志》："晋孝武帝侨置益昌县，隋开皇三年省。"《寰宇记》："开皇三年废益昌入金山。"

6. 西充国县(581—585 西充国县,586—617 神泉县)

《隋志》："神泉，旧曰西充国，开皇六年改名焉。"《元和志》："晋孝武帝于此侨置西充国县，属巴西郡，隋开皇三年罢郡，县属潼州，六年改为神泉县。"

7. 万安县(581—617)

《隋志》:"万安,旧曰犀亭,西魏改名焉。"《寰宇记》:"晋于涪县梓潼水尾万安故城置万安县,晋末乱,移就犀亭。"《纪要》:"梁末移治犀亭,改曰犀亭县,西魏复曰万安。"

万安郡 (581—582)——万安县

《隋志》:"西魏置万安郡,开皇初郡废。"《寰宇记》:"后魏恭帝二年置万安郡,隋罢郡。"《北周志》万安郡领万安1县。

8. 涪城县(581—582 涪城县,583—595 安城县,596—617 涪城县)

《隋志》:"开皇初改县曰安城,十六年改为涪城。"此《隋志》不言该县初为何名,而直云"开皇初改县曰安城"。《寰宇记》云:"涪城,本汉县也,属巴西郡,东晋立始平郡于此。"《隋志》涪城县下亦云:"旧置始平郡,西魏改郡为涪城,后周又改曰安城,开皇初郡废。"则此县本名涪城,开皇初安城郡废后,又改名安城也。

安城郡 (581—582)——涪城县

《隋志》:"旧置始平郡,西魏改郡为涪城,后周又改曰安城,开皇初郡废。"《北周志》安城郡领涪城1县。

以上所列,为潼州金山郡之政区沿革。其开皇三年前有1州、3郡、8县;大业三年改州为郡后,金山郡共领7县。兹列表53如下。

表53 潼州金山郡隋开皇元年、大业三年州郡县统辖关系表

	开 皇 元 年			小计		大 业 三 年
州	潼 州			1州	郡	金山郡
郡	巴西郡	万安郡	安城郡	3郡	县	巴西县、昌隆县、魏城县、金山县、神泉县、万安县、涪城县
县	巴西县、昌隆县、魏城县、金山县、益昌县、西充国县	万安县	涪城县			
小计	6县	1县	1县	8县	小计	7县

第十九节　新州新城郡政区沿革

(四八)新州新城郡(581—597 新州,598—606 梓州,607—617 新城郡)

开皇三年前领昌城、玄武、高渠、盐亭、涌泉5郡

《隋志》:"梁末置新州,开皇末改曰梓州。"《元和志》:"梁武陵王萧纪置新州,隋开皇末改为梓州。"《寰宇记》:"开皇十八年改新州为梓州,取梓潼江为名。"《隋志》郪县下:"大业初置新城郡。"

《北周志》新州领昌城、玄武、高渠、盐亭、涌泉5郡。玄武郡见益州蜀郡内。

1. 昌城县(581—606 昌城县,607—617 郪县)

《隋志》:"旧曰伍城,西魏改曰昌城,大业初改县名为郪县。"《元和志》:"后魏置新城县,后改名昌城,大业三年复为郪县,盖取旧名。"

昌城郡(581—582)——昌城县、射洪县

《隋志》:"西魏置昌城郡,开皇初郡废。"《北周志》昌城郡领昌城、射洪2县。

2. 射洪县(581—617)

《隋志》:"射洪,西魏置曰射江,后周改名焉。"《元和志》:"西魏分郪县置射洪县。"

3. 高渠县(581—606)

《隋志》盐亭县下:"有高渠县,大业初并入焉。"《寰宇记》:"大业三年高渠县废。"

高渠郡(581—582)——高渠县

《寰宇记》:"废高渠郡城在盐亭县西十六里,北临潼水,周保定初置,隋开皇三年废。"《北周志》高渠郡领高渠1县。

4. 盐亭县(581—617)

《元和志》:"梁置北宕渠县,后魏恭帝改为盐亭县,以近盐井为名。"《寰宇记》:"梁大同元年于盐井亭置县。"《舆地广记》亦云梁置盐亭县。

盐亭郡(581—582)——盐亭县

《隋志》:"西魏置盐亭郡,开皇初郡废。"《北周志》盐亭郡领盐亭1县。

5. 涌泉县(581—582 涌泉县,583—617 通泉县)

《隋志》:"旧曰通泉,置西宕渠郡,西魏改郡县俱曰涌泉,开皇初郡废,县改名通泉。"《寰宇记》:"故涌泉县,地名黄浒川,开皇三年于此置通泉县。"《元和志》云"周明帝置通井县,开皇三年改为通泉县",与《隋志》等有异,今仍从《隋志》。

涌泉郡(581—582)——涌泉县、光汉县

《隋志》:"旧置西宕渠郡,西魏改郡曰涌泉,开皇初郡废。"《北周志》涌泉郡领涌泉、广汉2县。

6. 光汉县(581—582)

《隋志》通泉县下:"开皇初又并光汉县入焉。"《舆地广记》:"本汉广汉县

地,元魏改曰广魏,后曰光汉,隋省入通泉。"王仲荦云:"光汉即广汉,隋避炀帝讳改。"

7. 飞乌县(593—617)

《隋志》:"飞乌,开皇中置。"《元和志》:"隋开皇十年于此置飞乌镇,十三年改镇为县,因山为名。"《寰宇记》同。

以上所列,为新州新城郡之政区沿革。其开皇三年前有1州、4郡、6县;大业三年改州为郡后,新城郡共领5县。兹列表54如下。

表54　新州新城郡隋开皇元年、大业三年州郡县统辖关系表

	开　皇　元　年				小计		大业三年
州	新　州				1州	郡	新城郡
郡	昌城郡	高渠郡	盐亭郡	涌泉郡	4郡	县	郪县、射洪县、盐亭县、通泉县、飞乌县
县	昌城县、射洪县	高渠县	盐亭县	涌泉县、光汉县	6县		
小计	2县	1县	1县	2县	6县	小计	5县

第二十节　隆州巴西郡政区沿革

(四九)隆州巴西郡(581—606隆州,607—617巴西郡)

开皇三年前领盘龙、南宕渠、金迁、白马4郡。

《隋志》:"梁置南梁、北巴州(杨守敬云此双头州也),西魏置隆州。"《周书》卷2《文帝纪》:"西魏废帝三年,改南梁州为隆州。"《寰宇记》:"此州故有城坚隆,因置隆州。"《纪要》:"大业初又改州为巴西郡。"《隋志》阆内县下:"大业初置巴西郡。"

《北周志》隆州领盘龙、南宕渠、金迁、白马4郡。

1. 阆内县(581—617)

《寰宇记》:"阆中县,本汉旧县。"《汉志》巴郡有阆中县。《纪胜》云:"隋开皇中改为阆内,避文帝父讳也。"按隋避文帝父讳改地名,皆在开皇元年,如敷州所领中部县、梁州之褒中县,《元和志》、《寰宇记》等皆云开皇元年避讳改为内部县、褒内县,此阆中之改为阆内亦应在开皇元年也。

盘龙郡(581—582)——阆内县、南部县、汉昌县

《隋志》:"梁置北巴郡,后魏平蜀置盘龙郡,开皇初郡废。"《寰宇记》:"西魏

又置盘龙郡,以郡中有盘龙岗为名。隋开皇中郡废。"《北周志》盘龙郡领阆中、南部、汉昌 3 县。

2. 南部县(581—617)

《隋志》:"旧曰南充国,梁曰南部。"《纪胜》引《元和志》:"周闵帝天和初改为南部县,属盘龙郡。"

3. 汉昌县(581—597 汉昌县,598—617 苍溪县)

《隋志》:"苍溪,旧曰汉昌,开皇末改名焉。"《宋志》益州巴西郡领有汉昌县,云"和帝永元中立"。《纪胜》引《元和志》:"开皇十八年改为苍溪县。"

4. 汉安县(581—597 汉安县,598—617 南充县)

《隋志》云"旧曰安汉,开皇十八年改为南充",《杨考》以为汉、晋时名为安汉县,南朝宋、齐时已改为汉安,其文云:"宋、齐志南宕渠郡之汉安,其故城在今南充,盖已改安汉为汉安也。志例载其近者,当云'旧曰汉安'。"王仲荦《北周志》亦以为应作"汉安",并云:"北周封汉安县者,见《周书》卷 42《刘璠传》:'子祥,封汉安县子。'"今从之。

南宕渠郡(581—582)——汉安县、相如县

《隋志》:"旧置宕渠郡,开皇初郡废。"《杨考》云:"脱南字。"《宋志》、《南齐志》皆作"南宕渠郡",《寰宇记》亦云:"宋于安汉城置南宕渠郡,隋开皇初郡废,以县属隆州。"则此郡名确应为南宕渠郡也。《北周志》南宕渠郡领汉安、相如 2 县。

5. 相如县(581—617)

《寰宇记》:"梁天监六年置县,即汉司马相如所居之地,因以名县。"《舆地广记》:"西魏废梓潼郡,置相如县。"《旧唐志》:"周省梓潼郡,置相如县。"此县之设置时间,各书所记有所不同。《纪胜》又引《元和志》云"周闵帝省县",而该书蓬州营山县下又引《元和志》云"周武帝置相如县,属果州"。《杨考》云:"疑县置于梁,周闵帝省,武帝复置。"

6. 晋安县(581—582)

《寰宇记》:"梁于此立金迁戍,周闵帝改为金迁郡,仍置晋安、晋城、西水三县以属焉。郡理晋安。隋开皇三年罢郡,仍省晋安县,自今县东十四里移晋城县于晋安旧理。"《纪胜》引《元和志》亦云:"后周置晋安县,隋并入晋城县。"《隋志》不云晋安县置废,盖脱。

金迁郡(581—582)——晋安县、晋城县、西水县

《隋志》:"梁置掌天郡,西魏改曰金迁,开皇初郡废。"《寰宇记》:"梁置金迁戍,周闵帝改为金迁郡,仍置晋安、晋城、西水三县以属焉。郡理晋安。隋开皇三年罢郡。"《北周志》金迁郡领晋安、晋城、西水 3 县。

7. 晋城县(581—617)

《隋志》:"晋城,旧曰西充国,西魏改县名焉。"《寰宇记》:"李雄之乱,巴西荒芜,故孝武别立西充国。"《晋志》巴西郡领有西充国县。

8. 西水县(581—617)

《寰宇记》:"梁大同中置掌天戍,后魏废戍,后周闵帝元年改为西水县,以界内西水为名。"

9. 奉国县(581—617)

《寰宇记》:"西魏恭帝二年废义阳郡,改为奉国县,属白马郡。始以其地附于魏,故以奉国为名。"

白马郡(581—582)——奉国县、义阳县

《隋志》:"梁置白马、义阳二郡,开皇初郡废。"《寰宇记》:"梁武帝立白马、义阳二郡,后魏恭帝二年废义阳郡,改为奉国县,属白马郡,隋开皇三年罢郡。"《北周志》:"据《隋志》'开皇初废义阳入奉国'之文,则梁时义阳县当属义阳郡,而白马郡无属县,二郡共领一县。及西魏恭帝时废义阳郡别立奉国县,故周世白马郡领二县也。"

10. 义阳县(581—582)

《隋志》奉国县下:"开皇初郡废,并废义阳县入焉。"

11. 仪陇县(581—617)

《隋志》:"仪陇,梁置。"《纪胜》引《元和志》:"梁天监元年置,以仪陇山为名。"《寰宇记》:"梁天监元年置隆城郡及仪隆县,大历初以庙讳改为仪陇县。"

隆城郡(581—582)——仪陇县、大寅县

《隋志》:"梁置隆城郡,开皇初郡废。"《寰宇记》:"梁天监元年于此仪陇县置隆城郡,因隆城山为名。隋开皇三年郡废,以县属蓬州。"《北周志》蓬州隆城郡领仪隆、大寅2县。

按此隆城郡及所属仪陇、大寅二县本属蓬州,《纪要》云:"大业初州废,并其地入清化、宕渠、巴西三郡。"则此仪陇、大寅二县是大业三年改隶巴西郡也。

12. 大寅县(581—617)

《隋志》:"梁置大寅县。"《纪胜》引《元和志》:"梁天监元年置,因地以为名。"《寰宇记》:"取邑西大寅山为名。"《舆地广记》:"梁属隆城郡,隋开皇三年属蓬州。"

以上所列,为隆州巴西郡之政区沿革。其开皇三年前有1州、5郡、12县;大业三年改州为郡后,巴西郡共领10县。兹列表55如下。

表 55　隆州巴西郡隋开皇元年、大业三年州郡县统辖关系表

开　皇　元　年					小计	大　业　三　年	
州	隆　州				（蓬州）	1 州	郡	巴西郡
郡	盘龙郡	南宕渠郡	金迁郡	白马郡	隆城郡	5 郡	县	阆内县、南部县、苍溪县、南充县、相如县、晋城县、西水县、奉国县、仪陇县、大寅县
县	阆内县 南部县 汉昌县	汉安县 相如县	晋安县 晋城县 西水县	奉国县 义阳县	仪陇县 大寅县			
小计	3 县	2 县	3 县	2 县	2 县	12 县	小计	10 县

第二十一节　遂州遂宁郡政区沿革

（五十）遂州遂宁郡(581—606 遂州,607—617 遂宁郡)

开皇三年前领石山、怀化 2 郡。

《隋志》："后周置遂州。"《周书》卷 3《闵帝纪》："元年正月于遂宁郡置遂州。"《隋志》方义县下："大业初置遂宁郡。"

《北周志》遂州领石山、怀化 2 郡。

1. 方义县(581—617)

《隋志》："梁曰小溪,西魏改县名为方义。"《元和志》："本晋小溪县也,穆帝永和十一年置,属遂宁郡,后魏恭帝改为方义。"《杨考》："按《宋志》遂宁郡领巴兴、广汉、晋兴、德阳四县,《齐志》东遂宁郡亦领县四,三县之名同,惟广汉更曰小汉,意者即小溪之误。"

石山郡(581—582)——方义县

《隋志》："梁置东遂宁郡,后周改郡曰石山,开皇初郡废。"《寰宇记》："宋泰始五年刺史刘亮表分遂宁为东西二郡,梁因之。后周武帝废郡,始置遂州,寻又置兴西郡,隋初废郡。"《寰宇记》所记与《隋志》有异,此从《隋志》。《北周志》石山郡领方义 1 县。

2. 长江县(581—617)

《隋志》："长江,旧曰巴兴,西魏改名焉。"《元和志》："本晋巴兴县,后魏恭帝改为长江县。"

怀化郡(581—582)——长江县、始兴县

《隋志》："西魏置怀化郡,开皇初郡废。"《北周志》怀化郡领长江、始兴 2 县。

3. 始兴县(581—597 始兴县,598—617 青石县)

《隋志》:"青石,旧曰晋兴,西魏改名焉。"《通典》:"晋、宋曰晋兴,后魏曰始兴,隋改青石。"《元和志》:"后魏改为始兴县,隋开皇十八年改为青石。"《旧唐志》、《舆地广记》、《寰宇记》同,则《隋志》有脱文,今从《元和志》等。

以上所列,为遂州遂宁郡之政区沿革。其开皇三年前有 1 州、2 郡、3 县,大业三年改州为郡后,遂宁郡共领 3 县。兹列表 56 如下。

表 56　遂州遂宁郡隋开皇元年、大业三年州郡县统辖关系表

	开　皇　元　年		小计		大　业　三　年
州	遂　州		1 州	郡	遂宁郡
郡	石山郡	怀化郡	2 郡	县	方义县、长江县、青石县
县	方义县	长江县、始兴县			
小计	1 县	2 县	3 县	小计	3 县

第二十二节　合州涪陵郡政区沿革

(五一)合州涪陵郡(581—582 合州,583—606 涪州,607—617 涪陵郡)

开皇三年前领垫江、清居 2 郡。

《隋志》:"西魏置合州,开皇末改为涪州。"《元和志》:"后魏恭帝于东宕渠郡改置合州,以涪江自梓、遂州来,至州南与嘉陵江合流,因名合州。"《寰宇记》:"魏恭帝三年改东宕渠郡为垫江郡,仍于郡置合州,盖取涪汉二水合于此,故为州称。后周于此复立宕渠郡,隋开皇初郡废而州存,改合州为涪州,大业初改州为涪陵郡。"此《寰宇记》云开皇初废郡时即改合州为涪州,《纪胜》引《隋志》亦云"开皇初改为涪州",则今本《隋志》有误,"开皇末"当作"开皇初"。又《隋志》石镜县下:"大业初置涪陵郡。"

《北周志》合州领垫江、清居 2 郡。

1. 石镜县(581—617)

《隋志》:"旧曰垫江,西魏改县为石镜。"《寰宇记》:"本汉垫江县,宋改为宕渠县,后魏恭帝二年为石镜县,邑有青石如镜可照,故以为名。"

垫江郡(581—582)——石镜县

《隋志》:"旧置宕渠郡,西魏改郡为垫江,开皇初郡废。"《寰宇记》云"后周

于此复立宕渠郡,开皇初郡废",今从《隋志》。《北周志》亦作垫江郡,郡领石镜1县。

2. 汉初县(581—617)

《隋志》:"西魏名县曰汉初。"《元和志》:"本汉垫江县地,后魏于此置汉初县,属合州。"《寰宇记》:"西魏恭帝三年置清居县,隋初改为汉初县,属合州。"诸书置县时间有异,今从《隋志》。

清居郡(581—582)——汉初县

《隋志》:"梁置新兴郡,西魏改郡曰清居,开皇初郡废。"《北周志》清居郡领汉初1县。

3. 赤水县(588—617)

《隋志》:"赤水,开皇八年置。"《元和志》:"隋开皇八年分石镜县于今赤水县西三里置县,因水为名。"

以上所列,为合州涪陵郡之政区沿革。其开皇三年前有1州、2郡、2县;大业三年改州为郡后,涪陵郡共领3县。兹列表57如下。

表57 合州涪陵郡隋开皇元年、大业三年州郡县统辖关系表

	开 皇 元 年		小计	大 业 三 年	
州	合 州		1州	郡	涪陵郡
郡	垫江郡	清居郡	2郡	县	石镜县、汉初县、赤水县
县	石镜县	汉初县			
小计	1县	1县	2县	小计	3县

第二十三节 渝州巴郡政区沿革

(五二)渝州巴郡(581—606 渝州,607—617 巴郡)

开皇三年前领巴郡、七门、涪陵3郡。

《隋志》:"梁置楚州,开皇初改曰渝州。"《元和志》:"开皇元年改楚州为渝州。"《寰宇记》:"梁太清四年武陵王萧纪于巴郡置楚州,隋开皇元年改楚州为渝州,大业三年罢州复为巴郡。"《隋志》巴县下:"大业初置巴郡。"

《北周志》楚州领巴郡、七门、涪陵3郡。

1. 巴县(581—617)

《元和志》:"本汉江州县,南齐改为垫江县,周武成三年改为巴县。"《寰宇记》:"后周武成三年改垫江为巴县。"

巴郡(581—582)——巴县

《隋志》:"旧置巴郡,开皇初郡废。"《北周志》巴郡领巴县1县。

2. 江阳县(581—597江阳县,598—617江津县)

《隋志》:"旧曰江州县,西魏改为江阳,开皇十八年改为江津。"《元和志》:"本汉江州县,属巴郡,周改为江阳县,隋开皇三年改为江津。"《寰宇记》同。何时改为江津,各书不同,今从《隋志》。

七门郡(581—582)——江阳县

《隋志》:"西魏置七门郡,开皇初郡废。"《北周志》七门郡领江阳1县。

3. 汉平县(581—592汉平县,593—617涪陵县)

《隋志》:"旧曰汉平,开皇十三年县改名涪陵。"《华阳国志》:"蜀后主立汉平县。"《寰宇记》:"开皇三年改汉平为涪陵。"《舆地广记》:"开皇十八年改。"何时改名涪陵,诸书有异,今从《隋志》。

涪陵郡(581—582)——汉平县

《隋志》:"旧置涪陵郡,开皇初郡废。"《北周志》涪陵郡领汉平1县。

以上所列,为渝州巴郡之政区沿革。其开皇三年前有1州、3郡、3县;大业三年改州为郡后,巴郡共领3县。兹列表58如下。

表58 渝州巴郡隋开皇元年、大业三年州郡县及其统辖关系表

	开 皇 元 年			小计		大 业 三 年		
州	渝 州			1州	郡	巴 郡		
郡	巴郡	七门郡	涪陵郡	3郡	县	巴县、江津县、涪陵县		
县	巴县	江阳县	汉平县					
小计	1县	1县	1县	3县	小计	3县		

第二十四节 信州巴东郡政区沿革

(五三)信州巴东郡(581—606信州,607—617巴东郡)

开皇三年前领永安、巴东、建平、秭归4郡。

《隋志》:"梁置信州。"《梁书》卷3《武帝纪》:"普通四年六月乙丑,分益

置信州。"《寰宇记》:"梁大同三年立信州,隋大业三年罢州为巴东郡。"《隋志》人复县下:"大业初置巴东郡。"

《北周志》信州领永安、巴东、建平、秭归4郡。

1. 人复县(581—617)

《隋志》:"旧置县曰鱼复,西魏改曰人复。"按此县原名民复,《大隋开府仪同三司龙山公墓志》云:"公讳质,青州乐安人也,司徒公仓之苗裔,随宦巴庸,即此民复人也。"盖唐臣修《隋志》时,避太宗讳所改。

永安郡(581—582)——人复县

《寰宇记》:"梁于巴东郡理立信州,后魏废帝三年移巴东郡于梁置阳口县。周明帝二年,又于州理立永安郡,以鱼复、巫山县属焉。隋开皇三年罢郡,所领县并属信州。"《北周志》永安郡领民复1县。

2. 云安县(581—617)

《隋志》:"旧曰朐䏰,后周改为云安。"《纪胜》引《元和志》:"周武帝改朐䏰为云安县,属巴东郡。"

巴东郡(581—582)——云安县

《华阳国志》:"献帝初平元年,分巴为二郡,以朐忍至鱼复为固陵郡。建安六年,刘璋改固陵为巴东郡。"《寰宇记》:"后魏废帝三年,移巴东郡于梁置阳口县,周明帝又于州理立永安郡,以鱼复、巫山属焉,巴东郡惟领云安一县。"《隋志》:"旧置巴东郡,开皇三年郡废。"《北周志》巴东郡领云安1县。

3. 巫山县(581—617)

《旧唐志》:"巫山县,汉巫县,属南郡,隋加'山'字,以巫山峡为名。"《寰宇记》:"巫山县,本楚巫郡地,汉改为巫县,故城在今县北,晋移于此,立建平郡,隋加'山'字。"

建平郡(581—582)——巫山县、大昌县

《隋志》:"旧置建平郡,开皇初郡废。"《北周志》建平郡领巫山、建昌、北井3县。据《舆地广记》,北井县后周已省,此不列。

4. 大昌县(581—617)

《纪胜》引《元和志》:"晋武帝于此置建昌县,隋开皇元年改曰大昌县。"《舆地广记》:"晋太康初分秭归置泰昌县,属建平郡。宋、齐因之。后周避文帝名改曰建昌,旋改曰大昌。"

5. 长宁县(581—582 长宁县,583—617 秭归县)

《隋志》:"后周曰长宁,开皇初改曰秭归。"《纪胜》引《元和志》:"汉置秭归县,周武帝改为长宁县,隋又改长宁为秭归县。"

秭归郡(581—582)——长宁县、乐乡县

《隋志》:"后周置秭归郡,开皇初郡废。"《北周志》秭归郡领长宁、乐乡2县。

6. 乐乡县(581—597乐乡县,598—617巴东县)

《隋志》:"旧曰归乡,后周县改曰乐乡,开皇末又改名焉。"《寰宇记》:"巴东县,本汉巫县地。后周天和三年于巴陵故城置乐乡县,开皇十八年改乐乡为巴东县。"《舆地广记》同。

7. 安乡县(581—597安乡县,598—617南浦县)

《隋志》:"南浦,后周置安乡郡,后改县曰安乡,改郡曰万川,开皇初郡废,十八年县改名焉。"《旧唐志》云:"后魏分朐䏰置鱼泉县,周改为万川,隋改为南浦。"《寰宇记》亦云:"后魏废帝元年分朐䏰县地置安乡郡及鱼泉县,后又改安乡郡为万川郡,鱼泉县为万川县。开皇十八年改万川为南浦。"二书均与《隋志》有异,今仍从《隋志》。

南州(581—582)——万川郡、怀德郡

《隋志》武宁县下:"后周置南州,开皇初州废。"《通典》:"后周置南州,炀帝初州废。"《寰宇记》:"后魏分朐䏰县地置安乡郡及鱼泉县,后又改安乡郡为万川郡,鱼泉县为万川县,兼立南州于此。隋开皇初郡废而州存,大业三年州又废。"此南州置废时间,诸书所言不一,今从《隋志》。按南州废后,领县即改隶信州。

《北周志》南州领万川、怀德2郡。

万川郡(581—582)——安乡县、梁山县

《隋志》:"后周置安乡郡,后改郡曰万川,开皇初郡废。"《寰宇记》:"后魏置安乡郡,后又改为万川郡,隋开皇初郡废。"《北周志》万川郡领安乡、梁山2县。

8. 梁山县(581—617)

《隋志》:"梁山,西魏置。"《纪胜》引《元和志》:"周武帝于此置梁山县,属万川郡。"《寰宇记》:"后周天和二年于此置梁山县,盖因界内高梁山为县名。"

9. 武宁县(581—617)

《隋志》:"后周置源阳县,后改曰武宁。"《寰宇记》:"周武帝初分临江地置源阳县,地属南都郡,至建德四年改南都郡为怀德郡,又改源阳为武宁县。"

怀德郡(581—582)——武宁县

《隋志》:"后周置南都郡,后改郡曰怀德,开皇初郡废。"《北周志》怀德郡领武宁1县。

10. 新浦县(581—617)

《寰宇记》:"宋武帝永初中分汉丰县置新浦县,属巴东郡。后魏恭帝三年于县置开江郡,领新浦一县。周武帝天和五年改开江郡为江会郡,建德五年郡废,以县属周安郡。隋开皇三年罢郡,属开州;大业二年废开州,以县属信州。"

按开州、周安郡之沿革,见前通州通川郡内。

11. 永宁县(581—597 永宁县,598—617 盛山县)

《隋志》:"梁曰汉丰,西魏改为永宁,开皇末曰盛山。"《寰宇记》:"蜀先主建安二十一年于开江县南二里置汉丰县,以汉土丰盛为名。后周武帝改汉丰为永宁,开皇十八年改永宁为盛山。"

按此永宁县,原属开州万世郡,大业初废开州后,与新浦县一同改隶信州。万世郡沿革,见前通州通川郡内。

12. 临江县(581—617)

《寰宇记》:"临江县本汉旧县也,属巴郡,梁立郡于此县,本以临江川为名。"《杨考》:"按《前汉志》即有临江县,为巴郡治,晋、宋不改,齐始废。《水经注》'江水又东径临江县南',故知梁复置县。"

临州(581—605)——临江郡

《隋志》:"后周置临州,大业初州废。"《寰宇记》:"西魏废帝二年为临州。"《北周志》临州领临江1郡。

临江郡(581—582)——临江县

《隋志》:"梁置临江郡,开皇初郡废。"《寰宇记》:"梁大同六年立临江郡,以郡城临江也。隋开皇三年郡废。"《北周志》临江郡领临江1县。

13. 石城县(585—605)

《元和志》:"隋开皇五年置石城县,属庸州,大业二年废。"《寰宇记》同。

庸州(585—605)——石城县、务川县、扶阳县

《隋志》:"开皇初置庸州,大业初州废。"《寰宇记》务川县下:"大业二年废庸州,以县属巴东郡。"

14. 务川县(599—617)

《隋志》:"务川,开皇末置。"《元和志》:"开皇十九年置,属庸州。"《寰宇记》同。

15. 扶阳县(604—617)

《旧唐志》:"扶阳县,隋仁寿四年庸州刺史奏置,以扶阳水为名。"《寰宇记》同。

以上所列,为信州巴东郡之政区沿革。其开皇三年前有3州、7郡、12县;大业三年改州为郡后,巴东郡共领14县。兹列表59如下。

表 59 信州巴东郡隋开皇元年、大业三年州郡县统辖关系表

	开 皇 元 年								小计
州	信 州				南 州		（开 州）	临 州	3 州
郡	永安郡	巴东郡	建平郡	秭归郡	万川郡	怀德郡	（周安郡）（万世郡）	临江郡	7 郡
县	人复县	云安县	巫山县 大昌县	长宁县 乐乡县	安乡县 梁山县	武宁县	新浦县　　永宁县	临江县	
小计	1 县	1 县	2 县	2 县	2 县	1 县	1 县　　　1 县	1 县	12 县

	大 业 三 年
郡	巴东郡
县	人复县、云安县、巫山县、大昌县、秭归县、巴东县、南浦县、梁山县、武宁县、新浦县、盛山县、临江县、务川县、扶阳县
小计	14 县

第二十五节　益州蜀郡政区沿革

(五四) 益州蜀郡(581—606 益州,607—617 蜀郡)

开皇三年前领蜀郡、犍为、九陇、广汉、晋熙、金渊、武康 7 郡。

《隋志》:"旧置益州。"《元和志》:"汉武帝分雍州之南置益州。隋大业三年,罢州为蜀郡。"《隋志》成都县下:"大业初置蜀郡。"《纪要》:"汉武帝置益州,隋炀帝复改益州为蜀郡。"

《北周志》益州领蜀郡、犍为、九陇、安固、广汉、晋熙、金渊、武康 8 郡。安固郡不见于《隋志》、《元和志》等,盖北周世已废,今不列。

1. 成都县(581—617)

《元和志》:"秦惠王遣张仪、司马错定蜀,因筑城而郡县之。"《寰宇记》:"成都县,汉旧县也。"

蜀郡 (581—582)——成都县、温江县、郫县、新繁县、广都县

《隋志》:"旧置蜀郡,开皇初废蜀郡。"《北周志》蜀郡领成都、温江、郫、新繁、广都、升迁、汶山 7 县。升迁、汶山二县,《隋志》《元和志》等均无记载,今不列。

2. 温江县(581—582)

《隋志》郫县下:"西魏分置温江县,开皇初省入。"《元和志》:"后魏置温江县,属蜀郡,隋开皇三年废入郫县。"

3. 郫县(581—617)

《元和志》:"郫县,本郫邑,蜀望帝理汶山下,邑曰郫是也。秦灭蜀,因而县之,不改。"《寰宇记》:"古郫邑也,秦灭蜀后,因而县之。《汉地理志》郫属蜀郡。"

4. 新繁县(581—582)

《隋志》成都县下:"开皇初废蜀郡,并废新繁入焉。"《元和志》:"新繁县,本汉繁县地,属蜀郡,因繁江以为名。周改为新繁,隋开皇三年省。"

5. 广都县(581—600 广都县,601—617 双流县)

《隋志》:"旧曰广都,仁寿元年改县曰双流。"《元和志》:"仁寿元年避炀帝讳改广都为双流县。"

6. 僰道县(581—605)

《隋志》新津县下:"大业初又废僰道县入焉。"《元和志》唐兴县下:"本汉江原县地,后魏于此立犍为郡,隋开皇三年罢郡,又徙僰道县于此,大业二年废入新津县。"《寰宇记》:"后魏于汉江源县地立犍为郡及僰道县,隋大业二年省。"《杨考》:"按僰道本汉县,为犍为郡治,在今宜宾县西南。周移犍为郡于汉江源县地,故僰道亦并置。隋仍移犍为于旧地,故僰道亦还治。"

犍为郡(581—582)——僰道县、新津县、晋原县、清城县

《隋志》:"后周置犍为郡,开皇初郡废。"《元和志》:"后魏于此立犍为郡,隋开皇三年罢郡。"《北周志》犍为郡领僰道、新津、晋原、清城 4 县。

7. 新津县(581—617)

《隋志》:"新津,后周置。"《元和志》:"周闵帝元年于此立新津县。"《寰宇记》同。

8. 晋原县(581—617)

《隋志》:"晋原,旧曰江原,后周县改名焉。"《元和志》:"本汉江原县,李雄时改为汉原,晋为晋原,周立多融县,又改为晋原。"《寰宇记》:"多融县,后周改为晋原县,以县界晋原山为名。"

按《元和志》蜀州下云:"李雄据蜀,分为汉原郡,晋穆帝改为晋原郡。后魏平蜀后,移犍为郡理此东三十里,因省晋原郡以并之,仍于此西十里立多融县,取旧郡名也。"据此可知,此晋原县隋初属犍为郡也。

9. 清城县(581—617)

《隋志》:"旧置齐基郡,后周废为清城县。"《元和志》:"周武帝置青城县,因山为名,属犍为郡,隋开皇三年罢郡,属益州。"《寰宇记》引李膺《益州记》云:"齐武帝永明初置齐基县。"又引《周地图记》云:"武帝天和四年改齐基县为青城县。"王仲荦云:"青城均应作清城。《舆地广记》云:开元十八年,去水,始作青城也。"

10. 九陇县(581—617)

《隋志》："旧曰晋寿，后周改县曰九陇。"《元和志》："九陇县，本汉繁县地，梁于此置东益州，后魏改为九陇郡，取九陇山为名也。隋开皇三年罢郡为九陇县。"九陇县之名何时始有，二书所记有异，今从《隋志》。

濛州 (603—605)——九陇县、郫县、孝水县

《隋志》九陇县下："仁寿初置濛州，大业初州废。"《寰宇记》引《隋图经》："仁寿三年分九陇、郫、孝水三县为濛州，炀帝大业二年废。"

九陇郡 (581—582)——九陇县、青阳县、陇泉县、兴固县

《隋志》："后周置九陇郡，开皇初郡废。"《元和志》："梁于此置东益州，后魏改为九陇郡，隋开皇三年罢郡。"《北周志》九陇郡领九陇、青阳、陇泉 3 县。又有兴固县，《北周志》云属安固郡，而此郡不见于《隋志》、《元和志》等，盖北周已废，而《隋志》九陇县下云"开皇初九陇郡废，并陇泉、兴固、青阳三县入九陇县"，则此兴固县开皇初亦属九陇郡。

11. 青阳县(581—582)

《隋志》九陇县下："开皇初郡废，并青阳入九陇。"

12. 陇泉县(581—582)

《隋志》九陇县下："开皇初郡废，并陇泉入九陇。"

13. 兴固县(581—582)

《隋志》："开皇初郡废，并兴固入九陇。"

14. 雒县(581—597 雒县，598—606 绵竹县，607—617 雒县)

《隋志》："旧曰广汉，开皇十八年改曰绵竹，大业初改名雒焉。"《杨考》云："按汉之广汉县在今潼川府遂宁县东北，晋、宋不改，去今汉州治甚远。宋、齐宁蜀郡之广汉则在今成都县地，而隋之雒县即汉、晋、宋、齐以来之雒县，志误。"《元和志》雒县下亦云："本汉旧县也，属广汉郡，县南有雒水，因以为名。"则《杨考》所言不谬，今从之。

广汉郡 (581—582)——雒县、新都县

《隋志》："旧置广汉郡，开皇初郡废。"《水经·江水注》："汉高帝六年分巴蜀置广汉郡于乘乡，安帝永初二年移治涪城，后治雒县。"《北周志》广汉郡领雒、怀中、南阴平、新都 4 县；怀中、南阴平 2 县，《隋志》云后周时"寻并废"，故隋已不存，今不列。

15. 新都县(581—597 新都县，598—606 兴乐县)

《隋志》成都县下："又有新都县，开皇十八年改新都曰兴乐，大业初置蜀郡，省兴乐入焉。"《元和志》同。

16. 阳泉县(581—597 阳泉县，598—605 孝水县，606—617 绵竹县)

《隋志》:"旧置长阳、南武都二县,后周并二县为晋熙,后又废晋熙入阳泉,开皇十八年改为孝水,大业二年改曰绵竹。"《元和志》:"隋开皇十八年改名孝水县,境有孝子姜诗泉,故取为名,大业二年复为绵竹。"

晋熙郡(581—582)——阳泉县

《隋志》:"旧置晋熙郡,开皇初郡废。"《晋志》:"晋熙郡,隆安二年立。"《北周志》晋熙郡领阳泉1县。

17. 金泉县(581—617)

《隋志》:"金泉,西魏置县。"《元和志》:"后魏平蜀,置金泉县,隶金泉郡,隋开皇三年罢郡,以县属益州。武德元年,以避神尧讳,改为金水县。"《舆地广记》:"金水县,东晋朱龄石于东山置金渊戍,西魏置金渊县及立郡焉。"据上述各书所记,此县本作金渊,诸书或作金泉,或作金水,皆唐人所追改。

金泉郡(581—582)——金泉县

《隋志》:"西魏置金泉郡,后周废郡。"《元和志》:"后魏平蜀,置金泉县,隶金泉郡,隋开皇三年罢郡,以县属益州。"《舆地广记》:"西魏置金渊县及立郡焉,后周郡废。"《寰宇记》:"西魏于此置金水郡,隋开皇初废郡。"此郡之废,诸书所记不一,王仲荦云:"周摇周初封金渊郡公,至周武帝灭齐,以战功进封蘷国公,则《元和志》隋初罢郡之说当可据也。"今从《元和志》、《寰宇记》。

18. 阳安县(581—617)

《隋志》:"旧曰牛鞞,西魏改名阳安。"《元和志》:"后魏恭帝二年于此置阳安县,属武康郡,隋开皇三年罢郡,县属益州。"《寰宇记》:"后魏改牛鞞为阳安,以界内山为名。"

简州(603—605)——阳安县、平泉县、资阳县

《隋志》阳安县下:"仁寿初置简州,大业初州废。"《寰宇记》:"仁寿三年,以此一方土地旷远,时多寇盗,须以郡府理之,乃分益州之阳安、平泉二县,资州之资阳一县,于此置简州。"《元和志》:"隋仁寿三年于此置简州,大业二年省。"

武康郡(581—582)——阳安县、婆闰县

《隋志》:"西魏置武康郡,开皇初郡废。"《元和志》:"后魏恭帝置阳安县,属武康郡,隋开皇三年罢郡,县属益州。"《北周志》武康郡领阳安、石岗、怀远、婆闰4县,石岗、怀远2县不见于《隋志》、《元和志》等,盖后周已废,今不列。

19. 婆闰县(581—597 婆闰县,598—617 平泉县)

《隋志》:"平泉,西魏置曰婆闰,开皇十八年改名焉。"《元和志》:"后魏恭帝二年于此置婆闰县,属益州,开皇十八年改为平泉县。隋仁寿三年置简州,以县属焉。"

20. 伍城县(581—582 伍城县,583—617 玄武县)

《隋志》:"玄武,旧曰伍城,开皇初改县名焉。"《元和志》:"本先主所立五城县也,属广汉郡。后魏平蜀,立玄武郡,以县属焉。隋开皇三年改五城为玄武县,因玄武山为名也,属益州。"

凯州(603—605)——玄武县、绵竹县、金泉县、飞乌县

《隋志》玄武县下:"仁寿初置凯州,大业初废。"《寰宇记》:"仁寿三年分玄武、绵竹、金水、飞乌为凯州。"

玄武郡(581—582)——伍城县

《隋志》:"后周置玄武郡,开皇初郡废。"《北周志》云玄武郡及其领县伍城县北周时属新州,新州为梁末所置,治昌城,昌城旧名北伍城,与此玄武县(旧名伍城)邻接。据《元和志》"隋开皇三年改五城为玄武,属益州",则可知玄武县之改隶益州是在开皇三年废玄武郡之后。

21. 万春县(603—605)

《隋志》郫县下:"仁寿初复置万春县,大业初又废入焉。"《元和志》:"仁寿三年于郫东境置万春县。"

以上所列,为益州蜀郡之政区沿革。其开皇三年前有1州、8郡、20县;大业三年改州为郡后,蜀郡共领13县。兹列表60如下。

表60 益州蜀郡隋开皇元年、大业三年州郡县统辖关系表

	开 皇 元 年								小计
州	益 州							(新 州)	1州
郡	蜀郡	犍为郡	九陇郡	广汉郡	晋熙郡	金泉郡	武康郡	玄武郡	8郡
县	成都县 温江县 郫县 新繁县 广都县	僰道县 新津县 晋原县 清城县	九陇县 青阳县 陇泉县 兴固县	雒县 新都县	阳泉县	金泉县	阳安县 婆闰县	伍城县	
小计	5县	4县	4县	2县	1县	1县	2县	1县	20县

	大 业 三 年
郡	蜀 郡
县	成都县、郫县、双流县、新津县、晋原县、清城县、九陇县、雒县、绵竹县、金泉县、阳安县、平泉县、玄武县
小计	13县

第二十六节 雅州临邛郡政区沿革

(五五)雅州临邛郡(604—606 雅州,607—617 临邛郡)

《隋志》:"旧置雅州。"《杨考》:"按志例,凡梁以前旧州郡以'旧置'二字括之,义最善也。其置于梁、周者,即不当以'旧置'书之。雅州置于隋,直当书'仁寿四年置雅州',乃合。《元和志》:'仁寿四年置,因州境雅安山为名。'《旧唐志》亦云仁寿四年置。《纪胜》云:'考大中祥符时张旦《迁州治记》云自隋仁寿间卜雅安山以为公宇',则置雅州在仁寿审矣。"然则《隋志》作"旧置雅州"有误,今依《元和志》等。又《隋志》严道县下:"大业初置临邛郡。"《元和志》:"大业三年以雅州为临邛郡。"

1. 始阳县(581—592 始阳县,593—606 蒙山县,607—617 严道县)

《隋志》:"严道,西魏置曰始阳县,开皇十三年改曰蒙山,大业初置临邛郡,县改名焉。"又《隋志》名山县下:"旧曰蒙山,开皇十三年改始阳曰蒙山,改蒙山曰名山。"《元和志》严道县下:"后魏于此置始阳县,隋大业三年改始阳为严道县。"然其雅州序又云:"隋开皇十三年置蒙山县。"则《元和志》严道县下脱"开皇十三年置蒙山县"一节,此当以《隋志》为是。

蒙山郡 (581—582)——始阳县、蒙山县

《隋志》:"西魏置蒙山郡,开皇初郡废。"《元和志》:"后魏废帝二年置蒙山郡。"《寰宇记》:"后魏废帝二年始更招移民渐垦植,因侨立蒙山郡于此,领始阳、蒙山二县。"《北周志》蒙山郡属邛州,亦领始阳、蒙山 2 县。

2. 蒙山县(581—592 蒙山县,593—617 名山县)

《隋志》:"旧曰蒙山,开皇十三年改始阳曰蒙山,改蒙山曰名山。"《元和志》:"后魏于此置蒙山县,属蒙山郡,隋开皇十三年改为名山县,因县西北名山为名也,属邛州,仁寿四年改属雅州。"

3. 依政县(581—617)

《隋志》:"依政,西魏置。"《元和志》:"后魏于此置依政县,属蒲阳郡,隋开皇三年罢郡,以县属邛州,大业属雅州。"

邛州 (581—605)——蒲阳郡、临邛郡、蒲原郡、蒙山郡

《隋志》依政县下:"西魏置邛州,大业初废。"《元和志》:"梁武陵王萧纪于蒲口顿改置邛州,南接邛郲山,因以为名。隋大业二年废,以县属雅州。"《寰宇记》:"梁武陵王萧纪于蒲水口始置邛州,取南界邛郲山以为名,未为郡县。后魏废帝二年定蜀,又置临邛、蒲原、蒲阳、蒙山四郡以属之。"

《北周志》邛州领蒲阳、临邛、蒲原、蒙山 4 郡。

⬚蒲阳郡⬚(581—582)——依政县

《元和志》:"后魏置依政县,属蒲阳郡,开皇三年罢郡,以县属邛州。"《寰宇记》:"梁置蒲口镇,后魏置蒲阳郡、依政县。隋改为临邛郡,治依政。"此蒲阳郡《隋志》未见记载,盖脱也。《北周志》蒲阳郡领依政 1 县。

4. 临邛县(581—617)

《元和志》:"后魏废帝二年定蜀,复于旧城置临邛县,仍置临邛郡,隋开皇三年罢郡,以县属邛州。"《旧唐志》:"后魏平蜀,自唐隆移临邛县治于汉临邛县西,立临邛郡;隋罢郡,移临邛县于今所。"

⬚临邛郡⬚(581—582)——临邛县

《隋志》:"旧置临邛郡,开皇初废。"《元和志》:"后魏置临邛郡,隋开皇三年罢郡。"《北周志》临邛郡领临邛 1 县。

5. 广定县(581—600 广定县,601—617 蒲江县)

《隋志》:"蒲江,西魏置曰广定,仁寿初县改名焉。"《元和志》:"后魏恭帝置广定县,隋仁寿元年改广定为蒲江县。"《寰宇记》:"后魏置广定县,隋改为蒲江县,以南枕蒲水故也。"按《隋志》原作"蒱江",此县以蒲江水为名,当作"蒲江",不作"蒱江",今依《元和志》、《寰宇记》等改正。

⬚蒲原郡⬚(581—582)——广定县、临溪县

《隋志》:"西魏置蒲原郡,开皇初郡废。"《北周志》蒲原郡领广定、临溪 2 县。

6. 临溪县(581—617)

《隋志》:"蒲溪,西魏置。"杨守敬云:"各本作蒱溪,误,今订。"《元和志》:"后魏恭帝于此置临溪县,属蒲原郡,隋开皇三年罢郡,县属邛州。"《寰宇记》、《舆地广记》等亦作"临溪",杨守敬所纠甚是,今从之。

7. 沈黎县(581—582,593—617)

《隋志》:"沈黎,后周置黎州,寻并县废。开皇中置县。"《杨考》:"按志例似谓周置黎州并置沈黎县,故云寻并县废。然此皆过求简略之失。当云后周置县,并置黎州,寻并废。"《寰宇记》云:"开皇三年置沈黎镇,十三年改为县。"是此县开皇三年废为沈黎镇,至十三年又改为县也。

《隋志》沈黎县下又云:"仁寿末置登州,大业初州废。"《寰宇记》台登县下亦云:"仁寿四年置登州,大业二年废登州。"则此县曾一度隶属登州。登州,见巂州越巂郡台登县下。

⬚黎州⬚(581—582)——沈黎郡

《隋志》沈黎县下:"后周置黎州,寻废。"《元和志》:"周天和三年开越巂,于

此置黎州,隋废州,置沈黎镇。"《寰宇记》:"开皇三年置沈黎镇。"则此黎州废于开皇三年。

《北周志》黎州领沈黎1郡。

沈黎郡(581—582)——沈黎县

《舆地广记》:"后周置黎州及沈黎郡,寻并废。"盖废于开皇初。《北周志》沈黎郡领沈黎1县。

8. 卢山县(603—617)

《隋志》:"卢山,仁寿末置。"《元和志》:"仁寿三年置卢山县,因山为名,属邛州。"

9. 汉源县(604—617)

《元和志》:"仁寿二年置汉源镇,因汉川水为名;四年,罢镇立县,属雅州。"《寰宇记》同。

10. 火井县(616—617)

《旧唐志》:"周置火井镇,隋改镇为县。"《寰宇记》:"周置火井镇,隋大业十二年置火井县,仍带镇。"

以上所列,为雅州临邛郡之政区沿革。其开皇三年前有2州、5郡、7县;大业三年改州为郡后,临邛郡共领9县。兹列表61如下。

表61 雅州临邛郡隋开皇元年、大业三年州郡县统辖关系表

	开 皇 元 年					小计		大 业 三 年	
州	邛 州				黎 州	2州	郡	临邛郡	
郡	蒙山郡	蒲阳郡	临邛郡	蒲原郡	沈黎郡	5郡	县	严道县、名山县、依政县、临邛县、蒲江县、临溪县、沈黎县、卢山县、汉源县	
县	始阳县 蒙山县	依政县	临邛县	广定县 临溪县	沈黎县				
小计	2县	1县	1县	2县	1县	7县	小计	9县	

第二十七节 眉州眉山郡政区沿革

(五六)眉州眉山郡(581—606眉州,607—617眉山郡)

开皇三年前领齐通、青神2郡。

《隋志》通义县下:"旧置青州,西魏改州曰眉州,大业初州废。"《元和志》:"梁太清二年武陵王萧纪开通外徼,于此立青州。后魏废帝二年平蜀,改青州

为眉州,因峨眉山为名也。"《周书》卷2《文帝纪》:"魏废帝三年正月,改青州为眉州。"《元和志》嘉州下又云:"梁武陵王萧纪开通外徼,立青州,遥取汉青衣县以为名也。周宣帝二年,改为嘉州。按州境近汉之汉嘉旧县,因名焉。隋大业二年,并嘉州入眉州,八年(当作三年)改为眉山郡。"《隋志》龙游县下亦云:"大业初置眉山郡。"然则大业二年嘉州并入眉州后,眉州即由通义迁治龙游也。《杨考》云:"隋大业并嘉州入眉州,因移眉州于嘉州城,旋废州为眉山郡,仍治龙游。"是矣。

《北周志》眉州领齐通、青神2郡。

1. 齐通县(581—582 齐通县,583—600 广通县,601—617 通义县)

《隋志》:"开皇初改齐通为广通,仁寿元年改为通义。"《元和志》:"后魏于此置通义县,属齐通郡,隋开皇三年罢郡,以县属眉州。"《寰宇记》:"魏恭帝二年置通义县,在眉州北二十里,属齐通郡。周明帝二年废齐通郡为安乐县,仍旧属,其后又改为齐通县,隋开皇四年改齐通县为广通。"此通义县之沿革,诸书所记多有不同,今从《隋志》。

|齐通郡| (581—582)——齐通县、洪雅县

《隋志》:"旧置齐通郡,开皇初郡废。"《南齐志》有齐通左郡,建武三年置。《北周志》齐通郡领齐通、洪雅2县。

2. 洪雅县(581—592 洪雅县,593—617 丹棱县)

《隋志》:"后周置曰齐乐,开皇中改名丹棱县。"《元和志》:"周明帝置齐乐县,武帝改为洪雅县。隋开皇十三年因县南有洪雅镇,就置洪雅县,仍改今理为丹棱县,属眉州。"《旧唐志》亦云:"后周改为洪雅县。"《杨考》:"按《新唐书》卷73上《宰相世系表》'韩护,周时封洪雅公',则周有此县。"《隋志》不云后周改齐乐为洪雅,盖脱。今从《元和志》。

3. 青神县(581—617)

《隋志》:"青神,后周置。"《元和志》:"西魏恭帝遥于此置青衣县,属眉州之青城郡(当作青神郡),隋开皇三年罢郡,徙县居郡理。"《寰宇记》:"本汉南安县地,西魏分置青神县。"《纪要》:"青神县,汉南安县地,西魏置青衣县,盖取蚕丛氏青衣以劝农桑为名。后周为青神县,并置青神郡。"

|青神郡| (581—582)——青神县

《隋志》:"后周置青神郡,开皇初郡废。"《北周志》青神郡领青神1县。

4. 平羌县(581—582 平羌县,583—588 峨眉县,589 青衣县,590—617 龙游县)

《隋志》:"龙游,后周置曰峨眉,开皇九年改曰青衣;平陈日,龙见水,随军

而进,十年改名焉。"《元和志》:"周武帝保定元年于此立平羌县,隋开皇三年改为峨眉县,九年又于峨眉山下别置峨眉县,改州理平羌县为青衣县,取青衣水为名也。十三年改名龙游(十三年当作十年)。"《杨考》:"《寰宇记》同《元和志》,则周立平羌,隋改峨眉,志作'后周置峨眉',误。"今从《元和志》。

嘉州(581—605)——平羌郡

《隋志》:"西魏曰眉州,后周曰青州,后又曰嘉州,大业二年又改曰眉州。"《元和志》:"梁武陵王萧纪开通外徼,立青州,周宣帝二年改为嘉州,隋大业二年并嘉州入眉州,八年(当作三年)改为眉山郡。"王仲荦《北周志》云此后周之青州,乃"北周保定二年分眉州置,宣政初改为嘉州"。其文云:"《舆地纪胜》引《嘉定志·都安王庙碑》:'后周保定二年初置青州,宣政二年始为嘉州。'《御览》卷一百六十六引《十道志》曰:'周武帝保定元年于此置青州,遥取汉青衣县为名,宣政二年改为嘉州。'《舆地纪胜》又引《嘉定志》云:'后周曰青州,复以九州之名相乱,又改曰嘉州。'"则此嘉州确为后周新立,隋大业二年又并入眉州,且迁眉州治于此,故《隋志》云"大业二年又改曰眉州"也。其实眉州本治通义,由梁之青州改名而来,非此后周之青州、嘉州也。

《北周志》青州领平羌1郡。

平羌郡(581—582)——平羌县

《隋志》:"平羌,后周置,仍置平羌郡,开皇初郡废。"《寰宇记》:"周武帝保定元年立平羌县,仍置平羌郡,隋开皇三年罢郡。"《北周志》平羌郡领平羌、峨眉2县。据《元和志》,平羌县改为峨眉县在隋开皇三年,后周时无峨眉县,《隋志》龙游县下"后周置曰峨眉",峨眉当作平羌,故今不列后周之峨眉县,平羌郡只领1县。

5. 平羌县(583—617)

《隋志》:"平羌,后周置。"按后周之平羌县已于隋开皇三年改为峨眉县,后又改为龙游县,此平羌县乃是别一平羌。《元和志》云:"周武帝置平羌县,隋开皇四年改州理平羌县为峨眉县(前龙游县下作三年,当以三年为是),仍于今县东六十里别立平羌县。"此县既是接近州理,当亦是嘉州属县。

6. 峨眉县(589—617)

《隋志》:"峨眉,开皇十三年置。"《元和志》:"本汉南安县地,开皇九年改州理峨眉县为青衣县,又于峨眉山下别置峨眉县,县枕峨眉山东麓。"《寰宇记》:"隋开皇九年立峨眉县,以山为名。"《杨考》:"按开皇九年改州理峨眉为青衣,即别置峨眉于此,情事甚合,《隋志》作十三年,误。"今从《元和志》、《寰宇记》。

7. 夹江县(593—617)

《隋志》："夹江,开皇三年置。"《元和志》："隋开皇十三年割平羌、龙游二县地于夹江废戍置夹江县,属嘉州。"《寰宇记》同。则此《隋志》脱"十"字,当作"十三年"。

8. 洪雅县(593—617)

《隋志》："洪雅,开皇十三年置。"《元和志》："开皇十三年改洪雅为丹棱县,更于此置洪雅县,属眉州。"

9. 绥山县(615—617)

《元和志》："隋大业十一年招慰生獠,立以为县,因山为名,属眉山郡。"《寰宇记》："隋招慰生獠,于此置绥山县。"

10. 玉津县(615—617)

《元和志》："本汉南安县地,隋大业十一年于此置玉津县,以江有璧玉津,故以为名。"《寰宇记》："隋大业中于此置玉津县,以江有璧玉津,故以为名。"《元和志》、《寰宇记》皆列此县于嘉州下,则隋时此县亦应属眉山郡也。

以上所列,为眉州眉山郡之政区沿革。其开皇三年前有 2 州、3 郡、4 县；大业三年改州为郡后,眉山郡共领 8 县。兹列表 62 如下。

表 62　眉州眉山郡隋开皇元年、大业三年州郡县统辖关系表

	开　皇　元　年			小计		大　业　三　年
州	眉　州		嘉　州	2 州	郡	眉山郡
郡	齐通郡	青神郡	平羌郡	3 郡	县	通义县、丹棱县、青神县、龙游县、平羌县、峨眉县、夹江县、洪雅县
县	齐通县、洪雅县	青神县	平羌县			
小计	2 县	1 县	1 县	4 县	小计	8 县

第二十八节　陵州隆山郡政区沿革

(五七)陵州隆山郡(581—606 陵州,607—617 隆山郡)

开皇三年前领怀仁、和仁、隆山 3 郡。

《隋志》："西魏置陵州。"《元和志》："周闵帝元年置陵州,因陵井以为名。"《寰宇记》："周闵帝元年于此置陵州,因陵井为名,隋大业三年废州为隆山郡。"《隋志》仁寿县下："大业初置隆山郡。"

《北周志》陵州领怀仁、和仁、隆山3郡。

1. 普宁县(581—597普宁县,598—617仁寿县)

《隋志》:"梁置怀仁郡,西魏改县曰普宁,开皇初郡废,十八年县改名为仁寿。"《杨考》云:"按梁并置怀仁县,据《李衍传》,则先本有怀仁县。可知此亦因县与郡同名,故志不重书也。"《元和志》:"后魏定蜀,于此置普宁县,属怀仁郡,隋开皇三年罢郡,以县属陵州,十八年改普宁为仁寿县。"

怀仁郡(581—582)——普宁县、蒲亭县

《隋志》:"梁置怀仁郡,开皇初郡废。"《元和志》:"后魏定蜀,于此置普宁县,属怀仁郡,隋开皇三年罢郡,以县属陵州。"《北周志》怀仁郡领普宁、蒲亭2县。

2. 蒲亭县(581—606)

《隋志》仁寿县下:"又西魏置蒲县,大业初置隆山郡,蒲县并入焉。"《杨考》:"按蒲县当作蒲亭,《旧唐志》、《寰宇记》皆作蒲亭。《纪胜》云:蒲亭城在仁寿县南十五里。"今据改。

3. 贵平县(581—617)

《隋志》:"贵平,西魏置。"《元和志》:"贵平县,后魏于此置和仁郡,仍立县。"

和仁郡(581—582)——贵平县、籍县

《隋志》:"西魏立和仁郡,开皇初郡废。"《北周志》和仁郡领贵平、籍2县。

4. 籍县(581—605)

《隋志》贵平县下:"大业初又废籍县入焉。"《元和志》:"周闵帝于此置籍县,因蜀先主籍田地为名。隋大业二年省。"

5. 隆山县(581—617)

《隋志》:"旧曰犍为,西魏改县曰隆山。"《舆地广记》:"本汉武阳县,后改武阳为犍为县,西魏改县曰隆山,隋开皇初属陵州。"

隆山郡(581—582)——隆山县、江阳县、白水县

《隋志》隆山县下:"旧曰犍为,置江州,后周省州置隆山郡,开皇初郡废。"《元和志》彭山县下:"本汉武阳县也,周武帝于此置隆山郡。以境内有鼎鼻山,地形隆起,故为名。"《北周志》隆山郡领隆山、江阳、白水3县。

6. 江阳县(581—582)

《隋志》隆山县下:"开皇初郡废,又并江阳县入焉。"《宋志》江州江阳郡领江阳县,此县乃宋置。

7. 白水县(581—582)

《宋志》江阳郡领绵水县。《纪要》云:"刘宋置绵水县,属江阳郡,萧齐因

之。志云后周改为白水县,隋废。"《嘉庆重修一统志》:"周武帝改绵水县为白水县,隋废。"按此白水县《纪要》等书皆云隋废,而废于何年不明,盖开皇初与江阳县同废。

8. 始建县(591—617)

《隋志》:"始建,开皇十一年置。"《元和志》:"隋开皇十年于今县立始建镇,大业五年改镇为县。"此县何时设置,二书所记不同,今从《隋志》。

9. 井研县(609—617)

《元和志》:"大业五年因井研镇立县,取镇为名,属陵州。"《寰宇记》:"大业元年因井研镇立井研县。"此县设置时间二书所记亦不相同,今从《元和志》。

以上所列,为陵州隆山郡之政区沿革。其开皇三年前有1州、3郡、7县;大业三年改州为郡后,隆山郡共领4县。兹列表63如下。

表63 陵州隆山郡隋开皇元年、大业三年州郡县统辖关系表

	开 皇 元 年			小计		大 业 三 年
州	陵 州			1州	郡	隆山郡
郡	怀仁郡	和仁郡	隆山郡	3郡	县	仁寿县、贵平、隆山县、始建县
县	普宁县 蒲亭县	贵平县 籍县	隆山县、江阳县、白水县			
小计	2县	2县	3县	7县	小计	4县

第二十九节 资州资阳郡政区沿革

(五八)资州资阳郡(581—606资州,607—617资阳郡)

开皇三年前领资阳、资中2郡。

《隋志》:"西魏置资州。"《元和志》:"西魏废帝二年置资州,取资水为名,隋大业三年改为资阳郡。"《通典》:"西魏恭帝置资州。"《寰宇记》:"西魏恭帝二年置资州。"《隋志》盘石县下:"大业初置资阳郡。"

《北周志》资州领资阳、资中2郡。

1. 资阳县(581—617)

《隋志》:"资阳,后周置。"《元和志》:"周明帝于资中县置资阳县,因资水为名,属资阳郡。"《旧唐志》:"后周分资中县置资阳县。"《寰宇记》:"周武成二年

于资中古城置资阳县。"又云："周明帝武成二年自阳安徙州于汉资中古城,隋开皇七年自资阳县移于盘石。"则此资阳县本为州治,故列此县为首县。

资阳郡(581—582)——资阳县

《元和志》："周明帝于资中县置资阳县,属资阳郡;隋开皇三年罢郡,县属资州。"《北周志》资阳郡领资阳1县。

2. 盘石县(581—617)

《隋志》："盘石,后周置县。"《元和志》："本汉资中县地,后为夷獠所居,周武帝于汉资中故城置盘石县。"《旧唐志》："后周改资中县为盘石县。"《寰宇记》："周保定五年于汉资中县故城置盘石县,属资中郡。"

资中郡(581—582)——盘石县、内江县

《隋志》："后周置资中郡,开皇初郡废。"《北周志》资中郡领盘石、内江2县。

3. 内江县(581—617)

《隋志》："内江,后周置。"《元和志》："内江县,本汉资中县地。周武帝天和二年于中江水滨置汉安成,其年改为中江县,属资中郡。隋文帝避庙讳,改为内江县。"

4. 安岳县(581—617)

《隋志》："安岳,后周置。"《元和志》："周武帝建德四年与州同置。"《寰宇记》："后周建德四年置安岳县,本以邑地在山之上,四面险绝,故曰安岳。"

普州(581—605)——普慈郡、安居郡

《隋志》："后周置普州,大业初州废。"《元和志》："普州,即汉之资中、牛鞞、垫江,后之德阳四县之地,周武帝于此立普州,隋大业二年罢普州,以所领县属资州。"《寰宇记》："周武帝建德四年于普慈郡立普州。"

《北周志》普州领普慈、安居2郡。

5. 多业县(581—592 多业县,593—617 普慈县)

《隋志》："后周置县曰多业,开皇十三年县改名焉。"《元和志》："普慈县,本名多业县,周建德四年置,属普慈郡,隋开皇十三年改为普慈。"

普慈郡(581—582)——多业县、安岳县、永康县

《隋志》普慈县下："后周置郡曰普慈,开皇初郡废。"《通典》："梁置普慈郡。"《寰宇记》："普州,梁置普慈郡于此。梁普通中,益州刺史临汝侯赐獠金券镂书,其文曰:'今为汝置普慈郡,可率属子弟奉官租,以时输送。'"据此,则郡实为梁置,后周因之。《北周志》普慈郡领多业、安岳、永康3县,郡治多业。

6. 永康县(581—597 永康县,598—617 隆康县)

《隋志》："隆康,后周置曰永康,开皇十八年改焉。"《元和志》："后周建德四年置永康县,隋开皇十八年改为隆康。"

7. 柔刚县(581—592 柔刚县,593—617 安居县)

《隋志》:"安居,后周置曰柔刚,开皇十三年县改名焉。"《元和志》:"安居县,本周柔刚县也,因山为名,隋开皇十三年改为安居县。"《寰宇记》:"安居县,本周柔刚县,属安居郡,周建德四年置。"

安居郡(581—582)——柔刚县

《隋志》:"后周置安居郡,开皇初郡废。"《北周志》安居郡领柔刚1县。

8. 威远县(591—617)

《隋志》:"威远,开皇初置。"《元和志》:"隋开皇三年置威远戍以招抚生獠,十一年改戍为县,属资州。"《寰宇记》:"开皇二年于威远旧戍置威远县。"此县何时设置,诸书所记有异,今从《元和志》。

9. 大牢县(593—617)

《隋志》:"大牢,开皇十三年置。"《元和志》:"开皇十年置大牢镇,十三年改镇为县。县界有大牢溪,因以为名。"

10. 牛鞞县(616—617)

《元和志》:"本汉资中县地,隋大业十二年于此置牛鞞县,因牛鞞水为名。"《旧唐志》:"隋分置牛鞞县。"

11. 和义县(616—617)

《元和志》:"本汉资中县地,隋大业十二年分置和义县,以招和夷獠,故以和义为名。"

12. 隆龛县(616—617)

《元和志》:"隋开皇三年于此置隆龛镇,大业十二年于镇置县。"《旧唐志》:"后周隆龛城,隋隆龛县,旧治整濑川。"

以上所列,为资州资阳郡之政区沿革。其开皇三年前有2州、4郡、7县;大业三年改州为郡后,资阳郡共领9县。兹列表64如下。

表64 资州资阳郡隋开皇元年、大业三年州郡县统辖关系表

	开 皇 元 年				小计		大 业 三 年
州	资 州		普 州		2州	郡	资阳郡
郡	资阳郡	资中郡	普慈郡	安居郡	4郡	县	资阳县、盘石县、内江县、安岳县、普慈县、隆康县、安居县、威远县、大牢县
县	资阳县	盘石县 内江县	多业县、安岳县 永康县	柔刚县			
小计	1县	2县	3县	1县	7县	小计	9县

第三十节　泸州泸川郡政区沿革

(五九)泸州泸川郡(581—606 泸州,607—617 泸川郡)

开皇三年前领东江阳、洛源 2 郡。

《隋志》:"梁置泸州。"《元和志》:"梁大通初割江阳郡置泸川县,魏置泸州,取泸水为名。隋大业三年改为泸川郡。"《寰宇记》:"梁大同中置泸州,远取泸川为名。"《隋志》泸川县下:"大业初置泸川郡。"

《杨考》云:"按《元和志》谓魏置泸州,盖指西魏也。然当以《隋志》为正。"

《北周志》泸州领江阳、洛源 2 郡。

1. 泸川县(581—617)

《隋志》:"泸川,旧曰江阳,大业初县改名焉。"《元和志》:"晋穆帝于县置东江阳郡,领江阳县,隋开皇三年废郡,以县属泸州,大业元年改江阳县为泸川县。"《寰宇记》亦云:"大业元年改江阳县为泸川县。"然《旧唐志》云:"梁置泸州,故以江阳为泸川县。"《元和志》泸州序亦云:"梁大通初割江阳郡置泸川县。"则泸川县自梁时已有,不待大业元年再改江阳为泸川也。《杨考》云:"按《宋志》:江阳郡,刘璋分犍为立,中失本土,寄治武阳,领江阳、绵水、汉安、常安四县。又东江阳郡,晋安帝初流寓入蜀,今新复,领汉安、绵水二县。《齐志》江阳郡、东江阳郡领县并同。然则宋、齐时之江阳郡在武阳,而此地之东江阳郡乃无江阳县,盖并江阳于汉安也。《隋志》误以宋、齐侨置于武阳者属之汉代旧土,谬也。《元和志》以下皆未分晰。"今依《杨考》及《旧唐志》、《元和志》泸州序,作"梁以江阳为泸川县"。

东江阳郡(581—582)——泸川县、汉安县、绵水县、合江县

《隋志》泸川县下:"旧曰江阳,并置江阳郡,开皇初郡废。"《元和志》:"晋穆帝于县置东江阳郡,隋开皇三年废郡。"《北周志》江阳郡领江阳、绵水、汉安、合江 4 县。

2. 绵水县(581—617)

《隋志》:"绵水,梁置。"《元和志》:"晋于此置绵水县。"

3. 汉安县(581—597 汉安县,598—617 江安县)

《隋志》:"江安,旧曰汉安,开皇十八年改名焉。"《元和志》:"晋穆帝于此置汉安县,十八年改为江安县。"据《隋志》,此《元和志》"十八年"前当有"隋开皇"三字,晋穆帝在位仅十七年,无十八年也。

4. 合江县(581—617)

《隋志》:"合江,后周置。"《元和志》:"晋穆帝于此置安乐县,梁改置安乐

戌,周改为合江县。"

5. 富世县(581—617)

《隋志》:"富世,后周置。"《元和志》:"周武帝置富世县。"

洛源郡(581—582)——富世县

《隋志》:"后周置洛源郡,开皇初郡废。"《北周志》洛源郡领富世1县。

以上所列,为泸州泸川郡之政区沿革。其开皇三年前有1州、2郡、5县,大业三年改州为郡后,泸川郡共领5县。兹列表65如下。

表65　泸州泸川郡隋开皇元年、大业三年州郡县统辖关系表

	开　皇　元　年		小计		大　业　三　年
州	泸　州		1州	郡	泸川郡
郡	东江阳郡	洛源郡	2郡	县	泸川县、绵水县、江安县、合江县、富世县
县	泸川县、绵水县、汉安县、合江县	富世县			
小计	4县	1县	5县	小计	5县

第三十一节　戎州犍为郡政区沿革

(六十)戎州犍为郡(581—606戎州,607—617犍为郡)

开皇三年前领六同、沉犀2郡。

《隋志》:"梁置戎州。"《元和志》:"梁大同十年使先铁讨定夷獠,乃立戎州,即以铁为刺史。"《寰宇记》:"梁置戎州,以镇抚夷戎也。"《隋志》僰道县下:"大业初置犍为郡。"

《北周志》戎州领六同、沉犀2郡。

1. 外江县(581—606外江县,607—617僰道县)

《隋志》:"后周置曰外江,大业初改曰僰道。"《元和志》:"周保定三年改僰道为外江县,隋大业三年改为僰道县。"

六同郡(581—582)——外江县、南广县

《隋志》南溪县下:"梁置六同郡,开皇初郡废。"《寰宇记》:"汉武立犍为郡,因置僰道县以属焉,历后汉、晋、宋、齐皆因之,梁大同十年于此置六同郡,以六合所同为郡之名。"又云:"僰道县,本汉武伐牂柯,始通路于此,亦旧夷国。故为僰道,梁武因加县字,而立郡于此,隋移郡于南溪。"则六同郡本治僰道,隋代

始移于南溪也。而移郡是在开皇元年还是开皇二年,今已无从查核,故仍将此郡列于僰道县下。

《北周志》六同郡领南广、外江2县。

2. 南广县(581—600 南广县,601—617 南溪县)

《隋志》:"南溪,梁置曰南广,仁寿初县改名焉。"《元和志》:"梁于此立南广县,属戎州,隋仁寿二年改为南溪县,避炀帝讳也。"《杨考》引《元和志》作"仁寿元年改为南溪县",隋立杨广为太子在开皇末仁寿初,此县为避讳而改名,自应在仁寿元年,作二年误也。

3. 武阳县(581—582 武阳县,583—617 犍为县)

《隋志》:"后周置曰武阳,开皇初改名犍为。"《元和志》:"犍为县,本汉南安县地,周置沉犀郡,并立武阳县,隋开皇三年罢郡,以县属戎州。"《寰宇记》:"开皇三年于大鹿山置犍为县。"

沉犀郡(581—582)——武阳县

《元和志》:"周置沉犀郡,并立武阳县,开皇三年罢郡,以县属戎州。"《北周志》沉犀郡领武阳1县。

4. 开边县(586—617)

《隋志》:"开边,开皇六年置。"《元和志》:"本汉僰道地,周为外江县地,开皇六年于此县北一百三十里野容川置开边县。"《寰宇记》亦云开皇六年置,"以开拓边疆为名"。

训州(?—586)——?

《隋志》开边县下:"开皇七年废训州入焉。"《杨考》:"其地未详。按《新唐志》羁縻江南道、宋羁縻夔州路绍庆府均有训州,当因隋旧。"又,此州领县诸书亦无记载,今亦不可考矣。

恭州(584—606)——?

《隋志》开边县下:"大业初废恭州入焉。"《元和志》:"隋开皇四年开置南中,立为恭州。"《新唐志》:"恭州,隋置,隋乱废。"《纪要》:"恭州,隋所置羁縻州也,大业中与协州俱废。"钱大昕《廿二史考异》谓:"此恭州即《周书·武帝纪》之恭州。《周书》卷5《武帝纪》:'保定二年冬十月,分南宁州置恭州。'《元和志》、《新唐志》俱谓恭州隋置,非也。"然《新唐书》卷222下《南蛮传》又云:"隋开皇初,遣使朝贡,命韦世冲以兵戍之,置恭州、协州、昆州。"又云:"未几叛,史万岁击之,至西洱河、滇池而还。"盖此地已是边远之地,周、隋所置州郡多不稳定,或后周所置恭州不久即废,隋初蛮夷宾服,故开皇初又重置恭州、协州、昆州等州也。今仍从《隋志》、《元和志》等。此州领县,《隋志》不载,《新唐志》云唐改恭州为曲州，领朱提、唐兴2县，不知是否因隋之旧。

昆州(584—606)——?

《新唐书》卷222下《南蛮传》："隋开皇初，遣使朝贡，命韦世冲以兵戍之，置恭州、协州、昆州。"《新唐志》："昆州，本隋置，隋乱废。武德元年开南中，复置。"唐时昆州领益宁、晋宁、安宁、秦臧4县，隋之昆州领有几县，今已不可考。

南宁州(581—?)——?

《杨考》："按有宁州，亦称南宁州，在今云南曲靖，此即晋宋以来之宁州建宁郡也。《水经·江水注》'僰水又经宁州建宁郡'是也。《通鉴》：'武陵王纪在蜀十七年，南开宁州、越巂。'《南史》卷64《徐文盛传》：'梁大同末为南宁州刺史，州在僻远，群蛮劫窃相寻，前后刺史莫能制，文盛推心抚慰，夷人感之，风俗遂改。'《隋书》卷37《梁睿传》：'剑南平，威震西川，夷獠归附，唯南宁酋帅爨震恃远不宾，睿上书略曰："伪梁南宁州刺史徐文盛被湘东王征赴荆州，土民爨瓒遂窃据一方，国家遥授刺史，其子震相承至今，而震臣礼多亏，请略定南宁。"'又《隋书》卷47《韦世康传》：'弟冲，开皇中为南宁州总管。'"由上所引诸书可见，梁之南宁州，其后延续至隋，中间虽有土官为刺史，但州制一直存在。《隋志》不载此州，实为脱误。此州之领县，今亦难考定，《新唐志》云："南宁州，汉夜郎地。武德元年开南中，因故同乐县置，治味。县七：味、同乐、升麻、同起、新丰、陇堤、泉麻。"其七县中，味、同乐二县似隋时已有。该州之废，虽史无明文，当与恭、昆等州同时，亦在大业初。又，《北周志》虽列有南宁州，但以为是羁縻州，所领郡县无考。

协州(584—606)——东安县、西安县、胡津县

《隋志》开边县下："大业初废协州入焉。"《元和志》："今协州即汉犍为郡之南广县也，其后蛮夷内侵，郡因荒废，开皇四年中隶附，于此置协州，大业三年废入犍为郡。东安县、西安县、胡津县，开皇四年同协州置，大业三年废。"《新唐志》："协州，本隋置，隋乱废。武德元年开南中复置，县三：东安、西安、胡津。"

5. 东安县(584—606)

《元和志》：东安县，隋开皇四年置，本汉南广县之地，大业三年废。

6. 西安县(584—606)

《元和志》：西安县，隋开皇四年置，本汉南广县之地，大业三年废。

7. 胡津县(584—606)

《元和志》：胡津县，隋开皇四年置，本汉南广县之地，大业三年废。

8. 咨官县(615—617)

《元和志》："咨官县，本汉南安县地，晋义熙十年置咨官县，属犍为郡，隋后

误以冶为咨也。"然杨守敬作《隋书地理志考证》所引《元和志》云:"咨官县,在荣州东南九十里,大业十一年置,属犍为郡,隋后误以冶为咨也。"则今本《元和志》有脱误。《嘉庆重修一统志》云:"晋义熙十年置冶官县,后齐废。"然则隋大业十一年是复置冶官县也。

9. 郝驷县(?—617)

《旧唐志》义宾县下:"本汉南安县,属犍为郡,隋改为郝驷县,天宝元年改为义宾。"《舆地广记》:"隋末置,属戎州。"《纪要》:"隋大业中置郝驷县于此。"按此郝驷县本汉县,刘宋时废,隋又复置,但复置年代不明,诸书皆无确说,今只得暂付阙如。

以上所列,为戎州犍为郡之政区沿革。其开皇三年前有2州、2郡、3县;大业三年改州为郡后,犍为郡共领4县。兹列表66如下。

表66 戎州犍为郡隋开皇元年、大业三年州郡县统辖关系表

	开 皇 元 年			小计		大 业 三 年
州	戎 州		南宁州	2州	郡	犍为郡
郡	六同郡	沉犀郡		2郡	县	僰道县、南溪县、犍为县、开边县
县	外江县、南广县	武阳县				
小计	2县	1县		3县	小计	4县

第三十二节 西宁州越巂郡政区沿革

(六一)西宁州越巂郡(581—597西宁州,598—606巂州,607—617越巂郡)

开皇三年前领越巂、亮善、宣化、白沙、邛部、平乐6郡。

《隋志》:"后周置严州,开皇六年改曰西宁州,十八年又改曰巂州。"《元和志》:"周武帝天和三年开越巂地,于巂城置严州,隋开皇六年改曰西宁州,十八年改为巂州。"钱大昕《廿二史考异》云:"按《周书》卷5《武帝纪》'天和五年大将军郑恪率师平越巂,置西宁州',则西宁州乃后周所置,非始于隋。"《周书》卷36《司马裔传》亦云:"天和六年,除西宁州刺史。"是周有西宁州至确。《隋书》卷62《梁毗传》亦云:"开皇初,出任西宁州刺史。"此亦在开皇六年之前,今从钱大昕之说。又《隋志》越巂县下云"带郡",即指大业初又置越巂郡也。因郡县同名,故不重复。

《北周志》西宁州领越巂、亮善、宣化、邛部、平乐、白沙 6 郡。

1. 邛都县(581—617)

《杨考》："邛都，汉县，齐没于獠。"《汉志》越巂郡领有邛都县。《纪要》："邛都废县，齐时越巂降为獠郡，县废。后周复置邛都县，属西宁州，隋属巂州。"

越巂郡(581—582)——邛都县

《元和志》："秦、汉为邛都国，汉武帝乃以邛都之地为越巂郡，属益州。"《北周志》："北周开越巂，亦立越巂郡焉。北周封越巂郡者见《周书》卷 13《赵僭王招传》：'子越巂公乾铣'。"此郡《隋志》不载，当是脱误。

又《北周志》云越巂郡领越巂、邛都 2 县，而《隋志》、《元和志》等皆云越巂县是开皇六年分邛都置，不云后周置县，今不列越巂县于开皇初，故越巂郡只领邛都 1 县。此郡之废，亦当在隋开皇三年。

2. 苏祇县(581—617)

《元和志》："周武帝重开越巂，复立苏祁县，属严州，开皇改属巂州。"《寰宇记》："周天和三年开越巂，后于巂旧城立苏祁县，以苏祁之夷为邑之名。"《隋志》作"苏祇"，县名与《元和志》、《寰宇记》有异。

亮善郡(581—582)——苏祇县

《隋志》："旧置亮善郡，开皇初郡废。"《舆地广记》："苏祈县，汉属越巂郡，后周于故城复置，及置亮善郡，隋开皇初郡废。"《北周志》亮善郡领苏祁 1 县。

3. 可泉县(581—617)

《元和志》："周武帝天和三年，于此置可泉县。"《旧唐志》："梁置可泉县。"

宣化郡(581—582)——可泉县

《隋志》："旧置宣化郡，开皇初废。"《舆地广记》："梁置可泉县及宣化郡，隋开皇初郡废。"《北周志》宣化郡领可泉 1 县。

4. 台登县(581—617)

《元和志》："周武帝重开越巂，于旧理立台登县。"

登州(604—605)——台登县、沈黎县

《隋志》沈黎县下："仁寿末置登州，大业初州废。"《寰宇记》台登县下：《十道志》云：'隋仁寿四年罢大渡镇置登州，大业二年废登州。'"《杨考》："《隋志》载登州于沈黎县，按当在此。"《寰宇记》台登县下列有沈黎故城，并云："隋开皇三年于此立沈黎镇，十三年改为县。"由此可知，隋时台登、沈黎二县邻接，故登州当领有此二县也。沈黎县，见前雅州临邛郡内。

白沙郡(581—582)——台登县

《隋志》："旧置白沙郡，开皇初郡废。"《舆地广记》："台登县，后周置白沙

郡,隋开皇初郡废。"《北周志》白沙郡领台登1县。

5. 邛部县(581—617)

《元和志》:"本汉阑县地,周武帝于邛部城置县,仍以旧城为名,属邛部郡。"《旧唐志》:"后周置邛部县。"《寰宇记》:"周武帝天和三年置邛部郡,以县属焉,隋开皇三年罢郡。"

邛部郡(581—582)——邛部县

《隋志》:"旧置邛部郡,开皇初废。"《寰宇记》:"周武帝天和三年置邛部郡,隋开皇三年罢郡。"《北周志》邛部郡领邛部1县。

6. 平乐县(581—582)

《华阳国志》:"东晋建兴元年立平乐郡,领新定、兴迁、平乐、三沮四县。"《纪要》:"越巂卫东有平乐城,晋永嘉以后,宁州刺史王逊表置平乐郡及平乐县,治于此。建兴三年,平乐太守董霸以逊为治严猛,惮之,叛降于成,郡旋废。后周于邛部县兼置平乐郡,隋开皇初废。"《隋志》邛部县下:"又有平乐郡,开皇初废。"《杨考》云:"何得至开皇始废?岂梁、周复置欤?"《北周志》据《隋志》、《纪要》列出平乐郡,却又云领县无考。余以为后周复置平乐郡,当领有平乐县。《纪要》云东晋时郡旋废,而未言废县,后周复置平乐郡时,又领此县也。邛部郡已领邛部县,平乐郡不可再领邛部县,自当领平乐县也。此县开皇初当与郡同废。

平乐郡(581—582)——平乐县

《隋志》:"又有平乐郡,开皇初废。"

7. 越巂县(586—617)

《元和志》:"越巂县,本汉邛都县之地,隋开皇六年分邛都置越巂县。"《寰宇记》:"隋开皇六年分邛都置越巂县,属西宁州,十八年改为巂州,县仍属焉。"

以上所列,为巂州越巂郡之政区沿革。其开皇三年前有1州、6郡、6县;大业三年改州为郡后,越巂郡共领6县。兹列表67如下。

表67 西宁州越巂郡隋开皇元年、大业三年州郡县统辖关系表

开 皇 元 年							小计	大 业 三 年	
州	西宁州						1州	郡	越巂郡
郡	越巂郡	亮善郡	宣化郡	白沙郡	邛部郡	平乐郡	6郡	县	邛都县、苏祗县 可泉县、台登县 邛部县、越巂县
县	邛都县	苏祗县	可泉县	台登县	邛部县	平乐县			
小计	1县	1县	1县	1县	1县	1县	6县	小计	6县

第三十三节　牂州牂柯郡、黔州黔安郡、明阳郡政区沿革

（六二）牂州牂柯郡（583—606 牂州，607—617 牂柯郡）

《隋志》："开皇初置牂州。"《纪要》牂柯废县下："隋初置，兼置牂州治焉，大业初改州为牂柯郡。"按此州县，《隋志》及《纪要》等书皆云开皇初置，而不言置废郡事，则当是开皇三年废郡后所置，故此处定牂州始置年为开皇三年。

1. 牂柯县（583—617）

《纪要》："牂柯县，隋初置，兼置牂州治焉。"《新唐志》牂州领 3 县：建安、宾化、新兴。又云："建安，本牂柯，武德二年更名。"此即隋之牂柯县。

2. 宾化县（583—617）

《纪要》："又有宾化县，亦隋初置，属牂州。唐因之。"《新唐志》牂州领有宾化县。

南寿州（589—605）——？

《寰宇记》："隋平陈，分牂柯郡立南寿州，贞观中改为庄州。"《新唐志》："庄州，本南寿州，贞观三年以南谢蛮首领谢强地置，四年更名。"此州《隋志》不载，盖有脱误，领县亦不明。《新唐志》庄州领石牛、南阳、轻水、多乐、乐安、石城、新安 7 县，不知是否因隋之旧。此州盖废于大业初，故贞观三年又重置。

以上所列，为牂州牂柯郡之政区沿革。其开皇三年前无州郡县，开皇三年始置牂州；大业三年改州为郡后，牂柯郡共领 2 县。兹列表 68 如下。

表 68　牂州牂柯郡隋开皇三年、大业三年州郡县统辖关系表

开　皇　三　年		大　业　三　年	
州	牂　州	郡	牂柯郡
		县	牂柯县、宾化县
		小计	2 县

（六三）黔州黔安郡（581—606 黔州，607—617 黔安郡）

《隋志》："后周置黔州。"《元和志》："周保定四年，涪陵蛮帅田思鹤以地内

附,因置奉州,建德三年改为黔州,大业三年改为黔安郡。"《寰宇记》所记略同。

《隋志》又云:"后周置黔州,不带郡。"《纪胜》引《隋志》又作"不带县"。故《北周志》虽列有黔州,却不领郡县。

1. 彭水县(593—617)

《隋志》:"彭水,开皇十三年置。"《元和志》:"隋开皇十三年蛮帅内属,于此置彭水县。"《寰宇记》同。

2. 涪川县(585—617)

《隋志》:"开皇五年置。"《元和志》:"涪川县,隋开皇五年置,取涪水为名。"《寰宇记》:"涪川县,隋开皇五年于今县北十二里涪陵江岸置。"

3. 信安县(614—617)

《元和志》:"隋大业十年置信安县。"《寰宇记》:"隋大业十二年置,以地居信安山,遂以信安为名。"此县之始置,二书所载年份不一,今从《元和志》。

以上所列,为黔州黔安郡之政区沿革。其开皇三年前有1州,却无郡县;大业三年改州为郡后,黔安郡共领2县。兹列表69如下。

表 69　黔州黔安郡隋开皇元年、大业三年州郡县及其统辖关系表

	开 皇 元 年	小计	大 业 三 年	
州	黔　州	1州	郡	黔安郡
			县	彭水县、涪川县
			小计	2县

(六四) 明阳郡(611—617)

《元和志》:"大业七年置绥阳县,属明阳郡。"《寰宇记》:"高富县,大业七年置,属明阳郡。"《元和志》又云:"宁夷县,隋大业八年置,属明阳郡。"此明阳郡诸书屡见,而《隋志》不载。盖《隋志》以大业五年为断,此明阳郡建于大业七年,故《隋志》无。

1. 绥阳县(611—617)

《元和志》夷州序:"隋大业七年置绥阳县,属明阳郡。"然《元和志》绥阳县下又云大业十二年置县,今仍作七年。《寰宇记》又作"大业四年置",恐误。

2. 高富县(611—617)

《寰宇记》:"废高富县在夷州东北一百一十里,隋大业七年置,属明阳郡,

末年陷夷獠。"

3. 宁夷县(612—617)

《元和志》:"宁夷县,隋大业八年置,属明阳郡。"《旧唐志》:"宁夷,隋置。"

4. 都上县(616—617)

《元和志》:"都上县,隋大业十二年招慰所置。其处是酋豪首领都集之所,因以为名。"《旧唐志》:"都上,隋置。"

5. 义泉县(616—617)

《元和志》:"义泉县,隋大业十二年招慰所置,以带山泉为名。"《旧唐志》:"义泉,隋旧。"《寰宇记》:"义泉县,隋大业十一年置,初属明阳郡,唐武德二年改属义州。"《新唐志》:"义泉,本隶明阳郡。"

以上所列,为明阳郡之政区沿革。其开皇三年前无有州郡县,大业七年始置明阳郡及绥阳县、高富县,后又增置宁夷等县,至隋末共领5县。因开皇元年、大业三年时均无州郡县,故不再列表。

第三章　豫州地区州郡县沿革

第一节　洛州河南郡政区沿革

（六五）洛州河南郡(581—604 洛州,605—606 豫州,607—617 河南郡)
开皇三年前领河南、洛阳、河阴、阳城 4 郡。

《隋志》："旧置洛州,大业元年移都,改曰豫州。"《元和志》："仁寿四年,炀帝诏杨素营东京。大业元年新都成,遂徙居。又改洛州为豫州,置牧。三年,罢州为河南郡,置尹。"《隋书》卷 3《炀帝纪》："大业元年正月,改洛州为豫州。"又《隋志》河南县下："带郡。"此即指大业三年改豫州为河南郡,郡治河南县,因郡县同名,故不重复,而以"带郡"二字括之。

《北周志》洛州领河南、洛阳、河阴、阳城、中川 5 郡。按中川郡《隋志》嵩阳县下已云"后周废",故此不再列。

1. 河南县(581—617)

《隋志》洛阳县下："旧河南县,东魏迁邺,改为宜迁县,后周复曰河南。大业元年徙入新都。"《元和志》："河南县,本汉旧县,后魏静帝改为宜迁县,周宣帝复为河南。隋仁寿四年迁都,移县于东都宽政坊,即今县是也。"《寰宇记》："河南县,晋及后魏皆理于今苑城东北隅,后周大象二年移于故洛城西,隋大业二年又移今洛城内宽政坊。"然则自魏至隋,此县不但名称多有改变,治所亦二次迁移也。

河南郡(581—582)——河南县

《地形志》："河南郡,秦置三川守,汉改为河南郡。后汉、晋为尹,后罢。司马德宗置,后罢。太宗复。太和中迁都,为尹,天平初改。"王仲荦《北周志》云："按西魏侨置河南郡于大坞(见《隋志》渑池县下),东魏置河南郡于宜迁(即河南县),是东西分立、周齐对峙之际,有两河南郡也。《寰宇记》谓后周建德六年平邺之后省东魏及高齐两河南郡,仍于洛置洛阳郡。然大坞之河南郡实省废于周宣帝大象末年,见《隋书》卷 30《地理志》。而此河南郡隋初似尚未废并,当是省并于开皇三年合并郡县之际。隋初封河南郡公者见《隋书》卷56《令狐熙传》:'高祖受禅,进爵河南郡公。'按以此可证此河南郡隋初尚未废。"王氏之说,言之有理,今从之。《隋志》不载此河南郡,有误。

《北周志》河南郡领河南1县。

2. 洛阳县(581—617)

《元和志》:"洛阳县,本秦旧县,历代相因。"《寰宇记》:"秦襄王以为洛阳县,属三川。自汉以后,县属河南。隋炀帝迁都,自今县东三十里移于今德懋坊西南隅。"

洛阳郡 (581—582)——洛阳县、缑氏县

《隋志》:"东魏置洛阳郡,开皇初郡废。"《地形志》:"洛阳郡,天平初置。"领洛阳、缑氏2县。《北周志》洛阳郡亦领洛阳、缑氏2县。

3. 缑氏县(581—595,605—617)

《隋志》:"缑氏,旧废,东魏置。开皇十六年废,大业初又置。"《地形志》:"缑氏,二汉、晋属河南,太和十七年并洛阳,天平初复,属洛阳郡。"《元和志》:"缑氏县,秦汉为县,因山为名。隋大业十年移据公路涧西,凭岸为城,即今县是也。"《寰宇记》:"汉以为县,属河南。莽曰中亭,至宋犹属河南。按此前缑氏县在今县东二十五里缑氏故城,后魏太和十七年省并入洛阳,东魏天平元年复以洛阳城中置缑氏县,后周建德六年又自洛阳城移于今县北七里钩锁故垒置,隋开皇四年又移于今县北十里洛阳故郡城,大业元年复移于今县东南十里置,十年又移县据公路涧西,凭岸为城。"按《元和志》、《寰宇记》皆不云缑氏县隋有废置事,疑有脱误,今仍从《隋志》。又《隋志》云"大业初又置",而《寰宇记》云"大业元年复移于今县东南十里置",则此"大业初"当为"大业元年"。

4. 河阴县(581—604)

《隋志》洛阳县下:"东魏置河阴县,大业初并入焉。"《寰宇记》:"大业元年废河阴县,并入洛阳。"

河阴郡 (581—582)——河阴县

《地形志》:"河阴郡,元象二年置。"该郡领河阴1县。《北周志》河阴郡亦领河阴1县。

按《隋志》无河阴郡之文,盖脱。其洛阳县下有云:"东魏置洛阳郡、河阴县,开皇初郡并废。"一郡何得云"并废"? 脱河阴郡也。应作:"东魏置洛阳郡、河阴郡并河阴县,开皇初郡并废。"

5. 阳城县(581—617)

《元和志》告成县下:"本汉阳城县,属颍川郡,因阳城山为名。后魏置阳城

郡,属司州。隋开皇三年废郡,以县属洛州。"《地形志》有阳城县,属阳城郡。

嵩州(596—603)——阳城县、轮氏县、康城县、阳翟县

《隋志》阳城县下:"开皇十六年置嵩州。仁寿四年废。"《元和志》同。按《隋志》阳城县下原置阳城郡,郡领阳城、堙阳(后改武林,又改为轮氏、嵩阳)、康城3县,开皇十六年立嵩州,亦应领此3县。又据《元和志》阳翟县下所云"隋开皇十六年置嵩州,以县属焉",则嵩州还领有阳翟县,共领4县。阳翟县,见伊州襄城郡内。

阳城郡(581—582)——阳城县、堙阳县、康城县

《隋志》:"后魏置阳城郡,开皇初废。"《元和志》:"后魏置阳城郡,隋开皇三年废郡,以县属洛州。"《地形志》有阳城郡,云孝昌二年置,领阳城、颍阳、康城3县。颍阳,《纪要》云"本汉县,属颍川郡,晋废,后魏复置,仍属颍川郡,寻属阳城郡,东魏属中川郡,后周省入堙阳县"。而堙阳本从颍阳析出,故二县本为一县。又中川郡,《隋志》嵩阳县下云"后周废",因此隋初已无此郡。王仲荦《北周志》列有此郡,云"隋文帝父名忠,盖周末隋初为隋讳,遂废郡"。据《隋志》例,凡讳中而改郡县名者,皆在开皇元年,故中川郡亦应废于开皇元年。颍阳本属阳城郡,中川郡废后,自当还属阳城郡。《北周志》阳城郡领阳、康城2县;开皇元年废中川郡后,阳城郡增领堙阳县,共领3县。

6. 堙阳县(581—585堙阳县,586—597武林县,598—604轮氏县,605—617嵩阳县)

《隋志》:"后魏曰颍阳,东魏分置堙阳,后周废颍阳入,开皇六年改曰武林,十八年改曰轮氏,大业元年改曰嵩阳。"《地形志》:"颍阳,天安二年置。""堙阳,太和十三年分颍阳置。"《元和志》:"后魏太和中于纶氏县城置颍阳县,属河南尹,又分颍阳置堙阳县。隋开皇六年改堙阳为武林,十八年又改为纶氏,大业元年改为嵩阳。"按纶氏即轮氏,《汉志》作"纶氏",《后汉志》作"轮氏",实为一地。

7. 康城县(581—603)

《隋志》阳城县下:"后魏置康城县,仁寿四年废入焉。"《地形志》:"康城,孝昌中分阳城置。"

8. 陕县(581—617)

《隋志》:"陕,后魏置。"《元和志》:"陕县,本汉县,历代不改。后魏改为陕中县,西魏去'中'字。"

陕州(581—605)——崤郡、阌乡郡、弘农郡

《隋志》陕县下:"后魏置陕州,大业初州废。"《元和志》:"后魏孝文帝太和

十一年置陕州,十八年罢陕州。孝武帝永熙中重置,西魏文帝大统三年又罢州。周明帝复置,隋大业二年复罢,以其地属河南郡。"

《北周志》陕州领崤郡、阌乡郡、弘农郡。弘农郡隋世属虢州,见虢州弘农郡内。

崤郡(581—582)——陕县、崤县

《隋志》:"后魏置恒农郡,后周又置崤郡,开皇初郡并废。"《元和志》陕县下:"周明帝于陕城内置崤郡,以陕、崤二县属焉。隋开皇初罢郡,以县属陕州。"《寰宇记》谓周武帝改弘农(即恒农郡,避后魏献文帝讳弘而改为恒农)为崤郡,王仲荦《北周志》从之。该郡领陕、崤2县。

弘农郡(617)——陕县、崤县、桃林县、长水县

《元和志》陕州下云:"义宁元年改置弘农郡,武德元年改为陕州。"《旧唐志》:"义宁元年置弘农郡,领陕、崤、桃林、长水四县。"《寰宇记》同。按此弘农郡乃隋末改置,故领县与原崤郡不同。

9. 崤县(581—605,617)

《隋志》熊耳县下:"又有后魏崤县,大业初废入。"《元和志》:"后魏孝文帝分陕县东界置崤县。周明帝二年分陕、崤二县置崤郡。隋文帝罢郡,以崤县属陕州,大业二年废入陕县,义宁元年重置,理硖石坞。"

10. 阌乡县(581—617)

《隋志》:"阌乡,旧曰湖城,开皇十六年改焉。"《元和志》:"周明帝二年置阌乡郡,开皇三年废,十六年移湖城于今所,改名阌乡,属陕州。"《寰宇记》:"湖城,汉县,属京兆尹。旧曰胡,建元元年更为湖,即今县西北二里故胡城也。宋改为湖城县,隋开皇十六年废。义宁元年,于古上阳宫再立。"王仲荦《北周志》云:"湖城、阌乡实同时并置,非隋改湖城为阌乡也。"又云:"阌本乡名,置县当与郡同时。隋初封阌乡县公者见《新唐书》卷75下《宰相世系表》:'路兖,阌乡公。'"综上所述,开皇十六年当是废湖城县,非改湖城为阌乡也。《隋志》有误。

阌乡郡(581—582)——阌乡县、湖城县

《元和志》:"周明帝二年置阌乡郡,开皇三年废。"《北周志》阌乡郡领阌乡、湖城2县。

11. 湖城县(581—595,617)

《元和志》:"本汉湖县,属京兆尹,后汉改属弘农郡,至宋加'城'字为湖城县。"《寰宇记》:"汉县,属京兆尹。旧曰胡,建元元年更为湖。宋改为湖城县,隋开皇十六年废。义宁元年,于古上阳宫再立。"

12. 宜阳县(581—617)

《元和志》:"汉以为县,属弘农郡。"《汉志》弘农郡下有宜阳县。

熊州(581—605)——宜阳郡、同轨郡、新安郡

《隋志》:"东魏置阳州,后周改曰熊州,大业初废熊州。"《地形志》:"阳州,天平初置,寻陷,武定初复。"该州领宜阳、金门 2 郡。《周书》卷 4《明帝纪》:"二年春正月,于宜阳置熊州。"

《北周志》熊州领宜阳、同轨、新安、河南 4 郡,然《隋志》渑池县下云河南郡后周"大象中废",《寰宇记》亦云渑池县后周"改属同轨郡",故此熊州隋世只领 3 郡,无河南郡。

宜阳郡(581—582)——宜阳县、甘棠县、昌洛县

《隋志》宜阳县下:"后魏置宜阳郡,开皇初郡废。"《地形志》:"宜阳郡,孝昌初置。"该郡领 3 县:宜阳、西新安、东亭。《北周志》宜阳郡领宜阳、甘棠、东亭、昌洛 4 县。按东亭县,《隋志》陆浑县下云:"又有东魏东亭县,寻废。"既云"寻废",则存续时间不会很长,不可能至隋时犹有。王仲荦引《隋志》作"隋废",盖为误引,故此县不列。

13. 甘棠县(581—603 甘棠县,604—617 寿安县)

《隋志》:"寿安,后魏置县曰甘棠,仁寿四年改焉。"《元和志》:"寿安县,本汉宜阳县地,后魏分新安置甘棠,隋开皇三年以县属熊州,十六年改属谷州,仁寿四年改名寿安县。"《旧唐志》:"义宁元年移治九回城。"

14. 昌洛县(581—597 昌洛县,598—605 洛水县)

《隋志》宜阳县下:"后魏置南渑池县,后周改曰昌洛,开皇十八年改昌洛曰洛水,大业初省洛水入宜阳县。"《地形志》阳州金门郡领有南渑池县,此即后周之昌洛、隋之洛水也。

15. 熊耳县(581—617)

《隋志》:"熊耳,后周置。"《元和志》:"后魏文帝置北宜阳县,属宜阳郡,废帝二年改为熊耳县。"

同轨郡(581—582)——熊耳县、渑池县

《隋志》熊耳县下:"后周置同轨郡,开皇初郡废。"《隋书》卷 63《卫玄传》:"高祖受禅,封同轨郡公。"《通鉴》胡注:"周齐以宜阳为界,以同轨名郡者,言将自此出兵以混一东西,使天下车同轨也。"《北周志》同轨郡领熊耳 1 县,渑池县原属河南郡,《隋志》渑池县下云"河南郡大象中废",《寰宇记》云渑池县"周改属同轨郡",故周末隋初同轨郡应领熊耳、渑池 2 县。

16. 渑池县(581—617)

《地形志》:"北渑池,太和十一年置,属渑池郡。"《寰宇记》:"渑池县,汉为县,属弘农郡。莽曰陕亭。《周地图记》曰:'魏贾逵为令,时县理蠡城。'按《四夷郡国县道记》云:'汉渑池城当与渑池水源南北相对,曹魏移于今福昌县西六十五里蠡城,后魏初犹属弘农郡,大统十一年又移于今县西十三里故渑池县为理,改属河南郡,周改属同轨郡,隋大业元年又移于今县东二十五里新安驿置,属熊州,十二年复移理大坞城,唐贞观三年自大坞城移于今理。'"《元和志》:"渑池县,隋文帝时属熊州,十六年改属谷州。"据《隋志》新安县下所云"开皇十六年置谷州,仁寿四年州废",此渑池县仁寿四年谷州废后当仍属熊州也。

17. 新安县(581—603)

《隋志》新安县下:"仁寿四年废新安入东垣。"《元和志》:"新安县,后魏属新安郡。"《地形志》洛州新安郡领有新安县,云"二汉属恒农,晋属河南,太和十二年改为郡,十九年复,后属新安郡"。

新安郡(581—582)——新安县、东垣县

《元和志》:"新安县,本汉旧县,后魏属新安郡,周武帝保定三年省新安郡,建德六年又置新安郡。"《杨考》:"当是开皇初废郡。《隋志》遗书新安郡。"《北周志》新安郡领新安、东垣2县。

18. 东垣县(581—605 东垣县,606—617 新安县)

《隋志》新安县下:"后周置东垣县,仁寿四年又废新安入东垣,大业初改名新安。"《地形志》:"东垣,二汉、晋属河东,后属新安郡。"

谷州(596—603)——东垣县、新安县、渑池县、寿安县

《隋志》新安县下:"开皇十六年置谷州,仁寿四年州废。"此谷州置于东垣县,新安仁寿四年亦废入东垣,州领东垣、新安2县自当无疑;又据《元和志》渑池县下"开皇十六年改属谷州",寿安县下"开皇十六年改属谷州",则此谷州还领有渑池、寿安2县,共领4县。

19. 南陆浑县(581—582 南陆浑县,583—604 伏流县,605—617 陆浑县)

《隋志》:"东魏置伊川郡,领南陆浑县,开皇初郡废,改县曰伏流,大业初改曰陆浑。"伊川郡,《地形志》作伊阳郡,云"武定二年置,治伏流城",领南陆浑1县。《北齐书》卷35《裴让之传》:"弟谳之,齐亡仕周,卒伊川太守。"《周书》卷34《裴宽传》:"伊川郡守梁鲜常在境首抄掠。"则齐、周时郡名已改为伊川矣。《元和志》又云:"隋大业元年省伏流县,移陆浑县于今理。"

和州(581—605)——伊川郡、新城郡

《隋志》陆浑县下:"又有东魏北荆州,后周改曰和州,大业初州废。"《周书》

卷5《武帝纪》："保定二年四月于伏流城置和州。"《地形志》北荆州领伊阳、新城、汝北3郡，云"武定二年置"。汝北郡，《隋志》承休县下云"后改为汝阴郡，后周郡废"。

《北周志》和州领伊川、新城、汝北、石台4郡。其石台郡建置不详，《隋志》亦无记载，今不列。

伊川郡(581—582)——南陆浑县、汝原县、梁县

《隋志》陆浑县下："东魏置伊川郡，领南陆浑县，开皇初郡废。"《北周志》伊川郡领南陆浑1县。汝原、梁县，见伊州襄城郡内。

20. 新城县(581—597新城县，598—617伊阙县)

《隋志》："伊阙，旧曰新城，开皇十八年县改名焉。"《元和志》："汉为新城县，属河南郡，周武帝时属伊川郡，隋开皇十八年改为伊阙县。"王仲荦《北周志》云："按《隋书》卷30《地理志》：伊阙，旧曰新城，东魏置新城郡，开皇初郡废，则新城无改属伊川郡事，故不取《元和志》之说。"今从之。

新城郡(581—582)——新城县、北陆浑县

《隋志》伊阙县下："东魏置新城郡，开皇初郡废。"《地形志》："新城郡，天平中置。"郡领新城、北陆浑2县。《北周志》新城郡亦领新城、北陆浑2县。

21. 北陆浑县(581—582)

《地形志》新城郡领有北陆浑县。《嘉庆重修一统志》："隋省北陆浑入南陆浑。"此当是开皇初废郡时省入。

22. 伊川县(583—605)

《隋志》洛阳县下："开皇初析置伊川县，大业初伊川县并入焉。"此县自洛阳析出，后又并入洛阳，而洛阳开皇三年废郡后即属洛州，故此伊川县亦应属洛州。

23. 桃林县(596—617)

《隋志》："桃林，开皇十六年置。"《元和志》："隋开皇十六年置桃林县，属陕州。"《新唐志》："义宁元年隶虢郡。"

24. 偃师县(596—617)

《隋志》："偃师，旧废，开皇十六年置。"《杨考》："汉县，晋废。"《元和志》、《寰宇记》均云偃师属洛州。

25. 巩县(596—617)

《隋志》："巩，后齐废，开皇十六年复。"《元和志》："汉以为县，属河南郡。"《纪要》："巩县，汉置县，属河南郡。北齐属洛州，寻废。隋开皇十六年复置，大业初移县治洛口，仍属河南郡。"

26. 兴泰县(608—617)

《隋志》:"兴泰,大业初置。"《纪要》:"隋大业四年置兴泰县,属河南郡,隋末废。"

以上所列,为洛州河南郡之政区沿革。其开皇三年前有4州、11郡、21县;大业三年改州为郡后,河南郡共领17县。兹列表70如下。

表70　洛州河南郡隋开皇元年、大业三年州郡县统辖关系表

	开　皇　元　年										小计
州	洛　州				陕　州		熊　州			和　州	4州
郡	河南郡	洛阳郡	河阴郡	阳城郡	崤郡	阌乡郡	宜阳郡	同轨郡	新安郡	伊川郡	新城郡	11郡
县	河南县	洛阳县 缑氏县	河阴县	阳城县 堙阳县 康城县	陕县 崤县	阌乡县 湖城县	宜阳县 甘棠县 昌洛县	熊耳县 渑池县	新安县 东垣县	南陆浑县	新城县 北陆浑县	
小计	1县	2县	1县	3县	2县	2县	3县	2县	2县	1县	2县	21县
	大　业　三　年										
郡	河南郡										
县	河南县、洛阳县、缑氏县、阳城县、嵩阳县、陕县、阌乡县、宜阳县、寿安县、熊耳县、渑池县、新安县、陆浑县、伊阙县、桃林县、偃师县、巩县										
小计	17县										

第二节　郑州荥阳郡政区沿革

(六六)郑州荥阳郡(581—606郑州,607—617荥阳郡)

开皇三年前领成皋、广武2郡。

《隋志》:"旧郑州,开皇十六年置管州,大业初复曰郑州。"《元和志》:"晋武帝分河南置荥阳郡,东魏孝静帝分荥阳置成皋郡,周改为荥州。隋开皇三年改荥州为郑州,十六年分置管州。大业二年废郑州,改管州为郑州。"《寰宇记》汜水县下:"东魏孝静帝天平元年置北豫州,并成皋郡同理于此。高齐天保七年省北豫州,周宣帝宣政元年置荥州,隋开皇元年改为郑州,十六年分郑州置管州。"又郑州下云:"炀帝二年废郑州,仍改管州为郑州;三年,废郑州,复为荥阳

郡。"又管城县下云："本周管叔之国,自汉至隋皆为中牟县地,开皇十六年于此置管城县,属管州;大业二年改管州为郑州,县又属焉。"然则隋之郑州本为荥州,后周时治成皋(成皋,开皇十八年改汜水),隋开皇元年(取《寰宇记》之说)改荥州为郑州,州仍治成皋;开皇十六年分置管州于管城县,原郑州遂一分为二;大业二年废郑州,管州遂统辖原郑、管二州之地,州治自然就到了管城;随即又改管州为郑州,此时郑州已治管城矣。

《北周志》荥州领成皋、广武2郡。

1. 荥阳县(581—617)

《元和志》："荥阳县,本汉旧县,晋属荥阳郡,高齐改郡名成皋,以县属焉。隋开皇三年罢郡,以县属郑州。"《寰宇记》："荥阳县故城在荥泽县平原上,索水经其东,后魏太和中移县理于大索城,即今荥阳县是也。"则此荥阳县后魏有迁徙。

成皋郡(581—582)——荥阳县、成皋县、密县

《隋志》："旧置荥阳郡,后齐改曰成皋郡,开皇初郡废。"《北周志》成皋郡领荥阳、成皋、密3县。

2. 成皋县(581—597成皋县,598—617汜水县)

《隋志》："旧曰成皋,即虎牢也,开皇十八年改成皋曰汜水。"《元和志》："汉之成皋县,一名虎牢,隋开皇十八年改成皋为汜水县。"

3. 密县(581—605,616—617)

《地形志》："密,二汉属河南,晋属荥阳。"《元和志》："密县,本汉旧县,隋大业二年废,十二年又置。"《寰宇记》："汉为县,属河南郡,后周属荥州,隋属郑州,大业十二年又移于今理。"

4. 内牟县(581—595内牟县,596—604郏城县,605—617圃田县)

《隋志》："圃田,开皇十六年置曰郏城,大业初改焉。"《元和志》："中牟县,本汉旧县,属河南郡,晋属荥阳郡。东魏孝静帝分荥阳置广武郡。隋氏避讳,改为内牟,属管州,今县理是也。开皇十八年改为圃田县。唐武德三年复改为中牟。"《寰宇记》："开皇十七年于中牟旧城置郏城县,大业二年废郏城县,又移圃田县于中牟城置。"《纪要》："中牟县,汉置县,属河南郡,晋属荥阳郡,东魏初增置广武郡治此。后周移县治圃田。隋改县曰内牟,属郑州;开皇十六年改曰郏城,大业初又改为圃田县,仍徙旧治。"此县沿革,诸书所记皆有差异,唯《纪要》综诸书所记,较为通达,今从之。

广武郡(581—582)——内牟县、阳武县、苑陵县

《隋志》管城县下："东魏置广武郡,开皇初郡废。"《地形志》："广武郡,天平初分荥阳郡置。"《北周志》广武郡领中牟、阳武、苑陵3县。

按管城县原亦为中牟县地，开皇十六年始由中牟析置，并为管州治，故《隋志》记广武郡于此县下。

5. 阳武县(581—617)

《元和志》："阳武县，本汉旧县，属河南郡，晋属荥阳郡。"《地形志》："阳武，二汉属河南，晋属荥阳，天平初属广武郡。"

6. 苑陵县(581—605)

《隋志》新郑县下："大业初并苑陵县入焉。"《地形志》："苑陵，二汉属河南，晋属汝阳，天平初属广武郡。"

7. 浚仪县(581—617)

《元和志》："浚仪县，汉旧县。后魏于此置梁州，周宣帝改为汴州，县属之。隋大业二年废汴州，改属郑州。"

汴州(581—605，617)——陈留郡、阳夏郡、东郡

《隋志》："东魏置梁州，后周改曰汴州，大业初州废。"《旧唐志》："义宁元年于浚仪县复置汴州。"《北周志》汴州领陈留、阳夏、东郡3郡。阳夏郡见宋州梁郡内，东郡见杞州东郡内。

陈留郡(581—582)——浚仪县、开封县

《隋志》浚仪县下："东魏置陈留郡，开皇初郡废。"《北周志》陈留郡领浚仪、开封二县。

8. 开封县(581—617)

《元和志》："开封县，本汉旧县，高齐天保七年废，隋开皇六年复置开封县，属汴州。大业二年废汴州，以县属郑州。"《寰宇记》："开封县，高齐天保七年废，隋开皇六年复置。"二书皆云开封县废于高齐天保七年，而《隋志》无废县之记载，但云"东魏置开封郡，后齐废"。故王仲荦《北周志》云："《寰宇记》谓高齐天保七年郡县俱废，不可信。盖郡废而县不废也。北周末隋初有开封县者见《旧唐书》卷62《郑善果传》：'父诚，周大将军开封县公，讨尉迟迥战死。'《隋书》卷80《郑善果母传》：'善果以父诚讨尉迟迥死于阵，年数岁，袭爵开封县公。'据此，可证迄周世开封县尚未废。"北周既有开封县，隋当继之，故《隋志》无废开封县之说也。

9. 广武县(584—600 广武县，601—617 荥泽县)

《隋志》："荥泽，开皇四年置，曰广武，仁寿元年改名焉。"《寰宇记》："开皇四年分荥阳地置广武县，属郑州，因广武山为名，仁寿元年又改为荥泽县焉。"

10. 酸枣县(586—617)

《隋志》："酸枣，后齐废，开皇六年复。"《寰宇记》："秦拔魏，置酸枣县，魏晋不改。后魏并入小黄，又复置。北齐并入南燕县，即今胙城也。隋开皇三年从

南燕析置酸枣,入汴州,又属滑州,大业三年隶荥阳郡。"隋初复置酸枣,二书所记年代不一,今从《隋志》。

11. 管城县(596—617)

《隋志》管城县下:"旧曰中牟,开皇初改中牟曰内牟,十六年析置管城。"《元和志》:"隋开皇十六年置管城县,属管州。大业二年改管州为郑州,县又属焉。"

管州(596—605)——管城县、内牟县

《隋志》:"开皇十六年置管州,大业初复曰郑州。"《寰宇记》:"开皇十六年于管城县分置管州,炀帝二年废郑州,改管州为郑州。"郑州原治汜水,大业二年废郑州,又改管州为郑州,郑州即移治管城也。据《元和志》管城县、中牟县下皆云"属管州",则隋世此州领有管城、内牟 2 县也。

12. 原武县(596—617)

《隋志》:"原武,开皇十六年置。"《元和志》:"本汉旧县,高齐天保七年废。隋重置原武县,属郑州。"

13. 新郑县(596—617)

《隋志》:"新郑,后魏废,开皇十六年复。"《元和志》:"晋省,隋开皇十六年重置,属郑州。"

以上所列,为郑州荥阳郡之政区沿革。其开皇三年前有 2 州、3 郡、8 县;大业三年改州为郡后,荥阳郡共领 11 县。兹列表 71 如下。

表 71　郑州荥阳郡隋开皇元年、大业三年州郡县统辖关系表

	开　皇　元　年			小计	大　业　三　年	
州	郑　州		汴　州	2 州	郡	荥阳郡
郡	成皋郡	广武郡	陈留郡	3 郡	县	荥阳县、汜水县、圃田县阳武县、浚仪县、开封县荥泽县、酸枣县、管城县原武县、新郑县
县	荥阳县、成皋县密县	内牟县、阳武县苑陵县	浚仪县开封县			
小计	3 县	3 县	2 县	8 县	小计	11 县

第三节　宋州梁郡政区沿革

(六七) 宋州梁郡(596—606 宋州,607—617 梁郡)

《隋志》:"开皇十六年置宋州。"《元和志》:"宋城县,后魏属梁郡,隋开皇三

年罢梁郡，以县属亳州，十六年于此置宋州。"《元和志》宋州下又云："大业三年改为梁郡。"《隋志》宋城县下亦云："大业初又置郡。"据《北周志》，后周时亳州领陈留和梁郡，而州治在陈留郡之小黄县，故此梁郡及郡治宋城县当时并未立州，至开皇十六年方立宋州也。

1. 睢阳县(581—597 睢阳县，598—617 宋城县)

《隋志》："宋城，旧曰睢阳，置梁郡，开皇初郡废，十八年县改名焉。"《元和志》："汉睢阳县，后魏属梁郡，隋开皇三年罢梁郡，以县属亳州，十六年于此置宋州，睢阳属焉，十八年改为宋城。"

梁郡 (581—582)——睢阳县、城安县、下邑县

《隋志》："旧置梁郡，开皇初郡废。"《北周志》梁郡领睢阳、城安、下邑 3 县。

2. 城安县(581—597 城安县，598—617 考城县)

《隋志》："考城，后魏曰考阳，置北梁郡。后齐郡县并废，为城安县。开皇十八年以重名，改曰考城。"《元和志》："高齐天保七年省考城县，移城安县理此，隋开皇十六年仍改名考城县，属宋州。"改考城之年，二书所记不同，今从《隋志》。

3. 下邑县(581—617)

《元和志》："下邑，汉旧县，晋、宋属梁郡，隋开皇三年改属亳州，十六年改属宋州。"《杨考》："下邑，今夏邑县治。按汉、晋、宋之下邑在今砀山县东，后齐废砀山之下邑而徙置于此也。"

4. 雍丘县(581—617)

《元和志》："雍丘县，本汉旧县。后魏孝昌四年分东郡、陈留置阳夏郡，理雍丘城。隋开皇三年罢郡，以县属汴州。"

杞州 (596—606)——雍丘县、襄邑县

《隋志》雍丘县下："开皇十六年置杞州，大业初州废。"《寰宇记》："开皇十七年置杞州，大业三年州罢。"按《元和志》襄邑县下云"隋开皇十六年复置襄邑县，属杞州"，则《寰宇记》作"十七年"误，杞州应置于开皇十六年，领雍丘、襄邑 2 县。

阳夏郡 (581—582)——雍丘县、襄邑县、济阳县、外黄县

《隋志》雍丘县下："后魏置阳夏郡，开皇初郡废。"《元和志》："后魏孝昌四年分东郡、陈留置阳夏郡，理雍丘城，隋开皇三年罢郡。"《北周志》阳夏郡属汴州，领雍丘、襄邑、济阳 3 县。济阳，见曹州济阴郡内。另有外黄县，隋初亦属汴州阳夏郡，大业二年后改隶曹州。

5. 襄邑县(581—617)

《隋志》："襄邑，后齐废，开皇十六年复。"《元和志》："襄邑县，本汉旧县，高

齐文宣帝省入雍丘,隋开皇十六年复置襄邑县,属杞州,大业三年割属梁郡。"二书皆云襄邑废于后齐,隋开皇十六年复置,而王仲荦《北周志》云:"按《元和志》据《隋志》,而《隋志》或不可据。征之《周书》卷28《贺若敦传》:'子弼,大象末,襄邑县公。'《隋书》卷52《贺若弼传》:'周宣帝嗣位,改封襄邑县公。'则襄邑周末又复置也。"今从之。

6. 安阳县(581—597 安阳县,598—617 砀山县)

《隋志》:"砀山,后魏置曰安阳,开皇十八年改名焉。"《元和志》:"砀山县,汉砀县。后魏置曰安阳,属砀郡,高齐文宣帝废郡,以安阳县属彭城郡。隋开皇十八年改安阳县为砀山县,大业二年改属宋州。"

7. 已氏县(584—585 已氏县,586—617 楚丘县)

《隋志》:"后魏曰已氏,置北谯郡,后齐郡县并废。开皇四年又置已氏,六年改曰楚丘。"《元和志》:"汉为已氏县,北齐废。隋开皇五年又置,属曹州,六年改为楚丘县。"《寰宇记》:"魏于已氏县置北谯郡,后齐郡县废。隋复为已氏县,又置戴州,县隶焉。大业初废戴州,县属睢阳郡。"据《隋志》成武县下"开皇十六年置戴州,大业初州废",戴州置于成武县,此楚丘为属县。又《元和志》云:"成武县,隋于此置戴州,大业二年废州。"则此楚丘县是大业二年改隶宋州也。《寰宇记》云"县属睢阳郡",不确。隋大业三年后无睢阳郡,楚丘当是改隶梁郡。因宋州大业三年改为梁郡,而梁郡治宋城县,宋城旧名睢阳,《寰宇记》故有此误。

8. 宁陵县(586—617)

《隋志》:"宁陵,后齐废,开皇六年复。"《元和志》:"本汉旧县,高齐省。隋开皇六年复置,属亳州,十六年割属宋州。"

9. 陈留县(586—617)

《隋志》:"陈留,后魏废,开皇六年复。"《元和志》:"隋开皇三年分浚仪县置陈留县,属汴州。"而《舆地广记》又云"开皇十六年复置陈留县"。今从《隋志》。又《元和志》开封县下云"大业二年废汴州",则此陈留县当是大业二年改隶宋州也。

10. 圉城县(586—617)

《隋志》:"旧曰圉,后齐废,开皇六年复置,曰圉城。"《纪要》:"隋复置,属宋州。"

11. 新里县(596—605)

《隋志》陈留县下:"开皇十六年析置新里县,大业初废入焉。"《寰宇记》:"开皇十六年分浚仪县置,因新里为名,大业二年废。"按此新里既是由陈留析出,初亦当属汴州,大业二年废汴州,县改属宋州也。

12. 虞城县(596—617)

《隋志》:"虞城,后魏曰萧,后齐废。开皇十六年置,改名焉。"《元和志》:"后魏延昌中于此置萧县,理虞城,属沛郡,高齐省。隋开皇十六年分下邑置虞城县,属宋州。"

13. 谷熟县(596—617)

《隋志》:"谷熟,后魏废,开皇十六年复。"《元和志》:"后汉置谷熟县,属梁国,隋开皇十六年属宋州。"

14. 柘城县(596—617)

《隋志》:"旧曰柘,久废。开皇十六年置,曰柘城。"《元和志》:"秦为柘城县,晋太康中废,隋开皇十六年复置。"《纪要》:"隋开皇十六年复置,改曰柘城,属宋州。"

以上所列,为宋州梁郡之政区沿革。其开皇三年前有亳州梁郡所领睢阳、城安、下邑3县,汴州阳夏郡所领雍丘、襄邑2县,徐州彭城郡所领安阳1县;至开皇十六年立宋州,领有睢阳、城安、下邑、宁陵、虞城、谷熟、圉城、柘城等8县;大业三年改州为郡后,梁郡共领13县。兹列表72如下。

表72 宋州梁郡隋开皇元年、大业三年州郡县统辖关系表

	开 皇 元 年			小计		大 业 三 年
州	(亳 州)	(汴 州)	(徐 州)		郡	梁 郡
郡	梁 郡	阳夏郡	(彭城郡)	2郡		宋城县、考城县、下邑县、雍丘县、襄邑县、砀山县、楚丘县、宁陵县、陈留县、圉城县、虞城县、谷熟县、柘城县
县	睢阳县、城安县、下邑县	雍丘县、襄邑县	安阳县		县	
小计	3县	2县	1县	6县	小计	13县

第四节 亳州谯郡政区沿革

(六八)亳州谯郡(581—606亳州,607—617谯郡)

开皇三年前领陈留、梁郡2郡。

《隋志》:"后魏置南兖州,后周改曰亳州。"《元和志》:"后魏置南兖州,周武帝改为亳州。"又云:"大业三年以亳州为谯郡。"《隋志》谯县下本应有"大业初

置谯郡",而各本皆无,盖脱。

《北周志》亳州领陈留郡、梁郡。梁郡,见宋州梁郡内。

1. 小黄县(581—606 小黄县,607—617 谯县)

《隋志》:"旧曰小黄,大业三年改小黄为谯县。"《元和志》:"后魏无谯县,有小黄县。隋开皇三年以小黄县属亳州,大业二年改小黄为谯县;三年以亳州为谯郡,县仍属焉。"《寰宇记》改小黄为谯县亦在大业二年,今从《隋志》。

陈留郡 (581—582)——小黄县、浚仪县、武平县

《隋志》谯县下:"旧置陈留郡,开皇初郡废。"《北周志》陈留郡领小黄、浚仪、武平3县。武平县,见陈州淮阳郡内。

2. 浚仪县(581—597 浚仪县,598—617 城父县)

《隋志》:"城父,宋置曰浚仪,开皇十八年改焉。"《元和志》:"隋开皇十八年,以重名,复改为城父,属亳州。"按隋世郑州荥阳郡下亦有浚仪县,故谓重名而改也。

3. 涡阳县(581—595 涡阳县,596—606 肥水县,607—617 山桑县)

《隋志》:"后魏置涡阳县,开皇十六年改涡阳为肥水,大业初改县曰山桑。"《地形志》:"涡阳,武定六年置。"《元和志》:"隋改涡阳为溵水县,唐武德四年立山桑县。"《寰宇记》亦谓唐武德四年立山桑县,今从《隋志》。

谯州 (581—605)——谯郡、蒙郡、颍川郡、龙亢郡

《隋志》:"后魏置涡州,梁改涡州曰西徐州,东魏改曰谯州,大业初州废。"《地形志》:"谯州,景明中置涡阳郡,孝昌中陷,武定七年复,置州,治涡阳城。"

《北周志》谯州领谯郡、颍川、蒙郡、龙亢4郡。颍川郡,见颍州汝阴郡内;龙亢郡,见徐州彭城郡内。

谯郡 (581—582)——涡阳县、临涣县、白掸县、龙山县、萧县

《隋志》:"后魏置谯郡,开皇初郡废。"《北周志》谯郡领涡阳、临涣、白掸、龙山、丹城、下蔡6县。丹城县《隋志》云"开皇元年省入临涣",按年底见在原则,此县开皇元年既废,故不列;下蔡县,见颍州汝阴郡萧县下。

4. 临涣县(581—617)

《元和志》:"本汉铚县,梁普通中置临涣郡,以临涣水为名。后魏为涣北县,高齐省临涣郡,改涣北县为临涣县,属谯郡。隋开皇三年废郡留县,改属谯州,大业二年改属亳州。"《寰宇记》:"梁普通六年置临涣郡,仍置下邑县以隶焉。后魏改置涣北县,北齐改涣北为临涣,属谯郡。"

5. 白掸县(581—605)

《隋志》临涣县下:"东魏析置白掸县,大业初白掸又省,并入焉。"按《地形

志》作"白掸",今从《隋志》。

6. 龙山县(581—588)

《寰宇记》:"废龙山城,在临涣县西四十五里。北齐武平四年置,隋开皇九年废入临涣县。"

7. 蒙县(581—582)

《隋志》山桑县下:"梁置北新安郡,东魏改置蒙郡。后齐废郡,置蒙县。后又置郡,开皇初郡废。"此《隋志》不云蒙县废于何时,《纪要》云"隋初郡废,复并蒙县入涡阳",今从之。盖郡与县同废也。

蒙郡(581—582)——蒙县

《地形志》:"蒙郡,萧衍置,魏因之。"《北周志》蒙郡领蒙县1县。

8. 谷阳县(586—617)

《隋志》:"谷阳,后齐省,开皇六年复。"《元和志》:"本楚之苦县,晋属梁郡,成帝更名谷阳,高齐省入武平县。隋开皇六年复置谷阳县,理苦城,属亳州。"

9. 梅城县(596—606)

《隋志》谯县下:"开皇十六年分置梅城县,大业三年并梅城入焉。"

10. 酂县(596—617)

《隋志》:"酂,旧废,开皇十六年复。"《元和志》:"隋开皇十六年复置酂县。"

11. 永城县(610—615)

《元和志》:"隋大业六年,于马甫城东北三里,割彭城、睢阳置县,遂名永城,属谯郡。"《寰宇记》:"大业十二年为贼房宪伯所破,因废。"

以上所列,为亳州谯郡之政区沿革。其开皇三年前有2州、3郡、7县;大业三年改州为郡后,谯郡共领6县。兹列表73如下。

表73 亳州谯郡隋开皇元年、大业三年州郡县统辖关系表

	开 皇 元 年			小计		大 业 三 年
州	亳 州	谯 州		2州	郡	谯 郡
郡	陈留郡	谯郡	蒙郡	3郡	县	谯县、城父县、山桑县、临涣县、谷阳县、酂县
县	小黄县 浚仪县	涡阳县、临涣县 白㔉县、龙山县	蒙县			
小计	2县	4县	1县	7县	小计	6县

第五节　曹州济阴郡政区沿革

(六九)曹州济阴郡(581—606 曹州,607—617 济阴郡)

开皇三年前领济阴、濮阳 2 郡。

《隋志》:"后魏置西兖州,后周改曰曹州。"《元和志》:"周武帝改西兖州为曹州,取曹国为名也。大业三年改为济阴郡。"《隋志》济阴县下本应有"大业初复置济阴郡",今无,盖脱。

《北周志》曹州领济阴、濮阳 2 郡。濮阳郡领县,开皇三年废郡后分属滑州东郡、郓州东平郡内。

1. 定陶县(581—616)

《杨考》:"定陶,汉县,自汉至后魏并属济阴郡。"《汉志》济阴郡有定陶县。《寰宇记》:"大业十三年大乱,为贼帅孟海公所陷,遂废。"

济阴郡(581—582)——定陶县、冤句县、乘氏县(另有离狐县,见滑州东郡内)

《地形志》:"西兖州济阴郡,领县四:定陶、离狐、冤句、乘氏。"《北周志》:"按西兖州、济阴郡并治左城,定陶县别治定陶城。"北周时济阴郡仍领定陶、离狐、冤句、乘氏 4 县。按《隋志》脱济阴郡之置废,故杨守敬于济阴县下云:"此当云后魏置济阴郡,开皇初废。六年置济阴县,大业三年复置郡。"

2. 冤句县(581—617)

《元和志》:"本汉旧县也,汉初属梁国,景帝时属济阴郡,隋开皇三年罢郡,以县属曹州。"《寰宇记》:"汉初属梁国,景帝时属济阴,后汉及晋同。宋无冤句县,后魏复置,属郡不改。"

3. 乘氏县(581—617)

《元和志》:"乘氏县,本汉旧县也,属济阴郡。隋开皇三年罢郡,以县属曹州。大业末年废。"《寰宇记》:"乘氏县,本汉旧县也,属济阴郡。宋废,后魏太和十二年于今县置乘氏县,取汉乘氏为名也。隋开皇三年罢济阴郡,属曹州。大业末年废。"

4. 成武县(581—617)

《元和志》:"成武县,本汉旧县,属山阳郡,后汉改属济阴郡。隋于此置戴州,成武县属焉。大业二年省戴州,县移理州城中,后属曹州。"

戴州(596—605)——成武县、单父县、方与县(方与县,见徐州彭城郡内)

《隋志》成武县下:"开皇十六年置戴州,大业初州废。"《元和志》成武县下:

"隋于此置戴州,大业二年省戴州。"又《寰宇记》单父县下云"开皇十六年属戴州",《元和志》鱼台县下云"开皇十六年复置方与县,属戴州",则此戴州领有成武、单父、方与3县。

永昌郡(581—582)——成武县、丰县(丰县,见徐州彭城郡内)

《隋志》成武县下:"后齐置永昌郡,开皇初郡废。"《北周志》永昌郡领成武、丰县2县,属徐州。

5. 济阳县(581—617)

《杨考》:"汉县,后魏属阳夏郡。"《汉志》陈留郡有济阳县。《地形志》济阳县属梁州阳夏郡。《纪要》兰阳县下:"济阳城,汉为济阳县,后魏延和二年置徐州于此,皇兴初州废,孝昌中改属阳夏郡,隋属曹州。"按阳夏郡隋初属汴州,见宋州梁郡内,改属曹州当在大业二年废汴州之后。

6. 外黄县(581—617)

《杨考》:"外黄,秦县,后魏废。《一统志》:'后齐复置。'"《地形志》梁州阳夏郡济阳县下有外黄城,则该外黄县后魏时亦应属阳夏郡也。后齐复置,属郡当无改动。《纪要》:"秦置外黄县,后魏主焘延和二年置徐州于外黄,皇兴初州罢,县亦废。高齐复置外黄县,隋属曹州。"

7. 金乡县(581—617)

《元和志》:"后汉于今兖州任城县西南七十五里置金乡县。盖因穿山得金,故曰金乡,属山阳郡。"《地形志》:"金乡,后汉属山阳,晋属高平郡。"《北周志》金乡属兖州高平郡。按此县当是开皇三年废郡后改隶曹州。

8. 济阴县(586—617)

《元和志》:"济阴县,本汉定陶县之地,属济阴郡。隋开皇六年于此置济阴县,属曹州。"《元和志》又云:"曹州理中城,盖古之陶丘也,一名左城。"《杨考》:"《舆地广记》谓后魏分定陶置济阴县,按后魏无济阴县,此为济阴郡治耳。《水经注》:'济水东北径定陶恭皇陵南,渎南魏郡治也,世谓之左城。'然则魏州郡同治左城。"又云:"按后魏济阴郡治左城,即隋之济阴县。"要之,隋之济阴县,后魏时原为西兖州及济阴郡之治所,至隋始设济阴县也。

9. 黄县(586—597 黄县,598—605 蒙泽县)

《隋志》济阴县下:"开皇六年分置黄县,十八年改为蒙泽,大业初废入焉。"

10. 单父县(586—617)

《隋志》:"后魏曰离狐,置北济阴郡,后齐郡县并废,开皇六年更置,名单父。"《寰宇记》:"开皇十六年属戴州,大业二年属曹州。"

11. 昌邑县(596—605)

《隋志》金乡县下:"开皇十六年分置昌邑县,大业初并入。"《纪要》:"刘宋以昌邑省入金乡,隋复分置昌邑县,属曹州,大业初省。"《汉志》山阳郡有昌邑县,此昌邑本汉县,宋废而隋复置也。

12. 首城县(598—605)

《隋志》外黄县下:"开皇十八年置首城县,大业初废入焉。"

以上所列,为曹州济阴郡之政区沿革。其开皇三年前有1州、2郡、7县;大业三年改州为郡后,济阴郡共领9县。兹列表74如下。

表74 曹州济阴郡隋开皇元年、大业三年州郡县统辖关系表

	开皇元年				小计		大业三年
州	曹州	(汴州)	(徐州)	(兖州)	1州	郡	济阴郡
郡	济阴郡	(阳夏郡)	永昌郡	(高平郡)	2郡	县	济阴县、定陶县、冤句县、乘氏县、成武县、济阳县、外黄县、金乡县、单父县
县	定陶县 冤句县 乘氏县	济阳县 外黄县	成武县	金乡县	7县		
小计	3县	2县	1县	1县	7县	小计	9县

第六节 伊州襄城郡政区沿革

(七十)伊州襄城郡(584—605伊州,606汝州,607—617襄城郡)

《隋志》:"东魏置北荆州,后周改曰和州,开皇初改为伊州,大业初改曰汝州。"按东魏所置北荆州,后周改为和州,已见于《隋志》河南郡陆浑县下,《周书》卷5《武帝纪》亦云"保定二年四月于伏流城置和州",伏流城即陆浑县所在之地,此可证东魏之北荆州、后周之和州是在陆浑,而不在襄城。《元和志》云:"汝州,在汉为河南郡之梁县地也。隋开皇四年自陆浑县界移伊州理于此,大业二年改为汝州,三年改为襄城郡。"《寰宇记》亦云:"开皇四年自陆浑县界移伊州置于此,以伊水所经为名。炀帝初改为汝州,以汝水为名。三年废,以其地入襄城、颍川二郡。"然则此伊州乃由陆浑移来,开皇四年始有;其前身虽是北周之和州,然州治移动,辖地不一,不能视为同一州也。

《北周志》和州领伊川、新城、汝北、石台4郡,而此襄城郡时属广州,不属和州。

1. 汝原县(581—605汝原县,606—617承休县)

《隋志》:"承休,旧曰汝原,大业初改县曰承休。"《元和志》:"隋炀帝改梁县为承休,属汝州。"《寰宇记》:"梁县旧县理在汝水之南,俗谓之治城,后魏于此置治城县,高齐省入梁县。隋大业二年改为承休,属汝州。"《杨考》:"按《隋志》承休、梁二县并立,当是治城并入梁,而承休自为汝原所改,非以梁改也。"今从之。

又《北周志》和州汝北郡领梁、汝原、东汝南3县,而《隋志》承休县下云:"旧曰汝原,置汝北郡,后改曰汝阴郡,后周郡废。"后周废郡后,此梁、汝原等县属于何郡,诸书皆无记载。和州时领伊川郡、新城郡、汝北郡、石台郡4郡,伊川郡领南陆浑1县,与汝北郡地相邻接,以理推之,汝北郡废后,梁、汝原等县当属伊川郡。开皇三年废郡后,县属和州;和州于开皇四年改为伊州,并徙治汝原县,梁及汝原等县遂属伊州也。

2. 梁县(581—617)

《杨考》:"梁,汉县。"《汉志》河南郡有梁县。

3. 阳翟县(581—617)

《杨考》:"阳翟,汉县。"《汉志》颍川郡有阳翟县。

阳翟郡(581—582)——阳翟县、黄台县

《隋志》:"东魏置阳翟郡,开皇初郡废。"《地形志》:"阳翟郡,兴和元年立。"领阳翟、黄台2县。《北周志》阳翟郡属郑州,亦领阳翟、黄台2县。此郑州后周大定元年已改为许州,《北周志》盖用旧名。

4. 黄台县(581—605)

《地形志》:"阳翟郡,兴和元年立。"领阳翟、黄台2县。《纪要》禹州下:"黄台城,东魏兴和元年分阳翟置县,属阳翟郡,隋大业初废。"

5. 鲁县(581—617)

《元和志》:"本汉鲁阳县,古鲁县也,属南阳郡。后魏太和二十二年改鲁阳县为北山县,周改为鲁山县。"《旧唐志》:"鲁山,隋旧。"此县名后周已改为鲁山,唐时亦名鲁山,隋代不知何时改为鲁县,疑《隋志》脱"山"字。

广州(581—605)——鲁阳郡、南阳郡、武山郡、顺阳郡等11郡

《隋志》鲁县下:"后魏置荆州,寻废,后置鲁州,大业初州废。"《杨考》:"钱氏《考异》以此为广州之误,是也。《地形志》:'广州,永安中置,治鲁阳,武定中陷,徙治襄城。'按《魏书》'太和二十年广州刺史薛法护南叛',时州治鲁阳,是广州已置于太和以前,至永安中复置也。今按广州魏、齐间为最著之州,志不应失之。然亦当分载于襄城县下,盖东魏州已徙也。余疑后周所置之汝州在此,志当云'后置广州,周改汝州',方合。"王仲荦《北周志》以为作"鲁州"是"唐

初臣僚为隋炀帝讳所改,本作广州"。今仍作广州。

《北周志》广州领鲁阳、南阳、武山、顺阳等11郡;大业初废广州后,所属各县分入汝州、许州、淮州等境内。

鲁阳郡(581—582)——鲁县、河山县

《隋志》鲁县下:"后魏立鲁阳郡,开皇初郡废。"《地形志》:"鲁阳郡,太和二十二年置。"领山北、河山2县。按山北县,《元和志》作北山县,亦即鲁山县。《北周志》鲁阳郡领鲁山、河山2县。

6. 河山县(581—605)

《隋志》犨城县下:"后魏置河山县,大业初并废入焉。"《地形志》:"河山,太和二十一年置。"属鲁阳郡。

7. 南阳县(581—597南阳县,598—605期城县)

《隋志》郏城县下:"东魏置南阳,开皇十八年改南阳曰期城,大业初废期城入焉。"

南阳郡(581—582)——南阳县

《隋志》郏城县下:"东魏置南阳郡、南阳县,开皇三年郡废。"《北周志》广州南阳郡领南阳1县。

8. 犨阳县(581—597犨阳县,598—605湛水县,606—617犨城县)

《隋志》:"犨城,旧曰犨阳,开皇十八年改曰湛水,大业初改名焉。"《纪要》:"犨县,后魏改为翼阳县,西魏改为犨阳县,开皇十八年改为湛水县,属伊州,大业初复曰犨城县,属襄城郡。"

武山郡(581—582)——犨阳县、滍阳县

《隋志》犨城县下:"又有后周武山郡,开皇初废。"《北周志》广州武山郡领犨阳、滍阳2县。

9. 滍阳县(581—589滍阳县,590—597湛水县)

《元和志》龙兴县下:"滍阳城,在龙兴县南二十五里。后魏置滍阳县,隋开皇十年改为湛水,武德四年又置滍阳县。"《隋志》无滍阳县,《周书》卷40《颜之仪传乐运附传》云:"隋文帝为丞相,遂左迁运为广州滍阳令。"此可证北周有滍阳县至确。而《隋志》犨城县下云:"旧曰犨阳,开皇十八年改为湛水。"一州之内不能有两县名湛水,盖开皇十八年改犨阳为湛水,此滍阳之湛水即废入犨城也。故《元和志》云唐武德四年又复置滍阳县也。

10. 汝南县(581—597汝南县,598—607辅城县,608—617郏城县)

《隋志》:"郏城,旧曰龙山,开皇初改龙山曰汝南,十八年改汝南曰辅城,大业初改辅城曰郏城。"《地形志》龙山县属广州顺阳郡,太和十七年置。据《隋

志》郯城县下所云"开皇初改龙山曰汝南；三年二郡并废"，此龙山改为汝南当在开皇元年，不在三年。又据《寰宇记》郯城县下所云"大业四年改辅城县为郯城县，移就今理"，则大业初亦非指大业二年或三年，而是四年。《元和志》亦作大业四年，然县名作"城父"，不作"辅城"，杨守敬云："《元和志》作城父者，《后汉书》卷17《冯异传》章怀注：'郯城县有父城（即辅城），或亦谓之城父，《左传》楚大城城父以居太子建'是也。"

[顺阳郡](581—582)——汝南县

《隋志》郯城县下："东魏置顺阳郡，开皇三年郡废。"《地形志》龙山县属广州顺阳郡。《北周志》顺阳郡领龙山1县。隋开皇初改龙山县为汝南县。

11. 汝南县(598—617)

《元和志》龙兴县下："后魏太和十八年置汝南县，高齐天保七年废。隋开皇十八年复置汝南，隋末废。"此汝南县当是开皇十八年改郯城之汝南为辅城，而于此复置汝南县也。

12. 汝源县(? —617)

杨守敬云："此县无考，当在今汝宁府境"。然《隋志》既列此县，则此县亦应存续于大业末年。

以上所列，为伊州襄城郡之政区沿革。其开皇三年前有1州、5郡、10县；大业三年改州为郡后，襄城郡共领8县。兹列表75如下。

表75 伊州襄城郡隋开皇元年、大业三年州郡县统辖关系表

	开　皇　元　年					小计	大　业　三　年	
州	(和　州)	(许　州)	广　州			1州	郡	襄城郡
郡	(伊川郡)	阳翟郡	鲁阳郡	南阳郡	武山郡	顺阳郡	5郡	县	承休县、梁县、阳翟县、鲁县、雉城县、辅城县、汝南县、汝源县
县	汝原县 梁县	阳翟县 黄台县	鲁县 河山县	南阳县	雉阳县 潢阳县	汝南县			
小计	2县	2县	2县	1县	2县	1县	10县	小计	8县

第七节　许州颍川郡政区沿革

(七一)许州颍川郡(581—606 许州，607—617 颍川郡)

开皇三年前领颍川、许昌、阳翟3郡。

《隋志》:"旧置颍州,东魏改曰郑州,后周改曰许州。"《寰宇记》:"周大定元年改南郑州为许州,隋初不改,治长社,大业初州废。"《隋志》颍川县下又云:"大业初置郡。"

《北周志》郑州(即许州)领颍川、许昌、阳翟3郡。阳翟郡,见伊州襄城郡内。

1. 长社县(581—582 长社县,583—617 颍川县)

《隋志》:"颍川,旧曰长社,置颍川郡,开皇初郡废,改县焉。"《元和志》:"隋文帝废郡,以县属汴州,大业三年改为颍川县。"《寰宇记》亦云大业三年改长社为颍川,《纪要》则与《隋志》同,此从《隋志》。

颍川郡(581—582)——长社县、临颍县

《隋志》:"旧曰长社,置颍川郡,开皇初郡废。"《北周志》颍川郡领长社、临颍2县。

2. 临颍县(581—617)

《元和志》:"临颍县,本汉旧县,属颍川郡,历代因之。隋开皇三年罢郡,以县属许州。"

3. 许昌县(581—617)

《元和志》:"许昌县,本许国,至汉为县,属颍川郡。后汉因之。魏太祖迎献帝都许,文帝受禅,改为许昌。《宋志》无许昌县,天平元年复置,今县理是也。隋文帝又于鄢陵县置洧州,以县属焉。大业二年废洧州,以县属许州。"

许昌郡(581—582)——许昌县、扶沟县

《隋志》鄢陵县下:"东魏置许昌郡,开皇初郡废。"《北周志》许昌郡领许昌、扶沟、新汲3县。按《地形志》许昌郡领有新汲县,《隋志》无此县,《纪要》洧川县新汲城下云"北齐废",则《北周志》许昌郡不当列有此县。

4. 扶沟县(581—617)

《元和志》:"扶沟县,本汉旧县,属淮阳国,后汉属陈留郡,魏属许昌郡。"《地形志》许昌郡领有扶沟县。

5. 邵陵县(581—605)

《隋志》郾城县下:"又有邵陵县,大业初废。"《地形志》豫州颍川郡领有邵陵县。

临颍郡(581—582)——邵陵县、西平县

《隋志》郾城县下:"又后魏置颍川郡,后齐改为临颍郡,开皇初郡废。"《北周志》临颍郡领邵陵、西平2县,属豫州。西平县,见豫州汝南郡内。按邵陵县

本隶豫州,改隶许州当在开皇三年废临颍郡之后。

6. 襄城县(581—617)

《元和志》:"襄城县,本秦旧县,汉因之,属颍川郡。晋及后魏属襄城郡。"

襄城郡(581—582)——襄城县、繁昌县

《隋志》:"襄城,旧置襄城郡,开皇初郡废。"《地形志》广州襄城郡领襄城、繁昌2县。《北周志》同。

按《地形志》广州下云:"永安中置,治鲁阳;武定中陷,徙治襄城。"王仲荦《北周志》引诸书对广州作了详考,云"西魏、北周之广州治鲁山,东魏、北齐之广州治襄城。"要之,此襄城亦曾为广州治所。广州,见前伊州襄城郡内。

7. 繁昌县(581—617)

《元和志》:"繁昌故城,(临颍)县西北三十里。魏文帝行至繁阳亭,筑坛受禅,因置繁昌县。"

8. 叶县(581—617)

《元和志》:"叶县,本楚之叶县。秦置郡,县隶于南阳。"《地形志》叶县隶襄州南安郡。《隋志》叶县下云:"后周置南襄城郡,开皇初郡废。"然则北周及隋初叶县属南襄城郡也。后魏之襄州,《隋志》云"后周废",此襄州废后,南襄城郡即改属广州,故《北周志》广州领有南襄城郡。

南襄城郡(581—582)——叶县、定南县

《隋志》:"后周置南襄城郡,开皇初郡废。"《北周志》南襄城郡属广州,领叶县、定南2县。

9. 定南县(581—605)

《隋志》叶县下:"东魏置定南郡,后周废为定南县,大业初省入。"《杨考》:"按《地形志》无定南郡,钱氏《考异》云疑即襄州之南安郡。《地形志》南安郡领有南定县,但未知谁为倒文耳。"

10. 汝坟县(581—617)

《杨考》:"本汉昆阳县,《一统志》'后齐改置汝坟县'。"《隋志》:"后齐置汉广郡,寻废。"《纪要》:"隋废郡,以县属许州。"

汉广郡(581—582)——汝坟县

《地形志》:"广州汉广郡,永安中置。领县二,昆阳、高阳。"《隋志》云汉广郡为后齐置,误也。《纪要》云隋废汉广郡,故《北周志》仍列汉广郡,领汝坟1县。

11. 北舞县(581—617)

《地形志》:"北舞阳,皇兴元年置。"《纪要》:"定陵城,在舞阳县北灰河保。

汉县,属颍川郡。晋属襄城郡。后魏改置北舞阳县,为定陵郡治,高齐因之。"《纪要》舞阳县下又云:"隋初郡废,又改为北舞县。"

定陵郡(581—582)——北舞县

《地形志》:"广州定陵郡,永安中置,领县三:北舞阳、西舞阳、云阳。"《隋志》:"北舞,旧置定陵郡,开皇初废。"《北周志》定陵郡领北舞阳1县。

12. 郾城县(585—617)

《隋志》:"郾城,开皇初置。"《元和志》:"高齐于今县置临颍郡,隋开皇三年废。五年,又于废郡城中置郾城县,属许州。"

道州(596—605)——郾城县、邵陵县、西平县(《寰宇记》云西平县隋属道州,见豫州汝南郡内)

《隋志》郾城县下:"开皇十六年置道州,大业初州废。"又据《隋志》,邵陵县大业初废入郾城,二县邻接,开皇十六年置道州,当领有此县。《旧唐志》郾城县下亦云唐初道州领有邵陵县,可为佐证。

13. 长葛县(586—617)

《隋志》:"长葛,开皇六年置。"《元和志》:"开皇六年立长葛县,属许州。"

14. 尉氏县(586—617)

《隋志》:"尉氏,后齐废,开皇六年复。"《元和志》:"隋开皇六年复置尉氏县,属汴州。"《寰宇记》:"开皇十六年属洧州。"

15. 鄢陵县(587—617)

《隋志》:"鄢陵,后齐废县,开皇七年复鄢陵县。"《元和志》云开皇三年复置鄢陵县,此从《隋志》。

洧州(596—605)——鄢陵县、尉氏县、许昌县、蔡陂县

《隋志》鄢陵县下:"开皇十六年置洧州,大业初州废。"《元和志》:"开皇十六年又于鄢陵县理置洧州,县仍属焉。大业二年废洧州,以鄢陵属许州。"《元和志》云许昌县开皇十六年改属洧州,《寰宇记》亦云尉氏县开皇十六年改属洧州,则洧州领此二县无疑。又有蔡陂县,《寰宇记》云开皇十六年分鄢陵、许昌、长葛3县置,地与鄢陵邻接,当亦属洧州。

16. 蔡陂县(596—605)

《隋志》鄢陵县下:"又开皇十六年置蔡陂县,至是省入焉。"

17. 陶城县(596—605 陶城县,606—617 氾强县)

《隋志》:"氾强,开皇十六年置,曰陶城,大业初改焉。"

以上所列,为许州颍川郡之政区沿革。其开皇三年前有1州、7郡、11县;大业三年改州为郡后,颍川郡共领14县。兹列表76如下。

表 76　许州颍川郡隋开皇元年、大业三年州郡县统辖关系表

	开　皇　元　年						小计		大　业　三　年
州	许　州	(豫州)	(广　州)				1州	郡	颍川郡
郡	颍川郡	许昌郡	临颍郡	襄城郡	南襄城郡	汉广郡	定陵郡	7郡		颍川县、临颍县、许昌县、扶沟县、襄城县、繁昌县、叶县、汝坟县、北舞县、郾城县、长葛县、尉氏县、鄢陵县、氵隐强县
县	长社县 临颍县	许昌县 扶沟县	邵陵县	襄城县 繁昌县	叶县 定南县	汝坟县	北舞县		县	
小计	2县	2县	1县	2县	2县	1县	1县	11县	小计	14县

第八节　豫州汝南郡政区沿革

(七二) 豫州汝南郡(581—603 豫州,604—605 溱州,606 蔡州,607—617 汝南郡)

开皇三年前领汝南、临颍、汝阳、文城、初安、广宁 6 郡。临颍郡,见许州颍川郡内;汝阳郡,见陈州淮阳郡内。

《隋志》:"后魏置豫州,后周改曰舒州,寻复曰豫州,及改洛州为豫州,此为溱州,又改曰蔡州。"《隋书》卷 3《炀帝纪》:"大业元年正月,改豫州为溱州。"《元和志》:"周大象二年改为舒州,隋文帝改为豫州,仁寿四年改为溱州,大业二年改为蔡州,三年罢州为汝南郡。"《隋志》汝阳县下:"大业初置汝南郡。"

《北周志》豫州领汝南、临颍、汝阳、文城、初安、广宁 6 郡。

1. 上蔡县(581—605 上蔡县,606—617 汝阳县)

《隋志》:"旧曰上蔡,大业初改曰汝阳。"《寰宇记》云"开皇十七年于上蔡县东北置汝阳县",此从《隋志》。

汝南郡(581—582)——上蔡县、保城县

《隋志》汝阳县下:"旧置汝南郡,开皇初郡废。"《北周志》汝南郡领上蔡、保城、建宁 3 县。建宁县不见于《隋志》、《元和志》等书,盖后周已废,今不列。

2. 保城县(581—605)

《隋志》汝阳县下:"大业初废保城县入焉。"《地形志》保城县属豫州汝南郡,云"刘骏置,魏因之"。

3. 武阳县(581—597 武阳县,598—605 吴房县)

《隋志》西平县下:"又有故武阳县,开皇十八年改曰吴房,大业初省。"《地

形志》豫州襄城郡领武阳县。

文城郡(581—582)——武阳县、灈阳县

《隋志》西平县下:"后魏置襄城郡,后齐改郡曰文城,开皇初郡废。"《北周志》文城郡领武阳、遂宁2县。遂宁县隋代改为灈阳县,故隋初文城郡领武阳、灈阳2县。

4. 灈阳县(581—605 灈阳县,606—617 吴房县)

《隋志》:"吴房,故曰遂宁,大业初改曰吴房。"《元和志》:"吴房县,本汉旧县,属汝南郡。后魏置襄城郡,仍立遂宁县以属焉。隋改为灈阳县,大业二年改为吴房县。"

5. 安昌县(581—597 安昌县,598—617 朗山县)

《隋志》:"朗山,旧曰安昌,开皇十八年县改名焉。"《元和志》:"朗山县,本汉安昌县地,东汉省。后魏太平真君二年于朗陵故城复置。隋开皇三年移于今理,属豫州,十六年改为朗山县。"《寰宇记》亦作十六年,今从《隋志》。

初安郡(581—582)——安昌县、昭越县

《隋志》朗山县下:"旧置初安郡,开皇初郡废。"《地形志》初安郡属豫州,领安昌等4县。《北周志》初安郡领安昌、怀德、昭越3县。怀德县不见于《隋志》,盖后周已废;昭越县,见淮州淮安郡内。

6. 西平县(581—617)

《元和志》:"西平县,本汉旧县,属汝南郡。"《寰宇记》:"西平县,本汉时旧县,后汉末废。至后魏复焉,属汝南郡。高齐改属临颍郡,隋初改属道州,大业末废之。"按道州见许州颍川郡郾城县下,开皇十六年始置,《寰宇记》云"隋初改属道州",不确,当作"隋开皇中改属道州"。又临颍郡,见许州颍川郡邵陵县下。

洄州(581—582)——领郡县无考

《隋志》西平县下:"又有故洄州,后齐置,开皇初废。"《杨考》引《南北史补志》云:"洄州,齐置,领文城郡。"不知何据。王仲荦《北周志》则云:"洄州,治所未详,领郡县无考。"

潜州(581—582)——领郡县无考

《隋志》西平县下:"又有故潜州,后齐置,开皇初废。"《杨考》引《南北史补志》谓潜州为周置,治武阳。亦不知何据。王仲荦《北周志》则云:"潜州,治所未详,领郡县无考。"

7. 新蔡县(581—595 新蔡县,596—600 广宁县,601—605 汝北县,606—617 新蔡县)

《隋志》:"新蔡,开皇十六年置广宁县,仁寿元年改广宁曰汝北,大业初改

汝北曰新蔡。"《元和志》："新蔡，本汉旧县。隋开皇十六年于此置舒州，领广宁县；仁寿二年改县为汝北，大业二年改为新蔡县，属蔡州。"《杨考》引《一统志》云"开皇十六年改新蔡县置广宁县"，所言甚是。

舒州 (596—605)——广宁县、舒县

《隋志》新蔡县下："开皇十六年置舒州及舒县、广宁县，大业初州废。"《元和志》新蔡县下："隋开皇十六年于此置舒州，领广宁县。"《寰宇记》新蔡县下："隋开皇十六年于此置舒州，领广宁、舒县。"

广宁郡 (581—582)——新蔡县、滆水县、包信县（此包信县属陈州淮阳郡，见该州鲖阳县下）

《隋志》："后齐置广宁郡，开皇初郡废。"《北周志》广宁郡领新蔡、永康、包信3县。

8. 滆水县 (581—605)

《隋志》新蔡县下："又后齐置永康县，后改名滆水，大业初废入焉。"《杨考》引《一统志》云改永康为滆水在后周，今从之。

9. 义兴县 (581—597 义兴县，598—605 纯义县)

《隋志》城阳县下："又有义兴县，开皇十八年改义兴为纯义，大业初废入焉。"

永州 (581—588)——城阳郡

《隋志》城阳县下："梁置楚州，东魏曰西楚州，后齐曰永州，开皇九年废入纯州。"

《北周志》永州领城阳1郡。

城阳郡 (581—582)——义兴县、城阳县、真阳县

《隋志》："后魏置城阳郡。"按《隋志》脱"开皇初郡废"五字。《地形志》城阳郡属西楚州，云"萧衍置，魏因之"，领义兴等4县。《北周志》城阳郡领义兴、城阳、真阳3县。

10. 城阳县 (581—617)

《隋志》："城阳，旧废，梁置。"《地形志》城阳县属仵城郡，《隋志》城阳县下云仵城郡"后齐废"。盖后齐废仵城郡，城阳县改属城阳郡也。

11. 真阳县 (581—590 真阳县，596—605 真丘县，606—617 真阳县)

《隋志》："真阳，开皇十一年废县，十六年置县曰真丘，大业初改曰真阳。"《元和志》："大业二年复为真阳县，因慎水为名也。"《地形志》真阳县属豫州城阳郡。

12. 新息县 (581—617)

《元和志》:"汉以为新息县,属汝南郡。周武帝于此置息州,领此县。隋大业二年州废,改属豫州。"《寰宇记》:"汉为息县,属汝南郡。孟康曰:'其后东徙,故加新字。'后周宣政元年于此置息州,隋大业二年州废,改属豫州。"

息州 (581—605)——汝南郡、新蔡郡、梁安郡

《隋志》:"后魏置东豫州,梁改曰西豫州,又改曰淮州,东魏复曰东豫州,后周改曰息州,大业初州废。"《元和志》:"周武帝于此置息州,隋大业二年州废。"《寰宇记》:"后周宣政元年于此置息州,隋大业二年州废。"

《北周志》息州领汝南、新蔡、梁安、建安、广陵5郡。《纪要》谓后周改置息州时,广陵郡及其治所宋安县"郡县俱废",《隋志》亦无此郡县,今不列;建安郡亦不见于《隋志》,《北周志》云该郡领县无考,当已废于后周。

汝南郡 (581—582)——新息县、安阳县、白狗县

《隋志》新息县下:"后魏置汝南郡,开皇初郡废。"《北周志》汝南郡领新息、安阳2县。另有白狗县,《北周志》云属广陵郡,然《纪要》谓广陵郡及其治所宋安县后周已废,宋安县位于今河南息县,汝南郡及其治所新息县位于今河南息县西南十里,二地相距不远,故广陵郡废后,白狗县当改属汝南郡。

13. 安阳县(581—582)

《隋志》真阳县下:"又有后魏安阳县,后废。"《纪要》:"东魏属义阳郡,隋废入真阳。"诸书记该县废年不明,盖开皇初与郡同废。

14. 白狗县(581—582 白狗县,583—605 淮川县)

《隋志》真阳县下:"又有白狗县,开皇初改县曰淮川,大业初废入焉。"《纪要》真阳县白苟城下:"梁置西淮州,高齐废州置齐兴郡,郡寻废,改为白狗县,隋改县曰淮川,大业初省入真阳。"

15. 包信县(581—605 包信县,606—617 褒信县)

《隋志》:"褒信,宋改曰包信,大业初改,复旧焉。"《元和志》:"褒信县,本汉鄳县之地,后汉分立褒信县,属汝南郡,宋改为包信县,隋大业二年改褒信县,属蔡州。"

新蔡郡 (581—582)——包信县、长陵县

《地形志》东豫州新蔡郡领包信、长陵2县。《纪要》息县褒信城下:"刘宋曰包信县,属新蔡郡,齐因之,后魏尝为新蔡郡治,高齐亦曰包信县,隋属蔡州。"《北周志》新蔡郡领包信、长陵2县。

16. 长陵县(581—605)

《隋志》褒信县下:"又有长陵郡,后齐废为县,大业初又省县焉。"《纪要》:"梁置长陵郡,领长陵等县,东魏因之。高齐郡废,隋初县属蔡州,大业初省入

褒信县。"

17. 朗中县(581—582)

王仲荦《北周志》云："朗中，今河南息县东北，建置不详。北周任朗中县令者见《大隋开皇十四年十月二十三日息州梁安郡守侯君铭》：'君讳肇，起家授息州朗中县令。开皇更始，诏授梁安郡守。'"该县当是开皇三年与郡同废。

梁安郡(581—582)——朗中县

《隋志》褒信县下："梁置梁安郡，开皇初废。"《北周志》梁安郡领朗中1县。

18. 武津县(586—605 武津县，606—617 上蔡县)

《隋志》："上蔡，后魏置，曰临汝，后齐废。开皇中置，曰武津，大业初改名焉。"《纪要》上蔡县蔡城下："临汝城，今县治也。后魏置临汝县，属汝南郡。高齐省入上蔡县。隋开皇六年改置武津县，大业初改为上蔡。"《隋志》汝阳县下又云："旧曰上蔡，大业初改县曰汝阳。"然则此武津县原名临汝，后齐时废入上蔡，至隋开皇六年又复置县曰武津，大业初原上蔡县改为汝阳，此武津县遂改名上蔡。

19. 舒县(596—605)

《隋志》新蔡县下："隋开皇十六年置舒州及舒县，大业初州废，舒县废入焉。"

20. 平舆县(606—617)

《隋志》："平舆，旧废，大业初改新蔡置焉。"《元和志》："平舆县，高齐废，隋大业二年重置。"《纪要》："大业初析新蔡县复置平舆县。"

以上所列，为豫州汝南郡之政区沿革。其开皇三年前有5州、8郡、17县；大业三年改州为郡后，汝南郡共领11县。兹列表77如下。

表77 豫州汝南郡隋开皇元年、大业三年州郡县统辖关系表

	开皇元年								小计
州	豫州				洢州	潛州	永州	息州	5州
郡	汝南郡	文城郡	初安郡(临颍郡)	广宁郡		城阳郡	汝南郡	新蔡郡	梁安郡	8郡
县	上蔡县 保城县	武阳县 灈阳县	安昌县	西平县	新蔡县 澺水县		义兴县 城阳县 真阳县	新息县 安阳县 白狗县	包信县 长陵县	朗中县	
小计	2县	2县	1县	1县	2县		3县	3县	2县	1县	17县

续 表

	大 业 三 年
郡	汝南郡
县	汝阳县、吴房县、朗山县、西平县、新蔡县、城阳县、真阳县、新息县、褒信县、上蔡县、平舆县
小计	11县

第九节　陈州淮阳郡政区沿革

(七三)陈州淮阳郡(581—606 陈州,607—617 淮阳郡)

开皇三年前领陈郡、丹阳、项城、淮阳4郡。

《隋志》项城县下:"东魏置扬州,梁改曰殷州,东魏又改曰北扬州,后齐改曰信州,后周改曰陈州。开皇十六年分置沈州,大业初州废。"其淮阳郡下又云:"开皇十六年置陈州。"该陈州治宛丘县,故宛丘县下又云:"大业初置淮阳郡。"然则陈州初治项城,开皇十六年徙治宛丘,项城遂为沈州治也。《元和志》:"东魏孝静帝以淮南内附,置北扬州,理项城,乃于项城侨立北丹阳郡及秣陵县。高齐文宣帝以百姓守信,不附侯景,改北扬州为信州。周武帝改信州为陈州。隋开皇二年改为沈州(《隋志》作十六年,是),大业二年废沈州入陈州,三年改为淮阳郡。"此《元和志》叙隋以前陈州沿革皆无误,而云开皇二年改陈州为沈州则不确。若开皇二年改陈州为沈州,则已无陈州,下文又云大业二年废沈州入陈州,此陈州又何从而来?《隋志》云开皇十六年于宛丘置陈州,即徙项城之陈州至宛丘;又云开皇十六年于项城分置沈州,正相合也。大业二年废沈州入陈州,理亦通也。

《北周志》陈州领陈郡、丹阳、项城、淮阳4郡。

1. 项县(581—582 项县,583—617 宛丘县)

《隋志》:"后魏曰项,开皇初县改名宛丘。"《元和志》:"本汉陈县,高齐文宣帝移项县理于此,隋文帝罢陈郡,改项县为宛丘。"隋废郡在开皇三年,故改名宛丘亦在三年也。

陈郡(581—582)——项县、长平县、柳城县

《隋志》宛丘县下:"后魏置陈郡,开皇初废郡。"《北周志》陈郡领项、长平2县。另有柳城县,在长平县西二十里,《寰宇记》云开皇元年置,当时尚有郡一

级建置,此县既近长平,亦应属陈郡。

2. 长平县(581—597 长平县,598—605 鸿沟县,606—617 西华县)

《隋志》:"西华,旧曰长平,开皇十八年改曰鸿沟,大业初改焉。"《元和志》:"西华县,本汉旧县,属汝南郡,后汉因之。晋无西华县,宋复置,属陈郡。高齐省。"盖后齐省西华置长平县,隋大业初又复汉县名也。

3. 柳城县(581—617)

《寰宇记》:"柳城在西华县西二十里。隋开皇元年于此置柳城县,隋末废。"

4. 秣陵县(581—582 秣陵县,583—617 项城县)

《隋志》项城县下:"东魏置秣陵县,开皇初改秣陵为项县。"按此"项县"当作"项城县",《隋志》脱"城"字。《元和志》云:"隋文帝改项县加城字,属陈州。"

沈州(596—605)——项城县、鲖阳县、和城县、溵水县

《隋志》项城县下:"开皇十六年置沈州,大业初州废。"《新唐志》项城县下云:"武德四年以项城、鲖阳、南顿(即和城)、溵水置沈州。"唐初复置隋之旧州,大致皆因隋旧,此开皇十六年之沈州亦当领此数县。

丹阳郡(581—582)——秣陵县、和城县

《隋志》项城县下:"东魏置丹阳郡,开皇初改秣陵为项县。"按此《隋志》"项县"脱"城"字,"开皇初"下还脱"废郡"二字。《纪要》项城县秣陵废县下引《隋志》作:"东魏置扬州,兼置丹阳郡及秣陵县,开皇初郡废,改秣陵为项城县。"其所见《隋志》似不误。《北周志》丹阳郡领秣陵、和城2县。

项城郡(581—582)——?

《隋志》项城县下:"又有项城郡,开皇三年废。"《北周志》云此郡领县无考。《杨考》引《隋书》卷62《王韶传》云:"高祖受禅,进爵项城郡公。"以为此郡当是后周所置。

5. 和城县(581—605 和城县,606—617 南顿县)

《隋志》:"南顿,旧置南顿郡,后齐废郡及平乡县入,改曰和城,大业初又改为南顿。"《元和志》:"南顿县,本汉旧县,宋立南顿郡,东魏于此置和城县,北齐废郡,省县入和城,隋复为南顿县,属陈州。"

6. 阳夏县(581—586 阳夏县,587—616 太康县)

《隋志》:"太康,旧曰阳夏,开皇七年更名太康。"《寰宇记》:"大业十三年李密举兵于此,遂废。"

淮阳郡(581—582)——阳夏县

《隋志》太康县下:"旧置淮阳郡,开皇初郡废。"《北周志》淮阳郡领阳夏

1 县。

7. 汝阳县(581—605)

《隋志》溵水县下:"有后魏汝阳县,大业初废。"《元和志》:"隋开皇三年属陈州。"

汝阳郡(581—582)——汝阳县

《地形志》豫州领有汝阳郡。《北周志》汝阳郡领汝阳1县,仍属豫州。

8. 武平县(581—597 武平县,598—617 鹿邑县)

《隋志》:"鹿邑,旧曰武平,开皇十八年改焉。"《元和志》:"鹿邑县,后魏属陈留郡,隋开皇三年改属亳州。"《纪要》:"隋改曰鹿邑,属陈州。"综上诸书所言,此鹿邑县隋初废郡后,先隶亳州,至开皇十八年改名后,又属陈州也。《北周志》武平县属亳州陈留郡。

9. 包信县(581—582)

《隋志》鮦阳县下:"东魏置财州,后齐废以置包信县,开皇初废。"《北周志》豫州广宁郡领包信县。

10. 郸县(586—617)

《隋志》:"开皇六年置。"《杨考》:"按两汉县在今永城县界。《水经·淮水注》'涣水又东经郸县故城南',盖晋废。"

表78　陈州淮阳郡隋开皇元年、大业三年州郡县统辖关系表

	开皇元年							小计
州	陈　州				(豫　州)	(亳　州)	(豫　州)	1州
郡	陈　郡	丹阳郡	项城郡	淮阳郡	(汝阳郡)	(陈留郡)	(广宁郡)	4郡
县	项县、长平县、柳城县	秣陵县和城县		阳夏县	汝阳县	武平县	包信县	
小计	3县	2县		1县	1县	1县	1县	9县

	大　业　三　年
郡	淮阳郡
县	宛丘县、西华县、柳城县、项城县、南顿县、太康县、鹿邑县、郸县、鮦阳县、溵水县、扶乐县
小计	11县

11. 鲖阳县(591—617)

《隋志》:"鲖阳,后齐废,开皇十一年复。"

12. 临蔡县(596—605)

《隋志》宛丘县下:"开皇后析置临蔡县,大业初并临蔡县入焉。"《寰宇记》:"开皇十六年分亳州武平县,于此置临蔡县,大业二年废入宛丘县。"

13. 溵水县(596—617)

《隋志》:"溵水,开皇十六年置。"《元和志》云"开皇十六年改汝阳为溵水县",今从《隋志》。

14. 扶乐县(596—617)

《隋志》:"扶乐,开皇十六年置。"

以上所列,为陈州淮阳郡之政区沿革。其开皇三年前有1州、4郡、9县;大业三年改州为郡后,淮阳郡共领11县。兹列表78如上。

第十节　颍州汝阴郡政区沿革

(七四)颍州汝阴郡(581—606颍州,607—617汝阴郡)

开皇三年前领汝阴、陈留、颍川3郡。

《隋志》:"旧置颍州。"又汝阴县下:"大业初复置汝阴郡。"《元和志》云:"后魏孝昌三年置颍州,北齐废。"王仲荦《北周志》以为齐周时颍州未废,其文云:"按东魏武定时有两颍州,一即汝阴之颍州,一即长社之颍州。武定七年改长社之颍州为郑州,而此颍州迄齐周未废。《北齐书》卷25《张亮传》:'寻加都督扬、颍等十一州诸军事,转都督二豫、扬、颍八州军事。'时长社之颍州已改郑州,所谓颍州者,即此颍州也。又《隋书》卷39《元景山传》:'武帝平齐后,陈人张景遵以淮南内属,为陈将任蛮奴攻破其数栅,景山发谯、颍兵救之,蛮奴引兵而退。'所指谯、颍兵者,即谯州、颍州兵也。是此颍州迄周未废之证。"今从之。

《北周志》颍州领汝阴、陈留、颍川3郡。

1. 汝阴县(581—617)

《元和志》:"汝阴县,本汉旧县。"《汉志》汝南郡有女阴县。女即汝。

汝阴郡(581—582)——汝阴县、郑城县

《隋志》汝阴县下:"旧置汝阴郡,开皇初郡废。"《北周志》汝阴郡领汝阴、郑城2县。

2. 郑城县(581—605郑城县,606—617颍上县)

《隋志》："颍上,大业初县改名焉。"《杨考》："前不云置何县,此但云大业初改名,疏矣。"《寰宇记》云："大业二年于今颍上县南故郑城置颍上县。"王仲荦《北周志》云："或本置郑城县,大业初改名。"今从之。

3. 陈留县(581—597 陈留县,598—617 颍阳县)

《隋志》："颍阳,梁曰陈留,开皇十八年县改名焉。"《地形志》颍州北陈留、颍川二郡(双头郡)领有陈留县。

陈留郡(581—582)——陈留县

《隋志》："梁置陈留郡,开皇初废郡。"《北周志》陈留郡领陈留1县。

4. 许昌县(581—597 许昌县,598—617 清丘县)

《隋志》："梁曰许昌,开皇十八年县改名清丘。"《地形志》颍州北陈留、颍川二郡(双头郡)领有许昌县。

颍川郡(581—582)——许昌县

《隋志》："梁置颍川郡,开皇初废郡。"《北周志》颍川郡领许昌1县。

5. 萧县(581—605 萧县,606—617 下蔡县)

《隋志》下蔡县下云："梁置汴郡,后齐郡废,大业初县改名焉。"此《隋志》不云原为何县,但云大业初改名。按《地形志》汴州汴郡下云："萧衍置,魏因之,治汴城。"其汴郡(《地形志》误为沛郡)领萧、颍川、相三县。《纪要》云："下蔡城,汉置下蔡县,属沛郡,后汉属九江郡,晋属淮南郡。南北朝时,皆为战争要地。齐建武二年,魏置下蔡郡,自是常以重兵戍守。郦道元曰:'淮水自夹石北经下蔡故城东,淮之东岸又有一城,曰下蔡新城,二城对据,翼蔽淮渍。'杜佑曰:'梁于硖石山下筑城以拒魏,即下蔡新城也。'大通中,魏乱,梁得下蔡,改置汴州及汴郡,因亦名汴城。齐废郡。隋仍为下蔡县,属颍州。"据《地形志》及《纪要》所云,此下蔡本汉县,南北朝纷乱之时曾置汴州、汴郡及萧县,故王仲荦《北周志》即云："疑此本侨置萧县,至隋改为下蔡。"此说较为有理,又可补《隋志》之不足,今从之。

《北周志》列此下蔡县于谯州谯郡内。《杨考》以为,此县原属汴州汴郡,后齐废郡时,州亦同废,故后周时属谯州谯郡也。

颍川郡(581—582)——?

《隋志》下蔡县下："又梁置淮阳郡,后齐改曰颍川郡,开皇初郡废。"此又一颍川郡,与上许昌县下颍川郡不同,是后齐改梁之淮阳郡而来。《地形志》汴州无淮阳郡,而有临淮郡,领临淮1县,不知是否此淮阳郡。《北周志》云领县无考,郡属谯州。

以上所列,为颍州汝阴郡之政区沿革。其开皇三年前有1州、4郡、5县;

大业三年改州为郡后,汝阴郡共领5县。兹列表79如下。

表79 颍州汝阴郡隋开皇元年、大业三年州郡县统辖关系表

	开 皇 元 年				小计		大 业 三 年
州	颍州			（谯州）	1州	郡	汝阴郡
郡	汝阴郡	陈留郡	颍川郡	（谯郡）	颍川郡	4郡	汝阴县、颍上县 颍阳县、清丘县 下蔡县
县	汝阴县 郑城县	陈留县	许昌县	萧县		县	
小计	2县	1县	1县	1县		5县	小计	5县

第十一节　商州上洛郡政区沿革

(七五)商州上洛郡(581—606商州,607—617上洛郡)

开皇三年前领上洛、上庸、拒阳、魏兴、邑阳5郡。

《隋志》:"旧置洛州,后周改曰商州。"又上洛县下:"大业初复置上洛郡。"《寰宇记》:"后周宣政元年改洛州为商州,取古商於之地为名;大业三年改为上洛郡。"

《北周志》商州领上洛、上庸、拒阳、魏兴、邑阳、慎政6郡。邑阳郡,见虢州弘农郡内;慎政郡,《隋志》无记载,今不列。

1. 上洛县(581—617)

《杨考》:"上洛,汉县。"《汉志》弘农郡有上洛县。《地形志》:"上洛,前汉属弘农,后汉属京兆,晋属上洛郡。"

上洛郡(581—582)——上洛县

《隋志》:"旧置上洛郡,开皇初郡废。"《北周志》上洛郡领上洛1县。

2. 丰阳县(581—617)

《隋志》:"丰阳,后周置。"《寰宇记》:"晋泰始三年置,寻废,后魏太安二年置。"《地形志》丰阳县下亦云"太安二年置",则此县非置于后周也。

上庸郡(581—582)——丰阳县、商县

《地形志》:"上庸,皇兴四年置东上洛郡,永平四年改。"该郡领丰阳、商2县,丰阳为郡治。《北周志》上庸郡亦领丰阳、商2县,且云:"此北魏置于洛州丰阳之上庸郡也,别有南朝置于上庸之上庸郡,时属山南之罗州,与此同名异地。"《隋志》脱载此郡,当废于开皇三年。

3. 商县(581—583 商县,584—617 商洛县)

《寰宇记》:"汉为商县,开皇四年改为商洛县。"《旧唐志》:"商洛,汉商县,属弘农郡,隋文加'洛'字。"

4. 拒阳县(581—584 拒阳县,585—617 洛南县)

《隋志》:"洛南,旧曰拒阳,开皇初县改名焉。"《寰宇记》:"本汉上洛县地,晋太和三年分上洛地于今洛南县东北八十里置拒阳县,属上洛郡,寻省。后魏真君二年又于今洛南县东北四十里武谷川再置。开皇三年以拒阳属商州,五年改名洛南,取洛水之南为名。"

拒阳郡 (581—582)——拒阳县

《隋志》:"旧置拒阳郡,开皇初郡废。"《北周志》拒阳郡领拒阳1县。

5. 南阳县(581—582)

《隋志》丰阳县下:"开皇初并南阳县入。"《地形志》洛州魏兴郡领阳亭1县,云"太和五年置"。《嘉庆重修一统志》云:"南阳县,盖即故阳亭也。"

魏兴郡 (581—582)——南阳县

《地形志》:"魏兴郡,太延五年置。"领阳亭1县。《北周志》魏兴郡领南阳1县。

6. 上津县(581—617)

《寰宇记》:"后魏废帝三年为上州,仍于上州置上津郡及上津县。"《纪要》谓"梁置上津县"。

上州 (581—605)——上津郡

《隋志》:"旧置北上洛郡,梁改为南洛州,西魏又改为上州,大业初州废。"《寰宇记》:"大业二年废州。"《北周志》上州领上津、甲郡2郡。甲郡当作上甲郡,见金州西城郡内。

表80 商州上洛郡隋开皇元年、大业三年州郡县统辖关系表

开皇元年						小计	大业三年	
州	商 州				上州	2州	郡	上洛郡
郡	上洛郡	上庸郡	拒阳郡	魏兴郡	上津郡	5郡	县	上洛县、丰阳县、商洛县、洛南县、上津县
县	上洛县	丰阳县 商县	拒阳县	南阳县	上津县	6县		
小计	1县	2县	1县	1县	1县	6县	小计	5县

⎡上津郡⎤(581—582)——上津县

《寰宇记》:"后魏废帝三年为上州,仍于上州置上津郡及上津县,隋开皇三年罢郡。"《北周志》上津郡领上津1县。

以上所列,为商州上洛郡之政区沿革。其开皇三年前有2州、5郡、6县;大业三年改州为郡后,上洛郡共领5县。兹列表80如上。

第十二节　东义州弘农郡政区沿革

(七六)东义州弘农郡(581—582东义州,583—606虢州,607—616弘农郡,617凤林郡)

开皇三年前领义川1郡。

《寰宇记》:"后魏大统中于卢氏县立东义州,隋开皇三年改为虢州。"《元和志》卢氏县下:"隋开皇三年改为虢州,大业三年废。"《隋志》弘农县下:"大业初置弘农郡。"《元和志》虢州下又云:"弘农郡,义宁元年改为凤林郡。"

《北周志》东义州领义川1郡。《新唐志》凤林郡领弘农、阌乡、湖城3县。

1. 卢氏县(581—617)

《元和志》:"卢氏县,本汉旧县。"《汉志》卢氏县属弘农郡。

⎡义川郡⎤(581—582)——卢氏县、长渊县、朱阳县

《隋志》:"西魏置义川郡,开皇初郡废。"《北周志》义川郡领卢氏、长渊、朱阳3县。

⎡虢郡⎤(617)——卢氏县、玉城县、朱阳县

《旧唐志》:"义宁元年,仍于卢氏置虢郡;武德元年改为虢州。"《新唐志》:"虢郡,治卢氏,义宁元年析隋弘农郡三县置。"按《新唐志》弘农县下云:"本隋弘农郡,义宁元年曰凤林,领弘农、阌乡、湖城。"显然,此三县不属虢郡,而《新唐志》云"玉城,义宁元年置",朱阳县本属义川郡,与卢氏邻接,卢氏又为虢郡郡治,则此虢郡所领三县为卢氏、玉城、朱阳三县也。

2. 长渊县(581—616长渊县,617长泉县)

《隋志》:"长泉,后魏曰南陕,西魏改焉。"按西魏改县名为长渊,唐人避高祖讳又改作长泉也。《元和志》:"长水县,后魏宣武帝分卢氏东境置南陕县,西魏废帝改为长渊,隋义宁元年以犯高祖庙讳,改为长水。"按此长水亦即长泉,皆唐人避讳所改。

3. 朱阳县(581—617)

《元和志》:"后魏太和十四年立朱阳县,属东义州。隋开皇四年属陕州,大

业二年改属虢州。"

4. 邑阳县(581—597 邑阳县,598—605 邑川县)

《隋志》朱阳县下:"有邑阳县,开皇末改为邑川,大业初并入。"开皇共二十年,按《隋志》例,此开皇末盖指开皇十八年。又,此邑阳县本隶商州邑阳郡,改隶虢州当是开皇三年废郡之后,故大业初方可并入朱阳县。

邑阳郡(581—582)——邑阳县

王仲荦《北周志》云:"按西魏大统八年之后置邑阳郡。任邑阳郡守者见《周书》卷44《阳雄传》:'世袭邑阳郡守。'又《周书》卷44《阳雄传》称:'上洛邑阳人也,世为豪帅。'盖邑阳县本属上洛郡,以雄土豪立功,故立郡以宠之。郡盖废于隋初。"《隋志》无此郡,盖脱。

5. 弘农县(581—605,607—611)

《元和志》:"弘农县,本汉旧县,隋大业二年省;三年,复于今湖城县西南一里置,寻移就郡理。其年,移郡于鸿胪川,县亦随徙,即今县也。义宁元年属凤林郡。"

弘农郡(581—582)——弘农县

《元和志》:"汉武帝置弘农郡,后魏以献文帝讳,改为恒农郡,孝武帝永熙三年分为西恒农,属陕州,周明帝复为弘农。"《寰宇记》:"周明帝废西恒农郡,并入恒农郡,仍改恒农为弘农,隋开皇三年废郡,以所领县属陕州。"《北周志》弘农郡属陕州,领弘农1县。

6. 玉城县(617)

《元和志》:"后魏正始二年分立石城县,废帝改为玉城县,周武帝天和元年废,隋义宁元年重置。"《寰宇记》:"隋义宁元年于今玉城县西北一百五十步再置,因西魏旧名。"

以上所列,为东义州弘农郡之政区沿革。其开皇三年前有1州、3郡、5县;大业三年改州为郡后,弘农郡共领4县。兹列表81如下。

表81 东义州弘农郡隋开皇元年、大业三年州郡县统辖关系表

	开　皇　元　年			小计		大　业　三　年
州	东义州	(商　州)	(陕　州)	1州	郡	弘农郡
郡	义川郡	邑阳郡	弘农郡	3郡	县	卢氏县、长渊县、朱阳县、弘农县
县	卢氏县、长渊县、朱阳县	邑阳县	弘农县			
小计	3县	1县	1县	5县	小计	4县

第十三节 淅州淅阳郡政区沿革

(七七)淅州淅阳郡(581—606 淅州,607—617 淅阳郡)

开皇三年前领淅阳 1 郡。

《隋志》:"西魏置淅州。"又南乡县下:"大业初置淅阳郡。"《地形志》有析州,领修阳、固郡、朱阳、南上洛、析阳 5 郡。《杨考》云:"《地形志》有析州,即此淅州也,不始于西魏。按《周书》卷 44《泉企传》'以破萧宝夤功,迁左将军、淅州刺史',则淅州之置当在永安初矣。"永安为北魏孝庄帝年号,此淅州当是北魏所置。

《北周志》淅州领淅阳郡 1 郡。

1. 中乡县(581—582 中乡县,583—617 内乡县)

《隋志》:"内乡,旧曰西淅阳郡,西魏改为内乡。"《元和志》:"后魏置析阳郡,废帝改为中乡县,隋开皇三年以避庙讳改为内乡。"《寰宇记》:"后魏孝文于此置析阳郡,理西析阳,废帝改为中乡县,隋开皇中避庙讳改为内乡。"《杨考》以为《隋志》有脱误,"旧曰西淅阳郡"当作"旧曰西淅阳,并置淅阳郡",李吉甫所见《隋志》已误,故《元和志》云改郡为县。《寰宇记》云改西析阳为中乡县,不误。

淅阳郡(581—582)——中乡县

《地形志》淅阳郡领西淅阳、东淅阳 2 县。《北周志》淅阳郡领中乡、修阳 2 县。《纪要》云:"后魏置修阳县,兼置析州及修阳郡治焉。后周郡县俱废。"修阳县后周已废,《隋志》亦无记载,今不列。

2. 南乡县(581—617)

《水经·丹水注》:"晋封宣帝孙畅为顺阳王,因立为顺阳郡,而南乡为县。"《地形志》荆州顺阳郡,治南乡县。

南乡郡(581—582)——南乡县、丹水县

《隋志》:"旧置南乡郡,开皇初郡废。"按《地形志》作顺阳郡,无南乡郡,《杨考》引《梁书》卷 3《武帝纪》"普通六年,长史柳津破魏南乡郡",以为魏末改顺阳郡为南乡郡。王仲荦《北周志》以为是西魏分顺阳郡南乡县别立南乡郡。

《北周志》南乡郡属荆州,领南乡、丹水 2 县。隋开皇三年废郡后,二县改隶淅州。

3. 丹水县(581—616)

《杨考》云:"丹水,秦县。"《汉志》丹水县属弘农郡。《地形志》丹水县属荆州顺阳郡。《寰宇记》:"大业十三年省。"

4. 安山县(581—605)

《隋志》南乡县下:"又有左南乡县,并置左乡郡。西魏改郡为秀山,改县为安山。后周秀山郡废,大业初并安山县入焉。"《北周志》谓安山属荆州武关郡,盖后周废秀山郡,县改属武关郡也。武关郡,见邓州南阳郡内。按此安山县亦是开皇三年废郡后改隶淅州。

5. 武当县(581—617)

《杨考》:"武当,汉县。"《汉志》南阳郡领有武当县。

丰州 (581—582 丰州,583—605 均州)——武当郡、广福郡、齐兴郡

《隋志》:"梁置兴州,后周改为丰州,开皇初改为均州,大业初州废。"《元和志》:"隋开皇三年置均州。"

《北周志》丰州领武当、广福、齐兴3郡。

武当郡 (581—582)——武当县、均阳县

《隋志》:"旧置武当郡,又侨置始平郡,后改为齐兴郡,开皇初二郡并废,改为均州。"《元和志》:"均州,汉南阳郡武当县地也,因山为名。永嘉之乱,雍州始平郡流人出在襄阳者,江左因侨立始平郡以领之,寄理襄阳。宋孝武帝割武当县以隶之。后魏改始平郡为武当郡,隋开皇三年罢郡置均州。"此《元和志》所云甚明,是后魏改始平郡为武当郡,非改为齐兴郡;《寰宇记》云"齐永明七年于今郧乡县置齐兴郡",则齐兴郡另有所本。王仲荦《北周志》云:"盖兴州原理于郧乡,与齐兴郡同治。及改称丰州,移理延岑城,则与武当郡同治矣。《隋志》乃以齐兴郡系于武当,抑似齐兴郡寄理武当者,盖其误已久矣。"今从《元和志》。

《北周志》武当郡领武当、均阳2县。

6. 均阳县(581—617)

《隋志》:"均阳,梁置。"《纪要》:"梁置均阳县,属始平郡。隋属均州。"

7. 广福县(581—600 广福县,601—617 安福县)

《隋志》:"安福,梁置,曰广福,并为郡。开皇初郡废,仁寿初改焉。"《纪要》:"大业初改属淅阳郡。"盖大业初废均州而改属淅阳郡。

广福郡 (581—582)——广福县

《隋志》:"梁置广福郡,开皇初郡废。"《北周志》引《周书》卷7《宣帝纪》:"以丰州武当、安富二郡为越国",以为郡名当作"安富",今仍从《隋志》作"广福"。又《北周志》安富郡领安富1县。

8. 郧乡县(581—617)

《元和志》:"郧乡县,本汉锡县,晋武帝改锡县为郧乡县,隋初属均州。"《纪要》:"齐为齐兴郡治,梁兴州、西魏丰州皆治此。隋属均州,大业初属淅阳郡。"

齐兴郡(581—582)——郧乡县

《南齐志》梁州齐兴郡领有郧乡县。《寰宇记》:"齐永明七年于今郧乡县置齐兴郡,梁太清元年于梁州之齐兴郡置兴州,后魏废帝元年改兴州为丰州,后周武成元年自今郧乡城移于延岑城,即今均州理是也。"据上述二书,齐兴郡治郧乡县甚明。《北周志》齐兴郡领郧乡1县。

以上所列,为淅州淅阳郡之政区沿革。其开皇三年前有2州、5郡、8县;大业三年改州为郡后,淅阳郡共领7县。兹列表82如下。

表82　淅州淅阳郡隋开皇元年、大业三年州郡县统辖关系表

	开皇元年						小计	大业三年	
州	淅州	(荆州,隋改为邓州)		丰州			2州	郡	淅阳郡
郡	淅阳郡	南乡郡	(武关郡)	武当郡	广福郡	齐兴郡	5郡	县	内乡县、南乡县丹水县、武当县均阳县、安福县郧乡县
县	中乡县	南乡县丹水县	安山县	武当县均阳县	广福县	郧乡县	8县		
小计	1县	2县	1县	2县	1县	1县	8县	小计	7县

第十四节　荆州南阳郡政区沿革

(七八) 荆州南阳郡(581—586 荆州,587—606 邓州,607—617 南阳郡)

开皇三年前领新野、南阳、武关、顺阳、南乡5郡,南乡郡见淅州淅阳郡内。

《隋志》:"旧置荆州,开皇初改为邓州。"《元和志》:"(后魏)太和中置荆州,理穰县,今邓州所理是也。隋开皇七年,梁王岿入隋,自穰县移荆州还江陵,于穰县置邓州。大业三年改为南阳郡。"《寰宇记》:"后魏太和中置荆州,领南阳等八郡,居穰城,置兵以备齐。隋开皇初州不改,罢郡,因以南阳为县号,而废宛名焉。当时尚隶荆州。七年,梁祚既绝,荆州之称

复为江陵,改为邓州,以汉之邓县为州名。大业初分州为南阳、淯阳二郡地。"

《北周志》荆州领新野、南阳、武关、顺阳、南乡5郡。

1. 穰县(581—617)

《元和志》:"穰县,汉旧县。"《地形志》:"穰,二汉属南阳,晋属义阳,后属新野。"按穰为荆州治。

2. 棘阳县(581—582 棘阳县,583—617 新野县)

《隋志》:"旧曰棘阳,开皇初更名新野。"《元和志》云新野本汉旧县,属南阳郡;《嘉庆重修一统志》云"后周更新野名棘阳",则隋又复汉旧名为新野也。

新野郡(581—582)——棘阳县、穰县

《隋志》:"旧置新野郡,又有汉广郡,西魏改为黄冈郡,后周二郡并废。"然《元和志》云:"晋惠帝立新野郡,隋开皇三年罢郡。"此从《元和志》,作开皇三年罢新野郡。

《北周志》新野郡领棘阳、穰县2县。

3. 上宛县(581—582 上宛县,583—617 南阳县)

《隋志》:"旧曰上陌,后周并宛县入,更名上宛,开皇初又改为南阳。"

南阳郡(581—582)——上宛县、涅阳县、临湍县、冠军县

《隋志》:"旧置南阳郡,开皇初郡废。"《北周志》南阳郡领上宛、涅阳、临湍、冠军、西鄂5县。按西鄂县不见于《隋志》,今不列。

4. 涅阳县(581—582 涅阳县,583—617 课阳县)

《隋志》:"课阳,旧曰涅阳,开皇初改焉。"《纪要》:"刘宋曰涅阳县,属南阳郡,后魏因之,隋改曰课阳。"

5. 临湍县(581—582 临湍县,583—617 新城县)

《隋志》:"新城,西魏改为临湍,开皇初复名焉。"《元和志》:"本汉冠军县地,后魏孝文帝割县北境置新城县,属南阳郡,废帝以近湍水改为临湍,隋文帝复改为新城。"

6. 冠军县(581—617)

《杨考》:"冠军,汉县。"《汉志》南阳郡有冠军县。《纪要》:"刘宋属南阳郡,后魏因之,隋属邓州。"

7. 武关县(581—582)

《隋志》菊潭县下:"有东弘农郡,西魏改为武关,至开皇初废入。"《纪要》:"武关废县,在今内乡县西。后魏太和中置东恒农郡,领西城等县,皆侨置也。

西魏改县曰武关。隋初废郡,复省县入菊潭。"据上述二书,武关郡、县皆西魏时置,隋开皇初郡、县又皆废也。

武关郡 (581—582)——武关县、郦县、安山县

《隋志》菊潭县下:"有东弘农郡,西魏改为武关,至开皇初废入。"《元和志》:"菊潭县,本汉郦县武陶戍之地,后魏废帝因武陶戍置郡,隋开皇三年罢郡。"王仲荦云:"按武关郡以武陶戍名郡,与商於之武关无关。"《北周志》武关郡领武关、郦、安山 3 县。安山县,见淅州淅阳郡内。

8. 郦县(581—582 郦县,583—617 菊潭县)

《隋志》:"菊潭,旧曰郦,开皇初改焉。"《元和志》:"菊潭县,本汉郦县武陶戍之地,后魏武帝因武陶戍置郡,隋开皇三年罢郡,以为菊潭县,因县界内菊潭水为名,属邓州。"

9. 清乡县(581—582 清乡县,583—617 顺阳县)

《隋志》:"西魏析置郑县,寻改为清乡,后周又并顺阳入清乡,开皇初又改为顺阳。"

顺阳郡 (581—582)——清乡县

《隋志》:"旧置顺阳郡。"(按《隋志》脱"开皇初废郡")《地形志》顺阳郡属荆州,云"魏分南阳置,曰南乡,司马衍更名,魏因之"。该郡领南乡、丹水、临洮、槐里、顺阳等 5 县。所谓郑县,即析顺阳县置。此县《隋志》云西魏析置,《纪要》以为是刘宋侨立。按《宋志》雍州顺阳郡有郑县,《纪要》所云不谬。

《北周志》顺阳郡属荆州,领清乡 1 县。

以上所列,为荆州南阳郡之政区沿革。其开皇三年前有 1 州、4 郡、9 县;大业三年改州为郡后,南阳郡共领 8 县。兹列表 83 如下。

表 83 荆州南阳郡隋开皇元年、大业三年州郡县统辖关系表

	开 皇 元 年				小计		大 业 三 年
州	荆州(开皇七年改为邓州)				1 州	郡	南阳郡
郡	新野郡	南阳郡	武关郡	顺阳郡	4 郡	县	穰县、新野县、南阳县、课阳县、新城县、冠军县、菊潭县、顺阳县
县	穰县 棘阳县	上宛县、涅阳县 临湍县、冠军县	武关县 郦县	清乡县	9 县		
小计	2 县	4 县	2 县	1 县	9 县	小计	8 县

第十五节 蒙州淯阳郡政区沿革

(七九)蒙州淯阳郡(581—600 蒙州,601—606 淯州,607—617 淯阳郡)
开皇三年前领北淯、雉阳2郡。

《隋志》:"西魏置蒙州,仁寿中改曰淯州。"《纪要》:"西魏置蒙州,隋仁寿中改曰淯州,大业初州废,改为淯阳郡。"

《北周志》蒙州领北淯、雉阳2郡。

1. 武川县(581—617)

《地形志》武川县属北清郡。王仲荦云:"北清郡为北淯郡之讹。《北齐书》卷20《慕容俨传》:'永安中,西荆州为梁将曹义宗所围,俨应募赴之。时北育太守宋带剑谋叛,俨即执之,一郡遂定。'按北育即北淯,育淯古今字。以水名,故加水傍作淯。"此县既见于《地形志》,当是北魏置县。

北淯郡(581—582)——武川县

《地形志》荆州领北清郡,郡领武川、北雉2县。钱大昕《廿二史考异》云:"清当作淯。《肃宗纪》'北淯悬危,南阳告急';《杨大眼传》'北淯郡尝有虎患,大眼搏而获之'。"王仲荦《北周志》亦以为当作北淯郡,今从之。又,《北周志》北淯郡领武川1县。

2. 向城县(581—617)

《隋志》:"向城,西魏置。"《纪要》:"西魏置向城县,兼置雉阳郡治焉,隋初郡废,县属淯州。"

雉阳郡(581—582)——向城县、北雉县

《隋志》:"西魏立雉阳郡,开皇初郡废。"《纪要》:"后魏复置北雉县,属北淯郡,西魏因置雉阳郡,隋初郡县俱废。"《北周志》雉阳郡领向城、北雉2县。

3. 北雉县(581—582)

《地形志》北清郡(即北淯郡)领有北雉县。《纪要》云:"相传秦文公时童子化雉止此,后因置雉县,汉因之,属南阳郡。宋省。后魏复置北雉县,西魏因置雉阳郡,隋初郡县俱废。"

4. 方城县(581—617)

《隋志》:"方城,西魏置。"《杨考》:"《地形志》有方城县,属襄城郡,而《水经·沔水注》引方城不云置县,则知为东魏置也。"按此方城县与下列叶县原属广州襄邑郡,改隶蒙州当在开皇三年废郡之后。

襄邑郡(581—582)——方城县、叶县、北平县
《隋志》："西魏又置襄邑郡,开皇初废。"按《地形志》方城县属襄城郡,此云置襄邑郡,杨守敬云："当是改襄城为襄邑。"《北周志》襄邑郡属广州,领方城、叶、北平3县。北平县,见淮州淮安郡内。

5. 叶县(581—597叶县,598—605澧水县)
《隋志》方城县下："又有叶县,开皇末改为澧水,大业初并入。"王仲荦云："西魏侨置之叶县也。"

以上所列,为蒙州淯阳郡之政区沿革。其开皇三年前有1州、3郡、5县;大业三年改州为郡后,淯阳郡共领3县。兹列表84如下。

表84 蒙州淯阳郡隋开皇元年、大业三年州郡县统辖关系表

	开 皇 元 年			小计		大 业 三 年
州	蒙 州		(广 州)	1州	郡	淯阳郡
郡	北淯郡	雉阳郡	襄邑郡	3郡	县	武川县、向城县、方城县
县	武川县	向城县、北雉县	方城县、叶县	5县		
小计	1县	2县	2县	5县	小计	3县

第十六节　淮州淮安郡政区沿革

(八十)淮州淮安郡(581—584淮州,585—606显州,607—617淮安郡)
开皇三年前领江夏、真昌2郡。
《隋志》："后魏置东荆州,西魏改为淮州,开皇五年又改为显州。"《寰宇记》："魏太和中置东荆州于比阳古城。恭帝元年改为淮州,因淮水为名。隋文帝开皇五年改淮州为显州,取界内显望冈为名。隋末为淮安郡。"《纪要》："大业初改州为淮安郡。"
《北周志》淮州领江夏、真昌2郡。

1. 阳平县(581—586阳平县,587—605饶良县,606—617比阳县)
《隋志》："比阳,后魏曰阳平,开皇七年改为饶良,大业初又改焉。"《元和志》："比阳县,本汉旧县,属南阳郡。比水所出,故曰比阳。后魏属江夏郡,隋属淮安郡。"《纪要》："后魏曰比阳县,属新野郡。寻置东荆州治焉,西魏改曰昌州,又曰淮州,隋初为显州。"因此县为州治,故《隋志》列为

首县。

2. 江夏县(581—597 江夏县,598—617 慈丘县)

《隋志》:"后魏曰江夏,并置江夏郡,开皇初郡废,更置慈丘县于其北境。"《元和志》:"慈丘县,本汉比阳县之地,后魏孝文帝于此置江夏县,并置江夏郡领之。隋开皇三年废郡,县属淮州;十八年改为慈丘,取慈丘山为名。"《寰宇记》:"隋开皇十八年改为慈丘县,取界内山为名。"此县之改名,诸书说法不一,今从《元和志》、《寰宇记》。

|江夏郡|(581—582)——江夏县、阳平县

《隋志》:"后魏置江夏郡,开皇初郡废。"《北周志》江夏郡领江夏、阳平2县。

3. 比阳县(581—605)

《隋志》比阳县下:"又有比阳古县,置西郢州,西魏改为鸿州,后周废为真昌郡,开皇初郡废,大业初县废。"王仲荦《北周志》云:"按比阳汉县屡有移徙。为东荆州治所之比阳故城者,汉比阳县故治也;此比阳县,后来徙移所治也。"

|真昌郡|(581—582)——比阳县

《隋志》:"后周为真昌郡,开皇初郡废。"《北周志》真昌郡领比阳1县。

4. 城阳县(581—582)

《隋志》比阳县下:"又有后魏城阳县,置殷州、城阳郡,开皇初州郡并废,其县寻省。"

|殷州|(581—582)——城阳郡

《隋志》:"后魏置殷州,开皇初废。"按《地形志》无殷州,钱大昕《廿二史考异》云:"郢州领安阳、城阳、汝南三郡,疑即此殷州。"《北周志》列有殷州,且举《周书》卷29《王勇传》"除卫大将军、殷州刺史"等为证,说明西魏北周时确有殷州。该州领城阳1郡。

|城阳郡|(581—582)——城阳县

《隋志》比阳县下:"有后魏城阳县,置城阳郡,开皇初郡废。"《北周志》城阳郡领城阳1县。

5. 义乡县(581—597 义乡县,598—617 桐柏县)

《隋志》:"梁置,曰淮安,开皇初更名曰桐柏。"《元和志》:"梁置义乡县,隋开皇十八年改为桐柏。"《寰宇记》:"后周建德三年置义乡,开皇十八年改为桐柏。"综合上述三书所说,当是梁置淮安,后周改为义乡,隋开皇十八年又改为桐柏也。王仲荦《北周志》云时淮安、义乡两县并立,隋开皇初改淮安

为桐柏,十八年又改义乡为桐柏,则开皇十八年一州之内有两桐柏县矣,此必误也。

纯州(581—605)——上川郡、大义郡、汉广郡

《隋志》:"梁立华州,西魏改州为淮州,后改为纯州,寻废。"然《隋志》豫州城阳县下云:"后齐曰永州,开皇九年废入纯州,大业初州县并废入焉。"则此纯州废于大业初也。

《北周志》纯州领上川、大义、汉广3郡。

上川郡(581—582)——义乡县、淮南县

《隋志》桐柏县下:"梁立上川郡,开皇初郡废。"《北周志》上川郡领淮安、义乡、淮南3县。按淮安县北周时改为义乡,二县本一县,此《北周志》有误,详见桐柏县下。

大义郡(581—582)——?

《隋志》桐柏县下:"又有大义郡,后周置,开皇初废。"《北周志》云大义郡领县无考。

6. 淮南县(581—597 淮南县,598—605 油水县)

《隋志》桐柏县下:"又置淮南县,开皇末改为油水,大业初废。"

7. 平氏县(581—617)

《元和志》:"本汉旧县,属南阳郡,晋属义阳郡,其后为北人侵掠,县丘皆墟。后魏于平氏故城重置,属淮州。"《水经·比水注》:"澧水西流,北屈经平氏城西。"北魏时确有平氏县也。

汉广郡(581—582)——平氏县

《隋志》平氏县下:"旧置汉广郡,开皇初郡废。"《北周志》汉广郡领平氏1县。

8. 北平县(581—588 北平县,589—617 真昌县)

《隋志》:"旧曰北平,开皇九年改为真昌。"《地形志》荆州襄城郡有北平县,襄州北南阳郡亦有北平县,杨守敬以为皆是此县。《北周志》北平县属广州襄邑郡,隋开皇三年废郡后,县改隶淮州。

9. 舞阴县(581—582 舞阴县,583—617 显冈县)

《杨考》:"本汉舞阴县。《一统志》:'隋开皇初更名。'"《纪要》:"魏孝昌中改置舞阴郡治焉,隋初郡废,改县曰显冈。"

舞阴郡(581—582)——舞阴县

《隋志》:"旧置舞阴郡,开皇初郡废。"《北周志》舞阴郡领舞阴1县,郡属广州。

10. 临舞县(581—617)

《隋志》:"东魏置。"《纪要》谓此原为西舞阳县,东魏改置临舞县。

期城郡(581—582)——临舞县、东舞阳县

《隋志》:"东魏置期城郡,开皇初郡废。"《北周志》期城郡属广州,领临舞、东舞阳2县。

11. 东舞阳县(581—597 东舞阳县,598—605 昆水县)

《隋志》临舞县下:"又有东舞阳县,开皇十八年改为昆水,大业初废。"

12. 昭越县(581—605 昭越县,606 同光县)

《隋志》比阳县下:"又有昭越县,大业初改为同光,寻废。"《纪要》:"后魏延兴二年置昭越县,属初安郡,隋初郡废,县属显州,大业初改为同光县,寻废。"《北周志》昭越县属豫州初安郡。

13. 上蔡县(581—582)

《隋志》慈丘县下:"后魏有上蔡、青山、震山三县,并开皇初废。"《杨考》:"《地形志》郢州汝南郡有上蔡县,或即此。"

郑州(581—582)——?

《隋志》慈丘县下:"后魏有郑州、潘州、溱州,并开皇初废。"《北周志》云郑州治所未详,领郡县无考。

潘州(581—582)——?

《隋志》慈丘县下:"后魏有郑州、潘州、溱州,并开皇初废。"《北周志》云潘州治所未详,领郡县无考。

溱州(581—582)——?

《隋志》慈丘县下:"后魏有郑州、潘州、溱州,并开皇初废。"《北周志》云溱州治所未详,领郡县无考。

周康郡(581—582)——?

《隋志》慈丘县下:"后魏有周康郡,开皇初废。"《地形志》无此郡。《北周志》云周康郡治所未详,领县无考。

14. 青山县(581—582)

《隋志》慈丘县下:"后魏有上蔡、青山、震山三县,并开皇初废。"

15. 震山县(581—582)

《隋志》慈丘县下:"后魏有上蔡、青山、震山三县,并开皇初废。"

以上所列,为淮州淮安郡之政区沿革。其开皇三年前有6州、9郡、15县;大业三年改州为郡后,淮安郡共领7县。兹列表85如下。

表85　淮州淮安郡隋开皇元年、大业三年州郡县统辖关系表

开皇元年										小计	大业三年	
州	淮州	殷州	纯州	（广州）	（豫州）	郑州	潘州	溱州		6州	郡	淮安郡
郡	江夏郡	真昌郡	城阳郡	上川郡	大义郡	汉广郡	（襄邑郡）	舞阴郡	期城郡	（初安郡）			周康郡	9郡		比阳县、慈丘县 桐柏县、平氏县 真昌县、显冈县 临舞县
县	江夏县、阳平县	比阳县	城阳县	义乡县、淮南县	平氏县	北平县	舞阴县	临舞县、东舞阳县	昭越县			上蔡县、青山县、震山县		县	
小计	2县	1县	1县	2县	1县	1县	1县	2县	1县			3县	15县	小计	7县

第四章　兖州地区州郡县沿革

第一节　杞州东郡政区沿革

（八一）杞州东郡(589—595 杞州,596—605 滑州,606 兖州,607—617 东郡)

《隋志》："开皇九年置杞州,十六年改为滑州,大业二年为兖州。"《元和志》："隋开皇九年置杞州,十六年改杞州为滑州,大业三年又改为东郡。"《寰宇记》："宋武帝平河南,置兖州,后魏废,后周建德六年改为杞州。"王仲荦《北周志》以为："大象末尉迟迥起兵时,相州总管所属相、卫、黎、毛、洺、贝、赵、冀、瀛、沧诸州中,无杞州,是杞州周世未置之证。《寰宇记》之说不可信。"今从《隋志》、《元和志》。

《北周志》东郡隶汴州,时尚无杞州。

1. 白马县(581—617)

《元和志》："白马县,汉以为县,属东郡,因白马津为名。隋开皇三年属汴州,九年属杞州,十六年改杞州为滑州,县又属焉。"《寰宇记》云县以白马山为名,余同《元和志》。

东郡(581—582)——白马县、东燕县、长垣县

《隋志》："旧置东郡,开皇初郡废。"《地形志》："东郡,秦置,治滑台城。晋改为濮阳,后复。天兴中置兖州,太和十八年改。"时东郡隶司州。《北周志》："周建德后,东郡盖已改隶汴州,故隋初废东郡,而其属县仍直隶汴州。"时东郡领白马、东燕、长垣3县。

2. 东燕县(581—597 东燕县,598—617 胙城县)

《隋志》："胙城,旧曰东燕,开皇十八年改焉。"《元和志》："汉为南燕县,其后慕容德都之,复号东燕县。隋开皇三年废东郡,以县属汴州。十八年,文帝因览奏状,见东燕县名,曰:'今天下一统,何东燕之有?'遂改为胙城。"

3. 长垣县(581—595 长垣县,596—617 匡城县)

《隋志》："匡城,后齐曰长垣,开皇十六年改焉。"《元和志》同。

4. 濮阳县(581—617)

《元和志》:"濮阳县,本汉旧县也。秦置东郡理此,汉仍为东郡及濮阳县也。隋开皇十六年改属濮州。"《隋志》鄄城县下云"开皇十六年置濮州,大业初州废",《元和志》濮州下亦云"大业三年废濮州",则此濮阳县改隶东郡当在大业三年也。此县北周时属何郡,《隋志》及《元和志》皆未言明,《北周志》据《地形志》所云"濮阳,二汉属东郡,晋属濮阳郡",将该县系之濮阳郡下,今从之。濮阳郡,见郓州东平郡内。

5. 西濮阳县(581—605)

《隋志》卫南县下:"大业初废西濮阳县入焉。"《北周志》西濮阳县亦隶濮阳郡,且云:"据《寰宇记》澶州濮阳县下云'后魏天平三年移濮阳县于颛顼城',此西濮阳者,盖汉以来濮阳县旧治,魏既徙濮阳而东,故此称西濮阳也。"

6. 离狐县(581—617)

《元和志》南华县下:"南华县,本汉离狐县也,属东郡,后汉属济阴郡。隋开皇三年罢郡,县属曹州。"《杨考》:"此汉离狐也,东晋移单父,隋复置于此。"《北周志》离狐县属曹州济阴郡,改隶杞州当是在开皇九年立杞州之时。

7. 韦城县(586—617)

《隋志》:"韦城,开皇六年置。"《元和志》:"韦城县,开皇六年分白马县南境置,属汴州,九年属杞州,十六年属滑州。"《寰宇记》:"隋置县于韦氏之国,故曰韦城。"

8. 灵昌县(596—617)

《隋志》:"灵昌,开皇十六年置。"《元和志》:"开皇十六年分东燕、酸枣二县置灵昌县,取灵昌津为名,属滑州。"

9. 卫南县(596—617)

《隋志》:"卫南,开皇十六年置。"《元和志》:"开皇十六年于此置楚丘县,后以曹州有楚丘县,改今名。"

10. 昆吾县(596—605)

《隋志》濮阳县下:"开皇十六年分置昆吾县,大业初入焉。"

11. 封丘县(596—617)

《隋志》:"封丘,后齐废,开皇十六年复。"《元和志》:"后魏并入酸枣,宣武帝又置封丘县,属陈留郡,隋开皇三年罢郡,以县属汴州。"此县沿革,二书所记不一,今从《隋志》。

12. 长垣县(596—605)

《隋志》韦城县下:"开皇十六年分置长垣县,大业初省入焉。"盖开皇十六年改长垣县为匡城县,此又分置长垣县也。

以上所列,为杞州东郡之政区沿革。其开皇三年前有 1 郡、6 县;大业三年改州为郡后,东郡共领 9 县。兹列表 86 如下。

表86　杞州东郡隋开皇元年、大业三年州郡县统辖关系表

开 皇 元 年				小计	大 业 三 年	
州	(汴　州)		(曹　州)		郡	东　郡
郡	东　郡	(濮阳郡)	(济阴郡)	1 郡	县	白马县、胙城县、匡城县、濮阳县、离狐县、韦城县、灵昌县、卫南县、封丘县
县	白马县、东燕县、长垣县	濮阳县 西濮阳县	离狐县	6 县		
小计	3 县	2 县	1 县	6 县	小计	9 县

第二节　郓州东平郡政区沿革

(八二) 郓州东平郡(590—606 郓州,607—617 东平郡)

《隋志》:"后周置鲁州,寻废。开皇十年置郓州。"《元和志》:"周宣帝于此置鲁州,寻废。隋分兖州万安县置郓州,大业三年罢州为东平郡。"《隋志》郓城县下:"大业初置郡。"

《北周志》无郓州。

1. 清泽县(581—583 清泽县,584—597 万安县,598—617 郓城县)

《隋志》:"后周置,曰清泽,开皇初改县曰万安,十八年改曰郓城。"《元和志》:"后汉及魏皆为寿张县地,隋开皇四年改为万安县,十六年于此置郓城县。"杨守敬以为《元和志》作十六年改为郓城县乃传写之讹,此从《隋志》。

东平郡(581—582)——清泽县、寿张县

《隋志》:"后周置高平郡,开皇初郡废。"《寰宇记》亦云"后周置高平郡",而《元和志》云"宋及后魏并为东平郡",不言后周置高平郡。《杨考》引叶圭绶云:"按齐周高平郡皆治任城,而后魏有两东平郡,一治汉东平国城,齐移于博,一治范县,齐废,周复于此置,非高平郡也。"叶说是,今据改。高平郡,见兖州鲁郡内。

《北周志》亦作高平郡,属济州,领清泽、寿张 2 县。然寿张县下又云属济州东平郡,亦自相矛盾也。寿张县,见济州济北郡内。

2. 鄄城县(581—617)

《元和志》:"本汉旧县,属济阴郡。隋开皇十六年于此置濮州,鄄城县属

焉。大业三年废濮州，县属东平郡。"

濮州(596—605)——鄄城县、临濮县、濮阳县、范县

《隋志》鄄城县下："开皇十六年置濮州，大业初州废。"《元和志》临濮县下、濮阳县下、范县下皆云开皇十六年改属濮州，则此濮州领有鄄城、临濮、濮阳、范县4县也。大业初废州后，鄄城、临濮仍属郓州，临濮寻废；濮阳县仍归杞州，范县则隶济州。

濮阳郡(581—582)——鄄城县、廪丘县、濮阳县、西濮阳县

《隋志》："旧置濮阳郡，开皇初郡废。"《地形志》濮阳郡孝昌末属西兖州，天平初又属司州。《北周志》濮阳郡属曹州，领鄄城、廪丘、濮阳、西濮阳4县。濮阳、西濮阳二县，见杞州东郡内。

3. 廪丘县(581—605)

《隋志》鄄城县下："大业初并廪丘县入焉。"《纪要》："汉置廪丘县，刘宋属濮阳郡，后魏因之，隋属郓州，大业初并入鄄城县。"

4. 须昌县(581—595须昌县，596—617宿城县)

《隋志》："宿城，后齐曰须昌，开皇十六年改焉。"《元和志》："两汉为无盐地，后齐于此置须昌县，属东平郡。县理无盐城。隋别置须昌县，改须昌为宿城县。"此县原属兖州，当是开皇十六年别置须昌时改隶郓州。

《北周志》须昌县属兖州东平郡。《隋志》宿城县下云"旧置东平郡，后齐废"。王仲荦《北周志》云："按北魏兖州东平郡治无盐，北齐盖并东平于泰山，并改泰山郡为东平郡。"今从之。

5. 须昌县(596—617)

《隋志》："须昌，开皇十六年置。"《元和志》："隋改须昌为宿城县，更立须昌县于今理，属郓州。"

6. 雷泽县(596—617)

《隋志》："旧曰城阳，后齐废。开皇十六年置，曰雷泽。"《元和志》："开皇十六年置县，因县北雷泽为名。"

7. 临濮县(596—605)

《隋志》雷泽县下："开皇十六年又分置临濮县，大业初并入焉。"《元和志》："隋开皇十六年分鄄城南界、雷泽西界置临濮县，属濮州，大业二年废。"

8. 巨野县(596—617)

《隋志》："巨野，旧废，开皇十六年复。"《纪要》："隋开皇十六年复置，属郓州。"

9. 乘丘县(596—605)

《隋志》巨野县下："开皇十六年又置乘丘县，大业初废入焉。"《纪要》："隋

开皇十六年置乘丘县,属郓州,大业初并入巨野县。"

以上所列,为郓州东平郡之政区沿革。其开皇三年前有 2 郡、4 县,开皇十年始置郓州;大业三年改州为郡后,东平郡共领 6 县。兹列表 87 如下。

表 87　郓州东平郡隋开皇元年、大业三年州郡县统辖关系表

州	开　皇　元　年			小计	郡	大　业　三　年
州	(济　州)	(曹　州)	(兖　州)		郡	东平郡
郡	东平郡	濮阳郡	(东平郡)	2 郡	县	郓城县、鄄城县、宿城县、须昌县、雷泽县、巨野县
县	清泽县	鄄城县、廪丘县	须昌县			
小计	1 县	2 县	1 县	4 县	小计	6 县

第三节　济州济北郡政区沿革

(八三) 济州济北郡(581—606 济州,607—617 济北郡)

开皇三年前领济北、肥城、东平、平原 4 郡。平原郡,见魏州武阳郡内。

《隋志》:"旧置济州。"《地形志》:"济州,治济北碻磝城,泰常八年置。"《元和志》卢县下:"卢县,宋属济北郡,隋开皇三年罢郡,县属济州,大业三年复为济北郡。"

《北周志》济州领济北、平原、肥城、高平 4 郡。按高平当作东平,见前郓州东平郡内。

1. 卢县(581—617)

《地形志》济州济北郡领有卢县,云"前汉属泰山,后汉、晋属济北郡"。《杨考》:"此汉之卢县也。"

济北郡(581—582)——卢县、东阿县

《隋志》:"旧置郡,开皇初废。"《元和志》:"卢县,宋属济北郡,隋开皇三年罢郡,县属济州。"《北周志》济北郡领卢、东阿 2 县。

2. 东阿县(581—617)

《元和志》:"东阿县,本汉旧县。《汉志》东阿县属东郡,都尉理。晋属济北国,隋开皇三年属济州。"《地形志》东阿属济州济北郡。

3. 肥城县(581—617)

《地形志》:"肥城,前汉属泰山,后汉属济北,晋罢,后复属。"《纪要》:"汉置肥城县,属泰山郡。后汉属济北国,寻省入卢县。后魏复置肥城县,孝昌三年

置东济北郡治焉,后齐郡废。后周置肥城郡,隋郡废,县属济州。"

肥城郡(581—582)——肥城县、蛇丘县

《隋志》:"后周置肥城郡,寻废,又复,开皇初又废。"《北周志》肥城郡领肥城、蛇丘2县。

4. 蛇丘县(581—582)

《地形志》济州东济北郡领蛇丘县,云"前汉属泰山,后汉、晋属济北,后属东济北郡"。王仲荦《北周志》云:"按《隋书》卷72《王颁传》:'开皇初封蛇丘县公。'则齐周之际尚有此县,盖废于隋世。"当是开皇初与郡同废。

5. 寿张县(581—617)

《地形志》:"寿张,前汉曰寿良,属东郡,光武改。后汉、晋属兖州东平,后属济州东平郡。"《杨考》:"按《地形志》有两寿张,一属济州东平郡,故城在东平西南;一属兖州东平郡,在东平东南。叶圭绶谓齐省兖州寿张入须昌,而存属济州者。"则此为济州东平郡之寿张。

6. 济北县(586—605)

《隋志》卢县下:"开皇六年分置济北县,大业初省入焉。"

7. 榆山县(594—605 榆山县,606—617 平阴县)

《隋志》:"平阴,开皇十四年置,曰榆山,大业初改焉。"《元和志》:"开皇十四年于今县西北二十八里置榆山县,大业二年移于今理,仍改名平阴,属济州。"

8. 长清县(594—617)

《隋志》:"长清,开皇十四年置。"《元和志》:"开皇五年因卢县地置镇,十四年废镇置长清县,属济州,因清水为名。"

9. 时平县(594—605 时平县,606—617 济北县)

《隋志》:"济北,开皇十四年置,曰时平,大业初改焉。"《杨考》:"大业初废卢县之济北,故以此改。"

10. 范县(596—617)

《隋志》:"后齐废,开皇十六年置。"《元和志》:"高齐废,隋开皇六年又置范县,属济州,十六年改属濮州。"此县何时设置,二书所记不同,今从《隋志》。又,范县开皇十六年改属濮州,濮州大业二年废,县又属济州。

11. 阳谷县(596—617)

《隋志》:"阳谷,开皇十六年置。"《元和志》:"隋于汉须昌县地置阳谷县,取东阿县界阳谷亭为名,属济州。"

以上所列,为济州济北郡之政区沿革。其开皇三年前有1州、2郡、5县;大业三年改州为郡后,济北郡共领9县。兹列表88如下。

表 88　济州济北郡隋开皇元年、大业三年州郡县统辖关系表

开　皇　元　年				小计	大　业　三　年	
州	济　州			1州	郡	济北郡
郡	济北郡	肥城郡	（东平郡）	2郡	县	卢县、东阿县、肥城县、寿张县、平阴县、长清县、济北县、范县、阳谷县
县	卢县、东阿县	肥城县、蛇丘县	寿张县			
小计	2县	2县	1县	5县	小计	9县

第四节　魏州武阳郡政区沿革

(八四)魏州武阳郡(581—606 魏州,607—617 武阳郡)

开皇三年前领昌乐、武阳二郡。

《隋志》："后周置魏州。"《周书》卷 8《静帝纪》："大象二年八月,分相州昌黎郡置魏州。"《杨考》："相州不闻有昌黎郡,当是昌乐之误。"《元和志》："后魏于今州理置贵乡郡,周大象二年于贵乡郡东界置魏州,隋大业三年罢州为武阳郡。"王仲荦云："此两贵乡郡之郡字,皆贵乡县之县字之讹。"即后周之魏州治贵乡县,而贵乡县为昌乐郡之属县也。又《隋志》贵乡县下："大业初置武阳郡。"

《北周志》不列魏州,魏州所属昌乐、武阳 2 郡皆隶相州。盖魏州之置已是后周宣帝时,大象二年即公元 580 年,第二年隋即代周,故不再分析也。

1. 贵乡县(581—617)

《隋志》："贵乡,东魏置。"《旧唐志》贵乡县下云："后魏分馆陶西界,置贵乡县于赵城。周建德七年,自赵城东南移三十里,以孔思集寺为县廨。大象二年,于县置魏州。"

2. 昌乐县(581—605)

《隋志》繁水县下："旧曰昌乐,置昌乐郡。东魏郡废,后周又置。开皇六年置县曰繁水,大业初废昌乐县入焉。"《元和志》、《寰宇记》俱云昌乐县周武帝改属魏郡,今从《隋志》。

昌乐郡 (581—582)——昌乐县、贵乡县、卫国县

《隋志》："旧置昌乐郡,东魏郡废,后周又置,开皇初郡废。"《北周志》昌乐郡领昌乐、贵乡、卫国 3 县。

3. 卫国县(581—585 卫国县,586—617 观城县)

《隋志》："观城,旧曰卫国,开皇六年改。"《元和志》："开皇六年改卫国县为

观城县，属魏州。"

4. 乐平县(581—585 乐平县，586—587 阳平县，588—605 清邑县，606—617 莘县)

《隋志》："旧曰阳平，后齐改曰乐平，开皇六年复曰阳平，八年改曰清邑，大业初改县名莘。"《元和志》："开皇六年于乐平故城置阳平县，属魏州，八年改阳平为清邑县，大业二年改为莘县。"

莘州 (596—605)——清邑县、莘亭县、武阳县、武水县

《隋志》莘县下："开皇十六年置莘州，大业初州废。"《元和志》朝城县(即隋之武阳县)下、武水县下皆云开皇十六年属莘州，《隋志》又云莘亭县大业初废入莘县，则此莘州当领清邑、莘亭、武阳、武水 4 县。

武阳郡 (581—582)——乐平县、莘亭县、武阳县

《隋志》莘县下："后周置武阳郡，开皇初废。"《北周志》武阳郡领乐平、莘亭、武阳 3 县。

5. 莘亭县(581—605)

《隋志》莘县下："大业初废莘亭县入焉。"《嘉庆重修一统志》："莘亭，周置。"

6. 武阳县(581—617)

《隋志》："武阳，后齐省，后周置。"《元和志》："本汉东武阳郡，在武水之阳，故曰武阳。其后为县，属魏郡。隋开皇十六年属莘州，大业二年废莘州，属魏郡。"(按，魏郡当是魏州之误。)

7. 馆陶县(581—617)

《元和志》："馆陶县，汉属魏郡，魏文帝改属阳平郡，石赵移阳平郡理此。周大象二年置屯州，以近屯河为名。隋大业二年废屯州，以县属魏州。"

屯州 (581—605)——阳平郡

《隋志》："旧置毛州，大业初州废。"按《元和志》云："周大象二年置屯州，以近屯河为名。"屯河即屯氏河，州以水名，当以《元和志》为正。《杨考》引颜师古曰："屯音大门反。而隋室分析州县，误以为毛氏河，乃置毛州，失之甚矣。"《周书》卷8《静帝纪》云："大象二年八月，分相州阳平郡置毛州。"然则《周书》已误，故《隋志》亦误。

《北周志》未列屯州，亦无毛州，盖大象二年已是周之末世，故未作分析。该州领郡，据《元和志》等所云，当有阳平 1 郡。

阳平郡 (581—582)——馆陶县、清渊县(清渊县见贝州清河郡之清泉县)

《隋志》馆陶县下："又有旧阳平郡，开皇初废。"《北周志》阳平郡领馆陶、清渊 2 县。

8. 聊城县(581—617)

《元和志》:"聊城县,汉以为县,属东郡。晋属平原郡,高齐改属济州,隋开皇三年改属冀州。十六年置博州,县属焉。"《元和志》博州下又云:"隋开皇十六年置博州,大业三年省。"大业三年当是二年之误。博州废后,县属魏州。

博州(596—605)——聊城县、清平县、博平县、高唐县

《隋志》:"开皇十六年置博州,大业初州废。"据《元和志》清平县下、博平县下、高唐县下所云,此三县皆于开皇十六年隶博州,则此博州领有聊城、清平、博平、高唐4县。清平、博平、高唐3县,均见贝州清河郡内。

平原郡(581—582)——聊城县、博平县、高唐县

《隋志》:"旧置南冀州及平原郡,未几州废,开皇初郡废。"《北周志》平原郡属济州,领聊城、博平、高唐3县。博平、高唐2县,见贝州清河郡内。

9. 元城县(586—617)

《隋志》:"元城,后齐废,开皇六年复。"《元和志》:"高齐省元城县入贵乡,隋开皇六年复置。"

10. 马陵县(586—605)

《隋志》元城县下:"开皇六年又置马陵县,大业初废入焉。"《纪要》:"隋开皇六年分元城地置马陵县,大业初省。"

11. 繁水县(586—617)

《隋志》:"开皇六年置县,曰繁水。"《纪要》:"隋开皇六年分昌乐县置繁水县,属魏州。"

12. 魏县(586—617)

《隋志》:"魏,后齐废,开皇六年复。"《元和志》:"开皇六年又分昌乐置魏县,属魏州。"

13. 顿丘县(586—617)

《隋志》:"顿丘,后齐省,开皇六年置。"《元和志》云顿丘"晋属顿丘郡,隋废郡,属魏州。"按隋初已无顿丘郡,《杨考》云:"旧置顿丘郡,后齐并县废。"是。《纪要》清丰县顿丘城下即云:"晋为顿丘郡治,后魏因之,高齐郡县俱废。"

14. 临黄县(586—617)

《隋志》:"临黄,后魏置,后齐省,开皇六年复。"《地形志》临黄县属司州顿丘郡。

15. 堂邑县(586—617)

《隋志》:"堂邑,开皇六年置。"《元和志》:"隋开皇六年置堂邑县,属屯州,大业二年改属魏州。"

16. 冠氏县(586—617)

《隋志》:"冠氏,开皇六年置。"《元和志》:"开皇六年分馆陶东界置冠氏县,属屯州;大业二年废屯州,县属魏州。"

17. 平邑县(596—606)

《隋志》贵乡县下:"又有平邑县,后齐废,开皇十六年又置。大业初置武阳郡,并省平邑县入焉。"按改魏州为武阳郡在大业三年,故此平邑县之省亦在大业三年。

18. 漳阴县(596—605)

《隋志》魏县下:"开皇十六年析置漳阴县,大业初省入焉。"

19. 河上县(596—605)

《隋志》临黄县下:"开皇十六年分置河上县,大业初省入焉。"

20. 武水县(596—617)

《隋志》:"武水,开皇十六年置。"《元和志》:"开皇十六年分清邑置武水县,属莘州。大业二年废莘州,改属魏州。"

以上所列,为魏州武阳郡之政区沿革。其开皇三年前有2州、4郡、8县;大业三年改州为郡后,武阳郡共领14县。兹列表89如下。

表89 魏州武阳郡隋开皇元年、大业三年州郡县统辖关系表

	开 皇 元 年				小计		大 业 三 年
州	魏 州	屯 州		(济州)	2州	郡	武阳郡
郡	昌乐郡	武阳郡	阳平郡	平原郡	4郡		贵乡县、观城县、莘县、武阳县、馆陶县、聊城县、元城县、繁水县、魏县、顿丘县、临黄县、堂邑县、冠氏县、武水县
县	昌乐县 贵乡县 卫国县	乐平县 莘亭县 武阳县	馆陶县	聊城县		县	
小计	3县	3县	1县	1县	8县	小计	14县

第五节 棣州渤海郡政区沿革

(八五)棣州渤海郡(586—605棣州,606沧州,607—617渤海郡)

《隋志》:"开皇六年置棣州,大业二年为沧州。"《元和志》:"隋开皇十六年割沧州阳信县置棣州,大业二年废入沧州。"《寰宇记》:"隋开皇中于阳信县置棣州,大业二年州废,县隶沧州,乃自饶安县移沧州于阳信县为理。"《纪要》:"隋开皇六年置棣州,大业二年改沧州,明年为渤海郡。"按棣州置于何年,诸书说法不一,今从《隋志》。

1. 阳信县(581—617)

《元和志》:"阳信县,本汉旧县,属渤海郡。后魏置乐陵郡,隋开皇三年罢郡,属沧州。十六年于阳信县置棣州。"《寰宇记》:"高齐天保七年自今无棣县东南三十里移于今阳信县东马岭城置。"

2. 乐陵县(581—617)

《地形志》:"乐陵,乐陵郡治。二汉属平原郡,后属乐陵郡。"《元和志》:"乐陵县,汉以为县,属平原郡;后魏属乐陵郡;隋开皇三年罢郡,属沧州。"

乐陵郡 (581—582)——乐陵县、阳信县、平昌县

《隋志》:"旧置乐陵郡,开皇初郡废。"《北周志》乐陵郡属沧州,领乐陵、阳信、平昌3县。平昌县,见德州平原郡内。

3. 饶安县(581—617)

《元和志》:"饶安县,本汉千童县,属渤海郡。灵帝置饶安县,以其地丰饶,可以安人。后魏属沧州,隋不改。"《地形志》云沧州治饶安。

沧州 (581—606)——浮阳郡、乐陵郡

《隋志》:"旧置沧州,大业初州废。"《地形志》:"沧州,熙平二年分瀛、冀二州置,治饶安。"又据《寰宇记》"大业二年自饶安县移沧州于阳信县为理",则大业初是移沧州于阳信县,后又改为渤海郡也。

4. 浮阳县(581—597 浮阳县,598—617 清池县)

《隋志》:"旧曰浮阳,开皇十八年改为清池县。"《元和志》:"清池县,本汉浮阳县,属渤海郡,在浮水之阳。后魏属沧州。隋开皇十八年改为清池县,以县东有仵清池,因以为名。"

浮阳郡 (581—582)——浮阳县、饶安县、高成县

《隋志》饶安县下:"旧置浮阳郡,开皇初郡废。"《杨考》于浮阳县下云:"后魏置浮阳郡当载于此,以浮阳郡理浮阳也。"《北周志》据《地形志》等,亦云浮阳郡治浮阳,领浮阳、饶安、高成3县。

5. 高成县(581—597 高成县,598—617 盐山县)

《隋志》:"盐山,旧曰高成,开皇十八年改高成曰盐山。"《元和志》:"汉置高成县,属渤海郡,隋开皇十八年改为盐山县。"

6. 南皮县(581—617)

《寰宇记》:"南皮县,本汉县,属渤海郡。以章武有北皮亭,此故曰南皮。"《北周志》南皮县属冀州渤海郡。据《元和志》景州下所云:"隋开皇十六年又于长芦县置景州,大业二年废。"而景州领县中有南皮县,则此县原属冀州,开皇十六年属景州,大业二年景州废后改属沧州也。

7. 无棣县(586—617)

《隋志》:"无棣,开皇六年置。"《元和志》:"隋开皇六年割阳信、饶安置无棣县,以南临无棣沟为名,属沧州。"

8. 鬲津县(596—605)

《隋志》乐陵县下:"开皇十六年分置鬲津县,大业初废入焉。"

9. 滳河县(596—617)

《隋志》:"滳河,开皇十六年置。"《元和志》:"本汉枍县,后汉省。隋开皇十六年于此置滳河县,因北有滳河以名之,属沧州。"

10. 厌次县(596—617)

《隋志》:"厌次,后齐废,开皇十六年复。"《纪要》:"隋开皇十六年复置厌次县,属棣州。"

11. 蒲台县(596—617)

《隋志》:"蒲台,开皇十六年置。"

12. 浮水县(596—605)

《隋志》盐山县下:"开皇十六年又置浮水县,大业初省浮水入焉。"

以上所列,为棣州渤海郡之政区沿革。其开皇三年前有1州、2郡、6县;大业三年改州为郡后,渤海郡共领10县。兹列表90如下。

表90 棣州渤海郡隋开皇元年、大业三年州郡县统辖关系表

	开　皇　元　年			小计		大　业　三　年
州	沧　州		(冀　州)	1州	郡	渤海郡
郡	乐陵郡	浮阳郡	(渤海郡)	2郡	县	阳信县、乐陵县、饶安县、清池县、盐山县、南皮县、无棣县、滳河县、厌次县、蒲台县
县	阳信县、乐陵县	浮阳县、饶安县、高成县	南皮县	6县		
小计	2县	3县	1县	6县	小计	10县

第六节　德州平原郡政区沿革

(八六)德州平原郡(589—606德州,607—617平原郡)

《隋志》:"开皇九年置德州。"又安乐应为安德,详考见安德县条下:"旧置平原郡,开皇初郡废,大业初复。"《元和志》德州序:"后魏文帝于今州置安德郡,隋开皇三年改为德州,大业三年罢州为平原郡。"然安德县下又云:"后魏属

安德郡,隋开皇三年废郡,改属冀州,九年改属德州。"《寰宇记》亦云"开皇九年于今安德置德州",则《元和志》德州序有脱误。

1. 安德县(581—617)

《隋志》原误为安乐县。《杨考》云:"当作安德,本汉县。《旧唐志》:'安德,汉至隋不改。'诸书并无隋改安德为安乐之说,知此'乐'字为'德'字之误无疑。"《元和志》:"安德县,本汉旧县,属平原郡。后魏属安德郡。隋开皇三年废郡,改属冀州,九年改属德州。"今据改为安德。

安德郡 (581—582)——安德县、平原县

《隋志》:"旧置平原郡,开皇初郡废。"《杨考》:"按平原当作安德。"《地形志》:"冀州安德郡,太和中置,寻并渤海,中兴中复。领平原、安德、绎幕、鬲四县。"《元和志》亦作安德郡,《杨考》所纠甚是,今改正。《北周志》安德郡领安德、平原2县。

2. 平原县(581—617)

《元和志》:"平原县,本汉旧县,属平原郡,后魏属安德郡,隋开皇三年罢郡,属冀州,九年改属德州。"

3. 东光县(581—617)

《地形志》:"东光,二汉、晋属渤海郡。"《寰宇记》:"东光县,本汉旧县也,属渤海郡。故城在今东光县东二十里,高齐天保七年移于今东光县东南三十里陶氏故城,隋开皇三年又移于后魏废渤海郡城,即今县理。"

观州 (589—605)——东光县、安陵县、弓高县、胡苏县、蓨县、阜城县、观津县

《隋志》东光县下:"开皇九年置观州,大业初州废。"《旧唐志》蓨县下云:"隋旧隶观州,州废,属德州。"《元和志》安陵县下云:"高齐省,隋开皇六年重置,属冀州,九年立观州,县属焉。"阜城县下云:"隋开皇九年改属观州,大业二年复属冀州。"《旧唐志》景州序又云:"隋置弓高县,属渤海郡。武德四年于县置观州,领弓高、蓨、阜城、东光、安陵、胡苏、观津七县。"唐初复置之州多因隋旧,则此观州当领有东光、安陵、弓高、胡苏、蓨、阜城、观津等县。蓨、阜城、观津3县,见冀州信都郡内。

渤海郡 (581—582)——东光县、南皮县、蓨县

《隋志》东光县下:"旧置渤海郡,开皇初郡废。"《地形志》渤海郡属冀州,领南皮、东光、安陵3县。而《北周志》渤海郡仍属冀州,郡治移理东光县城,领东光、南皮、蓨3县。南皮县,见棣州渤海郡内;蓨县,见冀州信都郡内。

4. 平昌县(581—617)

《地形志》:"平昌,二汉、晋属平原。后汉、晋曰西平昌,后罢,太和二十二年复,属渤海,熙平中属乐陵,后属安德郡。"《隋志》平昌县下云"后魏置东安德

郡,后齐废",此东安德郡即领平昌之郡,郡废后,平昌改隶乐陵郡。

5. 安陵县(586—605)

《隋志》东光县下:"大业初并安陵县入焉。"《元和志》:"晋立安陵县,属渤海郡,高齐省。隋开皇六年重置,属冀州。九年立观州,县属焉。"《寰宇记》:"大业二年废。"

6. 广川县(586—600 广川县,601—617 长河县)

《隋志》:"长河,旧曰广川,后齐省,开皇六年复置,仁寿初改名焉。"《元和志》:"开皇六年复置,属冀州,九年改属德州,仁寿元年改广川为长河县。"

7. 绎幕县(596—605)

《隋志》安德县下:"开皇十六年置绎幕县,大业初废入焉。"

8. 将陵县(596—617)

《隋志》:"将陵,开皇十六年置。"《元和志》:"隋开皇十六年置将陵县,取安德县界将陵故城为名,属德州。"

9. 般县(596—617)

《隋志》:"般,后齐省,开皇十六年复。"《寰宇记》:"故般城,汉县,高齐天保七年省,隋开皇十六年又置。"

10. 弓高县(596—617)

《隋志》:"弓高,旧废,开皇十六年置。"《寰宇记》:"弓高,汉县也,属河间国,晋废,隋开皇十六年复置。"

11. 胡苏县(596—617)

《隋志》:"胡苏,旧废,开皇十六年置。"《寰宇记》临津县下:"隋开皇十六年于此置胡苏县,因胡苏亭为名。"

以上所列,为德州平原郡之政区沿革。其开皇三年前有2郡、4县,开皇九年始置德州;大业三年改州为郡后,平原郡共领9县。兹列表91如下。

表91 德州平原郡隋开皇元年、大业三年州郡县统辖关系表

	开 皇 元 年			小计		大 业 三 年
州	(冀 州)		(沧 州)		郡	平原郡
郡	安德郡	渤海郡	(乐陵郡)	2郡	县	安德县、平原县、东光县 平昌县、长河县、将陵县 般县、弓高县、胡苏县
县	安德县、平原县	东光县	平昌县			
小计	2县	1县	1县	4县	小计	9县

第五章　冀州地区州郡县沿革

第一节　冀州信都郡政区沿革

(八七) 冀州信都郡(581—606 冀州,607—617 信都郡)

开皇三年前领长乐、渤海、安德 3 郡。

《隋志》:"旧置冀州。"又长乐县下:"大业初置信都郡。"《地形志》:"皇始二年平信都,仍置冀州。"《寰宇记》:"后魏于信都置冀州,北齐、北周皆因之。"《元和志》:"大业三年改为信都郡。"

《北周志》冀州领长乐、渤海、安德 3 郡。渤海郡、安德郡,见德州平原郡内。

1. 信都县(581—605)

《隋志》长乐县下:"旧曰信都,开皇初分信都置长乐县,大业初废信都入焉。"

长乐郡(581—582)——信都县、枣强县、下博县、阜城县、武强县

《隋志》长乐县下:"旧置长乐郡,开皇初郡废。"《地形志》:"汉高置为信都郡,景帝二年为广川国,明帝更名乐成,安帝改曰安平,晋改长乐郡。"《北周志》长乐郡领信都、枣强、下博、阜城、武强 5 县。

2. 枣强县(581—617)

《隋志》:"枣强,旧县。"《元和志》:"本汉旧县,属清河郡。其地枣木强盛,故曰枣强。后魏属长乐郡,隋开皇三年属冀州。"

3. 下博县(581—617)

《元和志》:"下博县,本汉旧县,属信都国。以泰山有博县,故此加'下'字。后魏属长乐郡,隋开皇三年罢郡,属冀州,十六年属深州。"按深州大业二年又废,此县仍属冀州也。

4. 阜城县(581—617)

《元和志》:"阜城县,本汉旧县,属渤海郡,后汉属安平国。隋开皇九年改

属观州,大业二年复属冀州。"

5. 武强县(581—617)

《元和志》:"晋于此置武强县,属武强郡,高齐改属长乐郡,隋开皇三年改属冀州。"

6. 脩县(581—584 脩县,585—617 蓚县)

《隋志》:"蓚县,旧曰脩,开皇五年改。"《元和志》:"蓚县,本汉条县,即条侯国也,景帝封周亚夫为条侯。汉条县属信都国,后汉属渤海郡。晋改条为脩。隋开皇三年废渤海郡,属冀州。五年,改脩县为蓚县,属观州。"按观州大业二年废,此县又属冀州。又王仲荦云:"蓚、脩、条,本一字,古通用。"

7. 斌强县(581—617)

《寰宇记》清河县下:"故武强城,后魏太和二十二年于此城置武强县,属广宗郡。"王仲荦《北周志》云:"按《地形志》相州广宗郡有武强县,即此县,亦即《隋书·地理志》之信都郡斌强县也。《地形志》冀州武邑郡别有武强县,即《隋志》之信都郡武强县也。隋以信都郡同时有二武强县,故改后魏广宗郡之武强县为斌强县以别之。"

广宗郡(581—582)——斌强县、广宗县

《寰宇记》:"后魏置经县,续于县理置广宗郡,高齐天保七年省郡及县,移武强县于此,后周建德七年复于此置广宗郡,隋开皇三年罢郡。"《北周志》广宗郡领武强、广宗2县。广宗县,见贝州清河郡内。

8. 安国县(581—585 安国县,586—597 安定县,598—617 鹿城县)

《隋志》:"鹿城,旧曰鄡,后齐改曰安国,开皇六年改为安定,十八年改为鹿城。"《元和志》:"本汉安定县地,高齐改曰安国。隋开皇三年于此置安定县,取汉旧名,属定州;十八年改为鹿城,改属冀州。"据《寰宇记》蒲阴县下所云"开皇六年移安国县于郑德堡,改为义丰",则此安国之废是在开皇六年,三年乃分置安定也。此仍从《隋志》。

9. 长乐县(586—615 长乐县,616—617 信都县)

《隋志》:"开皇初分信都置长乐县。"《寰宇记》:"开皇六年于冀州理置长乐县,大业十二年又改长乐为信都。"

10. 武邑县(586—617)

《隋志》:"武邑,旧县,后齐废,开皇六年置。"《元和志》:"本汉旧县,属信都国。高齐省,隋开皇六年复置,属冀州。"

11. 南宫县(586—617)

《隋志》:"南宫,旧县,后齐废,开皇六年复。"《元和志》:"本汉旧县,属信都

国。高齐省,隋开皇六年复置。"

12. 泽城县(596—605)

《隋志》长乐县下:"开皇十六年分长乐置泽城县,大业初废入焉。"

13. 堂阳县(596—617)

《隋志》:"堂阳,旧县,后齐废,开皇十六年复。"《元和志》:"本汉旧县,属巨鹿郡,在堂水之阳。高齐省,隋开皇十六年重置,属冀州。"

14. 衡水县(596—617)

《隋志》:"衡水,开皇十六年置。"《元和志》:"隋开皇十六年置衡水县,县在长芦河西,长芦河则衡漳故渎也,因以为名。

15. 昌亭县(596—605)

《隋志》武邑县下:"开皇十六年分武强置昌亭县,大业初废入焉。"

16. 观津县(596—605)

《隋志》蓨县下:"开皇十六年分置观津县,大业初废。"

以上所列,为冀州信都郡之政区沿革。其开皇三年前有1州、2郡、8县;大业三年改州为郡后,信都郡共领12县。兹列表92如下。

表92　冀州信都郡隋开皇元年、大业三年州郡县统辖关系表

	开　皇　元　年				小计		大业三年
州	冀　　州	(贝　州)	(定　州)		1州	郡	信都郡
郡	长乐郡	(渤海郡)	广宗郡	(巨鹿郡)	2郡		长乐县、枣强县、下博县、阜城县、武强县、蓨县、斌强县、鹿城县、武邑县、南宫县、堂阳县、衡水县
县	信都县、枣强县、下博县、阜城县、武强县	蓨县	斌强县	安国县		县	
小计	5县	1县	1县	1县	8县	小计	12县

第二节　贝州清河郡政区沿革

(八八)贝州清河郡(581—606贝州,607—617清河郡)

开皇三年前领清河、广宗2郡。

《隋志》:"后周置贝州。"又清河县下:"大业初置清河郡。"《元和志》:"周武帝建德六年平齐,于此置贝州,因丘以为名。隋大业三年又为清河郡。"

《北周志》贝州领清河、广宗2郡。广宗郡,见冀州信都郡内。

1. 武城县(581—582 武城县,583—617 清河县)

《隋志》:"清河,旧曰武城,置清河郡,开皇初郡废,改名焉。"《元和志》云"后汉置清河县,至隋不改",此从《隋志》。

清河郡(581—582)——武城县、贝丘县

《隋志》:"旧置清河郡,开皇初郡废。"《地形志》清河郡属司州,领清河、贝丘、武城、候城4县。《北周志》清河郡属贝州,领武城、贝丘2县。

2. 贝丘县(581—585 贝丘县,586—617 清阳县)

《隋志》:"旧曰清河县,后齐省贝丘入焉,改为贝丘,开皇六年改为清阳。"

3. 广宗县(581—600 广宗县,601—617 宗城县)

《隋志》:"宗城,旧曰广宗,仁寿元年改。"《元和志》:"本后汉章帝分立广宗县,属巨鹿郡。后魏改属广宗郡。隋开皇三年改属贝州,仁寿元年改宗城县。"

4. 清泉县(581—617)

《杨考》:"本汉清渊县地,后齐徙置。唐为高祖讳,故《晋志》、《隋志》作'泉'。"《地形志》清渊县属司州阳平郡,《北周志》属相州阳平郡。然据《元和志》馆陶县下所云,周之末世大象二年曾于馆陶置屯州,阳平郡即隶屯州,屯州废于隋大业二年,所领馆陶县改属魏州,此清泉县改属贝州也。参见魏州武阳郡馆陶县下。

5. 高唐县(581—617)

《元和志》:"高唐县,汉以为县,属平原郡。后魏属济州,高齐改属平原郡。隋开皇十六年改属博州。"按博州置于开皇十六年,废于大业二年,博州废后,此县又属贝州也。参见魏州武阳郡聊城县下。

6. 博平县(581—617)

《元和志》:"博平,汉以为县,属东郡。晋属平原国。隋开皇三年改属屯州,十六年改属博州。"按《北周志》高唐、博平二县均属济州平原郡,隋开皇三年废郡后,高唐仍属济州,此博平县改隶屯州,开皇十六年又改隶博州,大业二年博州废,县又隶贝州也。

7. 茌平县(583—617)

《隋志》:"茌平,后齐废,开皇初复。"《纪要》:"后齐废,隋复置,属贝州。"既云属贝州,当是在开皇三年废郡后复置。

8. 武城县(583—617)

《隋志》:"旧曰东武城,开皇初改武城为清河县,于此置武城。"据《隋志》清河县下,改武城为清河在开皇三年,则此武城之置亦在开皇三年也。

9. 东阳县(586—597 东阳县,598—617 漳南县)

《隋志》:"漳南,开皇六年置,曰东阳,十八年改为漳南。"《元和志》:"隋开皇六年置东阳县,属德州,十六年改属贝州,十八年改为漳南县。"

10. 临清县(586—617)

《隋志》:"临清,后齐废,开皇六年复。"《元和志》:"开皇六年复置临清县,属贝州。"《寰宇记》云临清县先属屯州,开皇十八年改隶贝州。

11. 贝丘县(586—595 贝丘县,596—617 清平县)

《隋志》:"开皇六年置,曰贝丘,十六年改曰清平。"《元和志》:"本汉清阳县地,属清河郡。隋开皇六年自今贝州清河县界移贝丘县于今理,属贝州。十六年,改贝丘为清平县,属博州。大业二年省博州,改属贝州。"

12. 经城县(586—617)

《隋志》:"经城,后齐废,开皇六年置。"《元和志》:"后汉分前汉堂阳县于今县西北二十里置经城县,后魏省并入南宫县,孝文帝又于今理置经城县,又置广宗郡。高齐省郡及县,仍置武强县于此。隋开皇六年移武强县,于此置经城县,属贝州。"《寰宇记》:"隋开皇六年移武强县于武强城南置,复于此置经城县,属贝州。"

13. 灵县(586—605)

《隋志》博平县下:"开皇六年置灵县,大业初省入。"

14. 夏津县(596—605)

《隋志》清河县下:"开皇十六年置夏津县,大业初废入。"

15. 历亭县(596—617)

《隋志》:"历亭,开皇十六年分武城置焉。"《寰宇记》:"开皇十六年置,属贝州,遥取汉历县为名。"

16. 鄃县(596—617)

《隋志》:"鄃,旧废,开皇十六年置。"《寰宇记》:"汉初为鄃县,属清河郡,后魏省,隋开皇十六年复于此立鄃县。"

17. 沙丘县(596—605)

《隋志》临清县下:"开皇十六年置沙丘县,大业初废入焉。"

18. 贝丘县(596—605)

《隋志》清泉县下:"开皇十六年置贝丘县,大业二年废入。"

19. 府城县(596—605)

《隋志》经城县下:"开皇十六年分置府城县,大业初省入焉。"

以上所列,为贝州清河郡之政区沿革。其开皇三年前有1州、1郡、6县;大业三年改州为郡后,清河郡共领14县。兹列表93如下。

表 93　贝州清河郡隋开皇元年、大业三年州郡县统辖关系表

	开　皇　元　年				小计		大　业　三　年
州	贝　州	(屯　州)	(济　州)		1州	郡	清河郡
郡	清河郡	(广宗郡)	(阳平郡)	(平原郡)	1郡	县	清河县、清阳县、宗城县、清泉县、高唐县、博平县、茌平县、武城县、漳南县、临清县、清平县、经城县、历亭县、鄃县
县	武城县 贝丘县	广宗县	清泉县	高唐县 博平县			
小计	2县	1县	1县	2县	6县	小计	14县

第三节　相州魏郡政区沿革

(八九) 相州魏郡(581—606 相州,607—617 魏郡)

开皇三年前领魏郡、成安、林虑3郡。

《隋志》:"后魏置相州,东魏改曰司州牧,后周又改曰相州。"又安阳县下:"大业初置魏郡。"《元和志》:"后魏孝文帝于邺立相州。高齐受禅,仍都于邺,改魏尹为清都尹。周武帝平齐,复改为相州。大象二年自故邺城移相州于安阳城,即今州理也。隋大业三年,改相州为魏郡。"《寰宇记》:"东魏静帝迁都于邺,改置魏尹及司州牧,北齐武帝又都焉,改魏尹为清都尹。"

《北周志》相州领魏郡、成安、林虑、昌乐、阳平、武阳6郡。据《隋志》、《元和志》馆陶县下所云,后周大象二年于此置屯州,领阳平郡,此屯州大业二年始废,则开皇初相州领郡中无阳平郡也。又据《隋志》、《元和志》,周大象二年分昌乐、武阳二郡置魏州,则开皇初相州领郡中亦无昌乐、武阳郡也。

1. 邺县(581—589 邺县,590—617 安阳县)

《隋志》:"安阳,周大象初置相州及魏郡,因改名邺,开皇十年复名安阳。"《元和志》:"隋开皇十年置安阳县,属相州。"

魏郡(581—582)——邺县、成安县、临漳县、洹水县、武安县、灵芝县

《隋志》:"周大象初置魏郡,开皇初郡废。"《北周志》魏郡领邺、成安、临漳、洹水、武安5县。武安县,见洺州武安郡内。灵芝县,隋初置。

2. 成安县(581—617)

《隋志》:"成安,后齐置。"《元和志》:"高齐文宣帝分邺县置,属清都尹。周平齐,属魏郡。隋开皇三年属相州。"

3. 临漳县(581—617)

《隋志》:"临漳,东魏置。"《地形志》:"天平初分邺并内黄、斥丘、肥乡置。"《元和志》:"东魏孝静帝分邺县之地,于邺城中置临漳县。周武帝平齐,自邺城移临漳县于今理。隋开皇三年改属相州。"

4. 洹水县(581—617)

《隋志》:"洹水,后周置。"《元和志》:"周武帝分临漳置洹水县,属魏郡,隋开皇三年属相州。"

5. 灵芝县(581—589 灵芝县,590—617 邺县)

《隋志》:"邺,东魏都。后周平齐,置相州。大象初县随州徙安阳,此改为灵芝县,开皇十年又改焉。"此灵芝县不见于他书。《周书》卷8《静帝纪》:"大象二年六月,相州总管尉迟迥举兵不受代,诏以韦孝宽为行军元帅讨之。八月,韦孝宽破尉迟迥于邺城,迥自杀,相州平,移相州于安阳,其邺城及邑居皆毁废。"《旧唐志》:"周大象二年焚烧邺城,徙其居人南迁四十五里,以安阳城为相州理所,仍为邺。"《杨考》云:"据《周书》云已毁废,《旧唐志》亦云焚烧,不容当时有置县事,或隋初所置也。"今仍从《隋志》。又《北周志》魏郡所领无此县,据地理方位,即使隋初置县,该县亦应属魏郡。

6. 滏阳县(581—617)

《隋志》:"滏阳,后周置。"《元和志》:"周武帝置,属成安郡,隋开皇三年属相州。"

慈州(590—605)——滏阳县、邯郸县、武安县

《隋志》滏阳县下:"开皇十年置慈州,大业初州废。"《元和志》:"磁州,周武帝于此置滏阳县及成安郡,隋开皇十年于县置磁州,以县西九十里有磁山,出磁石,因取为名。大业二年废,以县属相州。"又《元和志》邯郸县下云"隋开皇十年置磁州,邯郸县属焉";武安县下云"隋开皇三年属相州,十年割属磁州";则此慈州领有滏阳、邯郸、武安3县。又《隋志》作慈州,《元和志》作磁州,《寰宇记》作磁州,实皆一州,写法不同也。

成安郡(581—582)——滏阳县、临水县

《元和志》:"周武帝置滏阳县及成安郡。"《纪要》:"周析临水置滏阳县,为成安郡治。"《隋志》不载此郡,盖脱。《北周志》成安郡领滏阳、临水2县。

7. 临水县(581—617)

《地形志》:"临水,晋属广平。真君六年,并邺,太和二十一年复,属魏郡。"《寰宇记》:"魏黄初三年分武安立临水县,属广平郡。以城临滏水,故曰临水。"

8. 林虑县(581—617)

《地形志》:"林虑,二汉属河内,晋属汲郡。前汉名隆虑,后汉避殇帝名改焉。真君六年并邺,太和二十一年复。"

岩州(596—605)——林虑县

《隋志》:"开皇十六年置岩州,大业初州废。"《寰宇记》林虑县下:"开皇十六年于此置岩州,大业二年废岩州。"《旧唐志》林虑县下云"武德三年置岩州,领林虑一县",唐置州多因隋旧,隋之岩州亦是领林虑1县。

林虑郡(581—582)——林虑县、灵泉县

《隋志》:"后魏置林虑郡,后齐郡废,后又置,开皇初郡废。"《元和志》:"周武帝置林虑郡,隋开皇三年罢郡,县属相州。"《北周志》林虑郡领林虑、灵泉2县。

9. 灵泉县(581—617)

《隋志》:"灵泉,后周置。"

10. 淇阳县(583—605)

《隋志》林虑县下:"开皇初郡废,又分置淇阳县,大业初废淇阳县入焉。"

11. 相县(590—605)

《隋志》安阳县下:"开皇十年分置相县,大业初废相入焉。"

12. 长乐县(590—597 长乐县,598—617 尧城县)

《隋志》:"尧城,开皇十年置,名长乐,十八年改焉。"《元和志》:"隋开皇十年分临漳、洹水二县置长乐县,十八年改为尧城,因所理尧城为名也。"

13. 临淇县(596—617)

《隋志》:"临淇,东魏置,寻废,开皇十六年复。"

以上所列,为相州魏郡之政区沿革。其开皇三年前有1州、3郡、9县;大业三年改州为郡后,魏郡共领11县。兹列表94如下。

表94 相州魏郡隋开皇元年、大业三年州郡县统辖关系表

	开 皇 元 年			小计		大 业 三 年
州	相 州			1州	郡	魏郡
郡	魏 郡	成安郡	林虑郡	3郡	县	安阳县、成安县、临漳县、洹水县、邺县、淦阳县、临水县、林虑县、灵泉县、尧城县、临淇县
县	邺县、成安县、临漳县、洹水县、灵芝县	淦阳县、临水县	林虑县、灵泉县	9县		
小计	5县	2县	2县	9县	小计	11县

第四节 卫州汲郡政区沿革

(九十)卫州汲郡(581—606 卫州,607—617 汲郡)

开皇三年前领汲郡、修武 2 郡。

《隋志》:"东魏置义州,后周为卫州。"又卫县下:"大业初置汲郡。"《元和志》:"后魏孝静帝于汲县置义州以处归附之人,周武帝改义州为卫州,隋大业三年改为汲郡。"

《北周志》卫州领汲郡、修武 2 郡。修武郡,见怀州河内郡内。

1. 朝歌县(581—606 朝歌县,607—617 卫县)

《隋志》:"卫县,旧曰朝歌,大业初改朝歌县曰卫。"《元和志》:"大业三年改朝歌为卫县。"

汲郡(581—582)——朝歌县、伍城县

《隋志》:"旧置汲郡,开皇初郡废。"《元和志》:"魏黄初中,朝歌县属朝歌郡,晋武帝改为汲郡。隋开皇三年罢郡,县属卫州。"《北周志》汲郡领朝歌、伍城 2 县。

2. 伍城县(581—585 伍城县,586—617 汲县)

《隋志》:"东魏侨置七郡十八县,后齐省以置伍城郡,后周废为伍城县,开皇六年改为汲县。"《元和志》:"后魏于此置义州及伍城郡、伍城县,周改义州为卫州,伍城县属卫州。隋开皇六年改伍城县为汲县,大业三年改属汲郡。"

3. 黎阳县(581—617)

《元和志》:"黎阳县,古黎侯国,汉以为黎阳县,在黎阳山北,属魏郡。后魏属黎阳郡。隋开皇三年属卫州,十六年又属黎州,大业二年省黎州,县属卫州。"

黎州(581—582,596—605)——黎阳郡(开皇十六年所置黎州领黎阳、汤阴、临河 3 县)

《隋志》:"后周置黎州,开皇初废。十六年又置黎州,大业初罢。"《周书》卷 6《武帝纪》:"宣政元年,分相州黎阳郡置黎州。"《元和志》:"大业二年省黎州。"

《北周志》黎州领黎阳 1 郡。

黎阳郡(581—582)——黎阳县

《隋志》:"后魏置黎阳郡,开皇初郡废。"《北周志》黎阳郡领黎阳 1 县。

4. 汤阴县(586—617)

《隋志》:"汤阴,旧废,开皇六年又置。"《元和志》:"开皇六年重置汤阴县,

属相州,十六年改属黎州。"黎州废于大业二年,州废后,所领黎阳、汤阴2县又属卫州也。

5. 隋兴县(586—617)

《隋志》:"隋兴,开皇六年置。"

6. 阳源县(586—605)

《隋志》隋兴县下:"开皇六年置隋兴县,后析置阳源县,大业初并入焉。"《纪要》:"隋兴县,开皇六年置;寻又析置阳源县,大业初并入隋兴。"

7. 内黄县(586—617)

《隋志》:"内黄,旧废,开皇六年置。"《地形志》云内黄县"天平初并入临漳"。《寰宇记》:"内黄县,汉旧县,属魏郡。以河北为内,河南为外;以陈留有外黄,此为内黄。后魏省。隋开皇六年于故城东南十九里置内黄,属相州。"《纪要》:"大业初改属汲郡。"

8. 临河县(586—617)

《隋志》:"临河,开皇六年置。"《元和志》:"临河县,本汉黎阳县地,隋开皇六年分置临河县,属卫州,十六年改属黎州,大业二年又改属卫州。"

9. 清淇县(596—605)

《隋志》卫县下:"开皇十六年又置清淇县,大业初废清淇入焉。"

10. 繁阳县(596—605)

《隋志》内黄县下:"开皇十六年分置繁阳县,大业初废入。"

11. 澶渊县(596—617)

《隋志》:"澶水(应为澶渊),开皇十六年置。"《寰宇记》:"隋开皇十六年割临河、内黄、顿丘三县置澶渊县,南临澶渊。唐武德四年以国讳改名澶水。"

以上所列,为卫州汲郡之政区沿革。其开皇三年前有2州、2郡、3县;大业三年改州为郡后,汲郡共领8县。兹列表95如下。

表95 卫州汲郡隋开皇元年、大业三年州郡县统辖关系表

开皇元年			小计	大业三年	
州	卫 州	黎 州	2州	郡	汲 郡
郡	汲 郡	黎阳郡	2郡	县	卫县、汲县、黎阳县、汤阴县、隋兴县、内黄县、临河县、澶渊县
县	朝歌县、伍城县	黎阳县	3县		
小计	2县	1县	3县	小计	8县

第五节 怀州河内郡政区沿革

(九一)怀州河内郡(581—606怀州,607—617河内郡)

开皇三年前领河内、武德2郡。

《隋志》:"旧置怀州。"又河内县下:"大业初置郡。"《地形志》:"怀州,天安二年置,太和十八年罢,天平初复。"《寰宇记》:"后魏置怀州,兼置河内郡,治古野王城是也。隋开皇三年郡废而州存,大业三年州废,复为河内郡。"

《北周志》怀州领河内、武德2郡。

1. 野王县(581—595野王县,596—617河内县)

《隋志》:"河内,旧曰野王,开皇十六年县改焉。"《元和志》:"河内县,本春秋时野王邑,汉以为县,属河内郡。隋开皇十三年改为河内县。"《寰宇记》亦云开皇十三年改野王县为河内县,今从《隋志》。

河内郡(581—582)——野王县、轵县

《隋志》:"置河内郡,开皇初郡废。"《地形志》河内郡领野王、沁水、河阳、轵4县,属怀州。《北周志》河内郡领野王、轵2县。

2. 轵县(581—605)

《隋志》河内县下:"有轵县,大业初废入。"

3. 州县(581—597州县,598—605邢丘县,606—617安昌县)

《隋志》:"旧曰州县,开皇十八年县改为邢丘,大业初改名安昌。"《元和志》:"汉以为州县,属河内郡。隋开皇十六年改州为邢丘县,遥取古邢丘为名也。大业二年,改邢丘为安昌县,取安昌侯张禹国城为名也。"此县改名邢丘,《寰宇记》亦在开皇十六年,今从《隋志》。

武德郡(581—582)——州县、怀县

《隋志》:"旧置武德郡,开皇初郡废。"《地形志》武德郡领平皋、温、怀、州4县,属怀州。《北周志》武德郡领州、怀2县。

4. 怀县(581—605)

《隋志》安昌县下:"大业初又废怀县入焉。"

5. 王屋县(581—617)

《隋志》:"王屋,旧曰长平,后周改焉。"《元和志》:"汉为垣县地,后魏献文帝分垣县置长平县,周明帝改为王屋县,因山为名。隋开皇三年改属邵州,大业三年废邵州,以县属怀州。"

王屋郡(581—582)——王屋县

《隋志》:"后周置王屋郡,开皇初郡废。"《元和志》:"周明帝改长平县为王屋县,因山为名,仍于县置王屋郡。隋开皇三年,改属邵州。"《北周志》王屋郡领王屋1县,郡属邵州。邵州,见绛州绛郡内。

6. 获嘉县(581—617)

《元和志》:"获嘉县,本汉县也。武帝将幸缑氏,至汲县之新中乡,得南越相吕嘉首,因立为获嘉县,属河内郡。前获嘉县理,在新乡县西南十里获嘉故城,高齐又移于卫州共城,隋自共城移于今理。"

殷州(596—605)——获嘉县、修武县、武陟县

《隋志》获嘉县下:"开皇十六年置殷州,大业初州废。"《元和志》武陟县下云:"隋开皇十六年分修武县置武陟县,属殷州。"武陟县既是由修武分出,属殷州,则修武县亦当属殷州。且《元和志》修武县下亦云"武德初属殷州",唐初复立之州多因隋旧,领县亦相同,故此亦可证开皇十六年殷州领县中有修武也。要之,此隋之殷州当领有获嘉、修武、武陟3县。

修武郡(581—582)——获嘉县、修武县

《隋志》:"后周置修武郡,开皇初郡废。"《北周志》修武郡属卫州,领修武、获嘉2县。王仲荦云:"《隋书》卷30《地理志》:'卫,旧曰朝歌,置汲郡,后周又分置修武郡,开皇初郡并废。'又获嘉县下云:'后周置修武郡,开皇初郡废。'按杨守敬误据《隋志》,以为周世有两修武郡,一在朝歌,一在隋获嘉县治南修武城,不知实即一郡。所以两处叙之者,以修武郡属县,东魏、北齐世本汲郡属县,北周灭齐,分汲郡置修武郡,故《隋志》于叙汲郡置废时,并及此事。非谓有二修武郡,一治朝歌县,一治南修武县者也。"王说是,今从之。

7. 修武县(581—617)

《隋志》:"修武,后魏置修武,后齐并入焉。"《杨考》:"《地形志》汲郡有南、北修武县,南修武即获嘉县治,北修武在今修武县北,疑志当有'南北'二字。后齐所并,盖并南修武于北修武。"《杨考》所云甚是,否则,按《隋志》所云,并修武入修武,不可通矣。又《元和志》云:"周武帝以为修武郡,修武县属修武郡。隋开皇三年罢郡,属怀州。"王仲荦云:"《隋志》有修武县,即《魏书》卷106上《地形志》之北修武也;有获嘉县,即《地形志》之南修武也。系后周置修武郡事于获嘉之下者,盖以北周之修武郡实治南修武城,与修武县治北修武城不同治故也。"

8. 新乡县(586—617)

《隋志》:"新乡,开皇六年置。"《元和志》:"新乡县,本汉获嘉县、汲县二县地,隋开皇六年于两县地古新乐城中置新乡县,属卫州。"清张驹贤作《元和志考证》,云"属卫州"上宜有脱字,《隋志》属怀州,是也。属卫州,当是唐代之事矣。《纪要》云:"隋开皇初于古新乐城置新乡县,属怀州。唐初属义州,寻属殷州,贞观初属卫州。"此为得实。

9. 共城县(586—617)

《隋志》:"旧曰共,后齐废,开皇六年复置,曰共城。"《元和志》、《寰宇记》皆云开皇四年置共城县,今从《隋志》。

10. 温县(596—617)

《隋志》:"温,旧废,开皇十六年置。"《纪要》:"汉为温县,属河内郡,晋及后魏因之。东魏属武德郡,北齐废。隋复置,属怀州。"

11. 济源县(596—617)

《隋志》:"济源,开皇十六年置。"《元和志》:"隋开皇十六年分轵县置济源县,属怀州。以济水所出,因名。"

12. 河阳县(596—617)

《隋志》:"河阳,旧废,开皇十六年置。"《元和志》:"汉为河阳县,属河内郡。高齐省入温、轵二县。隋开皇十六年分温、轵二县重置,属怀州。"

13. 武陟县(596—605)

《隋志》修武县下:"开皇十六年析置武陟,大业初并入焉。"《元和志》:"隋开皇十六年分修武县置武陟县,理武德故城,今县东二十里武德故城是也,属殷州。"按殷州废于大业二年,州废后,县改属怀州。

以上所列,为怀州河内郡之政区沿革。其开皇三年前有1州、4郡、7县;大业三年改州为郡后,河内郡共领10县。兹列表96如下。

表96 怀州河内郡隋开皇元年、大业三年州郡县统辖关系表

	开 皇 元 年				小计		大 业 三 年
州	怀 州	(邵 州)		(卫 州)	1州	郡	河内郡
郡	河内郡	武德郡	王屋郡	修武郡	4郡	县	河内县、安昌县、王屋县、获嘉县、修武县、新乡县、共城县、温县、济源县、河阳县
县	野王县 轵县	州县 怀县	王屋县	获嘉县 修武县			
小计	2县	2县	1县	2县	7县	小计	10县

第六节　泽州长平郡政区沿革

(九二) 泽州长平郡(581—606 泽州,607—617 长平郡)

开皇三年前领高平、安平 2 郡。

《隋志》:"旧曰建州,开皇初改为泽州。"《元和志》:"周改建州为泽州,盖取濩泽为名也。"又《隋志》丹川县下:"大业初置长平郡。"

《北周志》建州领高平、安平 2 郡。

1. 高都县(581—597 高都县,598—617 丹川县)

《隋志》:"旧曰高都,开皇十八年改为丹川。"《元和志》:"本汉高都县,属上党郡。隋开皇三年改属泽州,十八年改为丹川县,因县东丹水为名。"

高平郡(581—582)——高都县、高平县

《隋志》:"后齐置长平、高都二郡,后周并为高平郡,开皇初郡废。"《北周志》高平郡领高都、高平 2 县。

2. 高平县(581—617)

《隋志》:"高平,旧曰平高,齐末改焉。"《元和志》:"高齐文宣帝省玄氏县,自长平高城移高平县理之,仍改高平县,属高都郡。隋开皇三年改属泽州。"《寰宇记》:"高齐天保元年省玄氏县,自长平高城移理之,仍改高平县,属高都郡,周改为高平郡。"

3. 端氏县(581—617)

《元和志》:"端氏县,汉以为县,属河东郡。晋属平阳郡,后魏属安平郡。隋开皇三年罢郡,属泽州。"

安平郡(581—582)——端氏县、濩泽县、永宁县

《隋志》:"后魏置安平郡,开皇初郡废。"《地形志》安平郡属建州,领端氏、濩泽 2 县。《北周志》安平郡领端氏、濩泽、永宁 3 县。

4. 濩泽县(581—617)

《地形志》:"濩泽,二汉属河东,晋属平阳,后属安平郡。"《元和志》:"本汉濩泽县,属河东郡,因濩泽为名也。隋改属泽州。"

5. 永宁县(581—597 永宁县,598—617 沁水县)

《隋志》:"旧置,后齐县改为永宁,开皇十八年改为沁水。"《元和志》:"后魏孝庄帝于此置泰宁郡及东永安县,高齐省郡而县存,隋开皇十八年改为沁水县。"《寰宇记》同。

6. 陵川县(596—617)

《隋志》:"陵川,开皇十六年置。"《元和志》:"陵川县,本汉玄氏县地,隋开皇十六年于此置陵川县,因川为名,属泽州。"

以上所列,为泽州长平郡之政区沿革。其开皇三年前有1州、2郡、5县;大业三年改州为郡后,长平郡共领6县。兹列表97如下。

表97 泽州长平郡隋开皇元年、大业三年州郡县统辖关系表

	开 皇 元 年		小计		大 业 三 年
州	泽 州		1州	郡	长平郡
郡	高平郡	安平郡	2郡	县	丹川县、高平县、端氏县、濩泽县、沁水县、陵川县
县	高都县、高平县	端氏县、濩泽县、永宁县			
小计	2县	3县	5县	小计	6县

第七节 潞州上党郡政区沿革

(九三)潞州上党郡(581—606潞州,607—617上党郡)

开皇三年前领上党、乡郡2郡。

《隋志》:"后周置潞州。"又上党县下:"大业初复置上党郡。"《周书》卷6《武帝纪》:"宣政元年春正月,分并州上党郡置潞州。"《元和志》:"周武帝建德七年于襄垣县置潞州,隋开皇三年自襄垣县移潞州于壶关,即今州是也。州得名,因潞子之国。"

《北周志》潞州领上党、乡郡2郡。

1. 壶关县(581—605)

《隋志》上党县下:"有壶关县,大业初废入焉。"《寰宇记》:"汉为县,属上党郡,大业二年省入上党。"

上党郡(581—582)——壶关县、襄垣县、寄氏县、刈陵县

《隋志》上党县下:"旧置上党郡,开皇初郡废。"《地形志》上党郡属并州,领屯留、长子、壶关、寄氏、乐阳5县。《北周志》上党郡领壶关、襄垣、寄氏、刈陵4县。

2. 襄垣县(581—617)

《元和志》:"襄垣县,本汉旧县,属上党郡。赵襄子所筑,因以为名。"

韩州(596—605)——襄垣县、涉县、榆社县

《隋志》:"后周置韩州,大业初州废。"《元和志》襄垣县下:"后周建德六年

于襄垣城置韩州,县属焉。贞观十七年废州。"《寰宇记》襄垣县下:"后周建德六年又于襄垣城置韩州。"《杨考》:"按《元和志》、《寰宇记》并云周建德六年于襄垣置韩州,而两志又云周建德七年于襄垣置潞州,至开皇三年移于壶关,是两州并立于襄垣,必无之事。《寰宇记》又云:'隋开皇十六年于襄垣置韩州',是。《隋志》当云:'后周置潞州,开皇三年移上党,十六年置韩州',方合。"今从之。又《元和志》涉县下云"开皇十六年属韩州",《寰宇记》榆社县下云"隋开皇十六年置榆社县,属韩州",则此韩州领有襄垣、涉、榆社3县。

3. 寄氏县(581—597 寄氏县,598—617 长子县)

《隋志》:"长子,后齐废。开皇九年置,曰寄氏县,十八年改为长子。"按《元和志》、《寰宇记》皆云"隋开皇九年移寄氏县理此",则长子县虽废于后齐,而寄氏未废,故于开皇九年移理废长子县也。《隋志》云开皇九年置寄氏县,不确。北周任寄氏县令者见《隋故壶关县令李君墓志铭》:"君讳冲,仍行壶关、寄氏二县令事,大象二年奄然宾馆。"此可作寄氏未废之佐证。

4. 刈陵县(581—597 刈陵县,598—617 黎城县)

《隋志》:"黎城,后魏以潞县被诛遣人置刈陵,开皇十八年改名黎城。"(《隋志》原误"遣"为"遗",又脱"刈陵"二字,今据《杨考》改补)《地形志》:"刈陵,二汉、晋曰潞,属上党,真君十一年改,后属襄垣郡。"《元和志》:"开皇十八年改刈陵为黎城县。"

5. 乡县(581—617)

《地形志》:"乡,乡郡治。晋属上党郡。"《元和志》:"乡县,本汉涅氏地,属上党郡。晋始为武乡县,属乐平郡。石氏分上党置武乡郡,县属焉。隋开皇初废郡,县属潞州。晋县原有'武'字,后草创失其旧名。"

乡郡(581—582)——乡县、铜鞮县、阳城县

《隋志》:"石勒置武乡郡,后魏去'武'字,开皇初郡废。"《北周志》乡郡领乡、铜鞮、阳城3县。

6. 铜鞮县(581—617)

《元和志》:"汉以为县,属上党郡。隋开皇十六年改属沁州,大业二年省沁州,复属潞州。"

7. 阳城县(581—597 阳城县,598—605 甲水县)

《隋志》铜鞮县下:"有旧涅县,后魏改为阳城,开皇十八年改为甲水,大业初省入。"

8. 沁源县(581—617)

《隋志》:"沁源,后魏置县。"《元和志》:"后魏庄帝置沁源县,因沁水为名

也,属义宁郡。隋开皇三年罢郡,县属晋州;十六年置沁州,县属焉。"按沁州废于大业二年,州废后,县又改属潞州也。

沁州(596—605)——沁源县、义宁县、铜鞮县、安泽县、绵上县

《隋志》沁源县下:"开皇十六年置沁州,大业初州废。"又《元和志》和川县、铜鞮县及岳阳县、绵上县下皆云开皇十六年县属沁州,则此沁州领有沁源、义宁(后改为和川)、铜鞮、安泽(后改为岳阳)、绵上5县也。

义宁郡(581—582)——沁源县、义宁县、安泽县、冀氏县

《隋志》沁源县下:"后魏置义宁郡,开皇初废。"《地形志》义宁郡属晋州,领团城、义宁、安泽、沁源4县。《北周志》义宁郡领沁源、义宁、安泽、冀氏4县,仍属晋州。安泽、冀氏2县,见晋州临汾郡内。

9. 义宁县(581—597 义宁县,598—606 和川县)

《隋志》沁源县下:"又义宁县,开皇十八年改为和川,大业初废和川县入。"《元和志》:"后魏庄帝于今县南九里置义宁县,属义宁郡。隋开皇三年罢郡,改属晋州。十六年置沁州,县属焉。十八年改为和川县,大业三年省。"

10. 涉县(590—617)

《隋志》:"涉,后魏废,开皇十八年复。"《元和志》:"隋开皇十年于故涉城重置涉县,属磁州,十六年改属韩州。"《寰宇记》同。按此涉县开皇十六年已由磁州改属韩州,则置县当在开皇十六年之前,《隋志》云开皇十八年置县有误,今从《元和志》、《寰宇记》。

11. 上党县(596—617)

《元和志》:"本汉壶关县地,隋开皇中分壶关置上党县,属潞州。"《寰宇记》:"开皇十六年分壶关置上党县。"

12. 潞城县(596—617)

《隋志》:"潞城,开皇十六年置。"《元和志》:"隋开皇十六年置潞城县,属潞州。"

13. 屯留县(596—617)

《隋志》:"屯留,后齐废,开皇十六年复。"《元和志》:"汉以为县,高齐省,隋开皇中重置,属潞州。"

14. 榆社县(596—605,617)

《隋志》乡县下:"开皇十六年分置榆社县,大业初废。"《元和志》:"隋开皇十六年置榆社县,属韩州,因县西北榆社故城为名。大业二年省,义宁元年又置。"《寰宇记》同。

以上所列,为潞州上党郡之政区沿革。其开皇三年前有1州、3郡、9县;大业三年改州为郡后,上党郡共领10县。兹列表98如下。

表98　潞州上党郡隋开皇元年、大业三年州郡县统辖关系表

开 皇 元 年			小计	大 业 三 年	
州	潞　　州	（晋　　州）	1州	郡	上党郡
郡	上党郡	乡　郡	义宁郡	3郡	县	上党县、襄垣县、长子县、黎城县、乡县、铜鞮县、沁源县、涉县、潞城县、屯留县
县	壶关县、襄垣县寄氏县、刘陵县	乡县、铜鞮县阳城县	沁源县义宁县			
小计	4县	3县	2县	9县	小计	10县

第八节　蒲州河东郡政区沿革

（九四）蒲州河东郡(581—606 蒲州,607—617 河东郡)

开皇三年前领河东、汾阴2郡。

《隋志》："后魏曰秦州,后周改曰蒲州。"又河东县下："大业初置河东郡。"《元和志》："后魏太武帝于今州理置雍州,延和元年改雍州为秦州,周明帝改秦州为蒲州,因蒲坂以为名。隋大业三年罢州,又置河东郡。"

《北周志》蒲州领河东、汾阴2郡。

1. 蒲坂县(581—605)

《隋志》河东县下："旧曰蒲坂县,开皇十六年析置河东县,大业初并蒲坂入。"《元和志》："河东县,本汉蒲坂县地也,属河东郡。隋开皇三年罢郡,县仍属蒲州。十六年,移蒲坂县于城东,仍于今理别置河东县,大业二年省蒲坂县入河东县。"

河东郡(581—582)——蒲坂县、虞乡县

《隋志》河东县下："旧置河东郡,开皇初郡废。"《北周志》河东郡领蒲坂、虞乡2县。

2. 虞乡县(581—617)

《隋志》："后魏曰安定,西魏改曰南解,又改曰绥化,又曰虞乡。"《元和志》："本汉解县地也,后魏孝文帝改置南解县,属河东郡。周明帝武成二年废南解县,别置绥化县,武帝改绥化为虞乡。"

3. 汾阴县(581—617)

《元和志》："本汉汾阴县也,属河东郡。刘元海时废汾阴县入蒲坂县,后魏孝文帝复置汾阴县。"《寰宇记》："刘元海省汾阴入蒲坂县,后魏太和十一年复

置于后土城,周武帝又移于殷汤故城。"

汾阴郡 (581—582)——汾阴县、猗氏县

《隋志》汾阴县下:"旧置汾阴郡,开皇初郡废。"《寰宇记》:"后周武帝置汾阴郡,隋开皇三年废。"《北周志》汾阴郡领汾阴、猗氏2县。

4. 猗氏县(581—617)

《隋志》:"猗氏,西魏改曰桑泉,后周复焉。"《元和志》:"本汉旧县,西魏恭帝二年改猗氏为桑泉县,周明帝复改桑泉为猗氏县,属汾阴郡。隋开皇三年罢郡,属蒲州。"

5. 安邑县(581—617)

《元和志》:"汉以为县,属河东郡。隋开皇十六年属虞州。"按虞州废于大业二年,州废后,县又属蒲州也。

虞州 (596—605)——安邑县、解县、夏县

《隋志》安邑县下:"开皇十六年置虞州,大业初州废。"《旧唐志》安邑县下:"隋为虞州,郭下置安邑县,领安邑、解、夏、桐乡四县。"《新唐志》安邑县下:"武德元年曰虞州,又析置桐乡县。贞观十七年州废,省桐乡入闻喜。"然则《旧唐志》所云虞州领县为唐初之事,隋时无桐乡县,应只领安邑、解、夏3县。

6. 夏县(581—617)

《元和志》:"本汉安邑县地,后魏太和十一年别置安邑县,十八年改为夏县,因夏禹所都为名。隋大业二年属河东郡。"《纪要》:"后魏太和十一年置南安邑县,后周改为夏县。"

安邑郡 (581—582,617)——夏县、安邑县(617年所立安邑郡领安邑、虞乡、夏、河北4县)

《隋志》夏县下:"旧置安邑郡,开皇初郡废。"《北周志》安邑郡领夏、安邑2县。

又《寰宇记》云:"义宁元年置安邑郡。"《新唐志》亦云:"义宁元年以安邑、虞乡、夏置安邑郡。"则隋末又置安邑郡也。而《旧唐志》平陆县下云:"隋河北县,义宁元年置安邑郡,县属焉。"是隋末安邑郡共领安邑、虞乡、夏、河北4县。

7. 河北县(581—617)

《元和志》:"本汉大阳县地,属河东郡。后魏于此置河北郡,领河北县。隋开皇十五年,河北县改属蒲州。"而《寰宇记》云:"本汉大阳县地,属河东郡。后汉改为河北县,地属亦不改。后魏太和十一年自今芮城县界故魏城移河北郡理于此。周武帝天和二年省大阳县,仍自故魏城移河北县于郡理。隋开皇三年罢郡,以县属陕州。"两书所记,各有缺憾。《元和志》不云原属何州,只记开皇十五年改属蒲州,据《寰宇记》所言,知改属蒲州前原属陕州也。《寰宇记》云

"后汉改为河北县",似大阳县后汉时已无,而下文又云"周天和二年省大阳县",不知此大阳县又从何而来,今核《汉志》、《后汉志》,两汉时河东郡皆领大阳、河北2县,并无废改之事,此《寰宇记》又误也。然则大阳何时改为河北?《隋志》芮城县下云:"后周又置永乐县,后省入焉。"《寰宇记》云:"永乐县,本汉河北县地,后周武成二年改为永乐县,保定二年省,以地属芮城。"王仲荦《北周志》云:"是河北郡后魏太和十一年已自魏城移治太阳,至北周武成二年,又改河北县为永乐县,而改大阳县曰河北县也。"

虞州(581—595)——河北郡、安邑郡

《周书》卷4《明帝纪》:"二年正月,于河北置虞州。"《周书》卷43《韩雄传》:"除使持节、都督中徐虞洛四州诸军事。"据此,知后周曾置虞州,而《隋志》失书。《北周志》虞州领河北、安邑2郡。又《杨考》安邑县下云,此虞州开皇十六年徙治安邑,则此虞州废于开皇十六年也。

河北郡(581—582)——河北县、芮城县

《隋志》河北县下:"旧置河北郡,开皇初郡废。"《地形志》有河北郡,属陕州,领北安邑、南安邑、河北、大阳4县。《北周志》河北郡领河北、芮城2县。

8. 芮城县(581—617)

《隋志》:"芮城,旧置,曰安戎,后周改焉。"《元和志》:"本汉河北县地,属河东郡,自汉至后魏因之。周明帝二年,改名芮城,属河北郡。"《寰宇记》:"汉以其地为河北县,后周明帝二年自县东十里移安戎县于此置,寻改为芮城县,因以芮城为名。"

9. 龙门县(581—617)

《元和志》:"龙门县,秦置为皮氏县,汉属河东郡。后魏太武帝改皮氏为龙门县,因龙门山为名,属北乡郡。隋开皇三年废郡,以县属绛州,十六年割属蒲州。"《寰宇记》同。然《隋志》龙门县下云:"旧置龙门郡,开皇初郡废。"不云龙门县属北乡郡。王仲荦《北周志》以为:"按《魏书》卷106上《地形志》,南汾州龙门郡领西太平、汾阳二县,又南汾州北乡郡领龙门、汾阴二县。《元和郡县志》、《寰宇记》俱谓此龙门郡所领之龙门县,本属北乡郡。盖至北齐天保之世,又废北乡郡及汾阴县入龙门县,而以龙门县改属龙门郡也。其龙门郡所统之西太平、汾阳二县,亦省入龙门县矣。"

龙门郡(581—582)——龙门县

《隋志》:"后魏置龙门郡,开皇初郡废。"《北周志》龙门郡属绛州,领龙门1县。

10. 河东县(596—617)

《隋志》:"旧曰蒲坂县,开皇十六年析置河东县。"《元和志》:"开皇十六年

移蒲坂县于城东,仍于今理别置河东县。"

11. 桑泉县(596—617)

《隋志》:"桑泉,开皇十六年置。"《元和志》:"隋开皇十六年分猗氏县置桑泉县,因县东桑泉故城以为名也。"

12. 解县(596—605)

《元和志》:"解县,本汉旧县,属河东郡。隋大业二年省解县。"《寰宇记》:"解县,本汉旧县也,属河东郡,后汉及晋不改。后魏改解县为北解县,属绥化郡,周省。按此前解县在今临晋县界,隋文帝开皇十六年于此置解县,属蒲州,大业二年省解县;九年,自绥化故城移虞乡县于废县理,即今县理是也。唐武德元年改虞乡县为解县,仍于蒲州界别置虞乡县。"《寰宇记》虞乡县下又云:"后魏太和十一年于今县西十三里置南解县,属河东郡,周明帝废南解,别置绥化县,今县西北三十里绥化故城是也,至保定元年改绥化为虞乡。"盖北魏分解县为南解、北解二县,北解省于后周,故隋开皇十六年又置解县;南解亦废于后周,而别置绥化县,绥化又改为虞乡;隋大业二年,置于北解之解县废,九年又移置于南解之虞乡于北解,亦即废解县。

以上所列,为蒲州河东郡之政区沿革。其开皇三年前有2州、5郡、9县;大业三年改州为郡后,河东郡共领10县。兹列表99如下。

表99 蒲州河东郡隋开皇元年、大业三年州郡县统辖关系表

开皇元年					小计	大业三年	
州	蒲 州	虞 州			(绛 州)	2州	郡	河东郡
郡	河东郡	汾阴郡	河北郡	安邑郡	龙门郡	5郡	县	河东县、虞乡县、汾阴县、猗氏县、安邑县、夏县、河北县、芮城县、龙门县、桑泉县
县	蒲坂县 虞乡县	汾阴县 猗氏县	河北县 芮城县	夏县 安邑县	龙门县	9县		
小计	2县	2县	2县	2县	1县	9县	小计	10县

第九节 绛州绛郡政区沿革

(九五)绛州绛郡(581—606绛州,607—617绛郡)

开皇三年前领高凉、龙门、正平、绛4郡。

《隋志》:"后魏置东雍州,后周改曰绛州。"又正平县下:"大业初置绛郡。"

《元和志》:"后魏太武帝于正平县界柏壁置东雍州及正平郡,孝文帝废东雍州,东魏静帝复置,周明帝武成二年改东雍州为绛州,隋大业三年废州为绛郡。"《寰宇记》:"周明帝武成二年改东雍州为绛州,仍移于闻喜县东北二十里龙头城,武帝又移于柏壁,建德六年又移于今稷山县西南二十里玉壁,隋开皇三年自玉壁移于东雍州城,即今绛州理是也。"

《北周志》绛州领高凉、龙门、正平、绛 4 郡。龙门郡,见蒲州河东郡内。

1. 临汾县(581—597 临汾县,598—617 正平县)

《隋志》:"正平,旧曰临汾,开皇十八年县改名焉。"《元和志》:"隋开皇十八年改临汾县为正平县,因正平故郡城为名也。"

正平郡 (581—582)——临汾县、闻喜县、曲沃县

《隋志》正平县下:"旧置正平郡,开皇初郡废。"《北周志》正平郡领临汾、闻喜、曲沃 3 县。

2. 闻喜县(581—617)

《元和志》:"闻喜县,本汉左邑县之桐乡也。武帝元鼎六年,将幸缑氏,至此闻南越破,大喜,因立闻喜县,属河东郡。后魏改属正平郡,隋开皇三年罢郡,属绛州。"《寰宇记》:"周武帝移于柏壁,在今正平县西南二十里。隋开皇三年属绛州,十年自柏壁移于甘谷口。"

3. 曲沃县(581—617)

《元和志》:"后魏孝文帝置曲沃县,属正平郡,因晋曲沃为名。隋开皇三年罢正平郡,改属绛州。"

4. 绛县(581—617)

《元和志》:"后魏孝文帝置南绛县,因县北绛山为名也,属正平郡。恭帝去'南'字,直为绛县。隋开皇三年罢郡,改属绛州。"然《隋志》绛县下云"旧置绛郡,开皇初郡废",则《元和志》有脱误,绛县周末隋初不属正平郡,而属绛郡也。

绛郡 (581—582)——绛县、小乡县

《隋志》绛县下:"旧置绛郡,开皇初郡废。"《杨考》:"按《元和志》于绛县云'西魏恭帝去南字',则郡亦同去可知。《隋志》于正平县下云周废南绛郡,于此又出绛郡,竟似南绛与绛郡为两地两事,其实因小乡属南绛郡,而小乡至隋并入正平,遂以南绛郡牵连书之,而于此又不言绛郡、绛县建置之由,遂令读者迷惑。若于正平下但云'有后魏小乡县'云云,而于此云'后魏置南绛郡,并置南绛县,西魏郡县并去"南"字,'则无不合矣。"然王仲荦《北周志》又以为:"杨守敬《隋书地理志考证》谓此南绛郡与绛郡复出,盖不知东西分

峙时,一置南绛郡治浍交川,一置绛郡治车箱城,固非一地一事也。"又云:"《寰宇记》:'绛县,后魏孝文帝置南绛县,属正平郡。孝庄帝改属南绛郡。恭帝去"南"字,直为绛郡。开皇三年罢郡。'按此西魏、北周之南绛郡也,西魏恭帝去南字,单称绛郡,郡与绛县并治车箱城。其东魏、北齐别有南绛郡,治浍交川。"王氏分析南绛郡有二,有理有据,然据《隋志》正平县下所云,东魏、北齐之南绛郡后周时已废,南绛县亦并入小乡县,此时已无东西对峙之事,故小乡县又改隶绛郡。

5. 小乡县(581—597 小乡县,598—605 汾东县,617 小乡县)

《隋志》正平县下:"开皇十八年改小乡曰汾东,大业初省入焉。"《新唐志》:"义宁元年复置小乡县,属翼城郡。"

6. 高凉县(581—597 高凉县,598—617 稷山县)

《隋志》:"稷山,后魏曰高凉,开皇十八年改焉。"《元和志》:"后魏孝文帝置高凉县,属龙门郡。隋开皇三年罢郡,县属绛州。十八年改为稷山县,因县南稷山以为名也。"《寰宇记》:"后魏孝文帝于今县东南三十里置高凉县,属高凉郡。隋开皇三年罢郡,以县属绛州;十八年改为稷山,以县南稷山为名。"

高凉郡(581—582)——高凉县

《隋志》稷山县下:"有后魏龙门郡,开皇初废。"《杨考》:"按龙门郡已见前龙门县下,此不当复。考《地形志》高凉县属高凉郡,今稷山县有《周保定元年大将军延寿公碑》,碑阴龙门、高凉二郡并载,又有《隋开皇九年觉城寺碑》,碑阴屡称高凉郡,则《寰宇记》谓高凉郡罢于开皇三年至确,此龙门郡的为高凉郡之误。然《元和志》云后魏高凉县属龙门郡,则所见本已误。"王仲荦《北周志》亦主杨说,以为《隋志》此龙门郡为高凉郡之误,今从之。又,《北周志》高凉郡领高凉一县,属绛州。

7. 亳城县(581—606 亳城县,607—617 垣县)

《隋志》:"后魏置白水县,后周改白水为亳城,大业初县改为垣县。"《元和志》:"大业三年改亳城为垣县,属绛郡。"

邵州(581—605)——邵郡、王屋郡

《隋志》:"后周置邵州,大业初州废。"《元和志》:"后魏献文帝皇兴四年置邵州及白水县。"《寰宇记》:"后魏献文帝皇兴四年置邵州于阳壶旧城,西魏大统三年置邵州,隋大业三年废邵州。"《周书》卷4《明帝纪》:"二年春正月,于邵郡置邵州。"按《地形志》无邵州,有邵郡,《元和志》、《寰宇记》等云后魏、西魏置邵州不确,当按《周书·明帝纪》所云,邵州为后周所置。《隋志》云"后周置邵州",是。

《北周志》邵州领邵郡、王屋2郡。王屋郡,见怀州河内郡内。

邵郡(581—582)——亳城县、清廉县、蒲原县

《隋志》:"后魏置邵郡,开皇初郡废。"《地形志》:"邵郡,皇兴四年置邵上郡,太和中并河内,孝昌中改复。"《北周志》邵郡领亳城、清廉、蒲原3县。

邵原郡(617)——垣县、王屋县、清廉县、亳城县

《新唐志》:"义宁元年以垣、王屋置邵原郡,复置清廉、亳城二县。"《纪要》:"隋义宁初复置亳城县,属邵原郡。"又云:"隋义宁初复置清廉县,属邵原郡。"

8. 清廉县(581—605,617)

《隋志》垣县下:"大业初又省后魏所置清廉县入焉。"《新唐志》:"义宁元年复置清廉县。"

9. 蒲原县(581—605)

《隋志》垣县下:"大业初又省后周所置蒲原县入焉。"

10. 太平县(581—617)

《隋志》:"太平,后魏置。"《元和志》:"后魏太武于今县东北二十七里太平故关置泰平县,属平阳郡。周改泰平为太平县,因关名。隋开皇三年罢郡,改属晋州,十年改属绛州。"《北周志》太平县属晋州平阳郡。

11. 北绛县(581—597北绛县,598—617翼城县)

《隋志》:"后魏置,曰北绛县,开皇十八年改为翼城。"《元和志》:"后魏明帝置北绛县,隋开皇末改为翼城县,属绛州,因县东古翼城为名也。"《寰宇记》:"后魏明帝置北绛县于曲沃县东,属北绛郡,齐周不改。隋开皇三年罢郡,改属晋州;十六年改为翼城县,属绛州。"

北绛郡(581—582)——北绛县

《隋志》:"后魏置北绛郡,开皇初郡废。"《北周志》北绛郡属晋州,领北绛1县。

翼城郡(617)——翼城县、绛县、小乡县

《新唐志》:"义宁元年以翼城、绛置翼城郡,并置小乡县。"

12. 亳城县(617)

《旧唐志》:"义宁元年又置亳城县。"《新唐志》同。按原亳城县已于大业三年改为垣县,此隋末又置之亳城也。

以上所列,为绛州绛郡之政区沿革。其开皇三年前有2州、5郡、11县;大业三年改州为郡后,绛郡共领8县。兹列表100如下。

表100　绛州绛郡隋开皇元年、大业三年州郡县统辖关系表

	开　皇　元　年						小计	大 业 三 年	
州	绛　州			邵　州	（晋　州）		2州	郡	绛　郡
郡	正平郡	绛郡	高凉郡	邵郡	（平阳郡）	北绛郡	5郡		正平县、闻喜县、曲沃县、绛县、稷山县、垣县、太平县、翼城县
县	临汾县 闻喜县 曲沃县	绛县 小乡县	高凉县	亳城县 清廉县 蒲原县	太平县	北绛县		县	
小计	3县	2县	1县	3县	1县	1县	11县	小计	8县

第十节　南汾州文城郡政区沿革

（九六）南汾州文城郡(581—595 南汾州,596—597 耿州,598—606 汾州,607—617 文城郡)

开皇三年前领定阳、中阳、伍城3郡。

《隋志》:"东魏置南汾州,后周改为汾州,后齐为西汾州,开皇十六年改为耿州,后复为汾州。"又吉昌县下:"大业初置文城郡。"杨守敬以为"后齐为西汾州"应作"后齐为南汾州",其文云:"凡言东西南北者,皆以别其同。建德六年乃周灭齐之岁,是岁既改西汾为石州,又改南汾为西汾州,将何以别？此必不然。《北齐书》卷17《斛律光传》'武平元年冬进围定阳,仍筑南汾城,置州以逼之',则齐仍曰南汾州,然则误南为西耳。"今从之。

《北周志》南汾州领定阳、中阳、伍城3郡。

1. 定阳县(581—597 定阳县,598—617 吉昌县)

《隋志》:"吉昌,后魏曰定阳县,开皇十八年县改名焉。"《元和志》:"后魏孝文帝置定阳郡,并置定阳县,会有河西定阳胡人渡河居此,因以为名。十八年,改定阳县为吉昌县。"

定阳郡(581—582)——定阳县、文城县

《隋志》:"后魏置定阳郡,开皇初郡废。"《北周志》定阳郡领定阳、文城2县。

2. 文城县(581—617)

《隋志》:"文城,后魏置。"《元和志》:"魏孝文帝置斤城县,属定阳郡,隋开皇十六年改为文城。"《寰宇记》同。《杨考》:"《地形志》汾州、南汾州定阳郡皆

无斤城,亦无文城,未知孰误。"王仲荦《北周志》以为斤城为仵城之讹,又据《隋书》卷55《侯莫陈颖传》"周武帝时从滕王逌击龙泉、文城叛胡",以为后周建德时已改仵城为文城。今从之。

3. 伍城县(581—617)

《隋志》:"后魏置,曰刑军县,后改为伍城。"《地形志》:"五城,世祖名京军,太和二十一年改。"《元和志》:"仵城县,后魏于此置仵城郡,领京军县,孝文帝改京军县为仵城县。"按伍城、五城、仵城,实皆一县,各书写法不同。又,京军,《隋志》误作刑军,当改正。

伍城郡(581—582)——伍城县、平昌县、蒲子县

《隋志》:"后魏置伍城郡,开皇初郡废。"《地形志》汾州五城郡,"正平二年置"。《北周志》五城郡领五城、平昌、蒲子3县。蒲子县,见汾州龙泉郡内。

4. 平昌县(581—595,617)

《隋志》伍城县下:"开皇初又废后魏平昌县入焉。"《地形志》:"平昌,世祖名刑军,太和二十一年改。"《寰宇记》:"开皇十六年省入仵城县,义宁元年于今乡宁县东二十里又置平昌县,因后魏旧名。"《新唐志》:"平昌,义宁元年析伍城置。"

5. 昌宁县(581—617)

《隋志》:"昌宁,后魏置。"《元和志》:"孝文帝又分太平县置昌宁县,属定阳郡,隋开皇元年改属耿州,十八年又属汾州,大业三年改汾州为文城郡,县仍隶焉。"《杨考》:"《地形志》昌宁县有三:一属南汾州中阳郡,一属汾州定阳郡,一属南汾州西五城郡,皆一地。"

中阳郡(581—582)——昌宁县

《隋志》:"后魏置内阳郡,开皇初郡废。"《地形志》:"中阳郡,领县二:洛陵、昌宁。"《杨考》:"此云内阳郡,则隋时避讳改。"《北周志》中阳郡领昌宁1县。

6. 大宁县(581—605)

《隋志》伍城县下:"大业初又废大宁县入焉。"《元和志》:"周武帝于仵城废县西三里置大宁县,属南汾州,大业二年省。"《寰宇记》:"周保定元年置,开皇二十年移就废浮图镇,大业二年省入仵城。"王仲荦《北周志》认为大宁县属汾州龙泉郡,云周武帝建县时,尚未于龙泉郡置汾州,故属南汾州。北周平齐后,于龙泉郡置汾州,大宁县改属汾州龙泉郡也。大宁之重归南汾州,盖在隋开皇二十年移就废浮图镇之后。

以上所列,为南汾州文城郡之政区沿革。其开皇三年前有1州、3郡、6

县;大业三年改州为郡后,文城郡共领4县。兹列表101如下。

表101　南汾州文城郡隋开皇元年、大业三年州郡县统辖关系表

开　皇　元　年					小计	大　业　三　年	
州	南汾州			(汾　州)	1州	郡	文城郡
郡	定阳郡	伍城郡	中阳郡	(龙泉郡)	3郡	县	吉昌县、文城县、伍城县、昌宁县
县	定阳县 文城县	伍城县 平昌县	昌宁县	大宁县			
小计	2县	2县	1县	1县	6县	小计	4县

第十一节　晋州临汾郡政区沿革

(九七)晋州临汾郡(581—606晋州,607—617临汾郡)

开皇三年前领平阳、西河、定阳、北绛、义宁、永安、临汾7郡。

《隋志》:"后魏置唐州,改曰晋州。"《地形志》:"孝昌中置唐州,建义元年改晋州。治白马城。"《元和志》:"后魏太武帝于此置东雍州,孝明帝改为唐州,寻又改为晋州。"《寰宇记》:"炀帝初州废,又立为临汾郡。"

《北周志》晋州领平阳、西河、定阳、北绛、义宁、永安、汾西7郡。北绛郡,见绛州绛郡内;义宁郡,见潞州上党郡内;汾西郡,当作临汾郡。

1. 平河县(581—582平河县,583—617临汾县)

《隋志》:"后魏曰平阳,开皇初改县为临汾。"《元和志》:"开皇元年改平阳县为平河县,三年又改平河为临汾县。"《寰宇记》同。则《隋志》有脱误,今从《元和志》、《寰宇记》。

平河郡(581—582)——平河县、禽昌县、太平县

《隋志》:"后魏置平阳郡,开皇初改郡为平河,寻郡废。"《元和志》:"魏置平阳郡,隋开皇三年罢郡,县属晋州。"《北周志》平阳郡领平阳、禽昌、太平3县。太平县,隋开皇十年改属绛州,见绛州绛郡内。

2. 禽昌县(581—605禽昌县,606—617襄陵县)

《隋志》:"后魏太武禽赫连昌,乃分置禽昌县,大业初又改为襄陵。"《元和志》:"襄陵县,本汉旧县也,属河东郡。高齐省。周平齐,自临汾县移禽昌县于今理,属晋州。隋大业二年改禽昌为襄陵,取汉旧名也。县东南有晋襄公陵,因以为名。先是以禽昌名者,后魏禽赫连昌以置县故也。"

3. 永安县(581—582 永安县,583—605 西河县)

《隋志》临汾县下:"又有后魏永安县,开皇初改为西河,大业初省。"《地形志》:"永安,孝昌中置,治白坑城。"《杨考》云此永安县属西河郡,"别有永安郡永安县,治仇池壁,在霍邑,非此地"。

西河郡 (581—582)——永安县　　定阳郡 (581—582)——?

《隋志》临汾县下:"又有东魏西河、敷城、伍城、北伍城、定阳等五郡,后周废为西河、定阳二郡,开皇初郡并废。"《北周志》云西河郡领永安1县,而定阳郡云领县无考。

4. 冀氏县(581—617)

《隋志》:"后魏置冀氏郡,领冀氏、合阳二县。后齐郡废,又废合阳入焉。"《寰宇记》:"后魏庄帝置冀氏县及冀氏郡,属晋州。高齐文宣帝省冀氏郡,以县属义宁郡。隋开皇三年罢郡,改属晋州。"义宁郡,见潞州上党郡内。

5. 安泽县(581—605 安泽县,606—617 岳阳县)

《隋志》:"岳阳,后魏置,曰安泽,大业初改焉。"《地形志》安泽县属晋州义宁郡,云"建义元年置"。《元和志》:"后魏孝庄帝置安泽县,属义宁郡。隋开皇十六年改属沁州,大业二年改为岳阳县,因山为名。"按沁州废于大业二年,州废后,县又属晋州也。

6. 永安县(581—597 永安县,598—617 霍邑县)

《隋志》:"后魏曰永安,开皇十八年改县曰霍邑。"此即《地形志》治仇池壁之永安郡永安县,与上治白坑城之西河郡永安县同名而异地。隋初因其同名,故改西河郡之永安县为西河县也。

汾州 (596—597 汾州,598—605 吕州)——霍邑县、汾西县

《隋志》霍邑县下:"开皇十六年置汾州,十八年改为吕州,大业初州废。"《元和志》汾西县下亦云"开皇十六年属汾州,十八年改属吕州",则此汾州领有霍邑、汾西2县。

永安郡 (581—582)——永安县、杨县

《隋志》:"后魏置永安郡,开皇初郡废。"《北周志》永安郡属晋州,领永安、杨2县。

霍山郡 (617)——霍邑县、赵城县、汾西县、灵石县

《新唐志》:"义宁元年以霍邑、赵城、汾西、灵石置霍山郡。"灵石县,见介州西河郡内。

7. 杨县(581—616 杨县,617 洪洞县)

《地形志》:"杨,二汉属河东,晋属平阳,后罢,太和二十一年复。后属永安

郡。"《元和志》："洪洞县,本汉杨县,属河东郡。魏置平阳郡,杨县属焉。隋开皇三年罢郡,改属晋州。义旗初建,改为洪洞县,因县北故洪洞镇为名也。《旧唐志》："义宁元年改为洪洞。"

8. 临汾县(581—582 临汾县,583—617 汾西县)

《隋志》："后魏曰临汾,开皇十八年县改为汾西。"《元和志》："高齐置临汾郡及临汾县,隋开皇三年改临汾县为汾西县,十六年改属汾州,十八年改属吕州,大业二年改属晋州。"《寰宇记》同。按《隋志》平河县下已云"开皇初改县为临汾",此临汾县若至开皇十八年始改为汾西,则一州之内有二临汾县矣。此不合情理,当以《元和志》等作开皇三年改为汾西县。

临汾郡 (581—582)——临汾县

《隋志》："后魏置汾西郡,开皇初郡废。"《杨考》："《地形志》无汾西郡,其临汾县属晋州平阳郡,即汉旧县。志于太平县下云'后齐废临汾',是也。《元和志》汾西县下云:'高齐于此置临汾郡及临汾县',《寰宇记》同。然则志文'后魏'当作'后齐','汾西'亦'临汾'之误。"今从之。

《北周志》仍作汾西郡,领临汾1县。

9. 新城县(581—589)

《隋志》汾西县下:"有后周新城县,开皇十年省入。"《地形志》新城县属汾州吐京郡,云"孝昌中陷,寄治西河"。《北周志》亦以新城属汾州吐京郡,见汾州龙泉郡内。

10. 赵城县(617)

《元和志》："赵城县,义旗之初分霍邑县置,属霍山郡,因故赵城为名。"《新唐志》："义宁元年置赵城县。"

以上所列,为晋州临汾郡之政区沿革。其开皇三年前有1州、5郡、9县;大业三年改州为郡后,临汾郡共领7县。兹列表102如下。

表102 晋州临汾郡隋开皇元年、大业三年州郡县统辖关系表

	开 皇 元 年							小计
州	晋 州						(汾 州)	1州
郡	平河郡	西河郡	定阳郡	(义宁郡)	永安郡	临汾郡	(吐京郡)	5郡
县	平河县 禽昌县	永安县		冀氏县 安泽县	永安县 杨县	临汾县	新城县	
小计	2县	1县		2县	2县	1县	1县	9县

续 表

	大 业 三 年
郡	临汾郡
县	临汾县、襄陵县、冀氏县、岳阳县、霍邑县、杨县、汾西县
小计	7县

第十二节　汾州龙泉郡政区沿革

(九八)汾州龙泉郡(581—584汾州,585—606隰州,607—617龙泉郡)

开皇三年前领龙泉、吐京、临河3郡。

《隋志》:"后周置汾州,开皇五年改为隰州总管。"又隰川县下:"大业初置郡。"《元和志》:"后魏太和十二年于此置汾州,隋开皇五年改为隰州,大业三年又改为龙泉郡。"

《北周志》汾州领龙泉、吐京、临河3郡。

1. 长寿县(581—597长寿县,598—617隰川县)

《隋志》:"后周置县,初曰长寿,开皇初改曰隰川。"《元和志》:"周宣帝置长寿县,隋开皇十八年改为隰川县。"《寰宇记》同。今从《元和志》、《寰宇记》,作开皇十八年改县名。

龙泉郡(581—582)——长寿县、平昌县、大宁县

《隋志》:"后周置龙泉郡,开皇初郡废。"《元和志》:"周宣帝大象元年于今州东百步置龙泉郡。"《北周志》龙泉郡领长寿、平昌、大宁3县。按大宁本属南汾州,北周平齐后,改隶汾州龙泉郡,开皇末又改属南汾州。参见南汾州文城郡下。

2. 平昌县(581—582平昌县,583—605蒲川县)

《隋志》蒲川下:"又有后魏平昌县,开皇中改曰蒲川,大业初废入焉。"此《隋志》云"开皇中"改县名,而具体年代不明。《隋志》武威郡番和县下亦云"开皇中"改县名,而《元和志》云"隋开皇三年改县",则"开皇中"即开皇三年,故此处定平昌改为蒲川在开皇三年。

3. 吐京县(581—597吐京县,598—617石楼县)

《隋志》:"石楼,旧置吐京县,开皇十八年县改名。"《元和志》:"隋开皇十八年改吐京为石楼县,因县东石楼山为名也。"

吐京郡(581—582)——吐京县、新城县

《隋志》："旧置吐京郡，开皇初郡废。"《北周志》吐京郡领吐京、新城2县。新城，见晋州临汾郡内。

4. 临河县(581—597 临河县，598—617 永和县)

《隋志》："后周置临河县，开皇十八年改名永和县。"《元和志》："周宣帝置临河县，属汾州。隋开皇五年改属隰州，十八年改临河为永和县，以县西永和关为名也。"

临河郡(581—582)——临河县、归化县

《隋志》："后周置临河郡，开皇初郡废。"《北周志》临河郡领临河、归化2县。

5. 归化县(581—597 归化县，598—617 楼山县)

《隋志》："楼山，后周置，曰归化，开皇十八年改名焉。"

6. 蒲子县(581—605 蒲子县，606—617 蒲县)

《隋志》："蒲，后周置。"《元和志》："蒲县，本汉蒲子县地，后魏于此置石城县，后废。周宣帝于石城故县置蒲子县，因汉蒲子县为名也，属定阳郡。隋开皇五年改属隰州，大业二年改为蒲县。"王仲荦《北周志》云："定阳郡治山西吉县，与蒲子县境界不相邻接，中隔五城郡；《地形志》石城县属汾州伍城郡，故今仍《地形志》属之伍城郡。"今从之。伍城郡，见南汾州文城郡内。又，《隋志》云后周置蒲县，有脱误，今从《元和志》。

以上所列，为汾州龙泉郡之政区沿革。其开皇三年前有1州、3郡、6县；大业三年改州为郡后，龙泉郡共领5县。兹列表103如下。

表103 汾州龙泉郡隋开皇元年、大业三年州郡县统辖关系表

	开 皇 元 年				小计		大 业 三 年
州	汾 州			(南汾州)	1州	郡	龙泉郡
郡	龙泉郡	吐京郡	临河郡	(伍城郡)	3郡	县	隰川县、石楼县、永和县、楼山县、蒲县
县	长寿县 平昌县	吐京县	临河县 归化县	蒲子县			
小计	2县	1县	2县	1县	6县	小计	5县

第十三节　介州西河郡政区沿革

(九九)介州西河郡(581—606 介州，607—617 西河郡)

开皇三年前领西河、介休2郡。

《隋志》："后魏置汾州,后齐置南朔州,后周改曰介州。"又隰城县下："大业初复置西河郡。"《元和志》云："高齐置南朔州,周武帝废南朔州,宣帝于此置汾州,隋大业三年废汾州,还于隰城县置西河郡。"杨守敬以为《元和志》云后周置汾州有误,当依《隋志》为正,其文云："《隋书》卷39《豆卢毓传》:'炀帝嗣位,汉王谅在并州反,出城将往介州。'又卷48《杨素传》:'谅遣所署介州刺史梁修罗屯介休。'又卷54《李衍传》:'开皇初拜介州刺史。'然则当以《隋志》为正,《元和志》误。"《寰宇记》云："后周曰介州,隋初亦如之,大业中废州,后为西河郡。"是。

《北周志》介州领西河、介休2郡。

1. 隰城县(581—617)

《元和志》："本汉兹氏县也,晋改兹氏县为隰城县。"《寰宇记》同。

西河郡 (581—582)——隰城县

《隋志》："旧置西河郡,开皇初郡废。"《北周志》西河郡领隰城、新城2县。新城,见晋州临汾郡内。

2. 平昌县(581—597平昌县,598—617介休县)

《隋志》："后魏置平昌县,后周以介休县入焉,开皇十八年县改曰介休。"《元和志》："高齐省介休入永安县,周武帝省南朔州,复置介休县,宣帝改介休为平昌县,隋开皇末又改平昌为介休县。"

介休郡 (581—582,617)——平昌县、永安县(617年之介休郡领介休、平遥2县)

《隋志》："后魏置定阳郡,后周改郡曰介休,开皇初郡废。"《元和志》："义宁元年于县置介休郡。"《新唐志》:"义宁元年以介休、平遥置介休郡。"《北周志》介休郡领平昌、永安2县。

3. 永安县(581—617)

《元和志》："后魏分隰城,于今灵石县东三十里置永安县。"

4. 平遥县(581—617)

《元和志》："本汉平陶县地,属太原郡,后汉隶西河郡。魏以太武帝名焘,改平陶为平遥。隋属西河郡。义宁元年于介休县置介休郡,以平遥县属焉。"按王仲荦《北周志》以平遥属太原郡,云："后魏初平遥县在今山西文水县西南二十五里,后迁居京陵塞,即今山西平遥县治。据《魏书》卷106上《地形志》,平遥有京陵城,则后魏虽迁治,仍不出旧京陵县界也。周齐之际,平遥当仍属太原郡,至隋始改属介州耳。"盖隋初废郡,平遥县改隶介州。

5. 灵石县(590—617)

《隋志》:"灵石,开皇十年置。"《元和志》、《寰宇记》同。

6. 清世县(596—605)

《隋志》平遥县下:"开皇十六年析置清世县,大业初废入焉。"

7. 绵上县(596—617)

《隋志》:"开皇十六年置。"《元和志》:"开皇十六年置绵上县,属沁州。"按沁州废于大业二年,是年绵上改隶介州也。

以上所列,为介州西河郡之政区沿革。其开皇三年前有1州、2郡、4县;大业三年改州为郡后,西河郡共领6县。兹列表104如下。

表104 介州西河郡隋开皇元年、大业三年州郡县统辖关系表

	开 皇 元 年			小计		大 业 三 年
州	介　　州		(并　州)	1州	郡	西河郡
郡	西河郡	介休郡	(太原郡)	2郡	县	隰城县、介休县、永安县、平遥县、灵石县、绵上县
县	隰城县	平昌县、永安县	平遥县			
小计	1县	2县	1县	4县	小计	6县

第十四节　石州离石郡政区沿革

(一〇〇)石州离石郡(581—606石州,607—617离石郡)

开皇三年前领离石、窟胡、定胡、乌突4郡。

《隋志》:"后齐置西汾州,后周改为石州。"又离石县下:"大业初置郡。"《元和志》:"高齐文宣帝置西汾州,周武帝改为石州,隋大业三年改为离石郡。"

《北周志》石州领离石、窟胡、定胡、乌突4郡。

1. 离石县(581—617)

《隋志》:"后齐曰昌化县,后周改曰离石县。"《元和志》:"高齐文宣帝置昌化县,后周为离石县,属石州。"

离石郡(581—582)——离石县、宁乡县、卢山县、平夷县、良泉县

《隋志》:"后齐置怀政郡,后周改曰离石郡,开皇初郡废。"《北周志》离石郡领离石、宁乡、卢山、平夷、良泉5县。

2. 宁乡县(581—605)

《隋志》离石县下:"后周置宁乡县,大业初并入焉。"

3. 卢山县(581—605)

《隋志》修化县下:"后周置卢山县,大业初并入焉。"

4. 平夷县(581—617)

《隋志》:"平夷,后周置。"《元和志》:"平夷县,本汉离石县地,周宣帝割县西五十一里置平夷县,属石州。"

5. 良泉县(581—606 良泉县,607—617 方山县)

《元和志》:"方山县,本汉离石县地,高齐文宣帝于此县北六十八里置良泉县,属离石郡。隋大业三年移就今县南三十五里方山置,故名方山。"

6. 窟胡县(581—582 窟胡县,583—617 修化县)

《隋志》:"后周置,曰窟胡,开皇初县改为修化。"

窟胡郡(581—582)——窟胡县

《隋志》:"后周置窟胡郡,开皇初郡废。"《北周志》窟胡郡领窟胡1县。

7. 定胡县(581—617)

《隋志》:"定胡,后周置。"《元和志》:"周宣帝大象元年置定胡县,隋因之。"

定胡郡(581—582)——定胡县

《隋志》:"后周置定胡郡,开皇初郡废。"《北周志》定胡郡领定胡1县。

8. 乌突县(581—582 乌突县,583—617 太和县)

《隋志》:"后周置,曰乌突,及置乌突郡。开皇初郡废,县寻改为太和。"《元和志》:"周大象元年置乌突郡、乌突县,隋开皇元年改乌突郡为太和郡,乌突县为太和县。三年废郡,以太和县属石州。"此乌突郡、县改名,二书所记时间不一,今从《隋志》。

乌突郡(581—582)——乌突县

《隋志》:"后周置乌突郡,开皇初郡废。"《北周志》乌突郡领乌突1县。

以上所列,为石州离石郡之政区沿革。其开皇三年前有1州、4郡、8县;大业三年改州为郡后,离石郡共领6县。兹列表105如下。

表105 石州离石郡隋开皇元年、大业三年州郡县统辖关系表

	开 皇 元 年				小计		大 业 三 年
州	石 州				1州	郡	离石郡
郡	离石郡	窟胡郡	定胡郡	乌突郡	4郡		离石县、平夷县、方山县、修化县、定胡县、太和县
县	离石县、宁乡县卢山县、平夷县良泉县	窟胡县	定胡县	乌突县		县	
小计	5县	1县	1县	1县	8县	小计	6县

第十五节 肆州雁门郡政区沿革

(一〇一) 肆州雁门郡(581—584 肆州,585—606 代州,607—617 雁门郡)

开皇三年前领雁门、新兴 2 郡。

《隋志》:"后周置肆州,开皇五年改为代州。"又雁门县下:"大业初置雁门郡。"《元和志》:"周宣帝大象元年自九原城移肆州于今理,隋开皇五年改肆州为代州,大业三年改为雁门郡。"

《北周志》肆州领雁门 1 郡。《隋志》又云开皇初置新兴郡,则隋初肆州领雁门、新兴 2 郡。

1. 广武县(581—597 广武县,598—617 雁门县)

《隋志》:"旧曰广武,开皇十八年改曰雁门。"《元和志》:"雁门县,本汉广武县地,属太原郡,后魏改属雁门郡。隋开皇三年罢郡,县属肆州。后改肆州为代州,县属不改。十八年改广武县为雁门县,盖避太子之讳也。"

雁门郡(581—582)——广武县、石城县、驴夷县、阳曲县

《隋志》:"旧置雁门郡,开皇初郡废。"《地形志》云雁门郡属肆州,秦置,光武建武十五年罢,二十七年复。《北周志》雁门郡领广武、石城、驴夷、秀容、平寇、阳曲 6 县,秀容、平寇 2 县隋初改隶新兴郡,阳曲县见并州太原郡内,新兴郡见楼烦郡内。

2. 石城县(581—589 石城县,590—605 平寇县,606—617 崞县)

《隋志》:"后魏置,曰石城县,开皇十年改县曰平寇,大业初改为崞县。"《元和志》:"隋开皇十年移平寇县于此,大业二年改为崞县。"

3. 驴夷县(581—605 驴夷县,606—617 五台县)

《隋志》五台县下:"后魏置,曰驴夷,大业初改焉。"《元和志》:"隋大业二年改为五台县,因山为名也。"

4. 灵丘县(581—617)

《元和志》:"灵丘县,本汉旧县,属代郡。后汉省,东魏孝静帝重置,属灵丘郡;隋开皇三年罢郡,县属蔚州;大业二年省蔚州,改属代州。"

蔚州(581—605)——灵丘郡

《隋志》:"后周置蔚州,大业初州废。"《元和志》:"大业二年省蔚州。"

《北周志》蔚州领灵丘 1 郡。

灵丘郡(581—582)——灵丘县、大昌县、广昌县

《隋志》:"后魏置灵丘郡,开皇初郡废。"《北周志》灵丘郡领灵丘县、大昌县、广昌县。广昌县,见易州上谷郡内。

5. 大昌县(581—582)

《隋志》灵丘县下:"后周立大昌县,开皇初县并入焉。"

6. 繁峙县(598—617)

《隋志》:"繁峙,后魏置,并置繁峙郡,后周郡县并废,开皇十八年复置县。"

以上所列,为肆州雁门郡之政区沿革。其开皇三年前有2州、2郡、5县;大业三年改州为郡后,雁门郡共领5县。兹列表106如下。

表106 肆州雁门郡隋开皇元年、大业三年州郡县统辖关系表

	开 皇 元 年		小计		大 业 三 年
州	肆 州	蔚 州	2州	郡	雁门郡
郡	雁门郡	灵丘郡	2郡	县	雁门县、崞县、五台县、灵丘县、繁峙县
县	广武县、石城县、驴夷县	灵丘县、大昌县	5县		
小计	3县	2县	5县	小计	5县

第十六节　朔州马邑郡、云州定襄郡政区沿革

(一〇二)朔州马邑郡(581—606朔州,607—617马邑郡)

开皇三年前领广安、长宁2郡。

《隋志》:"旧置朔州。"又善阳县下:"大业初置代郡,寻曰马邑。"《元和志》:"高齐文宣帝于马邑城置朔州,隋大业三年罢州为马邑郡。"

《北周志》作北朔州,州领广安、长宁2郡。

1. 招远县(581—604招远县,605—617善阳县)

《隋志》:"后齐置县曰招远,大业初县改曰善阳。"《元和志》:"高齐置招远县,大业元年改为善阳县。"

广安郡(581—582)——招远县、神武县、岢岚县、蔚汾县

《隋志》:"后齐置郡曰广安,开皇初郡废。"《北周志》广安郡领招远、神武、岢岚、蔚汾4县。岢岚、蔚汾2县,见楼烦郡内。

2. 神武县(581—617)

《隋志》:"神武,后魏置神武郡,后齐改曰太平,后周罢郡。"按此《隋志》不

云何时置神武县,而《地形志》朔州神武郡领有尖山、殊颓2县,无神武县。《纪要》谓齐废殊颓,隋改尖山为神武。《嘉庆重修一统志》又以为是后周并二县为神武。王仲荦《北周志》以为《纪要》、《嘉庆重修一统志》之说皆无实证,不取其说。又云:"盖北齐世别置北朔州于马邑城,又于此置神武郡并神武县,以隶北朔州。"而《地形志》之朔州神武郡及所领尖山、殊颓2县,王仲荦以为是侨置于并州界者,非此《隋志》所云神武郡。今从之。

3. 长宁县(581—598 长宁县,599—617 开阳县)

《隋志》:"旧曰长宁,开皇十九年县改曰开阳。"

长宁郡(581—582)——长宁县、云内县

《隋志》:"后齐置齐德、长宁二郡,后周废齐德郡,开皇初郡废。"《北周志》长宁郡领长宁、云内二县。

4. 云内县(581—617)

《隋志》:"后魏立平齐郡,寻废。后齐改曰太平县,后周改曰云中,开皇初改曰云内。"按隋避中讳改县名皆在开皇元年,此云中改为云内亦应在开皇元年。

以上所列,为朔州马邑郡之政区沿革。其开皇三年前有1州、2郡、4县;大业三年改州为郡后,马邑郡仍领4县。兹列表107如下。

表107 朔州马邑郡隋开皇元年、大业三年州郡县统辖关系表

	开 皇 元 年		小计		大 业 三 年
州	朔 州		1州	郡	马邑郡
郡	广安郡	长宁郡	2郡	县	善阳县、神武县、开阳县、云内县
县	招远县、神武县	长宁县、云内县			
小计	2县	2县	4县	小计	4县

(一○三)云州定襄郡(600—606 云州,607—617 定襄郡)

《隋志》榆林郡金河县下云:"开皇五年改置云州总管,二十年云州移。"则云州原在榆林,开皇二十年始移此地也。《纪要》:"大业初改置定襄郡,治大利县。"

1. 大利县(605—617)

《隋志》:"大利,大业初置。"

以上所列,为云州定襄郡之政区沿革。开皇三年前此地无州县,开皇二十年云州移置于此地;大业三年改州为郡后,定襄郡领大利1县。兹列

表 108 如下。

表 108　云州定襄郡隋开皇二十年、大业三年州郡县统辖关系表

开　皇　二　十　年		大　业　三　年	
州	云　州	郡	定襄郡
		县	大利县
		小计	1 县

第十七节　楼烦郡政区沿革

(一○四) 楼烦郡(608—617)

《隋志》："楼烦郡，大业四年置。"《隋书》卷 3《炀帝纪》："大业四年夏四月丙午，以离石之汾源、临泉，雁门之秀容为楼烦郡。"《元和志》："隋大业四年于静乐县界置楼烦郡。"

1. 岢岚县(581—597 岢岚县，598—607 汾源县，608—617 静乐县)

《隋志》："静乐，旧曰岢岚，开皇十八年改为汾源，大业四年改焉。"《元和志》云大业二年改为静乐县，今从《隋志》。又据《北周志》，后周时此岢岚县属朔州广安郡。

2. 蔚汾县(581—607 蔚汾县，608—617 临泉县)

《隋志》："临泉，后齐置，曰蔚汾，大业四年改焉。"《元和志》云大业二年改为临泉，今从《隋志》。又据《北周志》，后周时蔚汾属朔州广安郡。

3. 秀容县(581—617)

《地形志》："秀容，永兴二年置，属秀容郡。"《元和志》："后魏庄帝于今县东十里置平寇县，隋开皇十八年于此置忻州，又于今县西北五十里秀容故城移后魏明元所置秀容县于今理，属忻州。"《杨考》："按《舆地广记》'开皇十年废平寇县，而自今宜芳秀容故城移县治此'，则废平寇、置秀容俱十年事，疑当从之。"《隋志》秀容县下亦云"开皇十年废平寇县"，是秀容移县当在开皇十年。

忻州(598—605)——秀容县、铜川县

《隋志》："开皇十八年置忻州，大业初州废。"《元和志》："隋开皇十八年改置忻州，因州界忻川口为名也。大业二年省忻州。"《元和志》云秀容县属忻州，《纪要》云铜川县亦属忻州，则此忻州领秀容、铜川 2 县。

新兴郡(581—582)——秀容县、平寇县、铜川县

《隋志》秀容县下:"开皇初置新兴郡,郡寻废。"《地形志》:"肆州永安郡,后汉末置新兴郡,永安中改。"《杨考》:"《晋志》新兴郡治九原,即今忻州治,隋盖因旧名。"《北周志》秀容、平寇二县皆属雁门郡,隋开皇初既然于此立新兴郡,则二县自当隶属。又《隋志》秀容县下云"开皇初置铜川县",《纪要》亦云属新兴郡,则此新兴郡当领秀容、平寇、铜川3县。

4. 平寇县(581—589)

《隋志》:"后齐置平寇县,开皇十年废平寇县。"《纪要》:"隋开皇十年废平寇县,移秀容县治焉。"

5. 铜川县(581—605)

《隋志》秀容县下:"开皇初置铜川县,大业初又废铜川。"《纪要》:"铜川废县,隋开皇初置,属新兴郡,郡旋废,县属并州,寻属忻州,大业初县废。"

6. 岚城县(612—617)

《元和志》宜芬县下:"大业八年分静乐置岚城县,属楼烦郡。"

以上所列,为楼烦郡之政区沿革。开皇三年前,各县分属朔州、肆州等州;大业三年尚无楼烦郡,各县仍分属离石、雁门等郡。兹列表109如下。

表109 楼烦郡隋开皇元年、大业三年州郡县统辖关系表

	开 皇 元 年		小计		大 业 三 年	
州	(朔 州)	(肆 州)		郡	(离石郡)	(雁门郡)
郡	(广安郡)	新兴郡	1郡	县	汾源县 蔚汾县	秀容县
县	岢岚县、蔚汾县	秀容县、平寇县、铜川县				
小计	2县	3县	5县	小计	2县	1县

第十八节 并州太原郡政区沿革

(一〇五)并州太原郡(581—606并州,607—617太原郡)

开皇三年前领太原、乐平2郡。

《隋志》:"后齐并州。"《元和志》:"苻坚、姚兴、赫连勃勃并于河东郡置并州,隋大业三年罢州为太原郡。"

《北周志》并州领太原、乐平2郡。

1. 龙山县(581—589 龙山县,590—617 晋阳县)

《隋志》:"后齐置,曰龙山,带太原郡,开皇初郡废,十年改县曰晋阳。"《元和志》:"高齐武平六年于今理置龙山县。隋开皇十年,废龙山县,移晋阳县理之。"

太原郡(581—582)——龙山县、晋阳县、受阳县、东受阳县、中都县、阳邑县、平遥县

《隋志》:"后齐置太原郡,开皇初郡废。"《元和志》晋阳县下:"武平六年置龙山县,属太原郡,隋开皇三年罢郡。"《北周志》太原郡领龙山、晋阳、受阳、东受阳、平遥、中都、阳邑 7 县。平遥县,见介州西河郡内。

2. 晋阳县(581—589 晋阳县,590—617 太原县)

《隋志》:"太原,旧曰晋阳。"《元和志》:"高齐河清四年自今州城中移晋阳县于汾水东,隋文帝开皇十年移晋阳于州城中,仍于此处置太原县,属并州。大业三年罢州置太原郡,县仍属焉。"

3. 受阳县(581—589 受阳县,590—617 文水县)

《隋志》:"文水,旧曰受阳,开皇十年改焉。"《杨考》:"按《晋志》作寿阳,《水经注》引《太康地志》作受阳,卢湛《征艰赋》'历寿阳而总辔',古书寿、受错出,音同通用耳。"

4. 东受阳县(581—582 东受阳县,590—617 寿阳县)

《隋志》:"寿阳,开皇十年改州南受阳县为文水,分州东故寿阳置寿阳。"《元和志》:"隋开皇十年改受阳县为文水县,又于受阳故城别置受阳县。"钱大昕《廿二史考异》云:"《隋志》之故寿阳,当即《周书》卷 40《宇文神举传》之东受阳,未审置于何代,隋初并省此县,因有故受阳之目耳。"王仲荦《北周志》亦云:"《周书》卷 40《宇文神举传》:'授并州刺史,所部东受阳县土人相聚为盗,率其党五千人来袭州城,神举以州兵讨平之。'按据《隋志》、《元和志》,似东受阳久废,隋开皇十年始复置。据《宇文神举传》,则齐氏灭亡之岁尚有东受阳县,盖齐复置,隋初又废,开皇十年又复置也。"今从之。

5. 中都县(581—589 中都县,590—617 榆次县)

《隋志》:"榆次,后齐曰中都,开皇中改焉。"《元和志》:"开皇十年改中都县为榆次县。"

6. 阳邑县(581—597 阳邑县,598—617 太谷县)

《隋志》:"太谷,旧曰阳邑,开皇十八年改焉。"《元和志》:"隋开皇十八年改阳邑为太谷县,因县西太谷为名。"

7. 阳曲县(581—585 阳曲县,586—595 阳直县,596—616 汾阳县,617 阳

直县）

《隋志》："汾阳，旧曰阳曲，开皇六年改为阳直，十六年又改名焉。"《元和志》："阳曲县，本汉旧县也，属太原郡。隋开皇六年改为阳直县，十六年改阳直县为汾阳县，炀帝又改为阳直县，移理木井城，即今县理是也。"《杨考》："炀帝改汾阳为阳直当在末年，故《隋志》不书也。"

又，此阳曲县汉代本属太原郡，北魏改属永安郡。《地形志》云："阳曲，二汉、晋属太原，永安中属永安郡。"《纪要》又云："阳曲县，后魏属来安郡（当作永安郡），隋郡废，县属并州。"则此县改属并州在开皇三年也。永安郡，见《地形志》肆州下。《北周志》云阳曲县后周属雁门郡，谓永安郡后齐已废，疑有误，今姑从之。

8. 乐平县（581—617）

《元和志》："后魏孝明帝于今仪州和顺县重置乐平郡及县，高齐移理沾城，即今县是也。隋开皇十六年于此置辽州，县属焉。大业二年省辽州，以乐平属并州。"《寰宇记》略同。

辽州（596—605）——乐平县、东山县、和顺县、辽山县、交漳县、平城县、石艾县、原仇县

《隋志》："开皇十六年置辽州，大业初州废。"《元和志》："隋开皇十六年置辽州，大业二年省。"

又《隋志》乐平县下："开皇十六年分置辽州及东山县"，辽山县下："十六年属辽州，并置交漳县"；《元和志》平城县下："开皇十六年属辽州"；石艾县下："隋开皇三年罢郡，改属辽州（时无辽州，当有脱误，应是先属并州，开皇十六年改属辽州）；盂县下："开皇十六年分石艾县置原仇县，属辽州，大业二年改原仇为盂县"；则此辽州当领有乐平、东山、辽山、交漳、平城、石艾、原仇等七县。唯和顺县，《隋志》、《元和志》等均不云属辽州。按《元和志》云和顺"本汉沾县地"，而后魏之乐平郡、乐平县及隋之辽州亦皆置于汉之沾县城，和顺似应属辽州；且和顺周围之乐平、平城、石艾、辽山等县均属辽州，独此一县不属辽州，与情理亦不合。《旧唐志》辽州下云："武德三年分并州之乐平、和顺、平城、石艾四县置辽州。"唐初复州多因隋旧，则此和顺县隋开皇中应属辽州。

乐平郡（581—582）——乐平县、梁榆县、石艾县

《隋志》："旧置乐平郡，开皇初废郡。"《北周志》乐平郡领乐平、梁榆、石艾3县。

9. 梁榆县（581—589 梁榆县，590—617 和顺县）

《隋志》和顺县下："旧曰梁榆，开皇十年改。"《元和志》："开皇十年置和

顺县。"

10. 石艾县(581—617)

《元和志》:"本汉上艾县地,后魏改石艾县,属乐平郡。隋开皇三年罢郡,改属辽州,大业三年省辽州,属并州。"按开皇三年时无辽州,此《元和志》有脱误,当是先属并州,开皇十六年属辽州。

11. 阳真县(590—605)

《隋志》太原县下:"开皇十年分置阳真县,大业初省入焉。"

12. 祁县(590—617)

《隋志》:"祁县,后齐废,开皇中复。"《元和志》:"开皇十年重置,属并州。"《寰宇记》同。

13. 辽山县(590—617)

《隋志》:"辽山,后魏曰辽阳,后齐省,开皇十年置,改名焉。十六年属辽州。"《寰宇记》同。《元和志》云开皇十六年改置辽山县,今从《隋志》、《寰宇记》。

14. 清源县(596—605)

《隋志》晋阳县下:"开皇十六年又置清源县,大业初省入焉。"《元和志》:"大业二年省,又为晋阳县地。"

15. 交城县(596—617)

《隋志》:"开皇十六年置。"《元和志》:"开皇十六年分晋阳县置交城县,取古交城为名,属并州。"

16. 东山县(596—605)

《隋志》乐平县下:"开皇十六年分置辽州及东山县,大业初废州及东山县。"

17. 交漳县(596—605)

《隋志》辽山县下:"辽山,开皇十年置,十六年属辽州,并置交漳县,大业初废州,并罢交漳入焉。"

18. 平城县(596—617)

《隋志》:"开皇十六年置。"《元和志》:"开皇十六年置平城县,属辽州,大业三年改属并州。"

19. 原仇县(596—605 原仇县,606—617 盂县)

《隋志》:"盂,开皇十六年置,曰原仇,大业初改焉。"《元和志》:"开皇十六年分石艾县置原仇县,属辽州,大业二年改原仇为盂县,因汉旧名,属并州。"

以上所列,为并州太原郡之政区沿革。其开皇三年前有1州、2郡、10县;大业三年改州为郡后,太原郡共领15县。兹列表110如下。

表 110　并州太原郡隋开皇元年、大业三年州郡县统辖关系表

开皇元年			小计	大业三年	
州	并　州		(肆　州) 1 州	郡	太原郡
郡	太原郡	乐平郡	(雁门郡) 2 郡		晋阳县、太原县、文水县、寿阳县、榆次县、太谷县、汾阳县、乐平县、和顺县、石艾县、祁县、辽山县、交城县、平城县、孟县
县	龙山县、晋阳县、受阳县、东受阳县、中都县、阳邑县	乐平县、梁榆县、石艾县	阳曲县	县	
小计	6 县	3 县	1 县	10 县 小计	15 县

第十九节　邢州襄国郡政区沿革

(一〇六)邢州襄国郡(596—606 邢州,607—617 襄国郡)

《隋志》:"开皇十六年置邢州。"《元和志》:"隋开皇十六年割龙冈等三县置邢州,以邢国为名也。大业三年改为襄国郡。"《寰宇记》:"开皇十六年割洺州龙冈、南和、平乡三县,及置青山、沙河、任三县,置邢州,大业三年改为襄国郡。"

《北周志》襄国郡属洺州,时无邢州。

1. 襄国县(581—588 襄国县,589—617 龙冈县)

《隋志》:"龙冈,旧曰襄国,开皇九年改名焉。"《元和志》:"龙冈县,古邢国也。秦以为信都,项羽更名曰襄国。汉因不改。周武帝改为襄国郡,隋开皇三年罢郡,县属洺州,九年改为龙冈县,以西北有龙冈,因名之。十六年,于此置邢州,龙冈县属焉。"按"周武帝改为襄国郡"句不确,《隋志》武安郡临洺县下云:"旧曰易阳,后齐废入襄国县,置襄国郡。后周改为易阳县,别置襄国县。开皇初郡废。"是襄国郡后齐已有,非后周始置;郡治在易阳,非襄国。此当云:"后周属襄国郡。"

2. 内丘县(581—617)

《元和志》:"汉为中丘县,隋室讳'忠',改为内丘。开皇三年属赵州,大业二年改属邢州。"

《北周志》作中丘县,属洺州襄国郡。

3. 南和县(581—617)

《元和志》:"南和县,本汉旧县,石赵属襄国郡,周属南和郡,隋开皇三年属

洺州,十六年改属邢州。"

南和郡(581—582)——南和县

《隋志》:"后周分置南和郡,开皇初郡废。"《北周志》南和郡属洺州,领南和1县。

4. 平乡县(581—617)

《元和志》:"后魏自平乡故城移平乡县于此理之,属广平郡。隋开皇三年属洺州,十六年改属邢州。"《杨考》:"《地形志》:晋后罢,景明三年复,治巨鹿城,属南赵郡。《元和志》云'属广平郡',误也。"按《地形志》南赵郡下云:"太和十一年为南巨鹿郡,属定州。十八年属相州,后改南赵郡,孝昌中属殷州。"殷州,北齐时改为赵州,故《北周志》平乡县属赵州南赵郡。该郡治广阿县,隋改为大陆县(见赵州赵郡内),领广阿、平乡、南栾、柏仁等县。

5. 南栾县(581—605)

《隋志》巨鹿县下:"后齐废,开皇六年置南栾县,后废入焉。"王仲荦《北周志》云:"按《隋志》文有讹夺,当云:巨鹿,后齐废,开皇六年置。有南栾县,后废入焉。"王氏所云甚是,今从之。《纪要》云:"大业初废。"盖废于大业二年省并天下州县。

6. 柏仁县(581—617)

《地形志》作柏人县,属南赵郡。《元和志》:"后魏改人为仁,开皇三年属赵州,大业三年改属邢州。"

7. 巨鹿县(586—617)

《元和志》:"本汉南栾县地,隋开皇六年于此置巨鹿县,属赵州。"《寰宇记》同。

8. 青山县(596—605)

《隋志》龙冈县下:"开皇十六年又置青山县,大业初省入焉。"《元和志》:"开皇十六年置青山县,大业二年省。"

9. 任县(596—605)

《隋志》南和下:"开皇十六年置任县,大业初废入。"《元和志》:"开皇十六年置任县,属邢州,大业二年省。"

10. 沙河县(596—617)

《隋志》:"沙河,开皇十六年置。"《元和志》:"隋开皇十六年分龙冈县置沙河县,以沙河在县南五里,因以为名。"

以上所列,为邢州襄国郡之政区沿革。开皇三年前,各县分属洺州、赵州,开皇十六年始置邢州;大业三年改州为郡后,襄国郡共领7县。兹列表111如下。

表 111　邢州襄国郡隋开皇元年、大业三年州郡县统辖关系表

州	开　皇　元　年			小计	郡	大　业　三　年
州	（洺　州）		（赵　州）		郡	襄国郡
郡	（襄国郡）	南和郡	（南赵郡）	1 郡	县	龙冈县、内丘县、南和县、平乡县、柏仁县、巨鹿县、沙河县
县	襄国县、内丘县	南和县	平乡县、南栾县柏仁县			
小计	2 县	1 县	3 县	6 县	小计	7 县

第二十节　洺州武安郡政区沿革

（一〇七）洺州武安郡(581—606 洺州,607—617 武安郡)

开皇三年前领广平、襄国、南和 3 郡。

《隋志》："后周置洺州。"《元和志》："周武帝建德六年置洺州,以水为名,大业三年罢州为永安郡。"据《隋志》永年县下"大业初置武安郡",《寰宇记》亦作"武安郡",则《元和志》作"永安郡"有误。

《北周志》洺州领广平、襄国、南和 3 郡。南和郡见邢州襄国郡内。

1. 广年县(581—600 广平县,601—617 永年县)

《隋志》："旧曰广平,仁寿元年改广平为永。"《杨考》："广平当云广年。按广平、广年并汉县,晋永嘉后并废,后魏太和二十年并复。广平,今永年县西北;广年,今鸡泽县东二十里。"《隋志》永年县下云"后齐废曲梁、广平二县入,开皇初复置广平,后改曰鸡泽",则广平已改为鸡泽县,焉得再改为永年？《元和志》云"仁寿元年改广年为永,避炀帝讳也",是。今依《元和志》及《杨考》改广平为广年。

广平郡 (581—582)——广年县、平恩县

《隋志》："旧置广平郡,开皇初郡废。"《北周志》广平郡属洺州,领广年、平恩 2 县。

2. 平恩县(581—617)

《寰宇记》："平恩,本汉旧县,高齐天保七年移于斥漳城,隋开皇六年又自斥漳移于平恩旧理。"

3. 易阳县(581—585 易阳县,586—589 邯郸县,590—617 临洺县)

《隋志》："旧曰易阳,后齐废入襄国县,置襄国郡。后周改为易阳,别置襄

国县。开皇六年改易阳为邯郸,十年改邯郸为临洺。开皇初郡废。"按"开皇初郡废"当在"六年改易阳为邯郸"之前,此《隋志》有错简。

襄国郡(581—582)——易阳县、襄国县、内丘县(襄国、内丘二县见邢州襄国郡内)

《隋志》临洺县下:"后齐置襄国郡,开皇初郡废。"《北周志》襄国郡领易阳、襄国、中丘3县,属洺州。

4. 武安县(581—617)

《元和志》:"武安县,本七国时赵地,赵将李牧封武安君,即今县也。汉属魏郡,魏属广平郡。隋开皇三年属相州,十年割属磁州,大业二年磁州废,割属洺州。"《地形志》云武安"晋属广平郡,天平初属司州魏郡"。《北周志》武安属相州魏郡,相州即后魏之司州。

5. 洺水县(586—617)

《隋志》:"洺水,旧曰斥漳,后齐省入平恩。开皇六年分置曲周,大业初废入焉。"《杨考》:"当作开皇六年置洺水,又分置曲周。"《寰宇记》云:"开皇六年以平恩移入旧地,又于此立洺水县。"《杨考》所纠甚是。

6. 曲周县(586—605)

《隋志》洺水县下:"开皇六年分置曲周,大业初废入焉。"《元和志》:"开皇六年置,属洺州,大业二年省。"

7. 广平县(586—595 广平县,596—605 鸡泽县)

《隋志》永年县下:"开皇初复置广平,后改曰鸡泽,大业初又并鸡泽县入。"《寰宇记》:"隋开皇六年于广平城置鸡泽县,大业二年省。"《元和志》又云"开皇十六年于广平城置鸡泽县,大业二年者。"比合诸书所记,当是开皇三年废广平郡时即复置广平县,至开皇十六年又改为鸡泽县,大业二年再废入永年县。

8. 肥乡县(590—617)

《隋志》:"肥乡,东魏省,开皇十年复。"《元和志》:"隋开皇十年又置,属磁州,十六年割属洺州。"

9. 阳邑县(590—605)

《隋志》武安县下:"开皇十年分置阳邑县,大业初废入焉。"

10. 邯郸县(590—617)

《隋志》:"邯郸,东魏废,开皇十六年复置陟乡,大业初省入焉。"按此《隋志》止云邯郸废于东魏,不云何时复置,当有脱误。《元和志》云:"邯郸,魏以为县,属广平郡。隋开皇十年置磁州,邯郸县属焉。大业二年废磁州,县属洺州。"《寰宇记》同。然《寰宇记》又云:"临洺,本汉易阳县地,后魏省入邯郸县,孝文于北中府城复置易阳,隋开皇六年改易阳为邯郸县,十年移邯郸县理陟乡城,在今邯郸县界,而改邯郸为临洺县,仍置于北中府城,属洺州。"比合诸书所记,当是易阳县曾省入邯郸,而邯郸东魏又废,易阳却废而复置,于是易阳便占有原易阳、邯郸二县之地,故隋开皇六年改易阳为邯郸,此新改名之邯郸又于开皇十年移理陟乡城,复于此地别置临洺县。因此,此邯郸县当以开皇十年为始,临洺县下原邯郸县则十年为止,庶几二邯郸既不重复,又先后衔接。

11. 陟乡县(596—605)

《隋志》邯郸县下:"开皇十六年复置陟乡,大业初省入焉。"

12. 清漳县(596—617)

《隋志》:"清漳,开皇十六年置。"《元和志》:"隋开皇十六年置,南滨漳水,因以为名,属洺州。"

以上所列,为洺州武安郡之政区沿革。其开皇三年前有1州、2郡、4县;大业三年改州为郡后,武安郡共领8县。兹列表112如下。

表112　洺州武安郡隋开皇元年、大业三年州郡县统辖关系表

	开　皇　元　年			小计		大　业　三　年
州	洺　州		(相　州)	1州	郡	武安郡
郡	广平郡	襄国郡	(魏郡)	2郡	县	永年县、平恩县、临洺县、武安县、洺水县、肥乡县、邯郸县、清漳县
县	广年县、平恩县	易阳县	武安县	4县		
小计	2县	1县	1县	4县	小计	8县

第二十一节　赵州赵郡政区沿革

(一〇八)赵州赵郡(581—606赵州,607—617赵郡)

开皇三年前领赵、南赵2郡。

《隋志》:"开皇十六年置栾州,大业三年改为赵州。"观《隋志》此文,似原无赵州,至大业三年始改栾州为赵州。然《元和志》云:"后魏明帝于广阿城置殷州,高齐改殷州为赵州,因赵国为名。隋开皇十六年又于栾城置栾州,大业二年废栾州,以县并属赵州;三年,以赵州为赵郡。"《寰宇记》:"隋以废

赵郡之平棘、廮陶二县,并废巨鹿郡之广阿、安国、柏人、内丘等四县改置栾州,取柏乡县汉高栾故城以为名也。"《旧唐志》:"隋自象城(即广阿)移赵州治所于平棘县理。"据上述诸书,则赵州早在后魏时已经建立,初名殷州,高齐改名赵州,治所原在广阿;隋开皇十六年分置栾州,此后赵、栾二州并立;大业二年栾州废,属县又并入赵州,且移治所于平棘也。《隋志》未作细析,故令人误解。

《北周志》赵州领南赵、赵郡2郡,时治所在南赵郡广阿县。

1. 平棘县(581—617)

《元和志》:"平棘县,本春秋时晋棘蒲邑。汉初为棘蒲,后改为平棘,属常山郡。隋开皇三年改属赵州,十六年改属栾州,大业二年又属赵州。"《寰宇记》略同。

赵郡 (581—582)——平棘县、高邑县、廮遥县

《隋志》:"旧置赵郡,开皇初省。"《北周志》赵郡领平棘、高邑、廮遥3县。

2. 高邑县(581—617)

《元和志》:"高邑县,汉以为县,属常山郡,后魏属赵郡,隋开皇三年改属赵州。"《寰宇记》同。

3. 廮遥县(581—585 廮遥县,586—617 廮陶县)

《隋志》:"旧曰廮遥,开皇六年改为'陶'。"《元和志》:"汉以为廮陶县,属巨鹿郡,晋省,后魏于此置廮遥县,属南巨鹿郡。隋开皇六年改为廮陶,复汉旧名。大业二年改属赵州。"

4. 广阿县(581—600 广阿县,601—605 象城县,606—617 大陆县)

《隋志》:"旧曰广阿,仁寿元年改为象城,大业初改为大陆。"《元和志》:"后魏置广阿县,隋仁寿元年改为象城县,大业二年又改为大陆县,属赵州。"

南赵郡 (581—582)——广阿县、平乡县、南栾县、柏仁县(平乡、南栾、伯仁3县见邢州襄国郡内)

《隋志》:"旧置南巨鹿郡,后改为南赵郡。"按《隋志》此处脱"开皇初郡废"五字。《北周志》南赵郡领广阿、平乡、南栾、柏仁4县。

5. 高城县(581—597 高城县,598—617 藁城县)

《隋志》:"后齐废下曲阳县入焉,改为高城县,开皇十八年改为藁城。"《元和志》:"藁城县,本汉旧县,高齐改为高城县,隋开皇十八年复为藁城县。"

廉州 (590—605)——藁城县、鼓城县、柏肆县、廉平县

《隋志》藁城县下："开皇十年置廉州，大业初州废。"《寰宇记》："开皇十八年改为藁城县，兼立廉州，以藁城、鼓城二县属廉州。"又《纪要》柏肆废县下："隋开皇十六年置柏肆县，属廉州"；《隋志》鼓城县下："开皇十六年分置廉平县，大业初废入"；则此廉州当领有藁城、鼓城、柏肆、廉平 4 县。

巨鹿郡 (581—582)——高城县、安国县（安国县见冀州信都郡内）

《隋志》："后齐置巨鹿郡，开皇初郡废。"《北周志》巨鹿郡属定州，领高城、安国 2 县。

巨鹿郡 (617)——藁城县、柏肆县、新丰县、宜安县

《新唐志》藁城县下："义宁元年置巨鹿郡，并析置柏肆、新丰、宜安三县。"《纪要》："柏肆废县，隋开皇十六年置柏肆县于此，属廉州，大业初废；义宁初复置，属巨鹿郡。"又云："义宁初置新丰县，属巨鹿郡。""义宁初置宜安县，属巨鹿郡。"则此隋末所置巨鹿郡共领藁城、柏肆、新丰、宜安 4 县。

6. 宋子县 (583—605)

《隋志》平棘县下："有宋子县，后齐废，大业初废宋子县入焉。"《嘉庆重修一统志》云宋子县"开皇初复置"，是。否则，后齐已废此县，焉得大业初再废？《纪要》："隋初复置，大业初省入平棘县。"

7. 元氏县 (586—617)

《隋志》："旧县，后齐废，开皇六年置。"《元和志》："隋开皇六年又置元氏县，属赵州。"

8. 房子县 (586—617)

《隋志》："旧县，后齐省，开皇六年复。"《纪要》："开皇六年复，属赵州。"

9. 栾城县 (596—617)

《隋志》："栾城，旧县，后齐废，开皇十六年复。"《元和志》："隋开皇十六年又于栾城县置栾州，大业二年废栾州。"又云："栾城县，隋属栾州，又改属赵州。"

栾州 (596—605)——栾城县、平棘县、宋子县、廮陶县、广阿县、安国县、柏仁县、内丘县、赞皇县、柏乡县

《元和志》："隋开皇十六年又于栾城县置栾州，大业二年废栾州，以县并属赵州。"《寰宇记》："隋以废赵郡之平棘、廮陶二县，并废巨鹿郡之广阿、安国、柏仁、内丘四县改置栾州。"又《元和志》赞皇县下云"属栾州，大业二年改属赵州"，柏乡县下亦云"属栾州，大业二年属赵州"，而宋子县系自平棘县分出，亦当属栾州，则此栾州共领栾城、平棘、宋子、廮陶、广阿、安国、柏仁、内丘、赞皇、柏乡 10 县。安国县，见冀州信都郡内；柏仁、内丘 2 县，见邢州襄

国郡内。

10. 赞皇县(596—617)

《隋志》:"赞皇,开皇十六年置。"《元和志》:"开皇六年(当作十六年)置赞皇县,属栾州,大业二年改属赵州。"

11. 大陆县(596—605)

《隋志》大陆县下:"旧曰广阿,仁寿元年改为象城,大业初县改为大陆,又开皇十六年所置大陆县亦废入焉。"按此开皇十六年析置之大陆县。此县废,大业初始得改象城为大陆。

12. 柏乡县(596—617)

《隋志》:"开皇十六年置。"《元和志》:"隋开皇十六年置柏乡县,遥取古柏乡县以为名,属栾州,大业二年改属赵州。"

13. 灵山县(596—605)

《隋志》元氏县下:"开皇十六年分置灵山县,大业初废入焉。"

14. 柏肆县(596—605,617)

《隋志》藁城县下:"又开皇十六年置柏乡县,亦废入焉。"按《隋志》柏乡县下已云"开皇十六年置",不可能一郡之内再分置一个柏乡县,据《新唐志》、《纪要》等,此藁城县下分置之县乃柏肆县,非柏乡。此县之得名与晋于此筑柏肆坞有关。《隋志》有误,今改正。又《新唐志》云:"义宁元年复置柏肆县,属巨鹿郡。"

15. 昔阳县(596—597 昔阳县,598—617 鼓城县)

《隋志》:"旧曰曲阳,后齐废,开皇十六年分置昔阳县,十八年改为鼓城。"《元和志》、《寰宇记》云开皇六年置昔阳县,今从《隋志》。又云"大业九年改属高阳郡",高阳郡原为博陵郡,大业九年改名,见定州博陵郡下。

16. 廉平(596—605)

《隋志》鼓城县下:"开皇十六年又分置廉平县,大业初并入。"

17. 新丰县(617)

《新唐志》藁城县下:"义宁元年置巨鹿郡,并析置新丰县。"《纪要》:"义宁初置新丰县,属巨鹿郡。"

18. 宜安县(617)

《新唐志》藁城县下:"义宁元年置巨鹿郡,并析置宜安县。"《纪要》:"义宁初置宜安县,属巨鹿郡。"

以上所列,为赵州赵郡之政区沿革。其开皇三年前有1州、3郡、5县;大业三年改州为郡后,赵郡共领11县。兹列表113如下。

表 113　赵州赵郡隋开皇元年、大业三年州郡县统辖关系表

开皇元年				小计	大业三年	
州	赵　州		（定　州）	1 州	郡	赵　郡
郡	赵　郡	南赵郡	巨鹿郡	3 郡	县	平棘县、高邑县、廮陶县、大陆县、稾城县、元氏县、房子县、栾城县、赞皇县、柏乡县、鼓城县
县	平棘县、高邑县廮遥县	广阿县	高城县	5 县		
小计	3 县	1 县	1 县		小计	11 县

第二十二节　恒州恒山郡政区沿革

（一〇九）恒州恒山郡(581—606 恒州,607—612、617 恒山郡)

开皇三年前领常山、蒲吾 2 郡。

《隋志》:"后周置恒州。"又真定县下:"大业初置恒山郡。"《元和志》:"周武帝置恒州,隋炀帝大业九年罢州,以管县属高阳郡。"按《元和志》叙述有误,大业三年已改天下之州为郡,此大业九年不得再云罢州。当是大业三年改恒州为恒山郡,大业九年罢恒山郡,以管县属高阳郡。《新唐志》常山郡下云:"本恒州恒山郡,治石邑,义宁元年析隋高阳郡置。"然则恒山郡确废于大业九年,故义宁元年又复置。

《北周志》恒州领常山、蒲吾 2 郡。

1. 真定县(581—617)

《元和志》:"真定县,本名东垣,高帝十一年改曰真定,属恒山郡。隋开皇三年,真定县改属恒州。"

常山郡(581—582)——真定县、井陉县

《隋志》:"旧置常山郡,开皇初郡废。"《北周志》常山郡领常山、真定、井陉 3 县,谓齐、周时有常山县,《隋志》失载。然据《隋志》真定县下"开皇十六年分置常山县",则齐、周之常山县周末已废,故开皇十六年又重置也。隋初常山郡只领真定、井陉 2 县。

2. 井陉县(581—617)

《隋志》:"后齐废石邑以置井陉,开皇六年复石邑县,分置井陉。"《元和志》云井陉本汉县,属常山郡,无废县之事。《杨考》云:"按石邑、井陉并汉县,至后魏仍并属常山。据《元和志》、《寰宇记》,亦不言后齐石邑、井陉有分并事。如

志所云,是后齐置井陉于石邑城中,而汉、魏以来之井陉不言废置何所,殊为疏漏。即如《隋志》所说,亦当云:'旧县,后齐并入石邑,又改石邑为井陉,开皇六年复石邑县,井陉还故治',方无不合。"

井州 (596—605)——井陉县、鹿泉县、房山县、苇泽县、蒲吾县

《隋志》:"开皇十六年于井陉置井州,大业初州废。"《元和志》云大业二年废井州,并云房山、鹿泉二县亦属井州。《纪要》云苇泽县亦属井州;又云蒲吾县大业初废入井陉,则此井州当领井陉、鹿泉、房山、苇泽、蒲吾5县。

井陉郡 (617)——井陉县、苇泽县

《新唐志》:"义宁元年置井陉郡,又析置苇泽县。"

3. 灵寿县(581—617)

《元和志》:"汉置灵寿县,属常山郡,隋开皇三年改属恒州。"

燕州 (617)——灵寿县

《新唐志》:"义宁元年以灵寿县置燕州。"

蒲吾郡 (581—582)——灵寿县、蒲吾县、行唐县

《隋志》灵寿县下:"后周置蒲吾郡,开皇初郡废。"《北周志》蒲吾郡领灵寿、蒲吾、行唐3县。

4. 蒲吾县(581—605,617)

《隋志》井陉县下:"大业初废蒲吾县入焉。"《新唐志》:"义宁元年又置蒲吾县,属房山郡。"

5. 行唐县(581—617)

《元和志》:"本赵南行唐邑,汉因为县,属恒山郡。后魏去'南'字,为行唐县。隋开皇三年改属恒州。"《北周志》行唐县属恒州蒲吾郡。

6. 新市县(581—605,617)

《隋志》九门县下:"大业初又并新市入焉。"《地形志》:"新市,二汉、晋属中山国。"《纪要》:"后魏属中山郡,后齐、后周因之。隋大业初省入九门县。"《北周志》新市亦属定州中山郡,改隶恒州当在隋开皇三年废郡之后。又《新唐志》九门县下云:"义宁元年置九门郡,并析置新市、信义二县。"则义宁元年又复置新市县也。

7. 九门县(586—617)

《隋志》:"九门,后齐废,开皇六年复。"

九门郡 (617)——九门县、新市县、信义县

《元和志》:"义旗初于此置九门郡,后废,以县属恒州。"《新唐志》:"义宁元年置九门郡,并析置新市、信义二县。"

8. 滋阳县(586—617)

《隋志》:"滋阳,开皇六年置。"《纪要》:"隋开皇六年析行唐置滋阳县,属恒州。"

9. 石邑县(586—617)

《隋志》井陉县下:"后齐废石邑以置井陉,开皇六年复石邑县,分置井陉。"

10. 常山县(596—605)

《隋志》真定县下:"开皇十六年分置常山县,大业初省常山入焉。"

11. 王亭县(596—605)

《隋志》滋阳县下:"开皇十六年又置王亭县,大业初省入焉。"

12. 鹿泉县(596—605)

《隋志》石邑县下:"开皇十六年析置鹿泉县,大业初并入。"《元和志》:"隋开皇十六年于此置鹿泉县,属井州,大业二年省。"

13. 苇泽县(596—605,617)

《隋志》井陉县下:"开皇十六年置苇泽县,大业初废入焉。"《新唐志》:"义宁元年又置苇泽县。"

14. 房山县(596—617)

《隋志》:"房山,开皇十六年置。"《元和志》:"隋开皇十六年置房山县,因县北房山为名,属井州。"《寰宇记》:"义宁元年属房山郡。"

房山郡 (617)——房山县、蒲吾县

《新唐志》:"义宁元年置房山郡,又置蒲吾县。"

15. 信义县(617)

《新唐志》:"义宁元年置九门郡,并析置新市、信义二县。"

以上所列,为恒州恒山郡之政区沿革。其开皇三年前有1州、2郡、6县;大业三年改州为郡后,恒山郡共领8县。兹列表114如下。

表114 恒州恒山郡隋开皇元年、大业三年州郡县统辖关系表

开 皇 元 年				小计	大 业 三 年	
州	恒 州		(定 州)	1州	郡	恒山郡
郡	常山郡	蒲吾郡	(鲜虞郡)	2郡	县	真定县、井陉县、灵寿县、行唐县、九门县、滋阳县、石邑县、房山县
县	真定县 井陉县	灵寿县、蒲吾县 行唐县	新市县	6县		
小计	2县	3县	1县	6县	小计	8县

第二十三节　定州博陵郡政区沿革

（一一〇）定州博陵郡（581—606 定州，607—612 博陵郡，613—617 高阳郡）

开皇三年前领鲜虞、巨鹿、博陵 3 郡。

《隋志》："旧置定州。"又鲜虞县下："大业初置博陵郡。"《地形志》："皇始二年置安州，天兴三年改定州。"《元和志》："后魏置安州，又改为定州，大业三年改为博陵郡，九年又改为高阳郡。"

《北周志》定州领中山、巨鹿、博陵 3 郡。中山郡因犯隋讳，开皇元年改为鲜虞郡；巨鹿郡，见赵州赵郡内。

1. 安喜县（581—605）

《隋志》鲜虞县下："旧曰卢奴，后齐废卢奴入安喜，开皇初废郡，以置鲜虞县，大业初又废安喜入焉。"《元和志》："高齐省卢奴，移旧安喜县于此，属中山郡，隋改为鲜虞。"综二书所记，当是旧为卢奴县地，后齐废卢奴，以安喜县移入而改县名为安喜；隋开皇三年废郡前仍名安喜，三年废郡，则以部分地析置鲜虞县，而安喜县仍在；至大业初，乃废安喜入鲜虞，二县又合为一。

鲜虞郡（581—582）——安喜县、北平县、曲阳县、毋极县、新市县

《隋志》："旧曰卢奴，置鲜虞郡，开皇初废郡。"《元和志》："后魏道武帝平慕容宝，为中山郡，隋开皇元年以'中'字犯庙讳，改中山郡为鲜虞郡。"则此鲜虞郡原为中山郡，开皇元年始改名也。《北周志》中山郡领安喜、北平、曲阳、毋极、新市 5 县。新市县，见恒州恒山郡内。

2. 北平县（581—617）

《元和志》："北平县，本秦曲逆县地，后汉章帝巡岳，以曲逆名不善，改名蒲阴县。后魏孝明帝改名北平县，高齐以县属中山郡，隋开皇三年属定州。"

3. 曲阳县（581—586 曲阳县，587—617 恒阳县）

《隋志》："旧曰上曲阳，后齐去'上'字，开皇六年改为石邑，七年改曰恒阳。"《元和志》："开皇六年改曲阳为石邑，其年移石邑于井陉县，属恒州；七年于此置恒阳县，属定州。"《寰宇记》同。按开皇六年石邑县已移往井陉，彼处已著石邑县之名，此不得再云石邑，故曲阳之名至六年，七年起为恒阳。

4. 毋极县（581—617）

《元和志》："无极县，本汉毋极县，后魏太武省，高齐重置，属中山郡，隋开皇三年改属定州。"

5. 安平县(581—617)

《元和志》:"安平县,本汉旧县,属涿郡,后汉属博陵郡。隋开皇三年属定州,十六年改属深州,大业二年还属定州。"

深州(596—605)——安平县、饶阳县、芜蒌县

《隋志》安平县下:"开皇十六年置深州,大业初州废。"又《元和志》饶阳县下云:"隋开皇三年属定州,十六年属深州,大业二年改属瀛州。"《纪要》芜蒌城下亦云:"隋开皇十六年置芜蒌县,属深州,大业初省入饶阳县。"然则此深州领有安平、饶阳、芜蒌3县也。饶阳县,见瀛州河间郡内。

博陵郡(581—582)——安平县、饶阳县

《隋志》:"后齐置博陵郡,开皇初废。"《北周志》博陵郡领安平、饶阳2县。

6. 鲜虞县(583—617)

《隋志》:"旧曰卢奴,置鲜虞郡(当作中山郡,开皇元年始改为鲜虞郡)。后齐废卢奴入安喜。开皇初废郡,以置鲜虞县。"

7. 望都县(586—605)

《隋志》北平县下:"开皇六年置望都,大业初又废。"《元和志》:"隋开皇六年复置,属定州。"

8. 义丰县(586—617)

《隋志》:"义丰,开皇六年置。"《元和志》:"本汉安国县地,隋开皇六年改为义丰县,属定州。"

9. 深泽县(586—617)

《隋志》:"深泽,后齐废,开皇六年复。"《元和志》:"开皇六年分安平县于滹沱河北重置深泽县,属定州。"

10. 唐县(596—617)

《隋志》:"唐县,旧县,后齐废,开皇十六年复。"《元和志》:"隋开皇十六年重置,属定州。"

11. 新乐县(596—617)

《隋志》:"新乐,开皇十六年置。"《元和志》:"隋开皇十六年置新乐县,属定州。"

12. 隋昌县(596—617)

《隋志》:"隋昌,后魏曰魏昌,后齐废,开皇十六年复,仍改焉。"《元和志》:"汉苦陉县,章帝改为汉昌,魏文帝改为魏昌,高齐省,隋开皇十六年改置隋昌县,属定州。"

以上所列,为定州博陵郡之政区沿革。其开皇三年前有1州、2郡、5县;大业三年改州为郡后,博陵郡共领10县。兹列表115如下。

表 115　定州博陵郡隋开皇元年、大业三年州郡县统辖关系表

开　皇　元　年			小计	大　业　三　年	
州	定　州		1 州	郡	博陵郡
郡	鲜虞郡	博陵郡	2 郡	县	鲜虞县、北平县、恒阳县、毋极县、安平县、义丰县、深泽县、唐县、新乐县、隋昌县
县	安喜县、北平县、曲阳县、毋极县	安平县	5 县		
小计	4 县	1 县	5 县	小计	10 县

第二十四节　瀛州河间郡政区沿革

（一一一）瀛州河间郡（581—606 瀛州，607—617 河间郡）

开皇三年前领河间、章武、高阳、漳河 4 郡。

《隋志》："旧置瀛州。"又河间县下："大业初复置郡。"《地形志》："瀛州，太和十一年分定州河间、高阳、冀州章武、浮阳置。"《寰宇记》："后魏太和十一年分定州河间、高阳、冀州章武三郡置瀛州，以瀛海为名。炀帝初州废为河间郡。"

《北周志》瀛州领河间、章武、高阳 3 郡。《隋志》长芦县下："开皇初立漳河郡。"

1. 武垣县（581—605）

《隋志》河间县下："大业初并武垣县入焉。"《寰宇记》："在郡西南三十八里有故城存，即秦所置。其故城东微北三十里又有一武垣故城，时人谓之东武垣城，即今郡南二十五里。盖因魏曹公凿渠引滹沱水，遂移西武垣县城于此，置武垣县。隋开皇三年又移武垣理州城，此城因废。十六年改武垣为河间县，仍于东武垣故城再置武垣县，大业二年省。"

河间郡（581—582）——武垣县、乐城县、鄚县、任丘县

《隋志》河间县下："旧置河间郡，开皇初郡废。"《北周志》河间郡领武垣、乐城、鄚、任丘 4 县。

2. 乐城县（581—597 乐城县，598—600 广城县，601—617 乐寿县）

《隋志》："乐寿，旧曰乐城，开皇十八年改为广城，仁寿初改焉。"《寰宇记》："隋开皇三年罢河间郡，以县属瀛州，十八年改为广城县，仁寿元年改为乐寿。"

3. 鄚县（581—617）

《寰宇记》："鄚县，本汉旧县。"《地形志》鄚县属河间郡。

4. 任丘县(581—582,596—605)

《隋志》高阳县下:"大业初并任丘县入焉。"《寰宇记》:"隋初废,至开皇十六年又置,大业末又废。"

5. 高阳县(581—617)

《寰宇记》:"高阳县,本汉旧县。"《地形志》高阳县属瀛州高阳郡。

蒲州(596—605)——高阳县、任丘县

《隋志》高阳县下:"开皇十六年置蒲州,大业初州废。"按任丘县大业初并入高阳,二县邻接,此蒲州当领有任丘县。

高阳郡(581—582)——高阳县、博野县、永宁县

《隋志》:"旧置高阳郡,开皇初郡废。"《北周志》高阳郡领高阳、博野、永宁3县。

6. 博野县(581—617)

《隋志》:"旧曰博陆,后魏改为博野。"《寰宇记》:"后魏宣武帝景明元年改博陆为博野。"

7. 永宁县(581—597 永宁县,598—617 清苑县)

《隋志》:"清苑,旧曰乐乡,后齐省樊舆、北新城、清苑、乐乡入永宁,改名焉。开皇十八年改为清苑。"《杨考》:"'改名焉'三字为滕文,下文云'开皇十八年改为清苑',知齐未改也。"《寰宇记》:"本乐乡县,高齐天保七年省,仍自易州满城界移永宁县理此,隋开皇十六年改为清苑县。"按《隋志》、《舆地广记》均云开皇十八年改为清苑县,与《寰宇记》不同,今从《隋志》。

8. 平舒县(581—617)

《地形志》平舒县属瀛州章武郡。《寰宇记》:"本汉东平舒县,属渤海郡,后汉属河间,晋于此置章武国,后魏为章武郡,北齐废郡,为平舒县。隋开皇十六年于长芦县置景州,平舒县属焉。"按《元和志》长芦县下云"周大象二年于此置长芦县,属章武郡",《隋志》亦云"开皇初废郡",此《寰宇记》云后齐废章武郡似误,而文安县下又云"北齐废章武入文安",则所废为章武县,非章武郡。

章武郡(581—582)——平舒县、成平县、文安县

《隋志》平舒县下:"旧置章武郡,开皇初废。"《北周志》章武郡领平舒、成平、文安3县。

9. 成平县(581—597 成平县,598—617 景城县)

《隋志》:"景城,旧曰成平,开皇十八年改焉。"《寰宇记》:"景城县,汉旧县。后魏延昌二年自今县南二十里徙成平来理之,隋开皇十八年改成平为景城,复汉旧名也。"

10. 文安县(581—617)

《寰宇记》:"汉文安县属渤海郡,后汉属河间国,至和帝二年置瀛州,县属焉。晋分瀛州之东平舒、束州之文安、章武置章武国。至后魏太和十一年,置瀛州以统章武郡,县遂归瀛州。"

11. 长芦县(581—617)

《隋志》:"长芦,开皇初置。"《元和志》:"周大象二年置长芦县,属章武郡。"《寰宇记》:"周大象二年于参户故城东南置长芦县。"《旧唐志》:"汉参户县,后周改为长芦县。"《杨考》:"《隋志》作'开皇初置',误。"今从《元和志》。

景州(596—605)——长芦县、鲁城县、平舒县

《隋志》长芦县下:"开皇十六年置景州,大业初州废。"《元和志》:"大业二年州废。"又《寰宇记》清池县下云"开皇十六年于西章武故城置鲁城县,属景州",平舒县下亦云属景州,则此州领有长芦、鲁城、平舒3县。

漳河郡(581—582)——长芦县

《隋志》长芦县下:"开皇初立漳河郡,郡寻废。"《寰宇记》:"隋初于长芦县西北三里置漳河郡,以县属焉。三年罢郡,仍移县于郡界,属瀛州。"

12. 饶阳县(581—617)

《元和志》:"饶阳县,本汉旧县,属涿郡。在饶河之阳。隋开皇三年改属定州,十六年属深州,大业二年省深州,改属瀛州。"《地形志》饶阳县属定州博陵郡,云"前汉属涿,后汉属安平,晋属博陵"。《北周志》饶阳亦隶定州博陵郡。

13. 束城县(596—617)

《隋志》:"束城,旧曰束州,后齐废,开皇十六年置,后改名焉。"《寰宇记》:"本汉束州县,属渤海郡,高齐天保七年省并文安。隋开皇中置束城县于今理,因束州为名。"《纪要》云"寻改名束城",当是复置时仍名为束州县,其年即改名为束城。

14. 鲁城县(596—617)

《隋志》:"鲁城,开皇十六年置。"《寰宇记》:"隋开皇十六年于西章武故城置鲁城县,属景州。"

15. 芜蒌县(596—605)

《隋志》饶阳县下:"开皇十六年分置芜蒌县,大业初省入焉。"《纪要》:"开皇十六年置芜蒌县,属深州,大业初省入饶阳。"按深州废于大业二年,州废后,管县分属瀛州、定州。

16. 河间县(596—617)

《隋志》:"河间,旧置河间郡,开皇初郡废,大业初并武垣县入焉。"按此本武垣县地,《寰宇记》云:"开皇十六年改武垣为河间县,仍于东武垣故城再置武

垣县,大业二年省武垣入河间。"参见前武垣县下。

17. 永宁县(598—605)

《隋志》鄚县下:"开皇中置永宁县,大业初废入焉。"按隋瀛州本有永宁县,开皇十八年改为清苑县,则此永宁县当是彼永宁改为清苑后所置,否则一州内有二永宁县矣。

18. 丰利县(611—617)

《寰宇记》文安县下:"隋大业七年征辽,途经于河口,当三河合流之处,割文安、平舒二邑户于河口置丰利县。隋末乱离,百姓南移就是城。"

以上所列,为瀛州河间郡之政区沿革。其开皇三年前有 1 州、4 郡、12 县;大业三年改州为郡后,河间郡共领 13 县。兹列表 116 如下。

表 116 瀛州河间郡隋开皇元年、大业三年州郡县统辖关系表

	开　皇　元　年					小计		大业三年
州	瀛　州				(定　州)	1 州	郡	河间郡
郡	河间郡	高阳郡	章武郡	漳河郡	(博陵郡)	4 郡	县	河间县、乐寿县、鄚县、高阳县、博野县、清苑县、平舒县、景城县、文安县、长芦县、饶阳县、束城县、鲁城县
县	武垣县 乐城县 鄚县 任丘县	高阳县 博野县 永宁县	平舒县 成平县 文安县	长芦县	饶阳县	12 县		
小计	4 县	3 县	3 县	1 县	1 县	12 县	小计	13 县

第二十六节　幽州涿郡政区沿革

(一一二) 幽州涿郡(581—606 幽州,607—617 涿郡)

开皇三年前领燕郡、范阳、渔阳 3 郡。

《隋志》:"旧置幽州。"又蓟县下:"大业初置涿郡。"《寰宇记》:"后魏道武破慕容宝,复于蓟立燕郡,领县五;又于郡理置幽州,领郡三。后周改置燕、范阳二郡。隋开皇三年废郡,所领五县复属州,炀帝三年罢州,以其地并入涿郡。"

《北周志》幽州领燕郡、范阳、渔阳 3 郡。

1. 蓟县(581—617)

《寰宇记》:"蓟县,本汉旧县。"《汉志》蓟县属广阳国,云"故燕国,召公所封"。

燕郡(581—582)——蓟县、良乡县、安次县

《隋志》：“旧置燕郡，开皇初废。”《北周志》燕郡领蓟、良乡、安次3县。

2. 良乡县(581—617)

《寰宇记》：“汉为良乡县，属涿郡。北齐天保七年省入蓟县，武平六年复置。”《地形志》良乡县属幽州燕郡。

3. 安次县(581—617)

《寰宇记》：“安次县，本汉旧县，属燕国。《后汉书·郡国志》属广阳郡。”《地形志》作安城。《杨考》："《周书》卷20《阎庆传》'魏大统中封安次县子'，盖遥封。然则当西魏时亦作安次，疑《地形志》之安城即安次之误。"

4. 涿县(581—617)

《地形志》：“涿，二汉属涿郡，晋属范阳国。”《纪要》：“魏晋以后范阳郡国皆治焉。隋废范阳郡，县属幽州。”

范阳郡 (581—582)——涿县、范阳县

《隋志》：“旧置范阳郡，开皇初废。”《北周志》范阳郡领涿、遒、范阳3县。遒县开皇元年改隶易州昌黎郡。范阳县，亦见易州昌黎郡内。

5. 潞县(581—617)

《寰宇记》：“潞县，本汉旧县也，属渔阳郡。”

渔阳郡 (581—582)——潞县、雍奴县、无终县

《隋志》：“旧置渔阳郡，开皇初废。”《北周志》渔阳郡领潞、雍奴、无终3县。无终县，见玄州渔阳郡内。

6. 雍奴县(581—617)

《地形志》：“雍奴，二汉属渔阳，晋属燕国，后属渔阳郡。”

7. 怀戎县(581—617)

《寰宇记》：“高齐天保六年于此置怀戎县。”《纪要》废潘县下：“后周始改曰怀戎县，属长宁郡，隋属燕州，大业初属涿郡。”

燕州 (581—605)——长宁郡、永丰郡、昌平郡

《隋志》怀戎县下：“后置北燕州，领长宁、永丰二郡。后周去'北'字，开皇初郡废，大业初州废。”《北周志》燕州领长宁、永丰、昌平3郡。又云：“永丰郡领县无考。”

长宁郡 (581—582)——怀戎县

《北周志》长宁郡领怀戎1县。参见“燕州”条下。

永丰郡 (581—582)——？

参见“燕州”条下。

8. 昌平县(581—617)

《地形志》:"东燕州,太和中分恒州东部置燕州,孝昌中陷,天平中领流民置,寄治幽州军都城。"该州领有平昌郡平昌县。《隋志》:"昌平,旧置东燕州及平昌郡,后周州郡并废。后又置平昌郡,开皇初郡废。"《杨考》:"本汉军都县,后魏省昌平入军都,属幽州燕郡,《地形志》军都有昌平城是也。天平中改置昌平县,属东燕州平昌郡。"

昌平郡(581—582)——昌平县、万年县

《隋志》:"后周置平昌郡,开皇初郡废。"《北周志》作昌平郡,领昌平、万年二县。王仲荦云:"《地形志》、《隋志》皆误作平昌郡。《水经·漯水注》:'祁夷水又北,经一故城西,又经昌平郡东,魏太和中置。'又《魏书》卷16《京兆王黎传》:'孙继,继弟罗侯,家于燕州昌平郡。'《魏书》卷63《宋弁传》:'子维,灵太后黜为燕州昌平郡守。'"此误由来已久,今从《北周志》改平昌郡为昌平郡。

9. 万年县(581—582)

《隋志》昌平县下:"开皇初又省万年县入焉。"《地形志》作万言县,今从《隋志》。

10. 固安县(589—617)

《隋志》:"固安,旧曰故安,开皇六年改焉。"《寰宇记》:"本汉方城县地,开皇九年自今易州涞水县移固安县于此,属幽州。"按《隋志》上谷郡涞水县下云"开皇六年改为固安,八年废",则此固安当置于九年,否则有两故安矣。《寰宇记》是。

11. 通泽县(611—617)

《寰宇记》永清县下:"隋大业七年于今县西五里置通泽县,隋末废。"《纪要》:"隋大业七年置,属涿郡,寻废。"

以上所列,为幽州涿郡之政区沿革。其开皇三年前有2州、6郡、9县;大业三年改州为郡后,涿郡共领9县。兹列表117如下。

表117 幽州涿郡隋开皇元年、大业三年州郡县统辖关系表

	开皇元年						小计	大业三年	
州	幽州			燕州			2州	郡	涿郡
郡	燕郡	范阳郡	渔阳郡	长宁郡	永丰郡	昌平郡	6郡		蓟县、良乡县、安次县、涿县、潞县、雍奴县、怀戎县、昌平县、固安县
县	蓟县 良乡县 安次县	涿县	潞县 雍奴县	怀戎县		昌平县 万年县		县	
小计	3县	1县	2县	1县		2县	9县	小计	9县

第二十七节　易州上谷郡政区沿革

(一一三) 易州上谷郡(581—606 易州,607—617 上谷郡)

开皇三年前领昌黎1郡。

《隋志》:"开皇元年置易州。"又易县下:"大业初置上谷郡。"《元和志》:"隋开皇元年为易州,因州南十三里易水为名,大业初为上谷郡,遥取汉上谷以为名。"《寰宇记》:"开皇元年自今遂城所理英雄城移南营州居燕之侯台,改名为易州,大业初州废,复为上谷郡。"《北周志》南营州领昌黎1郡。

1. 新昌县(581—597 新昌县,598—617 遂城县)

《隋志》:"旧曰武遂,开皇十八年改为遂城。"《元和志》:"隋开皇三年移后魏新昌县于此,十六年改新昌县为遂城县。"《寰宇记》同。《杨考》:"《元和志》谓开皇三年始移新昌县于此,似误。"又云:"魏时此地本置武遂县,至永熙二年始改为新昌,志当云'旧曰新昌'。"《地形志》南营州下云:"孝昌中营州陷,永熙二年置,寄治英雄城。"英雄城即遂城县,《元和志》云:"后魏孝武帝永熙二年,以韩瓒为营州刺史,行达此城,值卢曹构逆,就置南营州,以瓒为刺史,所部三千余人,并雄武冠时,因号英雄城。"则《杨考》所云有据,今从之。且《隋志》遂城县下亦云:"后齐唯留昌黎一郡,领永乐、新昌二县,余并省。"其中并无武遂县,开皇十八年是改新昌为遂城也。又,改遂城县《隋志》在开皇十八年,《元和志》《寰宇记》在开皇十六年,今从《隋志》。

昌黎郡(581—582)——新昌县、永乐县、遒县

《隋志》遂城县下:"后魏置南营州,准营州置五郡十一县:龙城、广兴、定荒属昌黎郡,石城、广都属建德郡,襄平、新昌属辽东郡,永乐属乐浪郡,富平、带方、永安属营丘郡。后齐唯留昌黎一郡,领永乐、新昌二县,余并省。开皇元年州移(改为易州),三年郡废。"《北周志》南营州领昌黎1郡,郡领新昌、永乐2县。开皇元年增领遒县。

2. 永乐县(581—617)

《隋志》:"永乐,旧曰北平,后周改名焉。"《元和志》满城县下:"本汉北平县,后魏于此置永乐县。"

3. 遒县(581—616)

《隋志》:"旧范阳居此,俗号小范阳,开皇初改为遒(一作遒)。"《元和志》:"开皇元年置遒县。"《寰宇记》:"隋初自伏图城移范阳名于今涞水县,又于伏图城别置遒县,以属昌黎郡。大业十年又移遒县于伏图城西南,十三年陷于寇,

二城俱废。"

4. 范阳县(581—585 范阳县,586—587 固安县,590—597 永阳县,598—617 涞水县)

《隋志》:"旧曰逎县,后周废。开皇元年以范阳为逎,更置范阳于此,六年改为固安,八年废。十年又置,为永阳。十八年改为涞水。"《元和志》:"开皇元年置范阳县。十年改为永阳县,属幽州;十六年改属易州,十八年改为涞水县,因近涞水为名。"《北周志》逎县属幽州范阳郡。

5. 广昌县(581—600 广昌县,601—617 飞狐县)

《隋志》:"飞狐,后周置,曰广昌,仁寿初改焉。"《元和志》:"本汉广昌县地,属代郡,后汉属中山国,晋又属代郡。隋开皇三年改属蔚州,仁寿元年改为飞狐县,因县北飞狐口为名也。"《北周志》广昌县属蔚州灵丘郡。《纪要》云:"隋仁寿初改曰飞狐县,属易州。"

6. 易县(596—617)

《隋志》:"易县,开皇十六年置县。"《元和志》:"隋开皇十六年于汉故安故城西北隅置易县。"

以上所列,为易州上谷郡之政区沿革。其开皇三年前有1州、1郡、5县;大业三年改州为郡后,上谷郡共领6县。兹列表118如下。

表118　易州上谷郡隋开皇元年、大业三年州郡县统辖关系表

	开　皇　元　年			小计		大　业　三　年
州	易　州	(幽　州)	(蔚　州)	1州	郡	上谷郡
郡	昌黎郡	(范阳郡)	(灵丘郡)	1郡	县	易县、遂城县、永乐县、逎县、涞水县、飞狐县
县	新昌县、永乐县、逎县	范阳县	广昌县			
小计	3县	1县	1县	5县	小计	6县

第二十八节　玄州渔阳郡、平州北平郡政区沿革

(一一四)玄州渔阳郡(586—606 玄州,607—617 渔阳郡)

《隋志》:"开皇六年徙玄州于此。"又无终县下:"大业初置渔阳郡。"《旧唐志》:"隋开皇初置玄州。"

1. 无终县(581—617)

《隋志》:"无终,后齐置。"《地形志》无终县属幽州渔阳郡。《北周志》无终县亦属幽州渔阳郡。

2. 渔阳县(617)

《旧唐志》:"渔阳县,隋为渔阳县。"《舆地广记》:"隋末置渔阳县。"

以上所列,为玄州渔阳郡之政区沿革。开皇三年前,此地无州郡,只有无终1县,属幽州渔阳郡;大业三年改州为郡后,渔阳郡仍领无终1县。兹列表119如下。

表119 玄州渔阳郡隋开皇元年、大业三年州郡县统辖关系表

开 皇 元 年		小计	大 业 三 年	
州	(幽 州)		郡	渔阳郡
郡	(渔阳郡)		县	无终县
县	无终县			
小计	1县	1县	小计	1县

(一一五) 平州北平郡(581—606 平州,607—617 北平郡)

开皇三年前领北平1郡。

《隋志》:"旧置平州。"又卢龙县下:"大业初置北平郡。"《地形志》:"平州,晋置,治肥如城。"《北周志》平州领北平1郡。

1. 新昌县(581—597 新昌县,598—617 卢龙县)

《隋志》:"旧置北平郡,领新昌、朝鲜二县,后齐省朝鲜入新昌,开皇十八年改名卢龙。"

北平郡(581—582)——新昌县、肥如县

《隋志》:"旧置北平郡。"此《隋志》脱"开皇初郡废"五字。《纪要》:"高齐亦曰北平郡,后周因之,隋初郡废。"《北周志》北平郡领新昌、肥如2县。

2. 肥如县(581—585)

《隋志》卢龙县下:"隋开皇六年省肥如入新昌。"肥如本汉县,《地形志》:"肥如,二汉、晋属辽西郡。"辽西郡后齐废入北平郡,故肥如亦属北平郡。

以上所列,为平州北平郡之政区沿革。其开皇三年前有1州、1郡、2县;大业三年改州为郡后,北平郡只领1县。兹列表120如下。

表 120　平州北平郡隋开皇元年、大业三年州郡县统辖关系表

开皇元年		小计	大业三年	
州	平州	1州	郡	北平郡
郡	北平郡	1郡	县	卢龙县
县	新昌县、肥如县			
小计	2县	2县	小计	1县

第二十九节　玄州安乐郡、营州柳城郡政区沿革

(一一六)玄州安乐郡(581—585 玄州,598—606 檀州,607—617 安乐郡)
开皇三年前领安乐 1 郡。

《隋志》:"旧置安州,后周改为玄州,开皇十六年(当作六年,见前玄州渔阳郡下)州徙,寻置檀州。"又燕乐县下:"大业初置安乐郡。"《寰宇记》:"开皇初徙玄州于渔阳,今渔阳郡是也。十八年又割幽州燕乐、密云二县置檀州,取汉白檀县为名。大业三年罢州为安乐郡。"

《北周志》玄州领安乐 1 郡。

1. 燕乐县(581—617)

《隋志》:"燕乐,后魏置广阳郡,领大兴、方城、燕乐三县。后齐废郡,以大兴、方城入焉。"据《地形志》,"安州,皇兴二年置,治方城;天平中陷,元象中寄治幽州北界"。又广阳郡燕乐县下云:"州郡治。"则后魏初置安州时,州治在方城;及天平中安州荒废,元象中遂寄治于幽州北界,其所属燕乐县亦寄治于渔阳县北境,并为州治。《纪要》云:"燕乐废县,在密云县东北八十里。"

2. 密云县(581—617)

《隋志》:"密云,后魏置密云郡,领白檀、要阳、密云三县。后齐废郡及二县及密云。"王仲荦《北周志》云:"后魏密云县治在今河北丰宁县东北境,东魏密云县随安州寄治幽州北界,即北京密云县城关。"

安乐郡(581—582)——密云县、燕乐县

《隋志》密云县下:"有旧安乐郡,领安市、土垠二县,后齐废土垠入安市,后周废安市入密云。开皇初郡废。"《北周志》安乐郡领密云、燕乐 2 县,并云:"后魏安乐郡治当在今河北承德、宽城二县境内,东魏天平中安州陷,元象中复置安州,寄治幽州北界,安州所统安乐郡始寄治今密云县东北五十

里,即寄治于渔阳县之境内也。"《嘉庆重修一统志》云:"安乐郡故城在密云县东北五十里。"

以上所列,为玄州安乐郡之政区沿革。其开皇三年前有1州、1郡、2县;大业三年改州为郡后,安乐郡仍领2县。兹列表121如下。

表121　玄州安乐郡隋开皇元年、大业三年州郡县统辖关系表

	开　皇　元　年	小计		大　业　三　年
州	玄州	1州	郡	安乐郡
郡	安乐郡	1郡	县	燕乐县、密云县
县	密云县、燕乐县			
小计	2县	2县	小计	2县

(一一七)营州柳城郡(581—606营州,607—617柳城郡)

开皇三年前领建德1郡。

《隋志》:"旧置营州。"又柳城县下:"大业初置辽西郡。"然《寰宇记》云:"炀帝初废营州置柳城郡。"与《隋志》不同。《旧唐志》亦云:"营州,隋柳城郡。"又于燕州下云:"隋辽西郡。"《寰宇记》又于燕州下引《北蕃风俗记》云:"初,开皇中粟末靺鞨自扶余城西北举部落向关内,附处之柳城,柳城乃燕郡之北,炀帝大业八年为置辽西郡,并辽西、怀远、泸河三县以统之。"又辽西县下云:"隋大业八年置,属辽西郡,县与郡同在汝罗故城,至十一年寄理柳城。"《资治通鉴》亦云:"大业十二年,虎贲郎将罗艺作乱,黜柳城太守杨林甫,改郡为营州。"据上所述,此营州大业三年是改名为柳城郡,非辽西郡。因辽西郡大业末年曾寄理于此,故易与柳城郡相混。

1. 龙城县(581—582龙城县,583—597龙山县,598—617柳城县)

《隋志》:"柳城,后魏置营州于和龙城,领建德、冀阳、昌黎、辽东、乐浪、营丘等郡,龙城、大兴、永乐、带方、定荒、石城、广都、阳武、襄平、新昌、平刚、柳城、富平等县。后齐唯留建德、冀阳二郡,永乐、带方、龙城、大兴等县,其余并废。开皇元年唯留建德一郡,龙城一县,其余并废。寻又废郡,改县为龙山,十八年改为柳城。"《寰宇记》:"慕容皝改为龙城县,隋文改为龙山,寻又改为柳城。"

建德郡(581—582)——龙城县

《隋志》柳城县下:"开皇元年唯留建德一郡,龙城一县,寻又废郡。"

以上所列,为营州柳城郡之政区沿革。其开皇三年前有1州、1郡、1县;大业三年改州为郡后,柳城郡仍领1县。兹列表122如下。

表122　营州柳城郡隋开皇元年、大业三年州郡县统辖关系表

	开 皇 元 年	小计		大 业 三 年
州	营　州	1州	郡	柳城郡
郡	建德郡	1郡	县	柳城县
县	龙城县			
小计	1县	1县	小计	1县

第三十节　辽西郡、襄平郡、辽东郡政区沿革

(一一八)辽西郡(612—617)

《寰宇记》:"炀帝大业八年置辽西郡,并辽西、怀远、泸河三县,取秦汉辽西郡为名也。"《新唐志》幽都县下:"隋于营州之境汝罗故城置辽西郡,以处粟末靺鞨降人。武德元年曰燕州,领县三:辽西、泸河、怀远。"

1. 辽西县(612—617)

《寰宇记》:"辽西县,隋大业八年置,与郡同在汝罗故城。"又云:"炀帝大业八年置辽西郡,并辽西、怀远、泸河三县。"

2. 怀远县(612—617)

《寰宇记》:"炀帝大业八年置辽西郡,并辽西、怀远、泸河三县。武德元年改为燕州,领辽西、泸河、怀远三县。贞观元年省怀远县。"

3. 泸河县(612—617)

《寰宇记》:"炀帝大业八年置辽西郡,并辽西、怀远、泸河三县。武德元年改为燕州,领辽西、泸河、怀远三县。其年,废泸河县。"

以上所列,为辽西郡之政区沿革。其郡置于大业八年,故开皇元年、大业三年时皆无州郡县,兹不列表。

(一一九)襄平郡(612—617)

《资治通鉴》:"大业十二年,罗艺黜柳城太守杨林甫,改郡为营州,以襄平太守邓暠为总管,艺自称幽州总管。"胡三省注:"《隋志》柳城县带辽西郡,与襄平郡盖皆

帝所置。"据《寰宇记》，辽西郡置于大业八年，此襄平郡当亦是大业八年所置。

《资治通鉴》又云："武德元年十二月丁酉，隋襄平太守邓暠以柳城、北平二郡来降，以暠为营州总管。"则隋有襄平郡至确，然领县无考，今只得暂付阙如。因开皇元年、大业三年时无州郡县，故不列表。

（一二〇）辽东郡（612—617）

《寰宇记》于高句丽下云："炀帝征元（元为高句丽王）入朝，不至。大业七年，帝亲征元。八年，师渡辽水，营于辽东城，分道出师，顿兵于其城下，高丽婴城固守，帝命诸军攻之。是行也，唯于辽水西拔贼武厉逻，置辽东郡及通定镇而还。"《纪要》："高丽在辽水西置军以警察渡辽者，谓之武厉逻。隋大业八年伐高丽，惟得辽水西武厉逻之地，置辽东郡及通定镇而已。"

《资治通鉴》："大业八年三月，诸军乘胜进围辽东城。命刑部尚书卫文升、尚书右丞刘士龙抚辽左之民，给复十年，建置郡县，以相统摄。"又云："是行也，唯于辽水西拔高丽武厉逻，置辽东郡及通定镇而已。"

据上述各书所记，隋置辽东郡于大业八年，唯不及置县，只置通定镇也。因开皇元年、大业三年时无州郡县，故不列表。

第六章 青州地区州郡县沿革

第一节 青州北海郡政区沿革

(一二一)青州北海郡(581—606 青州,607—617 北海郡)

开皇三年前领齐郡、高阳、乐安 3 郡。

《隋志》:"旧置青州。"又益都县下:"大业初置北海郡。"《元和志》:"隋大业三年,罢州为北海郡,领县十。"《寰宇记》同。

《北周志》青州领齐郡、高阳、乐安 3 郡。

1. 益都县(581—617)

《元和志》:"本汉广固县地,魏于今寿光县南十里益都城置益都县,属齐国。宋及后魏属齐郡。隋开皇三年罢郡,县属青州。"《旧唐志》:"魏于今寿光南十里置益都县,北齐移入青州城北门外为治所。"

齐郡(581—582)——益都县、昌国县、广饶县

《隋志》:"旧置齐郡,开皇初废。"《北周志》齐郡领益都、昌国、广饶 3 县。

2. 昌国县(581—585 昌国县,586—605 逢山县,606—617 临朐县)

《隋志》:"旧曰昌国,开皇六年改为逢山,大业初改曰临朐。"《元和志》:"大业二年改为临朐。"

3. 广饶县(581—582)

《地形志》:"广饶,二汉、晋属齐郡。"《纪要》乐安县下:"汉置广饶县,属齐郡。晋宋因之,后魏仍属齐郡。隋移千乘县治此,以广饶县省入,属青州。"《寰宇记》千乘县下云:"隋废郡,仍移县于今所,即汉广饶县地。"则广饶之省在隋废郡之时,亦即开皇三年。

4. 北海县(581—582 北海县,583—605 下密县,606—617 北海县)

《隋志》:"北海,旧曰下密,大业初县改名焉。"《元和志》:"本汉平寿县地,属北海郡。隋开皇三年罢郡,置下密县于废郡中,属青州。十六年,又于此置潍州,取界内潍水为名。大业二年废潍州,仍改下密县为北海县。"《通典》北海

县下云:"北齐置北海。"《隋志》又云:"旧置北海郡,后齐改郡曰高阳。"则北齐高阳郡治北海。据此,杨守敬云:"《隋志》当云:旧曰平寿,置北海郡;后齐改郡曰高阳,县曰北海;开皇初郡废,改县曰下密;十六年置潍州,大业初州废,复改县曰北海。"今从之。

潍州(596—605)——下密县、营丘县

《元和志》北海县下:"开皇十六年又于此置潍州,取界内潍水为名,大业二年废潍州。"又《寰宇记》云营丘县亦属潍州,则此州领有下密、营丘2县。

高阳郡(581—582)——北海县、都昌县

《隋志》:"旧置北海郡,后齐改郡曰高阳,开皇初郡废。"《北周志》高阳郡领下密、都昌2县。王仲荦以为《通典》北齐置北海县之说有误,故仍作下密;今从杨守敬之说,作北海。

5. 都昌县(581—617)

《地形志》:"都昌,二汉属北海郡,晋属齐郡,后属北海郡。"《杨考》:"汉县在今昌邑县西二里,宋县寄治青州下,在临淄,魏县即隋县也。志例当云'后魏置'。"

6. 千乘县(581—617)

《元和志》:"千乘县,本汉旧县也,属千乘郡;后汉改千乘郡为乐安国,千乘县仍属焉。"《地形志》:"千乘,前汉属千乘,后汉属乐安,晋罢,后复,属乐安郡。"

乐安郡(581—582)——千乘县、乐安县、高阳县、长乐县

《隋志》:"旧置乐安郡,开皇初郡废。"《北周志》乐安郡领千乘、乐安、高阳、长乐4县。长乐县,见齐州齐郡内。

7. 乐安县(581—595 乐安县,596—617 博昌县)

《隋志》:"博昌,旧曰乐安,开皇十六年改焉。"《元和志》:"高齐省博昌县,移乐陵县理此,属乐安郡。隋开皇三年罢郡,乐陵县属青州,十六年改为博昌县。"《寰宇记》亦云高齐移乐陵县理此,皆与《隋志》异。然王仲荦《北周志》引《隋开府仪同三司龙山公墓志》"公讳质,青州乐安人",以为当时确有乐安县,今从《隋志》。

8. 高阳县(581—605)

《隋志》临淄县下:"大业初废高阳县入焉。"

9. 寿光县(586—617)

《元和志》:"隋开皇六年于博昌故城置寿光县,属青州。"《寰宇记》同。

10. 般阳县(586—605)

《隋志》临朐县下:"开皇六年置般阳县,大业初废入焉。"

11. 潍水县(586—605 潍水县,606—617 下密县)

《隋志》:"下密,后魏曰胶东,后齐废,开皇六年复,改为潍水,大业初改名焉。"《纪要》:"隋开皇六年置潍水县,属青州;大业初改下密为北海县,而改潍水为下密。"

12. 临淄县(596—617)

《隋志》:"临淄,后齐废,开皇十六年又置。"《纪要》:"隋开皇十六年复置临淄县,属青州。"

13. 时水县(596—605)

《隋志》临淄县下:"开皇十六年置时水县,大业初废时水县入焉。"

14. 闾丘县(596—605)

《隋志》寿光县下:"开皇十六年置闾丘县,大业初废入焉。"

15. 营丘县(596—611)

《隋志》:"营丘,后齐废,开皇十六年复。"《寰宇记》:"开皇六年于营丘故城置营丘县,属潍州。大业八年因贼陷,遂废。"按《寰宇记》云开皇六年置营丘县,与《隋志》不同,《纪要》亦作开皇十六年置营丘县,《寰宇记》盖脱"十"字。

16. 新河县(598—605)

《隋志》博昌县下:"开皇十八年析置新河县,大业初废入焉。"

以上所列,为青州北海郡之政区沿革。其开皇三年前有1州、3郡、8县;大业三年改州为郡后,北海郡共领10县。兹列表123如下。

表123 青州北海郡隋开皇元年、大业三年州郡县统辖关系表

	开 皇 元 年			小计		大 业 三 年
州	青 州			1州	郡	北海郡
郡	齐郡	高阳郡	乐安郡	3郡	县	益都县、临朐县、北海县、都昌县、千乘县、博昌县、寿光县、下密县、临淄县、营丘县
县	益都县、昌国县、广饶县	北海县、都昌县	千乘县、乐安县、高阳县			
小计	3县	2县	3县	8县	小计	10县

第二节 齐州齐郡政区沿革

(一二二)齐州齐郡(581—606齐州,607—617齐郡)

开皇三年前领济南、东平原2郡。

《隋志》:"旧曰齐州。"又历城县下:"大业初置齐郡。"《元和志》:"宋元嘉九年分青州立冀州,理历城。后魏文帝改冀州为齐州,大业三年罢州为齐郡。"

《北周志》齐州领济南、东平原2郡。

1. 历城县(581—617)

《元和志》:"汉为历城县,属济南国。晋属济南郡。隋开皇三年罢郡,县属齐州。"

济南郡 (581—582)——历城县、卫国县、临邑县、山茌县、祝阿县

《隋志》:"旧置济南郡,开皇初废。"《元和志》:"汉景帝三年为济南郡,理东平陵,属青州。晋永嘉之后,郡移理历城。隋开皇三年罢郡,以所领县属齐州。"《北周志》济南郡领历城、卫国、临邑、山茌、祝阿5县。

2. 卫国县(581—585卫国县,586—617亭山县)

《隋志》:"旧曰卫国,开皇六年改名亭山。"《元和志》:"宋于此置卫国县,隋开皇六年改为亭山县,属齐州。"

3. 临邑县(581—617)

《元和志》:"临邑县,本汉旧县,属东郡。至晋,属济北国。宋孝武帝孝建二年立东魏郡,理台城,以临邑县属焉。隋开皇三年罢郡,临邑县属齐州。"按此《元和志》云东魏郡开皇三年始废,然《隋志》章丘县下乃云:"又宋置东魏郡,后齐废。"今从《隋志》,临邑县仍属济南郡。

4. 山茌县(581—605)

《隋志》历城县下:"大业初废山茌县入焉。"《元和志》:"隋大业二年省入历城县。"

5. 祝阿县(581—617)

《元和志》:"汉以为县,属平原郡。隋开皇十六年改属齐州。"《地形志》:"祝阿,二汉属平原,晋属济南,后属太原郡。"《纪要》:"刘宋元嘉十年,割济南泰山郡立太原郡,治太原县。后魏曰东太原郡,北齐郡县俱废。"则此祝阿县当是北齐废太原郡后改隶济南郡。然《元和志》云开皇十六年始改属齐州,《寰宇记》所记相同,或十六年前祝阿县有所改隶。

6. 武强县(581—597武强县,598—617长山县)

《隋志》:"旧曰武强,开皇十八年改曰长山。"《元和志》:"宋武帝于此立武强县,隋开皇十八年改武强为长山县,取长白山为名,属淄州。"《寰宇记》:"宋武帝于此侨立广川郡,又于郡理侨立武强县。高齐天保七年改广川郡为平原郡。隋开皇三年废平原郡,乃移武强县入废城中,属齐州。十六年分置淄州,复以武强属焉。十八年改武强为长山县。大业二年废淄州,县隶齐州。"

|东平原郡|(581—582)——武强县、平原县、高唐县、贝丘县

《隋志》:"旧置广川郡,后齐并东清河、平原二郡入,改曰东平原郡,开皇初郡废。"《北周志》东平原郡领武强、平原、高唐、贝丘4县。

7. 平原县(581—597 平原县,598—617 邹平县)

《隋志》:"邹平,旧曰平原,开皇十八年改名焉。"《寰宇记》:"高齐隶广川郡,周不改,隋开皇三年属齐州,十六年改属淄州,十八年改平原县为邹平县,大业二年罢淄州,县属齐郡。"

8. 高唐县(581—595 高唐县,596—617 章丘县)

《隋志》:"章丘,旧曰高唐,开皇十六年改焉。"《元和志》、《寰宇记》皆云开皇十八年改为章丘,今从《隋志》。

9. 贝丘县(581—597 贝丘县,598—617 淄川县)

《隋志》:"淄川,旧曰贝丘,开皇十八年县改名焉。"《寰宇记》:"宋元嘉五年于此置贝丘县,属清河郡,高齐废郡,县属齐州。隋开皇十六年于此置淄州,十八年改为淄川县。大业二年废淄州,县属齐州。"

|淄州|(596—605)——淄川县、长山县、邹平县、会城县

《隋志》淄川县下:"开皇十六年置淄州,大业初州废。"又《寰宇记》长山县、邹平县、高苑县下并云开皇十六年属淄州,则此淄州当时领有淄川、长山、邹平、会城(即高苑,大业三年始改)4县。

10. 长乐县(581—597 长乐县,598—606 会城县,607—617 高苑县)

《隋志》高苑县下:"后齐曰长乐,开皇十八年改为会城,大业初改焉。"《寰宇记》:"宋置长乐县,属渤海郡。高齐废渤海,改属长乐郡。隋开皇三年罢郡,县属青州,十六年隶淄州,十八年改为会城县,大业三年改为高苑县,取县东高苑故城为名。"按此县改隶齐州,当在大业二年淄州废后。

《北周志》长乐县属青州乐安郡。乐安郡,见青州北海郡内。

11. 朝阳县(586—595 朝阳县,596—617 临济县)

《隋志》:"开皇六年置,曰朝阳,十六年改曰临济。"

12. 长清县(594—617)

《元和志》:"长清县,本汉卢县地。隋开皇五年于此置镇,十四年废镇,长清县属齐州,因清水为名。"《寰宇记》:"隋开皇五年于此置镇,十四年废,置长清县,属齐州,因清水以为名。"《隋志》无长清县,盖脱。

13. 朝阳县(596—605)

《隋志》临济县下:"开皇六年置曰朝阳,十六年改曰临济,别置朝阳,大业初废入焉。"

14. 营城县(596—605)

《隋志》章丘县下:"开皇十六年置营城县,大业初废入焉。"《寰宇记》:"大业二年省。"

15. 济南县(596—605)

《隋志》长山县下:"开皇十六年置济南县,大业初省济南县入焉。"《元和志》:"大业二年省。"

以上所列,为齐州齐郡之政区沿革。其开皇三年前有1州、2郡、10县;大业三年改州为郡后,齐郡共领11县。兹列表124如下。

表124 齐州齐郡隋开皇元年、大业三年州郡县统辖关系表

	开 皇 元 年			小计		大 业 三 年
州	齐 州		(青 州)	1州	郡	齐 郡
郡	济南郡	东平原郡	(乐安郡)	2郡		历城县、亭山县、临邑县、祝阿县、长山县、邹平县、章丘县、淄川县、高苑县、临济县、长清县
县	历城县、卫国县、临邑县、山茌县、祝阿县	武强县、平原县、高唐县、贝丘县	长乐县		县	
小计	5县	4县	1县	10县	小计	11县

第三节 光州东莱郡政区沿革

(一二三)光州东莱郡(581 光州,582—606 莱州,607—617 东莱郡)

开皇三年前领东莱、长广2郡。

《隋志》:"旧置光州,开皇五年改曰莱州。"又掖县下:"大业初复置郡。"按《元和志》云"隋开皇二年改光州为莱州",且掖县、昌阳、胶水等县下皆云"开皇三年罢郡,属莱州",则莱州之改应在开皇三年之前,疑《隋志》有误。今从《元和志》。

《北周志》光州领东莱、长广2郡。

1. 掖县(581—617)

《元和志》:"掖县,本汉旧县也,属东莱郡。隋开皇三年罢郡,属莱州。"《寰宇记》同。

东莱郡(581—582)——掖县、昌阳县、长广县

《隋志》:"旧置东莱郡,开皇初郡废。"《北周志》东莱郡领掖、昌阳、长广3县。

2. 昌阳县(581—617)

《元和志》:"昌阳县,本汉旧县也,属东莱郡。置在昌水之阳,故名昌阳。隋开皇三年罢郡,属莱州。"

3. 长广县(581—600 长广县,601—617 胶水县)

《隋志》:"旧曰长广,仁寿元年改名焉。"

4. 黄县(581—617)

《元和志》:"黄县,本汉旧县也,属东莱郡。隋开皇三年罢郡,属莱州。"《纪要》:"开皇十六年改属牟州。"按牟州废于大业二年,州废后,县又属莱州。

长广郡 (581—582)——黄县、牟平县、文登县

《隋志》:"旧置东牟、长广二郡,后齐废东牟入长广郡,开皇初郡废。"《北周志》长广郡领黄、牟平、文登3县。

5. 牟平县(581—617)

《元和志》:"牟平县,本汉县也,属东莱郡。在牟山之阳,其地夷坦,故曰牟平。"《寰宇记》:"高齐天保七年自牟平故城移县于今黄县东北七十三里,改属长广郡。隋开皇三年改长广郡为牟州,牟平仍属焉。大业二年废牟州,属莱州。"

6. 文登县(581—617)

《隋志》:"后齐置。"《元和志》:"高齐后帝分牟平县置文登县,属长广郡,取县界文登山为名。隋开皇三年废长广郡,文登县属莱州。"

7. 卢乡县(596—617)

《隋志》:"后齐卢乡及挺县并废,开皇十六年复置卢乡,并废挺县入焉。"按挺县原作挺城,杨守敬云《魏志》长广郡下有挺县,此《隋志》挺城乃挺县之误,今据改。又挺县已废于北齐,开皇十六年焉能再废?杨守敬以为开皇十六年当是两县并复,当年又废挺县入卢乡,《隋志》即墨县下亦有类似情况,今从之。因挺县废于当年,故此处不列挺县。

8. 即墨县(596—617)

《隋志》:"后齐即墨及不其县并废,开皇十六年复,并废不其入焉。"《舆地广记》:"不其,北齐省之,隋开皇十六年复置,寻省入即墨。"此亦是两县同年复置,当年又省不其入即墨,故此处亦不列不其县。

9. 观阳县(596—617)

《隋志》:"观阳,后周废,开皇十六年复。"

牟州 (596—605)——观阳县、黄县、牟平县、文登县、昌阳县

《隋志》观阳县下:"开皇十六年又分置牟州,大业初州废。"按《元和志》、《寰宇记》皆云开皇三年改置牟州,今从《隋志》。又《元和志》牟州领蓬莱(唐新

置县)、牟平、文登、黄县,而昌阳县黄银坑下亦云"隋开皇十八年牟州刺史辛公义于此坑冶铸",则此牟州隋时应领有观阳、牟平、文登、黄县、昌阳 5 县也。大业初废州后,县又属莱州。

以上所列,为光州东莱郡之政区沿革。其开皇三年前有 1 州、2 郡、6 县,大业三年改州为郡后,东莱郡共领 9 县。兹列表 125 如下。

表 125　光州东莱郡隋开皇元年、大业三年州郡县统辖关系表

	开　皇　元　年		小计		大　业　三　年
州	光　州		1 州	郡	东莱郡
郡	东莱郡	长广郡	2 郡	县	掖县、昌阳县、胶水县、黄县、牟平县、文登县、卢乡县、即墨县、观阳县
县	掖县、昌阳、长广县	黄县、牟平县、文登县			
小计	3 县	3 县	6 县	小计	9 县

第四节　胶州高密郡政区沿革

(一二四)胶州高密郡(581—584 胶州,585—606 密州,607—617 高密郡)

开皇三年前领高密、平昌 2 郡。

《隋志》:"旧置胶州,开皇五年改为密州。"又诸城县下:"大业初复置郡。"《元和志》:"后魏永安二年,分青州立胶州,取胶水为名也。隋开皇五年改胶州为密州,取境之密水为名也。"《寰宇记》:"大业三年罢密州为高密郡。"

《北周志》胶州领高密、平昌 2 郡。

1. 东武县(581—597 东武县,598—617 诸城县)

《隋志》:"诸城,旧曰东武,开皇十八年县改名焉。"《元和志》:"诸城县,本汉东武县也,属琅邪郡。晋属东莞郡,后魏属高密郡。隋开皇十八年,改东武为诸城县,取县西三十里汉故诸县城为名。"

高密郡(581—582)——东武县、琅邪县、昌安县

《隋志》:"旧置高密郡,开皇初郡废。"《北周志》高密郡领东武、琅邪、昌安 3 县。

2. 琅邪县(581—605 琅邪县,606—617 郚城县)

《隋志》:"后齐置琅邪县,大业初改名郚城。"《寰宇记》:"高齐天保七年改

为琅邪县,大业二年改部城。"

3. 昌安县(581—605)

《隋志》安丘县下:"大业初省安昌入焉。"《杨考》:"安昌当作昌安,汉至后魏俱曰昌安。"《寰宇记》安丘县下亦云:"大业二年省昌安县。"《杨考》所纠甚是,今据改。

4. 黔陬县(581—605)

《隋志》胶西县下:"大业初又以黔陬入焉。"《纪要》:"汉置黔陬县,属琅邪郡,后汉属东莱郡,刘宋属高密郡。后齐置平昌郡于此。隋开皇初郡废,大业初县省入胶西县。"

平昌郡(581—582)——黔陬县、高密县

《隋志》:"旧曰黔陬,置平昌郡,开皇初郡废。"《北周志》平昌郡领黔陬、高密2县。

5. 高密县(581—617)

《元和志》:"高密县,本汉旧县也。高齐文宣帝省高密县,隋开皇中复置,属密州。"《纪要》不云高齐废高密县,王仲荦《北周志》云:"按《元和郡县志》谓高密高齐文宣帝废,据《隋志》,后齐废淳于县入高密,则高密未废也。"今从之。

6. 东莞县(581—617)

《地形志》:"东莞,二汉、晋属琅邪,后属东莞郡。"《寰宇记》:"晋太康十年,割莒县属东莞郡。惠帝自东莞移郡理莒城。后魏亦以莒县属东莞郡。高齐文宣帝罢东莞郡,以莒、东莞二县属东安郡。"《北周志》东莞县属莒州东安郡。莒州,见沂州琅邪郡下。按莒州废于大业二年,东莞县当是大业二年废莒州后改隶密州。

7. 牟山县(596—605 牟山县,606—617 安丘县)

《隋志》:"安丘,开皇十六年置,曰牟山,大业初改名。"《寰宇记》:"大业二年改"。

8. 胶西县(596—612)

《隋志》:"开皇十六年置县曰胶西。"《寰宇记》:"隋开皇十六年置,大业九年因贼废。"

9. 丰泉县(596—605 丰泉县,606—617 琅邪县)

《隋志》:"开皇十六年置,曰丰泉,大业初改焉。"当是大业二年改原琅邪县为部城县,此又改丰泉为琅邪也。

以上所列,为胶州高密郡之政区沿革。其开皇三年前有1州、2郡、6县;大业三年改州为郡后,高密郡共领7县。兹列表126如下。

表 126　胶州高密郡隋开皇元年、大业三年州郡县统辖关系表

	开　皇　元　年			小计		大　业　三　年
州	胶　州		（莒　州）	1州	郡	高密郡
郡	高密郡	平昌郡	（东安郡）	2郡	县	诸城县、郱城县、高密县、东莞县、安丘县、胶西县、琅邪县
县	东武县、琅邪县昌安县	黔陬县高密县	东莞县			
小计	3县	2县	1县	6县	小计	7县

第七章　徐州地区州郡县沿革

第一节　徐州彭城郡政区沿革

(一二五)徐州彭城郡(581—606 徐州,607—617 彭城郡)

开皇三年前领彭城、永昌、兰陵 3 郡。

《隋志》:"旧置徐州。"又彭城县下:"大业初复置郡。"《元和志》:"晋氏南迁,于淮南侨立徐州,安帝始分淮北为北徐州。宋永初二年,加淮南徐州曰南徐州,而改北徐州曰徐州。"《寰宇记》:"后陷后魏,复置徐州。隋大业三年改为彭城郡。"

《北周志》徐州领彭城、永昌、兰陵 3 郡。永昌郡,见曹州济阴郡内。

1. 彭城县(581—617)

《元和志》:"汉为彭城县,属楚国。后汉属彭城国,宋属彭城郡。隋文帝罢郡为县,属徐州。"《杨考》云:"《史记》'秦始皇过彭城',疑县为秦置。"

彭城郡(581—582)——彭城县、沛县、承高县、龙城县、吕县、安阳县

《隋志》:"旧置郡,后周并沛、南阳平二郡入,开皇初郡废。"《北周志》彭城郡领彭城、沛、承高、龙城、吕、安阳 6 县。安阳,后改名砀山,见宋州梁郡内。

2. 沛县(581—617)

《元和志》:"本秦旧县,泗水郡理于此,盖取沛泽为县名。宋时沛县属徐州。隋文帝罢郡,县属仍旧。"

3. 承高县(581—585 承高县,586—597 龙城县,598—606 临沛县,607—617 萧县)

《隋志》:"旧置沛郡,后齐废为承高县,开皇六年改为龙城,十八年改为临沛,大业初改曰萧。"《杨考》:"《元和志》、《舆地广记》并云北齐改萧县为承高,《寰宇记》在天保七年,按志当云:'旧置县及沛郡,后齐废郡,改县曰承高。'方合。"据《元和志》,萧实为汉县,北齐改为承高也。如《隋志》所云,似废沛郡为承高县矣。《杨考》所纠甚是。

4. 龙城县(581—585)

《地形志》彭城郡领龙城县。《隋志》:"开皇六年改承高县为龙城。"《杨考》:"龙城本后魏县,当是省龙城入萧县,即名龙城。"

5. 吕县(581—582)

《地形志》:"吕,前汉属楚国,后汉、晋属彭城郡。"《纪要》:"吕城,汉为吕县,属楚国,后汉及晋皆属彭城国,宋属彭城郡,后魏因之,隋废。"《隋志》不载此县,盖废于开皇三年废郡之时。

6. 承县(581—605 承县,606—617 兰陵县)

《隋志》:"兰陵,旧曰承,开皇十六年分承置鄫州及兰陵县,大业初又并兰陵、鄫城二县入焉,寻改承为兰陵。"《杨考》云:"十六年分承置鄫州,当云分承置鄫城,并置鄫州。"《寰宇记》云"开皇十六年分承立鄫城县",此《隋志》亦云"大业初又并鄫城、兰陵二县入",则当时确置鄫城县,《杨考》所云甚是。《寰宇记》又云鄫州废于大业二年,州废后,鄫城、兰陵二县即并入承县,寻又改承为兰陵,则改县之年亦在大业二年。

鄫州(596—605)——鄫城县、承县、兰陵县

《隋志》:"开皇十六年分承置鄫州及兰陵县,大业初州废。"《寰宇记》:"开皇十六年分承立鄫城县,属鄫州,大业初省入兰陵县。"又云:"开皇十六年置鄫州,以承县属焉。大业二年省鄫州及承县,仍以兰陵置于废鄫州城中,属徐州。"然则鄫州领有鄫城、兰陵、承 3 县也。

兰陵郡(581—582)——承县、蕃县

《隋志》:"旧置兰陵郡,开皇初郡废。"《北周志》兰陵郡领承、蕃、兰陵、昌虑 4 县。按兰陵县,《隋志》云开皇十六年分承县置,则后周及隋初无此县;昌虑县,《纪要》云废于北齐,后周亦应无此县,故今皆不列。

7. 蕃县(581—595 蕃县,596—617 滕县)

《隋志》:"旧曰蕃;置蕃郡,后齐废。开皇十六年改曰滕县。"按《元和志》云后齐郡县并废,隋置滕县,与《隋志》不同,今从《隋志》。

8. 丰县(581—617)

《元和志》:"本汉旧县,属沛郡。宋改属北济阴郡,北齐改郡为永昌,以县属焉。隋改属徐州。"

按《隋志》成武县下云:"后齐置永昌郡,开皇初郡废。"则永昌郡治成武,丰县乃其属县。隋开皇三年废郡后,丰县改属徐州,成武却属曹州。永昌郡、成武县,均见曹州济阴郡内。

9. 蕲城县(581—582 蕲城县,583—617 蕲县)

《元和志》:"秦县,后魏改曰蕲城,隋开皇三年去'城'字,属仁州。大业二年属徐州,八年属谯州,后复隶徐州。"

仁州(581—605)——蕲城郡、谷阳郡

《隋志》:"后齐置仁州,大业初州废。"《地形志》:"仁州,萧衍置,治赤坎城。"然则仁州实梁置,非北齐所置。《北周志》仁州领蕲城、谷阳2郡。

蕲城郡(581—582)——蕲城县

《隋志》蕲县下:"梁置蕲郡,开皇初郡废。"《地形志》:"蕲城郡,萧衍置,魏因之。"盖郡县初无"城"字,至后魏始加"城"字也。《北周志》蕲城郡领蕲城1县。

10. 高昌县(581—582 高昌县,583—617 谷阳县)

《地形志》谷阳郡治高昌,《嘉庆重修一统志》谓隋开皇初废谷阳郡为谷阳县,而《纪要》亦云"陈太建五年(公元 573 年)吴明彻攻齐淮南,谷阳士民杀其戍主,以城降,隋废郡为县",则北周世犹名高昌,隋开皇三年废郡后始名县为谷阳也。

谷阳郡(581—582)——高昌县、临淮县

《隋志》:"后齐置谷阳郡,开皇初郡废。"《北周志》谷阳郡领高昌、临淮二县。

11. 临淮县(581—605)

《隋志》谷阳县下:"又有己吾、义城二县,后齐并以为临淮县,大业初并入焉。"

12. 龙亢县(581—585)

《寰宇记》:"龙亢城在蕲县南八十里。开皇六年废龙亢县,隶蕲县。"《地形志》谯州龙亢郡领有龙亢县。

龙亢郡(581—582)——龙亢县

《隋志》蕲县下:"后齐又析置龙亢郡,开皇初郡废。"《北周志》龙亢郡领龙亢1县,郡属谯州。

13. 符离县(581—617)

《元和志》:"本秦旧县,汉属沛郡,高齐时属睢南郡。隋开皇三年罢郡,以县属徐州。"

睢南郡(581—582)——符离县、竹邑县

《隋志》:"后齐置睢南郡,开皇初郡废。"《北周志》睢南郡属睢州,领符离、竹邑2县。

14. 竹邑县(581—582)

《隋志》符离县下："有竹邑县,梁置睢州,开皇三年州废,又废竹邑入焉。"

睢州(581—582)——睢南郡

《隋志》符离县下："有竹邑县,梁置睢州,开皇三年州废。"《北周志》睢州领睢南1郡。

15. 留县(596—617)

《隋志》："留,后齐废,开皇十六年复。"《纪要》："后齐废,隋复置,属徐州。"

16. 鄫城县(596—605)

《隋志》兰陵县下："开皇十六年分承置鄫州及兰陵县,大业初并鄫城、兰陵二县入焉。"《寰宇记》："隋开皇十六年分承立鄫城县,属鄫州,大业初省入兰陵县。"

17. 兰陵县(596—605)

参"鄫城县条"。

18. 方与县(596—617)

《隋志》："方与,后齐废,开皇十六年复。"《元和志》："鱼台县,本汉方与县,属山阳郡,高齐文宣帝废。隋开皇十六年复置方与县,属戴州。"按戴州治于曹州成武县,大业二年废,此方与县乃大业二年废戴州后改隶徐州也。

以上所列,为徐州彭城郡之政区沿革。其开皇三年前有3州、6郡、14县;大业三年改州为郡后,彭城郡共领11县。兹列表127如下。

表127　徐州彭城郡隋开皇元年、大业三年州郡县统辖关系表

	开　皇　元　年							小计
州	徐　州				仁　州		睢　州（谯州）	3州
郡	彭城郡	兰陵郡	(永昌郡)	蕲城郡	谷阳郡	睢南郡	龙亢郡	6郡
县	彭城县、沛县、承高县、龙城县、吕县	承县、蕃县	丰县	蕲城县	高昌县临淮县	符离县竹邑县	龙亢县	
小计	5县	2县	1县	1县	2县	2县	1县	14县
	大　业　三　年							
郡	彭城郡							
县	彭城县、沛县、萧县、兰陵县、滕县、丰县、蕲县、谷阳县、符离县、留县、方与县							
小计	11县							

第二节 兖州鲁郡政区沿革

(一二六)兖州鲁郡(581—605 兖州,606 鲁州,607—617 鲁郡)

开皇三年前领高平、任城、东平 3 郡。

《隋志》:"旧兖州,大业二年改为鲁郡。"《元和志》:"隋大业二年改为鲁州,三年改为鲁郡。"《杨考》:"然则志有脱文,当云:大业二年改鲁州,三年州废,改鲁郡。"

《北周志》兖州领高平、任城、东平 3 郡。

1. 任城县(581—617)

《元和志》:"本汉旧县,属东平国。齐天保七年,移高平郡于此,任城县属焉。隋开皇三年罢高平郡,属兖州。"

高平郡 (581—582)——任城县、高平县、金乡县

《隋志》:"旧置高平郡,开皇初郡废。"《北周志》高平郡领任城、金乡 2 县。金乡县,见曹州济阴郡内。

2. 高平县(581—605)

此县不见于《隋志》。杨守敬云:"今邹县石里村新出之造桥碑前题云'大隋开皇六年,岁次丙午,二月壬午八日己丑,兖州高平县石里村仲思那等四十人造桥之碑'。此《隋志》但云任城县旧置高平郡,开皇初废,至邹县之尝为高平县则无其文。高平置县始于晋,至魏不改,今据碑知开皇六年其县尚存,故城在今县东南二十五里,俗曰纪王城。"光绪《邹县续志》亦载其碑文,并云:"盖开皇时高平县,至大业省入邹矣。"则此县当是废于大业二年。

3. 鲁县(581—583 鲁县,584—595 汶阳县,596—617 曲阜县)

《隋志》:"旧曰鲁郡,后齐改郡为任城,开皇三年郡废,四年改县曰汶阳,十六年改名曲阜。"

任城郡 (581—582)——鲁县、汶阳县、邹县、平原县、乐平县

《隋志》:"旧曰鲁郡,后齐改郡为任城,开皇三年郡废。"《北周志》任城郡领鲁、汶阳、邹、平原、乐平 5 县。

4. 汶阳县(581—583)

《元和志》曲阜县下:"高齐置任城郡,隋开皇三年罢郡,移汶阳县理此。"汶阳本汉县,《纪要》云后齐废,据《元和志》此文,是未废也。又《隋志》云开皇四年改鲁县为汶阳县,则汶阳废于开皇四年。

5. 邹县(581—617)

《元和志》:"本汉驺县地。隋大业二年改兖州为鲁州,三年罢鲁州为鲁郡,县皆属焉。"

6. 平原县(581—595 平原县,596—617 龚丘县)

《隋志》:"后齐曰平原县,开皇十六年改焉。"《寰宇记》:"后魏移置平原县于宁阳县城北十七里,今县是也。隋开皇十六年,以此县与德州平原县名同,遂改龚丘焉,以东南二十里有龚丘古城。"

7. 乐平县(581—595 乐平县,596—617 平陆县)

《隋志》:"后齐曰乐平,开皇十六年改焉。"《元和志》中都县下云:"汉以其地为东平陆县,属东平国。齐高帝改平陆县为乐平县,隋复改乐平为平陆县,属兖州。天宝元年改为中都。"

8. 博平县(581—595 博平县,596 汶阳县,597—617 博城县)

《隋志》:"博城,旧曰博平,开皇十六年改县曰汶阳,寻改曰博城。"按博平,《隋志》原作博,据《地形志》改。《杨考》:"《地形志》:'博平,二汉、晋曰博,后改。'然则博下当有平字。"《元和志》、《寰宇记》皆云"后魏改博县为博平",可证《杨考》所纠不误。《元和志》又云"隋开皇十七年改博平为博城",则改汶阳之次年即改为博城也。

泰州(596—605)——博平县、岱山县

《隋志》博城县下:"大业初州废。"钱大昕《廿二史考异》云:"志云州废,不云何时置州,盖有脱文。以王劭《舍利感应记》证之,当置泰州于此。"《杨考》:"王劭《舍利感应记》载《广弘明集》中,仁寿元年有泰州岱岳寺起塔云云。"仁寿元年有泰州,则置州当在此年之前。按隋置新州多在开皇十六年,此泰州当亦置于其年也。此州既置于博平,大业初又废岱山县入博平,则领县中当有此二县。

东平郡(581—582)——博平县、奉高县、岱山县、梁父县、须昌县、嬴县

《隋志》:"旧置泰山郡,后齐改郡曰东平,开皇初郡废。"《北周志》东平郡领博平、奉高、岱山、梁父、须昌、嬴6县。须昌县,开皇十六年改为宿城,见郓州东平郡内。

9. 奉高县(581—585 奉高县,586—605 岱山县)

《隋志》博城县下:"有奉高县,开皇六年改曰岱山,大业初废岱山县入焉。"

10. 岱山县(581—582)

《寰宇记》:"废岱山县在乾封县东南四十里,依徂徕山,北齐于此置,隋开皇三年废入奉高县。"

11. 梁父县(581—617)

《地形志》:"梁父,二汉、晋属泰山郡。"《纪要》:"梁父,汉县,属泰山郡。隋属兖州。"

12. 嬴县(581—617)

《地形志》:"嬴,二汉、晋属泰山郡。"《元和志》莱芜县下:"莱芜县,本汉县也,至晋废,后魏移古嬴县于此。"

13. 瑕丘县(593—617)

《隋志》:"瑕丘,旧废,开皇十三年复。"《元和志》:"瑕丘,本汉县,属山阳郡。宋元嘉十三年立兖州,理瑕丘城,而瑕丘无县。至隋文帝,割邹县、汶阳、平原三县界立瑕丘县,属兖州。"

14. 泗水县(596—617)

《隋志》:"泗水,开皇十六年置。"《寰宇记》:"隋分汶阳县置泗水县,属兖州。"

15. 牟城县(596—605)

《隋志》嬴县下:"开皇十六年分置牟城县,大业初并入焉。"

以上所列,为兖州鲁郡之政区沿革。其开皇三年前有1州、3郡、12县;大业三年改州为郡后,鲁郡共领10县。兹列表128如下。

表128 兖州鲁郡隋开皇元年、大业三年州郡县统辖关系表

	开 皇 元 年			小计		大 业 三 年
州	兖 州			1州	郡	鲁 郡
郡	高平郡	任城郡	东平郡	3郡	县	瑕丘县、任城县、曲阜县、邹县、龚丘县、平陆县、博城县、梁父县、嬴县、泗水县
县	任城县 高平县	鲁县、汶阳县 邹县、平原县 乐平县	博平县、奉高县 岱山县、梁父县 嬴县			
小计	2县	5县	5县	12县	小计	10县

第三节 沂州琅邪郡政区沿革

(一二七)沂州琅邪郡(581—606沂州,607—617琅邪郡)

开皇三年前领琅邪1郡。

《隋志》:"旧置北徐州,后周改曰沂州。"《元和志》:"后魏庄帝置北徐州,周武帝改北徐州置沂州,因州城东临沂水,因以名之。"《寰宇记》:"大业三年改为

琅邪郡。"

《北周志》沂州领琅邪1郡。

1. 即丘县(581—605)

《隋志》临沂县下:"旧曰即丘,开皇十六年分置临沂,大业初并即丘入焉。"

琅邪郡(581—582)——即丘县、费县、武阳县、新泰县

《隋志》临沂县下:"旧曰即丘,带郡,开皇初郡废。"《地形志》北徐州琅邪郡治即丘县,《隋志》所云"带郡"即指琅邪郡也。《北周志》琅邪郡领即丘、费、武阳、新泰4县。

2. 费县(581—617)

《元和志》:"汉为费县,属东海郡。自宋至隋,皆属琅邪郡。"

3. 武阳县(581—597 武阳县,598—617 颛臾县)

《隋志》:"旧曰南武阳,开皇十八年改名焉。"《地形志》:"武阳,二汉、晋为南武阳,属泰山,后改为武阳。"

4. 新泰县(581—617)

《元和志》:"新泰县,春秋时鲁平阳邑也。晋武帝泰始中,镇南将军羊祜,此县人也,表改为新泰县,属泰山郡。隋开皇四年属莒州,大业二年废莒州,以县属沂州。"《水经·洙水注》:"晋武帝太康九年改为新泰。"

5. 新泰县(581—583 新泰,584—595 东安县,596—617 沂水县)

《隋志》:"沂水,旧曰新泰(原脱'曰新泰'三字,据《元和志》补),置南青州及东安郡,后周改州为莒州,开皇初郡废,改县曰东安,十六年又改曰沂水,大业初州废。"《杨考》云此地原为东莞县,隋开皇四年改为东安。然《元和志》云:"沂水县,本汉东莞县,后魏孝文帝于此置新泰县,隋开皇四年改为东安县,十六年又于古盖城别置东安县,而此改名沂水县。"《寰宇记》同。若以《杨考》所云,此原为东莞,而前密州高密郡下已有东莞县,则有两东莞并列矣。似不妥。而《地形志》记载表明新泰县确有二:一为徐州东泰山郡之新泰,即晋羊祜表改之新泰;一为南青州东安郡之新泰,即《元和志》所称魏孝文帝所置之新泰。《隋志》亦云此改沂水之新泰属南青州东安郡,则是孝文帝所置之新泰也。隋初为避重名,故改为东安县,盖取废东安郡为名。

莒州(581—605)——东安郡、义塘郡

《隋志》沂水县下:"旧置南青州,后周改州为莒州,大业初州废。"《北周志》莒州领东安、义塘2郡。义塘郡,见海州东海郡内。

东安郡(581—582)——新泰县、东莞县、莒县

《隋志》:"旧置东安郡,开皇初郡废。"《北周志》东安郡领东莞、莒2县。东

莞县,见胶州高密郡下。据《地形志》、《隋志》及《元和志》,东安郡还应领有新泰县,此县后改为东安,开皇十六年又改为沂水也。

6. 莒县(581—617)

《元和志》:"汉为莒县,后魏亦以莒县属东莞郡。隋开皇三年废郡,莒县属莒州。大业三年罢莒州,以莒县属琅邪郡。"《隋志》莒县下云:"旧置东莞郡,后齐废。"《寰宇记》:"高齐文宣帝罢东莞郡,以莒、东莞二县属东安郡。"

7. 临沂县(596—617)

《隋志》:"旧曰即丘,开皇十六年分置临沂,大业初并即丘入焉。"《元和志》:"临沂县,本汉旧县也,属东海郡。东临沂水,故名之。高齐省。隋开皇末复置,属沂州。"则隋是复汉旧县名。

8. 东安县(596—617)

《隋志》:"东安,后齐废,开皇十六年复。"此即《元和志》沂水县下所云"开皇十六年于古盖城别置东安县"也。东安本亦为汉县,《纪要》云"晋仍属琅邪国,后废入盖县"。

以上所列,为沂州琅邪郡之政区沿革。其开皇三年前有2州、2郡、6县;大业三年改州为郡后,琅邪郡共领7县。兹列表129如下。

表 129　沂州琅邪郡隋开皇元年、大业三年州郡县统辖关系表

	开　皇　元　年		小计		大　业　三　年
州	沂　州	莒　州	2州	郡	琅邪郡
郡	琅邪郡	东安郡	2郡	县	临沂县、费县、颛臾县、新泰县、沂水县、莒县、东安县
县	即丘县、费县、武阳县、新泰县	新泰县 莒县			
小计	4县	2县	6县	小计	7县

第四节　海州东海郡政区沿革

(一二八) 海州东海郡(581—606 海州,607—617 东海郡)

开皇三年前领朐山、东海、海安、武陵、沭阳5郡。

《隋志》:"梁置南、北二青州,东魏改为海州。"《元和志》:"武定七年,改青、冀二州为海州。高齐文宣帝移海州理琅邪郡,改琅邪郡为朐山郡。"《寰宇记》

朐山县下:"大业三年以海州为东海郡。"

《北周志》海州领朐山、东海、海安、武陵、沭阳5郡。

1. 朐山县(581—617)

《隋志》:"旧曰朐,后周改县曰朐山。"《寰宇记》:"后周建德六年改琅邪郡为朐山郡,改朐县为朐山县。隋开皇三年废郡,县属海州。"

朐山郡(581—582)——朐山县

《隋志》:"旧置琅邪郡,后周改曰朐山郡,开皇初郡废。"《北周志》朐山郡领朐山1县。

2. 广饶县(581—600广饶县,601—617东海县)

《隋志》:"旧置广饶县,仁寿元年改广饶曰东海。"《寰宇记》同。

东海郡(581—582)——广饶县、东海县

《隋志》:"旧置东海郡,开皇初废郡。"《北周志》东海郡领广饶、东海2县。

3. 东海县(581—582)

《隋志》东海县下:"后齐分广饶置东海县,开皇初废郡及东海县。"《寰宇记》:"后周建德四年又增置东海县,隋开皇三年废郡及县,因移广饶于废郡界。"

4. 襄贲县(581—584襄贲县,585—617涟水县)

《隋志》:"涟水,旧曰襄贲,开皇初改焉。"《元和志》:"宋明帝于此置东海郡,又于城北置襄贲县属焉。后魏改为海安郡。隋开皇三年废郡,以县属海州。五年,改襄贲为涟水县,因县界有涟水,故名。"

海安郡(581—582)——襄贲县

《隋志》:"旧置东海郡,东魏改曰海安,开皇初郡废。"《北周志》海安郡领襄贲1县。

5. 上鲜县(581—582)

《地形志》:"上鲜,萧衍齐郡,武定七年改置。"此县《地形志》属武陵郡,郡领上鲜、洛要2县。《嘉庆重修一统志》云二县废于后齐,《纪要》亦云武陵郡后齐已废,则隋初应无此郡及所属二县。然《寰宇记》云:"武陵郡城,在怀仁县南五十九里。按《后魏志》云武定七年置为武陵郡,隋初废。"王仲荦《北周志》主此说,以为后周及隋初仍有此郡及二县,且举《隋书》卷40《元胄传》为证云:"高祖受禅,封武陵郡公。"今从之。《隋志》不载此郡及二县,盖开皇初郡县皆废也。

武陵郡(581—582)——上鲜县、洛要县

《地形志》有武陵郡,属海州。《寰宇记》:"隋初废。"《北周志》武陵郡领上

鲜、洛要2县。

6. 洛要县(581—582)

《地形志》:"洛要,萧衍高密县,武定七年改。"《纪要》:"洛要镇,赣榆县东南六十里,后魏洛要县盖置于此。"此县当是开皇初与郡同废。

7. 沭阳县(581—617)

《隋志》:"东魏置县曰怀文,后周改县曰沭阳。"《寰宇记》:"后周建德七年改。"

沭阳郡(581—582)——沭阳县

《隋志》:"梁置潼阳郡,东魏改曰沭阳郡,开皇初郡废。"《北周志》沭阳郡领沭阳1县。

8. 怀仁县(581—617)

《隋志》:"东魏立怀仁县。"《地形志》:"怀仁,武定七年置。"

义塘郡(581—582)——怀仁县、归义县、义塘县

《隋志》:"东魏立义塘郡,开皇初郡废。"《寰宇记》:"后魏改置义塘郡,领义塘、归义、怀仁三县,并理今密州莒县界。隋开皇三年废郡,移怀仁县理于此,改属海州。"《北周志》义塘郡领义塘、归义、怀仁3县,属莒州。

9. 归义县(581—582)

《寰宇记》:"归义城在怀仁县北二十里,后魏武定七年置县,属义塘郡,隋废。"盖隋初与郡同废。

10. 义塘县(581—582)

《地形志》义塘郡领有义塘县。《嘉庆重修一统志》:"隋与归义同废。"

以上所列,为海州东海郡之政区沿革。其开皇三年前有1州、6郡、10县;大业三年改州为郡后,东海郡共领5县。兹列表130如下。

表130 海州东海郡隋开皇元年、大业三年州郡县统辖关系表

	开 皇 元 年						小计		大 业 三 年
州	海 州					(莒州)	1州	郡	东海郡
郡	朐山郡	东海郡	海安郡	武陵郡	沭阳郡	义塘郡	6郡	县	朐山县、东海县、涟水县、沭阳县、怀仁县
县	朐山县	广饶县 东海县	襄贲县	上鲜县 洛要县	沭阳县	怀仁县 归义县 义塘县	10县		
小计	1县	2县	1县	2县	1县	3县	10县	小计	5县

第五节　泗州下邳郡政区沿革

(一二九) 泗州下邳郡(581—606 泗州,607—617 下邳郡)

开皇三年前领宿豫、高平、淮阳3郡。

《隋志》:"后魏置南徐州,梁改为东徐州,东魏又改曰东楚州,陈改为安州,后周改为泗州。"《元和志》:"周宣帝大象二年改为泗州,大业三年改州为下邳郡。"《隋志》宿豫县下亦云:"大业初置下邳郡。"

《北周志》泗州领宿豫、高平、淮阳3郡。

1. 宿豫县(581—617)

《地形志》:"宿豫,武定七年置。"《元和志》:"晋立宿豫县,隋开皇三年属泗州。"

宿豫郡(581—582)——宿豫县

《隋志》:"旧置宿豫郡,开皇初郡废。"《北周志》宿豫郡领宿豫、临沭2县。其临沭县下云:"盖废于北齐、北周之世。"然则隋已无此县,今不列。

2. 高平县(581—597 高平县,598—617 徐城县)

《隋志》:"东魏并梁东平、阳平、清河、归义四郡为高平县,又并梁朱沛、循义、安丰三郡为朱沛县,后周又并朱沛入高平,开皇十八年更名徐城。"

高平郡(581—582)——高平县

《隋志》:"梁置高平郡,开皇初郡废。"《北周志》高平郡领高平1县。

3. 淮阳县(581—617)

《隋志》:"东魏并绥化、吕梁二郡置绥化县,后周改县曰淮阳。"

淮阳郡(581—582)——淮阳县、临清县

《隋志》:"梁置淮阳郡,开皇初郡废。"《北周志》淮阳郡领淮阳、临清2县。

4. 临清县(581—582)

《隋志》淮阳县下:"又有梁临清、天水、浮阳三郡,东魏并为角城县,后齐改曰文城县,后周又改为临清,开皇三年省入焉。"按角城,《隋志》原作甬城,据《地形志》改。又《地形志》云:"角城,武定七年改萧衍临清、天水、浮阳三县立。"则此《隋志》"三郡"亦为"三县"之误也。

5. 晋陵县(581—597 晋陵县,598—617 夏丘县)

《隋志》:"夏丘,后齐置,后周改县曰晋陵,开皇十八年县复曰夏丘。"《寰宇记》:"后周大象中改为晋陵,隋开皇十八年复为夏丘。"

宋州(581—597)——夏丘郡、潼郡

《隋志》:"后齐立潼州,后周改为宋州,开皇十八年州废。"《北周志》宋州领夏丘、潼2郡。

夏丘郡(581—582)——晋陵县

《隋志》:"后齐置夏丘郡,开皇初郡废。"《北周志》夏丘郡领晋陵1县。

6. 睢陵县(581—582)

《隋志》夏丘县下:"又东魏置睢陵县,开皇初县废。"

潼郡(581—582)——睢陵县

《隋志》:"东魏置临潼郡,后齐改为潼郡,开皇初郡废。"《北周志》潼郡领睢陵1县。

7. 下邳县(581—617)

《隋志》:"梁曰归政,魏改县为下邳。"《元和志》:"秦曰下邳县,汉属东海郡,宋属东徐州,周改东徐为邳州,隋省邳州,以县属泗州。"

邳州(581—605)——下邳郡、武原郡、郯郡

《隋志》:"梁置武州,魏改州曰东徐,后周改州为邳州,大业初州废。"《寰宇记》:"后周改东徐州为邳州,大业二年省邳州,以县属泗州。"《北周志》邳州领下邳、武原、郯3郡。

下邳郡(581—582)——下邳县

《隋志》:"梁置下邳郡,开皇初郡废。"《北周志》下邳郡领下邳一县。

8. 武原县(581—590武原县,591—617良城县)

《隋志》:"开皇十一年县更名曰良城。"《杨考》:"《地形志》武原郡治武原县,故知隋改武原为良城也。"

武原郡(581—582)——武原县

《隋志》:"梁置武安郡,开皇初郡废。"《杨考》:"当作'魏置武原郡。'《地形志》:'武原郡,武定八年分下邳置。'"《舆地广记》作"梁置武原郡。"《北周志》亦作武原郡,领武原1县。

9. 郯县(581—617)

《寰宇记》:"古郯城,在下邳县东北一百五十里,后汉徐州刺史理此。高齐省,后周大象元年复置。"

郯郡(581—582)——郯县

《隋志》:"旧置郯郡,开皇初废。"《北周志》郯郡领郯、归昌2县。按归昌不见于《隋志》等书,今不列。

10. 重冈县(612—617)

《寰宇记》临淮县下:"南重冈城,亦隋重冈县地也,在旧徐城县北九十里,

通济渠南一里平地,大业八年移县于此置,十年筑城,隋末废。"《纪要》:"南重冈城,《寰宇记》云隋重冈县也。大业八年于此置县,依重冈山为名。今《隋志》不载。"

以上所列,为泗州下邳郡之政区沿革。其开皇三年前有3州、8郡、9县;大业三年改州为郡后,下邳郡共领7县。兹列表131如下。

表131　泗州下邳郡隋开皇元年、大业三年州郡县统辖关系表

	开　皇　元　年								小计		大业三年
州	泗　州					邳　州			3州	郡	下邳郡
郡	宿豫郡	高平郡	淮阳郡	夏丘郡	潼郡	下邳郡	武原郡	郯郡	8郡	县	宿豫县、徐城县、淮阳县、夏丘县、下邳县、良城县、郯县
县	宿豫县	高平县	淮阳县 临清县	晋陵县	睢陵县	下邳县	武原县	郯县			
小计	1县	1县	2县	1县	1县	1县	1县	1县	9县	小计	7县

第八章　扬州地区州郡县沿革

第一节　吴州江都郡政区沿革

（一三〇）吴州江都郡(581—588 吴州,589—606 扬州,607—617 江都郡)

开皇三年前领广陵江阳、海陵、山阳、盐城、神农、盱眙7郡。

《隋志》:"梁置南兖州,后齐改为东广州,陈复曰南兖,后周改为吴州,开皇九年改为扬州。"《寰宇记》:"炀帝改为江都郡。"

《北周志》吴州领广陵江阳、海陵、山阳、盐城、神农、盱眙等郡。

1. 广陵县(581—597 广陵县,598—606 邗江县,607—617 江阳县)

《隋志》:"旧曰广陵,开皇十八年改县曰邗江,大业初更名江阳。"《寰宇记》:"高齐为广陵县,隋初改为江阳县。"

广陵江阳二郡 (581—582)——广陵县、江都县

《隋志》:"后齐置广陵、江阳二郡,开皇初郡废。"《杨考》:"当是合二郡为双头郡。"《北周志》广陵江阳二郡领广陵、江都2县。

2. 江都县(581—617)

《隋志》:"江都,自梁及隋,或废或置。"《纪要》江都故城下云:"汉县治此,三国时废,晋太康六年复置,江左时废时置,隋唐为附郭县,今故城已圮于江。"

3. 海陵县(581—617)

《寰宇记》:"海陵县,故楚邑,汉以为县,属临淮郡,晋立为海陵郡。"《宋志》:"三国时废,晋太康元年复立。"

海陵郡 (581—582)——海陵县、建陵县、如皋县、宁海县

《隋志》:"梁置海陵郡,开皇初郡废。"《宋志》:"海陵郡,晋安帝分广陵立。"则此郡非梁始置也。《北周志》海陵郡领海陵、建陵、如皋、宁海4县。

4. 建陵县(581—582)

《隋志》海陵县下:"开皇初又并建陵县入。"《宋志》:"建陵,晋安帝立。"

5. 如皋县(581—582)

《隋志》宁海县下:"开皇初并如皋县入。"《宋志》:"如皋,晋安帝立。"

6. 宁海县(581—617)

《宋志》:"宁海,晋安帝立。"《纪要》:"晋安帝置县,属山阳郡,寻属海陵郡,宋齐及梁因之,隋属扬州。"

7. 山阳县(581—617)

《寰宇记》:"晋义熙九年置山阳郡,又立山阳县以隶焉。"《宋志》:"山阳,射阳县境,地名山阳,与郡俱立。"

楚州(581—605)——淮阴郡、阳平郡、东莞郡

《隋志》山阳县下:"有后魏淮阴郡,东魏改为淮州;又侨立东平郡,开皇元年改郡曰淮阴,并立楚州;寻郡废,大业初州废。"《杨考》据《宋志》、《南齐志》,以为东魏是改北兖州为淮州,非改淮阴郡为淮州,《隋志》有误。《北周志》亦云:"旧置北兖州,东魏改曰淮州,陈复曰北兖州,周复曰淮州。"《纪要》又云:"隋开皇初改置楚州。"

《北周志》淮州领东平、阳平、东莞3郡。东平郡,开皇元年改为淮阴郡。

然《隋志》山阳县下又云:"开皇十二年置楚州,大业初州废。"似一地置有二楚州。《纪要》云:"东魏改置淮州,又分置淮阴郡,开皇初改置楚州,十二年移治山阳,大业初州废。"是矣。楚州本治淮阴,开皇十二年移治山阳,因淮阴县大业初并入山阳,故《隋志》一并书之。

山阳郡(581—582)——山阳县

《隋志》山阳县下:"旧置山阳郡,开皇初郡废。"《北周志》山阳郡领山阳1县。

8. 盐城县(581—617)

《寰宇记》:"本汉盐渎县,属临淮郡,晋安帝更名盐城县。"《宋志》:"三国时废,晋太康二年复立,晋安帝更名。"

盐城郡(581—582)——盐城县

《隋志》:"后齐置射阳郡,陈改曰盐城,开皇初郡废。"《北周志》盐城郡领盐城1县。

9. 高邮县(581—617)

《寰宇记》:"本汉旧县,是秦之高邮亭,因以立名。三国时荒废,晋太康中复立。"《宋志》:"晋太康元年复立。"

神农郡(581—582)——高邮县、竹塘县、三归县、临泽县

《隋志》:"梁置广业郡,寻以有嘉禾,为神农郡,开皇初郡废。"《北周志》神农郡领高邮、竹塘、三归、临泽4县。

10. 竹塘县(581—582)

《隋志》高邮县下："梁析置竹塘县，开皇初并入焉。"

11. 三归县(581—582)

《隋志》高邮县下："梁析置三归县，开皇初并入焉。"

12. 临泽县(581—582)

《隋志》高邮县下："开皇初并临泽县入焉。"《宋志》："临泽，泰豫元年立。"泰豫为刘宋明帝年号。

13. 盱眙县(581—617)

《寰宇记》："盱眙县，本秦旧县地也。汉属临淮郡，晋义熙中又置盱眙郡。后魏为盱眙戍，乾明元年又为县，仍属淮州。后周又立盱眙郡，属扬州。隋开皇三年郡废。"

盱眙郡(581—582)——盱眙县、考城县、直渎县、阳城县

《隋志》："旧魏置盱眙郡，开皇初郡废。"《北周志》盱眙郡领盱眙、考城、直渎、阳城4县。

14. 考城县(581—582)

《隋志》盱眙县下："开皇初并考城县入。"《晋志》："考城，义熙七年立。"

15. 直渎县(581—582)

《隋志》盱眙县下："开皇初并直渎县入。"《宋志》："直渎，晋安帝立。"

16. 阳城县(581—582)

《隋志》盱眙县下："开皇初并阳城县入。"《宋志》："阳城，晋安帝立。"

17. 淮阴县(581—605)

《隋志》山阳县下："后齐并鲁、富陵立怀恩县，后周改曰寿张，开皇元年更改县曰淮阴，大业初县并入焉。"

淮阴郡(581—582)——淮阴县

《隋志》山阳县下："后周又侨立东平郡，开皇元年改郡曰淮阴，寻废郡。"《北周志》东平郡领寿张1县，则隋初淮阴郡亦领淮阴1县也。

按此地后周立淮州，隋开皇元年改为楚州，州领东平、阳平、东莞3郡。开皇十二年楚州移治山阳县。

18. 安宜县(581—617)

《寰宇记》："宝应县，本安宜县。"《纪要》："本汉平安县，属广陵国，后汉改为安宜县，晋省，齐复置，属阳平郡，梁为阳平郡治，兼置东莞郡于此，高齐及周因之，隋郡废，县属扬州。唐上元三年改为宝应县。"

阳平郡(581—582)——安宜县、石鳖县

《隋志》："梁置阳平郡及东莞郡，开皇初郡废。"《北周志》阳平郡领安宜、石

鳖2县。

东莞郡(581—582)——？

《隋志》:"梁置阳平郡及东莞郡,开皇初郡废。"《北周志》云此东莞郡领县无考,依《隋志》口气,似与阳平郡为双头郡。

19. 石鳖县(581—582)

《隋志》安宜县下:"开皇初又废石鳖县入焉。"《南齐志》:"北兖州北对清泗,临淮守险,有阳平石鳖,田稻丰饶。"《杨考》云:"未知何时置县。《北齐书·潘乐传》:'乐讨侯景,发石鳖。'疑其时已置县。"

20. 顿丘县(581—582 顿丘县,583—597 新昌县,598—617 清流县)

《隋志》:"旧曰顿丘,开皇初改曰新昌,十八年又改为清流。"《宋志》:"顿丘,江左流寓立。"

滁州(581—605)——新昌郡、北谯郡、南梁郡

《隋志》:"旧置南谯州,开皇初改为滁州,大业初州废。"《寰宇记》:"梁大同二年,割北徐州之新昌、南豫州之南谯、豫州之北谯,凡三郡,立为南谯州,居桑根山之西,今滁州西南八十里全椒县界南谯故城是也。梁末丧乱,地没高齐,至天保三年徙南谯州于新昌郡,今之州城是也。又改北谯为临滁郡,南谯州领临滁、新昌、高塘三郡。隋开皇九年废新昌郡,改南谯州为滁州,因水为名。炀帝初州废。"此云改南谯州为滁州在开皇九年,而《隋书》卷60《崔仲方传》论取陈之策在开皇六年,时已有滁州,故杨守敬以为"九"乃"元"之讹。且开皇三年已废天下之郡,安得于九年废新昌郡？杨守敬所云甚是,此改滁州是在开皇元年。

《北周志》南谯州领新昌、北谯、南梁3郡。南梁郡,见庐州庐江郡内。

新昌郡(581—582)——顿丘县、高塘县、乐巨县

《隋志》清流县下:"旧置新昌郡,开皇初郡废。"《北周志》新昌郡领顿丘、高塘、乐巨3县。

21. 高塘县(581—582)

《隋志》清流县下:"开皇初又废高塘县入顿丘。"《寰宇记》高齐南谯州领有高塘郡,《纪要》云"后周废郡,改为高塘县。"

22. 乐巨县(581—582)

《隋志》清流县下:"开皇初又废乐巨县入顿丘。"

23. 北谯县(581—582 北谯县,583—605 滁水县,606—617 全椒县)

《隋志》:"全椒,梁曰北谯,开皇初改县为滁水,大业初改名焉。"《寰宇记》同。

北谯郡(581—582)——北谯县、西谯县、丰乐县

《隋志》全椒县下:"梁置北谯郡,后齐改郡为临滁,后周又曰北谯,开皇初郡废。"《北周志》北谯郡领北谯、西谯、丰乐3县。

24. 西谯县(581—582)

《陈书》卷5《宣帝纪》:"太建七年五月乙卯,分北谯县置北谯郡,领阳平所属北谯、西谯二县。"此县盖开皇初与郡同废。

25. 丰乐县(581—582)

《纪要》全椒县丰乐城下:"梁置县,属北谯郡,隋废。"盖开皇初与郡同废。

26. 尉氏县(581—583 尉氏县,584—617 六合县)

《隋志》:"旧曰尉氏,开皇四年改尉氏曰六合。"《寰宇记》:"隋废六合郡,为六合县。"

方州(581—605)——六合郡、石梁郡

《隋志》六合县下:"后齐置秦州,后周改州曰方州,大业初州废。"《北周志》方州领六合、石梁2郡。

六合郡(581—582)——尉氏县、堂邑县、方山县

《隋志》:"旧置秦郡,后周改郡曰六合,开皇初郡废。"《寰宇记》:"后周改为六合郡,因六合山为名。"《北周志》六合郡领尉氏、堂邑、方山3县。

27. 堂邑县(581—583)

《隋志》六合县下:"开皇四年省堂邑县入焉。"

28. 方山县(581—583)

《隋志》六合县下:"开皇四年省方山县入焉。"

29. 石梁县(581—605 石梁县,606—617 永福县)

《隋志》:"旧曰沛,后周改沛县为石梁县,省横山县入焉。大业初改县曰永福。"

石梁郡(581—582)——石梁县

《隋志》:"梁置泾城、东阳二郡,陈并二郡为沛郡,后周改沛郡为石梁郡,开皇初郡废。"《北周志》石梁郡领石梁1县。

30. 延陵县(581—617)

《元和志》:"晋太康二年分曲阿之延陵乡置延陵县。"《纪要》:"宋属晋陵郡。"《寰宇记》:"隋移治丹徒。"

31. 丹徒县(581—588)

《隋志》延陵县下:"开皇九年又废丹徒县入焉。"《寰宇记》:"汉丹徒县属会稽郡,后汉属吴郡,吴嘉禾三年改丹徒为武进,晋太康三年复曰丹徒。"

南徐州(581—588)——东海郡、晋陵郡、义兴郡、江阴郡、信义郡

《隋志》延陵县下:"旧置南徐州,开皇九年州废。"《宋志》:"晋咸和四年侨

置徐州,宋永初二年加徐州曰南徐,元嘉八年更以江北为北兖州,江南为南徐州,治京口。"臧励和《补陈疆域志》(以下简称《补陈志》)南徐州领东海郡、晋陵郡、义兴郡、江阴郡、信义郡。晋陵、义兴、江阴三郡见常州毗陵郡内;信义郡,见吴州吴郡内。

润州(595—605)——延陵县、曲阿县、永平县

《隋志》延陵县下:"开皇十五年置润州,大业初州废。"《寰宇记》:"隋平陈,废南徐州为延陵镇,移于京口为延陵县,属蒋州。开皇十五年罢延陵镇,以蒋州之延陵、永年、常州之曲阿三县置润州于镇城,取县东润浦为名。大业三年,废为江都郡之延陵县。"按《寰宇记》永年为永平之误,《纪要》云:"吴分溧阳县置永平县,晋太康中更名永世,永嘉以后更属义兴郡,寻复属丹阳郡。隋平陈废,开皇十二年复置,属宣州。"当是开皇十五年置润州时由宣州割隶,大业初润州废后又属宣州。永平县,见南豫州宣城郡内。

东海郡(581—588)——丹徒县、曲阿县、兰陵县

《隋志》延陵县下:"旧置南东海郡,梁改曰兰陵郡,陈又改为东海,开皇九年郡废。"《补陈志》东海郡领郯、丹徒、兰陵、曲阿4县。郯县不见于《隋志》、《元和志》等,今不列。

32. 曲阿县(581—617)

《元和志》:"本旧云阳县地。秦时望气者云有王气,故凿之以败其势,截其直道,使之阿曲,故曰曲阿。"《宋志》:"吴嘉禾三年改曰云阳,晋太康二年改为曲阿。"

33. 兰陵县(581—588)

《隋志》曲阿县下:"有武进县,梁改为兰陵,开皇九年并入。"

34. 句容县(581—617)

《元和志》:"句容,汉旧县也。"《纪要》:"汉初置县,属鄣郡,元封中属丹阳郡,后汉至六朝皆因之。隋平陈,属扬州,大业初属江都郡。"

35. 江浦县(583—605)

《隋志》海陵县下:"开皇初析置江浦县,大业初省入。"《纪要》泰州建陵废县下:"在州东北七十里,隋析置江浦县于此,大业初省入海陵县。"

36. 金山县(617)

《元和志》:"本汉曲阿县地,隋于此置金山府。隋末乱离,乡人自立为金山县。"《新唐志》:"隋末上人保聚,因为金山县。"

以上所列,为吴州江都郡之政区沿革。其开皇三年前有5州、14郡、34县;大业三年改州为郡后,江都郡共领16县。兹列表132如下。

表 132　吴州江都郡隋开皇元年、大业三年州郡县统辖关系表

	开皇元年																小计
州	吴州						楚州			滁州		方州		南徐州	(扬州)		5州
郡	广陵江阳二郡	海陵郡	山阳郡	盐城郡	神农郡	盱眙郡	淮阴郡	阳平郡	东莞郡	新昌郡	北谯郡	六合郡	石梁郡	东海郡	(晋陵郡)	(丹阳郡)	14郡
县	广陵县、江阳县	海陵县、建陵县、如皋县、宁海县	山阳县	盐城县	高邮县、竹塘县、三归县、临泽县	盱眙县、考城县、直渎县、阳城县	淮阴县	安宜县、石鳖县		顿丘县、高塘县、乐巨县	北谯县、西谯县、丰乐县	尉氏县、堂邑县、方山县	石梁县	丹徒县、曲阿县、兰陵县	延陵县	句容县	
小计	2县	4县	1县	1县	4县	4县	1县	2县		3县	3县	3县	1县	3县	1县	1县	34县

	大业三年
郡	江都郡
县	江阳县、江都县、海陵县、宁海县、山阳县、盐城县、高邮县、盱眙县、安宜县、清流县、全椒县、六合县、永福县、延陵县、曲阿县、句容县
小计	16县

第二节　西楚州钟离郡政区沿革

(一三一) 西楚州钟离郡(581—582 西楚州,583—606 濠州,607—617 钟离郡)
开皇三年前领钟离、广安、济阴、荆山4郡。

《隋志》:"后齐曰西楚州,开皇二年改曰濠州。"《元和志》:"高齐文宣帝改为西楚州。隋开皇三年改为濠州,因水为名,大业三年改为钟离郡。"按改濠州之年,《隋志》在开皇二年,《元和志》在三年,今从《元和志》。

《北周志》西楚州领钟离、广安、阴陵、济阴、荆山5郡。阴陵郡不见于《隋

志》、《元和志》等书;《纪要》定远县阴陵城下云:"东魏亦为北谯郡治,后周郡县俱废。"今不列此郡、县。

1. 钟离县(581—617)

《元和志》:"钟离县,本汉旧县,属九江郡。安帝时,因东郡燕县流入钟离者,于此置燕县,至高齐复为钟离县。"《寰宇记》同。

钟离郡(581—582)——钟离县

《隋志》:"旧置钟离郡,开皇初郡废。"《北周志》钟离郡领钟离1县。

2. 定远县(581—614)

《隋志》:"旧曰东城,梁改曰定远。"《寰宇记》:"梁改为广安郡定远县,隋开皇三年废郡留县,大业十一年贼帅孟让烧劫,县废。"

广安郡(581—582)——定远县

《隋志》:"梁置临濠郡,后齐改曰广安,开皇初郡废。"《北周志》广安郡领定远1县。

3. 昭义县(581—604昭义县,605—617化明县)

《隋志》:"化明,故曰睢陵,后齐改县曰池南,陈复曰睢陵,后周改为昭义,大业初县改名焉。"《元和志》:"隋大业元年为化明县,属濠州。"

济阴郡(581—582)——昭义县

《隋志》:"旧置济阴郡,开皇初郡废。"《北周志》济阴郡领昭义1县。

4. 马头县(581—582马头县,583—617涂山县)

《隋志》:"旧曰当涂,后齐改曰马头,开皇初改县曰涂山。"

荆山郡(581—582)——马头县

《隋志》:"后齐置郡曰荆山,开皇初废郡。"《北周志》荆山郡领马头1县。

以上所列,为西楚州钟离郡之政区沿革。其开皇三年前有1州、4郡、4县;大业三年改州为郡后,钟离郡共领4县。兹列表133如下。

表133 西楚州钟离郡隋开皇元年、大业三年州郡县统辖关系表

开皇元年				小计	大业三年	
州	西楚州			1州	郡	钟离郡
郡	钟离郡	广安郡	济阴郡	荆山郡	4郡	县	钟离县、定远县、化明县、涂山县
县	钟离县	定远县	昭义县	马头县			
小计	1县	1县	1县	1县	4县	小计	4县

第三节 扬州淮南郡政区沿革

(一三二) 扬州淮南郡(581—588 扬州,589—606 寿州,607—617 淮南郡)

开皇三年前领淮南、梁、北谯、汝阴、陈留、北陈 6 郡。

《隋志》:"旧曰豫州,后魏曰扬州,梁曰南豫州,东魏曰扬州,陈又曰豫州,后周曰扬州,开皇九年曰寿州。"又寿春县下:"大业初置淮南郡。"

《北周志》扬州领淮南、梁、北谯、汝阴、陈留、北陈 6 郡。

1. 寿春县(581—617)

《寰宇记》:"寿春,本楚县也。东晋以郑皇后讳,改为寿阳。"《杨考》:"《地形志》有寿春,则魏已复汉旧名。"

淮南郡(581—582)——寿春县

《隋志》寿春县下:"旧有淮南郡,开皇初废。"《北周志》淮南郡领寿春 1 县。

梁郡(581—582)——蒙县

《隋志》寿春县下:"旧有梁郡,开皇初废。"《北周志》梁郡领蒙、崇义 2 县。《嘉庆重修一统志》云崇义废于后齐,故不列此县。

北谯郡(581—582)——北谯县

《隋志》寿春县下:"旧有北谯郡,开皇初废。"《北周志》北谯郡领北谯 1 县。

汝阴郡(581—582)——汝阴县

《隋志》寿春县下:"旧有汝阴郡,开皇初废。"《北周志》汝阴郡领汝阴 1 县。

2. 蒙县(581—582)

《隋志》寿春县下:"开皇初废蒙县入焉。"《寰宇记》云"至隋末废",然《隋志》不列此县,恐不确。今仍从《隋志》,作开皇初废县。

3. 北谯县(581—582)

《地形志》扬州北谯郡领有北谯县。《寰宇记》:"梁克寿阳后,立北谯郡于故曲阳地,北谯、蒙城二县属焉。"《北周志》北谯郡亦领北谯县,此县盖开皇初与郡同废。

4. 汝阴县(581—582)

《北周志》云:"《地形志》扬州淮南郡有汝阴县,即此。盖梁侨立汝阴郡汝阴县于淮南郡境也。"此县当亦是开皇初与郡同废。

5. 安丰县(581—617)

《寰宇记》:"安丰县,汉为县,属六安国。后汉属庐江郡。梁置陈留、安丰二郡于此。隋罢郡,县属扬州,改隶寿州。"

陈留郡(581—582)——浚仪县、小黄县、雍丘县

《隋志》安丰县下："梁置陈留郡,开皇初废。"《寰宇记》："陈留郡领浚仪、小黄、雍丘三县。"《北周志》同。

安丰郡(581—582)——安丰县、松滋县

《隋志》安丰县下："梁置安丰郡,开皇初废。"《地形志》扬州安丰郡领安丰、松滋 2 县,霍州安丰郡领安丰 1 县。《北周志》安丰郡属霍州,领安丰、松滋 2 县。王仲荦云："按安丰县屡有移置。据《寰宇记》,古安丰县在霍丘县西南十二里,北临淮。至梁武帝天监元年,移治于霍丘戍东北,即今霍丘县东北。大同元年,又移置霍丘戍南四十里射鹄村,并徙安丰郡治此。北齐天保七年,又移治霍丘县东南三十八里无期村。至隋开皇三年始移治今寿县西南六十里之芍陂塘侧,亦即废陈留郡之浚仪县旧治也。《地形志》扬州之安丰,亦即霍州之安丰,有时隶扬州,有时隶霍州,本非二地。"正因安丰县多有移徙,故此县下系有陈留及安丰二郡,而属县又分隶扬州及霍州二州。

6. 浚仪县(581—582)

《寰宇记》："废浚仪县在安丰县东北二百五十步芍陂塘下,晋义熙十二年刘义奏置,隋开皇三年废。"

7. 小黄县(581—617)

《寰宇记》："废小黄县在安丰县西北三十里,晋义熙十二年刘义奏置,唐武德七年废。"

8. 雍丘县(581—582)

《寰宇记》："废雍丘县在安丰县南六十里,晋义熙十二年刘义奏置,隋开皇三年废。"

9. 松滋县(581—582)

《寰宇记》："废松滋县在霍丘县东十五里,《汉地理志》庐江郡有松滋县,东魏及周属安丰郡,开皇三年废。"

10. 长平县(581—617)

《地形志》扬州北陈郡有苌平县,当即此《隋志》所列之长平县。

北陈郡(581—582)——长平县、西华县

《隋志》："梁置北陈郡,开皇初废。"《北周志》北陈郡领长平、西华 2 县。

11. 西华县(581—582)

《隋志》长平县下："开皇初并西华县入。"

12. 霍丘县(599—617)

《隋志》："霍丘,开皇十九年置县,名焉。"《寰宇记》："今县本是梁所置霍丘

成,隋开皇中改为县。"

以上所列,为扬州淮南郡之政区沿革。其开皇三年前有 1 州、7 郡、11 县;大业三年改州为郡后,淮南郡共领 5 县。兹列表 134 如下。

表 134　扬州淮南郡隋开皇元年、大业三年州郡县统辖关系表

	开　皇　元　年							小计	大　业　三　年	
州	扬　州						(霍州)	1 州	郡	淮南郡
郡	淮南郡	梁郡	北谯郡	汝阴郡	陈留郡	北陈郡	安丰郡	7 郡	县	寿春县、安丰县、小黄县、长平县、霍丘县
县	寿春县	蒙县	北谯县	汝阴县	浚仪县 小黄县 雍丘县	长平县 西华县	安丰县 松滋县	11 县		
小计	1 县	1 县	1 县	1 县	3 县	2 县	2 县	11 县	小计	5 县

第四节　光州弋阳郡政区沿革

(一三三) 光州弋阳郡(581—606 光州,607—617 弋阳郡)

开皇三年前领光城、弋阳、宋安、丰安 4 郡。

《隋志》:"梁置光州。"又光山县下:"大业初置光阳郡。"《杨考》云:"光阳,弋阳通称。"《元和志》:"梁末于光城县置光州,隋大业三年罢州为弋阳郡。"

《北周志》光州领光城、弋阳、宋安、丰安 4 郡。

1. 光城县(581—582 光城县,598—617 光山县)

《隋志》:"开皇十八年置光山县。"《元和志》:"宋孝武帝大明初于此立光城县,隋开皇三年废入乐安,十八年又置光山县。"《寰宇记》同。则此县废而复置也。

光城郡 (581—582)——光城县、乐安县

《隋志》:"旧置光城郡,开皇初郡废。"《北周志》光城郡领光城、乐安 2 县。

2. 乐安县(581—617)

《元和志》:"乐安县,本汉轪县,属江夏郡,至宋分立乐安县。"《宋志》弋阳郡领有乐安县。

3. 宋安县(581—582)

《隋志》乐安县下:"梁置宋安县,开皇初废入焉。"

宋安郡 (581—582)——宋安县

《隋志》乐安县下："梁置宋安郡，开皇三年废。"《北周志》宋安郡领宋安1县。

4. 新城县(581—582)

《地形志》湘州永安郡领新城1县。《纪要》云："丰安城在光山县西，或曰本后魏所置永安郡也，治新城县。高齐改为丰安郡，隋废郡。"

丰安郡(581—582)——新城县

《隋志》乐安县下："又有丰安郡，开皇三年废。"《北周志》丰安郡领新城1县。

5. 定城县(581—617)

《隋志》："后齐置南、北二弋阳县，后又省北弋阳入南弋阳，改为定远矣。"《寰宇记》引《舆地志》云"后齐武平元年改南弋阳为定城"，《舆地广记》亦作"定城"，则《隋志》作"定远"误，今据改。

弋阳郡(581—582)——定城县

《隋志》定城县下："后魏置弋阳郡，开皇初废。"《北周志》弋阳郡属光州，领定城1县。

南郢州(581—582)——东光城郡、淮南郡、齐安郡、新蔡郡、边城郡

《隋志》定城县下："后齐置南郢州，开皇初废。"《地形志》："南郢州，萧衍置，魏因之，治赤石关。"《北周志》南郢州领光城、淮南、齐安、新蔡、边城5郡。

齐安郡(581—582)——？

新蔡郡(581—582)——？

《隋志》定城县下："又后齐置齐安、新蔡二郡，开皇初废。"《北周志》云齐安、新蔡二郡领县无考。

6. 光城县(581—582)

《地形志》南郢州光城郡领光城1县，萧衍置，魏因之。《北周志》："光城，梁置。"此县盖开皇初与郡同废。

东光城郡(581—582)——光城县

《隋志》定城县下："后齐又立东光城郡，开皇初废。"《北周志》作光城郡，领光城1县，并云："按此即《隋志》定城县下之南郢州东光城郡也。"

7. 东新蔡县(581—582)

《隋志》定城县下："有梁东新蔡县，后周改为淮南郡。"此云后周于东新蔡县立淮南郡，非废县而立郡也。此县亦当是开皇初与郡同废。

淮南郡(581—582)——东新蔡县

《隋志》定城县下："有梁东新蔡县，后周改为淮南郡，开皇初郡废。"《北周志》淮南郡领东新蔡1县。

8. 茹由县(581—582)

《宋志》:"茹由,元嘉二十五年置。"《寰宇记》:"开皇三年省入乐安县。"

边城郡(581—582)——茹由县

《地形志》南郢州有边城郡,领茹由1县。《北周志》边城郡亦领茹由1县,郡盖废于开皇初。

9. 包信县(581—583 包信县,584—617 殷城县)

《隋志》:"殷城,旧曰包信,开皇初改名焉。"《元和志》:"本汉期思县地,属汝南郡。宋侨立包信县于此,梁以包信县属义州。隋开皇四年,改包信县为殷城县,属弋阳郡。"《寰宇记》:"隋文帝以豫州包信重名,改为殷城。"

南建州(581—582)——平高郡、义城郡、新蔡郡、新城郡

《隋志》殷城县下:"梁置建州,开皇初废。"《地形志》:"南建州,萧衍置,治高平城。"《廿二史考异》云:"梁时本称建州,南字东魏所加,以别于高都之建州也。"《北周志》建州领平高、义城、新蔡、新城4郡。

义城郡(581—582)——包信县

《隋志》:"梁置义城郡,开皇初废。"《北周志》义城郡领包信1县。

10. 平高县(581—582)

《地形志》南建州高平郡领有高平县,而《隋志》作平高,王仲荦《北周志》云盖北周所改。此县当是开皇初与郡同废。

平高郡(581—582)——平高县

《隋志》殷城县下:"梁置平高郡,开皇初废。"《北周志》平高郡领平高1县。

11. 新蔡县(581—582)

《地形志》南建州新蔡郡领有新蔡县。《北周志》南建州新蔡郡亦领新蔡县。此县盖开皇初与郡同废。

新蔡郡(581—582)——新蔡县

《隋志》殷城县下:"梁置新蔡郡,开皇初废。"《北周志》新蔡郡领新蔡1县。

12. 新城县(581—582)

《地形志》南朔州新城郡领新城县。南朔州不见于《隋志》,王仲荦《北周志》以为废于北周,则此新城郡及县初属南朔州,后改隶南建州。郡县皆于开皇初废。

新城郡(581—582)——新城县

《隋志》殷城县下:"梁置新城郡,开皇初废。"《北周志》新城郡领新城1县。

13. 固始县(581—617)

《隋志》:"固始,梁曰蓼县,后齐改名焉。"《元和志》:"固始县,本汉封蓼侯

之地。自东晋以后,蓼县省。宋明帝失淮北地,乃于此侨立新蔡郡,领固始一县。隋开皇七年改属义州(张驹贤《元和志考证》以为此义州当作光州,是。观下文大业三年废州后属弋阳郡可知)。大业三年废义州,属弋阳郡。"

|涔州|(581—582)——新蔡郡、边城郡、光化郡

《隋志》固始县下:"后齐置北建州,寻废州。后周改置涔州,开皇初州废入。"《北周志》涔州领新蔡、边城、光化3郡,而光化郡领县无考。

|新蔡郡|(581—582)——固始县

《隋志》固始县下:"后齐置新蔡郡,开皇初郡废。"《元和志》:"宋明帝侨立新蔡郡,领固始一县。"《北周志》新蔡郡亦领固始1县。

14. 期思县(581—616)

《纪要》:"汉置期思县,晋属弋阳郡,刘宋因之。齐永元二年没于后魏,正光中置边城郡于此。梁仍为期思县,属光州。隋初郡废,县属光州。"《寰宇记》:"大业十三年狂贼方献伯攻破,县因此遂废。"

|边城郡|(581—582)——期思县

《隋志》:"陈置边城郡,开皇初废。"《北周志》边城郡领期思1县。

|光化郡|(581—582)——?

《隋志》期思县下:"有后齐光化郡,开皇初亦废入焉。"《北周志》云光化郡领县无考。

以上所列,为光州弋阳郡之政区沿革。其开皇三年前有4州、16郡、14县;大业三年改州为郡后,弋阳郡共领6县。兹列表135如下。

表135 光州弋阳郡隋开皇元年、大业三年州郡县统辖关系表

	开 皇 元 年													小计
州	光 州				南郢州					南建州			涔 州		4州
郡	光城郡	宋安郡	丰安郡	弋阳郡	东光城郡	淮南郡	齐安郡	新蔡郡	边城郡	平高郡	义城郡	新蔡郡	新城郡	新蔡郡	边城郡	光化郡	16郡
县	光城县、乐安县	宋安县	新城县	定城县	光城县	东新蔡县				茹由县	平高县	包信县	新蔡县	新城县	固始县	期思县	
小计	2县	1县	1县	1县	1县					1县	1县	1县	1县	1县	1县	1县	14县

续　表

大　业　三　年	
郡	弋　阳　郡
县	光山县、乐安县、定城县、殷城县、固始县、期思县
小计	6县

第五节　蕲州蕲春郡政区沿革

(一三四) 蕲州蕲春郡(581—606 蕲州,607—617 蕲春郡)

开皇三年前领齐昌、永安 2 郡。

《隋志》:"后齐置雍州,后周改曰蕲州。"《元和志》:"高齐于此立齐昌郡,后陷于陈,改为江州。周平淮南,改为蕲州。"《寰宇记》:"炀帝三年废州,置蕲春郡。"

《北周志》蕲州领齐昌、永安 2 郡。

1. 齐昌县(581—597 齐昌县,598—617 蕲春县)

《隋志》:"蕲春,旧曰蕲阳,梁改曰蕲水,后齐改曰齐昌,开皇十八年改为蕲春。"

齐昌郡(581—582)——齐昌县、蕲水县

《隋志》:"后齐置齐昌郡,开皇初郡废。"《北周志》齐昌郡领齐昌、蕲水 2 县。

2. 蕲水县(581—617)

《隋志》:"旧曰蕲春,梁改名蕲水。"《杨考》:"汉蕲春已改于晋(晋避宣太后讳改为蕲阳),以后并无置蕲春事,不应有一蕲春为梁所改。且上云梁改蕲阳为蕲水(见齐昌县下),此又云梁改蕲春为蕲水,以今蕲州、蕲水计之,相距只百里,不应有两蕲水县。考《宋志》蕲水与浠水同置,而《南齐志》俱为左县,意梁时只此蕲水,上'改蕲阳为蕲水'为衍文,此更为驳文。"《杨考》所云,可备一说,《元和志》、《寰宇记》等亦无梁改蕲春为蕲水之说,今录以备考。

3. 浠水县(581—617)

《宋志》:"希水,元嘉二十五年立。"《南齐志》作希水左县。《杨考》:"《元和志》谓北齐改为兰溪镇,是县已废于齐而隋复置欤?"《纪要》:"刘宋于此立希水左县,属西阳郡,萧齐因之。梁又置永安郡,隋郡废,改县曰浠水,属蕲州。"今

从《纪要》。

　　永安郡(581—582)——浠水县

《隋志》："旧置永安郡，开皇初郡废。"《北周志》永安郡领浠水1县。

4. 永兴县(581—588 永兴县，589—597 新蔡县，598—617 黄梅县)

《隋志》："黄梅，旧曰永兴，开皇初改曰新蔡，十八年改名焉。"《元和志》："开皇九年置新蔡县，仁寿元年改为黄梅。"《寰宇记》、《纪要》均作开皇十八年改为黄梅，与《隋志》同。今从《隋志》。此县当是开皇初废郡后改隶蕲州。

　　新蔡郡(581—582)——永兴县

《隋志》黄梅县下无新蔡郡置废之文。《杨考》云："《宋志》、《南齐志》江州并有南新蔡郡，在今黄梅县西。《陈书》卷20《华皎传》：'天嘉三年，诏督寻阳、太原、高唐、南北新蔡五郡诸军事，寻阳太守。'《陈书》卷5《宣帝纪》：'太建五年六月，司马湛陁克新蔡城。'以地望准之，当在此，盖谓新蔡郡也。则梁、陈时尚有此二郡，志当云：'旧曰永兴，置新蔡郡，开皇初郡废，改县曰新蔡。'"《北周志》永兴亦属新蔡郡，郡属晋州。

5. 罗田县(581—617)

《纪要》："罗田县，汉蕲春县地，梁置县，又置义州及义城郡，隋初州郡俱废，县属蕲州。"

　　义州(581—582)——义城郡

《隋志》："梁置义州、义城郡，开皇初并废。"《北周志》义州领义城1郡。

　　义城郡(581—582)——罗田县

《隋志》："梁置义州、义城郡，开皇初并废。"《北周志》义城郡领罗田1县。

以上所列，为蕲州蕲春郡之政区沿革。其开皇三年前有2州、4郡、5县；大业三年改州为郡后，蕲春郡共领5县。兹列表136如下。

表136　蕲州蕲春郡隋开皇元年、大业三年州郡县统辖关系表

	开 皇 元 年				小计	大 业 三 年	
州	蕲　州		（晋州）	义　州	2州		蕲春郡
郡	齐昌郡	永安郡	新蔡郡	义城郡	4郡	县	蕲春县、蕲水县、浠水县、黄梅县、罗田县
县	齐昌县、蕲水县	浠水县	永兴县	罗田县			
小计	2县	1县	1县	1县	5县	小计	5县

第六节 庐州庐江郡政区沿革

(一三五)庐州庐江郡(581—606 庐州,607—617 庐江郡)

开皇三年前领汝阴、庐江、枞阳3郡。

《隋志》:"梁置南豫州,又改为合州,开皇初改为庐州。"《隋书》卷1《高祖纪》:"开皇元年以韩擒虎为庐州总管。"然则改庐州在开皇元年也。又《寰宇记》云:"炀帝初,州废为庐江郡。"

《北周志》庐州领汝阴、庐江、枞阳3郡。枞阳郡,见晋州同安郡内。

1. 汝阴县(581—582 汝阴县,583—617 合肥县)

《隋志》:"合肥,梁曰汝阴,开皇初县改名焉。"《寰宇记》:"合肥县,汉旧县,属九江郡,梁改为汝阴县。"

汝阴郡(581—582)——汝阴县、蕲县

《隋志》:"梁置汝阴郡,开皇初郡废。"《北周志》汝阴郡领汝阴、蕲2县。

2. 蕲县(581—582 蕲县,583—617 襄安县)

《隋志》:"梁曰蕲,开皇初改焉。"

3. 庐江县(581—617)

《寰宇记》:"庐江县故城在今庐江县西一百二十里,梁武帝置。"

庐江郡(581—582)——庐江县

《隋志》:"齐置庐江郡,开皇初郡废。"《北周志》庐江郡领庐江1县。

4. 慎县(581—617)

《杨考》:"汉县在今颖上县西北四十里,宋侨置于此。"《寰宇记》:"慎县,本汉浚遒县地,属九江郡,晋改置慎县,因县西北古慎城为名。"此县原属滁州,改隶庐州当在大业二年废滁州之后。

南梁郡(581—582)——慎县

《隋志》:"东魏置平梁郡,陈曰梁郡,开皇初郡废。"按《地形志》无平梁郡,慎县属合州南梁郡。《廿二史考异》亦以为此"东魏置平梁郡,陈曰梁郡"即是南梁郡。该郡本梁置,后地入魏,故《隋志》误作东魏置,又讹"南"为"平"。《陈书》卷5《宣帝纪》云:"太建七年五月乙卯,以合州之南梁郡隶入谯州。"则此郡本属合州,陈时又改隶谯州也。《北周志》南谯州有南梁郡,领慎县1县。

5. 岳安县(581—582 岳安县,583—617 霍山县)

《隋志》:"霍山,梁置岳安县,开皇初县改名焉。"

霍州(581—582)——岳安郡、北沛郡、安丰郡

《隋志》:"梁置霍州,后齐州废。"王仲荦《北周志》云:"按《北齐书》卷21《封隆之传》:'子子绣,武平中霍州刺史。吴明彻侵略淮南,子绣城陷被送扬州。'据是,北齐失霍州,非废霍州也。《陈书》卷5《宣帝纪》:'太建五年北讨,十二月壬午,任忠克霍州城。'又云:'太建十一年十一月辛亥,霍州陷。'按太建十一年即周大象元年,亦可侧证北齐废州之说为无据。《寰宇记》云隋初废州,盖近实也。"今从之。

《北周志》霍州领岳安、北沛、安丰3郡。安丰郡,见扬州淮南郡内。

岳安郡(581—582)——岳安县、开化县

《隋志》:"梁置岳安郡,开皇初郡废。"《北周志》岳安郡领岳安、开化2县。

6. 开化县(581—616)

《隋志》:"开化,梁置。"《宋志》:"开化,元嘉二十五年立。"《寰宇记》:"大业十三年废。"

7. 新蔡县(581—582)

《隋志》渒水县下:"梁置新蔡县,开皇初废新蔡县入焉。"

北沛郡(581—582)——新蔡县

《隋志》渒水县下:"梁置北沛郡,开皇初郡废。"《北周志》北沛郡领新蔡1县。

8. 渒水县(583—617)

《隋志》:"梁置北沛郡及新蔡县,开皇初郡废,又废新蔡县入焉。"《纪要》:"梁置北沛郡,治新蔡,东魏因之。后周亦为北沛郡治。隋开皇初郡废,改置渒水县,以新蔡县并入。"

以上所列,为庐州庐江郡之政区沿革。其开皇三年前有2州、5郡、7县;大业三年改州为郡后,庐江郡共领7县。兹列表137如下。

表137 庐州庐江郡隋开皇元年、大业三年州郡县统辖关系表

	开 皇 元 年				小计		大 业 三 年
州	庐　州	(南建州)	霍　州		2州	郡	庐江郡
郡	汝阴郡	庐江郡	南梁郡	岳安郡	北沛郡	5郡	县	合肥县、襄安县、庐江县、慎县、霍山县、开化县、渒水县
县	汝阴县 蕲县	庐江县	慎县	岳安县 开化县	新蔡县			
小计	2县	1县	1县	2县	1县	7县	小计	7县

第七节 晋州同安郡政区沿革

(一三六)晋州同安郡(581—582 晋州,583—606 熙州,607—617 同安郡)
开皇三年前领晋熙、高塘、新蔡、大雷 4 郡。

《隋志》:"梁置豫州,后改曰晋州,后齐改曰江州,陈又曰晋州,开皇初曰熙州。"又怀宁县下:"大业三年置同安郡。"《寰宇记》:"炀帝三年废州为同安郡。"

《北周志》晋州领晋熙、高塘、新蔡、大雷 4 郡。新蔡郡,见蕲州蕲春郡内。

1. 怀宁县(581—617)

《寰宇记》:"本汉皖县,晋永嘉乱后废,晋安帝改置怀宁县。"

晋熙郡(581—582)——怀宁县、太湖县

《隋志》:"旧置晋熙郡,开皇初郡废。"《北周志》晋熙郡领怀宁、太湖 2 县。

2. 太湖县(581—582 太湖县,583—597 晋熙县,598—616 太湖县)

《宋志》:"太湖左县,元嘉二十五年立,后省,太始二年复立。"《隋志》:"开皇初改为晋熙,十八年复改名焉。"《寰宇记》:"至大业十三年贼李子通破没,至唐武德四年还立为县。"

3. 高塘县(581—597 高塘县,598—617 宿松县)

《隋志》:"梁置高塘郡,开皇初郡废,改县曰高塘,十八年又改名焉。"按此县原为何名,《纪要》以为是晋末侨置松滋县,隋改为高塘。《杨考》云:"汉松滋县在今宿松县北五十里,晋、宋、齐、北魏松滋在霍丘,隋安得改松滋为高塘?《纪要》误。《寰宇记》:'晋平吴,以荆州有松滋县,遂改为宿松县。'尤误。按宿松之名不见于晋、宋诸志,是晋未置是县审矣。《梁书》卷 44《新兴王大庄传》'大同九年封高塘县公',则知梁置高塘郡,并置高塘县。"王仲荦《北周志》亦以为高塘郡、县皆梁置,隋初无改县名之事也。今从之。

高塘郡(581—582)——高塘县

《隋志》:"梁置高塘郡,开皇初郡废。"《北周志》高塘郡领高塘 1 县。

4. 新冶县(581—590 新冶县,591—597 义乡县,598—617 望江县)

《寰宇记》:"本汉皖县地,晋安帝于此立新冶县,属晋熙郡。历宋、齐、梁不改。至陈,于新冶置大雷郡。隋开皇初郡废,十一年改为义乡县,属熙州。十八年又改为望江县。"《隋志》:"开皇十一年改曰义乡,十八年改名焉。"

大雷郡(581—582)——新冶县

《隋志》:"陈置大雷郡。"《寰宇记》:"隋开皇初郡废。"《北周志》大雷郡领新冶 1 县。

5. 枞阳县(581—597 枞阳县,598—617 同安县)

《隋志》:"同安,旧曰枞阳,开皇十八年改名焉。"《寰宇记》枞阳故城下云:"在桐城县东南二百里。汉武帝元封五年置枞阳县,属庐江郡。梁天监年改县属枞阳郡。陈太建中亦为枞阳县,割属熙州。"

枞阳郡(581—582)——枞阳县、阴安县

《隋志》:"旧置枞阳郡,开皇初郡废。"《北周志》枞阳郡属合州,《寰宇记》云"陈太建中亦为枞阳县,割属熙州",然陈时并无熙州之名,且《陈书》卷5《宣帝纪》云"太建八年冬十一月丁酉,分江州晋熙、高塘、新蔡三郡为晋州",其中并无枞阳郡,《寰宇记》当有脱文。应是隋开皇初废郡,改晋州为熙州,又以枞阳属熙州。今仍从《北周志》,枞阳郡属合州,领枞阳、阴安 2 县。按合州开皇元年改为庐州,故隋初枞阳郡属庐州。

6. 阴安县(581—582)

《寰宇记》:"阴安故城在桐城县东南一百八十里。按《宋书》卷 36《州郡志》晋熙郡阴安县也。梁以阴安改属枞阳郡,隋开皇三年罢郡,县遂省。"

以上所列,为晋州同安郡之政区沿革。其开皇三年前有 1 州、4 郡、6 县;大业三年改州为郡后,同安郡共领 5 县。兹列表 138 如下。

表 138 晋州同安郡隋开皇元年、大业三年州郡县统辖关系表

	开 皇 元 年				小计		大 业 三 年
州	晋 州			(庐 州)	1 州	郡	同安郡
郡	晋熙郡	高塘郡	大雷郡	枞阳郡	4 郡	县	怀宁县、太湖县、宿松县、望江县、同安县
县	怀宁县 太湖县	高塘县	新冶县	枞阳县 阴安县	6 县		
小计	2 县	1 县	1 县	2 县	6 县	小计	5 县

第八节 和州历阳郡政区沿革

(一三七)和州历阳郡(581—606 和州,607—617 历阳郡)

开皇三年前领历阳、乌江 2 郡。

《隋志》:"后齐立和州。"又历阳县下:"大业初复置郡。"《寰宇记》:"炀帝初州废,复为历阳郡。"

《北周志》和州领历阳、乌江 2 郡。

1. 历阳县(581—617)

《寰宇记》:"历阳,本汉旧县,南有历水,故曰历阳。"

历阳郡 (581—582)——历阳县、龙亢县

《隋志》:"旧置历阳郡,开皇初郡废。"《北周志》历阳郡领历阳、龙亢 2 县。

2. 龙亢县(581—588)

《寰宇记》:"废龙亢县在含山县东南四十里。旧属谯国。周大象元年拓定江淮,并入历阳,依旧为龙亢县。陈平后,以其地还历阳。"王仲荦云:"《寰宇记》此段文字残缺,语意不完。以意度之,盖江左侨立龙亢,周仍以龙亢隶历阳郡,隋始废县。"今从之。按隋废县在平陈后,即开皇九年也。

3. 乌江县(581—617)

《寰宇记》:"本秦乌江亭,汉东城县地。晋太康六年置乌江县。"

乌江郡 (581—582)——乌江县

《隋志》:"梁置江都郡,后齐改为齐江郡,陈又为临江郡,周改为同江郡,开皇初郡废。"《北周志》云:"《通典·州郡典》:'周改为乌江郡。'按《隋书》卷 31《地理志》作周改为同江郡,《旧唐志》作改为问江郡,并误。今从《通典》。"《寰宇记》乌江县下亦云:"隋为乌江郡。"当以乌江郡为是。

《北周志》乌江郡领乌江 1 县。

以上所列,为和州历阳郡之政区沿革。其开皇三年前有 1 州、2 郡、3 县;大业三年改州为郡后,历阳郡共领 2 县。兹列表 139 如下。

表 139 和州历阳郡隋开皇元年、大业三年州郡县统辖关系表

	开 皇 元 年		小计		大 业 三 年
州	和 州		1 州	郡	历 阳 郡
郡	历阳郡	乌江郡	2 郡	县	历阳县、乌江县
县	历阳县、龙亢县	乌江县			
小计	2 县	1 县	3 县	小计	2 县

第九节 扬州丹阳郡政区沿革

(一三八)扬州丹阳郡(581—588 扬州,589—606 蒋州,607—617 丹阳郡)

开皇九年前领丹阳、建兴、陈留 3 郡。

《隋志》:"自东晋已后置扬州,平陈,更于石头城置蒋州。"又江宁县下:"大业初置丹阳郡。"《元和志》:"吴长沙桓王孙策定江东,置扬州于建业。及隋平陈,又于石城置蒋州,移扬州于江北之江都焉。"

《补陈志》扬州领丹阳、建兴、陈留3郡。陈留郡,见南豫州宣城郡内。

1. 江宁县(581—617)

《宋志》:"晋太康元年立临江县,二年更名江宁。"《寰宇记》:"故江宁县城在江宁县南七十里。晋永嘉中,帝初通江南,以江外无事,宁静于此,因置江宁县。"

丹阳郡(581—588)——江宁县、建康县、秣陵县、溧阳县、丹阳县、永世县、句容县

《隋志》:"梁置丹阳郡及南丹阳郡,陈省南丹阳郡。平陈,又废丹阳郡。"《陈书》卷3《世祖纪》:"天嘉五年五月,罢南丹阳郡。"《寰宇记》:"隋平陈,废丹阳郡。"《补陈志》丹阳郡领建康、秣陵、丹阳、溧阳、永世、江宁、句容7县。永世县,见南豫州宣城郡内;句容县,见吴州江都郡内。

2. 建康县(581—588)

《隋志》江宁县下:"平陈,又废丹阳郡,并以建康县入焉。"《宋志》:"晋太康三年,分秣陵之水北为建业。愍帝即位,避帝讳,改为建康。"

3. 秣陵县(581—588)

《隋志》江宁县下:"平陈,废丹阳郡,并以秣陵县入焉。"《宋志》:"秣陵,其地本名金陵,秦始皇改。"

4. 溧阳县(581—597)

《隋志》溧水县下:"旧曰溧阳,开皇十八年改焉。"《元和志》溧水县下:"本汉溧阳县地,隋开皇十一年宇文述割溧阳之西、丹阳之东置。"《杨考》云:"则是十一年分溧阳置溧水县,至十八年又废溧阳入溧水。"

5. 丹阳县(581—588)

《隋志》溧水县下:"开皇九年废丹阳县入。"按《隋志》原误丹阳县为丹阳郡,据《杨考》改正。

6. 江乘县(581—588)

《陈书》卷5《宣帝纪》:"太建十年冬十月戊寅,罢义州及琅邪、彭城二郡。立建兴郡,领建安、同夏、乌山、江乘、临沂、湖熟等六县,属扬州。"《纪要》:"江乘城,在江宁府东北七十里。本秦县,属鄣郡,汉属丹阳郡,孙氏省县为典农都尉,晋太康初复置,渡江后属南琅邪郡,宋齐因之,隋废。"

建兴郡(581—588)——江乘县、同夏县、临沂县、湖熟县、建安县、乌山县

《陈书》卷5《宣帝纪》:"太建十年冬十月戊寅,立建兴郡,领建安、同夏、乌

山、江乘、临沂、湖熟六县。"《补陈志》建兴郡所领六县同。《杨考》云:"建安、乌山,无考。"此郡盖废于隋平陈之后。

7. 同夏县(581—588)

《隋志》江宁县下:"平陈,废丹阳郡,并以同夏县入焉。"据《陈书》卷5《宣帝纪》,同夏县属建兴郡,不属丹阳郡,盖隋平陈后废县入江宁,故有此说法。《寰宇记》:"同夏故城在上元县东十五里。梁大通三年分建康之同夏里置同夏县,陈平毁之。"

8. 临沂县(581—588)

《陈书》卷5《宣帝纪》:"太建十年冬十月戊寅,立建兴郡。"郡领县中有临沂。《寰宇记》:"临沂县城在上元县西北三十里。晋成帝咸康七年分江乘县立临沂县,属琅邪郡。陈亡废。"

9. 湖熟县(581—588)

《陈书》卷5《宣帝纪》:"太建十年冬十月戊寅,立建兴郡。"郡领县中有湖熟。《元和志》:"湖熟故县,在上元县东南七十里。"《纪要》:"湖熟城在上元县东四十五里。汉县,属丹阳郡。孙吴省县为典农都尉,晋复置县,宋齐因之,隋废。"

10. 建安县(581—588)

《陈书》卷5《宣帝纪》:"太建十年冬十月戊寅,立建兴郡。"郡领县中有建安县。此县盖废于隋平陈之后。

11. 乌山县(581—588)

《陈书》卷5《宣帝纪》:"太建十年冬十月戊寅,立建兴郡。"郡领县中有乌山县。此县盖废于隋平陈之后。

12. 当涂县(581—617)

《元和志》:"当涂县,本汉丹阳县地。其当涂县本属九江郡,汉为侯国。晋武帝太康初分丹阳置于湖县,成帝时以江北之当涂县流人过江在于湖者,侨立为当涂县,属淮南郡。隋大业十年废于湖县,以当涂属宣州。"

淮南郡(581—588)——当涂县、于湖县、繁昌县、襄垣县、西乡县

《隋志》:"旧置淮南郡,平陈,废郡。"《补陈志》淮南郡属南豫州,领于湖、当涂、襄垣、西乡4县。而据《宋志》、《隋志》,淮南郡还领有繁昌县,共领5县。

13. 于湖县(581—588)

《隋志》当涂县下:"旧置淮南郡,平陈,废郡,并废于湖县入焉。"《寰宇记》:"隋平陈,改南豫州为宣州,因废于湖县。"《元和志》云大业十年废于湖县,今从《隋志》、《寰宇记》。

14. 繁昌县(581—588)

《隋志》当涂县下:"旧置淮南郡,平陈,废郡,并废繁昌县入焉。"《宋志》:

"繁昌,汉旧名,本属颍川郡。魏分颍川为襄城郡,又属焉。晋乱,省襄城郡,以此县属淮南郡,割于湖为境。"

15. 襄垣县(581—588)

《隋志》当涂县下:"旧置淮南郡,平陈,废郡,并废襄垣县入焉。"《宋志》:"襄垣,晋末立。"

16. 西乡县(581—588)

《隋志》当涂县下:"旧置淮南郡,平陈,废郡,并废西乡县入焉。"《杨考》:"《宋志》、《南齐志》无西乡县,当是梁、陈所置。"

17. 溧水县(591—617)

《元和志》:"溧水县,开皇十一年宇文述割溧阳之西、丹阳之东置。"《寰宇记》:"本汉溧阳县地,隋平陈置,属蒋州,大业三年属丹阳郡。"

以上所列,为扬州丹阳郡之政区沿革。其开皇三年前有1州、3郡、16县;大业三年改州为郡后,丹阳郡共领3县。兹列表140如下。

表140 扬州丹阳郡隋开皇元年、大业三年州郡县统辖关系表

	开 皇 元 年			小计	大 业 三 年	
州	扬 州		(南豫州)	1州	郡	丹阳郡
郡	丹阳郡	建兴郡	淮南郡	3郡	县	江宁县、当涂县、溧水县
县	江宁县、建康县 秣陵县、溧阳县 丹阳县	江乘县、同夏县 临沂县、湖熟县 建安县、乌山县	当涂县、于湖县 繁昌县、襄垣县 西乡县			
小计	5县	6县	5县	16县	小计	3县

第十节 南豫州宣城郡政区沿革

(一三九)南豫州宣城郡(581—588 南豫州,589—606 宣州,607—617 宣城郡)

开皇九年前领宣城、淮南2郡。

《隋志》:"旧置南豫州,平陈,改为宣州。"又宣城县下:"大业初置郡。"《寰宇记》:"梁承圣元年复江南南豫州,郡不废,历梁陈之代亦为重镇。隋平陈,遂省宣城郡,仍改南豫州为宣州,炀帝初改为宣城郡。"

《补陈志》南豫州领宣城、淮南、历阳、临江4郡。历阳、临江(即乌江郡)后没于北周,见和州历阳郡内。

1. 宣城县(581—617)

《隋志》:"旧曰宛陵,置宣城郡。平陈,郡废,仍并怀安、宁国、当涂、浚遒四县入焉。"《寰宇记》:"宣城县,本汉旧县也。汉顺帝时立宣城郡于宣城县。"《元和志》:"隋自宛陵移于今理。"《杨考》:"按《汉》、《晋》、《宋》、《齐志》宛陵、宣城并立,此但云宛陵者,当是隋平陈并宛陵于宣城。"

宣城郡(581—588)——宣城县、宛陵县、怀安县、宁国县、石埭县、安吴县、泾县、广阳县

《隋志》:"旧置宣城郡,平陈,郡废。"《元和志》:"汉顺帝立宣城郡,东晋或理芜湖,或理姑熟,或理赭圻。隋开皇九年平陈,改郡为宣州,移于今理。"《补陈志》宣城郡领宛陵、广德、宁国、宣城、石埭、安吴、泾县、广阳8县。按广德县,《寰宇记》云属陈留郡,下陈留郡领县中有广德,此不应复见。又有怀安县,《隋志》云属宣城郡,此脱,补。

2. 宛陵县(581—588)

《宋志》:"宛陵,汉旧县。"《杨考》:"隋平陈,并宛陵入宣城。"

3. 怀安县(581—588)

《隋志》宣城县下:"旧置宣城郡,平陈,郡废,仍并怀安县入焉。"《寰宇记》云怀安废于天嘉五年,今从《隋志》。《宋志》:"怀安,吴立,初属丹阳郡,旋属故障郡,晋属宣城郡。"

4. 宁国县(581—588)

《隋志》宣城县下:"平陈,仍并宁国县入焉。"《宋志》:"宁国,吴立。"县属宣城郡。

5. 石埭县(581—588)

《寰宇记》:"本吴石城县地,晋太康二年废入宣城,梁大同二年又置石埭县,陈灭,废。"《元和志》:"吴大帝封韩当为石埭城侯,因此置县。"

6. 安吴县(581—588)

《隋志》泾县下:"平陈,省安吴县入焉。"《宋志》:"安吴,吴立,属宣城郡。"

7. 泾县(581—617)

《宋志》:"泾,汉旧县。"《元和志》:"泾县,本汉旧县,因泾水以为名,属丹阳郡。晋属宣城郡。"

8. 广阳县(581—588)

《隋志》泾县下:"平陈,省南阳县入焉。"《杨考》:"《宋》、《齐志》宣城郡并有广阳,无南阳,《水经注》亦有广阳,当是隋避讳改,则南阳即广阳。"《宋志》:"广阳,汉旧县曰陵阳,子明得仙于此山,故以为名。晋成帝杜皇后讳陵,咸康四年更名。"

9. 南陵县(581—617)

《隋志》：“南陵，梁置。”《元和志》：“梁于此置南陵县，仍于县理置南陵郡。隋平陈废郡，县属宣州。”

北江州(581—588)——南陵郡

《隋志》：“陈置北江州，平陈，州废。”《纪要》繁昌县赭圻城下：“陈置北江州于此。”《补陈志》北江州领南陵、大雷、枞阳3郡。大雷、枞阳二郡后没于北周，见晋州同安郡内。

南陵郡(581—588)——南陵县、临城县、石城县、定陵县、故冶县

《隋志》：“梁置南陵郡，平陈，郡废。”《寰宇记》：“南陵故城在贵池县西南一十二里。梁普通六年置南陵郡，隋平陈废。”《补陈志》南陵郡领南陵、临城、石城、定陵、故冶5县。

10. 临城县(581—588)

《宋志》：“临城，吴立。”《隋志》南陵县下：“平陈，废临城县入焉。”

11. 石城县(581—588)

《宋志》：“石城，汉旧县。”《隋志》南陵县下：“平陈，废石城县入焉。”《元和志》：“吴置石城县，隋废石城县入南陵县。”

12. 定陵县(581—588)

《宋志》：“定陵，汉旧名。”《隋志》南陵县下：“平陈，废定陵县入焉。”《寰宇记》：“吴帝南渡之初，于古丹阳城置定陵县，属淮南郡。隋平陈废。”

13. 故冶县(581—588)

《隋志》南陵县下：“平陈，废故冶县入焉。”按《隋志》原作"故治"，《杨考》云："《宋》、《齐志》无故治县。《寰宇记》铜陵县下云：'本汉南陵县，齐、梁之代为梅根冶，以烹铜铁，地原管法门、石埭两场，隋升法门为义安县，又废入铜官冶。'据此，则'治'为'冶'误。"今据改。

14. 石封县(581—588 石封县，589—617 绥安县)

《隋志》："绥安，旧曰石封，平陈，改名焉。"《宋志》："绥安，武帝永初三年，分宣城之广德、吴兴之故障、长城及阳羡、义乡五县立。"

陈留郡(581—588)——石封县、广德县、故障县、安吉县

《隋志》："梁末立大梁郡，又改为陈留，平陈，郡废。"《寰宇记》同。《补陈志》陈留郡属扬州，郡领石封、广德、故障、安吉4县。

15. 广德县(581—588)

《隋志》绥安县下："平陈，省大德（即广德，避炀帝讳改）县入焉。"《元和志》："广德县，后汉分故障县置，属丹阳郡。"

16. 故障县(581—588)

《宋志》:"故鄣,汉旧县,先属丹阳郡,后属吴兴郡。"《隋志》绥安县下:"平陈,陈留郡废,省故鄣县入焉。"

17. 安吉县(581—588)

《宋志》:"安吉,汉灵帝中平二年分故鄣立。"县原属吴兴郡,盖梁时置陈留郡割隶。

18. 逡遒县(581—588)

《宋志》作逡道,并云:"汉作逡遒,晋作逡道,后分芜湖为境。"《隋志》宣城县下:"平陈,仍并逡道县入焉。"《宋志》逡道县属淮南郡。《纪要》亦云:"晋成帝咸和中侨置于芜湖县界,属淮南郡,宋齐因之,隋初并入宣城县。"

19. 永世县(581—588,592—617)

《宋志》:"永世,吴分溧阳为永平县,晋武帝太康元年更名。"该县时属扬州丹阳郡。《隋志》:"永世,平陈废,开皇十二年又置。"

20. 原乡县(581—588)

《宋志》:"原乡,汉灵帝中平二年分故鄣立。"该县时属吴州吴兴郡。《补陈志》原乡亦属吴兴郡。

21. 秋浦县(599—617)

《隋志》:"旧曰石城,平陈废。开皇十九年置,改名焉。"《元和志》:"秋浦县,开皇十九年于石城故城置,属宣州。"

以上所列,为南豫州宣城郡之政区沿革。其开皇三年前有2州、3郡、20县;大业三年改州为郡后,宣城郡共领6县。兹列表141如下。

表141 南豫州宣城郡隋开皇元年、大业三年州郡县统辖关系表

州	开　皇　元　年					小计	大业三年
州	南豫州	北江州	(扬州)	(吴州)		2州	郡 宣城郡
郡	宣城郡	(淮南郡)	南陵郡	(丹阳郡)	陈留郡	(吴兴郡)	3郡	
县	宣城县 宛陵县 怀安县 宁国县 石埭县 安吴县 泾县 广阳县	逡遒县	南陵县 临城县 石城县 定陵县 故冶县	永世县	石封县 广德县 故鄣县 安吉县	原乡县	县	宣城县 泾县 南陵县 绥安县 永世县 秋浦县
小计	8县	1县	5县	1县	4县	1县	20县	小计 6县

第十一节 常州毗陵郡政区沿革

(一四〇)常州毗陵郡(589—606 常州,607—617 毗陵郡)

《隋志》:"平陈,置常州。"又晋陵县下:"大业初置郡。"《元和志》:"平陈,于常熟县置常州,因县为名;后割常熟县属苏州,移常州理于晋陵县。"《寰宇记》无锡县下云:"隋开皇九年改晋陵郡为常州。"则州由常熟移理晋陵亦在开皇九年。《寰宇记》又云:"炀帝初废州为毗陵郡。"

1. 晋陵县(581—617)

《元和志》:"晋陵县,本汉之毗陵也,后与郡俱改为晋陵。"《宋志》:"晋永嘉五年,元帝改毗陵为晋陵。"

晋陵郡(581—588)——晋陵县、无锡县、暨阳县、延陵县

《隋志》:"旧置晋陵郡,平陈,郡废。"《宋志》:"晋武帝太康二年立毗陵郡,治丹徒,后复还毗陵。东海王越世子名毗,而东海国故食毗陵,永嘉五年元帝改为晋陵,始自毗陵徙治丹徒。安帝义熙九年,复还晋陵。本属扬州,文帝元嘉八年度属南徐州。"《补陈志》晋陵郡仍属南徐州,领晋陵、延陵、无锡、暨阳 4 县。延陵县,见吴州江都郡内。

2. 无锡县(581—617)

《元和志》:"无锡县,汉旧县也。"《宋志》:"无锡,汉旧县,吴省,晋武帝太康元年复立。"

3. 暨阳县(581—588)

《宋志》:"暨阳,晋武帝太康二年分无锡、毗陵立。"《纪要》:"晋置暨阳县,隋省。"盖平陈后废也。

4. 江阴县(581—617)

《隋志》:"江阴,梁置。"《元和志》:"梁敬帝置江阴郡、县,开皇九年罢郡,县属常州。"

江阴郡(581—588)——江阴县、利城县、梁丰县

《隋志》:"梁置江阴郡,平陈,废郡。"《补陈志》江阴郡属南徐州,领江阴、利城、梁丰、胥浦 4 县。按胥浦不见于《隋志》、《元和志》等,《补陈志》仅据《松江府志》云梁大通二年析海盐置,是否存续至陈及隋,无有明证,今不列。

5. 利城县(581—588)

《宋志》:"利城,汉旧名,晋江左侨立。"《隋志》江阴县下:"平陈,废利城县入焉。"

6. 梁丰县(581—588)

《纪要》:"梁末析暨阳置梁丰县,属江阴郡,陈因之,隋废。"《隋志》江阴县下:"平陈,废梁丰县入焉。"

7. 阳羡县(581—588 阳羡县,589—617 义兴县)

《隋志》:"义兴,旧曰阳羡,置义兴郡;平陈,郡废,改县名焉。"《寰宇记》:"隋平陈,改阳羡为义兴县。"

义兴郡(581—588)——阳羡县、临津县、义乡县、国山县

《隋志》:"旧置义兴郡,平陈,郡废。"《寰宇记》:"晋永兴元年,惠帝以土人周玘举义兵平妖贼石冰,欲纪其功,遂分吴兴之西境及丹阳之东界,以阳羡、临津、国山、义乡、永世、平陵六县为义兴郡,属扬州,宋明帝泰始四年属南徐州,齐永明二年又属扬州,寻复属南徐州。"《补陈志》义兴郡亦属南徐州,领阳羡、临津、义乡、国山4县。

8. 临津县(581—588)

《宋志》:"临津,故属阳羡,立郡分立。"即晋时立义兴郡而分置此县也。按《隋志》义兴县下云"平陈,废临泽县入焉",《杨考》云《宋志》、《南齐志》均作临津,《隋志》误,当作临津。《寰宇记》亦云:"隋平陈,废义兴郡,省国山、临津、义乡三县入义兴。"《杨考》所纠甚是,今据改。

9. 义乡县(581—588)

《宋志》:"义乡,故属长城、阳羡,晋立郡分立。"《隋志》义兴县下:"平陈,废义乡县入焉。"

10. 国山县(581—588)

《宋志》:"国山,故属阳羡,晋立郡分立。"《隋志》义兴县下:"平陈,废国山县入焉。"

以上所列,为常州毗陵郡之政区沿革。其开皇九年前未设州,晋陵、江阴、义兴3郡皆属南徐州,开皇九年始置常州;大业三年改州为郡后,毗陵郡共领4县。兹列表142如下。

表142 常州毗陵郡隋开皇元年、开皇九年、大业三年州郡县统辖关系表

	开 皇 元 年			小计	开皇九年	大 业 三 年	
州	（南徐州）					郡	毗陵郡
郡	晋陵郡	江阴郡	义兴郡	3郡	常 州	县	晋陵县 无锡县 江阴县 义兴县
县	晋陵县、无锡县、暨阳县	江阴县、利城县、梁丰县	阳羡县、临津县、义乡县、国山县				
小计	3县	3县	4县	10县		小计	4县

第十二节　吴州吴郡政区沿革

（一四一）吴州吴郡（581—588 吴州，589—604 苏州，605—606 吴州，607—617 吴郡）

开皇九年前领吴、吴兴、钱塘3郡。

《隋志》："陈置吴州，平陈，改曰苏州，大业初复曰吴州。"又吴县下："大业初复置吴郡。"《寰宇记》："隋平陈，改吴州为苏州，盖因州西有姑苏山以为名。炀帝初复曰吴州，寻改为吴郡。"

《补陈志》吴州领吴、吴兴、钱塘3郡。钱塘郡，见杭州余杭郡内。

1. 吴县（581—617）

《元和志》："吴县，秦置县。"《纪要》："秦置吴县，为会稽郡治，东汉永建中为吴郡治，自是州郡皆治此。"

吴郡（581—588）——吴县、嘉兴县、昆山县、盐官县、桐庐县

《隋志》："旧置吴郡，平陈，郡废。"《元和志》："后汉永建四年割浙江以东为会稽，浙江以西为吴郡。"是吴郡置于东汉。《补陈志》吴郡领吴、娄、嘉兴、昆山、盐官、桐庐6县。盐官县，见杭州余杭郡内。娄县，秦置县，《纪要》云："宋齐亦为娄县，后废。"今不列。桐庐县，见睦州遂安郡内。

2. 嘉兴县（581—588）

《宋志》："秦由拳县，吴改为禾兴，又改嘉兴。"《旧唐志》："嘉兴，汉由拳县，属会稽郡。吴改嘉兴，隋废。武德七年复置。"《纪要》："隋省入吴县。"盖平陈后废入吴县也。

3. 昆山县（581—588，598—617）

《隋志》："昆山，梁置，平陈废，开皇十八年复。"《元和志》："本秦、汉娄县，梁分置信义县，又分信义置昆山县，因县有昆山，故取名焉。"

4. 常熟县（581—617）

《隋志》："常熟，旧曰南沙。"《元和志》："梁大同六年置常熟县。"《寰宇记》同。《纪要》云："常熟本吴县地，晋太康四年分置海虞县，属吴郡。东晋又分置南沙县，属晋陵郡。宋齐因之。梁天监六年增置信义郡，南沙属焉。大同六年又分置常熟县，亦属信义郡。隋平陈，徙常熟县治南沙，以南沙、海虞二县并入，属苏州。"常熟故城，《纪要》云"在今县南"，隋因徙县于南沙，故《隋志》云"旧曰南沙"也。

信义郡（581—588）——常熟县、信义县、海阳县、前京县、海虞县、兴国

县、南沙县、海盐县

《隋志》:"梁置信义郡,平陈,废。"又云:"并所领海阳、前京、信义、海虞、兴国、南沙废入常熟县。"《补陈志》信义郡领常熟、信义、海阳、前京、海虞、兴国、南沙7县。另有海盐县,《纪要》云"梁属信义郡,陈省入盐官",《元和志》云"开皇九年废县",则此信义郡还领有海盐县。海盐县,见杭州余杭郡内。

5. 信义县(581—588)

《寰宇记》:"梁天监六年分娄县置信义县。"《隋志》常熟县下:"平陈,废信义县入焉。"

6. 海阳县(581—588)

《南齐志》晋陵郡领有海阳县,盖是时尚未建信义郡,故属晋陵郡。《隋志》常熟县下:"平陈,废海阳县入焉。"

7. 前京县(581—588)

《纪要》:"梁析娄县地置前京县。"《隋志》常熟县下:"平陈,废前京县入焉。"

8. 海虞县(581—588)

《宋志》:"海虞,晋太康四年分吴县之虞乡立。"《隋志》常熟县下:"平陈,废海虞县入焉。"

9. 兴国县(581—588)

《纪要》:"兴国废县在常熟县东四十五里。梁置,属信义郡,隋废。"《隋志》常熟县下:"平陈,废兴国县入焉。"

10. 南沙县(581—588)

《宋志》:"南沙,晋咸康七年立。"《纪要》:"晋咸康七年立为南沙县,属晋陵郡,宋齐因之,梁置信义郡,隋平陈废郡,又徙常熟县治焉。"《隋志》常熟县下:"平陈,废南沙县入焉。"

11. 乌程县(581—617)

《元和志》:"乌程县,本秦旧县。"

湖州(602—605)——乌程县、长城县、武康县

《隋志》乌程县下:"仁寿中置湖州,大业初州废。"《元和志》:"仁寿二年于此置湖州。"《纪要》乌程县、长兴县(即隋之长城县)、武康县下均云仁寿中属湖州,则此州领有乌程、长城、武康3县。武康县,见杭州余杭郡内。

吴兴郡(581—588)——乌程县、东迁县、长城县、武康县、临安县、余杭县、原乡县

《隋志》:"旧置吴兴郡,平陈,郡废。"《宋志》:"吴兴郡,孙皓宝鼎元年分

吴、丹阳立。"《补陈志》吴兴郡属吴州，领乌程、东迁、长城、武康、临安、余杭、原乡7县。武康、临安、余杭3县，见杭州余杭郡内；原乡县，见南豫州宣城郡内。

12. 东迁县(581—588)

《宋志》："东迁，晋太康三年分乌程立。"《隋志》乌程县下："平陈，废东迁县入焉。"

13. 长城县(581—588，602—617)

《宋志》："长城，晋武帝太康三年分乌程立。"《隋志》长城县下："平陈废，仁寿二年复。"

以上所列，为吴州吴郡之政区沿革。其开皇九年前有1州、3郡、13县；大业三年改州为郡后，吴郡共领5县。兹列表143如下。

表143 吴州吴郡隋开皇元年、大业三年州郡县统辖关系表

	开 皇 元 年			小计		大 业 三 年
州	吴　　州		（南徐州）	1州	郡	吴　郡
郡	吴郡	吴兴郡	信义郡	3郡		
县	吴县 嘉兴县 昆山县	乌程县 东迁县 长城县	常熟县、信义县、海阳县、前京县、海虞县、兴国县、南沙县		县	吴县、昆山县、常熟县、乌程县、长城县
小计	3县	3县	7县	13县	小计	5县

第十三节　东扬州会稽郡政区沿革

（一四二）东扬州会稽郡(581—588东扬州，589—604吴州，605—606越州，607—617会稽郡)

开皇九年前领会稽、临海、新安、东阳、永嘉、章安6郡。

《隋志》："梁置东扬州，陈初省，寻复。平陈，改曰吴州，大业初置越州。"又会稽县下："大业初置郡。"《元和志》："自晋至陈，又于此置东扬州。隋平陈，改东扬州为吴州，大业元年改为越州。"《寰宇记》："大业元年改为越州，寻废州为会稽郡。"

《补陈志》东扬州领会稽、临海、新安3郡。按《陈书》卷3《世祖纪》云："天嘉三年，以会稽、东阳、临海、永嘉、新安、新宁、晋安、建安八郡置东扬州。"《补

《陈志》云:"寻省新宁入新安,以永嘉属东嘉州,东阳属缙州,建安、晋安属丰州。今领郡三。"谭其骧《长水集》有《补陈疆域志校补》,以为东嘉州不见于《陈书》,是陈无东嘉州;缙州罢于天嘉三年留异平之后,天嘉后亦无缙州;因此,领郡三当作领郡五,即应领会稽、临海、新安、东阳、永嘉五郡。今从之。东阳郡,见婺州东阳郡内;永嘉郡,见处州永嘉郡内;新安郡,见睦州遂安郡内;临海郡,见处州永嘉郡内。

1. 会稽县(581—617)

《元和志》:"秦立为会稽山阴,汉初为都尉。隋平陈,改山阴为会稽县。"据《隋志》会稽县下"平陈,废山阴入会稽",则原来会稽、山阴二县并立,隋平陈后,废山阴县入会稽,非改山阴为会稽也。《纪要》山阴县下云:"隋废入会稽县。"会稽县下云:"本山阴县地,陈析置会稽县。"是得其实。

2. 山阴县(581—588)

《隋志》会稽县下:"平陈,废山阴县入。"《宋志》:"山阴,汉旧县。"

会稽郡 (581—588)——会稽县、山阴县、永兴县、上虞县、始宁县、句章县、余姚县、鄞县、鄮县、诸暨县、剡县

《隋志》:"旧置会稽郡,平陈,郡废。"《宋志》:"会稽郡,秦立,治吴。汉顺帝永建四年,分会稽为吴郡,会稽移治山阴。"《补陈志》会稽郡领山阴、永兴、上虞、余姚、诸暨、剡、鄞、始宁、句章、鄮十县,而脱会稽县,实应领11县。

3. 永兴县(581—588)

《宋志》:"永兴,汉余暨县,吴更名。"《隋志》会稽县下:"平陈,废永兴县入。"

4. 上虞县(581—588)

《宋志》:"上虞,汉旧县。"《隋志》会稽县下:"平陈,废上虞县入。"

5. 始宁县(581—588)

《宋志》:"始宁,汉末上分虞立。"《隋志》会稽县下:"平陈,废始宁县入。"

6. 句章县(581—617)

《宋志》:"句章,汉旧县。"《纪要》鄞县句章城下:"自刘宋及隋唐,句章县皆治此。"

7. 余姚县(581—588)

《宋志》:"余姚,汉旧县。"《隋志》句章县下:"平陈,并余姚县入。"

8. 鄞县(581—588)

《宋志》:"鄞,汉旧县。"《隋志》句章县下:"平陈,并鄞县入。"

9. 鄮县(581—588)

《宋志》:"鄮,汉旧县。"《隋志》句章县下:"平陈,并鄮县入。"

10. 诸暨县(581—617)

《宋志》:"诸暨,汉旧县。"《元和志》:"秦旧县也。界有暨浦诸山,因以为名。"

11. 剡县(581—617)

《宋志》:"剡,汉旧县。"《元和志》:"汉旧县,故城在今县理西南一十二里,吴贺齐为令,移理今所。"

以上所列,为东扬州会稽郡之政区沿革。其开皇九年前有1州、1郡、11县;大业三年改州为郡后,会稽郡共领4县。兹列表144如下。

表144 东扬州会稽郡隋开皇元年、大业三年州郡县统辖关系表

	开 皇 元 年	小计		大 业 三 年
州	东扬州	1州	郡	会稽郡
郡	会稽郡	1郡		
县	会稽县、山阴县、永兴县、上虞县、始宁县、句章县、余姚县、鄞县、鄮县、诸暨县、剡县		县	会稽县、句章县、诸暨县、剡县
小计	11县	11县	小计	4县

第十四节 杭州余杭郡政区沿革

(一四三)杭州余杭郡(589—606杭州,607—617余杭郡)

《隋志》:"平陈,置杭州。"又钱唐县下:"大业三年置余杭郡。"《寰宇记》:"隋平陈,割吴郡之盐官、吴兴之余杭,合钱塘、绥安四县置杭州,在余杭县,盖因县以立州名。十年,移州居钱塘城。"绥安县,见南豫州宣城郡内。

1. 钱唐县(581—617)

《宋志》:"钱唐,汉旧县。"《杨考》云:"隋以前地志俱作'唐',唐以后作'塘'。"《元和志》引《钱塘记》云:"昔州境逼近海,县理灵隐山下,今余址犹存。郡议曹华信乃立塘以防海水,募有能致土石者即与钱。及塘成,县境蒙利,乃迁理于此,于是改为钱塘。"

钱唐郡(581—588)——钱唐县、新城县、富阳县、於潜县

《隋志》:"旧置钱唐郡,平陈,郡废。"《补陈志》钱唐郡领钱唐、新城、富阳、於潜4县。

2. 新城县(581—588)

《宋志》:"新城,浙江西南名为桐溪,吴立为新城县,后并桐庐。晋成帝咸和九年又立。"《隋志》钱唐县下:"平陈,并新城县入。"

3. 富阳县(581—617)

《宋志》:"富阳,汉旧县。本曰富春,晋简文郑太后讳春,孝武改曰富阳。"《元和志》同。

4. 於潜县(581—617)

《元和志》:"於潜县,本汉旧县也。县西有暨山,因以为名。旧'暨'字无水,至隋加'水'焉。"

5. 余杭县(581—617)

《元和志》:"余杭县,本吴地。《吴兴记》云:'秦始皇三十七年,将上会稽,涂出此地,因立为县,舍舟航于此,仍以为名。"《补陈志》余杭属吴兴郡。

6. 盐官县(581—617)

《宋志》引《吴记》云:"盐官本属嘉兴,吴立为海昌都尉治,此后改为县。"《元和志》:"本汉海盐县,有盐官。"《汉志》海盐下亦云:"故武原乡,有盐官。"是汉时尝未置县,吴时因有盐官而置盐官县也。《补陈志》盐官县属吴郡。

7. 海盐县(581—588)

《宋志》:"海盐,汉旧县。《吴记》云:'本名武原乡,秦以为海盐县。'"《陈书》卷2《高祖纪》:"永定二年十二月,割吴郡盐官、海盐、前京三县置海宁郡。"《补陈志》云:"寻省海宁郡,并省海盐入盐官。"然《元和志》云:"海盐县,本秦县,汉因之。隋开皇九年废县,地属杭州。"则废县在平陈后也。

8. 武康县(581—588,602—617)

《宋志》:"吴分乌程、余杭立永安县,晋太康元年改武康。"《隋志》:"武康,平陈废,仁寿二年复。"《补陈志》武康县属吴兴郡。

9. 临安县(581—616)

《元和志》:"吴大帝分余杭县立临水县,晋改为临安。隋乱,废置无准。"《寰宇记》:"汉建安十六年分余杭立临水县,属吴郡,归命侯(吴孙皓降晋,晋名其为归命侯)时割属吴兴,晋太康中改为临安县,隋废。"《纪要》临安县下亦云"隋省",盖废于大业十三年隋末之乱。

以上所列,为杭州余杭郡之政区沿革。开皇九年前,此地未设州,有钱唐1郡及所领4县,其余各县则分属吴郡、吴兴郡,至开皇九年始置杭州;大业三年改州为郡后,余杭郡共领7县。兹列表145如下。

表 145　杭州余杭郡隋开皇元年、大业三年州郡县统辖关系表

	开　皇　元　年			小计		大 业 三 年
州	（吴　州）				郡	余杭郡
郡	钱唐郡	（吴郡）	（吴兴郡）	1郡	县	钱唐县、富阳县、於潜县、余杭县、盐官县、武康县、临安县
县	钱唐县、新城县富阳县、於潜县	盐官县海盐县	余杭县、武康县临安县			
小计	4县	2县	3县	9县	小计	7县

第十五节　歙州新安郡政区沿革

（一四四）歙州新安郡(592—606 歙州，607—617 新安郡)

《隋志》："平陈,置歙州。"又休宁县下："大业初置郡。"《元和志》："歙州,秦时为丹阳郡歙县之地,其后或属新都,或隶新安郡,或立新宁郡,隋开皇十二年置歙州。"《寰宇记》："隋平陈置歙州,炀帝州复废,为新安郡。"

1. 海宁县(581—597 海宁县,598—617 休宁县)

《隋志》："旧曰海宁,开皇十八年改名焉。"《元和志》："隋开皇九年改为休宁县,属婺州,十二年改属歙州。"此县改名休宁,二书所记不同,今从《隋志》。《补陈志》海宁县属东扬州新安郡。

2. 歙县(581—588，591—617)

《隋志》："歙,平陈废,十年复。"《元和志》："本秦旧县也。县西有歙浦,因以为名。晋后属新都郡,或属新安郡,或属新宁郡。隋初省,开皇十一年又置。"《补陈志》歙县属东扬州新安郡。

3. 黟县(581—588，591—617)

《隋志》："平陈废,十一年复。"《元和志》："本汉旧县。理在黝川,因以为名。属丹阳郡。隋平陈,省入休宁县。十一年复置,隶宣州,十二年改隶歙州。"《说文》黟字从黑旁多,后传误遂写"黝"字。《补陈志》黟县属东扬州新安郡。

以上所列,为歙州新安郡之政区沿革。开皇九年前,此地未设州,3县并属东扬州新安郡,开皇十二年始置歙州；大业三年改州为郡后,新安郡共领3县。兹列表146如下。

表 146　歙州新安郡隋开皇元年、大业三年州郡县统辖关系表

开 皇 元 年		小计	大 业 三 年	
州	（东扬州）		郡	新安郡
郡	（新安郡）		县	休宁县、歙县、黟县
县	海宁县、歙县、黟县			
小计	3 县	3 县	小计	3 县

第十六节　婺州东阳郡政区沿革

（一四五）婺州东阳郡（589—606 婺州，607—617 东阳郡）

《隋志》："平陈，置婺州。"又金华县下："大业初置东阳郡。"《元和志》："陈武帝置缙州，隋开皇九年平陈置婺州。"《寰宇记》："陈永定三年于此置缙州。隋开皇九年平陈，省东阳郡理，却分为长山等九县以为吴州；十三年又于此郡旧处复置婺州，盖取其地于天文为婺女之分以为州名，炀帝初废州为东阳郡。"按《元和志》、《寰宇记》等皆云陈于此置缙州，而谭其骧《补陈疆域志校补》以为缙州已废于天嘉三年，并以东阳郡隶东扬州。其举《陈书》卷28《永阳王伯智传》为证云："太建中，都督东扬、丰二州诸军事。"又举《陈书》卷28《鄱阳王伯山传》为证云："至德四年，都督东扬、丰二州诸军事。"可见东扬州与丰州（丰州治今福州）接界，中间并无东嘉州与缙州。今依谭说，不列缙州于开皇九年前。

1. 长山县（581—588 长山县，589—591 吴宁县，592—597 东阳县，598—617 金华县）

《隋志》："金华，旧曰长山，平陈，改为吴宁，十二年改为东阳，十八年改名焉。"《元和志》同。

东阳郡（581—588）——长山县、太末县、建德县、丰安县、永康县、乌伤县、信安县、定阳县

《隋志》："旧置金华郡，平陈，郡废。"《寰宇记》："梁武置金华郡于此。"《杨考》云："按《陈书》卷23《沈君理传》'父巡，梁太清中为东阳太守'，则梁太清中已复金华为东阳矣。又《陈书》卷1《武帝纪》'梁大宝二年十一月，元帝承制，授高祖东扬州刺史、都督东阳等五郡'，是梁末仍为东阳郡。又考陈后主子有东阳王恮，可证陈时仍为东阳郡也。"《补陈志》仍作金华郡，领长山、太末、乌

伤、永康、建德、丰安、武义7县。其中武义县,《隋志》未见记载,《元和志》云唐天授二年置,《纪要》同,惟《寰宇记》云"吴赤乌八年分乌伤、永康县置,隋废,唐天授二年又置",似自吴至隋一直有武义县存续。然核诸《宋志》、《南齐志》,均不见有武义县,《寰宇记》之说恐难为信,今不列武义县。又《补陈志》云陈时有信安郡置于信安县,领信安、定阳2县。而谭其骧《补陈疆域志校补》谓天嘉三年以后信安郡已并入东阳郡,故东阳应共领8县。

2. 太末县(581—588)

《宋志》:"太末,汉旧县。"《隋志》金华县下:"平陈,废太末县入。"

3. 建德县(581—588)

《宋志》:"建德,吴分富春立。"《隋志》金华县下:"平陈,废建德县入。"

4. 丰安县(581—588)

《宋志》:"丰安,汉献帝兴平二年,孙氏分诸暨立。"《隋志》金华县下:"平陈,废丰安县入。"

5. 永康县(581—616)

《宋志》:"永康,吴赤乌八年分乌伤、上浦立。"《元和志》:"隋废。"《寰宇记》云:"隋平陈,废之。"《杨考》云:"当是隋末因乱始废也。《酷吏传》'开皇十七年击突厥,有永康公李药王',则隋初未废审矣。"今从之。

6. 乌伤县(581—617)

《宋志》东阳郡领有乌伤县。《元和志》义乌县下云:"本秦乌伤县也。孝子颜乌将葬,群乌衔土块助之,乌口皆伤,时以为纯孝所感,乃于此处立县曰乌伤。"

7. 信安县(581—617)

《宋志》:"信安,汉献帝初平三年分太末立新安,晋武帝太康元年更名。"《元和志》同。

8. 定阳县(581—588)

《宋志》:"定阳,汉献帝建安二十三年,孙氏分信安立。"《元和志》常山县下:"本太末县地,隋初置定阳县,隋末废。"《纪要》:"后汉建安四年,孙氏分新安置定阳县,三国吴宝鼎初属东阳郡,晋以后因之,隋废入信安。"此县如废于隋末,《隋志》当如永康县一样有所记载,今《隋志》不载,应是废于平陈之时。

以上所列,为婺州东阳郡之政区沿革。开皇九年前此地未设州,东阳郡及其领县属东扬州,开皇九年始置婺州;大业三年改州为郡后,东阳郡共领4县。兹列表147如下。

表 147　婺州东阳郡隋开皇元年、大业三年州郡县统辖关系表

开皇元年		小计	大业三年	
州	（东扬州）		郡	东阳郡
郡	东阳郡	1 郡	县	金华县、永康县、乌伤县、信安县
县	长山县、太末县、建德县、丰安县、永康县、乌伤县、信安县、定阳县			
小计	8 县	8 县	小计	4 县

第十七节　处州永嘉郡政区沿革

（一四六）处州永嘉郡(589—591 处州，592—606 括州，607—617 永嘉郡)

《隋志》："开皇九年置处州，十二年改曰括州。"又括仓县下："大业初置永嘉郡。"《元和志》："晋立为永嘉郡，梁陈因之。隋开皇九年平陈，改永嘉为处州，十二年又改为括州，大业三年复改为永嘉郡。"

《寰宇记》瑞安县下云"梁陈属东嘉州"，《补陈志》遂谓陈有东嘉州，领永嘉 1 郡。谭其骧《补陈疆域志校补》以为东嘉州不见于《陈书》，陈无东嘉州。又《寰宇记》处州、温州下皆不云有东嘉州，而直云"隋平陈，改永嘉郡为处州，十二年改为括州"，是《寰宇记》自相抵牾也。今依谭说，不列东嘉州，仍以永嘉郡属东扬州。

1. 永宁县(581—588 永宁县，589—617 永嘉县)

《隋志》："旧曰永宁，平陈，县改名焉。"《宋志》："永宁，汉顺帝永建四年分章安东瓯乡立，或云顺帝永和三年立。"是时该县属永嘉郡。

永嘉郡(581—588)——永宁县、安固县、松阳县、乐成县、横阳县

《隋志》："旧置永嘉郡，平陈，郡废。"《补陈志》永嘉郡领永宁、安固、松阳、乐成、横阳 5 县。

2. 安固县(581—616)

《宋志》："安固，吴立曰罗阳，孙皓改曰安阳，晋武帝太康元年更名。"《旧唐志》："安固，隋废。"《元和志》横阳县下云"隋平陈，废入安固县"，则安固县隋平陈时未废，当是废于隋末之乱。

3. 松阳县(581—588，592—617)

《宋志》："松阳，吴立。"《元和志》："后汉立松阳县，有大松树，大十八围，因

取为名。隋开皇九年废,十二年复置。"

4. 乐成县(581—588)

《宋志》:"乐成,晋孝武宁康三年分永宁立。"《元和志》:"东晋孝武帝分永宁立,隋废。"此县《隋志》不载,当是平陈后即废。

5. 横阳县(581—588)

《宋志》:"横阳,晋武帝太康四年置为始阳县,仍复更名。"《元和志》:"隋平陈,废入安固县。"

6. 临海县(581—617)

《隋志》:"旧曰章安,平陈,县改名焉。"《杨考》云:"按《宋志》:'临海,吴分章安立。'《纪胜》:'隋开皇九年徙县于旧始丰县置,十一年于大固山置临海镇,寻移县于镇所。'据此,则知《隋志》所谓改名者,乃省章安入临海也。"《纪要》章安废县下亦云:"陈为章安郡治,隋废郡,并县入临海。"然则临海、章安本二县并立,隋平陈后,并章安入临海,非改章安县为临海县也。

临海郡(581—588)——临海县、乐安县、宁海县、始丰县

《隋志》:"旧置临海郡,平陈,郡废。"《补陈志》临海郡领临海、章安、乐安、宁海、始丰5县。然据《舆地纪胜》及《纪要》所载,陈尝于章安县置章安郡,平陈后废郡,故临海郡实际只领4县。

7. 乐安县(581—588)

《宋志》:"乐安,晋康帝分始丰立。"《元和志》:"隋开皇九年废。"

8. 宁海县(581—588)

《元和志》:"晋穆帝永和三年分会稽之鄞县置宁海县,隋开皇九年废,并入章安。"

9. 始丰县(581—616)

《宋志》:"始丰,吴立曰始平,晋武帝太康元年更名。"《旧唐志》:"隋末废。"

10. 章安县(581—588)

《宋志》:"章安,本鄞县南之回浦乡,汉章帝章和中立。"《元和志》:"本汉回浦县地,后汉更名章安。"《纪要》:"陈为章安郡治,隋平陈废郡,并县入临海。"

章安郡(581—588)——章安县

《纪胜》:"陈以章安县置章安郡。"《纪要》:"陈为章安郡治,隋平陈废郡。"此郡由临海郡分出,亦当属东扬州。

11. 括仓县(589—617)

《隋志》:"括仓,平陈,置县。"《元和志》:"本后汉松阳县地,隋平陈,乃分松阳县之东乡立括仓县。"

以上所列,为处州永嘉郡之政区沿革。此地开皇九年前未设州,永嘉、临海、章安等郡皆属东扬州,开皇九年始置处州;大业三年改州为郡后,永嘉郡共领6县。兹列表148如下。

表148　处州永嘉郡隋开皇元年、大业三年州郡县统辖关系表

	开　皇　元　年			小计	大　业　三　年	
州	（东扬州）				郡	永嘉郡
郡	永嘉郡	临海郡	章安郡	3郡		
县	永宁县、安固县、松阳县乐成县、横阳县	临海县、乐安县宁海县、始丰县	章安县		县	括仓县、永嘉县安固县、松阳县临海县、始丰县
小计	5县	4县	1县	10县	小计	6县

第十八节　丰州建安郡政区沿革

（一四七）丰州建安郡(581—588丰州,589—605泉州,606闽州,607—617建安郡)

开皇九年前领晋安、建安、南安3郡。

《隋志》:"陈置闽州,仍废。后又置丰州,平陈,改曰泉州,大业初改曰闽州。"又闽县下:"大业初置建安郡。"《元和志》:"晋置晋安郡,领县八,属扬州。陈废帝改为丰州,又为泉州,因泉山为名。隋大业二年改为闽州,三年改为建安郡。"

《补陈志》丰州领晋安、建安、南安3郡。

1. 原丰县(581—591原丰县,592—617闽县)

《隋志》:"旧曰东侯官,平陈,县改曰原丰,十二年改曰闽。"《杨考》云:"《宋志》:'原丰,晋太康三年立。'《齐志》有。然则并侯官入原丰也。"即侯官、原丰二县本并立,隋平陈,并侯官入原丰,非改侯官县为原丰。

晋安郡(581—588)——原丰县、侯官县、温麻县

《隋志》闽县下:"旧置晋安郡,平陈,郡废。"《补陈志》晋安郡领侯官、原丰、温麻3县。

2. 侯官县(581—588)

《宋志》:"侯官,前汉无,后汉曰东侯官,属会稽郡。"《杨考》:"后汉曰东侯官,晋以下曰侯官。"《陈书》卷35《陈宝应传》:"晋安侯官人也。"则陈时亦为侯

官县。此县隋平陈后废入原丰县,见上原丰县下。

3. 温麻县(581—588)

《宋志》:"温麻,晋武帝太康四年以温麻船屯立。"《杨考》云:"《陈书》卷28《始兴王伯茂传》'光大二年十一月降为温麻侯',是陈仍有此县。"《纪胜》引《图经》云:"开皇中省入闽县。"《纪要》亦云:"隋省入闽县。"当是平陈后废入闽县。

4. 建安县(581—617)

《宋志》无建安县,《南齐志》建安郡领有建安县。《寰宇记》云"孙策于建安初分东侯官立此邑",则是宋废,南齐又立。

建安郡 (581—589)——建安县、吴兴县、建阳县、沙村县、邵武县、将乐县、绥成县

《隋志》:"旧置建安郡,平陈废。"《元和志》:"开元(误,宜作开皇)十年废建安郡。"《寰宇记》亦云"开皇十年废郡"。盖隋时此地已属边远,故废郡迟至开皇十年。

《补陈志》建安郡领建安、吴兴、建阳、沙村、邵武、将乐、绥成7县。邵武、将乐、绥成3县,见抚州临川郡内。

5. 吴兴县(581—589)

《宋志》:"吴兴,汉末立,曰汉兴,吴改。"《元和志》:"本汉兴,吴永安三年改曰吴兴。隋平陈,省入建安。"据《元和志》建阳、沙村等县下所云,废县皆在开皇十年,当与废郡同时,此吴兴县亦应废于开皇十年。

6. 建阳县(581—589)

《宋志》建安郡领有建阳县。《元和志》:"吴置建平县,晋太元四年改,开皇十年省入建安。"

7. 沙村县(581—589)

《宋志》建安郡领有沙村县。《元和志》:"隋开皇十年废。"

8. 晋安县(581—589 晋安县,590—617 南安县)

《隋志》:"南安,旧曰晋安,平陈,县改名焉。"《元和志》:"晋为晋安县地,陈立为南安县,因县南安江取以为名。"张驹贤作《元和志考证》,谓此"南安县"当作"南安郡",《舆地广记》云南安郡是陈文帝置,《陈书》卷28《高宗二十九王传》亦有"宣帝子叔俭,后主至德元年封南安王"之语,则陈确有南安郡。今仍从《隋志》。

南安郡 (581—589)——晋安县、龙溪县、兰水县、莆田县

《隋志》:"旧置南安郡,平陈,郡废。"据《元和志》莆田县所云"开皇十年

省",则此南安郡及部分领县亦与建安郡同,是废于开皇十年。该郡领县,据《补陈志》,共领南安、龙溪、兰水、莆田4县。

9. 龙溪县(581—617)

《隋志》:"龙溪,梁置。"《元和志》:"陈分晋安县置,属南安郡,后属闽州。"

10. 兰水县(581—591)

《隋志》龙溪县下:"开皇十二年并兰水县入。"《纪要》:"兰水废县,梁置,属南安郡,开皇十二年并入龙溪县。"

11. 莆田县(581—589)

《隋志》南安县下:"平陈,又置莆田县,寻废入焉。"《元和志》:"莆田县,本南安县地,陈废帝分置莆田县,隋开皇十年省。"《纪要》:"隋开皇十年置莆田县,属泉州,大业初废入南安县。"此莆田县之置废,三书所记皆有不同,今从《元和志》。

12. 绥安县(581—591)

《隋志》龙溪县下:"开皇十二年并绥安县入。"《纪要》:"绥安,晋义熙九年置县,属义安郡。隋开皇十二年并绥安入龙溪。"按义安郡,陈时属广州。见潮州义安郡内。

以上所列,为丰州建安郡之政区沿革。其开皇九年前有1州、3郡、12县;大业三年改州为郡后,建安郡共领4县。兹列表149如下。

表149 丰州建安郡隋开皇元年、大业三年州郡县统辖关系表

	开 皇 元 年				小计		大 业 三 年
州	丰 州			(广 州)	1州	郡	建安郡
郡	晋安郡	建安郡	南安郡	(义安郡)	3郡		
县	原丰县 侯官县 温麻县	建安县 吴兴县 建阳县 沙村县	晋安县 龙溪县 兰水县 莆田县	绥安县		县	闽县、建安县、南安县、龙溪县
小计	3县	4县	4县	1县	12县	小计	4县

第十九节 睦州遂安郡政区沿革

(一四八)睦州遂安郡(603—606睦州,607—617遂安郡)

《隋志》:"仁寿三年置睦州。"又雉山县下:"大业初置遂安郡。"《寰宇记》:

"仁寿三年割杭州桐庐,并复立遂安,仍改新安为雉山,以三县置睦州,炀帝废州为遂安郡。"

1. 始新县(581—588 始新县,589—606 新安县,607—617 雉山县)

《隋志》:"雉山,旧置新安郡,平陈,废为新安县,大业初县改名焉。"《杨考》:"本吴始新县,废郡时,改始新县为新安县也。"《元和志》睦州下云"吴大帝立新都郡,理始新县,晋武帝改新都为新安郡",杨说是。又改名雉山,《隋志》与《寰宇记》所记时间有异,今从《隋志》。

新安郡(581—588)——始新县、遂安县、寿昌县

《隋志》:"旧置新安郡,平陈废。"《补陈志》新安郡属东扬州,领始新、遂安、歙、黟、寿昌、海宁、新安等7县。新安即始新,此不当复。歙、黟、海宁3县,见歙州新安郡内。

2. 遂安县(581—588,603—617)

《隋志》:"遂安,平陈废,仁寿中复。"《寰宇记》:"仁寿三年复立遂安县。"

3. 寿昌县(581—588)

《宋志》:"寿昌,吴分富春立新昌县,晋武帝太康元年更名。"《纪胜》:"梁属新安郡,隋并入新安。"当是隋平陈后废入新安县。

4. 桐庐县(581—588,603—617)

《隋志》:"桐庐,平陈废,仁寿中复。"此县当是仁寿三年与遂安县同复,以置睦州也。《纪要》云:"隋平陈,县废,仁寿三年复置,属睦州。"又云:"吴黄武四年置县,属吴郡,晋宋以后因之。"《补陈志》亦云属吴郡。

以上所列,为睦州遂安郡之政区沿革。开皇九年前此地未设州,有新安1郡,仁寿三年始置睦州;大业三年改州为郡后,遂安郡共领3县。兹列表150如下。

表150 睦州遂安郡隋开皇元年、大业三年州郡县统辖关系表

开 皇 元 年			小计	大 业 三 年	
州	(东扬州)	(吴州)		郡	遂安郡
郡	新安郡	(吴郡)	1 郡	县	雉山县、遂安县、桐庐县
县	始新县、遂安县、寿昌县	桐庐县			
小计	3县	1县	4县	小计	3县

第二十节　饶州鄱阳郡政区沿革

(一四九)饶州鄱阳郡(589—606 饶州,607—617 鄱阳郡)

《隋志》:"梁置吴州,陈废。平陈,置饶州。"又鄱阳县下:"大业初复置郡。"《元和志》:"孙权分豫章立为鄱阳郡,梁承圣二年改为吴州,至陈光大元年省吴州。隋开皇九年平陈,改鄱阳为饶州。"《寰宇记》:"隋大业三年州废,复为郡。"

1. 鄱阳县(581—617)

《元和志》:"鄱阳县,秦置,孙权分豫章置鄱阳郡,理于此。"又云:"晋武帝改为广晋,隋开皇九年改广晋为鄱阳。"按《元和志》此说有误,《宋志》、《南齐志》鄱阳郡皆领有鄱阳、广晋2县,如晋改鄱阳为广晋,宋、齐当无鄱阳县。《寰宇记》不云鄱阳有改名广晋事。《纪要》云:"鄱阳县,秦为番县,汉为鄱阳县,后汉仍属豫章郡,建安中孙权置鄱阳郡治焉,隋唐以后州郡皆治此。"亦不云有改名广晋事,今从之。

鄱阳郡(581—588)——鄱阳县、广晋县、银城县、余汗县、上饶县、安仁县、葛阳县

《隋志》鄱阳县下:"旧置鄱阳郡,平陈废。"《补陈志》鄱阳郡领鄱阳、银城、余干、上饶、安仁、葛阳6县。据《宋志》、《南齐志》,鄱阳郡还领有广晋县,《嘉庆重修一统志》云陈省广晋县,而《元和志》云"隋开皇九年改广晋为鄱阳",当是平陈后,废广晋入鄱阳,因此鄱阳郡当领此县至隋灭陈之时。又《陈书》卷4《废帝纪》云:"光大二年春正月甲子,罢吴州,以鄱阳郡还江州。"则此郡平陈前当属江州也。《补陈志》云属吴州,误。

2. 广晋县(581—588)

《宋志》:"广晋,吴立,曰广昌,晋太康元年更名。"《元和志》:"隋开皇九年改广晋为鄱阳。"当是平陈后废广晋入鄱阳。

3. 银城县(581—588)

《隋志》鄱阳县下:"平陈废,又有陈银城县废入焉。"

4. 余汗县(581—588 余汗县,589—617 余干县)

《元和志》:"汉余汗县,隋开皇九年去水存干,名曰余干。"《杨考》:"《宋》、《齐志》已均作干,当是后人追改。"

5. 上饶县(581—588)

《宋志》:"上饶,吴立。"《元和志》:"隋平陈省。"《寰宇记》:"隋开皇九年废

上饶入葛阳。"

6. 安仁县(581—588)

《寰宇记》:"安仁故城在余干县东一百五十里。晋永嘉七年分余干置兴安县,寻废。陈天嘉中复于兴安故地置安仁县,隋开皇九年废入余干。"

7. 葛阳县(581—591 葛阳县,592—617 弋阳县)

《隋志》:"旧曰葛阳,开皇十二年改。"《元和志》:"后汉分余汗东界立葛阳县,自吴至陈并属鄱阳郡。隋开皇中,因失印改为弋阳县。"

以上所列,为饶州鄱阳郡之政区沿革。开皇九年前,此地未设州,开皇九年平陈后始置饶州;大业三年改州为郡后,鄱阳郡共领3县。兹列表151如下。

表151　饶州鄱阳郡隋开皇元年、大业三年州郡县统辖关系表

	开　皇　元　年	小计		大　业　三　年
州	（江　州）		郡	鄱阳郡
郡	鄱阳郡	1郡		
县	鄱阳县、广晋县、银城县、余汗县上饶县、安仁县、葛阳县		县	鄱阳县、余干县、弋阳县
小计	7县	7县	小计	3县

第二十一节　抚州临川郡政区沿革

(一五〇) 抚州临川郡(589—606 抚州,607—617 临川郡)

《隋志》:"平陈,置抚州。"又临川县下:"大业三年复置郡。"《寰宇记》:"吴太平二年置临川郡。隋平陈,废郡为州,时总管杨武通奉使安抚,即以抚为名。大业三年,复改抚州为临川郡。"

1. 临汝县(581—588 临汝县,589—671 临川县)

《元和志》:"后汉和帝永元八年析南城为临汝县,开皇九年改临汝为临川。"

临川郡 (581—588)——临汝县、西丰县、定川县、南城县、东兴县、永城县、南丰县、宜黄县、安浦县

《隋志》:"旧置临川郡,平陈,郡废。"《补陈志》临川郡属江州,领临汝、西

丰、定川、南城、东兴、永城、南丰、宜黄、东昌 9 县。按《宋志》、《寰宇记》,东昌县属庐陵郡,不属临川郡,《隋志》庐陵郡泰和县下亦云"开皇十一年省东昌入",故临川郡不领此县。又有安浦县,《宋志》、《纪要》等均云属临川郡,当补入。

2. 西丰县(581—588)

《宋志》:"西丰,吴置,曰西平,晋太康元年更名。"《寰宇记》:"隋平皇九年并西丰入临川县。"

3. 定川县(581—588)

《寰宇记》:"梁大通二年分临川北境置定川县,隶临川郡,隋开皇九年并入临川县。"

4. 南城县(581—617)

《元和志》:"汉分豫章郡,立为南城县。"《寰宇记》:"汉高帝六年,命大将军灌婴立豫章郡。其年,分豫章南境立南城县。以其在郡城之南,故名南城。"

5. 东兴县(581—588)

《宋志》:"东兴,吴置。"《纪要》新城县下:"东兴废县在县东北三十里。吴析南城置东兴县,隋开皇九年废。"

6. 永城县(581—588)

《宋志》:"永城,吴置。"《寰宇记》:"隋开皇中废永城入南城县。"《纪要》:"隋平陈省。"

7. 南丰县(581—588)

《宋志》:"南丰,吴立。"《寰宇记》:"吴太平二年置,隋开皇九年废入南城。"

8. 宜黄县(581—588)

《宋志》:"宜黄,吴立。"《寰宇记》:"隋开皇九年并入崇仁县。"《纪要》:"吴析置宜黄县,属临川郡,晋宋以后因之,隋并入崇仁县。"

9. 安浦县(581—588)

《宋志》:"安浦,吴立。"《纪要》:"安浦废县在乐安县西南六十里,三国吴置县,属临川郡,晋以后因之,隋废入崇仁县。"《寰宇记》:"隋开皇九年废入崇仁。"

10. 巴山县(581—588)

《元和志》:"吴少帝太平二年分临汝为新建县,属临川郡。梁普通三年改为巴山县(应是析新建县置巴山县)。"《寰宇记》:"梁大同二年置巴山县,以巴山为名,隋开皇九年废入崇仁县。"《隋志》崇仁县下亦云:"平陈,巴山县废入。"

<u>巴山郡</u>(581—588)——巴山县、新建县、新安县、兴平县、西宁县、广丰县、丰城县、新淦县

《隋志》崇仁县下:"梁置巴山郡,领大丰、新安、巴山、新建、兴平、丰城、西宁七县。平陈,郡县并废,以置县焉。"《寰宇记》:"梁分新建、西宁二县立巴山县,更置巴山郡。平陈,因废巴山郡为崇仁县,属抚州。"而《补陈志》巴山郡只领巴山、丰城、新建、新淦、兴平 5 县,云另有广丰郡领广丰(即大丰,隋避讳改),缺新安、西宁 2 县。广丰郡乃陈初所立,盖不久即废,故此《隋志》仍以广丰属巴山郡。又新淦县,本汉旧县,《元和志》云"陈割属巴山郡",巴山郡当领有此县,平陈废巴山郡后,县割隶吉州,见吉州庐陵郡内。又广丰、丰城 2 县,平陈废巴山郡后,割隶洪州,见洪州豫章郡内。

11. 新建县(581—588)

《宋志》:"新建,吴置。"《隋志》崇仁县下:"平陈,废巴山郡及所领新建县入。"《寰宇记》:"隋开皇九年废,并入崇仁县。"

12. 新安县(581—588)

《寰宇记》:"梁大同二年分丰城立。"另参巴山郡条。

13. 兴平县(581—588)

《宋志》:"兴平,吴置。"时属庐陵郡。《寰宇记》云:"梁分新建、西宁二县立巴山县,更置巴山郡,取庐陵之兴平,南昌之丰城以益之。"则梁时改属巴山郡矣。另参巴山郡条。

14. 西宁县(581—588)

《寰宇记》云西宁县"吴太平二年置,以宁水为名,隋开皇九年废,并入崇仁县"。然《宋志》、《南齐志》均无西宁县。《纪要》云:"西宁废县在崇仁县南六十三里。梁大同二年置,与巴山县并属巴山郡,陈因之,隋废。"另参巴山郡条。该县始置时间,诸书所记不一,或吴置后又废,梁再复置也。

15. 邵武县(581—588,592—617)

《宋志》:"邵武,吴立曰昭武,晋武帝更名。"时属建安郡。《纪胜》:"隋平陈废,寻复立。"《隋志》:"开皇十二年置。"《补陈志》邵武县仍属建安郡。《寰宇记》抚州下云:"开皇十三年又割建州邵武县入抚州。"

16. 将乐县(581—588)

《宋志》建安郡领有将乐县。《元和志》:"将乐县,吴永安三年置,隋开皇九年省。"《寰宇记》:"隋开皇九年与绥成县同并入邵武之南乡,属抚州。"

17. 绥成县(581—588)

《宋志》建安郡领有绥成县。《寰宇记》:"隋开皇九年并入邵武之南乡。"

18. 崇仁县(589—617)

《隋志》:"梁置巴山郡,领大丰、新安、巴山、新建、兴平、丰城、西宁七县。平陈,郡县并废,以置县焉。"《寰宇记》:"隋开皇九年废巴山郡为崇仁县,改临川郡为抚州,崇仁县隶焉,又废宜黄、安浦二县合入崇仁县。"

19. 巴陵县(613—617)

《寰宇记》:"废巴陵县在崇仁县西南十三里,隋大业九年置,十四年废。"

以上所列,为抚州临川郡之政区沿革。开皇九年前此地未设州,有临川、巴山2郡,至开皇九年始置抚州;大业三年改州为郡后,临川郡共领4县。兹列表152如下。

表 152 抚州临川郡隋开皇元年、大业三年州郡县统辖关系表

	开 皇 元 年			小计		大 业 三 年
州	(江 州)				郡	临川郡
郡	临川郡	巴山郡	(建安郡)	2 郡		
县	临汝县、西丰县、定川县 南城县、东兴县、永城县 南丰县、宜黄县、安浦县	巴山县、新建县 新安县、兴平县 西宁县	邵武县 将乐县 绥成县		县	临川县、南城县、邵武县、崇仁县
小计	9 县	5 县	3 县	17 县	小计	4 县

第二十二节 吉州庐陵郡政区沿革

(一五一)吉州庐陵郡(590—606 吉州,607—617 庐陵郡)

《隋志》:"平陈,置吉州。"又庐陵县下:"旧置庐陵郡,平陈废,大业初复置。"《寰宇记》:"隋平陈,改庐陵郡为吉州,大业三年改为庐陵郡。"又庐陵县石阳故城下:"隋开皇十年改庐陵郡为吉州。"按隋之吉州兼有陈之庐陵、安成二郡,而安成郡在隋平陈之后,有土人文盛拥兵自守,至开皇十年始被平定,故废郡设州较他处为迟。

1. 石阳县(581—589 石阳县,590—617 庐陵县)

《元和志》:"庐陵县,本汉石阳县,晋移庐陵郡于此,隋改为吉州,又改石阳县为庐陵,因庐水为名。"《寰宇记》:"隋开皇十年改石阳为庐陵。"

庐陵郡(581—589)——石阳县、高昌县、吉阳县、巴丘县、遂兴县、阳丰县、东昌县

《隋志》："旧置庐陵郡,平陈废。"《寰宇记》："开皇十年改庐陵郡为吉州。"《补陈志》庐陵郡属江州,领石阳、吉阳、巴丘、高昌、遂兴 5 县。据《宋志》、《寰宇记》,庐陵郡还领有阳丰、东昌 2 县,共领 7 县。

2. 高昌县(581—589)

《宋志》："高昌,吴立。"《寰宇记》："隋平陈,废高昌入庐陵。"《纪要》："三国吴置高昌县,属庐陵郡,晋初以庐陵地省入高昌、石阳二县,宋初仍属庐陵郡,齐梁因之,隋省。"

3. 吉阳县(581—589)

《宋志》："吉阳,吴置。"《寰宇记》："隋开皇十年废入庐陵。"

4. 巴丘县(581—589)

《宋志》："巴丘,吴立。"《纪要》："由晋宋至陈,县皆属庐陵郡,隋并入新淦。"当是平陈后废入。

5. 遂兴县(581—589)

《宋志》："吴立,曰新兴,晋武帝太康元年更名遂兴。"《寰宇记》："隋平陈废。"《纪要》："开皇十年省入泰和县。"

6. 阳丰县(581—589)

《宋志》："阳丰,吴曰阳城,晋武帝太康元年更名。"《寰宇记》："隋平陈,省入庐陵。"

7. 东昌县(581—590)

《宋志》："东昌,吴立。"《隋志》泰和县下："开皇十一年省东昌入。"

8. 平都县(581—590 平都县,591—597 安成县,598—617 安复县)

《隋志》安复县下云："旧置安成郡,平陈,郡废,县改曰安成,十八年又曰安复。"此不云原为何县,但云"平陈,郡废,县改曰安成"。《杨考》云："《隋志》凡先不书县名而后云改县名者,其例有二:一则郡同名,举郡即不举县;一则与隋县同名,即亦不复举。此盖谓改晋以后之安复也,然考隋之安复实前汉之安平,后汉以下之平都,隋初盖并安复、平都于安成,志不复言平都,尤无例之可言也。"《元和志》安福县(唐改安复为安福)下云："本汉安平县,后汉改为平都县,属庐陵。吴分置安成郡,隋废郡为安复县。"《纪要》亦云："安福县,汉安平、安成二县地,分属豫章、长沙二郡。后汉改安平县曰平都,兴平中改属庐陵郡。三国吴宝鼎二年分置安成郡治焉。晋以后因之。隋平陈郡废,改平都曰安成县,属吉州,开皇十八年又改曰安复县。"又于安成故城下云："汉县,属长沙国,

晋太康元年更名安复，刘宋仍属安成郡，齐梁因之。隋平陈，省安复入平都，旋改平都曰安成，又为安复，仍旧名也。"据上所述，《杨考》所言甚是，而尤以《纪要》分析最为清楚，今从之。

安成郡(581—590)——平都县、安复县、永新县、广兴县、萍乡县、新喻县、宜阳县

《隋志》："旧置安成郡，平陈，郡废。"《寰宇记》袁州下云："隋平陈后，土人文盛拥兵自守，开皇十年洪州都督杨武通平之，十一年置袁州。"按隋袁州所领萍乡、宜春、新喻等县，陈时皆属安成郡。由《寰宇记》所记，知此郡所废甚晚。《补陈志》江州安成郡领平都、安复、永新、萍乡、新喻、宜阳6县。另有广兴县，原亦属安成郡，《陈书》卷2《高祖纪》云"永定二年十二月以安成所部广兴六洞置安乐郡"，此郡不见于《隋志》、《元和志》等，恐是置后不久即废，今仍以广兴属安成郡。《纪要》云："晋太康初置广兴县，属安成郡，隋废。"亦不言属安乐郡。萍乡、新喻、宜阳3县，见袁州宜春郡内。

9. 安复县(581—590)

《宋志》："安复，汉旧县，本名安成，晋武帝太康元年更名。"《纪要》："隋平陈，省安复入平都。"

10. 永新县(581—590)

《宋志》："永新，吴置。"《寰宇记》："永新县，吴宝鼎中立，属安成郡，隋废郡，而县并入太和。"

11. 广兴县(581—590)

《宋志》安成郡领有广兴县，晋置。《纪要》："晋太康初置广兴县，属安成郡，隋废。"盖废于平陈之后。

12. 新淦县(581—617)

《宋志》豫章郡领有新淦县，云汉旧县。《元和志》："陈割属巴山郡，隋开皇中废郡，县属吉州。"

13. 西昌县(590 西昌县，591—617 泰和县)

《隋志》："泰和，平陈置，曰西昌，十一年更名焉。"《元和志》："开皇九年平陈，分庐陵县置西昌县，十年改为太和。"《寰宇记》亦云："隋开皇十年废西昌置太和县。"今从《隋志》。

以上所列，为吉州庐陵郡之政区沿革。开皇九年前，此地未设州，有庐陵、安成2郡，至开皇十年始置吉州；大业三年改州为郡后，庐陵郡共领4县。兹列表153如下。

表 153　吉州庐陵郡隋开皇元年、大业三年州郡县统辖关系表

	开　皇　元　年			小计		大 业 三 年
州	（江　州）				郡	庐陵郡
郡	庐陵郡	安成郡	（巴山郡）	2 郡		
县	石阳县、高昌县、吉阳县巴丘县、遂兴县、阳丰县东昌县	平都县、安复县永新县、广兴县	新淦县		县	庐陵县、安复县、新淦县、泰和县
小计	7 县	4 县	1 县	12 县	小计	4 县

第二十三节　虔州南康郡政区沿革

（一五二）虔州南康郡(589—606 虔州,607—617 南康郡)

《隋志》："开皇九年置虔州。"又赣县下："大业初置郡。"《元和志》："晋武帝太康三年立南康郡,隋开皇九年平陈,罢南康郡为虔州,大业三年罢虔州,复为南康郡。"

1. 赣县(581—617)

《隋志》云："赣,旧曰南康,大业初县改名焉。"《杨考》："此与下'南康旧曰赣'并误。按《水经注》'赣县即南康郡治',《元和志》'晋南康郡先理雩都,永和五年移理赣',《寰宇记》'晋永和五年太守高珪置郡城于章、贡二水间',是南康郡治赣,非治南康也。《舆地广记》则谓'隋改赣县为南康,大业初复改为赣',然其南康县下又云'宋改南康曰赣县,隋大业初复曰南康'。既云宋改南康为赣县,而此赣县又至隋始改为南康,是宋、齐、梁、陈俱有两赣县矣。盖为此《隋志》所眩,而强为之说。"《宋志》、《南齐志》南康郡均赣县与南康并立,并无互改之事,今依《杨考》所论,不取《隋志》改名之说。

南康郡(581—588)——赣县、雩都县、陂阳县、宁都县、南康县、南野县、平固县、虔化县、安远县

《隋志》："旧置南康郡,平陈,郡废。"《元和志》："隋开皇九年平陈,罢南康郡为虔州。"《补陈志》南康郡属江州,领赣、雩都、陂阳、宁都、南康、南野、平固、虔化、安远 9 县。

2. 雩都县(581—617)

《隋志》云"雩都,旧废,平陈置",然《元和志》、《寰宇记》、《纪要》等皆不云雩都有废县之事,今不取《隋志》之说。《纪要》雩都故城下云："陈永定中徙治

县东南之大昌村,隋复旧治。"是县有迁徙,非废。

3. 陂阳县(581—592)

《宋志》南康郡领有陂阳县。《寰宇记》云:"废陂阳县在虔化县东一百五十里。吴嘉禾五年置揭阳县,晋太康五年改为陂阳县,以陂阳水为名。开皇十三年废入宁都县。"

4. 宁都县(581—597 宁都县,598—617 虔化县)

《隋志》:"虔化,旧曰宁都,开皇十八年改名焉。"按《宋志》、《南齐志》虔化、宁都并立,当是隋平陈,省虔化入宁都,开皇十八年又改宁都为虔化。

5. 南康县(581—617)

《宋志》:"南康,吴立曰南安,晋武帝太康元年更名。"《元和志》:"汉献帝初平二年立南安县,晋武帝改为南康。"《隋志》云"旧曰赣,大业初改名南康",《杨考》以为有误,今不取。参见赣县下。

6. 南野县(581—588)

《宋志》:"南野,汉旧县。"《纪要》:"隋废为南野镇。"

7. 平固县(581—588)

《宋志》:"吴立曰平阳,晋武帝太康元年更名平固。"《纪要》:"晋太康初更名平固,属南康郡,隋省。"

8. 虔化县(581—588)

《宋志》:"虔化,孝武大明五年以虔化屯立。"《嘉庆重修一统志》:"隋平陈,省虔化入宁都。"

9. 安远县(581—588)

《元和志》:"梁大同中于今县南七十里安远水南置安远县,隋开皇中废。"

以上所列,为虔州南康郡之政区沿革。开皇九年前,此地未设州,有南康1郡,平陈后始置虔州;大业三年改州为郡后,南康郡共领4县。兹列表154如下。

表154 虔州南康郡隋开皇元年、大业三年州郡县统辖关系表

	开 皇 元 年	小计		大 业 三 年
州	(江 州)		郡	南康郡
郡	南康郡	1 郡	县	赣县、雩都县、虔化县、南康县
县	赣县、雩都县、陂阳县、宁都县、南康县、南野县、平固县、虔化县、安远县			
小计	9 县	9 县	小计	4 县

第二十四节 袁州宜春郡政区沿革

(一五三)袁州宜春郡(591—606 袁州,607—617 宜春郡)

《隋志》:"平陈,置袁州。"又宜春县下:"大业初置郡。"《元和志》:"开皇十一年置袁州,因袁山为名,大业三年罢州为宜春郡。"《寰宇记》:"隋平陈后,土人文盛拥兵自守,开皇十年洪州都督杨武通平之,十一年置袁州,大业三年改为宜春郡。"此袁州所领几县,据《补陈志》,宜阳、萍乡、新喻三县,陈时属江州安成郡,吴平属江州豫章郡。

1. 宜阳县(581—597 宜阳县,598—617 宜春县)

《隋志》:"宜春,旧曰宜阳,开皇十八年改名焉。"《元和志》:"宜春县,本汉旧县,晋武帝太康元年以太后讳春,改为宜阳县。隋开皇十一年于县置袁州,移县于城东五里,复改为宜春。"《寰宇记》:"开皇十七年改宜阳为宜春。"此县之改名,诸书所记时间不一,今从《隋志》。又据《纪要》,此宜春县自吴至陈,皆属安成郡。

2. 吴平县(581—590)

《隋志》宜春县下:"开皇十一年废吴平县入。"《宋志》:"吴平,汉灵帝中平中立,曰汉平,吴更名吴平。"《纪要》:"晋宋以后仍属豫章郡,开皇十一年废入宜阳县。"

3. 萍乡县(581—617)

《元和志》:"本汉宜春县地,吴宝鼎二年分立萍乡,以地多生萍草,因以为名。"《纪要》:"吴宝鼎二年析置萍乡县,属安成郡,以楚昭王渡江得萍实于此而名。"

4. 新喻县(581—617)

表155　袁州宜春郡隋开皇元年、大业三年州郡县统辖关系表

	开　皇　元　年		小计		大　业　三　年
州	（江州）				
郡	（安成郡）	（豫章郡）		郡	宜春郡
县	宜阳县、萍乡县、新喻县	吴平县		县	宜春县、萍乡县、新喻县
小计	3县	1县	4县	小计	3县

《宋志》:"新喻,吴立。"《纪要》:"三国吴析置新渝县,以渝水为名,属安成郡。晋因之,宋曰新俞,齐又讹曰新渝,梁陈因之。隋平陈,省入吴平县,旋复置,属袁州。"《元和志》亦云吴作新渝县,"天宝后相承作喻,因声变也。"然今本《宋志》《南齐志》俱作新喻,或后人追改。

以上所列,为袁州宜春郡之政区沿革。开皇九年前,此地未设州郡,至开皇十一年始置袁州;大业三年改州为郡后,宜春郡共领3县。兹列表155如上。

第二十五节　洪州豫章郡政区沿革

(一五四)洪州豫章郡(589—606 洪州,607—617 豫章郡)

《隋志》:"平陈,置洪州总管府。"又豫章县下:"大业初复置郡。"《元和志》:"隋开皇九年平陈,置洪州,因洪崖井为名。"《寰宇记》:"隋平陈罢豫章郡为洪州,炀帝初废州,又为豫章郡。"

1. 南昌县(581—588 南昌县,589—617 豫章县)

《元和志》:"南昌县,汉高帝六年置,隋平陈,改为豫章县。"《寰宇记》:"汉南昌县,属豫章郡。隋平陈,改为豫章县。"《纪要》:"南昌县,汉县,为豫章郡治,后汉以后因之。"

豫章郡(581—588)——南昌县、建城县、望蔡县、吴平县、康乐县、宜丰县

《隋志》:"旧置豫章郡,平陈,郡废。"《补陈志》豫章郡属江州,领南昌、建城、望蔡、吴平、康乐、宜丰、钟陵、豫章、西昌 9 县。吴平县,见袁州宜春郡下。钟陵县,《晋志》属豫章郡,《宋志》《南齐志》皆无,盖不久即废;《杨考》引《南史》卷70《郭祖深传》"梁武帝擢为豫章钟陵令",以为梁又复置,但《隋志》《元和志》等皆不见此县,恐不久又废,今不列。西昌县,《宋志》《南齐志》均属庐陵郡,不属豫章郡,《隋志》泰和县下云"平陈置,曰西昌",盖此县已废,故隋平陈后又复置,后又省东昌县入,改名泰和,此豫章郡不应再列入。又豫章县,《寰宇记》云"陈武帝割建昌、豫宁(即豫章,详见豫章县下)、艾、永修、新吴五县立为豫宁郡,属江州,隋平陈郡废",《补陈志》豫章郡下亦领有豫宁县,此县不当两见,当隶于豫宁郡下。为此,平陈前豫章郡只领南昌、建城、望蔡、吴平、康乐、宜丰六县。

2. 建城县(581—617)

《寰宇记》:"高安,本建城县,汉高帝六年置,隶豫章郡,唐武德五年改为高安。"

3. 望蔡县(581—588)

《宋志》:"汉灵帝中平中立县,名曰上蔡,晋武帝太康元年更名。"《寰宇记》:"开皇九年废入建城县。"

4. 康乐县(581—588)

《宋志》:"康乐,吴孙权黄武中立,曰阳乐,晋武帝太康元年更名。"《寰宇记》:"开皇九年废入建城县。"

5. 宜丰县(581—588)

《晋志》宜丰县属豫章郡,《宋志》、《南齐志》无。《杨考》云:"《南史》卷52《梁鄱阳王恢子修传》'封宜丰侯',当是梁复置也。"《寰宇记》:"开皇九年废入建城县。"

6. 建昌县(581—617)

《宋志》:"建昌,汉和帝永元十六年分海昏立。"时属豫章郡。《寰宇记》云:"陈武帝割建昌、豫宁、艾、永修、新吴五县立为豫宁郡。"则陈初改隶豫宁郡。

豫宁郡(581—588)——建昌县、豫章县、艾县、永修县、新吴县

《寰宇记》:"陈武帝割建昌、豫宁、艾、永修、新吴五县立为豫宁郡,属江州,隋平陈废郡。"《补陈志》豫宁郡领建昌、豫宁、艾、永修、新吴5县。

7. 豫章县(581—588)

此县之名,《晋志》作豫章,《宋志》又作豫宁,云"汉献帝建安中立,吴曰西安,晋武帝太康元年更名"。然《南齐志》又作豫章。《杨考》云:"按《梁书》卷16《王亮传》'封豫宁县公',卷18《冯道根传》'改封豫宁县伯',则梁仍改为豫宁矣。此《隋志》曰豫章,或又改于陈欤?考《陈书》卷15《陈拟传》'封陈祐豫章县侯',与志正合。然《南史》卷65《陈宗室传》则作豫宁。"平陈之前,究竟是作豫章还是豫宁,无有定论。今依《隋志》仍作豫章。又《隋志》建昌县下云:"开皇九年省豫章县入。"则此县废于平陈之后。

8. 艾县(581—588)

《隋志》建昌县下:"开皇九年省艾县入。"《寰宇记》:"隋平陈,因废豫宁郡,割艾、永修、新吴、豫宁入建昌。"

9. 永修县(581—588)

《宋志》:"永修,汉灵帝中平中立。"《隋志》建昌县下:"开皇九年省永修县入。"

10. 新吴县(581—588)

《宋志》:"新吴,汉灵帝中平中立。"《隋志》建昌县下:"开皇九年省新吴县入。"

11. 丰城县(581—588)

《隋志》临川郡崇仁县下云:"平陈,巴山郡及所领七县并废。"中有丰城县。

12. 广丰县(581—588、592—600 广丰县,601—617 丰城县)

《隋志》临川郡崇仁县下云：平陈,巴山郡及所领七县并废。中有广丰县。《隋志》豫章郡丰城县下又云："平陈废。十二年置曰广丰,仁寿初改名焉。"则原丰城县已废于平陈时,此丰城县乃仁寿初因避炀帝讳而改广丰为丰城。

以上所列,为洪州豫章郡之政区沿革。开皇九年前,此地未设州,至开皇九年始置洪州;大业三年改州为郡后,豫章郡共领 4 县。兹列表 156 如下。

表 156　洪州豫章郡隋开皇元年、大业三年州郡县统辖关系表

	开　皇　元　年			小计		大　业　三　年
州	（江　州）				郡	豫章郡
郡	豫章郡	豫宁郡	（巴山郡）	2 郡		
县	南昌县、建城县 望蔡县、康乐县 宜丰县	建昌县、豫章县 艾县、永修县 新吴县	丰城县、广丰县		县	豫章县、建城县 建昌县、丰城县
小计	5 县	5 县	2 县	12 县	小计	4 县

第二十六节　广州南海郡政区沿革

(一五五) 广州南海郡(581—600 广州,601—606 番州,607—617 南海郡)

开皇九年前领南海、东官、清远、乐昌、绥建、高要、晋康、宋隆、梁泰、义安、梁化 11 郡。

《隋志》："旧置广州,仁寿元年置番州。"又南海县下："大业初置郡。"《元和志》："孙皓时以交州土壤太远,乃分置广州,仁寿元年改广州为番州,大业三年罢州为南海郡。"《寰宇记》："吴永安六年分交州置广州,后置番州,炀帝复置南海郡。"

《补陈志》广州领南海、东官、清远、东阳、绥建、高要、晋康、宋隆、梁泰、义安、归善 11 郡。义安郡,见潮州义安郡内。高要、晋康、宋隆、梁泰 4 郡,见端州信安郡内。东阳郡,《隋志》作乐昌郡。归善郡,各地志均不见,《补陈志》是以《南北史补志》为据,《隋志》、《元和志》、《纪要》等作梁化郡,今仍作梁化郡,见循州龙川郡内。

1. 番禺县(581—589)

《隋志》南海县下："平陈,又分置番禺县,寻废入焉。"《杨考》："番禺为旧县,此当云'分番禺置南海县,寻废番禺入焉',方合。"《元和志》云："隋开皇十

年分番禺县置南海县,属广州。"《纪要》亦云:"隋开皇十年析置南海县,寻以番禺并入。"则《杨考》所纠甚是,今从之。

<u>南海郡</u>(581—588)——番禺县、增城县、龙川县、博罗县、河源县、新丰县

《隋志》:"旧置南海郡,平陈,郡废。"《元和志》:"秦并天下,置南海郡。"《补陈志》南海郡领番禺、陆安、龙川、博罗、河源、新丰、海丰7县。海丰县,《宋志》、《南齐志》、《元和志》等均云属东官郡,不属南海郡,此《补陈志》有误。又诸书皆云南海郡领有增城县,《补陈志》又误置增城于东官郡下,今改正。又陆安县,《纪要》海丰县陆安废县下云"萧齐置县,属东官郡,隋废",则县亦不属南海郡。因此,平陈前南海郡应领6县,即番禺、增城、龙川、博罗、河源、新丰。平陈后,开皇十年置循州,博罗、龙川、河源、新丰4县皆隶循州,见循州龙川郡内。

2. 增城县(581—617)

《元和志》:"后汉于此置增城县,属南海郡。隋开皇十年属广州。"《隋志》增城县下云"旧置东官郡,平陈,郡废"。《杨考》云:"《通典》:'吴于增城置东官郡。'《旧唐书》同。《寰宇记》:'吴黄武中置东官郡,而立增城县。'然则吴之东官郡本治增城县,而《宋志》之东官郡领宝安等六县,《齐志》之东官郡领怀安等八县,俱无增城县,其增城则属南海郡,是宋齐之东官不在增城审矣。此当是吴置,旋废。"《隋志》政宾县下又有"旧置东官郡,平陈,郡废",《杨考》以为此盖晋、宋以来之东官郡,且应置于宝安县下。如增城县下有一东官郡至平陈废,政宾县下又有一东官郡至平陈废,则平陈前广州领有两东官郡矣。《杨考》云:"此最为巨谬。"今据以录东官郡于宝安县下。

3. 宝安县(581—617)

《元和志》:"晋成帝咸和六年于此置宝安县,属东官郡。隋开皇十年废郡,以县属广州。"《寰宇记》:"东官郡,晋义熙中置,以宝安县属焉。"今检《宋志》,东官郡领有宝安县。且为郡治,《杨考》云晋、宋以来东官郡治于此,是。

<u>东官郡</u>(581—589)——宝安县、齐昌县、兴宁县、海丰县

《宋志》:"东官郡,晋成帝咸和六年分南海立,领宝安、兴宁、海丰、海安、欣乐、安怀六县。"《隋志》政宾县下:"旧置东官郡,平陈,郡废。"《杨考》云:"此盖晋、宋以来之东官郡也,当载入宝安县下。"《补陈志》东官郡领增城、宝安、海安、欣乐、齐昌、兴宁6县,有误。增城县,据《隋志》、《元和志》等,属南海郡,不属东官。海安县,《隋志》、《元和志》等不见记载,盖陈之前已废。欣乐县,梁时已改属梁化郡。又有海丰县,诸书皆云属东官郡,《补陈志》脱。按欣乐、海丰、齐昌、兴宁4县,均见循州龙川郡内。

4. 翁源县(581—617)

《隋志》:"翁源,梁置。"《元和志》:"梁承圣末萧勃分浈阳立翁源县,因县界翁水之源为名也。"

清源郡(581—588)——翁源县、清远县、中宿县、威正县、廉平县、恩洽县、浮护县、政宾县

《隋志》翁源县下:"陈又置清远郡,平陈,郡废。"按《隋志》清远县下又云:"旧置清远郡,平陈并废。"是陈时广州有两清远郡矣。《元和志》云"梁武于汉中宿县地置清远郡",中宿县,隋平陈后改置为清远县,杨守敬以为梁时清远郡置于此,至陈则徙于翁源县,非有两清远郡也。今从之。《补陈志》清远郡属广州,领翁源、清远、中宿、威正、廉平、恩洽、浮护7县。又有政宾县,亦梁时由清远析置,唐武德六年又并入清远,亦应属清远郡。

5. 清远县(581—617)

《隋志》清远县下:"旧置清远郡,又分置威正、廉平、恩洽、浮护等四县,平陈并废,以置清远县。"按《隋志》例,郡县同名即书郡不举县,此清远郡当领有清远县。此云平陈废四县以置清远县,盖四县原从清远分出,平陈后又并入而重置清远县。《元和志》谓"隋开皇十年废郡置清远县",亦是此意。《纪要》云:"梁析置清远县,为清远郡治,隋平陈郡废,县属广州",又于中宿废县下云:"汉置县,属南海郡,后汉因之。三国吴改属始兴郡,仍曰中宿县,宋齐因之。梁析置清远县。"为得其实。

6. 中宿县(581—589)

《宋志》广兴郡(即始兴郡,泰豫元年改)领有中宿县,云"汉旧县,属南海,吴改属始兴郡"。《南齐志》始兴郡亦领有中宿县。《元和志》:"梁武置清远郡,中宿县属之。"此不云清远郡治中宿县,盖郡治由中宿县分置之清远县也。《嘉庆重修一统志》云"隋废县",应是废于开皇十年废清远郡之时。

7. 威正县(581—589)

参清远县条。

8. 廉平县(581—589)

参清远县条。

9. 恩洽县(581—589)

参清远县条。

10. 浮护县(581—589)

参清远县条。

11. 政宾县(581—617)

《纪要》清远县中宿废县下:"梁析置清远县,又改置政宾县,唐武德六年并

入清远县。"《寰宇记》清远县下:"唐武德五年并政宾县入。"

12. 四会县(581—617)

《寰宇记》:"四会县,本汉旧县,属南海郡。"《纪要》:"四会县,汉属南海郡。宋元嘉十三年置绥建郡,齐梁因之。隋平陈郡废,县属番州,大业初属南海郡。"

绥建郡(581—589)——四会县、化蒙县、怀化县、新招县、化穆县、化注县

《隋志》:"旧置绥建郡,平陈,郡废。"《补陈志》绥建郡领四会、化蒙、新招、怀集、化穆、化注6县。

13. 化蒙县(581—617)

《宋志》:"化蒙,本四会县古蒙乡,元嘉十三年分为县,属绥建郡。"《元和志》:"开皇十年废郡,以县属广州。"

14. 怀化县(581—589怀化县,590—617怀集县)

《旧唐志》:"晋怀化县,隋为怀集。"《寰宇记》同。当是平陈后废新会郡之怀集,改此怀化为怀集也。

15. 新招县(581—589)

《宋志》新招县属绥建郡,云"本四会之官细乡,元嘉十三年分为县"。《纪要》:"隋郡县俱省。"

16. 化穆县(581—589)

《宋志》绥建郡领有化穆县。《纪要》:"化穆废县,在广宁县东南十五里。刘宋置,属绥建郡,齐梁因之,隋废。"

17. 化注县(581—589)

《宋志》绥建郡下云:"孝武孝建元年,有司奏化注、永固、绥南、宋昌、宋泰五县,旧属绥建,中割度临贺。"则宋时已置化注县。《南齐志》绥建郡领有化注县。《纪要》:"化注废县,在广宁县西四十里,亦刘宋置,属绥建郡,齐梁因之,隋废。"

18. 始昌县(581—605)

《宋志》始昌县属乐昌郡。《隋志》四会县下:"大业初并始昌县入焉。"

乐昌郡(581—589)——始昌县、宋元县、安乐县、乐山县、义立县

《隋志》四会县下:"又有乐昌郡,平陈,郡废。"《补陈志》云陈改乐昌郡为东阳郡,然《隋志》仍作乐昌郡,今从《隋志》。该郡领县,《补陈志》云有始昌、宋元、安乐、乐山、义立5县,郡属广州。

19. 宋元县(581—589)

《宋志》、《南齐志》乐昌郡均领有宋元县。《纪要》四会县下云:"宋置乐昌郡,领始昌、宋元、乐山、义立、安乐等县。隋郡废,又并始昌等县入四会。"

20. 安乐县(581—589)

《宋志》、《南齐志》乐昌郡均领有安乐县。《纪要》四会县下云："宋置乐昌郡，领始昌、宋元、乐山、义立、安乐等县。隋郡废，又并始昌等县入四会。"

21. 乐山县(581—589)

《宋志》、《南齐志》乐昌郡均领有乐山县。《纪要》四会县下云："宋置乐昌郡，领始昌、宋元、乐山、义立、安乐等县。隋郡废，又并始昌等县入四会。"

22. 义立县(581—589)

《宋志》、《南齐志》乐昌郡均领有义立县。《纪要》四会县下云："宋置乐昌郡，领始昌、宋元、乐山、义立、安乐等县。隋郡废，又并始昌等县入四会。"

23. 曲江县(581—617)

《元和志》："曲江县，本汉旧县也，属桂阳郡。江流回曲，因以为名。吴置始兴郡，县属焉。隋置韶州，县属不改。"《寰宇记》："曲江县，汉旧县，以浈水屈曲为名。"

东衡州(581—588 东衡州，589—590 韶州)——始兴郡、安远郡、卢阳郡

《元和志》："梁承圣中，萧勃据岭南，于此置东衡州。隋开皇九年平陈，改东衡州为韶州，取州北韶石为名。十一年，废入广州。"《寰宇记》同。《补陈志》东衡州领始兴、安远、卢阳3郡。卢阳郡，见郴州桂阳郡内。

始兴郡(581—588)——曲江县、梁化县、浈阳县、平石县

《隋志》："旧置始兴郡，平陈废。"《补陈志》始兴郡领曲江、梁化、浈阳、平石4县。

24. 梁化县(581—597 梁化县，598—617 乐昌县)

《隋志》："梁置，曰梁化，开皇十八年改名乐昌。"《元和志》："梁武帝分曲江置梁化县，属始兴郡。隋开皇十年改属广州，十八年改为乐昌县。"

25. 浈阳县(581—595)

《隋志》曲江县下："开皇十六年废浈阳县入焉。"《元和志》所记与《隋志》有异，云"隋开皇十年改为贞阳，属循州，十九年改属广州，武德元年复改为浈阳"。《纪要》与《隋志》同，今仍从《隋志》。

26. 平石县(581—591)

《隋志》乐昌县下："梁又分置平石县，开皇十二年省平石入。"

27. 始兴县(581—617)

《隋志》："始兴，齐曰正阶，梁改名焉。"《杨考》："按始兴本吴置，至梁大同后始废正阶，移始兴来置。"

安远郡(581—582)——始兴县

《隋志》："梁置安远郡，平陈，郡废。"《补陈志》安远郡领安远、须阳2县。

按地志无须阳县,疑是浈阳之讹。然浈阳已属始兴郡,不当再属安远郡。《杨考》以为安远郡当领安远县,而安远县属南康郡,诸书皆有明文。洪齮孙《补梁疆域志》安远郡只领始兴1县,今从之。

28. 含洭县(581—617)

《元和志》:"洽洭县,本汉旧县也,属桂阳郡。隋开皇十年于此置洭州,县属焉。二十年废洭州,以县属广州,以县界洭水为名也。"

西衡州 (581—589 西衡州,590—599 洭州)——阳山郡、梁乐郡、桂阳郡

《隋志》:"梁置衡州,平陈,州改曰洭州,二十年州废。"《陈书》卷5《宣帝纪》:"太建十三年四月分衡州始兴郡为东衡州,衡州为西衡州。"《寰宇记》:"开皇十年废衡州。"《元和志》:"开皇十年于含洭县置洭州,二十年废洭州。"《补陈志》西衡州领阳山、梁乐、桂阳3郡。梁乐郡,见连州熙平郡内;桂阳郡,见郴州桂阳郡内。

阳山郡 (581—589)——含洭县、阳山县、桂阳县、广惠县

《隋志》:"梁置阳山郡,平陈,废。"《补陈志》阳山郡领含洭、阳山、桂阳、广惠4县。阳山、桂阳、广惠3县,见连州熙平郡内。

29. 盆允县(581—589)

《宋志》盆允县属新会郡。《隋志》新会县下:"平陈,并盆允县入。"《元和志》:"开皇十年置新会县。"按新会县是隋平陈后合并盆允、永昌、新建、熙潭、化召、怀集等六县所置,故盆允之废亦当在开皇十年。

封州 (589—590 封州,591—605 允州、冈州)——新会县、义宁县、封平县、封乐县

《隋志》新会县下:"旧置新会郡,平陈,郡废,又并盆允、永昌、新建、熙潭、化召、怀集六县入,为封州,十一年改为允州,后又改为冈州,大业初州废。"《元和志》云新会、义宁二县隋属冈州;《纪要》云封平县大业初废入义宁县,封乐县大业初废入新会县,而二县唐初复置冈州时又皆属冈州,则隋时冈州当领有此4县。

新会郡 (581—589)——盆允县、新夷县、义宁县、封乐县、封平县、初宾县、永昌县、始康县、新建县、熙潭县、化召县、怀集县

《隋志》:"旧置新会郡,平陈,郡废。"《宋志》新会郡属广州,领宋元、新熙、永昌、始成、招集、盆允、新夷、封平、封乐、初宾、义宁、始康12县。《纪要》云齐废宋元县,则陈时应领11县;又云梁陈间改废宋元县为化召县,则陈仍领12县。《补陈志》新会郡属新州,又云新建、熙潭、化召、怀集四县属海昌郡。按《隋志》叙海昌郡于电白县下,距此新会甚远,恐不确。今仍从《宋志》,以四县属新会郡。

30. 新夷县(581—589)

《宋志》:"新夷,吴立曰平夷,晋武帝太康元年更名。"《隋志》义宁县下:"开

皇十年废新夷县入。"

31. 义宁县(581—617)

《宋志》新会郡领有义宁县。《寰宇记》:"宋元嘉二十七年置冈州县,又为义宁县,属新会郡。隋平陈,属冈州。大业三年废州,县隶南海郡。"

32. 封乐县(581—605)

《宋志》:"封乐,元嘉十二年以盆允、新夷二县界归化民立。"《隋志》新会县下:"大业初废封乐县入。"

33. 封平县(581—605)

《宋志》新会郡领有封平县。《隋志》义宁县下:"大业初封平县废入。"

34. 初宾县(581—589)

《宋志》新会郡领有初宾县。《纪要》:"隋开皇十年废入义宁县。"

35. 永昌县(581—589)

《宋志》新会郡领有永昌县。《隋志》新会县下:"平陈,并永昌县入。"

36. 始康县(581—589)

《宋志》新会郡领有始康县。《隋志》义宁县下:"开皇十年始康废入封平,大业初又废封平入焉。"

37. 新建县(581—589)

《宋志》新会郡领有新熙县。《纪要》:"梁陈间改宋新熙曰新建。"《隋志》新会县下:"平陈,并新建县入。"

38. 熙潭县(581—589)

《宋志》新会郡领有始成县。《纪要》:"梁陈间改宋始成曰熙潭。"《隋志》新会县下:"平陈,并熙潭县入。"

39. 化召县(581—589)

《宋志》新会郡领有宋元县,该县原名宋安,文帝元嘉二十七年改。《纪要》:"齐废宋元县,梁陈间又以废宋元县改置化召县,隋开皇十年并入新会县。"《隋志》新会县下:"平陈,并化召县入。"

40. 怀集县(581—589)

《宋志》新会郡领有招集县。《纪要》:"梁陈间改宋招集曰怀集。"《隋志》新会县下:"平陈,并怀集县入。"

41. 南海县(590—617)

《元和志》:"隋开皇十年分番禺县立南海县,属广州。"

42. 大庾县(590—595)

《隋志》始兴县下:"平陈,改郡置大庾县,开皇十六年废大庾县入焉。"

43. 新会县(590—617)

《元和志》："隋开皇十年置新会县，属冈州。"按冈州废于大业初，州废后，县隶广州。

以上所列，为广州南海郡之政区沿革。其开皇九年前有 3 州、9 郡、40 县；大业三年改州为郡后，南海郡共领 15 县。兹列表 157 如下。

表 157　广州南海郡隋开皇元年、大业三年州郡县统辖关系表

开 皇 元 年									小计
州	广州				东衡州		西衡州	（新州）	3 州
郡	南海郡	东官郡	清远郡	绥建郡	乐昌郡	始兴郡	安远郡	阳山郡	新会郡	9 郡
县	番禺县 增城县	宝安县	翁源县 清远县 中宿县 威正县 廉平县 恩洽县 浮护县 政宾县	四会县 化蒙县 怀化县 新招县 化穆县 化注县	始昌县 宋元县 安乐县 乐山县 义立县	曲江县 梁化县 浈阳县 平石县	始兴县	含洭县	盆允县 新夷县 义宁县 封乐县 封平县 初宾县 永昌县 始康县 新建县 熙潭县 化召县 怀集县	
小计	2 县	1 县	8 县	6 县	5 县	4 县	1 县	1 县	12 县	40 县
大 业 三 年										
郡	南海郡									
县	南海县、增城县、宝安县、翁源县、清远县、政宾县、四会县、化蒙县、怀集县、曲江县、乐昌县、始兴县、含洭县、义宁县、新会县									
小计	15 县									

第二十七节　循州龙川郡政区沿革

(一五六) 循州龙川郡(590—606 循州，607—617 龙川郡)

《隋志》："平陈，置循州总管府。"《元和志》："开皇十年于此置循州，取循江

为名也。大业三年改为龙川郡。"

1. 欣乐县(581—588 欣乐县,589—617 归善县)

《元和志》:"归善县,本汉博罗县地也,宋于此置归善县,梁属梁化郡,隋开皇十年废梁化郡,以县属循州。"《旧唐志》、《寰宇记》亦谓宋置归善县,然《宋志》、《南齐志》均无归善县,《纪胜》引《祥符图经》云:"本晋欣乐县地,陈祯明三年改为归善。"《纪要》亦云:"晋太和初置欣乐县,齐梁因之,陈祯明初改为归善。"则是县本名欣乐,至陈祯明三年,亦即隋开皇九年始改为归善。

梁化郡(581—589)——欣乐县、安怀县

《元和志》归善县下:"梁置梁化郡,开皇十年于此置循州。"《纪要》:"梁置梁化郡,隋平陈郡废,改置循州。"《补陈志》云陈祯明三年改梁化郡为归善郡,领归善、安怀2县。归善郡之名不见于诸书,今仍以梁化为名。

2. 安怀县(581—588)

《宋志》东官郡领有安怀县,《南齐志》作怀安,然《梁书》卷32《兰钦传》云钦封安怀县男,则梁陈时此县仍作安怀。《补陈志》归善郡(即梁化郡)领归善、怀安2县,当作领欣乐、安怀2县。安怀县盖平陈后废。

3. 河源县(581—617)

《元和志》:"齐于此置河源县,属南海郡,隋开皇十年改属循州。"《纪要》:"以县东北有三河之源而名。"

4. 龙川县(581—590)

《隋志》河源县下:"开皇十一年省龙川县入焉。"《纪要》:"龙川,秦县,汉属南海郡,晋宋以后因之,隋省。"

5. 新丰县(581—597 新丰县,598—605 休吉县)

《隋志》河源县下:"又有新丰县,开皇十八年改曰休吉,大业初省入焉。"《纪要》:"萧齐置新丰县,属南海郡,隋属循州,开皇十八年改县曰休吉,大业初废。"

6. 博罗县(581—617)

《元和志》:"博罗县,本汉旧县,属南海郡,隋开皇十年改属循州。"

7. 兴宁县(581—617)

《元和志》:"晋置兴宁县,属东官郡,隋开皇十年废郡,以县属循州。"《宋志》、《南齐志》东官郡均领有兴宁县。东官郡,见广州南海郡内。

8. 齐昌县(581—589)

《南齐志》东官郡领有齐昌县。《纪要》:"萧齐置齐昌县,属东官郡,隋废。"盖平陈后与郡同废。

9. 海丰县(581—617)

《宋志》《南齐志》东官郡并有海丰县。《元和志》:"东晋于此置海丰县,属东官郡,隋开皇十年废郡,以县属循州。"

以上所列,为循州龙川郡之政区沿革。开皇九年前此地未设州,有梁化1郡,至开皇十年始置循州;大业三年改州为郡后,龙川郡共领5县。兹列表158如下。

表158　循州龙川郡隋开皇元年、大业三年州郡县统辖关系表

	开皇元年			小计	大业三年	
州	（广　州）				郡	龙川郡
郡	梁化郡	（南海郡）	（东官郡）	1郡	县	归善县、河源县博罗县、兴宁县海丰县
县	欣乐县安怀县	河源县、龙川县新丰县、博罗县	兴宁县、齐昌县海丰县			
小计	2县	4县	3县	9县	小计	5县

第二十八节　潮州义安郡政区沿革

(一五七)潮州义安郡(591—606潮州,607—617义安郡)

《隋志》:"梁置东扬州,后改曰瀛州,及陈,州废。平陈,置潮州。"又海阳县下:"大业初置郡。"《元和志》:"开皇十一年于义安县立潮州,大业三年罢州为义安郡。"

1. 海阳县(581—589海阳县,590义安县,591—617海阳县)

《元和志》:"海阳县,本汉揭阳县地,晋于此立海阳县,属义安郡。隋开皇十年废郡,省海阳入循州。十一年置潮州,又立海阳县以属焉。南滨大海,故曰海阳。"然其潮州序又云:"晋安帝义熙九年立义安郡及海阳县,隋开皇十年罢郡省海阳县,仍于郡廨置义安县以属循州。十一年,于义安县立潮州,以潮流往复,因以为名。"综上所述,是开皇十年罢郡省海阳县,却又立义安县以属循州,十一年于义安县立潮州,又改义安为海阳。

义安郡(581—589)——海阳县、海宁县、潮阳县、程乡县、义昭县、绥安县

《隋志》:"旧置义安郡,平陈,郡废。"《补陈志》义安郡属广州,领海阳、海宁、潮阳、程乡、义昭、绥安6县。绥安县,见丰州建安郡内。

2. 海宁县(581—617)

《宋志》义安郡领有海宁县,云"与义安郡俱立"。

3. 潮阳县(581—617)

《元和志》:"晋安帝分东官郡置义安郡,仍立潮阳县属焉。"《宋志》义安郡领有潮阳县。

4. 程乡县(581—589,591—617)

《元和志》:"齐于此置程乡县,盖分海阳县立焉,属义安郡,隋开皇十年省。十一年置潮州,复立程乡县属焉。"

5. 义昭县(581—605 义昭县,606—617 万川县)

《隋志》:"万川,旧曰昭义,大业初改名焉。"《杨考》云:"《宋志》:'义招,晋安帝义熙九年立。'《齐志》亦作'义招'。《寰宇记》引《南越志》:'义安郡有义昭县,昔流人营也,义熙元年立为县。'并不云改为昭义。"则《隋志》作昭义有误。《纪要》亦作义昭县,今据以改正。

以上所列,为潮州义安郡之政区沿革。开皇九年前,此地未设州,至开皇十一年始置潮州;大业三年改州为郡后,义安郡共领5县。兹列表159如下。

表159 潮州义安郡隋开皇元年、大业三年州郡县统辖关系表

	开 皇 元 年	小计		大 业 三 年
州	(广 州)		郡	义安郡
郡	义安郡	1 郡	县	海阳县、海宁县、潮阳县程乡县、万川县
县	海阳县、海宁县、潮阳县、程乡县、义昭县			
小计	5 县	5 县	小计	5 县

第二十九节 高州高凉郡政区沿革

(一五八) 高州高凉郡(581—606 高州,607—617 高凉郡)

开皇九年前领高凉、杜陵、永宁、宋康、齐安、阳春、连江、南巴、电白、海昌10郡。

《隋志》:"梁置高州。"又高凉县下:"旧置高凉郡,平陈废,大业初复置。"《寰宇记》恩州下:"梁大通中为高州,隋置高凉郡。"《纪胜》:"宋后为夷獠所据,梁讨平狸洞,置高州。"

《补陈志》高州领高凉、杜陵、永宁、宋康、齐安、阳春、连江、南巴、电白9郡,而《隋志》电白县下云"又有海昌郡,平陈,废入电白县",则此郡与电白郡邻近;《补陈志》云海昌郡属新州,新州治新宁郡新兴县,距此海昌甚远,且中隔高州诸郡,似不得越而隶之;《补梁疆域志》以海昌郡属高州,是。故陈时高州应领10郡。

1. 高凉县(581—617)

《杨考》:"本吴安宁县,晋、宋、齐不改,当是梁置郡时所改。"《纪要》:"汉置高凉县,属合浦郡。吴为高凉郡治,又析置安宁县属焉。晋移郡治安宁,而以高凉为属县。宋省高凉入安宁,齐仍旧,梁复改安宁为高凉,兼置高州治焉。隋平陈郡废,仍为高州治。"

高凉郡(581—588)——高凉县、茂名县、良德县

《隋志》:"旧置高凉郡,平陈废。"《补陈志》高凉郡领高凉、务德、茂名3县。务德县,见泷州永熙郡内。

2. 茂名县(581—617)

《纪要》:"晋南渡后置茂名县,属高兴郡,后废;梁复置,属高凉郡,隋属高州。"《杨考》引《名胜志》云:"本西瓯骆越地,晋镇南大将军冯游请筑城,置县于东西二山间。先是有道士潘茂名者,功成上升,因以名县。"

3. 杜陵县(581—597 杜陵县,598—617 杜原县)

《隋志》:"旧曰杜陵,开皇十八年改杜陵曰杜原。"《纪要》:"梁置杜陵县,并置杜陵郡治焉。隋平陈郡废,开皇十八年改县曰杜原,属高州。"

杜陵郡(581—588)——杜陵县

《隋志》:"梁置杜陵郡,平陈废。"《补陈志》杜陵郡领杜陵1县。

4. 永宁县(581—605)

《隋志》杜原县下:"又有永宁郡,平陈,废为县,大业二年废入杜原。"《纪要》:"永宁废县在阳江县西。梁永宁郡,隋废为县,属高州,大业二年省入杜原。"按《隋志》例,所谓"平陈,废为县",即废郡存县之义,盖永宁郡领永宁县,郡县同名,不再举县名。《补陈志》云永宁郡领县无考,因不明《隋志》此例而言。

永宁郡(581—588)——永宁县

《隋志》:"梁置永宁郡,平陈废。"《补陈志》有永宁郡,云领县无考。《宋志》有永宁郡,属越州,领县不明。《南齐志》越州亦领永宁郡,领杜罗、金安、蒙、廖简、留城5县。《纪胜》云高州宋后为夷獠所据,梁讨平狸洞,而置高州。经一番乱离之后,原领县恐早已不存,故立永宁县以为永宁郡治。《隋志》因郡县同名,故书郡不书县,而云"平陈,废为县",是废郡存县。

5. 宋康县(581—597 宋康县,598—605 义康县)

《隋志》杜原县下:"又有宋康郡,平陈,废为县。开皇十八年改宋康曰义康,大业二年废入杜原。"按此县例同永宁县,隋平陈,废郡存县。《宋志》广州领有宋康郡,云"本高凉西营,文帝元嘉九年立",领广化、单城、逐度、海邻、化隆、开宁、绥定、石门、威覃9县。《南齐志》广州亦领宋康郡,领10县,比宋多舆定1县。梁

时盖立宋康县为宋康郡治,《补陈志》云陈时宋康郡仍领10县,而无确证,今不取。

宋康郡(581—588)——宋康县

《隋志》杜原县下:"梁置宋康郡,平陈废。"《宋志》宋康郡领9县,《南齐志》领10县。梁讨平狸洞,重置宋康郡,并立宋康县为治所。《隋志》因郡县同名,故书郡不书县。隋平陈,废郡而存县。

6. 齐安县(581—597 齐安县,598—617 海安县)

《隋志》:"海安,旧曰齐安,开皇十八年改县名焉。"

齐安郡(581—588)——齐安县

《隋志》:"旧置齐安郡,平陈,郡废。"《补陈志》齐安郡领齐安1县。

7. 阳春县(581—617)

《纪胜》引《元和志》(今本《元和志》缺):"梁置阳春郡,无属县,陈置阳春县以隶之。"

阳春郡(581—588)——阳春县

《隋志》:"梁置阳春郡,平陈,郡废。"《补陈志》阳春郡领阳春1县。

8. 连江县(581—617)

《纪要》:"梁置连江县,为连江郡治。"

连江郡(581—588)——连江县

《隋志》:"梁置连江郡,平陈,郡废。"《补陈志》连江郡领连江1县。

9. 南巴县(581—605)

《隋志》连江县下:"梁又置南巴郡,平陈,郡废为南巴县,大业初废入。"此亦是郡县同名,故《隋志》书郡不书县。平陈后,废郡而存县。《纪要》云:"梁置南巴县,为南巴郡治。隋平陈郡废,县属高州。"

南巴郡(581—588)——南巴县、梁丰县

《隋志》:"梁又置南巴郡,平陈,郡废。"《补陈志》南巴郡领南巴、梁丰2县。

10. 梁丰县(581—597 梁丰县,598—605 义封县)

《隋志》连江县下:"梁又置梁丰县,开皇十八年改为义封,大业初废入。"

11. 电白县(581—617)

《纪要》:"梁置电白郡,治电白县。隋平陈,郡废,县属高州。"《隋志》但云"梁置电白郡",而不云置电白县者,盖郡县同名,书郡不举县。

电白郡(581—588)——电白县

《隋志》:"梁置电白郡,平陈,郡废。"《补陈志》电白郡领电白1县。

12. 海昌县(581—588)

《纪要》:"梁置海昌县,为海昌郡治,隋省。"《宋志》、《南齐志》均有海昌郡,

领宁化、威宁、永建、招怀、兴定5县,其中并无海昌县,盖亦梁平俚洞,合五县为海昌县也。《隋志》但云梁置海昌郡,不书海昌县,亦因郡县同名故也。

海昌郡(581—588)——海昌县

《隋志》电白县下:"梁又有海昌郡,平陈,废入焉。"《补陈志》云海昌郡属新州,领海昌、宁化、新建、化召、熙潭、怀集6县,属州及领县皆误。《补梁疆域志》以海昌郡属高州,领海昌1县,是。新建、化召、熙潭、怀集等县属新州新会郡,见前广州南海郡内。

13. 石龙县(581—617)

《纪要》:"梁置石龙县,为石龙郡治。隋废郡,县属罗州;大业初州废,县属高凉郡。"

罗州(581—605)——石龙郡、高兴郡

《隋志》石龙县下:"旧置罗州,大业初州废。"《通典》:"梁、陈立罗州,因宋罗州县为名。"《旧唐志》云:"宋檀道济于陵、罗二江口筑石城,因置罗州县。"《宋志》高凉郡领有罗州县。

《补陈志》罗州领石龙、高兴2郡。

石龙郡(581—588)——石龙县

《资治通鉴》:"陈太建二年,冯仆迁石龙太守。"胡三省注:"梁、陈于石龙县置石龙郡。"《纪要》:"梁置石龙县,为石龙郡治,隋废郡。"《补陈志》石龙郡领石龙1县。

14. 高兴县(581—588)

《南齐志》越州高兴郡领高兴、宋和、宁单、威成、夫罗、南安、归安、陈莲、高城、新建10县,然经梁、陈二代,此10县是否仍然存在,诸书并无记载。《补陈志》云高兴郡仍领10县,而《隋志》、《元和志》、《寰宇记》等并无只字记此10县,10县仍存续至陈,恐非实情。按《隋志》石龙县下云"旧置高兴郡,平陈,郡废",据志例书郡不举县,当有与郡同名之高兴县存续至陈,隋废郡时,县亦同废。

高兴郡(581—588)——高兴县

《隋志》:"旧置高兴郡,平陈,郡废。"该郡领高兴1县。

15. 吴川县(589—617)

《寰宇记》:"吴川县,本汉高凉县地,隋置县,属罗州。"《纪要》:"隋置吴川县,属高州。"此县置于隋,不云属何郡,而云属罗州,则置县在平陈废郡之后。盖先属罗州,大业初罗州废,又改隶高州。

16. 阳江县(617)

《旧唐志》:"阳江,隋旧置也。"《舆地广记》:"隋末置。"《纪要》:"阳江县,隋海安县地,萧铣时置。"据《旧唐书》卷56《萧铣传》,铣原为龙川令,大业十三年自称

梁公,改隋服色。铣为龙川令时不可能立县,立县当在大业十三年为梁公之后。

以上所列,为高州高凉郡之政区沿革。开皇九年前有 2 州、12 郡、14 县;大业三年改州为郡后,高凉郡共领 9 县。兹列表 160 如下。

表 160　高州高凉郡隋开皇元年、大业三年州郡县统辖关系表

	开　皇　元　年											小计
州	高　州									罗　州		2 州
郡	高凉郡	杜陵郡	永宁郡	宋康郡	齐安郡	阳春郡	连江郡	南巴郡	电白郡	海昌郡	石龙郡	高兴郡	12 郡
县	高凉县 茂名县	杜陵县	永宁县	宋康县	齐安县	阳春县	连江县	南巴县 梁丰县	电白县	海昌县	石龙县	高兴县	
小计	2 县	1 县	1 县	1 县	1 县	1 县	1 县	2 县	1 县	1 县	1 县	1 县	14 县

	大　业　三　年
郡	高凉郡
县	高凉县、茂名县、杜原县、海安县、阳春县、连江县、电白县、石龙县、吴川县
小计	9 县

第三十节　端州信安郡政区沿革

(一五九)端州信安郡(591—606 端州,607—617 信安郡)

《隋志》:"平陈,置端州。"又高要县下:"大业初置信安郡。"《元和志》:"隋开皇十一年置端州,大业三年罢州为信安郡。"《寰宇记》:"陈置高要郡。平陈,郡废,置端州;炀帝初州废,置信安郡。"

1. 高要县(581—617)

《元和志》:"高要县,本汉旧县,属苍梧郡。梁大同中于此立高要郡。隋开皇十一年置端州,割属焉。"

高要郡(581—590)——高要县

《隋志》:"旧置高要郡,平陈,郡废。"《补陈志》高要郡领高要 1 县,郡属广州。

2. 端溪县(581—617)

《元和志》:"本汉端溪旧县也。"《寰宇记》:"端溪,汉旧县。"

晋康郡(581—591)——端溪县、元溪县、乐城县、悦城县、都城县、晋化

县、文招县、威城县

《隋志》:"旧置晋康郡,平陈,郡废。"《元和志》:"晋末于此置晋康郡,隋开皇十二年省晋康郡,以所领县属端州。"《补陈志》晋康郡属广州,领端溪、元溪、乐城、悦城、都城、晋化、文招7县。都城、晋化2县,见成州苍梧郡内。又有威城县,为晋康郡治,此脱,亦见成州苍梧郡内。

3. 元溪县(581—591)

《纪要》:"元溪废县,在德庆州东五十里。本端溪县地,晋析置元溪县,宋属晋康郡,齐梁因之,隋废。"县盖废于开皇十二年废晋康郡之时。《宋志》晋康郡领有元溪县。

4. 乐城县(581—617)

《宋志》晋康郡领有乐城县。《纪要》:"晋末置乐城县,属晋康郡,隋属端州。"

5. 悦城县(581—591)

《宋志》晋康郡领有悦城县。《隋志》乐城县下:"开皇十二年废悦城县入。"

6. 文招县(581—591)

《宋志》晋康郡领有文招县。《隋志》乐城县下:"开皇十二年废文招县入。"

7. 平兴县(581—617)

《宋志》宋熙(后改名宋隆)郡领有平兴县。《寰宇记》:"本汉高要县地,宋元嘉十二年置平兴县。"

宋隆郡(581—590)——平兴县、初宁县、建宁县、熙穆县、崇德县、招兴县、崇化县、南安县

《隋志》:"旧置宋隆郡,领初宁、建宁、熙穆、崇德、招兴、崇化、南安等县。平陈,郡废,并所领县入焉。"《纪胜》云宋隆郡废于开皇十一年。《补陈志》宋隆郡属广州,领县与《隋志》同。

8. 初宁县(581—590)

《宋志》宋隆郡领有初宁县。《隋志》平兴县下:"平陈,郡废,并初宁县入。"

9. 建宁县(581—590)

《宋志》宋隆郡领有建宁县。《隋志》平兴县下:"平陈,郡废,并建宁县入。"

10. 熙穆县(581—590)

《宋志》宋隆郡领有熙穆县。《隋志》平兴县下:"平陈,郡废,并熙穆县入。"

11. 崇德县(581—590)

《宋志》宋隆郡领有崇德县。《隋志》平兴县下:"平陈,郡废,并崇德县入。"

12. 招兴县(581—590)

《宋志》宋隆郡领有招兴县。《隋志》平兴县下:"平陈,郡废,并招兴县入。"

13. 崇化县(581—590)

《宋志》宋隆郡领有崇化县。《隋志》平兴县下:"平陈,郡废,并崇化县入。"

14. 南安县(581—590)

《宋志》宋隆郡无此县。《杨考》云:"《齐志》越州高兴郡有南安县,当即此。"然宋隆郡所治平兴县在今广东高明县西,而《南齐志》高兴郡属越州,所治高兴县在今广东化州市,彼南安恐与此南安无涉。宋时宋隆郡本无此县,盖梁、陈时增置。

15. 梁泰县(581—590 梁泰县,591—605 清泰县)

《隋志》平兴县下:"梁置梁泰郡及县。平陈,郡废,县改曰清泰,大业初废入焉。"

梁泰郡 (581—590)——梁泰县

《隋志》:"梁置梁泰郡,平陈,郡废。"《补陈志》梁泰郡属广州,领梁泰1县。

16. 新兴县(581—617)

《旧唐志》:"新兴,汉临允县,属合浦郡。晋置新宁郡,梁置新州。"《纪要》:"汉合浦郡临允县地,晋初析置新宁县,属苍梧郡。永和七年分立新宁郡,改县为新兴。宋、齐因之。梁兼置新州。隋郡废州存,大业初州废,县属信安郡。"

新州 (581—605)——新宁郡、新兴郡、新会郡

《隋志》:"梁置新州,大业初废。"《寰宇记》:"梁武帝割广州新宁一郡立新州。"《补陈志》云新州领新宁、新兴、新会、海昌4郡。《隋志》叙海昌郡于电白县下,距此新兴甚远,中又间隔高州,似不能隶属新州。《补梁疆域志》以海昌郡属高州,今从之。又新会郡,见广州南海郡内。

新兴郡 (581—590)——新兴县、铜陵县、流南县、西城县

《隋志》无此郡。《补陈志》引汪士铎《南北史补志》云"梁省新宁郡之临允县立"。临允本汉县,《纪胜》亦云"梁废",《陈书》卷28《新兴王叔纯传》又云"至德元年立为新兴王",则陈有新兴郡至确,今从之。该郡领县,《补陈志》云领新兴、铜陵、流南、西城4县。又,此郡亦应废于平陈之后,时间当与宋隆郡同。

17. 铜陵县(581—617)

《寰宇记》:"宋立龙潭县,隋改为铜陵。"《纪要》:"刘宋置龙潭县,齐因之,梁陈间改为铜陵。"

18. 流南县(581—597 流南县,598—605 南流县)

《隋志》铜陵县下:"又有流南县,开皇十八年改曰南流。"《纪要》:"梁置流南县,属新兴郡,隋开皇十八年改曰南流县,大业初废。"

19. 西城县(581—605)

《隋志》铜陵县下:"又有西城县,大业初废入。"《纪要》:"西城县,亦梁置,属新兴郡,隋大业初废入铜陵县。"

20. 博林县(581—617)

《宋志》新宁郡领有博林县,《南齐志》为新宁郡治。《纪要》:"博林县,梁属新宁郡,隋属新州。"

新宁郡(581—590)——博林县、索卢县、抚纳县、单牒县、南兴县

《隋志》:"梁置新宁郡,平陈,郡废。"《补陈志》新宁郡领博林、索卢、抚纳3县,据《纪要》所记,该郡平陈前还领有单牒、南兴2县,应领5县。

21. 索卢县(581—605)

《隋志》新兴县下:"大业初又废索卢县入焉。"《纪要》:"索卢县,梁初置,属新宁郡,隋属新州,大业初废。"

22. 抚纳县(581—605)

《隋志》博林县下:"大业初废抚纳县入。"《宋志》新宁郡领有抚纳县。

23. 单牒县(581—590)

《宋志》新宁郡领有单牒县。《纪要》:"单牒县,晋末置,宋属新宁郡,齐梁因之,隋废。"当废于平陈之后。

24. 南兴县(581—590)

《宋志》新宁郡领有南兴县。《纪要》:"南兴县,亦晋末置,宋属新宁郡,齐梁因之,隋废。"亦是废于平陈之后。

以上所列,为端州信安郡之政区沿革。其开皇九年前有1州、6郡、24县;大业三年改州为郡后,信安郡共领7县。兹列表161如下。

表161 端州信安郡隋开皇元年、大业三年州郡县统辖关系表

	开 皇 元 年						小计		大 业 三 年
州	（广　州）				新　州		1州	郡	信安郡
郡	高要郡	晋康郡	宋隆郡	梁泰郡	新兴郡	新宁郡	6郡		
县	高要县	端溪县 元溪县 乐城县 悦城县 文招县	平兴县 初宁县 建宁县 熙穆县 崇德县 招兴县 崇化县 南安县	梁泰县	新兴县 铜陵县 流南县 西城县	博林县 索卢县 抚纳县 单牒县 南兴县		县	高要县、端溪县 乐城县、平兴县 新兴县、铜陵县 博林县
小计	1县	5县	8县	1县	4县	5县	24县	小计	7县

第三十一节 泷州永熙郡政区沿革

(一六〇)泷州永熙郡(581—606 泷州,607—617 永熙郡)

开皇九年前领平原、罗阳、开阳 3 郡。

《隋志》:"梁置泷州。"又泷水县下:"大业初置永熙郡。"《旧唐志》:"梁分广熙郡置建州,又分建州之双头洞立双州。"《杨考》:"《旧唐志》云:'泷州,隋永熙郡之泷水县,武德四年平萧铣置。'然则梁自名双州,唐武德始改名泷州。"

《补陈志》泷州领平原、罗阳、开阳 3 郡。

1. 平原县(581—597 平原县,598—617 泷水县)

《隋志》:"开皇十八年改平原曰泷水。"《纪要》:"梁置平原县,为平原郡治。隋平陈郡废,县属泷州,开皇十八年改为泷水县。"

平原郡(581—588)——平原县

《隋志》:"旧置平原郡,平陈,郡废。"《补陈志》平原郡领平原 1 县。

2. 罗阳县(581—597 罗阳县,598—605 正义县)

《隋志》泷水县下:"开皇十八年改罗阳县为正义,大业初废入焉。"《纪要》:"梁置罗阳县,为罗阳郡治,隋郡废,县属泷州,开皇十八年改曰正义县,大业初废。"

罗阳郡(581—588)——罗阳县

《隋志》:"旧置罗阳郡,平陈,郡废。"《补陈志》罗阳郡领罗阳 1 县。

3. 开阳县(581—605)

《隋志》泷水县下:"旧置开阳县,大业初废入焉。"《纪要》:"梁置开阳县,为开阳郡治,隋郡废,县属泷州,大业初并入泷水县。"

开阳郡(581—588)——开阳县

《隋志》:"旧置开阳郡,平陈,郡废。"《补陈志》开阳郡领开阳 1 县。

4. 梁德县(581—597 梁德县,598—617 怀德县)

《隋志》:"旧曰梁德,开皇十八年改名怀德。"《纪要》:"萧梁置梁德郡,治梁德县。隋平陈郡废,县属泷州,开皇十八年改曰怀德县。"

梁德郡(581—588)——梁德县

《隋志》:"旧置梁德郡,平陈,郡废。"《补陈志》梁德郡属石州,领梁德 1 县。石州,见石州永平郡内。

5. 良德县(581—617)

《隋志》:"良德,陈置,曰务德,后改名焉。"《纪要》:"陈置务德县,属高凉郡,后改曰良德。隋属泷州。"

6. 安遂县(581—617)

《宋志》安遂县属晋康郡。《纪要》:"宋元嘉中置安遂县,属晋康郡,齐因之。梁置建州及广熙郡治此,隋平陈废郡,大业初废州。"

建州(581—605)——广熙郡

《隋志》:"梁置建州,大业初废。"《补陈志》建州领广熙1郡。

广熙郡(581—588)——安遂县、永熙县、安南县

《隋志》:"梁置广熙郡,寻废。"此"寻废"二字有误,《纪要》云"隋平陈废郡",是。《补陈志》广熙郡领安遂、永熙、安南、罗平、宁乡、长化、定昌、宝宁8县。除安遂、永熙、安南3县外,其余5县不见于《隋志》及其他地志。《南齐志》有此5县,至陈时,恐已废,故诸地志皆不录。今仍以《隋志》所载,广熙郡领安遂、永熙、安南3县。

7. 永熙县(581—617)

《南齐志》广熙郡领有永熙县。《寰宇记》:"永宁县,本隋永熙县,唐武德五年改为永宁。"

8. 安南县(581—605)

《隋志》永熙县下:"大业初并安南县入。"《纪要》:"梁置安南县,属广熙郡,隋属建州,大业初废入永熙县。"

9. 永业县(596—617)

《隋志》:"梁置永业郡,寻改为县,后省。开皇十六年又置。"

以上所列,为泷州永熙郡之政区沿革。其开皇九年前有2州、5郡、8县;大业三年改州为郡后,永熙郡共领6县。兹列表162如下。

表162 泷州永熙郡隋开皇元年、大业三年州郡县统辖关系表

	开 皇 元 年					小计		大 业 三 年
州	泷 州			(石州)	(高 州)	建 州	2州	郡	永熙郡
郡	平原郡	罗阳郡	开阳郡	梁德郡	(高凉郡)	广熙郡	5郡		泷水县、怀德县 良德县、安遂县 永熙县、永业县
县	平原县	罗阳县	开阳县	梁德县	良德县	安遂县 永熙县 安南县		县	
小计	1县	1县	1县	1县	1县	3县	8县	小计	6县

第三十二节　成州苍梧郡政区沿革

(一六一)成州苍梧郡(581—589 成州,590—606 封州,607—617 苍梧郡)
开皇九年前领梁信、苍梧 2 郡。
《隋志》:"梁置成州,开皇初改为封州。"《元和志》:"隋开皇十年改为封州,大业三年罢州,以县属苍梧郡。"又梧州下云:"大业三年复为苍梧郡。"
《补陈志》成州领梁信、苍梧 2 郡。

1. **梁信县**(581—597 梁信县,598—617 封川县)
《隋志》:"旧曰梁信,开皇十八年改为封川。"
梁信郡(581—589)——梁信县、封兴县
《隋志》:"梁置梁信郡,平陈,郡废。"《补陈志》梁信郡属成州,领梁信、封信 2 县。

2. **封兴县**(581—605)
《隋志》封川县下:"大业初又废封兴县入焉。"《宋志》苍梧郡领有封兴县,盖宋置此县。

3. **广信县**(581—589 广信县,590—617 苍梧县)
《元和志》:"本汉苍梧郡广信县地,自汉迄陈不改,隋开皇十年罢郡,于此立苍梧县。"又云:"隋开皇十年罢郡为苍梧县,属静州;大业三年罢静州,复为苍梧郡。"则此县曾一度隶属静州,至大业三年才又改隶苍梧郡。
苍梧郡(581—589)——广信县、宁新县、遂城县、猛陵县
《隋志》:"旧置苍梧郡,平陈,郡废。"《补陈志》苍梧郡属成州,领广信、宁新、遂城、猛陵 4 县。遂成县,开皇十一年改名戎城,见石州永平郡内;猛陵县,见桂州始安郡内。

4. **宁新县**(581—589)
《南齐志》苍梧郡领有宁新县。《纪要》:"萧齐置宁新县,属苍梧郡,梁陈因之,隋废。"盖与郡同废于平陈之后。

5. **封阳县**(581—617)
《宋志》湘州临庆郡有封阳县,《南齐志》封阳县属临贺郡。《元和志》:"封阳县,本汉旧县,属苍梧郡,在封水之阳,故名。"《纪要》:"封阳,汉县,属苍梧郡,孙吴以后属临贺郡,隋初属封州,大业初属苍梧郡。"

6. **都城县**(581—617)
《宋志》晋康郡领有都城县。《元和志》:"本汉端溪县地,宋分置都城县,属

晋康郡,隋大业二年属封州。"按晋康郡陈时属广州,见端州信安郡内。

7. 晋化县(581—591)

《隋志》都城县下:"开皇十二年省晋化县入焉。"《宋志》晋康郡领有晋化县。

8. 威城县(581—591)

《隋志》都城县下:"开皇十二年省威城县入焉。"《南齐志》晋康郡治威城县。

以上所列,为成州苍梧郡之政区沿革。其开皇九年前有1州、2郡、8县;大业三年改州为郡后,苍梧郡共领4县。兹列表163如下。

表163 成州苍梧郡隋开皇元年、大业三年州郡县统辖关系表

	开 皇 元 年			小计		大 业 三 年
州	成 州	(湘 州)	(广 州)	1州	郡	苍梧郡
郡	梁信郡	苍梧郡	(临贺郡)	(晋康郡)	2郡	
县	梁信县 封兴县	广信县 宁新县	封阳县	都城县、晋化县 威城县	8县	县	封川县、苍梧县 封阳县、都城县
小计	2县	2县	1县	3县		小计	4县

第三十三节 桂州始安郡政区沿革

(一六二)桂州始安郡(581—606桂州,607—617始安郡)

开皇九年前领始安、桂林、象、韶阳、齐乐、安成、领方、晋兴8郡。

《隋志》:"梁置桂州。"《元和志》:"吴甘露元年于此置始安郡,属荆州。晋属广州。梁天监六年立桂州于苍梧、郁林之境,因桂江以为名,大同六年移于今理。隋大业三年罢州为始安郡。"

《补陈志》桂州领始安、桂林、马平、象、韶阳、齐乐、安成、岭方、晋兴9郡。齐乐郡,见连州熙平郡内;安成、岭方、晋兴3郡,见南定州郁林郡内。马平郡当属龙州,见马平县、龙城县下。

1. 始安县(581—617)

《元和志》:"本汉始安县,属零陵郡。"《纪要》:"三国吴为始安郡治,梁为桂州治。"

始安郡(581—588)——始安县、荔浦县、永丰县、平乐县

《隋志》:"旧置始安郡,平陈,郡废。"《补陈志》始安郡领始安、荔浦、永丰、

平乐 4 县。

2. 荔浦县(581—617)

《元和志》:"荔浦县,本汉旧县,因荔水为名,属苍梧郡。吴属始安郡,隋属桂州。"

3. 永丰县(581—589)

《元和志》:"吴甘露元年析荔浦县之永丰乡置,开皇十年省入阳朔县。"《宋志》始建郡(即吴始安郡,宋明帝改)领有永丰县。

4. 平乐县(581—617)

《元和志》:"本汉富川县地,吴于此置平乐县,取平乐溪为名。"《南齐志》湘州始安郡领有平乐县。

5. 潭中县(581—590 潭中县,591—617 桂林县)

《元和志》:"隋开皇十一年以潭中县为桂林县,仍以桂林置象州;大业二年废象州,以桂林县属桂州。"

桂林郡(581—588)——潭中县、中溜县、西宁县、武熙县

《隋志》阳寿县下:"有桂林郡,平陈废。"《补陈志》桂林郡领潭中、西宁、武熙、安化、常安 5 县。安化县不见于《隋志》、《元和志》及《纪要》等书,今不取。又《元和志》云有中溜县,开皇十一年废入桂林,《宋志》、《南齐志》桂林郡皆领有中溜县,《补陈志》缺,今补。常安县,《寰宇记》云梁改为梁化县,为梁化郡治,见梁化县下。

6. 中溜县(581—590)

《宋志》桂林郡领中溜县,且为郡治。《南齐志》桂林郡领中留县,即宋之中溜县,但郡治已迁至武熙县。《元和志》阳寿县下云:"开皇十一年废中溜入桂林,又析桂林县置阳寿。"

7. 西宁县(581—605)

《隋志》桂林县下:"大业初并西宁县入。"

8. 武熙县(581—590)

《宋志》桂林郡领有武熙县,云:"本曰武安,吴立,晋武帝太康元年更名。"《南齐志》武熙为桂林郡治。《纪要》:"吴置武熙县,属郁林郡,晋宋因之,齐改属桂林郡,梁陈仍旧,隋平陈郡废,寻废县入马平。"按马平县是开皇十一年分桂林县置,此云废入马平,则应是废于开皇十一年。

9. 象县(581—617)

《元和志》:"陈于今县南四十五里置象郡,隋开皇九年废郡为县。"按陈置象郡时当同时立有象县,《元和志》所云"开皇九年废郡为县"即废象郡存象县。

象郡(581—588)——象县

《隋志》阳寿县下："有象郡,平陈废。"《元和志》："陈置象郡,隋开皇九年废。"《补陈志》象郡属桂州,云领县无考,盖不知《元和志》之"废郡为县"即废郡存县之意,陈立象郡时应有象县同立。

10. 阳寿县(581—617)

《元和志》："阳寿县,本汉中溜县之地,隋开皇十一年废中溜入桂林,又析桂林置阳寿县,属象州。"然《纪要》云:"汉中溜县地,梁改置阳寿县,又置昭阳郡治焉。隋废郡,县属象州。"《隋志》阳寿县下有韶阳郡(即昭阳郡),而阳寿为郡治,当与郡同治。《元和志》云"开皇十一年又析桂林置阳寿县",或平陈后暂废,寻又复置。

韶阳郡(581—588)——阳寿县、淮阳县

《隋志》阳寿县下："有韶阳郡,平陈废。"《补陈志》韶阳郡领阳寿、淮阳2县。

11. 淮阳县(581—597 淮阳县,598—605 阳宁县)

《隋志》阳寿县下："又有淮阳县,开皇十八年改曰阳宁,大业初省入焉。"《纪要》："淮阳县,梁置,属韶阳郡,隋开皇十八年改曰阳宁县,大业初省入阳寿县。"

12. 龙城县(581—617)

《隋志》："龙城,梁置。"《纪胜》引张维《广西郡邑志》云:"梁大同三年八月,龙见于江,乃于江南置龙州及龙城县。隋开皇初徙州于江北,寻废。"《杨考》:"《元和志》云'开皇十一年析桂林县置龙城县',盖据徙置而言也。"

龙州(581—588)——马平郡

《纪胜》引张维《广西郡邑志》云:"梁大同三年八月,龙见于江,乃于江南置龙州及龙城县。隋开皇初徙州于江北,寻废。"当是废于平陈之后。《纪要》亦引祝穆(《方舆胜览》作者)云:"三国吴析桂林郡置马平郡,梁大同中兼置龙州,治龙江南岸。隋废郡,徙州治江北,寻废州,而以马平郡置象州。"《纪胜》但云置龙州及龙城县,不及置郡;祝穆云三国吴析桂林郡置马平郡,时间有误,《宋志》、《南齐志》均无马平郡,该郡当非吴置;马平郡治马平县,即今广西柳州,龙城县在今广西柳城县,距柳州约七十里,二县同属马平郡当无疑问。据此,综诸书所记,当是梁置龙州、马平郡及马平县、龙城县,以成州、郡、县之统辖关系。《补陈志》仍以马平郡属桂州,盖未考见《纪胜》及《方舆胜览》等有关龙州置立之说。

13. 马平县(581—588,591—617)

《舆地广记》："马平,本汉潭中县地,后置马平县及郡,隋废郡。"《纪要》:"梁析置马平县,并置马平郡,隋郡废,为象州治。大业初州废,县属始安郡。"《隋志》阳寿县下亦云:"有马平郡,平陈废。"然《元和志》乃云:"隋开皇十一年析桂林县

置马平县,属象州。"《寰宇记》亦云:"隋置马平县。"比合诸书所记,当是梁置马平郡及马平县,隋平陈后,郡县皆废,不久又复置,《元和志》盖以复置为言。

象州(592—605)——马平县、桂林县、阳寿县

《隋志》马平县下:"开皇十二年置象州,大业初州废。"《元和志》:"开皇十一年以桂林置象州,取界内象山为名。大业二年废象州,以桂林县属桂州。"据《元和志》马平县、阳寿县及象州序所记,此象州当领有桂林、马平、阳寿等县。

马平郡(581—588)——马平县、龙城县

《隋志》阳寿县下:"有马平郡,平陈废。"《纪要》:"梁置马平郡,隋郡废。"《补陈志》马平郡领马平、龙城、建安、始集、龙平、宾平、新林、绥宁、中胄、晋平、威化等11县,除马平、龙城2县外,余县皆不见于《隋志》、《元和志》及《纪要》等书。此九县乃《南齐志》郁林郡领县。马平原为汉潭中县地,潭中汉时属郁林郡,《补陈志》遂以《南齐志》之郁林郡领县移于马平郡下,但并无确证,今不取其说。据《纪胜》、《纪要》及祝穆所言,此马平郡只领马平、龙城2县。见前龙州下。

14. 齐熙县(581—597齐熙县,598—617义熙县)

《隋志》:"旧曰齐熙,开皇十八年改县曰义熙。"《元和志》:"开皇十八年改齐熙县为义熙县,属融州。"

东宁州(581—597东宁州,598—605融州)——齐熙郡、黄水郡、梁化郡

《隋志》义熙县下:"旧置东宁州,开皇十八年改州曰融州,大业初州废。"《元和志》:"大业二年州废。"《补陈志》东宁州领齐熙、黄水、梁化3郡。

齐熙郡(581—588)——齐熙县

《隋志》:"旧置齐熙郡,平陈,郡废。"《补陈志》齐熙郡领齐熙1县。

15. 黄水县(581—605)

《隋志》义熙县下:"大业初废黄水县入焉。"《纪要》:"梁置黄水县,并置黄水郡,隋平陈郡废,县属融州。"

黄水郡(581—588)——黄水县、临牂县

《隋志》义熙县下:"旧置黄水郡,平陈,郡废。"《补陈志》黄水郡领黄水1县。按有临牂县,《纪要》云属黄水郡,则此郡当领黄水、临牂2县。

16. 临牂县(581—605)

《隋志》义熙县下:"大业初废临牂县入焉。"《纪要》:"梁置临牂县,属黄水郡,隋平陈郡废,县属融州。"

17. 梁化县(581—597梁化县,598—605纯化县)

《寰宇记》:"梁大同八年于县置梁化郡,改常安县为梁化县,开皇十八年改梁化县为纯化县,大业二年省。"

梁化郡 (581—588)——梁化县、兴安县、建陵县

《隋志》始安县下:"旧置梁化郡,平陈,郡废。"《补陈志》梁化郡领兴安、建陵2县,脱梁化县,郡当领3县。

18. 兴安县(581—605)

《隋志》始安县下:"大业初废兴安县入焉。"《纪要》:"梁置兴安县,大业初废兴安县入始安县。"

19. 建陵县(581—617)

《宋志》:"建陵,吴置,属苍梧郡,宋末度始建郡。"始建郡即始安郡。此县原属始安郡,盖梁时立梁化郡,县又改隶梁化郡。

20. 龙平县(581—617)

《旧唐志》:"龙平,汉临贺县地,属苍梧郡。吴置临贺郡,梁分临贺置南静郡,又改为静州,改南静郡为龙平县。"《纪要》:"梁置龙平县,兼置静州及梁寿诸郡于此。隋初州郡俱废,县属桂州。"

静州 (581—606)——梁寿郡、静慰郡、南静郡、逍遥郡

《隋志》:"梁置静州,大业初州废。"《元和志》:"大业三年罢静州。"《补陈志》静州领梁寿、静慰、南静、开江、武城、逍遥6。然《通典》云"陈改开江、武城二郡为逍遥郡",则此静州当领4郡。又南静郡,《隋志》叙于熙平郡开建县下,见连州熙平郡内。

梁寿郡 (581—588)——龙平县、博劳县

《隋志》龙平县下:"梁置梁寿郡,平陈,郡废。"《补陈志》梁寿郡领龙平1县。又有博劳县,《隋志》云"大业初废入龙平县",《补梁疆域志》属梁寿郡,是。则此郡应领龙平、博劳2县。

21. 博劳县(581—605)

《隋志》龙平县下:"大业初废博劳县入焉。"《纪要》:"梁置博劳县。"

22. 安乐县(581—605)

《隋志》:"大业初废安乐县入龙平县。"《寰宇记》:"废安乐县在龙平县东北五里。"

静慰郡 (581—588)——安乐县

《隋志》龙平县下:"梁置静慰郡,平陈废。"《补梁疆域志》、《补陈志》均云静慰郡领县无考,此《隋志》既于龙平县下云"梁置梁寿、静慰二郡",又云"大业初废归化、安乐、博劳三县入龙平",而博劳县已属梁寿郡,则此静慰郡当领安乐县也。

23. 豪静县(581—617)

《纪要》:"梁置豪静县,兼置开江、武城二郡,陈改置逍遥郡,隋郡废,县属

桂州。"

逍遥郡(581—588)——豪静县、开江县

《隋志》:"梁置开江、武城二郡,陈置逍遥郡,平陈,郡并废。"《通典》云:"陈改开江、武城二郡为逍遥郡。"《陈书》卷 31《樊毅传》:"后主即位,封逍遥郡公。"则陈有逍遥郡至确。《补陈志》以为《隋志》云"郡并废",则陈时开江、武城、逍遥三郡并立,但又云逍遥郡领县无考。今从《通典》、《纪要》。

24. 开江县(581—605)

《隋志》豪静县下:"又有开江县,大业初废入焉。"《元和志》:"大业二年废。"

25. 富川县(581—617)

《元和志》:"富川县,本汉旧县,属苍梧郡,吴属临贺郡,隋属桂州。"《寰宇记》:"县有富水,因为县名。"

贺州(589—605)——富川县、临贺县、桂岭县、绥越县、荡山县

《隋志》富川县下:"平陈,置贺州,大业初州废。"据《纪要》所载,临贺、桂岭、富川等县隋时均属贺州,而《隋志》又云绥越、荡山二县大业初亦废入富川,则此贺州当领有富川、临贺、桂岭、绥越、荡山 5 县。《旧唐志》记唐初复置贺州,亦领有上述诸县,唯绥越大业初废后未复,故无此县。

临贺郡(581—588)——富川县、临贺县、冯乘县、谢沐县、封阳县、兴安县

《隋志》:"旧置临贺郡,平陈,郡废。"《补陈志》临贺郡属湘州,领富川、临贺、冯乘、谢沐、封阳、兴安 6 县。冯乘、谢沐二县,见永州零陵郡内;封阳县,见成州苍梧郡内;兴安县,后改为桂岭县,见连州熙平郡内。

26. 临贺县(581—605,616—617)

《隋志》富川县下:"大业初废临贺县入焉。"《元和志》:"临贺县,本汉旧县也,自汉至陈不改,隋大业二年省入富川县,十二年重置,属苍梧郡。"

27. 荡山县(581—605)

《隋志》富川县条:"大业初废荡山入焉。"《元和志》:"萧梁立荡山县,隋大业二年省。"《纪要》:"梁置荡山县,并置乐梁郡治焉。陈因之。隋初废郡,大业初省入富川县。"

乐梁郡(581—588)——荡山县

《隋志》:"旧置乐梁郡,平陈,郡废。"《补陈志》乐梁郡属湘州,领荡山、游安 2 县。游安县属梁乐郡,不属乐梁郡,《补陈志》误。梁乐郡,见连州熙平郡内。

28. 绥越县(581—605)

《隋志》富川县条:"大业初并绥越入焉。"《纪要》:"梁置绥越县,隋省入富川。"

绥越郡(581—588)——绥越县

《隋志》贺川县下："陈置绥越郡,平陈,郡废。"《补陈志》绥越郡属湘州,领绥越1县。

29. 猛陵县(581—605)

《隋志》豪静县下："又有猛陵县,大业初废入焉。"《纪要》："猛陵,汉县,属苍梧郡,晋宋以后因之,隋废。"《补陈志》猛陵属成州苍梧郡。

30. 归化县(589—605)

《隋志》龙平县下："平陈,又置归化县,大业初又废归化县入焉。"

31. 阳朔县(590—617)

《元和志》："阳朔县,本汉始安县地,隋开皇十年置,取阳朔山为名。"

32. 隋化县(590—617)

《元和志》："隋化县,开皇十年分荔浦置。"

33. 永福县(591—617)

《寰宇记》："永福县,本汉始安县地,隋开皇十一年割始安县永福乡于废龙口戍置。"

以上所列,为桂州始安郡之政区沿革。其开皇九年前有4州、14郡、29县;大业三年改州为郡后,始安郡共领16县。兹列表164如下。

表164 桂州始安郡隋开皇元年、大业三年州郡县统辖关系表

州	开 皇 元 年											小计
州	桂 州		龙州	东宁州		静 州			(湘州)		(成州)	4州
郡	始安郡	桂林郡	象郡	韶阳郡	马平郡	齐熙郡	黄水郡	梁化郡	梁寿郡	静慰郡	逍遥郡	临贺郡	乐梁郡	绥越郡	(苍梧郡)	14郡
县	始安县、荔浦县、永丰县、平乐县	潭中县、中溜县、西宁县、武熙县	象县	阳寿县、淮阳县	马平县、龙城县	齐熙县	黄水县、临牂县	梁化县、兴安县、建陵县	龙平县、博劳县	安乐县	豪静县、开江县	富川县、临贺县	荡山县	绥越县	猛陵县	
小计	4县	4县	1县	2县	2县	1县	2县	3县	2县	1县	2县	2县	1县	1县	1县	29县

	续表
	大 业 三 年
郡	始安郡
县	始安县、荔浦县、平乐县、桂林县、象县、阳寿县、龙城县、马平县、义熙县、建陵县、龙平县、豪静县、富川县、阳朔县、隋化县、永福县
小计	16 县

第三十四节 石州永平郡政区沿革

(一六三)石州永平郡(581—588 石州,589—606 藤州,607—617 永平郡)

开皇九年前领永平、建陵、永建、梁德、阴石 5 郡。

《隋志》:"平陈,置藤州。"《资治通鉴》注引《五代史志》(即《隋书·地理志》)云:"永平郡,梁置石州。"《杨考》:"胡身之所见本尚不误,今本脱'梁置石州'四字。"又《隋志》永平县下:"大业置郡。"

《补陈志》石州领永平、建陵、永建、梁德 4 郡。梁德郡,见泷州永熙郡内。又有阴石郡,《补梁疆域志》亦隶石州,《补陈志》脱,今补。

1. 夫宁县(581—588 夫宁县,589—617 永平县)

《纪要》:"晋为安沂县地,义熙中析置夫宁县,属永平郡,萧齐徙郡治此,梁兼置石州,陈因之。隋平陈郡废,改州曰藤州,又改县曰永平。大业初复改州曰永平郡。"

永平郡 (581—588)——夫宁县、武林县

《隋志》:"旧置永平郡,平陈,郡废。"《补陈志》永平郡领夫宁、畖安、卢平、员乡、苏平、逋宁、雷乡、开城、毗平、武林、丰城 11 县。除夫宁、武林二县见于《隋志》《元和志》等地志外,余县均无记载。《补陈志》盖据《南齐志》移录,而不问陈时是否果真还领有此 11 县。今依《隋志》、《元和志》。

2. 武林县(581—617)

《元和志》:"武林县,本汉猛陵县地,宋元嘉二年置,属永平郡。隋属藤州。"

3. 安基县(581—617)

《纪要》:"晋升平五年分苍梧郡立永平郡,治安沂县,宋因之。齐移郡治夫宁,安沂属之。梁改县曰安基,置建陵郡。隋平陈郡废,县属藤州。"

建陵郡 (581—588)——安基县、建陵县

《隋志》："梁置建陵郡，平陈，郡废。"《补陈志》建陵郡领安基、建陵 2 县。建陵县，见桂州始安郡内。

4. 阴石县(581—588 阴石县，589—598 奉化县，599—617 普宁县)

《隋志》普宁县下："旧曰阴石，梁置阴石郡，平陈郡废，改县曰奉化，开皇十九年又改名焉。"

阴石郡 (581—588)——阴石县

《隋志》："梁置阴石郡，平陈郡废。"《补陈志》脱阴石郡。《补梁疆域志》有阴石郡，领阴石 1 县。

5. 遂城县(581—590 遂成县，591—617 戎城县)

《隋志》："梁置曰遂城，开皇十一年改名焉。"《元和志》："梁于此置遂城县。隋开皇十年，虞庆则南征，屯兵于此，改为戎城县。"《寰宇记》与《隋志》同，改名戎城在开皇十一年，今从《隋志》。又，《补陈志》遂城县属成州苍梧郡。

6. 安人县(595—597 安人县，598—617 宁人县)

《隋志》："宁人，开皇十五年置，曰安人，十八年改名焉。"

7. 大宾县(595—617)

《隋志》："大宾，开皇十五年置。"《元和志》："开皇十五年分桂平置。"

8. 隋建县(599—617)

《隋志》："隋建，开皇十九年置。"《元和志》："隋开皇十九年分武林县置，属藤州。"

9. 隋安县(599—617)

《隋志》："隋安，开皇十九年置。"

10. 淳人县(599—617)

《隋志》："淳人，开皇十九年置。"《寰宇记》作淳民县，《杨考》云："人当作民，避唐太宗讳改为人。"

11. 贺川县(599—617)

《隋志》："贺川，开皇十九年置。"

永建郡 (581—588)——？

《隋志》贺川县下："陈置建陵、绥越、苍梧、永建等四郡，平陈，并废。"按建陵郡已见于安基县下，绥越郡已见于湘州绥越县下，苍梧郡已见于成州苍梧县下，唯此永建郡诸书不见记载，《补陈志》亦云领县无考。《隋志》将此郡置于贺川县下，而贺川开皇十九年始置，亦不得云领贺川县。今依《补陈志》，空缺其领县。

以上所列，为石州永平郡之政区沿革。其开皇九年前有 1 州、4 郡、5 县；大业三年改州为郡后，永平郡共领 11 县。兹列表 165 如下。

表 165　石州永平郡隋开皇元年、大业三年州郡县统辖关系表

开 皇 元 年					小计	大 业 三 年	
州	石　州				（成　州）	1州	郡	永平郡
郡	永平郡	建陵郡	阴石郡	永建郡	（苍梧郡）	4郡	县	永平县、武林县、安基县普宁县、戎城县、宁人县大宾县、隋建县、隋安县淳人县、贺川县
县	夫宁县武林县	安基县	阴石县		遂城县	5县		
小计	2县	1县	1县		1县	5县	小计	11县

第三十五节　南定州郁林郡政区沿革

（一六四）南定州郁林郡(581—589 南定州，590—605 尹州，606 郁州，607—617 郁林郡)

开皇九年前领郁林、石南、桂平、宁浦、简阳、乐阳、岭山 7 郡。

《隋志》："梁置定州，后改为南定州；平陈，改为尹州；大业初改为郁州。"又郁林县下："大业初又置郡。"《元和志》："梁时于郡置南定州，隋开皇十年改南定州为尹州，大业二年改尹州为郁州，三年罢州为郁林郡。"

《补陈志》南定州领郁林、石南、桂平 3 郡。按《寰宇记》云"梁武割桂州之郁林、宁浦二郡立定州，后改为南定州"，则此南定州当领有宁浦郡。又有简阳、乐阳、岭山 3 郡皆与宁浦邻接，亦当属定州。《补陈志》将此四郡隶属兴州，兴州为梁陈间立，治所在今越南河内之西，与此宁浦等郡相距甚远，且中间为交州、黄州、安州等所隔，何能领此 4 郡？《补梁疆域志》兴州只领新昌一郡，是。

1. 郁林县(581—617)

《纪要》："梁置郁林县，为郁林郡治。"

郁林郡(581—589)——郁林县、龙山县、怀泽县、布山县、武平县、郁平县、马度县、阿林县

《隋志》："旧置郁林郡，平陈，郡废。"《补陈志》郁林郡领郁林、郁平、怀泽、马度、布山、龙山、阿林 7 县。又有武平县，《隋志》云大业初废入郁林，此县亦当属郁林郡。

2. 龙山县(581—605)

《隋志》郁林县下："大业初废龙山县入。"《嘉庆重修一统志》："龙山县，梁、陈间分布山置。"

3. 怀泽县(581—605)

《隋志》郁林县下:"大业初废怀泽县入。"《纪要》:"梁曰怀泽县,仍属郁林郡,隋属尹州,大业初废。"

4. 布山县(581—605)

《隋志》郁林县下:"大业初废布山县入。"《纪要》:"布山,汉县,郁林郡治也。后皆因之。梁析置桂平县,又改置郁林县为郡治,布山县属焉。隋属尹州,大业初省。"

5. 武平县(581—605)

《隋志》郁林县下:"大业初废武平县入。"此县盖亦梁、陈间分布山置。

6. 郁平县(581—617)

《宋志》:"郁平,吴立,曰阴平,晋武帝太康元年更名。"该县宋时即属郁林郡。

7. 马度县(581—617)

《元和志》:"马度县,本汉广郁县地,开皇十年置,因县南三十里马度山为名。"《纪要》:"梁置马度县,属郁林郡,隋因之。"此县何时设置,二书所记有异,今从《纪要》。

8. 阿林县(581—617)

《寰宇记》:"阿林县,本汉旧县,属郁林郡。"《宋志》郁林郡领有阿林县。

9. 石南县(581—617)

《纪要》:"陈置石南县,为石南郡治。隋平陈郡废,县属尹州,大业中属郁林郡。"

石南郡(581—588)——石南县

《隋志》:"陈置石南郡,平陈,郡废。"《补陈志》石南郡领石南1县。

10. 桂平县(581—617)

《纪要》:"梁置桂平县,为桂平郡治。隋郡废,县属尹州,大业初属郁林郡。"

桂平郡(581—588)——桂平县

《隋志》:"梁置桂平郡,平陈,郡废。"《补陈志》桂平郡领桂平1县。

11. 宁浦县(581—617)

《宋志》宁浦郡领有宁浦县,云"本名昌平,晋武帝太康元年更名"。《纪要》:"吴置昌平县,晋太康元年析置宁浦县,为宁浦郡治,宋齐因之,隋唐以后皆为州郡治。"

简州(590—597 简州,598—605 缘州)——宁浦县、乐山县、岭山县、武缘县、宣化县

《隋志》:"平陈,郡废,置简州,十八年改为缘州,大业二年州废。"《寰宇记》:

"开皇十年废宁浦、简阳二郡,置简州,十八年又改简州为缘州,炀帝初废州。"据《元和志》、《纪要》等书记载,此简州领有宁浦、乐山、岭山、武缘、宣化等5县。

宁浦郡(581—589)——宁浦县

《隋志》:"旧置宁浦郡,平陈,郡废。"《补陈志》宁浦郡领宁浦1县。

12. 简阳县(581—589)

《纪要》:"沈约曰晋太康七年置县,属宁浦郡,今《晋志》不载。《宋志》作洞阳,齐仍曰简阳县,属宁浦。梁简阳郡盖置于此。隋平陈,郡县俱废。"

简阳郡(581—589)——简阳县

《隋志》宁浦县下:"梁立简阳郡,平陈,郡废。"《补陈志》简阳郡领简阳1县。

13. 平山县(581—589 平山县,590—597 乐阳县,598—617 乐山县)

《隋志》:"乐山,梁置乐阳郡,平陈,改为乐阳县,十八年改名焉。"《纪要》:"晋置平山县,属宁浦郡。梁置乐阳郡治焉。隋平陈郡废,改县曰乐阳,属简州,开皇十八年改为乐山。"

乐阳郡(581—589)——平山县

《隋志》:"梁置乐阳郡,平陈,改为乐阳县。"《纪要》:"隋平陈郡废,改县曰乐阳。"《隋志》不云平陈废郡,盖有脱误,当以《纪要》为是。《补陈志》乐阳郡领乐山1县,据《纪要》,陈时县名应为平山。

14. 岭山县(581—589 岭山县,590—597 岭县,598—617 岭山县)

《隋志》:"岭山,梁置岭山郡,平陈,改为岭县,十八年改为岭山。"《纪要》:"梁置岭山县,为岭山郡治。隋平陈郡废,改曰岭县,属简州。"

岭山郡(581—589)——岭山县、武缘县

《隋志》:"梁置岭山郡,平陈,改为岭县。"《纪要》云平陈郡废,是。《补陈志》岭山郡领岭山、武缘2县。

15. 武缘县(581—605)

《隋志》岭山县下:"大业初并武缘县入。"《纪要》:"梁置武缘县,属岭山郡,平陈郡废,大业初并入岭山县。"

16. 安成县(581—617)

《元和志》:"梁置安成郡,隋改县。"《通典》:"梁置安成县。"《旧唐志》同。《元和志》所云"隋改县"者,盖郡、县皆梁置,隋平陈,废郡而存县。

安成郡(581—589)——安成县

《隋志》:"梁置安成郡,平陈,郡废。"《补陈志》安成郡属桂州,领安成1县。

17. 领方县(581—617)

《元和志》:"领方县,本汉旧县也。吴改为临浦县,隋复为领方,属郁林郡。"

领方郡(581—589)——领方县

《隋志》:"梁置领方郡,平陈,郡废。"《补陈志》领方郡属桂州,领领方1县。

18. 晋兴县(581—597晋兴县,598—617宣化县)

《隋志》:"旧置晋兴郡,平陈废为县,开皇十八年改名焉。"《杨考》:"《宋志》晋兴郡治晋兴县,则县当亦晋置。"按《隋志》"平陈废为县",亦是废郡存县之意。又《寰宇记》云:"晋置晋兴郡,隋开皇初废郡为宣化县,属简州,大业二年州废,以县属郁林郡。"则此县曾一度隶属简州,大业初方隶郁林郡。

晋兴郡(581—589)——晋兴县

《隋志》:"旧置晋兴郡,平陈废为县。"《补陈志》晋兴郡属桂州,领晋兴、熙注、桂林、增翊、安广、安郁、晋城、郁阳等8县。此8县,见于《宋志》、《南齐志》晋兴郡下,但除晋兴县外,其余7县均不见于《隋志》、《元和志》、《纪要》等书,盖梁陈间已废,今不列。

19. 皇化县(591—605)

《隋志》桂平县下:"大业初又废皇化县入。"《元和志》:"皇化县,隋开皇十一年置,因县东一里皇化水为名,大业二年废。"

以上所列,为南定州郁林郡之政区沿革。其开皇九年前有1州、10郡、18县;大业三年改州为郡后,郁林郡共领12县。兹列表166如下。

表166 南定州郁林郡隋开皇元年、大业三年州郡县统辖关系表

	开 皇 元 年									小计
州	南定州						(桂 州)			1州
郡	郁林郡	石南郡	桂平郡	宁浦郡	简阳郡	乐阳郡	岭山郡	安成郡	领方郡	晋兴郡	10郡
县	郁林县 龙山县 怀泽县 布山县 武平县 郁平县 马度县 阿林县	石南县	桂平县	宁浦县	简阳县	平山县	岭山县 武缘县	安成县	领方县	晋兴县	
小计	8县	1县	1县	1县	1县	1县	2县	1县	1县	1县	18县

	续 表
	大 业 三 年
郡	郁林郡
县	郁林县、郁平县、马度县、阿林县、石南县、桂平县、宁浦县、乐山县、岭山县、安成县、领方县、宣化县
小计	12县

第三十六节　越州合浦郡政区沿革

(一六五)越州合浦郡(581—605越州,606合州,607—617合浦郡)

开皇九年前领合浦、封山、定川、龙苏、抱5郡。

《隋志》:"旧置越州,大业初改为禄州,寻改为合州。"又合浦县下:"大业初置郡。"《纪胜》引《元和志》:"大业三年罢州为合浦郡。"《纪要》:"晋亦曰合浦郡,宋置越州,齐因之,梁为越州治,隋平陈废郡存州。"

《补陈志》越州领龙苏、抱并2郡。按抱并郡当作抱郡,见抱成县下。又合浦、封山、定川3郡亦当属越州,详见合浦、封山、定川3县下。

1. 合浦县(581—617)

《旧唐志》:"合浦,汉县,属合浦郡。宋分置越州及临漳郡,治于此。"《纪要》:"梁省临漳郡入合浦郡。"又云:"合浦县,汉县,属合浦郡,后汉及晋宋皆为郡治,梁兼为越州治,自隋唐以后州郡皆治此。"

合浦郡 (581—589)——合浦县、棋县、扇沙县、北流县、陆川县、南昌县

《隋志》:"旧置合浦郡,平陈,郡废。"《补陈志》以合浦郡属南合州,误。诸书皆云合浦郡属越州,今改正。又合浦郡领县,《补陈志》有合浦、摸洛、罗阿、雷川、棋、扇沙、奉化、封山、廉昌、北流、陆川、南昌等12县。据《元和志》、《纪要》等书,封山、廉昌2县当属封山郡,《补陈志》脱封山郡,故将2县隶合浦郡。另有摸洛、罗河、雷川3县,大业初俱省入海康县,而海康为合州治,此3县亦不当属越州合浦郡,以地望推之,当属合州齐康郡。然则合浦郡只领合浦、棋、扇沙、北流、陆川、南昌6县。奉化县,已见于石州永平郡下,乃平陈后废阴石郡,改阴石县为奉化县,此不当复。

2. 棋县(581—597棋县,598—605棋川县)

《隋志》扇沙县下:"旧有棋县,开皇十八年改为棋川,大业初废入。"《纪

要》:"梁置棋县,属合浦郡,隋开皇十八年改曰棋川县,仍属合州,大业初并入扇沙县。"

3. 扇沙县(581—617)

《纪要》:"梁置扇沙县,属合浦郡,隋属合州。"

4. 北流县(581—617)

《南齐志》云:"永明六年立北流郡,无属县。"《纪胜》引《元和志》云:"萧齐分南流郡置南流县,废北流郡置北流县,寻又省南流,其北流县属合浦郡。"《纪要》:"梁陈间置北流县,属合浦郡,隋属越州。"

5. 陆川县(581—605)

《隋志》北流县下:"大业初废陆川县入。"《纪要》:"梁置陆川县,属合浦郡,隋大业初废入北流县。"

6. 南昌县(581—617)

《纪要》:"梁置南昌县,隋因之。隋平陈,属越州,大业中属合浦郡。"

7. 封山县(581—617)

《南齐志》有封山郡,领安金1县。《纪要》:"南齐置封山郡,治安金县,萧梁兼置封山县,隋郡废,以封山县属越州。"据《纪要》所云,封山郡治安金县似已废于梁陈间,故隋废郡时不再有安金县。

封山郡 (581—589)——封山县、廉昌县

《纪胜》引《元和志》:"齐于此置封山郡,开皇中罢郡为封山县。"《纪要》:"南齐置封山郡,隋郡废。"又《纪要》廉昌县下亦云"梁置廉昌县,属封山郡",则该郡领有封山、廉昌2县。

8. 廉昌县(581—605)

《隋志》封山县下:"大业初废廉昌县入。"《纪要》:"梁置廉昌县,属封山郡,大业初省入封山县。"

9. 方度县(581—589 方度县,590—616 定川县)

《纪要》:"宋置南流郡,齐因之,治方度县,梁改为定川郡。隋平陈废郡,改县曰定川,属越州,大业初属合浦郡,隋末废入北流县。"

定川郡 (581—589)——方度县

《隋志》:"旧立定川郡,平陈,旧废。"《补陈志》云定川郡领兴昌1县,今从《纪要》,改为领方度1县。

10. 龙苏县(581—617)

《南齐志》龙苏郡领有龙苏县。《纪要》:"宋置龙苏郡,治龙苏县,齐梁因之。隋平陈郡废,县属越州。"

龙苏郡(581—589)——龙苏县、大廉县

《隋志》:"旧置龙苏郡,平陈,郡废。"《补陈志》龙苏郡属越州,领龙苏、大廉2县。

11. 大廉县(581—605)

《隋志》龙苏县下:"大业初并大廉县入。"《纪要》:"梁置大廉县,属龙苏郡,隋废郡,改属越州。"

12. 抱县(581—597 抱县,598—617 抱成县)

《隋志》:"旧曰抱,并置郡。平陈,郡废,十八年改曰抱成。"

抱郡(581—589)——抱县

《隋志》抱成县下:"旧曰抱,并置郡,平陈,郡废。"《补陈志》郡县均误作"抱并",云抱并郡领抱并1县,属越州。

13. 齐康县(581—589 齐康县,590—617 隋康县)

《隋志》:"隋康,旧曰齐康,置齐康郡。平陈,郡废,县改名焉。"《纪要》:"齐置齐康县,为齐康郡治,梁陈间并徐闻县入焉。隋平陈废郡,改县曰隋康,属合州,大业初属合浦郡。"

齐康郡(581—589)——齐康县、摸洛县、罗阿县、雷川县

《隋志》:"旧置齐康郡,平陈,郡废。"《补陈志》齐康郡属南合州,领齐康1县。据《隋志》海康县下所云,梁于此立南合州,平陈,改为合州,置海康县。则梁时无海康县。又据《纪要》,雷川等县为梁置,大业初俱废入海康,则雷川等3县皆在海康附近。梁陈时海康附近没有立郡,此3县当属齐康郡无疑。《补陈志》以雷川等3县属合浦郡,而合浦郡自梁以来即为越州治所,不可能属于南合州,故不取其说。

14. 摸洛县(581—605)

《隋志》海康县下:"大业初废摸洛县入。"《纪要》:"雷川县,梁置,又有摸洛、罗阿二县,隋大业初俱并入海康县。"

15. 罗阿县(581—605)

《隋志》海康县下:"大业初废罗阿县入。"《纪要》:"雷川县,梁置,又有摸洛、罗阿二县,隋大业初俱并入海康县。"

16. 雷川县(581—605)

《隋志》海康县下:"大业初废雷川县入。"《纪要》:"雷川县,梁置,又有摸洛、罗阿二县,隋大业初俱废入海康县。"

17. 海康县(589—617)

《隋志》:"平陈,置海康县。"

南合州 (581—588 南合州,589—605 合州)——齐康郡

《隋志》:"梁大通中割番州(《杨考》以为当作越州)合浦立高州,寻又分立合州,大同末以合肥为合州,此置南合州。平陈,以此为合州,置海康县。大业初州废。"《元和志》、《寰宇记》略同。《隋志》合浦郡下又云:"旧置越州,大业初改为禄州,寻改为合州。"是大业初废此合州,移州治合浦。

《补陈志》南合州领合浦郡、定川郡、齐康郡。据《旧唐志》、《纪要》等书,合浦、定川2郡当属越州,不隶合州。隋平陈废郡后,合州除领有原属齐康郡之齐康、摸洛、罗阿、雷川4县外,据《纪要》记载,又增领海康、椹县、扇沙、铁杷4县,共领8县。大业二年废州后,摸洛、罗阿、雷川3县废入海康县,余县皆改隶越州,大业三年又改隶合浦郡。

18. 铁杷县(590—617)

《隋志》:"铁杷,开皇十年置。"《纪要》:"隋开皇十年析置铁杷县,属合州。"

以上所列,为越州合浦郡之政区沿革。其开皇九年前有2州、6郡、16县;大业三年改州为郡后,合浦郡共领11县。兹列表167如下。

表167 越州合浦郡隋开皇元年、大业三年州郡县统辖关系表

	开 皇 元 年					小计		大 业 三 年
州	越 州				南合州	2州	郡	合浦郡
郡	合浦郡	封山郡	定川郡	龙苏郡	抱郡	齐康郡	6郡	
县	合浦县 椹县 扇沙县 北流县 陆川县 南昌县	封山县 廉昌县	方度县	龙苏县 大廉县	抱县	齐康县 摸洛县 罗阿县 雷川县		合浦县、扇沙县、北流县、南昌县、封山县、定川县、龙苏县、抱成县、隋康县、海康县、铁杷县
小计	6县	2县	1县	2县	1县	4县	16县	小计	11县

第三十七节 崖州珠崖郡政区沿革

(一六六)崖州珠崖郡(581—606 崖州,607—617 珠崖郡)

开皇九年前领珠崖1郡。

《隋志》:"梁置崖州。"《纪要》:"梁置崖州及珠崖郡,隋初郡废州存,大业初

复曰珠崖郡。"

《补陈志》崖州领珠崖1郡。

1. 义伦县(581—617)

《寰宇记》："汉儋耳县，隋为义伦县。"《纪要》："梁置义伦县，为珠崖郡治，隋因之。"《纪胜》引《元和志》云："隋大业六年分珠崖置儋耳、临振二郡。"又引《琼管志》云："隋置儋耳郡，领县五：曰义伦、毗善、昌化、吉安、感恩。"是义伦初属珠崖郡，隋大业六年原珠崖郡一分为三，又增儋耳、临振二郡，义伦属儋耳郡。《旧唐志》舍城县下云："隋旧县，为珠崖郡治。"然则大业六年后珠崖郡移治舍城县。

珠崖郡(581—589)——义伦县、武德县、九龙县、临振县（大业六年后珠崖郡领舍城、武德、颜卢、澄迈、琼山5县）

《纪要》："梁置珠崖郡，隋初郡废。"《补陈志》珠崖郡领义伦、武德2县，脱九龙、临振2县，今补。

儋耳郡(610—617)——义伦县、毗善县、昌化县、吉安县、感恩县

《纪胜》引《元和志》："大业六年分珠崖置儋耳郡。"又引《琼管志》："隋置儋耳郡，领县五：曰义伦、毗善、昌化、吉安、感恩。"

2. 武德县(581—617)

《纪要》："武德县，隋置，属崖州。"《嘉庆重修一统志》："梁陈时废朱卢后置。"

3. 九龙县(581—609 九龙县，610—617 感恩县)

《纪胜》引《元和志》："本汉九龙县，隋大业六年改名感恩，取感恩水以为名。"《寰宇记》同。《纪要》："隋置感恩县，属崖州。"

4. 临振县(581—609)

《隋志》无临振县。《纪胜》引《元和志》云："本汉临振县地，大业六年分置延德县。"又引《高州诚敬夫人碑》云："隋高祖赐夫人临振县汤沐邑一千五百户。"则隋文帝时仍名临振县。《纪要》云："隋开皇十年以临振县赐高凉洗夫人为汤沐邑，后废。"此废县时间当在大业六年分置延德县及临川县之后，参见延德县、临川县下。

5. 舍城县(610—617)

《隋志》无此县。《纪胜》引《元和志》云："本瞫县，大业六年分置。"《旧唐志》又云："舍城，隋旧县，为珠崖郡治。"此珠崖郡，盖指大业六年分原珠崖郡为珠崖、儋耳、临振3郡后之珠崖郡。

6. 颜卢县(610—617)

《纪胜》引《元和志》："隋大业六年更开置珠崖郡，立十县。"《纪要》："隋置

颜卢县,属崖州。"此颜卢县亦当是大业六年所立十县之一。

7. 澄迈县(610—617)

《寰宇记》:"隋置澄迈县。"《纪要》:"隋置澄迈县,属崖州。"

8. 宁远县(610—617)

《纪胜》引《元和志》:"隋大业六年分置宁远县。"《寰宇记》:"隋临振郡治宁远。"

临振郡(610—617)——宁远县、延德县、临川县、陵水县

《纪胜》引《元和志》:"炀帝大业六年开置珠崖郡,又置儋耳、临振二郡。"《寰宇记》云临振郡治宁远,则该郡领有宁远县当无可置疑。又《纪胜》所引《元和志》振州(唐改临振郡为振州)下有宁远、延德、临川等县,《新唐志》又云陵水"本隶振州,后属万安州",则唐世振州共领4县。唐初州领县多因隋旧,此4县在地望上又相互邻近,故由此可以推定隋之临振郡当领有宁远、延德、临川、陵水4县。

9. 延德县(610—617)

《纪胜》引《元和志》:"本汉临振县地,大业六年分置延德县。"

10. 临川县(610—617)

《纪胜》引《元和志》:"本汉临振县地,大业六年分置临川县。"

11. 陵水县(610—617)

《纪胜》引《元和志》:"大业六年于此置陵水县。"

12. 毗善县(610—617)

《纪胜》引《元和志》:"本汉儋耳县,大业六年于此置毗善县。"据《纪胜》所引《琼管志》,该毗善县属大业六年新立之儋耳郡。

13. 昌化县(610—617)

《纪胜》引《元和志》:"本汉至来县,大业六年置昌化县。"据《纪胜》所引《琼管志》,该昌化县属大业六年新立之儋耳郡。

14. 吉安县(610—617)

《纪要》:"隋置吉安县,属崖州。"据《纪胜》所引《琼管志》,该吉安县属大业六年新立之儋耳郡,则县亦是大业六年所置。

15. 琼山县(616—617)

《旧唐志》琼州下云:"本隋珠崖郡之琼山县。"《寰宇记》同。则隋有琼山县审矣。《舆地广记》云:"琼山县,隋末置,属崖州。"大业十三年已天下大乱,炀帝恐无心思再来置立新县,故定置县时间为大业十二年。

以上所列,为崖州珠崖郡之政区沿革。其开皇九年前有1州、1郡、4县;

大业三年改州为郡后,珠崖郡共领 4 县。兹列表 168 如下。

表 168　崖州珠崖郡隋开皇元年、大业三年州郡县统辖关系表

开 皇 元 年		小计	大 业 三 年	
州	崖州	1 州	郡	珠崖郡
郡	珠崖郡	1 郡	县	义伦县、武德县、九龙县、临振县
县	义伦县、武德县、九龙县、临振县			
小计	4 县	4 县	小计	4 县

第三十八节　安州宁越郡政区沿革

(一六七) 安州宁越郡(581—597 安州,598—606 钦州,607—617 宁越郡)

开皇九年前领宋寿、宋广、安京 3 郡。

《隋志》:"梁置安州,开皇十八年改曰钦州。"又钦江县下:"大业初置宁越郡。"《元和志》:"梁武帝于今钦江县南三里置安州,隋开皇十八年改安州为钦州,取钦江为名。大业三年改为宁越郡。"

《补陈志》安州领宋寿、宋广、安京 3 郡。

1. 宋寿县(581—597 宋寿县,598—617 钦江县)

《隋志》:"钦江,旧置宋寿郡,平陈,郡废,开皇十八年改曰钦江。"此《隋志》不云原为何县,但云开皇十八年改为钦江。《寰宇记》云:"钦江县,旧州所理。汉合浦县地,宋分置宋寿郡及宋寿县,隋改为钦州,乃改宋寿为钦江。"则此县原名宋寿,开皇十八年始改名钦江。因郡县同名,故《隋志》书郡不举县。

宋寿郡(581—589)——宋寿县

《隋志》:"旧置宋寿郡,平陈,郡废。"《元和志》于安京县下云"隋开皇十年废安京郡",则该地区废郡较迟,不是开皇九年平陈后即行废除,而是至第二年才实行地方行政的整顿工作,故此宋寿郡亦当废于开皇十年。又《补陈志》云宋寿郡领县无考,盖《隋志》不云钦江县原为何名,故云无考也。如见《寰宇记》所云,可知宋寿郡领有宋寿县。

2. 宋广县(581—596 宋广县,597 新化县,598—617 内亭县)

《隋志》:"内亭,旧置宋广郡,平陈,郡废,十七年改曰新化县,十八年改名

焉。"此又是郡县同名,故《隋志》书郡不举县。《纪要》云:"隋改宋广曰新化。"是。

宋广郡(581—589)——宋广县

《隋志》:"旧置宋广郡,平陈,郡废。"《补陈志》宋广郡领宋广1县。

3. 安京县(581—617)

《隋志》:"安京,旧置安京郡,平陈,郡废。"此亦是郡县同名。《元和志》:"梁武帝分宋寿郡置安京郡,隋开皇十年废郡。"《纪要》:"安京县,梁置,为安京郡治。"

安京郡(581—589)——安京县

《隋志》:"旧置安京郡,平陈,郡废。"《补陈志》安京郡领安京1县。

4. 安平县(581—589 安平县,590—617 海安县)

《隋志》:"海安,梁置,曰安平。"《纪要》:"梁安平县,又置黄州及宁海郡治焉。隋平陈,郡废,改州曰玉州,治海安县,即安平县也。大业初州废,县属宁越郡。"《隋志》不云何时改安平为海安,依《纪要》所言,改名是在平陈废郡之后,即开皇十年。

黄州(581—597 黄州,598—605 玉州)——宁海郡

《隋志》海安县下:"梁置黄州,开皇十八年改州曰玉州,大业初州废。"《寰宇记》同,《元和志》云开皇十八年改为陆州,今从《隋志》。
《补陈志》黄州领宁海1郡。

宁海郡(581—589)——安平县、海平县、玉山县

《隋志》海安县下:"梁置宁海郡,平陈,郡废。"《补陈志》宁海郡领安平、海平、玉山3县。

5. 海平县(581—605)

《隋志》海安县下:"大业初省海平县入。"《纪要》:"梁置海平县,属宁海郡。"

6. 玉山县(581—605)

《隋志》海安县下:"大业初省玉山县入。"《纪要》:"梁置玉山县,属宁海郡。"

7. 南宾县(598—617)

《隋志》:"南宾,开皇十八年置。"《元和志》同。

8. 遵化县(600—617)

《隋志》:"遵化,开皇二十年置。"《元和志》同。

以上所列,为安州宁越郡之政区沿革。其开皇九年前有2州、4郡、6县;大业三年改州为郡后,宁越郡共领6县。兹列表169如下。

表 169　安州宁越郡隋开皇元年、大业三年州郡县统辖关系表

开皇元年				小计	大业三年	
州	安州			黄州	2州	郡	宁越郡
郡	宋寿郡	宋广郡	安京郡	宁海郡	4郡	县	钦江县、内亭县、安京县、海安县、南宾县、遵化县
县	宋寿县	宋广县	安京县	安平县、海平县、玉山县			
小计	1县	1县	1县	3县	6县	小计	6县

第三十九节　交州交趾郡政区沿革

（一六八）交州交趾郡(581—606 交州,607—617 交趾郡)

开皇九年前领宋平、交趾、武平 3 郡。

《隋志》："旧曰交州。"又宋平县下："大业初置交趾郡。"《元和志》："吴黄武五年,分交趾、日南、九真、合浦四郡为交州,南海、郁林、苍梧三郡为广州；寻省广州,还并交州,以番禺为交州理所,后又徙于交趾。晋太康中,徙理龙编。隋开皇十年,罢交趾郡。大业三年罢州,复为交趾郡。"

《补陈志》交州领宋平、交趾、武平 3 郡。

1. 宋平县(581—617)

《元和志》："本汉日南郡西卷县地,宋分立宋平县,属九德郡,后改为宋平郡。隋开皇十年改属交州。"

宋平郡(581—589)——宋平县、国昌县、临西县

《隋志》："旧置宋平郡,平陈,郡废。"《补陈志》宋平郡领宋平、国昌、临西 3 县。

2. 国昌县(581—591 国昌县,592—617 平道县)

《隋志》："平道,旧曰国昌,开皇十二年改名焉。"《通典》亦作国昌县,云"齐置"。《寰宇记》、《舆地广记》则作"齐置昌国县"。按《南齐志》有昌国县,属宋平郡。或南齐时县名本为昌国,后世又改名国昌,故诸书说法不一。今依《隋志》,仍作国昌。

3. 临西县(581—597 临西县,598—617 安人县)

《隋志》："安人,旧曰临西,开皇十八年改名焉。"

4. 龙编县(581—617)

《元和志》："龙编县,本汉县也,属交趾郡。立县之始,蛟龙盘编于江津之

间,因以为瑞,而名县也。"

交趾郡 (581—589)——龙编县、朱䳒县、句漏县、嬴陵县

《隋志》:"旧置交趾郡,平陈,郡废。"《补陈志》交趾郡领龙编、句漏、武宁、望海、吴兴、西于、南定、曲易、嬴陵9县。除龙编、句漏、嬴陵3县外,余县皆不见于《隋志》、《元和志》及《纪要》等书,盖梁陈间已废。《补陈志》以宋、齐之县等同于梁陈之县,恐与事实不符,今不取其说。又有朱䳒县,诸书皆云属交趾郡,《补陈志》却云属武平郡。究其原因,是《隋志》于朱䳒县下云"旧置武平郡,平陈郡废"。但《隋志》同时又于隆平县下云"旧置武平郡,平陈郡废"。一州之内,不可能同时置两个武平郡,必有一处为衍文。《元和志》云:"朱䳒县,本汉县,属交趾郡,至隋不改。"《宋志》、《南齐志》朱䳒县亦属交趾郡。则此朱䳒县下"旧置武平郡,平陈郡废"实为衍文,当删,而县应属交趾郡。

5. 朱䳒县(581—617)

《元和志》:"朱䳒县,本汉旧县,属交趾郡,至隋不改。"《宋志》、《南齐志》交趾郡均领有朱䳒县。

6. 句漏县(581—589)

《纪要》:"汉置句漏县,属交趾郡,宋齐以后因之,隋县废。"《隋志》已无句漏县,盖废于平陈之后。

7. 嬴陵县(581—589 嬴陵县,590—617 交趾县)

《元和志》:"开皇十年置交趾县。"《纪要》:"汉交趾郡治嬴陵县,晋宋因之,隋改置交趾县,属交州。"

8. 武定县(581—597 武定县,598—617 隆平县)

《隋志》:"隆平,旧曰武定,开皇十八年县改名焉。"

武平郡 (581—589)——武定县

《隋志》隆平县下:"旧置武平郡,平陈,郡废。"《补陈志》武平郡领朱䳒、武定、平道、武兴、根宁、南移6县。朱䳒属交趾郡,不属武平,见前朱䳒县下。其余5县,见于《隋志》、《元和志》、《纪要》诸书者唯有武定、平道2县,而《纪要》又云:"梁陈间省平道入国昌,隋复,故国昌为平道也。"国昌县,见前宋平郡所领县中。然则此武平郡隋初只领武定1县。

9. 嘉宁县(581—617)

《元和志》:"本汉麓泠县地,吴分其地立嘉宁县,后因之。"

兴州 (581—597 兴州,598—605 峰州)——新昌郡

《隋志》:"旧置兴州,开皇十八年改曰峰州,大业初州废。"《元和志》:"陈置兴州,开皇十八年改为峰州,大业二年州废,以县属交州。"《纪要》:"梁兼置兴

州,开皇十八年改曰峰州,大业初州废。"

《补陈志》兴州领新昌、宁浦、乐阳、简阳、岭山5郡。按兴州治新昌郡嘉宁县,在今越南河内以西,而宁浦、乐阳、简阳、岭山诸郡在今广西横县周围,与嘉宁相去甚远,中又间隔安州、黄州、交州等州,不能统辖,故《补陈志》有误。《补梁疆域志》兴州只领新昌1郡,是。

新昌郡(581—589)——嘉宁县、新昌县

《隋志》:"旧置新昌郡,平陈,郡废。"《寰宇记》:"吴置新兴郡,晋武改为新昌郡,宋齐因之,隋平陈郡废。"《补陈志》新昌郡领嘉宁、范信、西道、吴定、新道、晋化6县,盖据《南齐志》迻录。除嘉宁外,其余各县均不见于《隋志》、《元和志》、《纪要》等书,今不列。又有新昌县,见于《隋志》,且《舆地广记》云:"旧属新昌郡,隋属交趾郡。"则此新昌郡隋初当领嘉宁、新昌2县。

10. 新昌县(581—617)

《隋志》交趾郡领有新昌县。《舆地广记》:"旧属新昌郡,隋属交趾郡。"

以上所列,为交州交趾郡之政区沿革。其开皇九年前有2州、4郡、10县;大业三年改州为郡后,交趾郡共领9县。兹列表170如下。

表170 交州交趾郡隋开皇元年、大业三年州郡县统辖关系表

	开 皇 元 年				小计		大 业 三 年
州	交 州			兴 州	2州	郡	交趾郡
郡	宋平郡	交趾郡	武平郡	新昌郡	4郡		
县	宋平县、国昌县、临西县	龙编县、朱䳒县、句漏县、嬴陵县	武定县	嘉宁县 新昌县		县	宋平县、平道县、安人县、龙编县、朱䳒县、交趾县、隆平县、嘉宁县、新昌县
小计	3县	4县	1县	2县	10县	小计	9县

第四十节 爱州九真郡政区沿革

(一六九) 爱州九真郡(581—606爱州,607—617九真郡)

开皇九年前领九真1郡。

《隋志》:"梁置爱州。"《元和志》:"梁武帝于九真郡理置爱州,隋大业三年改为九真郡。"

《补陈志》爱州领九真1郡。

1. 移风县(581—617)

《元和志》:"本汉居风县地,吴改居风为移风。"《纪要》:"汉置居风县,属九真郡。三国吴改曰移风县,宋齐以后为九真郡治。隋平陈郡废,县属爱州。"

九真郡(581—589)——移风县、胥浦县、高安县、军安县、常乐县、日南县、津梧县、松原县、建初县、都庞县

《隋志》:"旧置九真郡,平陈,郡废。"《补陈志》九真郡领九真、移风、胥浦、日南、松原、高安、吉庞、常乐、津梧、武宁10县。九真县,诸书皆云隋分移风置县,其前只有九真郡,无九真县,《补陈志》云《纪要》载"梁分立九真县",今检《纪要》,并无此语,《补陈志》有误。又武宁县,不见于《隋志》、《元和志》及《纪要》等书,《南齐志》九真郡虽领有此县,恐梁陈时已废,今不列。又吉庞县,诸书皆作都庞,唯《南齐志》作吉庞,《补陈志》遂以为齐改都庞为吉庞,然中华书局标点本《南齐书》有校勘记云:"南监本及《汉书·地理志》、《宋书·州郡志》作都庞。"则不同版本之《南齐书》亦有作都庞者,今仍以都庞名之。又军安县,《宋志》、《南齐志》九真郡皆领此县,《隋志》、《元和志》亦有此县,而《补陈志》无,今补。

2. 胥浦县(581—617)

《纪要》:"胥浦县,汉置县,为九真郡治。宋仍为胥浦县,属九真郡。隋初属爱州,大业中属九真郡。"

3. 高安县(581—597 高安县,598—617 隆安县)

《隋志》:"隆安,旧曰高安,开皇十八年改名焉。"《元和志》:"晋立高安县,属九真郡,隋开皇十年改属爱州,十八年改高安为隆安。"

4. 军安县(581—617)

《元和志》:"本汉都庞县地,晋分立军安县,属九真郡,隋开皇十年改属爱州。"《宋志》九真郡领有军安县,云晋武帝立。《南齐志》九真郡亦领军安县。

5. 常乐县(581—595 常乐县,596—617 安顺县)

《隋志》:"安顺,旧曰常乐,开皇十六年改名焉。"《元和志》:"吴置常乐县,属九真郡,隋开皇十年改属爱州,十六年改为安顺县。"

6. 日南县(581—617)

《元和志》:"隋开皇十年析津梧县置日南县,属爱州。"《纪要》云:"梁置日南县,隋属爱州。"此县始置年代,二书所记有异,今从《纪要》。

7. 津梧县(581—589)

《元和志》:"本汉居风县地,晋分置津梧县。"《纪要》:"津梧本晋县,隋废。"盖废于平陈之后。

8. 松原县(581—589)

《纪要》:"晋置松原县,属九真郡,宋齐因之,隋废。"《宋志》九真郡领有松原县,云"晋武帝分建初立"。此县亦是隋平陈后废。

9. 建初县(581—589)

《纪要》:"三国吴置建初县,隋废。"《宋志》九真郡领有建初县。此县亦是隋平陈后废。

10. 都庞县(581—589)

《纪要》:"都庞,汉县,属九真郡;后汉省,吴复置;晋初废,寻复置;宋齐因之,隋废。"《宋志》九真郡领有都庞县,《南齐志》或作吉庞,或作都庞。此县当亦是隋平陈后废。

11. 九真县(597—617)

《元和志》:"本汉居风县地,吴改居风为移风,隋开皇十七年分移风置九真县,属爱州。"《寰宇记》:"今九真县即汉居风县地,吴改为移风,隋分置九真县,州所理。"

以上所列,为爱州九真郡之政区沿革。其开皇九年前有 1 州、1 郡、10 县;大业三年改州为郡后,九真郡共领 7 县。兹列表 171 如下。

表 171　爱州九真郡隋开皇元年、大业三年州郡县统辖关系表

	开　皇　元　年	小计		大　业　三　年
州	爱州	1 州	郡	九真郡
郡	九真郡	1 郡	县	九真县、移风县、胥浦县、隆安县、军安县、安顺县、日南县
县	移风县、胥浦县、高安县、军安县、常乐县、日南县、津梧县、松原县、建初县、都庞县	10 县		
小计	10 县	10 县	小计	7 县

第四十一节　德州日南郡政区沿革

(一七〇)德州日南郡(581—597 德州,598—606 骧州,607—617 日南郡)

开皇九年前领九德 1 郡。

《隋志》:"梁置德州,开皇十八年改曰骧州。"《元和志》:"梁武帝于九德县置德州,隋开皇十八年改曰骧州,取咸骧县为名也。大业三年改为日南郡。"

《补陈志》德州领九德 1 郡。

1. 九德县(581—617)

《元和志》:"吴归命侯天纪二年分九真之咸骥县置九德县,属交州。"

九德郡 (581—589)——九德县、咸骥县、浦阳县、越常县、安远县、西安县

《宋志》:"九德郡,故属九真,吴分立。"《寰宇记》:"吴分日南置九德郡,晋宋齐因之,隋废九德郡。"《补陈志》九德郡领九德、咸骥、浦阳、越常、安远、南陵、都洓 7 县,皆据《南齐志》移录。其中南陵、都洓 2 县不见于《隋志》、《元和志》、《纪要》等书,今不列。又有西安县,见于《隋志》、《纪要》等书,《补陈志》脱,今补。

2. 咸骥县(581—617)

《元和志》:"汉九真郡之咸骥县,自汉迄隋不改。"《纪要》:"咸骥,汉县,属九真郡,后汉因之。三国吴属九德郡,晋宋以后因之,隋属德州,寻属骥州。"

3. 浦阳县(581—617)

《宋志》:"浦阳,晋武帝分阳远立,属九德郡。"

4. 越常县(581—617)

《元和志》作"越裳",云"本吴所立,因越裳国以为名,属九德郡"。《宋志》、《南齐志》皆作"越常",与《隋志》同。

5. 安远县(581—617)

《纪要》:"梁置安远县。"

6. 西安县(581—597 西安县,598—616 光安县)

《隋志》:"光安,旧曰西安,开皇十八年改名焉。"《纪要》:"梁置西安县,隋开皇十八年改西安曰广安,大业末废。"《纪要》之广安,即《隋志》之光安也。又《宋志》、《南齐志》均有西安县,属九德郡,则县非梁置。

7. 金宁县(581—617)

《纪要》:"金宁,梁置县,兼置利州,隋开皇十八年改为智州,大业初州废,县属日南郡。"

利州 (581—597 利州,598—605 智州)——?

《隋志》:"梁置利州,开皇十八年改为智州,大业初州废。"

《补陈志》云利州领郡无考,领县可考者一:金宁。

8. 交谷县(581—617)

《纪要》:"交谷,萧梁时置县,兼置明州,大业初州废,县属日南郡。"

明州 (581—605)——日南郡

《隋志》:"梁置明州,大业初州废。"《补陈志》明州领日南 1 郡。

日南郡 (581—589)——交谷县、西卷县、朱吾县、寿泠县、北景县

《宋志》:"日南郡,秦象郡,汉武元鼎六年更名,吴省。晋武帝太康三年复立。"该郡领西卷、卢容、象林、寿泠、朱吾、无劳、北景 7 县,《南齐志》同。《补陈志》云郡领交谷、西卷、朱吾、寿泠、北景、西安 6 县,乃据《宋志》、《南齐志》稍加修改而成。其中西卷、朱吾、寿泠、北景 4 县原属日南郡,大业元年后改属荡州,见荡州比景郡内。西安一县,《宋志》、《南齐志》均属九德郡,不属日南郡。故隋初日南郡只领交谷等 5 县。

以上所列,为德州日南郡之政区沿革。其开皇九年前有 3 州、2 郡、8 县;大业三年改州为郡后,日南郡共领 8 县。兹列表 172 如下。

表 172　德州日南郡隋开皇元年、大业三年州郡县统辖关系表

	开　皇　元　年			小计		大　业　三　年
州	德　州	利　州	明　州	3 州	郡	日南郡
郡	九德郡		日南郡	2 郡		九德县、咸䚊县、浦阳县、越常县、安远县、光安县、金宁县、交谷县
县	九德县、咸䚊县、浦阳县、越常县、安远县、西安县	金宁县	交谷县		县	
小计	6 县	1 县	1 县	8 县	小计	8 县

第四十二节　荡州比景郡、农州海阴郡、冲州林邑郡、宜州政区沿革

(一七一)荡州比景郡(605—606 荡州,607—616 比景郡)

《隋志》:"大业元年平林邑,置荡州,寻改为郡。"《纪要》:"隋仁寿末,遣刘方攻林邑,诏分其地为荡、农、冲三州;三年,改为比景、海阴、林邑三郡。隋乱,林邑王梵志复收其地。"

1. 比景县(581—616)

《纪要》:"比景,汉置县,属日南郡,晋宋以后仍属日南郡,隋属驩州,大业初林邑平,置荡州治焉。"按《宋志》、《寰宇记》等作"北景",《汉志》作"比景","北景"误。

2. 朱吾县(581—616)

《纪要》:"汉元鼎六年置日南郡,治朱吾县。晋宋以后皆属日南郡,隋以朱吾改属比景郡。"

3. 寿泠县(581—616)

《宋志》:"寿泠,晋武帝太康十年分西卷立。"《纪要》:"晋置寿泠县,属日南郡,宋齐因之,后没于林邑。"

4. 西卷县(581—616)

《纪要》:"西卷,汉县,属日南郡,后汉为郡治。隋属比景郡。"又云:"捲、卷同,皆读权。"

以上所列,为荡州比景郡之政区沿革。此4县开皇九年前原属日南郡,大业元年始置荡州;大业三年改州为郡后,比景郡共领4县。兹列表173如下。

表173 荡州比景郡隋开皇元年、大业元年、大业三年州郡县统辖关系表

开 皇 元 年		小计	大业元年	大 业 三 年	
州	(明 州)			郡	比景郡
郡	(日南郡)		荡 州	县	比景县、朱吾县 寿泠县、西卷县
县	比景县、朱吾县、寿泠县、西卷县				
小计	4县	4县		小计	4县

(一七二)农州海阴郡(605—606农州,607—616海阴郡)

《隋志》:"大业元年平林邑,置农州,寻改为郡。"《纪要》:"隋平林邑,置农州,大业三年改为海阴郡。隋乱,仍没于林邑。"

1. 新容县(605—616)

《纪要》:"隋平林邑,置农州,领新容、真龙、安乐、多农四县。"

2. 真龙县(605—616)

《旧唐志》作金龙县,云:"隋文帝时,遣大将刘方率兵万人,自交趾南伐林邑国,败之。其王梵志遁走,方收其庙主一十八人,皆铸金为之。方尽虏其人,空其地,乃班师。因方得其龙,乃为县名。"

3. 安乐县(605—616)

《纪要》:"隋平林邑,置农州,领新容、真龙、安乐、多农四县。"

4. 多农县(605—616)

《纪要》:"隋平林邑,置农州,领新容、真龙、安乐、多农四县。"

以上所列,为农州海阴郡之政区沿革。开皇九年前此地未设州,大业元年始置农州;大业三年改为海阴郡,共领4县。兹列表174如下。

表 174　农州海阴郡隋大业元年、大业三年州郡县统辖关系表

大业元年		大业三年	
州	农州	郡	海阴郡
		县	新容县、真龙县、安乐县、多农县
		小计	4 县

（一七三）冲州林邑郡（605—606 冲州，607—616 林邑郡）

《隋志》："大业元年平林邑，置冲州，寻改为郡。"《纪要》："隋大业平林邑，置冲州；三年，改曰林邑郡，隋末复没于林邑。"

1. 象浦县（605—616）

《纪要》："隋平林邑，置冲州，领象浦、金山、交江、南极四县。"

2. 金山县（605—616）

参象浦县条。

3. 交江县（605—616）

参象浦县条。

4. 南极县（605—616）

参象浦县条。

以上所列，为冲州林邑郡之政区沿革。开皇九年前此地未设州，大业元年始置冲州；三年改为林邑郡，共领 4 县。兹列表 175 如下。

表 175　冲州林邑郡隋大业元年、大业三年州郡县统辖关系表

大业元年		大业三年	
州	冲州	郡	林邑郡
		县	象浦县、金山县、交江县、南极县
		小计	4 县

（一七四）宜州（581—?）

此州不见于《隋志》，亦不见于《元和志》、《寰宇记》等地书，然《陈书》卷 9《欧阳颁传》云："颁有声南土，且与高祖有旧，乃授颁使持节、通直散骑常侍、都

督衡州诸军事、安南将军、衡州刺史、始兴县侯。未至岭南，颉子纥已克定始兴。及颉至岭南，皆慑伏，仍进广州，尽有越地，改授都督广、交、越、成、定、明、新、高、合、罗、爱、建、德、宜、黄、利、安、石、双十九州诸军事，镇南将军，平越中郎将，广州刺史。"此十九州中即有宜州。以地望而言，欧阳颉所督各州皆在岭南地区，此宜州亦当在岭南。欧阳颉卒于天嘉四年，其子欧阳纥又袭封阳山郡公，仍都督十九州诸军事。欧阳纥在位十几年，后由沈恪于太建元年接任，《陈书》卷12《沈恪传》所督十八州中仍有宜州。至太建四年，此职又由陈方泰接任，《陈书》卷14《南康王陈方泰传》所督十九州中亦有宜州。至陈后主末年，王勇总督衡、广、交、桂、武等二十四州诸军事，史家虽未能全部列出二十四州之名，但比原督十九州要多出五州，其中当仍有宜州。则此州是与陈朝相始终。十九州中，其余十八州今皆可考，唯此宜州因史料缺乏，不知置于何时何地。钱大昕《廿二史考异》云："以《隋志》证之，广州治南海，交州治龙编，越州治合浦，成州治封川，定州治郁林，明州治交谷，新州治新兴，高州治高凉，合州治海康，罗州治石龙，爱州治九真，建州治安遂，德州治九德，黄州治安平，利州治金宁，安州治钦江，惟宜、石、双三州无考。"据《旧唐志》，双州即泷州，治泷水；又据《资治通鉴》胡注所引《隋志》，石州治永平。钱大昕所云三州无考者，今亦有二州可考，而宜州仍无考。今以此州列出，以俟博雅君子考定。

由于此州情况不明，故所领郡县亦只得暂付阙如。

第九章　荆州地区州郡县沿革

第一节　荆州南郡政区沿革

(一七五)荆州南郡(581—606 荆州,607—617 南郡)

开皇七年前领南郡、新兴、监利 3 郡,开皇九年前又领天门、义阳 2 郡。

《隋志》:"旧置荆州,西魏以封梁为藩国。开皇七年并梁。"又江陵县下:"大业初复置郡。"《纪要》:"东晋为荆州,治南郡,宋齐因之。梁元帝都此,为西魏所陷,迁后梁居之为藩国。隋开皇七年并梁,大业初复曰南郡。"

《北周志》附后梁藩国,其荆州领南郡、新兴、监利 3 郡。陈亦有荆州,《补陈志》荆州领南平、石门、义阳 3 郡;据《杨考》及《陈书》卷 3《世祖纪》,南平郡应属南荆州,不属荆州;又石门郡应作天门郡,《补陈志》亦误。隋开皇七年并后梁,得其荆州,故云开皇七年前荆州领南郡、新兴、监利 3 郡;开皇九年灭陈,又得陈之荆州,故云开皇九年前荆州又领天门、义阳 2 郡。天门、义阳 2 郡,见澧州澧阳郡内。监利郡,见复州沔阳郡内。

1. 江陵县(581—617)

《纪胜》引《元和志》:"秦分郢为江阳县,二县俱立。汉景帝三年改江阳为江陵,以郢并之。"《寰宇记》:"江陵,汉旧县,属南郡。"《杨考》云:"按《史记》卷 8《汉高纪》'项羽立共敖为临江王,都江陵',则江陵为秦县无疑。"

南郡 (581—586)—— 江陵县、枝江县

《隋志》:"江陵,带南郡,开皇初郡废。"《隋书》卷 1《高祖纪》云:"开皇七年九月,废梁国。"后梁既废,郡县整顿工作亦即开始,故此南郡当废于开皇七年。《北周志》荆州领江陵 1 县,而据《寰宇记》及《纪要》等书,南郡尚领枝江县,应领 2 县。

2. 枝江县(581—617)

《寰宇记》:"枝江,汉旧县,属南郡。"《纪要》同。《水经注》:"江沱枝分,东入大江,县治洲上,故以枝江为称。"

3. 广牧县(581—600 广牧县,601—617 安兴县)

《隋志》:"旧置广牧县,仁寿初改曰安兴。"《杨考》:"广牧,汉县,属朔方郡,东晋侨立于此,并立新兴郡。"

新兴郡 (581—586)——广牧县、安兴县、定襄县

《宋志》:"新兴郡,江左侨立。"《北周志》新兴郡领广牧、安兴、定襄3县。此郡亦当废于开皇七年并后梁之后。

4. 安兴县(581—590)

《隋志》安兴县下:"旧置广牧县,开皇十一年并安兴县入。"《宋志》新兴郡领定襄、广牧、新丰3县,《纪要》谓梁改新丰为安兴。

5. 定襄县(581—605)

《隋志》安兴县下:"又有定襄县,大业初废入。"《宋志》新兴郡领有定襄县。

6. 紫陵县(581—617)

《隋志》:"紫陵,西魏置华陵县,后周改名焉。"《北周志》紫陵县属荆州监利郡。

7. 云泽县(581—605)

《隋志》紫陵县下:"大业初废云泽县入焉。"《北周志》云后梁置云泽县,属荆州监利郡。

8. 公安县(581—617)

《寰宇记》引《荆州记》云:"先主败于襄阳,奔荆州,吴大帝推先主为左将军、荆州牧,镇油口,即居此城。时号先主为公,是故名其城公安也。"《杨考》云:"然第名其城为公安,实未置县。晋、宋、齐三地志皆无公安,至《水经注》'江水又东合油水,东经公安县北','油水自屖陵县之东北经公安县西',始两见县治。细核诸书,当以梁置公安县为近之。"

南荆州 (581—588)——南平郡、河东郡、宜都郡

《隋志》公安县下:"陈置荆州。"《陈书》卷3《世祖纪》:"天嘉二年四月,分荆州之南平、宜都、罗、河东四郡置南荆州。"又《纪胜》引《江夏志》:"陈与后梁分长江为界,置荆州于公安。"又引《元和志》:"隋平陈,废陈南荆州为公安镇。"则陈之南荆州实镇公安。荆州原治江陵,时为后梁所有,此荆州在江陵之南,故又称南荆州也。

《补陈志》南荆州领河东、宜都2郡,又有荆州领南平、石门(当作天门)、义阳3郡。其实陈之荆州即南荆州,因在江陵之南,故又称南荆州,非另有一荆州。又《陈书》卷3《世祖纪》云:"天嘉元年三月,分荆州之天门、义阳、南平、郢州之武陵四郡,置武州。"则天门、义阳2郡当属武州,不属南荆州;天嘉二年又以南平等4郡置南荆州,故南平郡仍属南荆州。宜都郡,见硖州夷陵郡内;天

门、义阳 2 郡,见澧州澧阳郡内。

__南平郡__(581—588)——公安县、孱陵县、永安县、作唐县、安南县

《宋志》:"南平郡,晋武帝太康元年分南郡江南为南平郡。"《纪要》公安县下:"晋平吴,置南平郡治此,隋开皇九年入陈,公安、巴陵以东无复城守,寻废郡。"《补陈志》南平郡领孱陵、作唐、公安、安南、永安 5 县。作唐县,见澧州澧阳郡内;安南县,见巴州巴陵郡内。

9. 孱陵县(581—588)

《隋志》公安县下:"开皇九年省孱陵县入。"《纪要》:"孱陵,汉县,晋属南平郡,宋齐因之,隋开皇九年省入公安县。"

10. 永安县(581—588)

《隋志》公安县下:"开皇九年省永安县入。"《杨考》:"永安,东晋侨置,今松滋县地。"

11. 松滋县(581—617)

《寰宇记》:"咸康三年,以松滋流户在荆土者立。"按松滋县本在今安徽宿松县境,《纪要》云:"东晋咸康中,以庐江郡松滋县流民避兵至此,乃侨置松滋县,属南河东郡,宋齐因之。梁陈时为河东郡治,隋平陈郡废,县改属荆州。"

__河东郡__(581—588)——松滋县、闻喜县、谯县

《隋志》:"江左旧置河东郡,平陈,郡废。"《宋志》:"南河东郡,晋咸康三年,征西将军庾亮以司州侨户立。"《宋志》作南河东郡,《南齐志》已去"南"字,直作河东郡。《补陈志》河东郡领松滋、闻喜、谯 3 县。

12. 闻喜县(581—588)

《宋志》南河东郡领有闻喜县。闻喜县原在今山西省境内,此亦东晋时侨县。《纪要》云:"隋废河东郡,又以闻喜县并入松滋县。"

13. 谯县(581—588)

《宋志》南河东郡领有谯县。谯县原在今安徽亳县境,此亦东晋时侨县。《纪要》云:"隋废河东郡,又以谯县并入松滋县。"

14. 宜昌县(581—617)

《纪要》:"宜昌,汉夷道县,属南郡,后汉因之。建安十五年先主置宜都郡治此,吴亦为宜都郡治,晋仍旧。宋齐因之。陈改县曰宜昌,隋开皇九年置松州,十一年州废,县属荆州。"

__松州__(589—590)——宜昌县、宜都县

《隋志》:"开皇九年置松州,十一年州废,又省宜都县入。"据此,松州当领宜昌、宜都 2 县。

宜都郡 (581—588)——宜昌县、宜都县、归化县、受陵县、佷山县

《宋志》："魏武平荆州,分南郡枝江以西为临江郡。建安十五年,刘备改为宜都郡。"《北周志》云："按宜都郡,吴、蜀、两晋皆治夷陵,宋齐始治夷道。周、齐、陈分立,周于夷陵置峡州,陈于夷道置宜都郡也。后梁曾取其地,旋失之。"《补陈志》宜都郡领夷道、夷陵、宜都、佷山4县。按夷陵后属后周,陈之宜都郡不当领有此县。又《隋志》宜昌县下云"开皇九年省归化、受陵二县入",则此二县亦当属宜都郡。

15. 宜都县(581—590)

《隋志》宜昌县下："开皇十一年省宜都县入。"《纪要》："晋末置宜昌县,属宜都郡,宋齐因之,梁改为宜都县,隋开皇十一年省。"

16. 归化县(581—588)

《隋志》宜昌县下："开皇九年省归化县入。"

17. 受陵县(581—588)

《隋志》宜昌县下："开皇九年省受陵县入。"

18. 佷山县(581—587 佷山县,588—617 长杨县)

《隋志》："长杨,开皇八年置。"《元和志》："长阳县,本汉佷山县,隋开皇八年改为长阳县。"《寰宇记》："长杨县,本汉佷山县。开皇八年,李伯禽据县背陈入隋,即改佷山为长杨。"《纪要》："佷山县,三国吴属宜都郡,晋以后因之,隋开皇八年改置长杨县。"按《元和志》之长阳县即《隋志》之长杨县。

睦州 (588—596)——长杨县

《隋志》："开皇八年置长杨县,并立睦州,十七年州废。"

19. 当阳县(581—617)

《寰宇记》："当阳,汉旧县,属南阳郡。"按《汉志》当阳县属南郡,不属南阳郡,《寰宇记》有误。《纪要》云："当阳,汉县,属南郡,后汉因之。晋仍属南郡,宋齐因之。后周置平州及漳川郡治此。后属梁。隋开皇七年改州为玉州。九年,州郡并废,县属荆州。"

平州 (581—586 平州,587—588 玉州)——漳川郡、远安郡

《隋志》："后周置平州,领漳川、远安二郡,属梁蕃。开皇七年改为玉州,九年州郡并废。"按此即后周以禅梁国之基、平、都三州中之平州也。《周书》卷48《萧詧传》云："子岿之十年,华皎来朝,至襄阳,请卫公直曰:'梁主既失江南诸郡,民少国贫。朝廷兴亡继绝,理宜资赡,望借数州,以禅梁国。'直然之。乃遣使言状,高祖许之,诏以基、平、都三州归之于岿。"

《北周志》平州领漳川、远安二郡。又云："远安郡治所未详,领县无考。"

漳川郡(581—588)——当阳县、安居县

《隋志》:"后周置漳川郡,开皇九年废。"《北周志》漳川郡领当阳、安居、临沮3县。临沮为汉县,梁时尚存,《梁书》卷14《江淹传》云天监元年封临沮县开国伯,但不见于《隋志》,《纪要》云:"宋齐因之,后省。"今不列。

20. 安居县(581—597安居县,598—605昭丘县,606荆台县)

《隋志》当阳县下:"梁置安居县,开皇十八年改曰昭丘,大业初改曰荆台,寻废入。"

21. 长宁县(581—597长宁县,598—617长林县)

《隋志》:"旧曰长宁县,十八年改曰长林。"《宋志》:"长宁,晋安帝立。"《纪要》:"东晋隆安五年置长宁县,为长宁郡治。宋泰始中,以长宁名与文帝陵同,改为永宁郡,而县如故。齐梁因之。隋郡废,开皇十八年改长宁曰长林,属荆州。"

永宁郡(581—586)——长宁县

《纪要》:"东晋隆安五年置长宁县,为长宁郡治。宋泰始中,以长宁名与文帝陵同,改为永宁郡。隋郡废。"《北周志》以永宁郡属郢州,即后周以禅梁国之郢州。开皇七年,隋并后梁,则此郡当废于开皇七年。又,《北周志》永宁郡领长宁1县。

22. 长林县(581—590)

《宋志》武宁郡领有长林县。《隋志》:"开皇十一年省长林县入长宁,十八年改长宁为长林。"《寰宇记》:"晋安帝隆安五年立武宁郡,其属有长林县,与郡俱立。"《北周志》长林县属郢州武宁郡。武宁郡,见郢州竟陵郡内。

以上所列,为荆州南郡之政区沿革。其开皇七年前有3州、8郡、22县;大业三年改州为郡后,南郡共领10县。兹列表176如下。

表176 荆州南郡隋开皇元年、大业三年州郡县统辖关系表

州	开 皇 元 年									小计
州	荆 州			南 荆 州			平 州		(郢 州)	3州
郡	南 郡	新兴郡	(监利郡)	南平郡	河东郡	宜都郡	漳川郡	远安郡	永宁郡	(武宁郡)	8郡
县	江陵县 枝江县	广牧县 安兴县 定襄县	紫陵县 云泽县	公安县 孱陵县 永安县	松滋县 闻喜县 谯县	宜昌县 宜都县 归化县 受陵县 佷山县	当阳县 安居县		长宁县	长林县	
小计	2县	3县	2县	3县	3县	5县	2县		1县	1县	22县

续 表

	大 业 三 年
郡	南 郡
县	江陵县、枝江县、安兴县、紫陵县、公安县、松滋县、宜昌县、长杨县、当阳县、长林县
小计	10县

第二节 硖州夷陵郡政区沿革

(一七六)硖州夷陵郡(581—606硖州,607—617夷陵郡)

开皇七年前领宜都、汶阳2郡。

《隋志》:"梁置宜州,西魏改曰拓州,后周改曰硖州。"《纪胜》引《元和志》:"周武帝以州居三峡之口,因改名峡州。大业三年改为夷陵郡。"《杨考》:"硖、峡,音并同。"王仲荦云:"按志传硖、峡互见,其实一字。"

《北周志》硖州领宜都、汶阳2郡。

1. 夷道县(581—617)

按前荆州南郡下已有汉夷道县,陈改为宜昌,并为宜都郡治。此夷道县乃后梁所置,亦为宜都郡治。《纪要》云:"后梁与陈画江为界,夷道属陈,梁因于江北岸别置夷道县,并立宜都郡治焉。隋开皇七年郡废,县属硖州。"

宜都郡(581—586)——夷道县、夷陵县

《隋志》:"旧置宜都郡,开皇七年废。"《北周志》宜都郡领夷陵1县,脱夷道县,今补。

2. 夷陵县(581—617)

《纪胜》引《元和志》:"蜀先主改夷陵为西陵县,晋太康元年复为夷陵。"《纪要》:"秦置夷陵县,汉因之。吴黄武元年改夷陵为西陵,晋太康初复曰夷陵。西魏置拓州治此,周改峡州。"

3. 远安县(581—617)

《隋志》:"旧曰高安,周改县曰安远。"《杨考》:"安远当互倒。"《元和志》:"周明帝武成元年改为远安。"杨说是。

汶阳郡(581—586)——远安县

《隋志》:"旧置汶阳郡,开皇七年郡废。"《纪要》:"晋末置高安县,刘宋汶阳郡治此,后周改为远安县。"《北周志》汶阳郡领远安1县。

以上所列,为硖州夷陵郡之政区沿革。其开皇七年前有 1 州、2 郡、3 县;大业三年改州为郡后,夷陵郡仍领 3 县。兹列表 177 如下。

表 177 硖州夷陵郡隋开皇元年、大业三年州郡县统辖关系表

	开 皇 元 年		小计		大 业 三 年
州	硖 州		1 州	郡	夷陵郡
郡	宜都郡	汶阳郡	2 郡	县	夷陵县、夷道县、远安县
县	夷道县、夷陵县	远安县			
小计	2 县	1 县	3 县	小计	3 县

第三节　郢州竟陵郡政区沿革

(一七七)郢州竟陵郡(581—606 郢州,607—617 竟陵郡)

开皇三年前领石城、汉东、溳川 3 郡。

《隋志》:"旧置郢州。"又长寿县下:"大业初置竟陵郡。"《纪胜》引《元和志》:"西魏文帝大统十七年于长寿县置郢州。"《纪要》:"晋惠帝元康九年置竟陵郡,宋齐因之。梁置北新州,西魏改曰温州。后周改置石城郡,兼置郢州。隋初郡废州存,炀帝改州曰竟陵郡。"

《北周志》郢州领石城、汉东、溳川 3 郡。

1. 长寿县(581—617)

《宋志》作长寿县,云明帝泰始六年立。《南齐志》亦作长寿。《纪胜》引《图经》云:"西魏改苌寿曰长寿。"

石城郡 (581—582)——长寿县

《隋志》:"后周置石城郡,开皇初郡废。"《北周志》石城郡领长寿 1 县。

2. 蓝水县(581—617)

《隋志》:"宋侨立冯翊郡、莲勺县,西魏改郡为汉东、县为蓝水。"

汉东郡 (581—582)——蓝水县、溳水县、上蔡县

《隋志》:"宋侨立冯翊郡,西魏改郡为汉东,开皇初郡废。"《北周志》汉东郡领蓝水、溳水、上蔡 3 县。

3. 溳水县(581—605)

《隋志》蓝水县下:"宋置高陆县,西魏改曰溳水,大业初省溳水入焉。"

4. 上蔡县(581—597 上蔡县,598—617 汉东县)

《隋志》:"汉东,齐置曰上蔡,开皇十八年县改名焉。"

5. 芬川县(581—617)

《隋志》:"芬川,后周置。"

[漱川郡] (581—582)——芬川县、漱陂县

《隋志》:"后周置漱川郡,开皇初郡废。"《北周志》漱川郡领芬川、漱陂2县。

6. 漱陂县(581—605)

《隋志》芬川县下:"又梁(此梁字据《杨考》补)置清县,西魏改曰漱陂,大业初省漱陂入焉。"

7. 梁安县(581—586 梁安县,587—617 清腾县)

《隋志》清腾县下:"梁置曰梁安,开皇七年改名焉。"《纪要》:"开皇七年改属鄀州。"

[遂安郡] (581—582)——梁安县

《隋志》:"后周又有遂安郡,开皇初废。"《北周志》遂安郡属唐州,领梁安1县。

8. 乐乡县(581—617)

《宋志》:"乐乡,晋安帝立。"《寰宇记》:"晋隆安五年置乐乡县,属武宁郡。后魏废帝元年置鄀州。"

[鄀州] (581—605)——武宁郡、永宁郡

《隋志》:"西魏置鄀州,大业初州废。"此即后周以禆梁国基、平、鄀三州中之鄀州。《北周志》鄀州领武宁、永宁2郡。永宁郡,见荆州南郡内。

[武宁郡] (581—586)——乐乡县、武山县、长林县

《隋志》:"旧置武宁郡,开皇七年郡废。"《宋志》:"武宁,晋安帝隆安五年桓玄以沮漳降蛮立。"《北周志》武宁郡领乐乡、武山、长林3县。长林县,见荆州南郡内。

9. 武山县(581—605)

《隋志》乐乡县下:"梁置旌阳县,后改名惠怀,西魏又改曰武山,大业初废武山入焉。"

10. 丰乡县(581—617)

《隋志》:"丰乡,西魏置。"

[基州] (581—605)——章山郡、上黄郡

《隋志》:"西魏置基州,大业初州废。"此即后周以禆梁国基、平、鄀三州中之基州。《北周志》基州领章山、上黄2郡。

[章山郡] (581—586)——丰乡县

《隋志》:"西魏置章山郡,开皇七年郡废。"《北周志》章山郡领丰乡1县。

11. 禄麻县(581—605 禄麻县,606—617 章山县)

《隋志》:"章山,西魏置曰禄麻,大业初县改名焉。"

上黄郡 (581—586)——禄麻县

《隋志》:"西魏立上黄郡,开皇七年郡废。"《北周志》上黄郡领禄麻1县。

以上所列,为郢州竟陵郡之政区沿革。其开皇三年前有3州、7郡、11县;大业三年改州为郡后,竟陵郡共领8县。兹列表178如下。

表178　郢州竟陵郡隋开皇元年、大业三年州郡县统辖关系表

	开　皇　元　年							小计
州	郢　州			（唐州）	鄀　州		基　州	3州
郡	石城郡	汉东郡	溳川郡	遂安郡	武宁郡	章山郡	上黄郡	7郡
县	长寿县	蓝水县、溳水县、上蔡县	㵐川县、溳陂县	梁安县	乐乡县、武山县	丰乡县	禄麻县	
小计	1县	3县	2县	1县	2县	1县	1县	11县

	大　业　三　年
郡	竟陵郡
县	长寿县、蓝水县、汉东县、㵐川县、清腾县、乐乡县、丰乡县、章山县
小计	8县

第四节　复州沔阳郡政区沿革

(一七八) 复州沔阳郡(581—605复州,606沔州,607—617沔阳郡)

开皇三年前领沔阳、竟陵、汉川3郡。

《隋志》:"后周置复州,大业初改曰沔州。"又沔阳县下:"大业初复置沔阳郡。"《元和志》:"周武帝置复州,取州界复池湖为名也。"《纪要》:"后周置复州,隋初郡废州存,大业初改州曰沔州,寻又改沔阳郡。"

《北周志》复州领沔阳、竟陵2郡。建德二年沔州废,所领汉川郡又改隶复州,共领3郡。

按复州州治曾有迁徙,初治沔阳,开皇三年移于竟陵,仁寿三年又移治沔阳。

1. 建兴县(581—606建兴县,607—617沔阳县)

《隋志》:"西魏置县曰建兴,大业初改建兴曰沔阳。"《元和志》:"大业三年

改建兴县为沔阳县。"

沔阳郡(581—582)——建兴县

《隋志》:"梁置沔阳、营阳、州城3郡,后周省营阳、州城2郡,开皇初郡废。"《北周志》沔阳郡领沔阳、沌阳2县。沌阳县,《元和志》云"入陈废",故此沔阳郡只领1县。

2. 竟陵县(581—617)

《隋志》:"旧曰霄城,后周改县曰竟陵。"按汉本有竟陵县,《纪要》云"西魏废竟陵入霄城",则后周又复汉竟陵旧名。

竟陵郡(581—582)——竟陵县、京山县

《隋志》:"旧置竟陵郡。"《元和志》:"晋惠帝分江夏立竟陵郡。"此郡当是废于隋开皇初,《隋志》脱"开皇初郡废"五字。《北周志》竟陵郡领竟陵、京山2县。

3. 京山县(581—605)

《隋志》竟陵县下:"大业初京山县废入焉。"《纪要》:"京山县,齐、梁置。"

4. 甑山县(581—617)

《隋志》:"后周置甑山县。"《寰宇记》:"梁天监中置甑山县。"按《隋志》甑山县下云"西魏置江州,后周建德二年州废",据《周书》卷2《文帝纪》"魏废帝三年春正月改江州为沔州",则后周建德二年所废之州应为沔州。此州废后,甑山县当隶复州。《纪要》云:"后周置甑山县,建德二年州废,隋初郡废,以县属复州。"此言之意,即甑山县本隶汉川郡,隋初废郡后,县即直隶复州。然则,汉川郡、甑山县原隶复州也。

汉川郡(581—582)——甑山县

《隋志》:"梁置梁安郡,西魏改曰魏安郡,寻改郡曰汉川,开皇初郡废。"《北周志》汉川郡领甑山1县,郡属沔州。按沔州废于后周建德二年,州废后,郡县皆改隶复州。

5. 监利县(581—617)

《寰宇记》:"监利县,晋太康五年立,属南郡。"《元和志》:"晋太康五年分立监利县,属南郡,隋开皇三年改属复州。"

监利郡(581—582)——监利县、紫陵县、云泽县

《通鉴》陈永定三年注:"后梁置监利郡。"《周书》卷48《蔡大业传》:"詧称帝,历监利郡守。"可证后梁确有监利郡。《北周志》监利郡属荆州,领监利、紫陵、云泽3县。紫陵、云泽2县,见荆州南郡内。

6. 汉津县(597—605汉津县,606—617汉阳县)

《隋志》："汉阳,开皇十七年置曰汉津,大业初改焉。"《寰宇记》："大业二年改为汉阳县。"

以上所列,为复州沔阳郡之政区沿革。其开皇三年前有1州、4郡、5县;大业三年改州为郡后,沔阳郡共领五县。兹列表179如下。

表179 复州沔阳郡隋开皇元年、大业三年州郡县统辖关系表

	开 皇 元 年				小计		大 业 三 年
州	复 州			(荆州)	1州	郡	沔阳郡
郡	沔阳郡	竟陵郡	汉川郡	监利郡	4郡	县	沔阳县、竟陵县、甄山县、监利县、汉阳县
县	建兴县	竟陵县、京山县	甄山县	监利县			
小计	1县	2县	1县	1县	5县	小计	5县

第五节 辰州沅陵郡政区沿革

(一七九)辰州沅陵郡(589—606辰州,607—617沅陵郡)

《隋志》："开皇九年置辰州。"又沅陵县下:"旧置沅陵郡,平陈,郡废,大业初复。"《元和志》："陈文帝于此置沅陵郡,开皇九年(原误为开元九年,今订)改为辰州,取辰溪为名。"《纪要》："汉为武陵郡地,后汉因之,晋以后并属武陵郡,陈分置沅陵郡,隋废郡置辰州,炀帝复为沅陵郡。"

《补陈志》沅陵等郡属武州。武州,见武州武陵郡内。

1. 沅陵县(581—617)

《元和志》："沅陵县,本汉旧县,属武陵郡,陈属沅陵郡,隋平陈属辰州。"

沅陵郡 (581—588)——沅陵县、盐泉县、大乡县、迁陵县

《隋志》："旧置沅陵郡,平陈,郡废。"《元和志》："陈文帝置沅陵郡。"《补陈志》沅陵郡领沅陵、盐泉、大乡、零陵4县。按此零陵县见于《南齐志》武陵郡下,非汉之零陵县,然《隋志》、《元和志》及《纪要》诸书均不见此零陵县,而《元和志》溪州三亭县下有云:"本汉迁陵县,属武陵郡,隋废入大乡县。"《宋志》武陵郡领有迁陵县,《南齐志》无迁陵而有零陵,今仍依《元和志》作迁陵县。此县盖废于隋平陈之后。

2. 盐泉县(581—617)

《隋志》："盐泉,梁置。"

3. 大乡县(581—617)

《隋志》:"大乡,梁置。"《元和志》:"汉为沅陵、迁陵二县地,梁置大乡县。"

4. 迁陵县(581—588)

《元和志》:"三亭县,本汉迁陵县,属武陵郡,隋废入大乡县。贞观九年分大乡复置,因县西十五里有三亭古城为名。"《汉志》武陵郡有迁陵县,《宋志》武陵郡亦领迁陵县。此县既并入大乡,当亦属于沅陵郡。县盖废于隋平陈之后。

5. 辰阳县(581—588 辰阳县,589—617 辰溪县)

《隋志》:"辰溪,旧曰辰阳,平陈,改名。"《元和志》:"本汉辰陵县,属武陵郡;后改曰辰阳,以在辰水之阳为名,隋平陈,改为辰溪县。"《补陈志》辰阳县属武州武陵郡。

6. 夜郎县(581—588 夜郎县,589—590 静人县)

《隋志》辰溪县下:"平陈,废故夜郎郡,置静人县,寻废。"《纪要》:"梁置夜郎郡及县,隋废郡,改置静人县,寻并县入辰溪。"

夜郎郡 (581—588)——夜郎县

《隋志》:"平陈,废故夜郎郡。"《宋志》夜郎郡属宁州,云"晋怀帝永嘉五年,宁州刺史王逊分牂牁、朱提、建宁立"。《杨考》:"盖本汉夜郎县也。《寰宇记》牂州建安县有故夜郎城,在今石阡府西葛彰司西六十里,去辰阳甚远,盖辰阳之西土宇辽廓,与古夜郎相接,隋废夜郎,故附丽于此。"然贵州《安顺府志》引《贵州纪事》云:"梁太清二年,宁州刺史徐文盛勤王,宁州空虚,夜郎荒废,东徙于辰阳。"则梁之夜郎非汉之夜郎也。故《纪要》云:"梁置夜郎郡及县,隋废郡,改置静人县。"《补陈志》夜郎郡属武州,领夜郎1县。

7. 龙㮾县(581—617)

《隋志》:"龙㮾,梁置。"《元和志》作龙标县。《纪要》:"梁置龙标县,属南阳郡。"

寿州 (589—597 寿州,598—605 充州)——龙㮾县

《隋志》辰溪县下:"开皇初废南阳郡,置寿州,十八年改为充州,大业初州废。"此州既置于废南阳郡之地,而南阳郡所领为龙㮾1县,则寿州所领亦应为龙㮾县也。

南阳郡 (581—588)——龙㮾县

《隋志》辰溪县下:"又梁置南阳郡、建昌县,陈废县,开皇初废郡。"《纪要》:"梁置龙标县,属南阳郡。"《补陈志》南阳郡属武州,领龙㮾1县。

以上所列,为辰州沅陵郡之政区沿革。开皇九年前此地未设州,平陈后始置辰州;大业三年改州为郡后,沅陵郡共领5县。兹列表180如下。

表 180　辰州沅陵郡隋开皇元年、大业三年州郡县统辖关系表

开　皇　元　年				小计	大　业　三　年	
州	（武　州）				郡	沅陵郡
郡	沅陵郡	（武陵郡）	夜郎郡	南阳郡	3 郡	县	沅陵县、盐泉县、大乡县、辰溪县、龙檦县
县	沅陵县、盐泉县、大乡县、迁陵县	辰阳县	夜郎县	龙檦县			
小计	4 县	1 县	1 县	1 县	7 县	小计	5 县

第六节　武州武陵郡政区沿革

（一八〇）武州武陵郡（581—588 武州，589—595 嵩州，596—606 朗州，607—617 武陵郡）

开皇九年前领武陵、沅陵、夜郎、南阳、药山、天门、义阳 7 郡。

《隋志》："梁置武州，后改曰沅州，平陈，为朗州。"又武陵县下："大业初复置武陵郡。"此《隋志》叙武州沿革有误。《杨考》云："《陈书》卷 5《宣帝纪》：'太建七年三月，改梁武州为沅州。'与《隋志》合。然考《陈书》卷 3《世祖纪》：'天嘉元年三月，分荆州之天门、义阳、南平、郢州之武陵四郡置武州，其刺史督沅州，领武陵太守，治武陵郡。其都尉所部六县为沅州，别置通宁郡，以刺史领太守，治都尉城。'据此，则陈之沅州不始于太建，沅州之置当在沅陵，与武州非一地。且《陈书》卷 9《侯瑱传》'天嘉元年授使持节、都督湘桂郢巴武沅六州诸军事'，又卷 9《吴明彻传》'世祖即位，授都督武、沅二州诸军事'，则武、沅二州不得混而为一明矣。又考《陈书》纪传自太建以后不见沅州之名，而卷 28《岳阳王叔慎传》云'祯明三年（即开皇九年）隋师略地至湘州，武州刺史邬居业来赴难'，是武州至隋灭陈始废。然则《陈书》太建七年当是并沅州入武州，而误为改武州为沅州，《隋志》承其误也。"又《元和志》云："开皇九年改武州为辰州，其年改嵩州。"《旧唐志》亦云："隋平陈，为嵩州，寻又改为朗州。"《寰宇记》亦云："梁太清四年，湘东王承制于荆州，割武陵郡置武州，隋文帝开皇九年改武州为辰州，又改为嵩州，十六年改嵩州为朗州，炀帝初改为武陵郡。"是《隋志》脱改嵩州一节。

《补陈志》武州领武陵、沅陵、夜郎、南阳、药山 5 郡。沅陵、夜郎、南阳三郡，见辰州沅陵郡内；药山一郡，见巴州巴陵郡内。又有天门、义阳二郡，《补陈

《志》云属荆州，误，亦当属武州。

1. 临沅县(581—588)

《隋志》武陵县下："平陈，并临沅、沅南、汉寿三县置武陵县。"临沅本汉县，属武陵郡。

武陵郡 (581—588)——临沅县、沅南县、汉寿县、龙阳县、酉阳县、辰阳县

《隋志》："旧置武陵郡，平陈，郡废。"《补陈志》武陵郡领临沅、沅南、汉寿、迁陵、龙阳、酉阳、辰阳 7 县。迁陵后并入大乡县，当属沅陵郡，见辰州沅陵郡内。辰阳，隋改为辰溪，并改隶辰州，亦见辰州沅陵郡内。

2. 沅南县(581—588)

《隋志》武陵县下："平陈，并临沅、沅南、汉寿三县置武陵县。"沅南县，后汉置，亦属武陵郡。

3. 汉寿县(581—588)

《隋志》武陵县下："平陈，并临沅、沅南、汉寿三县置武陵县。"《纪要》："汉之索县，武陵郡治焉，后汉阳嘉三年更名汉寿，隋省入武陵县。"

4. 龙阳县(581—617)

《元和志》："本汉索县地，吴分立龙阳县，隋平陈，属辰州，开皇十六年改属朗州。"《纪要》："吴析置龙阳县，属武陵郡，晋宋以后因之，隋属朗州。"

5. 酉阳县(581—588)

《纪要》："汉置酉阳县，属武陵郡。以在酉水之阳，因名。晋宋以后仍属武陵郡，隋废。"盖废于隋平陈之后。

6. 武陵县(589—617)

《隋志》："平陈，并临沅、沅南、汉寿三县置武陵县。"

以上所列，为武州武陵郡之政区沿革。其开皇九年前有 1 州、1 郡、5 县；大业三年改州为郡后，武陵郡共领 2 县。兹列表 181 如下。

表 181　武州武陵郡隋开皇元年、大业三年州郡县统辖关系表

开皇元年		小计	大业三年	
州	武州	1 州	郡	武陵郡
郡	武陵郡	1 郡	县	武陵县、龙阳县
县	临沅县、沅南县、汉寿县、龙阳县、酉阳县			
小计	5 县	5 县	小计	2 县

第七节 亭州清江郡政区沿革

(一八一)亭州清江郡(581—605 亭州,606 庸州,607—617 清江郡)
开皇三年前领资田1郡。

《隋志》:"后周置亭州,大业初改为庸州。"又盐水县下:"大业初置清江郡。"《杨考》引《名胜志》云:"隋并亭州入庸州,徙治盐水。"庸州,《隋志》已载于巴东郡石城县下,云"开皇初置庸州,大业初州废"。

《北周志》亭州领资田1郡。

1. 盐水县(581—617)

《隋志》:"盐水,后周置县。"

资田郡 (581—582)——盐水县

《隋志》:"后周置盐水县,并置资田郡,开皇初郡废。"《北周志》资田郡领盐水1县。

2. 宜昌县(581—584 宜昌县,585—617 巴山县)

《隋志》:"梁置宜都郡、宜昌县。后周置江州,开皇十八年改江州为津州,大业初废州。"《元和志》:"开皇五年置巴山县。"《寰宇记》:"隋开皇五年分佷山置巴山县。"《纪要》:"梁置宜昌县,又置宜都郡治此。后周置江州,隋开皇初郡废,十八年改江州为津州,又改县为巴山县。大业初州废,县入清江郡。"《杨考》以为此宜都郡、宜昌县是梁时由夷道迁来,不久又复迁回夷道,故此处宜都郡、宜昌县无下文。王仲荦则认为《杨考》之说不确,以为宜昌无迁徙,且以江州领宜昌1县为说。由州直接领县,北周时似无此先例。而《纪要》则综诸家之说,州郡县皆有,然开皇十八年改县之说又无据。《寰宇记》云此本佷山县,开皇五年分佷山为巴山县。佷山县,于开皇八年改为长杨县,已见于前荆州南郡下,不得又改为巴山县。今综诸书所记,以开皇五年前为宜昌县,开皇五年改为巴山县;又此为北周地,故隋代周后,开皇三年即废宜都郡。郡废后,巴山县即属江州,开皇十八年又属津州,大业初废津州,县复隶清江郡。

江州 (581—597 江州,598—605 津州)——宜都郡

《隋志》:"后周置江州,开皇十八年改江州为津州,大业初废州。"《北周志》江州领宜昌1县,无领郡。由州直接领县,似与北周州郡县三级行政制不合,《纪要》云"梁置宜昌县,又置宜都郡治此",则后周之江州当领宜都郡,郡再领宜昌县。

宜都郡 (581—582)——宜昌县

《隋志》:"梁置宜都郡。"《纪要》:"梁置宜昌县,又置宜都郡治此。隋开皇初郡废。"

3. 沙渠县(581—584沙渠县,585—617清江县)

《隋志》:"开皇五年置清江县。"《元和志》:"吴沙渠县,隋开皇五年置清江县,属施州。"《纪要》:"汉巫县地,三国吴分置沙渠县,属建平郡。晋以后因之。后周于县置施州及清江郡。隋开皇初郡废,五年改沙渠县曰清江县;大业初州废,县属清江郡。"

施州 (581—605)——清江郡

《隋志》:"后周置施州,大业初州废。"《北周志》施州领清江1郡。

清江郡 (581—582)——沙渠县、乌飞县

《隋志》:"后周置清江郡,开皇初郡废。"《北周志》清江郡领沙渠、乌飞2县。

4. 乌飞县(581—582乌飞县,583—617开夷县)

《隋志》:"开夷,后周置曰乌飞,开皇初改焉。"

5. 建始县(581—617)

《隋志》:"开皇五年置建始县。"《旧唐志》:"周分巫县置建始县。"《元和志》:"周建德三年置建始县。"此县之始置年代,诸书所记有异,《杨考》云:"按《宋志》'建始县,晋初立',当是省于宋永初之后,周复置县为州郡治。"今从之。

业州 (581—605)——军屯郡

《隋志》:"后周置业州,大业初州废。"《北周志》业州领军屯1郡。

军屯郡 (581—582)——建始县

《隋志》:"后周置军屯郡,开皇初郡废。"《北周志》军屯郡领建始1县。

以上所列,为亭州清江郡之政区沿革。其开皇三年前有4州、4郡、5县;大业三年改州为郡后,清江郡共领5县。兹列表182如下。

表182 亭州清江郡隋开皇元年、大业三年州郡县统辖关系表

	开 皇 元 年					小计		大 业 三 年
州	亭 州	江 州	施 州		业 州	4州	郡	清江郡
郡	资田郡	宜都郡	清江郡		军屯郡	4郡	县	盐水县、巴山县、清江县、开夷县、建始县
县	盐水县	宜昌县	沙渠县、乌飞县		建始县	5县		
小计	1县	1县	2县		1县	5县	小计	5县

第八节 襄州襄阳郡政区沿革

(一八二)襄州襄阳郡(581—606 襄州,607—617 襄阳郡)

开皇三年前领襄阳、河南、德广、武泉、南襄阳、长湖 6 郡。

《隋志》:"江左侨置雍州,西魏改为襄州。"又襄阳县下:"带襄阳郡,开皇初郡废,大业初复置。"《元和志》:"魏武帝平荆州,置襄阳郡。永嘉之乱,三辅豪族流于樊、沔,侨于汉水之侧,立南雍州,西魏恭帝改雍州为襄州。"

《北周志》襄州领襄阳、河南、德广、武泉、南襄阳、长湖 6 郡。

1. 襄阳县(581—617)

《元和志》:"襄阳县,本汉旧县也,属南郡。在襄水之阳,故以为名。魏武帝平荆州,分南郡置襄阳郡,县属焉。后遂不改。"

襄阳郡 (581—582)——襄阳县、阴城县、筑阳县、义城县

《隋志》:"带襄阳郡,开皇初郡废。"《元和志》:"魏武平荆州,分南郡置襄阳郡。"《北周志》襄阳郡领襄阳、阴城、筑阳、义城 4 县。

2. 阴城县(581—617)

《纪要》:"汉置阴县,属南阳郡。后汉因之。晋属顺阳郡,宋属广平郡,齐梁因之。西魏改曰阴城县,后又迁县于今治。"又云:"西魏置阴城县,并置鄀城郡,后周郡废,隋属襄州。"盖后周废鄀城郡后,县即隶襄阳郡,故隋废郡后即属襄州。

3. 筑阳县(581—586)

《隋志》谷城县下:"又梁有筑阳,开皇初废。"《元和志》:"谷城县,汉为筑阳县,隋开皇七年改为谷城县。"《隋志》:"谷城,旧曰义城,开皇十八年改县名焉。"《杨考》云:"《元和志》、《寰宇记》并云谷城汉为筑阳县。按汉至宋筑阳,今谷城县东四里;齐筑阳,今谷城县东;宋义城,今光化县西北,齐义城,今谷城县东四里。盖齐徙义城于筑阳,而筑阳又他徙矣。《元和志》、《寰宇记》据在前之筑阳为说,此据在后之义城为说。至隋立谷城县,先废筑阳,后废义城,故《元和志》、《寰宇记》谓开皇七年改筑阳为谷城,此谷城县下又云开皇十八年改义城为谷城也。"则此筑阳县当是废于开皇七年。

4. 义城县(581—597 义城县,598—617 谷城县)

《隋志》:"谷城,旧曰义城,开皇十八年改县名焉。"

5. 安养县(581—617)

《元和志》:"西魏于此立安养县。"

|河南郡|（581—582）——安养县

《隋志》:"西魏置河南郡,开皇初郡废。"《北周志》河南郡领安养1县。

6. 上洪县(581—617)

《隋志》:"宋侨立略阳县,西魏改县曰上洪。"

|德广郡|（581—582）——上洪县

《隋志》:"梁立德广郡,开皇初郡废。"《北周志》德广郡领上洪1县。

7. 率道县(581—617)

《隋志》:"率道,梁置。"《元和志》:"宋置华山郡,后魏改为宜城郡,周改宜城郡为率道县,属武泉郡。"《寰宇记》:"后魏改华山郡为宜城郡,后周保定四年省宜城郡入率道县。"率道何时置县,诸书所记有异,今从《隋志》。

|武泉郡|（581—582）——率道县、汉南县、义清县

《隋志》:"又有武泉郡,开皇初废。"《元和志》:"周改宜城为率道,属武泉郡,开皇三年郡废。"《北周志》武泉郡领率道、汉南、义清3县。

8. 汉南县(581—617)

《隋志》:"汉南,宋曰华山,置华山郡。西魏改县为汉南,属宜城郡,后省宜城郡入武泉。"

9. 义清县(581—617)

《隋志》:"梁置,曰穰县,西魏改为义清。"

10. 思安县(581—597思安县,598—617南漳县)

《隋志》:"西魏并新安、武昌、平武、安武、建武(原脱武字,据《南齐志》补)五县置,初曰重阳,后周改重阳县曰思安,开皇十八年改县曰南漳。"

|南襄阳郡|（581—582）——思安县

《隋志》:"西魏立南襄阳郡,开皇初郡废。"《北周志》南襄阳郡领思安、上黄2县。按上黄县,《纪要》云"后周废",故隋初南襄阳郡只领思安1县。

11. 常平县(581—617)

《隋志》:"西魏置,曰义安,后改县曰常平。"

|长湖郡|（581—582）——常平县、旱停县

《隋志》:"西魏置长湖郡,开皇初郡废。"《北周志》长湖郡领常平、旱停2县。

12. 旱停县(581—605)

《隋志》常平县下:"又后魏置旱停县,大业初废。"

13. 鄀县(581—617)

《元和志》:"春秋鄀国之城,汉为若县。晋安帝于此置乐乡县,属武宁郡。"

《杨考》:"按《宋志》、《南齐志》并有鄀县,《梁书》卷1《武帝纪》'鄀令杜永兼别驾',则梁亦有鄀县。《水经注》'沔水又经鄀县故城南',是县有移徙。余谓西魏置鄀州当系于此,而《隋志》乃系之乐乡。乐乡虽亦汉鄀县地,未必即为鄀州治。"《北周志》鄀州武宁郡领乐乡、武山、长林3县,无鄀县,盖脱。鄀与乐乡原本一地,今仍以鄀县属鄀州武宁郡。

以上所列,为襄州襄阳郡之政区沿革。其开皇三年前有1州、6郡、13县;大业三年改州为郡后,襄阳郡共领11县。兹列表如下:

表183　襄州襄阳郡隋开皇元年、大业三年州郡县统辖关系表

	开　皇　元　年						小计
州	襄　州					（鄀　州）	1州
郡	襄阳郡	河南郡	德广郡	武泉郡	南襄阳郡	长湖郡	（武宁郡）	6郡
县	襄阳县、阳城县、筑阳县、义城县	安养县	上洪县	率道县 汉南县 义清县	思安县	常平县 旱停县	鄀县	
小计	4县	1县	1县	3县	1县	2县	1县	13县

	大　业　三　年
郡	襄阳郡
县	襄阳县、阴城县、谷城县、安养县、上洪县、率道县、汉南县、义清县、南漳县、常平县、鄀县
小计	11县

第九节　昌州舂陵郡政区沿革

（一八三）昌州舂陵郡(581—606昌州,607—617舂陵郡)

开皇三年前领广昌、安昌2郡。

《隋志》:"后魏置南荆州,西魏改曰昌州。"《周书》卷2《文帝纪》:"魏废帝三年,改南荆州为昌州。"又《隋志》枣阳县下:"大业初置舂陵郡。"

《北周志》昌州领广昌、安昌2郡。

1. 广昌县(581—600广昌县,601—617枣阳县)

《隋志》："旧曰广昌，仁寿元年县改名焉。"《元和志》："后汉分蔡阳立襄乡县，周改为广昌，隋仁寿元年改为枣阳县。"

广昌郡 （581—582）——广昌县、清潭县

《隋志》："旧置广昌郡，开皇初郡废。"《北周志》广昌郡领广昌、清潭2县。

2. 清潭县(581—617)

《纪要》："清潭县，西魏置，隋因之，属昌州。"

3. 春陵县(581—617)

《纪要》："春陵，汉县，属南阳郡。后汉建武六年改曰章陵，魏黄初二年更章陵为安昌县。西魏置昌州，以安昌置安昌郡，并置春陵县为郡治。隋开皇初郡废，县属昌州。"

安昌郡 （581—582）——春陵县、丰良县

《隋志》："旧置安昌郡，开皇初郡废。"《北周志》安昌郡领春陵、安昌、丰良3县。安昌县，《隋志》、《元和志》等皆不见，《纪要》亦只云"西魏以安昌置安昌郡"，不云该县存续至隋世，今不列此县。

4. 丰良县(581—605)

《隋志》春陵县下："后魏置丰良县，大业初废。"

5. 湖阳县(581—617)

《舆地广记》："湖阳县，二汉属南阳郡，晋省入棘阳，后魏复焉。"《纪要》："湖阳县，汉为县，晋省入棘阳。北魏太和二十二年克之，复置湖阳县。"

湖州 （581—600湖州，601—605升州）——升平郡、洞川郡、襄城郡

《隋志》："后魏置南襄州，后改为南平州，西魏改曰升州，后又改曰湖州，仁寿初改曰升州。"《北周志》湖州领升平、洞川、襄城3郡。

升平郡 （581—582）——湖阳县、柘林县

《隋志》："后周置升平郡，开皇初郡废。"《北周志》升平郡领湖阳、柘林2县。

6. 柘林县(581—605)

《隋志》湖阳县下："又后魏置顺阳郡，西魏改为柘林郡，后周省郡，改县曰柘林，大业初县废入焉。"

7. 钟离县(581—597钟离县，598—605洞川县)

《隋志》上马县下："有钟离县，开皇十八年改为洞川县，大业初废入焉。"

洞川郡 （581—582）——钟离县

《隋志》："旧置洞川郡，开皇初郡废。"《北周志》洞川郡领钟离1县。

8. 上马县(581—617)

《隋志》:"后魏置,曰石马,后讹为上马,因改焉。"《地形志》南襄州襄城郡有上马县,即此上马。

襄城郡 (581—582)——上马县

《隋志》淮安郡慈丘县下:"后魏有襄城郡,开皇初废。"《杨考》:"此即南襄州之襄城郡,地与泌阳相接。"《元和志》:"泌阳县,后魏于此置襄城郡,领襄城、上马二县。"《北周志》襄城郡属湖州,领上马1县。

9. 蔡阳县(581—617)

《纪要》:"蔡阳,汉县,属南阳郡,晋属义阳郡,宋初属新野郡,大明元年省。齐复置,并置蔡阳郡,属宁蛮府。梁因之。后魏并置南雍州治焉,西魏改曰蔡州。隋郡废,大业初州废,县属舂陵郡。"

蔡州 (581—605)——蔡阳郡、千金郡

《隋志》:"后魏置南雍州,西魏改曰蔡州,大业初州废。"《北周志》蔡州领蔡阳、千金2郡。

蔡阳郡 (581—582)——蔡阳县、双泉县

《隋志》:"梁置蔡阳郡,开皇初郡废。"《北周志》蔡阳郡领蔡阳、双泉2县。

10. 双泉县(581—605)

《隋志》蔡阳县下:"西魏分置南阳县,后改曰双泉,大业初废入焉。"

11. 瀴源县(581—605)

《隋志》蔡阳县下:"西魏又置瀴源县,大业初废入焉。"

千金郡 (581—582)——瀴源县

《隋志》:"西魏置千金郡,开皇初郡废。"《北周志》千金郡领瀴源1县。

以上所列,为昌州舂陵郡之政区沿革。其开皇三年前有3州、7郡、11县;大业三年改州为郡后,舂陵郡共领6县。兹列表184如下。

表184 昌州舂陵郡隋开皇元年、大业三年州郡县统辖关系表

	开 皇 元 年							小计
州	昌 州		湖 州			蔡 州		3州
郡	广昌郡	安昌郡	升平郡	洞川郡	襄城郡	蔡阳郡	千金郡	7郡
县	广昌县 清潭县	舂陵县 丰良县	湖阳县 柘林县	钟离县	上马县	蔡阳县 双泉县	瀴源县	
小计	2县	2县	2县	1县	1县	2县	1县	11县

续表

	大 业 三 年
郡	舂陵郡
县	枣阳县、清潭县、舂陵县、湖阳县、上马县、蔡阳县
小计	6县

第十节　隋州汉东郡政区沿革

(一八四)隋州汉东郡(581—606 隋州,607—617 汉东郡)

开皇三年前领隋、㵋西2郡。

《隋志》:"西魏置并州,后改曰隋州。"又隋县下:"大业初置汉东郡。"《周书》卷2《文帝纪》:"魏废帝三年春正月,改并州为隋州。"

《北周志》隋州领隋、㵋西、崇业3郡,而云崇业郡建置不详,领县无考。《光绪德安府志》云北周改崇业郡为遂安郡,属唐州,领梁安县(后改为清腾县)。此郡已见竟陵郡清腾县下,此不当复,故隋初隋州只领隋、㵋西2郡。又,隋县、隋郡,史书或作随县、随郡。

1. 隋县(581—617)

《元和志》:"隋县,本汉旧县,即隋国城也。历代不改。"

隋郡 (581—582)——隋县、光化县

《隋志》:"旧置隋郡,开皇初废。"《北周志》隋郡领隋、光化2县。

2. 光化县(581—617)

《隋志》:"光化,旧曰安化,西魏改为新化,后周又改焉。"《元和志》:"南齐武帝立安化县,后魏文帝改为新化县,废帝改为光化县。"

3. 㵋西县(581—605)

《隋志》隋县下:"西魏又析置㵋西郡及㵋西县,开皇初郡废,大业初废㵋西县。"

㵋西郡 (581—582)——㵋西县

《隋志》隋县下:"西魏置㵋西郡,开皇初郡废。"《北周志》㵋西郡领㵋西1县。

4. 左阳县(581—597 左阳县,598—606 真阳县,607—617 土山县)

《隋志》:"梁曰龙巢,后周改龙巢曰左阳,开皇十八年改左阳为真阳,大业初又改真阳为土山。"

⬛土州⬛ (581—605)——齐郡、永川郡

《隋志》:"梁置土州,大业初州废。"《北周志》土州领齐、永川2郡,而云永川郡建置未详,领县无考。

⬛齐郡⬛ (581—582)——左阳县、石武县、漳川县

《隋志》:"梁置东西二永宁、真阳三郡,后周废三郡为齐郡,开皇初郡废。"《北周志》齐郡领左阳、石武、漳川3县。

⬛永川郡⬛ (581—582)——?

《杨考》:"《隋书》卷1《文帝纪》'周大象二年以二十郡为隋国',中有土州之永川郡。郡盖隋初废。"《北周志》云永川郡建置未详,领县无考。

5. 石武县(581—597 石武县,598—605 宜人县)

《隋志》土山县下:"梁置石武县,开皇十八年改石武为宜人,大业初废入焉。"

6. 漳川县(581—605)

《隋志》土山县下:"后周又有阜陵县,改为漳川县,大业初废入焉。"

7. 下溠县(581—595 下溠县,596—617 唐城县)

《隋志》:"后魏曰溠西,西魏改溠西曰下溠,开皇十六年改下溠曰唐城。"

⬛唐州⬛ (581—605)——下溠郡、溵川郡、溳水郡、遂安郡

《隋志》:"西魏立肆州,寻曰唐州,后周省均、款、溳、归四州入,改曰唐州,大业初州废。"《北周志》唐州领下溠、溵川、溳水、遂安4郡。《纪要》云:"梁置梁安县,又置崇义郡治焉。后周废郡,寻改置遂安郡。隋开皇初郡废,七年改县曰清腾,属郢州。"又云:"近志云州境有崇业郡城,当即崇义矣。"遂安郡,见郢州竟陵郡内。

⬛下溠郡⬛ (581—582)——下溠县

《隋志》:"后魏置义阳郡,开皇初郡废。"《北周志》云:"北周改曰下溠郡。"《北史序传》云:"李行之,隋开皇初除唐州下溠郡太守。"王仲荦云:"按隋初已称下溠郡,盖北周世所改。"该郡领下溠1县。

8. 清嘉县(581—605)

《隋志》唐城县下:"后周置清嘉县,大业初废入焉。"

⬛溵川郡⬛ (581—582)——清嘉县

《隋志》唐城县下:"又有东魏南豫州,后周改为溵川郡,开皇初废。"《北周志》溵川郡领清嘉1县。

9. 安贵县(581—617)

《隋志》:"梁置曰定阳,西魏改定阳曰安贵。"

涢水郡 (581—582)——安贵县、横山县

《隋志》："梁置北郢州，西魏改北郢州为歜州，又寻废为涢水郡，开皇初郡废。"《北周志》涢水郡领安贵、横山2县。

10. 横山县(581—605)

《隋志》安贵县下："西魏置戟城县，后改戟城县曰横山，大业初废横山县入焉。"

11. 厉城县(581—605 厉城县，606—617 顺义县)

《隋志》："隋大业初改厉城为顺义。"

顺州 (581—605)——南阳郡、淮南郡

《隋志》："西魏以厉城、顺义二县立冀州，寻改为顺州，大业初州废。"《周书》卷2《文帝纪》："魏废帝三年，改冀州为顺州。"《北周志》顺州领南阳、淮南2郡。

南阳郡 (581—582)——厉城县、顺义县

《隋志》："梁置北隋郡，西魏改为南阳郡，开皇初废。"《北周志》南阳郡领厉城、顺义2县。

12. 顺义县(581—605)

《隋志》："西魏以厉城、顺义二县立冀州，寻改为顺州。隋大业初改厉城为顺义，其旧顺义废入焉。"

13. 安化县(581—597 安化县，598—605 宁化县)

《隋志》顺义县下："西魏置安化县，隋开皇十八年改安化曰宁化，大业初废入焉。"

淮南郡 (581—582)——安化县

《隋志》："西魏置淮南郡，开皇初郡废。"《北周志》淮南郡领安化1县。

14. 平林县(581—617)

《纪要》："晋置平林县，属义阳郡，后废。宋末改置，而平林县属隋郡，齐属东新安郡。梁置上明郡，隋初郡废，县属隋州。"

上明郡 (581—582)——平林县、洛平县

《隋志》平林县下："梁置上明郡，开皇初废。"《北周志》上明郡属应州，领平林、洛平2县。应州，见安州安陆郡内。

15. 洛平县(581—597 洛平县，598—617 上明县)

《隋志》："上明，西魏置曰洛平，开皇十八年改名焉。"

以上所列，为隋州汉东郡之政区沿革。其开皇三年前有4州、10郡、15县；大业三年改州为郡后，汉东郡共领8县。兹列表185如下。

表 185　隋州汉东郡隋开皇元年、大业三年州郡县统辖关系表

州	开皇元年									小计
州	隋 州		土 州		唐 州			顺 州	（应州）	4州
郡	隋郡	溮西郡	齐郡	永川郡	下溠郡	溮川郡	涢水郡	南阳郡	淮南郡	上明郡	10郡
县	隋县 光化县	溮西县	左阳县 石武县 漳川县		下溠县	清嘉县	安贵县 横山县	厉城县 顺义县	安化县	平林县 洛平县	15县
小计	2县	1县	3县		1县	1县	2县	2县	1县	2县	15县

	大 业 三 年
郡	汉东郡
县	隋县、光化县、土山县、唐城县、安贵县、顺义县、平林县、上明县
小计	8县

第十一节　安州安陆郡政区沿革

(一八五)安州安陆郡(581—606安州,607—617安陆郡)

开皇三年前领安陆、城阳、曲陵、漻岳4郡。

《隋志》:"梁置南司州,寻罢。西魏置安州总管府。"又安陆县下:"大业初复置郡。"《元和志》:"宋武帝分江夏郡置安陆郡,后魏大统十六年改为安州。"

《北周志》安州领安陆、城阳、曲陵3郡。又有漻岳郡,《隋志》云"开皇初废",《北周志》以其属岳州,而《隋志》又云"西魏置岳州及岳山郡,后周州郡并废",后周废州后,漻岳郡当属安州,故隋初安州共领4郡。

1. 安陆县(581—617)

《元和志》:"安陆县,本汉旧县,属江夏郡。隋改属安州。"《寰宇记》:"宋孝武帝分江夏置安陆郡。"故《宋志》安陆县属安陆郡,隋初废郡后,安陆县始直属安州。

安陆郡 (581—582)——安陆县、吉阳县

《隋志》:"旧置安陆郡,开皇初废。"《北周志》安陆郡领安陆、吉阳2县。

2. 吉阳县(581—605)

《隋志》安陆县下:"有旧永阳县,西魏改曰吉阳,大业初废入。"

3. 应城县(581—605 应城县,606—617 应阳县)

《隋志》:"应阳,西魏置曰应城,大业初县改名焉。"《寰宇记》:"隋大业二年改为应阳县。"

城阳郡 (581—582)——应城县、云梦县、浮城县

《隋志》:"西魏置城阳郡,开皇初郡废。"《北周志》城阳郡领应城、云梦、浮城 3 县。

4. 云梦县(581—617)

《隋志》:"云梦,西魏置。"《寰宇记》:"西魏大统十六年于云梦古城置云梦县,属城阳郡,隋罢郡,以云梦属安州。"

5. 浮城县(581—582)

《元和志》:"后魏置浮城县,隋废。"《纪要》亦云"隋废",但废于何年不明。据《隋志》所记,此安州安陆郡下之吉阳、盘陂、平靖诸县皆废于大业初,记载甚明,而此浮城却无记载,则不是废于大业初,而是隋初与郡同废。

6. 曲陵县(581—582)

《宋志》安陆郡安陆县下:"江夏又有曲陵县,本名石阳,吴立,晋太康元年改曰曲陵。明帝泰始六年,并安陆。"《南齐志》司州永宁左郡、围山左郡皆有曲陵县,故《杨考》云:"宋省,齐复置。"按《通典》作"曲阳",云:"汉隰县地,梁置曲阳郡。"《北周志》云:"按梁置曲陵郡,盖治曲陵。"《隋志》不载曲陵县,县盖废于开皇初。

曲陵郡 (581—582)——曲陵县

《隋志》隋县下:"梁置曲陵郡,开皇初郡废。"《北周志》曲陵郡领曲陵 1 县。

7. 孝昌县(581—617)

《旧唐志》:"孝昌,宋分安陆县置。"《元和志》:"宋置孝昌县,属江夏郡,即隋改安州也。"

澴岳郡 (581—582)——孝昌县、京池县

《隋志》孝昌县下:"西魏置岳州及岳山郡,后周州郡并废;又有澴岳郡,开皇初废。"《北周志》以孝昌县属岳州岳山郡,而云澴岳郡领县无考。余以为后周既废岳州及岳山郡,则孝昌县当属原隶岳州之澴岳郡,澴岳郡亦当改隶安州。隋初废澴岳郡,孝昌县遂直隶安州也。又有京池县,《北周志》以其属澴州董城郡,而《隋志》云澴州及董城郡亦废于后周,此县与孝昌邻接,故亦当隶于澴岳郡。

8. 京池县(581—605 京池县,606—617 吉阳县)

《隋志》:"梁置,曰平阳,西魏改曰京池,大业初改曰吉阳。"《元和志》:"大业二年改为吉阳。"盖原吉阳县大业二年废入安陆,此又改京池为吉阳。

9. 角陵县(581—605 角陵县,606—617 京山县)

《隋志》:"旧曰新阳,西魏改为角陵,大业初改角陵曰京山。"

温州 (581—605)——梁宁郡、富水郡

《隋志》:"梁置新州,西魏改为温州,大业初州废。"《北周志》温州领梁宁、富水、宜民3郡,而云宜民郡建置不详,领县无考。《隋志》、《元和志》、《纪要》等书皆不载宜民郡,今不列。

梁宁郡 (581—582)——角陵县、盘陂县

《隋志》:"梁置梁宁郡,开皇初郡废。"《北周志》梁宁郡领角陵、盘陂2县。

10. 盘陂县(581—605)

《隋志》京山县下:"西魏置盘陂县,大业初废入焉。"

11. 富水县(581—617)

《隋志》:"旧曰南新市,西魏改为富水。"《元和志》:"后汉置新市县,后魏改为富水,取县界富水为名。"

富水郡 (581—582)——富水县

《隋志》:"西魏置富水郡,开皇初郡废。"《北周志》富水郡领富水1县。

12. 永阳县(581—597 永阳县,598—617 应山县)

《隋志》:"梁置,曰永阳。"《元和志》:"隋开皇十八年改永阳为应山县。"

应州 (581—605)——永阳郡、平靖郡、上明郡

《隋志》:"梁置应州,大业初州废。"《北周志》应州领永阳、平靖、上明3郡。上明郡,见隋州汉东郡内。

永阳郡 (581—582)——永阳县

《隋志》不载永阳郡,然《周书》卷27《常善传》云:"魏恭帝二年,进爵永阳郡公。"则西魏置永阳郡也。王仲荦《北周志》云:"按永阳郡当置于永阳县也。"此郡盖废于开皇初。

13. 平靖县(581—605)

《隋志》应山县下:"西魏又置平靖县,大业初省平靖县入焉。"

平靖郡 (581—582)——平靖县

《隋志》:"又有平靖郡,开皇初废。"《北周志》平靖郡领平靖1县。

以上所列,为安州安陆郡之政区沿革。其开皇三年前有3州、8郡、13县;大业三年改州为郡后,安陆郡共领8县。兹列表186如下。

表 186　安州安陆郡隋开皇元年、大业三年州郡县统辖关系表

开 皇 元 年									小计
州	安　州				温　州		应　州			3 州
郡	安陆郡	城阳郡	曲陵郡	澴岳郡	梁宁郡	富水郡	永阳郡	平靖郡	8 郡
县	安陆县 吉阳县	应城县 云梦县 浮城县	曲陵县	孝昌县 京池县	角陵县 盘陂县	富水县	永阳县	平靖县	13 县
小计	2 县	3 县	1 县	2 县	2 县	1 县	1 县	1 县	13 县
大 业 三 年									
郡	安陆郡								
县	安陆县、应阳县、云梦县、孝昌县、吉阳县、京山县、富水县、应山县								
小计	8 县								

第十二节　衡州永安郡政区沿革

(一八六) 衡州永安郡(581—582 衡州,583—606 黄州,607—617 永安郡)

开皇三年前领齐安 1 郡。

《隋志》:"后齐置衡州,陈废,后周又置,开皇五年改曰黄州。"又黄冈县下:"大业初置永安郡。"改黄州之年,此《隋志》在开皇五年,《元和志》云:"萧齐于此置齐安郡,隋开皇三年罢郡置黄州。"《寰宇记》亦云:"隋开皇三年罢衡州,以齐安郡为黄州。"今从《元和志》、《寰宇记》。

《北周志》衡州领齐安 1 郡。

1. 南安县(581—597 南安县,598—617 黄冈县)

《隋志》:"齐曰南安,开皇十八年改县曰黄冈。"《元和志》同。

齐安郡 (581—582)——南安县

《隋志》:"齐置齐安郡,开皇初郡废。"《北周志》齐安郡领南安 1 县。

2. 西阳县(581 582)

《宋志》西阳郡领西阳县,云本汉旧县。《水经·江水注》亦云:"江水又左经赤鼻山南,山临侧江川。又东经西阳郡南,郡治即西阳县也。"王仲荦《北周

志》据《吴□□妻桑胜鬘造像》"弥勒大像主轻车将军西阳县令□平太守吴□□,开皇二年十一月十四日",以为隋初仍有西阳县。《杨考》云:"当是开皇三年废郡时并废。"

巴州 (581—582)——西阳郡

《隋志》:"后齐置巴州,陈废,后周置曰弋州,统西阳、弋阳、边城三郡,开皇初州郡并废。"《杨考》、《北周志》均以为陈未废巴州,周亦未改为弋州,此《隋志》有误。《北周志》云:"《周书》卷8《静帝纪》:'大象二年六月己巳,诏南定、北光、衡、巴四州民为宇文亮抑为奴婢者,并免为民,复其本业。'按周大象二年之明年即隋开皇元年,是迄周末无改巴州为弋州事。"又云:"隋初任巴州刺史者见《隋书》卷65《周法尚传》:'高祖受禅,拜巴州刺史。'隋初尚曰巴州,则北周更无改巴州为弋州事矣。"又巴州所统西阳、弋阳、边城三郡,《杨考》以为弋阳郡已见于前定城县下,边城郡已见于前期思县下,均在光州西,只因西阳郡在黄冈,遂牵连书之,误也。王仲荦则以为弋阳、边城二郡是侨郡,但又云领县无考。今从《杨考》,此巴州只领西阳1郡。

西阳郡 (581—582)——西阳县

《隋志》:"后齐置巴州,统西阳郡,开皇初郡废。"《北周志》西阳郡领西阳1县。

3. 黄陂县(581—617)

《元和志》:"周大象元年改黄城镇为南司州,并置黄陂县。"《寰宇记》:"周大象元年开拓江淮,于古黄州西四十里独家村置黄陂县。"

黄州 (581—582)——安昌郡

《隋志》:"后齐置南司州,后周改曰黄州。"《舆地广记》:"开皇初移黄州治黄冈县。"按黄冈县本为衡州治,隋开皇三年移此黄州于黄冈后,彼衡州即废也。《北周志》黄州领安昌、汉阳2郡,然汉阳郡及其所领沔、湍2县,均不见于《隋志》、《元和志》及《纪要》,盖周末已废,今不列。

安昌郡 (581—582)——黄陂县

《隋志》:"又有安昌郡。"《陈书》卷5《宣帝纪》:"太建五年冬十月丙辰,诏以黄城为司州,治下为安昌郡。"《隋志》未云郡废于何时,当是开皇三年所废。《北周志》安昌郡领黄陂1县。

4. 梁安县(581—597 梁安县,598—617 木兰县)

《隋志》:"旧曰梁安,开皇十八年改县曰木兰。"

北江州 (581—582)——梁安郡、义阳郡、永安郡

《隋志》木兰县下:"梁置梁安郡,又有永安、义阳二郡,后齐置湘州,后改为

北江州,开皇初州、三郡相次并废。"钱大昕《廿二史考异》谓"后齐并省州郡,以北江州入湘州,又移北江之名于湘"。《北周志》云《地形志》北江州领六郡,中经北齐并省,至周世留义阳、梁安二郡,又以湘州之永安郡并入,故北江州领3郡。盖湘州、北江州后魏时本为二州,后经北齐、北周并省州郡,二州合一,领郡及州治皆有变化。

梁安郡 (581—582)——梁安县

《隋志》木兰县下:"梁置梁安郡,开皇初郡废。"《北周志》梁安郡领梁安1县。

5. 义阳县(581—582)

《地形志》:"义阳,北江州、义阳郡治。"《隋志》不载此义阳县,盖开皇初即与郡同废。

义阳郡 (581—582)——义阳县

《隋志》木兰县下:"又有义阳郡,开皇初郡废。"《南齐志》司州领南义阳郡,即此义阳郡。后梁置北江州,义阳郡、县又属北江州,后魏因之。《北周志》义阳郡领义阳1县。

6. 新城县(581—582)

《地形志》湘州永安郡领新城县。《隋志》不载此新城县,盖开皇初即与郡同废。

永安郡 (581—582)——新城县

《隋志》木兰县下:"又有永安郡,开皇初郡废。"《北周志》永安郡领新城1县。

7. 信安县(581—597 信安县,598—617 麻城县)

《隋志》:"麻城,梁置信安,开皇十八年县改名焉。"《元和志》同。

南定州 (581—582)——弋阳郡、建宁郡、阴平郡、定城郡

《隋志》:"陈置定州,后周改州曰亭州,开皇初州废。"王仲荦《北周志》云:"《周书》卷8《静帝纪》:'大象二年六月己巳,诏南定、北光、衡、巴四州民为宇文亮抑为奴婢者,并免为民,复其本业。'据此,周末尚曰南定州,未改称亭州也。"按后周已置亭州于资田郡盐水县(见亭州清江郡内),此不当再改置亭州,王说是。

《北周志》南定州领弋阳、建宁、阴平、定城4郡。

弋阳郡 (581—582)——信安县

《地形志》南定州治蒙笼城,又云弋阳郡为州治。《水经·江水注》:"举水出龟头山,西北流,经蒙笼戍南,梁定州治。"蒙笼戍即蒙龙城,《纪要》云"在麻城县北"。然则南定州领有弋阳郡,郡领有信安县也。《隋志》不载此郡,盖脱。按弋阳郡亦当废于开皇三年。《北周志》弋阳郡领信安1县。

8. 建宁县(581—582)

《宋志》西阳郡领有建宁县，云"孝武大明八年省建宁左郡为县，属西阳郡"。《南齐志》建宁左郡亦领有建宁县。《地形志》建宁县属南定州北建宁郡。《隋志》只载建宁郡，不载建宁县，盖开皇初即与郡同废。

建宁郡 (581—582)——建宁县

《隋志》麻城县下："又有建宁郡，开皇初郡废。"《北周志》建宁郡领建宁1县。

9. 阴平县(581—582)

《纪要》："梁时尝侨置阴平县于阴山下，在今麻城县东北六十三里。"《隋志》只载阴平郡，不载阴平县，盖隋初与郡同废。

阴平郡 (581—582)——阴平县

《隋志》麻城县下："又有阴平郡，开皇初郡废。"《北周志》阴平郡领阴平1县。

定城郡 (581—582)——?

《隋志》麻城县下："又有定城郡，开皇初郡废。"《北周志》云建置不详，领县无考。

10. 鹿城县(583—597)

《隋志》木兰县下："开皇初别置廉城县。"《杨考》云："按'廉'当是'鹿'之误。"《纪要》云"隋初别置鹿城县"，《杨考》是。此县之废，《纪要》云在开皇十八年改梁安为木兰县之前，今从之。

以上所列，为衡州永安郡之政区沿革。其开皇三年前有5州、10郡、9县；大业三年改州为郡后，永安郡共领4县。兹列表187如下。

表187 衡州永安郡隋开皇元年、大业三年州郡县统辖关系表

	开皇元年									小计
州	衡州	巴州	黄州	北江州			南定州			5州
郡	齐安郡	西阳郡	安昌郡	梁安郡	义阳郡	永安郡	弋阳郡	建宁郡	阴平郡	定城郡	10郡
县	南安县	西阳县	黄陂县	梁安县	义阳县	新城县	信安县	建宁县	阴平县		
小计	1县	1县	1县	1县	1县	1县	1县	1县	1县		9县

	大业三年
郡	永安郡
县	黄冈县、黄陂县、木兰县、麻城县
小计	4县

第十三节 申州义阳郡政区沿革

（一八七）申州义阳郡（581—605 申州，606 义州，607—617 义阳郡）

开皇三年前领义阳、宋安、齐安、淮安 4 郡。

《隋志》："齐置司州，梁曰北司州，后复曰司州，后魏改曰郢州，后周改曰申州。"又义阳县下："大业初置义阳郡。"《元和志》："宋元嘉末于此立司州，自后入后魏为郢州，入梁为司州，周武帝平齐改为申州，隋大业二年改为义州。"

《北周志》申州领义阳、宋安、齐安、淮安 4 郡。

1. 平阳县（581—582 平阳县，583—617 义阳县）

《隋志》："义阳，旧曰平阳，开皇初县改名焉。"《元和志》："义阳县，本汉平氏县义阳乡之地也。魏文帝分平氏立义阳县，江左省义阳县，地入平春县。晋孝武帝改平春曰平阳。隋开皇三年，改平阳为义阳县，属申州。"

义阳郡 （581—582）——平阳县、义阳县

《宋志》："义阳郡，魏文帝立，后省，晋武帝又立。"《地形志》南司州义阳郡领平阳、义阳 2 县。《纪要》云"后周改义阳郡曰宋安郡"，然《隋书》卷 1《高祖纪》云："周大象二年十二月甲子，以二十郡为隋国。"中有申州之义阳郡，则后周未改义阳郡为宋安郡也。《北周志》申州仍领义阳郡，郡领平阳、义阳 2 县。此郡当是废于开皇三年。

2. 义阳县（581—582）

《宋志》："义阳县，孝武孝建三年分平阳立。"《地形志》义阳郡领有义阳县。《隋书》卷 38《皇甫绩传》："宣政初，封义阳县男。"宣政为周武帝年号，则北周亦有义阳县。《隋志》不载此县，盖开皇初已与郡同废。

3. 乐宁县（581—588）

《地形志》宋安郡领有乐宁县。《纪要》："宋安城在应山县东北。后魏南司州有宋安郡，治乐宁县。武阳关在其境，兼领东随县。隋开皇九年改东随曰礼山，寻以乐宁县省入。"

宋安郡 （581—582）——乐宁县、东随县

《隋志》义阳县下："旧置宋安郡，开皇初郡废。"《地形志》南司州领宋安郡，云"刘彧置，魏因之"。郡领乐宁、东随 2 县。《北周志》宋安郡仍领乐宁、东随 2 县。

4. 东随县（581—588 东随县，589—617 礼山县）

《隋志》："礼山，旧曰东随，开皇九年改焉。"

5. 齐安县(581—582 齐安县,583—617 钟山县)

《隋志》:"旧曰鄳,后齐改曰齐安,仍置郡,开皇初郡废,县改曰钟山。"按《元和志》、《寰宇记》皆云开皇四年改为钟山县,依《隋志》所云,改县时间是在废郡之年,则应以开皇三年为是。

齐安郡 (581—582)——齐安县、高安县

《隋志》:"后齐改曰齐安,仍置郡,开皇初郡废。"《北周志》齐安郡领齐安、高安2县。

6. 高安县(581—582 高安县,596—617 罗山县)

《隋志》:"后齐置,曰高安,开皇初废。十六年置,曰罗山。"《元和志》:"开皇十六年析钟山置罗山县,属申州。"

7. 慕化县(581—605 慕化县,606—617 淮源县)

《隋志》:"淮源,后齐置曰慕化,大业初县改名焉。"

淮安郡 (581—582)——慕化县

《隋志》:"后齐置淮安郡,开皇初郡废。"《北周志》淮安郡领慕化1县。

以上所列,为申州义阳郡之政区沿革。其开皇三年前有1州、4郡、7县;大业三年改州为郡后,义阳郡共领5县。兹列表188如下。

表188 申州义阳郡隋开皇元年、大业三年州郡县统辖关系表

开 皇 元 年					小计	大 业 三 年	
州	申 州				1州	郡	义阳郡
郡	义阳郡	宋安郡	齐安郡	淮安郡	4郡	县	义阳县、礼山县、钟山县、罗山县、淮源县
县	平阳县 义阳县	乐宁县 东随县	齐安县 高安县	慕化县			
小计	2县	2县	2县	1县	7县	小计	5县

第十四节 江州九江郡政区沿革

(一八八)江州九江郡(581—606 江州,607—617 九江郡)

开皇九年前领豫章、庐陵、南康、巴山、豫宁、临川、安成、寻阳、太原、鄱阳10郡。

《隋志》:"旧置江州。"又湓城县下:"大业初置郡。"《元和志》:"晋太康十年

置江州,因江水以为名。隋大业三年,罢江州为九江郡。"

《补陈志》江州领豫章、庐陵、南康、巴山、豫宁、临川、安成、寻阳、太原、广丰、安乐11郡,其中广丰、安乐二郡不见于《隋志》、《元和志》等,所领县分别见之于巴山郡及安成郡内,盖陈时已废,今不列。又有鄱阳郡,据《元和志》等,亦应属江州,《补陈志》误隶吴州,则此江州在隋平陈前当领十郡。豫章、豫宁二郡,见洪州豫章郡内;庐陵、安成二郡,见吉州庐陵郡内;临川、巴山二郡,见抚州临川郡内;南康郡,见虔州南康郡内;鄱阳郡,见饶州鄱阳郡内。

1. 柴桑县(581—588 柴桑县,589—597 寻阳县,598—605 彭蠡县,606—617 湓城县)

《隋志》:"湓城,旧曰柴桑,梁又立汝南县,平陈,又废汝南、柴桑二县立寻阳县,十八年改曰彭蠡,大业初县改名焉。"《元和志》:"大业二年改为湓城县。"

寻阳郡 (581—588)——柴桑县、汝南县

《隋志》:"旧置寻阳郡,平陈,郡废。"《补陈志》寻阳郡领柴桑、汝南、上甲、龙城4县。上甲县不见于《隋志》、《元和志》及《纪要》等书,今不列。龙城县,当属太原郡,见彭泽县下。

2. 汝南县(581—588)

《隋志》湓城县下:"梁又立汝南县,平陈,废汝南、柴桑二县立寻阳县。"

3. 彭泽县(581—588 彭泽县,589—597 龙城县,598—617 彭泽县)

《隋志》:"彭泽,梁置太原郡,领彭泽、晋阳、和城、天水。平陈,郡县并废,置龙城县,开皇十八年改名焉。"据《纪要》所载,汉彭泽县治在湖口县东三十里,陈移治彭泽县西二十里改为龙城县,至开皇中再改为彭泽县,又移回旧治。湖口本亦汉彭泽县地,至南唐时方立为县,是彭泽县之移徙原在本县之境内。

太原郡 (581—588)——彭泽县、晋阳县、和城县、天水县、西水县

《隋志》:"梁置太原郡,平陈,郡废。"《补陈志》太原郡领彭泽、晋阳、和城、天水4县。又《纪要》云"彭泽县东又有西水废县,亦梁置,隋废",此县亦当属太原郡。

4. 晋阳县(581—588)

《隋志》:"梁置太原郡,领晋阳县,平陈,郡县并废。"《寰宇记》引《舆地志》:"晋阳,梁武帝立,属太原郡。隋平陈,并入彭泽县。"

5. 和城县(581—588)

《隋志》:"梁置太原郡,领和城县,平陈,郡县并废。"《纪要》:"和城废县在彭泽县东北二百二十里,梁置,属太原郡。"

6. 天水县(581—588)

《隋志》:"梁置太原郡,领天水县,平陈,郡县并废。"《纪要》:"天水废县在彭泽县东五十里,梁置,属太原郡。"

7. 西水县(581—588)

《纪要》:"彭泽县东又有西水废县,亦梁置,隋废。"盖废于平陈之后。

以上所列,为江州九江郡之政区沿革。其开皇九年前有1州、2郡、7县;大业三年改州为郡后,九江郡共领2县。兹列表189如下。

表189 江州九江郡隋开皇元年、大业三年州郡县统辖关系表

	开 皇 元 年		小计		大 业 三 年
州	江 州		1州	郡	九江郡
郡	寻阳郡	太原郡	2郡	县	湓城县、彭泽县
县	柴桑县、汝南县	彭泽县、晋阳县、和城县、天水县、西水县			
小计	2县	5县	7县	小计	2县

第十五节 鄂州江夏郡政区沿革

(一八九)鄂州江夏郡(581—588鄂州,589—606鄂州,607—617江夏郡)

开皇九年前领江夏、武昌、上隽3郡。

《隋志》:"旧置郢州,梁分置北新州,寻又分北新州立土、富、洄、泉、豪五州。平陈,改置鄂州。"又江夏县下:"大业初复置江夏郡。"《元和志》:"宋孝武帝以方镇太重,分荆、湘、江三州之八郡为郢州,以分上流之势。隋平陈,改郢州为鄂州。"《寰宇记》:"炀帝初废州为江夏郡。"

关于北新州及后来所分之土、富、洄、泉、豪五州,《杨考》云:"梁立新州在京山,而江夏郡在南,安得有北新之名?考之史传地志,并不在此。唯《寰宇记》有之,盖因此志误也。"杨说是。北新州,《隋志》竟陵郡长寿县下有云:"梁置北新州及梁宁等八郡,后周保定中州及八郡废入焉。"《杨考》云:"梁之北新州实置于此,以元树曾以新阳置新州,故此加'北'也。"据此,则此江夏郡下之

北新州云云，实误。

《补陈志》郢州共领8郡，即竟陵、西阳、齐安、齐兴、江夏、武昌、上隽、竟陵侨郡。后有部分土地为后周所有，在江南地区只剩江夏、武昌、上隽及竟陵侨郡。竟陵郡，见郢州竟陵郡内；西阳、齐安二郡，见衡州永安郡内；齐兴郡，没入后周后已废，见郢州竟陵郡汉东县下。竟陵侨郡，《隋志》不载，盖陈后期已废。

1. 汝南县(581—589 汝南县，590—617 江夏县)

《元和志》："东晋以汝南流人侨立汝南郡，后改为汝南县，隋开皇九年改为江夏县，属鄂州。"《寰宇记》："隋平陈后，以江夏郡为县，居旧汝南县界，开皇十年使人韦焜就州东南焦楼度下置。"从《寰宇记》。

江夏郡 (581—588)——汝南县、永兴县

《隋志》："旧置江夏郡，平陈，郡废。"《补陈志》江夏郡领汝南、永兴、濦阳3县。按濦阳县在长江以北，后没于北周，县废，故隋平陈时江夏郡只领2县。

2. 永兴县(581—590)

《隋志》："开皇十一年废永兴县入。"开皇十八年又改富川为永兴，则是复永兴旧名。

3. 武昌县(581—617)

《元和志》："旧名鄂，汉以为县，属江夏郡。吴大帝改为武昌。"《三国志》卷47《吴志》："魏黄初二年，孙权自公安都鄂，改名武昌，立武昌郡。"

武昌郡 (581—588)——武昌县、鄂县、阳新县、安昌县、奉新县、西陵县

《隋志》："旧置武昌郡，平陈，郡废。"《补陈志》武昌郡领武昌、鄂、阳新3县。又据《寰宇记》及《舆地广记》等书记载，有安昌、奉新、西陵3县，地近永兴县，陈时亦当属武昌郡。

4. 鄂县(581—588)

《宋志》鄂县下云："吴改鄂为武昌，晋武帝太康元年复立鄂县，而武昌如故。"《隋志》："平陈，废鄂县入武昌。"

5. 阳新县(581—588 阳新县，589—597 富川县，598—617 永兴县)

《隋志》："陈曰阳新，平陈，改曰富川，开皇十一年废永兴县入，十八年改名焉。"《元和志》："吴大帝分鄂县置阳新县，隋开皇九年改为富川，十八年改为永兴。"

6. 安昌县(581—588)

《寰宇记》："故安昌县在今永兴县西北九十里平川，虽有县名，今无基址。

梁普通七年置,隋开皇九年废,并入富川县。"《纪要》:"安昌废县,梁置,隋平陈废。"

7. 奉新县(581—588)

《寰宇记》:"故奉新县在今永兴县西南一百八十三里,吴立,隋开皇九年废入富川县。"《纪要》:"吴置奉新县,平陈废。"

8. 西陵县(581—588)

《舆地广记》:"故西陵县,隋省入武昌。"《杨考》:"在江北者,汉以后之西陵也;在江南者,梁、陈之西陵也。"此省入武昌之西陵为江南之西陵。

9. 蒲圻县(581—617)

《元和志》:"蒲圻县,吴大帝置,因蒲圻湖为名。本属长沙郡,隋割属鄂州。"《纪要》:"孙吴赤乌九年始置蒲圻县,以湖畔多蒲,故名。晋属长沙郡,刘宋元嘉中改属巴陵郡,孝建初改属江夏郡,梁属上隽郡,隋属鄂州。"

上隽郡(581—588)——蒲圻县、沙阳县、乐化县、下隽县

《隋志》:"梁置上隽郡,平陈,郡废。"《补陈志》上隽郡领蒲圻、沙阳、乐化、下隽4县。

10. 沙阳县(581—588)

《隋志》蒲圻县下:"又有沙阳县。"《寰宇记》:"隋开皇九年省上隽郡,废沙阳入蒲圻。"

11. 乐化县(581—591)

《寰宇记》:"梁大同五年于巴陵郡下隽县立乐化县,还属上隽郡。"又云:"开皇元年使人韦焜又立乐化县,开皇十二年使人牛强又省乐化县入蒲圻。"《杨考》:"梁置旋废,隋初复置,后入蒲圻也。"

12. 下隽县(581—588)

《寰宇记》:"下隽县,汉属长沙国。梁大同五年于下隽县置上隽郡,隋开皇九年省下隽县入蒲圻。"

13. 城塘县(598—612)

《寰宇记》武昌县下:"废城塘县在鄂州西北一百三十里。隋开皇末县令羲士暄置,西有小城塘,以为名,大业九年废。"按"隋开皇末",《寰宇记》原作"隋末",有脱误。"隋末"一般指大业十三年,而下文云"大业九年废",是置县不可能在隋末,当是"隋开皇末"之误。据《隋志》例,开皇末盖指开皇十八年。

以上所列,为鄂州江夏郡之政区沿革。其开皇九年前有1州、3郡、12县,大业三年改州为郡后,江夏郡共领5县。兹列表190如下。

表 190　郢州江夏郡隋开皇元年、大业三年州郡县统辖关系表

开 皇 元 年				小计	大 业 三 年	
州	郢 州			1 州	郡	江夏郡
郡	江夏郡	武昌郡	上隽郡	3 郡	县	江夏县、武昌县、永兴县、蒲圻县、城塘县
县	汝南县 永兴县	武昌县、鄂县、阳新县、安昌县、奉新县、西陵县	蒲圻县、沙阳县、乐化县、下隽县			
小计	2 县	6 县	4 县	12 县	小计	5 县

第十六节　澧州澧阳郡政区沿革

（一九〇）澧州澧阳郡（589—606 澧州，607—617 澧阳郡）

《隋志》："平陈，置松州，寻改为澧州。"又澧阳县下："大业初置郡。"《纪胜》引《元和志》云："隋开皇九年平陈，置松州，寻改为澧州。以州在澧水之北，故以为名。"按隋开皇九年已在宜昌置松州，此又置松州，重名，故当年即改此松州为澧州。

《补陈志》无澧州，此地原有之天门、义阳二郡属武州。

1. 澧阳县（581—617）

《隋志》："澧阳，平陈，置县。"据《宋志》，澧阳本晋县，太康四年立。《水经·澧水注》亦云"澧阳，天门郡治也"，则此县非隋新置。《杨考》云："按澧阳本晋置，在今石门县，隋徙置于此。"然则《隋志》所云"平陈置县"者，盖谓迁澧阳于新地。

天门郡 （581—588）——澧阳县、临澧县、娄中县

《隋志》石门县下："旧置天门郡，平陈，郡废。"《补陈志》误天门郡为石门郡，郡领零阳、娄中、石门 3 县。按零阳本汉县，《杨考》云："汉零阳县在今慈利县东，宋、齐志犹有之，此《隋志》不言，当是梁、陈已废。"故隋初之天门郡不当领零阳县。石门县，《旧唐志》、《寰宇记》、《纪要》等均云隋平陈后废天门郡为石门县，则开皇九年前亦无石门县。而澧阳、临澧二县，《宋志》、《南齐志》以及《寰宇记》、《纪要》等书皆云属天门郡，《补陈志》无，盖脱。今补。故隋初天门郡应领有澧阳、临澧、娄中 3 县。

2. 临澧县（581—588）

《宋志》、《南齐志》天门郡均领临澧县。《寰宇记》云："本汉充县地，属武陵

郡。晋省充县,立临澧县。《太康地志》云临澧属天门郡。《纪要》:"临澧县,汉充县地,晋太康四年置,属天门郡,宋、齐以后因之,隋废。"此县当是废于隋平陈之后。

3. 溇中县(581—588)

《宋志》《南齐志》天门郡皆领有溇中县,《水经·江水注》亦云"乌飞水出天门郡溇中县界",则自晋至梁有溇中县至确。《纪要》云:"三国吴置溇中县,晋因之,属天门郡,齐、梁亦属天门郡,隋废。"此县亦是废于隋平陈之后。

4. 作唐县(581—588 作唐县,589—617 孱陵县)

《隋志》:"旧曰作唐,置南平郡。平陈,郡废,县改名焉。"南平郡,见荆州南郡内。

5. 安乡县(581—617)

《纪要》:"梁置安乡县,为义阳郡治。隋平陈郡废,县属澧州。"

义阳郡 (581—588)——安乡县

《隋志》:"旧置义阳郡,平陈,郡废。"《补陈志》义阳郡领厥西、平氏 2 县。钱大昕《廿二史考异》以为领厥西、平氏二县之义阳郡在唐城县,非此地。《杨考》以为此安乡之义阳乃晋末侨立,今从之。

6. 崇义县(589—617)

《隋志》:"崇义,开皇中置县,名焉。"此置始置年代不明,诸书皆云"开皇中置"。按《隋志》慈利县亦云"开皇中置",而《纪要》云开皇九年置慈利县,则此崇义亦当是开皇九年置。

衡州 (589—597 衡州,598—605 崇州)——崇义县、零陵县

《隋志》:"后周置衡州,开皇十八年改州曰崇州,大业初州废。"《北周志》无此衡州,另有一衡州,治所在今湖北黄冈,见衡州永安郡内。然《北周志》又附有北周、后梁曾略取之江南州郡,中有治于崇义之衡州,即此衡州。但北周、后梁所略取之州郡,据《陈书》卷 3《世祖纪》,至天嘉二年又全被陈所收复,而陈并未在此再设衡州。陈天嘉二年为公元 561 年,距隋平陈之 589 年有二十八年之久,故隋平陈之前此地并无衡州之设。当是隋平陈之后,又复以前所设之衡州,开皇十八年再改为崇州,大业初废州也。《纪要》慈利县下亦云"开皇九年置零陵县,属崇州",则此州当领有崇义、零陵(即慈利)2 县。

7. 零陵县(589—597 零陵县,598—617 慈利县)

《隋志》:"慈利,开皇中置,曰零陵,十八年改名焉。"《纪要》:"隋开皇九年置零陵县,属崇州,十八年改曰慈利,大业初州废,县属澧阳郡。"

8. 石门县(589—617)

《旧唐志》:"石门县,吴分零阳县于此置天门郡。隋平陈,废天门郡,以废郡为石门县。"《寰宇记》:"隋废天门郡为石门县。"

以上所列,为澧州澧阳郡之政区沿革。开皇九年前,此地未设州,平陈后始置松州,寻改为澧州;大业三年改州为郡后,澧阳郡共领6县。兹列表191如下。

表 191　澧州澧阳郡隋开皇元年、大业三年州郡县统辖关系表

	开　皇　元　年			小计	大　业　三　年	
州	（武　州）		（南荆州）		郡	澧阳郡
郡	天门郡	义阳郡	（南平郡）	2郡	县	澧阳县、屠陵县、安乡县、崇义县、慈利县、石门县
县	澧阳县、临澧县、溇中县	安乡县	作唐县			
小计	3县	1县	1县	5县	小计	6县

第十七节　巴州巴陵郡政区沿革

(一九一) 巴州巴陵郡 (581—588 巴州,589—604 岳州,605—606 罗州,607—617 巴陵郡)

开皇九年前领巴陵1郡。

《隋志》:"梁置巴州,平陈,改曰岳州,大业初改曰罗州。"又巴陵县下:"大业初复置巴陵郡。"《元和志》:"梁元帝改巴陵郡为巴州,隋开皇九年改为岳州,大业三年为罗州。"宋本《寰宇记》:"梁元帝都荆,别立巴州,领巴陵郡。至隋平陈,废郡,改巴州为岳州,炀帝元年改为罗州,三年又改为巴陵郡。"《杨考》以为改罗州当在元年,三年为罢州置郡之年。今从《寰宇记》,定改罗州为大业元年。

《补陈志》巴州领巴陵、监利2郡。按监利地在江北,后为北周所有,郡属荆州,此不再列。监利郡及领县,分见于复州沔阳郡、荆州南郡内。

1. 巴陵县 (581—617)

《元和志》:"吴初于巴丘置大屯戍,后改为巴陵县。"《旧唐志》:"吴置巴陵县。"《纪要》:"宋属巴陵郡,自是以后州郡皆治此。"

巴陵郡 (581—588)——巴陵县

《隋志》:"旧置巴陵郡,平陈,郡废。"《补陈志》巴陵郡领巴陵1县。

2. 安南县 (581—597 安南县,598—617 华容县)

《隋志》:"华容,旧曰安南,开皇十八年县改名焉。"《元和志》:"吴分置安南县,隋平陈,以县属岳州,开皇十八年改为华容县。"《纪要》:"晋初分置安南县,

属南平郡。"《补陈志》亦以安南县属荆州南平郡。

3. 药山县(581—588 药山县,589—597 安乐县,598—617 沅江县)

《隋志》:"梁置,曰药山,平陈,县改曰安乐,十八年改曰沅江。"

药山郡 (581—588)——药山县、重华县

《隋志》沅江县下:"梁置,曰药山,仍置郡药山郡,平陈,郡废。"《补陈志》药山郡属沅州,领药山、重华2县。按沅州当作武州。《杨考》云:"陈太建七年当是并沅州入武州,而误为改武州为沅州。"故此药山郡陈末、隋初应属武州。武州,见武州武陵郡内。

4. 重华县(581—588)

《元和志》:"梁元帝置重华县,隋平陈改为安乐县,开皇末又改为沅江县。"《杨考》:"当是梁时并置药山、重华二县,至隋并作一县,改名安乐也。"《纪要》:"梁置重华县,属药山郡,隋废。"

5. 湘阴县(581—588)

《元和志》:"宋元徽二年分益阳、罗、湘西三县为湘阴县。"《隋志》:"平陈,废湘阴入岳阳县。"

玉州 (589—591)——湘阴县、罗县

《隋志》湘阴县下:"平陈,置玉州,十二年废玉州。"按《纪要》云罗县"隋初属玉州",则此玉州当领湘阴、罗2县。

岳阳郡 (581—588)——湘阴县、岳阳县、玉山县、罗县、吴昌县、湘滨县

《隋志》湘阴县下:"梁置岳阳郡,平陈,废郡。"《补陈志》岳阳郡属湘州,领湘阴、岳阳、玉山、罗、吴昌、湘滨6县。湘州,见湘州长沙郡内。

6. 岳阳县(581—588 岳阳县,589—617 湘阴县)

《纪要》:"梁置岳阳县,属岳阳郡。"《隋志》:"平陈,废湘阴县入岳阳县,寻改岳阳为湘阴。"

7. 玉山县(581—588)

《隋志》湘阴县下:"平陈,废玉山县入焉。"《纪要》:"玉山,梁置,属岳阳郡,陈因之,隋省入湘阴。"

8. 罗县(581—617)

《元和志》:"秦为罗县。"《汉志》罗县属长沙国。《纪要》:"春秋时罗国地,秦置罗县,汉晋皆属长沙郡,宋齐因之。梁置罗州,陈罢为罗郡,属南荆州,郡寻罢。隋初属玉州,寻属岳州,大业中属巴陵郡。"

9. 吴昌县(581—588)

《隋志》罗县下:"开皇九年废吴昌县入。"《宋志》:"后汉置曰汉昌,吴改为

吴昌。"《纪要》:"吴昌,梁属岳阳郡,隋属岳州。"

10. 湘滨县(581—588)

《隋志》罗县下:"开皇九年废湘滨县入。"《纪要》:"湘滨,梁置,属岳阳郡,陈因之,隋开皇九年省入罗县。"

以上所列,为巴州巴陵郡之政区沿革。其开皇九年前有1州、3郡、10县;大业三年改州为郡后,巴陵郡共领5县。兹列表192如下。

表192　巴州巴陵郡隋开皇元年、大业三年州郡县统辖关系表

	开　皇　元　年				小计		大　业　三　年
州	巴　州	(荆　州)	(武　州)	(湘　州)	1州	郡	巴陵郡
郡	巴陵郡	(南平郡)	药山郡	岳阳郡	3郡	县	巴陵县、华容县、沅江县、湘阴县、罗县
县	巴陵县	安南县	药山县 重华县	湘阴县、岳阳县 玉山县、罗县 吴昌县、湘滨县			
小计	1县	1县	2县	6县	10县	小计	5县

第十八节　湘州长沙郡政区沿革

(一九二) 湘州长沙郡(581—588湘州,589—606潭州,607—617长沙郡)

开皇九年前领长沙、衡阳、邵陵、岳阳、湘东、零陵、永阳、临贺、绥越、乐梁10郡。

《隋志》:"旧置湘州,平陈,置潭州总管府。"《元和志》:"晋怀帝分荆州湘中诸郡为湘州,南以五岭为界,北以洞庭为界。隋开皇九年平陈,改为潭州,取昭潭为名也。大业三年罢州为长沙郡。"

《补陈志》湘州领长沙、衡阳、邵陵、岳阳、湘东、零陵、永阳、临贺、绥梁10郡。岳阳郡,见巴州巴陵郡内;湘东郡,见衡州衡山郡内;零陵、永阳、临贺三郡,见永州零陵郡内;绥越、乐梁二郡,见桂州始安郡内。

1. 临湘县(581—588临湘县,589—617长沙县)

《隋志》:"旧曰临湘,置长沙郡,平陈,郡废,县改名焉。"《元和志》:"本汉临湘县,属长沙国。隋改为长沙县,属潭州。"

长沙郡 (581—588)——临湘县、醴陵县、浏阳县、建宁县

《隋志》:"旧置长沙郡,平陈,郡废。"《补陈志》云长沙郡领临湘、醴陵、浏

阳、建宁、南江5县。建宁县,见衡州衡山郡内。按南江非县名,是赣江之别名。《纪要》云:"赣水亦曰南江,以其自南而北,通谓之南江。"《补陈志》云:"《陈书》卷13《周敷传》:'南江酋帅并顾恋巢窟,私署令长,不受召……唯敷独先入朝。'"以为陈有南江县,并以之隶属长沙郡,实为大谬。据《陈书·周敷传》,陈敷为临川人,梁时镇临川故郡;陈霸先为帝后,因熊昙朗杀周文育,据豫章,并率兵万余人袭周敷,敷大败之,遂授平西将军、豫章太守。观其活动范围,未出今江西南昌(故豫章地区)、临川二地,何得以南江隶长沙郡?又遍查诸书,并无陈立南江县之事。《补陈志》云:"陈于新吴立。"新吴县,《宋志》云:"汉灵帝中平中立",属豫章郡。故即使陈立南江县,亦当属豫章郡,而不会属长沙郡。究其致误之由,盖梁时曾于新吴县立南江州,而《陈书·周敷传》又有"南江酋帅"云云,故以南江为县名。《纪要》奉新县新吴城下云:"后汉灵帝时置新吴县。陈初豫章太守余孝顷别立城栅于新吴,与江州刺史侯瑱相距。瑱遣其从弟奫守豫章,悉众攻孝顷不能克,梁因授孝顷为南江州刺史,寻废州,隋并废新吴县。"由此可见,自梁至陈,新吴并无立南江县之事。《陈书·周敷传》所云"南江酋帅",盖指赣江流域之酋帅,非指南江县。

2. 醴陵县(581—588)

《元和志》:"后汉置此县,属长沙郡。隋平陈,省入长沙。"

3. 浏阳县(581—588)

《元和志》:"吴置浏阳,因县南浏阳水为名。隋平陈废。"

4. 湘西县(581—588 湘西县,589—617 衡山县)

《水经·湘水注》:"湘西县,分湘南置也,衡阳郡治。魏正元二年,吴孙亮分长沙西部立治,湘南太守何承天徙郡湘西矣。"《寰宇记》亦云:"废湘西县在今潭州西,宋、齐并为衡阳郡治。"《隋志》衡山县下又云:"平陈,并湘西县入。"《杨考》云:"《隋志》之衡山本晋、宋之湘西,隋改湘西为衡山。"因湘西本为衡山郡治,而湘西后又并入平陈后新立之衡山,故其衡山县下直云"旧置衡阳郡"。

衡阳郡 (581—588)——湘西县、衡山县、湘乡县、益阳县、新康县、重安县

《隋志》:"旧置衡阳郡,平陈,郡废。"《补陈志》衡阳郡领湘西、衡山、湘乡、益阳、新康、重安6县。重安县,见衡州衡山郡内。

5. 衡山县(581—588)

《宋志》:"衡山,吴立,曰衡阳,晋惠帝改衡山。"《隋志》衡山县下:"平陈,衡山县入焉。"隋平陈,改湘西县为衡山县,又并此旧衡山县入新衡山县也。

6. 湘乡县(581—588)

《隋志》衡山县下:"平陈,并湘乡县入焉。"《元和志》:"湘乡县,后汉立为

县,属零陵郡,自吴至陈并属衡阳郡,隋省入衡山县。"

7. 益阳县(581—617)

《元和志》:"益阳县,本汉旧县,属长沙国。在益水之阳,因名。隋平陈,属潭州。"《纪要》:"益阳,秦县,汉属长沙国,三国吴属衡阳郡,晋以后因之,隋属潭州。"

8. 新康县(581—588)

《隋志》益阳县下:"平陈,并新康县入焉。"《宋志》:"新康,吴曰新阳,晋太康元年改。"

9. 邵陵县(581—588 邵陵县,589—617 邵阳县)

《宋志》有邵陵县,为邵陵郡治。《纪要》:"隋废邵阳入邵陵,因改邵陵曰邵阳。"盖平陈后废、改。

建州 (590)——邵阳县

宋本《寰宇记》:"隋开皇十年尝于邵阳县立建州,十一年废。"《纪要》:"建州城,邵陵郡旧治此,隋为建州治。"据诸书所记,未见此建州领有他县,则此州只领邵阳1县。

邵陵郡 (581—588)——邵陵县、邵阳县、扶夷县、都梁县、高平县、武强县、建兴县

《隋志》:"旧置邵陵郡,平陈,郡废。"《宋志》:"邵陵郡,吴宝鼎元年立。"《补陈志》邵陵郡领邵陵、邵阳、扶夷、都梁、高平、武强 6 县。又有建兴县,据《宋志》、《纪要》等书,该县亦属邵陵郡,至隋始废,《补陈志》脱,今补。故隋初邵陵郡应领 7 县。

10. 邵阳县(581—588)

《宋志》邵陵郡领有邵阳县。《纪要》:"隋废邵阳入邵陵县。"盖平陈后废。

11. 扶夷县(581—588)

《隋志》邵阳县下:"平陈,并扶夷县入焉。"《宋志》:"扶县,汉旧县,至晋曰夫夷。汉属零陵,晋属邵陵。按今云扶者,疑是避桓温讳去'夷','夫'不可为县名,故为'扶'云。"《杨考》:"此云扶夷,或齐后复改。"

12. 都梁县(581—588)

《隋志》邵阳县下:"平陈,并都梁县入焉。"《宋志》、《南齐志》都梁县并属邵陵郡。

13. 高平县(581—588)

《宋志》邵陵郡领有高平县。《寰宇记》:"古高平县城在邵阳县北七十里,隋开皇九年以其地并入邵阳县。"

14. 武强县(581—588)

《元和志》:"本汉都梁县地,属零陵郡。吴宝鼎元年改为武冈县;一云晋武帝分都梁县置。梁天监元年,以太子讳纲,故为武强。"《纪要》:"汉都梁县地,晋太康初析置武冈县,属邵陵郡。宋齐以后因之。隋省入邵阳县。"当是平陈后废入邵阳县。

15. 建兴县(581—588)

《宋志》邵陵郡领有建兴县,云"晋武帝分邵陵立"。《南齐志》邵陵郡亦领建兴县。《水经·资水注》"资水径建兴县南",则梁时仍有此县也。《纪要》云:"晋太康初置县,属邵陵郡,宋齐因之,隋废。"盖废于平陈之后也。

以上所列,为湘州长沙郡之政区沿革。其开皇九年前有1州、3郡、15县;大业三年改州为郡后,长沙郡共领4县。兹列表193如下。

表193 湘州长沙郡隋开皇元年、大业三年州郡县统辖关系表

	开 皇 元 年			小计		大 业 三 年
州	湘 州			1州	郡	长沙郡
郡	长沙郡	衡阳郡	邵陵郡	3郡	县	长沙县、衡山县 益阳县、邵阳县
县	临湘县 醴陵县 浏阳县	湘西县、衡山县 湘乡县、益阳县 新康县	邵陵县、邵阳县 扶夷县、都梁县 高平县、武强县 建兴县			
小计	3县	5县	7县	15县	小计	4县

第十九节 衡州衡山郡政区沿革

(一九三) 衡州衡山郡(589—606 衡州,607—617 衡山郡)

《隋志》:"平陈,置衡州。"《元和志》:"吴分长沙之东部为湘东郡,隋开皇九年罢郡为衡州,以衡山为名。"宋本《寰宇记》:"大业三年废州为衡山郡。"

1. 临烝县(581—588 临烝县,589—617 衡阳县)

《旧唐志》:"衡阳,汉烝阳县,属长沙国。吴分烝阳立临烝县,隋改临烝为衡阳县。"《纪要》:"汉承阳、酃二县地,属长沙国。吴析二县地置临烝县,属衡阳郡。晋属湘东郡,宋齐因之,为湘东郡治。隋废郡,改县曰衡阳。"

湘东郡(581—588)——临烝县、新城县、沫阳县、湘潭县、茶陵县、攸水

县、阴山县、新宁县

《隋志》:"旧置湘东郡,平陈,郡废。"《补陈志》湘东郡领临蒸、新城、沫阳、湘潭、茶陵、攸水、阴山、新宁 8 县。

2. 新城县(581—588)

《纪要》:"新城县,陈析临烝县置,隋省入衡阳县。"《隋志》衡阳县下:"平陈,省新城县入焉。"

3. 沫阳县(581—588 沫阳县,589—617 沫阴县)

《隋志》:"沫阴,旧曰沫阳,平陈,改名焉。"《元和志》:"耒阳县,本秦县,因耒水为名。隋改为耒阴。"

4. 湘潭县(581—617)

《元和志》:"梁武帝天监中分阴山立湘潭县。"

5. 茶陵县(581—588)

《隋志》湘潭县下:"平陈,废茶陵县入。"茶陵本汉县,《汉志》作"荼陵",属长沙国。

6. 攸水县(581—588)

此本汉攸县。《纪要》云:"攸县,汉县,属长沙国,以水为名。后汉属长沙郡,晋梁因之。萧齐改属湘东郡,梁仍旧,陈改为攸水县。隋省入湘潭县。"《隋志》湘潭县下云:"平陈,省攸水县入焉。"

7. 阴山县(581—588)

《宋志》湘东郡领有阴山县,云"阴山乃是汉旧县,而属桂阳郡。吴湘东郡有此阴山县,疑是吴所立。"《纪要》:"阴山,汉置县,属桂阳郡;三国吴改置于此,属湘东郡。晋宋以后因之,隋省入湘潭县。"《隋志》湘潭县下:"平陈,省阴山县入焉。"

8. 新宁县(581—617)

《纪要》:"汉耒阳县地,三国吴析置新宁县,属湘东郡,晋及宋齐皆因之,梁改曰常宁,陈复旧,隋属衡州。"

9. 重安县(581—588)

《隋志》衡阳县下:"平陈,省重安县入焉。"《纪要》:"汉置钟武县,属零陵郡,后汉永建三年改为重安县,三国吴属衡阳郡,晋宋以后因之,隋省入衡阳县。"

10. 建宁县(581—588)

《隋志》湘潭县下:"平陈,废建宁县入焉。"《纪要》:"三国吴分醴陵置建宁县,属长沙郡,自晋至陈因之,隋省入湘潭。"

以上所列,为衡州衡山郡之政区沿革。开皇九年前此地未设州,有湘东 1

郡及其领县,开皇九年始置衡州;大业三年改州为郡后,衡山郡共领4县。兹列表194如下。

表194　衡州衡山郡隋开皇元年、大业三年州郡县统辖关系表

	开　皇　元　年			小计		大业三年
州	（湘　州）				郡	衡山郡
郡	湘东郡	（衡阳郡）	（长沙郡）	1郡		
县	临蒸县、新城县、沫阳县、湘潭县、茶陵县、攸水县、阴山县、新宁县	重安县	建宁县		县	衡阳县、沫阴县、湘潭县、新宁县
小计	8县	1县	1县	10县	小计	4县

第二十节　郴州桂阳郡政区沿革

（一九四）郴州桂阳郡(589—606 郴州,607—617 桂阳郡)

《隋志》:"平陈,置郴州。"又郴县下:"旧置桂阳郡,平陈,郡废,大业初复置。"《元和志》:"汉分长沙南境立桂阳郡,理郴县。隋平陈改为郴州,大业中复为桂阳郡。"《补陈志》桂阳郡属西衡州。

1. 郴县(581—617)

《元和志》:"郴县,本汉旧县,项羽徙义帝之所都也。历代属桂阳郡,隋属郴州。"

桂阳郡(581—588)——郴县、便县、晋宁县、临武县、南平县

《隋志》:"旧置桂阳郡,平陈,郡废。"《补陈志》桂阳郡属西衡州,领郴、便、晋宁、临武、南平5县。

2. 便县(581—588)

《元和志》:"汉便县,属零陵郡。晋初省,陈复置。隋平陈,复废,以地入郴县。"

3. 晋宁县(581—588 晋宁县,591—617 晋兴县)

《元和志》:"后汉置汉宁县,吴改曰阳安,晋改为晋宁。至隋省,开皇十一年又置,改为晋兴。"

4. 临武县(581—617)

《元和志》:"临武县,本汉旧县,因南临武溪水,以为名。历代属桂阳郡,后郡为郴州,县属不改。"

5. 南平县(581—588)

《元和志》蓝山县下:"本汉南平县,至隋废。"《寰宇记》蓝山县下:"本汉南平县,隋平陈,废此县。"

6. 卢阳县(581—617)

《元和志》:"本汉郴县地,至东晋分置汝城县,属桂阳郡。"《陈书》卷3《世祖纪》:"天嘉元年五月,改桂阳之汝成县为卢阳郡,隶东衡州。"《寰宇记》引《舆地志》:"陈卢阳郡领卢阳一县。"则陈时已改汝城县为卢阳县。

卢阳郡 (581—588)——卢阳县

《隋志》:"陈置卢阳郡,平陈,郡废。"《补陈志》卢阳郡属东衡州,领卢阳1县。

7. 平阳县(617)

《元和志》:"隋末萧铣分郴县置,武德因而不改。"《寰宇记》同。隋末萧铣置县,见于《元和志》、《寰宇记》等书,有平阳、义章、灌阳等县,皆云隋末置,唯《寰宇记》灌阳县下云"大业十三年置",则平阳、义章等县亦置于大业十三年。

8. 义章县(617)

《元和志》:"本汉郴县地,属郴州,隋末萧铣分置义章县,武德因之不改。"

以上所列,为郴州桂阳郡之政区沿革。开皇九年前此地未设州,有桂阳、卢阳2郡及所领数县,开皇九年始置郴州;大业三年改州为郡后,桂阳郡共领4县。兹列表195如下。

表195　郴州桂阳郡隋开皇元年、大业三年州郡县统辖关系表

	开　皇　元　年		小计		大　业　三　年
州	(西衡州)	(东衡州)		郡	桂阳郡
郡	桂阳郡	卢阳郡	2郡	县	郴县、晋兴县、临武县、卢阳县
县	郴县、便县、晋宁县、临武县、南平县	卢阳县			
小计	5县	1县	6县	小计	4县

第二十一节　永州零陵郡政区沿革

(一九五)永州零陵郡(589—606永州,607—617零陵郡)

《隋志》:"平陈初,置永州总管府。"又零陵县下:"大业初复置郡。"《元和志》:"汉武帝分置零陵郡。隋文帝开皇九年平陈,置永州,因水为名。大业三

年,复为零陵郡。"

1. 泉陵县(581—588 泉陵县,589—617 零陵县)

《隋志》:"零陵,旧曰泉陵。"《元和志》:"本汉泉陵县地,隋平陈,改为零陵县。"

零陵郡 (581—588)——泉陵县、零陵县、洮阳县、祁阳县、观阳县、应阳县、永昌县

《隋志》:"旧置零陵郡,平陈,郡废。"《补陈志》零陵郡属湘州,领泉陵、零陵、洮阳、祁阳、观阳、应阳、永昌7县。

2. 零陵县(581—588)

《隋志》湘源县下:"平陈,废洮阳、灌阳、零陵三县置湘源县。"《纪要》:"汉置零陵县,零陵郡治于此。建安中,孙吴移郡治泉陵。晋以后因之。或谓此为小零陵,对零陵郡而言也。"

3. 洮阳县(581—588 洮阳县,589—617 湘源县)

《隋志》:"湘源,平陈,废洮阳、灌阳、零陵三县置县。"《元和志》:"本汉洮阳县地,至隋改置湘源县,属永州。"

4. 祁阳县(581—588)

《隋志》零陵县下:"平陈,废祁阳县入焉。"《宋志》:"祁阳县,吴立,属零陵郡。"

5. 灌阳县(581—588,617)

《隋志》湘源县下:"平陈,废洮阳、灌阳、零陵三县置湘源县。"《宋志》作观阳,云吴立,属零陵郡。《杨考》:"按《晋》、《宋》、《齐志》、《水经注》俱作观阳,唐以后志俱作灌阳。"又《元和志》云:"大业末萧铣复析湘源置灌阳县。"宋本《寰宇记》亦云:"隋大业十三年萧铣析湘源置灌阳县。"则隋末又复此县也。

6. 应阳县(581—588)

《隋志》零陵县下:"平陈,废应阳县入焉。"《宋志》:"应阳县,晋惠帝分观阳立,属零陵郡。"

7. 永昌县(581—588)

《隋志》零陵县下:"平陈,废永昌县入焉。"《宋志》:"永昌县,吴立,属零陵郡。"

8. 营浦县(581—588 营浦县,589—617 永阳县)

《元和志》永明县下云:"本汉营浦阳,隋改为永阳。"《寰宇记》:"隋平陈,改营浦为永阳县。"

永阳郡 (581—588)——营浦县、营道县、泠道县、舂陵县

《隋志》:"梁置永阳郡,平陈,郡废。"《寰宇记》:"吴宝鼎元年分零陵北部为营阳郡,理营浦,梁天监十四年改郡为永阳。"《补陈志》永阳郡属湘州,领营浦、营道、永阳、泠道、舂陵5县。按永阳县即原营浦县,隋平陈后始改为永阳,此

前并无永阳县,故永阳郡只应领 4 县。

9. 营道县(581—617)

营道本汉县,《汉志》营道县属零陵郡。《旧唐志》云:"隋废泠道县,于故城内置营道县。"宋本《寰宇记》亦云:"本汉泠道县地,属零陵郡,今县东南四十里泠道故城即是。隋平陈,废入营道,自奔、巢二水口移汉营道县于此。"则隋时营道县迁于原泠道县治。

10. 泠道县(581—588)

《隋志》营道县下:"平陈,并泠道县入。"泠道亦本汉县,《汉志》泠道县亦属零陵郡。

11. 春陵县(581—588)

《隋志》营道县下:"平陈,并春陵县入。"《宋志》营阳郡春陵县下云:"前汉旧县,春陵侯徙国南阳,省。吴复立,属零陵。"

12. 谢沐县(581—588)

《隋志》永阳县下:"平陈,并谢沐县入焉。"《纪要》:"汉置谢沐县,属苍梧郡,后汉因之。三国吴改属临贺郡,晋以后因之,隋省。"《补陈志》亦以谢沐属临贺郡。

13. 冯乘县(581—617)

《元和志》:"汉冯乘县,故城在今江华县南七十里,至隋不改。"《纪要》:"汉冯乘县,三国吴属临贺郡,晋因之。宋属临庆郡,齐仍属临贺郡,梁陈因之,隋属永州。"《寰宇记》贺州富川县下云:"废冯乘县在州北一百二十里。汉旧县,属苍梧郡。隋大业二年隶零陵郡。"则此县大业二年前原属贺州,大业二年始改隶永州。

以上所列,为永州零陵郡之政区沿革。开皇九年前此地未设州,有零陵、永阳 2 郡,皆属湘州,至开皇九年始置永州;大业三年改州为郡后,零陵郡共领 5 县。兹列表 196 如下。

表 196　永州零陵郡隋开皇元年、大业三年州郡县统辖关系表

	开　皇　元　年			小计		大　业　三　年
州	（湘　州）				郡	零陵郡
郡	零陵郡	永阳郡	（临贺郡）	2 郡		零陵县、湘源县、永阳县、营道县、冯乘县
县	泉陵县、零陵县、洮阳县、祁阳县、灌阳县、应阳县、永昌县	营浦县、营道县、泠道县、春陵县	谢沐县、冯乘县		县	
小计	7 县	4 县	2 县	13 县	小计	5 县

第二十二节　连州熙平郡政区沿革

（一九六）连州熙平郡（590—606 连州，607—617 熙平郡）

《隋志》："平陈，置连州。"又桂阳县下："大业初置熙平郡。"《元和志》："隋文帝开皇十年置连州，因黄连岭为名。大业初改为熙平郡。"

1. 桂阳县（581—617）

《元和志》："桂阳县，本汉旧县，属桂阳郡。吴、宋、齐并属始兴郡，梁、陈属阳山郡，隋属连州。"按阳山郡治含洭县，见广州南海郡含洭县下。

2. 阳山县（581—617）

《元和志》："秦于此立阳山关，汉破南越以为县。梁天监六年置阳山郡，以县属焉。隋开皇十年属连州。"

3. 广德县（581—589 广德县，590—600 广泽县，601—617 连山县）

《隋志》："连山，梁置曰广德，隋改曰广泽，仁寿元年改名焉。"《元和志》："梁武帝分桂阳置广惠县，隋开皇十年改为广泽，属连州，仁寿元年改为连山。"县名二书记载不同，《杨考》以为当作"广惠"，今仍从《隋志》。

4. 梁乐县（581—597 梁乐县，598—617 宣乐县）

《隋志》："梁置，曰梁乐，开皇十八年改为宣乐。"

梁乐郡 （581—589）——梁乐县、游安县

《隋志》："梁置梁乐郡，平陈，郡废。"《补陈志》梁乐郡属西衡州，领梁乐 1 县。按有游安县，在今广东怀集县西，与此梁乐县相距较近，亦当属梁乐郡。《补陈志》以其属湘州乐梁郡，不确。《纪要》云乐梁郡领荡山县，不云领游安县。荡山县后废入富川，富川距游安较远，中间又隔越临贺郡，故不得同隶一郡。盖梁乐、乐梁二郡郡名相似，故易相混。

5. 游安县（581—617）

按《元和志》作洊安县，云萧齐置。《寰宇记》同。然《南齐志》无此县。《陈书》卷 36《始兴王叔陵传》有"陈智深以诛叔陵之功为巴陵内史，封游安县子"之语，今仍从《隋志》作游安县。《纪要》云："游安废县在阳山县西南，亦梁陈间置，隋属连州，大业末废。"

6. 熙平县（581—617）

《宋志》："熙平县，吴立，为尚安，晋武帝改。"《纪要》："吴置尚安县，属始安郡。晋太康初改曰熙平县，宋因之。齐置齐乐郡，梁、陈仍旧。隋平陈废郡，县属连州。"

齐乐郡(581—589)——熙平县、武化县

《隋志》:"旧置齐乐郡,平陈,郡废。"《补陈志》齐乐郡属桂州,领熙平、武化、观宁3县。按观宁县,《南齐志》齐乐郡领有此县,但《隋志》、《元和志》、《纪要》诸书均无此县沿革,盖梁、陈间已废,今不列。

7. 武化县(581—617)

《隋志》:"武化,梁置。"《纪要》:"又有武化废县,在连山县西南,亦梁置,隋属连州,大业末废。"

8. 兴安县(581—597 兴安县,598—617 桂岭县)

《隋志》:"桂岭,旧曰兴安,开皇十八年改名焉。"《宋志》:"兴安县,吴立曰建兴,晋武帝太康元年更名。"《纪要》:"晋太康初改曰兴安,仍属临贺郡,宋齐因之。隋初入贺州,寻属连州。"《补陈志》兴安属湘州临贺郡。

9. 开建县(581—614)

《宋志》:"开建县,文帝分封阳立。"《寰宇记》:"晋永嘉三年析置开建县,属南静郡,隋大业十一年因贼废。"

南静郡(581—589)——开建县

《隋志》:"梁置南静郡,平陈,郡废。"《补陈志》南静郡属静州,领开建1县。

以上所列,为连州熙平郡之政区沿革。开皇九年前此地未设州,开皇十年始置连州;大业三年改州为郡后,熙平郡共领9县。兹列表197如下。

表197 连州熙平郡隋开皇元年、大业三年州郡县统辖关系表

	开　皇　元　年					小计		大　业　三　年
州	(西衡州)	(桂州)		(湘州)	(静州)		郡	熙平郡
郡	(阳山郡)	梁乐郡	齐乐郡	(临贺郡)	南静郡	3郡		桂阳县、阳山县、连山县、宣乐县、游安县、熙平县、武化县、桂岭县、开建县
县	桂阳县 阳山县 广德县	梁乐县 游安县	熙平县 武化县	兴安县	开建县		县	
小计	3县	2县	2县	1县	1县	9县	小计	9县

附录　隋代州郡沿革表

公元	年号	1	2	3	4	5	6	7	8	9	10	11	12	13	14	15	16	17
581	开皇元年	雍州 宜州	华州 同州	岐州 陇州	泾州	邠州 宁州	敷州	绥州	延州 丹州		原州	夏州 长州	盐州	灵州			秦州	渭州 交州
582	二																	
583	三																	
584	四																	
585	五															丰州		
586	六														云州			
587	七																	
588	八																	
589	九																	
590	十																	
591	十一																	
592	十二																	
593	十三																	
594	十四																	
595	十五																	
596	十六																	
597	十七									弘州								交州
598	十八													环州	云州			纪州
599	十九														胜州			
600	二十																	
601	仁寿元年									庆州								
602	二																	
603	三																	
604	四																	
605	大业元年	雍州	同州	岐州	泾州	邠州	敷州	绥州	延州	庆州 弘州	原州	夏州 长州	盐州	灵州	胜州	丰州	秦州	渭州 纪州
606	二	京兆郡	冯翊郡	扶风郡	安定郡	北地郡	上郡	雕阴郡	延安郡	弘化郡	平凉郡	朔方郡	盐川郡	灵武郡	榆林郡	五原郡	天水郡	陇西郡
607	三																	
608	四																	
609	五																	
610	六																	
611	七																	
612	八																	
613	九																	
616	十二																	
617	十三	京兆郡	冯翊郡	扶风郡	安定郡	北地郡	上郡	雕阴郡	延安郡	弘化郡	平凉郡	朔方郡	盐川郡	灵武郡	榆林郡	五原郡	天水郡	陇西郡
序号		1	2	3	4	5	6	7	8	9	10	11	12	13	14	15	16	17

附录 隋代州郡沿革表

年代	18	19	20	21	22	23	24	25	26	27	28	29	30	31	32	33	34
581	兰州	河州	廓州	鄯州	凉州								梁州 洋州	集州 巴州 万州	金州	迁州 绥州	通州 井州 开州
589						甘州								巴州 万州		迁州	通州 井州
596																罗州 房州	通州
601										西海郡	河源郡					房州	
605						甘州	瓜州	鄯善郡	且末郡	西海郡	河源郡	伊吾郡	梁州 洋州	集州 巴州	金州	迁州 房州	通州 开州
617	金城郡	枹罕郡	浇河郡	西平郡	武威郡	张掖郡	敦煌郡	鄯善郡	且末郡	西海郡	河源郡	伊吾郡	汉川郡	清化郡	西城郡	房陵郡	通川郡
序号	18	19	20	21	22	23	24	25	26	27	28	29	30	31	32	33	34

年代	35	36	37	38	39	40	41	42	43	44	45	46	47	48	49	50	51
	渠州 邻州	成州	洮州 弘州	叠州	旭州 岷州	宕州	武州 文州	邓州 扶州	芳州	凤州 康州	兴州	利州 沙州	龙州	汶州 翼州	始州	潼州 新州	隆州 合州 洽州
581	渠州		洮州 弘州											汶州 翼州		潼州	隆州 遂州 合州
589								邓州 扶州						汶州		潼州 绵州	
596																新州 梓州	
601				洮州 叠州										汶州			
605	渠州	成州	洮州				武州	扶州	芳州	凤州 康州	兴州	利州 沙州	龙州	汶州 翼州	始州	梓州	隆州 遂州 洽州
	宕渠郡	汉阳郡	临洮郡	宕昌郡		同昌郡	武都郡			河池郡		义城郡	平武郡	汉山郡	普安郡	新城郡 金山郡	巴西郡 遂宁郡 洛陵郡
617	宕渠郡	汉阳郡	临洮郡	宕昌郡		同昌郡	武都郡			河池郡		义城郡	平武郡	汉山郡	普安郡	金山郡 新城郡	巴西郡 遂宁郡 洛陵郡

附录　隋代州郡沿革表

年份	52	53	54	55	56	57	58	59	60	61	62	63	64
581	渝州	信州／南州／南州／信州／信州	益州	眉州	邛州／黎州	陵州	资州／普州	泸州	南宁州？	西宁州	洋州	黔州	
589		庸州			邛州／黎州／邛州				恭州　昆州　钐州		南寿州		
596									戎州　训州	西宁州　嶲州			
601			潨州／简州／简州／剑州	眉州	邛州／雅州	雅州			戎州	嶲州　登州			
605	渝州	信州	蜀郡	眉山郡	临邛郡	隆山郡	资州／资阳郡	泸州／泸川郡	南宁州　恭州　昆州　钐州／犍为郡	嶲州／越嶲郡	洋州／南寿州／牂柯郡	黔州／黔安郡	明阳郡
617	巴郡	巴东郡	蜀郡	眉山郡	临邛郡	隆山郡	资阳郡	泸川郡	犍为郡	越嶲郡	牂柯郡	黔安郡	明阳郡
序号	52	53	54	55	56	57	58	59	60	61	62	63	64

序号	65	66	67	68	69	70	71	72	73	74
581	洛州 嵩州 陕州 熊州 和州 郑州	汴州 曹州		亳州 谯州	广州 许州		陕州	慶州 渚州 湘州 潭州 息州	永州 純州	淮州 废州 鄭州 澶州 潘州 滕州
589	嵩州 谷州			伊州				慶州 漅州	永州 純州 纯州	淮州 显州
596		晋州	戴州	宋州 杞州					舒州	
601						道州 洧州	沈州			
605	洛州 嵩州 谷州 洛州	陕州 熊州 和州 郑州	汴州 曹州	宋州	亳州 谯州	广州 许州 伊州 汝州	道州 洧州 许州	陕州 沈州	滕州 慶州 息州 舒州	显州
	洛阳郡 河南郡	荥阳郡	济阴郡	梁郡	谯郡	襄城郡	颍川郡	淮阳郡	滕州 汝南郡	淮安郡
617	河南郡	荥阳郡	济阴郡	梁郡	谯郡	襄城郡	颍川郡	淮阳郡	汝南郡	淮安郡

附录 隋代州郡沿革表

年份	75	76	77	78	79	80	81	82	83	84	85	86	87	88	89	90	91	92	93
581	鄀州	上洛	东义州	丰州 均州	荆州 邓州	黎州	杞州		济州 屯州	魏州 屯州	沧州			贝州	相州	卫州 黎州	怀州	泽州	
589		商州	魏州	均州	荆州 邓州		杞州		济州	魏州	棣州					卫州	殷州		韩州
596						溴州	杞州	郓州	济州	魏州 博州	博州	德州 观州	冀州		慈州	卫州 黎州	殷州		
601						清州													
605				均州 淅州	邓州	清州	郓州 濮州	郓州	济州	魏州	沧州 辛州	德州 观州	冀州	贝州	相州 岩州	卫州 黎州	怀州 殷州	泽州	沁州 韩州 潞州
617	汉阳郡	上洛郡	弘农郡	淅阳郡	南阳郡 淯阳郡	南阳郡	东郡	东平郡	济北郡	武阳郡	渤海郡	平原郡	信都郡	清河郡	魏郡	汲郡	河内郡	长平郡	上党郡
序号	75	76	77	78	79	80	81	82	83	84	85	86	87	88	89	90	91	92	93

序号	94	95	96	97	98	99	100	101	102	103	104	105	106	107	108	109	110	111	112	113	114
581	蒲州/虞州/蒲州	绛州	晋州	南汾州	汾州	介州	石州	肆州/蔚州/代州	朔州			井州		洺州	赵州	恒州	定州		瀛州	幽州/燕州	易州
589													辽州		廉州						
596	蒲州/虞州			汾州/耿州/吕州	汾州/耿州					云州	忻州										
601																					
605	蒲州/河东郡	绛州/绛郡	晋州/临汾郡	汾州/文城郡	隰州/龙泉郡	介州/西河郡	石州/离石郡	代州/蔚州/雁门郡	朔州/马邑郡	云州/定襄郡	忻州/楼烦郡	并州/辽州/太原郡	邢州/襄国郡	洺州/武安郡	赵州/赵郡	恒州/恒山郡	定州/博陵郡	深州	瀛州/河间郡	幽州/燕州/涿郡	易州/上谷郡
617	河东郡	绛郡	临汾郡	文城郡	龙泉郡	西河郡	离石郡	雁门郡	马邑郡	定襄郡	楼烦郡	太原郡	襄国郡	武安郡	赵郡	恒山郡/恒山郡/恒山郡 燕郡	博陵郡/高阳郡/高阳郡	高阳郡	河间郡	涿郡	上谷郡

附录 隋代州郡沿革表

序号	115	116	117	118	119	120	121	122	123	124	125	126	127	128	129	130	131	132	133
581	玄州	玄州	平州	营州				青州 潍州 齐州	齐州	光州 莱州		徐州 睢州 仁州	兖州	沂州 营州	海州	泗州 沭州	扬州 楚州 滁州 扬州 兖州 徐州 和州 永州 方州	西楚州	扬州
589		玄州									胶州 密州	徐州 睢州					扬州	滁州	扬州 寿州
596										牟州		鄯州	泰州				隋州		
601																泗州 沭州 泗州			
605		檀州						青州 淄州 淄州 莱州 牟州	齐州	莱州	密州	徐州	鲁州	沂州 营州	海州	泗州	邗州 扬州 楚州 滁州 扬州 方州		寿州
617	渔阳郡	安乐郡	北平郡	柳城郡	辽西郡	辽东郡	襄平郡	北海郡	齐郡	东莱郡	高密郡	彭城郡	鲁郡	琅邪郡	东海郡	下邳郡	江都郡	钟离郡	淮南郡
序号	115	116	117	118	119	120	121	122	123	124	125	126	127	128	129	130	131	132	133

年份	光州	南郢州	南建州	涢州	鄀州	义州	晋州	庐州	霍州	和州	硖州	复州	鄣州	江州	施州	业州	襄州	昌州	湖州	蔡州	隋州	土州	唐州	顺州	安州	温州	应州	衡州	巴州	黄州	北江州	南定州
581	光州	南郢州	南建州	涢州	鄀州	义州	晋州	庐州	霍州	和州	硖州	复州	鄀州	江州	施州	业州	襄州	昌州	湖州	蔡州	隋州	土州	唐州	顺州	安州	温州	应州	衡州	巴州	黄州	北江州	南定州
	光州				鄀州		熙州	霍州																						黄州		
589																																
596														江州																		
														津州																		
601																			湖州													
																			升州													
605	光州				鄀州	蕲州	熙州	庐州		和州	硖州	复州	鄀州	庸州	施州	业州	襄州	昌州	升州	蔡州	隋州	土州	唐州	顺州	安州	温州	应州					
	弋阳郡				蕲春郡	同安郡	庐江郡		历阳郡	夷陵郡	沔阳郡		清江郡		襄阳郡	春陵郡		汉东郡		安陆郡		安阳郡			永安郡						
617	弋阳郡				蕲春郡	同安郡	庐江郡		历阳郡	夷陵郡	沔阳郡		清江郡		襄阳郡	春陵郡		汉东郡		安陆郡					永安郡						

附录 隋代州郡沿革表

原属	原属后梁郢州	原属后梁鄀州	原属后梁平州	原属陈扬州	原属陈北江州	原属陈南徐州	原为吴州地	原属陈东扬州	原属陈东扬州	原属陈东扬州	原属陈东扬州	原属陈东扬州	原属陈东扬州	原属陈丰州	原属陈东扬州	原为陈江州地	原为陈江州及丰州地	原为陈江州地	原为陈江州地	原为陈江州地	原为陈江州地
581	申州	郢州	玉州		蒋州	宣州	常州	苏州	吴州	杭州	歙州	婺州	处州	泉州		饶州	抚州	吉州	虔州		洪州
589	申州		玉州→荆州	松州					吴州→湖州				括州								
596		鄀州→基州	荆州	松州				苏州/吴州/湖州							睦州						
601	申州		荆州																		
605	义州	基州	南郡					吴州	越州	杭州	歙州	婺州	括州	闽州	睦州						
617 郡名	义阳郡	竟陵郡	南郡	丹阳郡	丹阳郡	宣城郡	毗陵郡	吴郡	会稽郡	余杭郡	新安郡	东阳郡	永嘉郡	建安郡	遂安郡	鄱阳郡	临川郡	庐陵郡	南康郡	宜春郡	豫章郡
序号	147	148	149	150		151	152	153	154	155	156	157	158	159	160	161	162	163	164	165	166

原属/原为	589	596	601	605	617	郡	序号
（原属陈为广州）	广州	广州			番州	南海郡	167
（原属陈为东衡州）	韶州	韶州					
（原属陈为西衡州）	西衡州	洭州		洭州			
（原为陈新州地）		允州、冈州					
（原属陈为新州）	新州	封州			新州	信安郡	168
（原为陈广州及新州地）		端州			端州		
（原属陈为广州地）		循州			循州	龙川郡	169
（原为陈广州地）		潮州			潮州	义安郡	170
（原属陈为高州）	高州				高州	高凉郡	171
（原属陈为罗州）	罗州				罗州		
（原属陈为泷州）	泷州				泷州	永熙郡	172
（原属陈为建州）	建州				建州		
（原属陈为成州）	成州	封州			封州	苍梧郡	173
（原为陈桂州、龙州及湘州地）				桂州	桂州		
（原属陈为东宁州）	东宁州		东宁州		融州	融州	
（原为陈桂州地）	贺州				贺州	始安郡	174
（原为陈桂州地）			象州		象州		
（原属陈为静州）	静州				静州		
（原属陈为湘州）	湘州	湘州、建州			湘州	长沙郡	175
（原属陈为湘州地）	建州	建州					
（原属陈为石州）	藤州				藤州	永平郡	176
（原属陈为南定州）	南定州、尹州				尹州	郁林郡	177
（原为陈南定州及桂州地）		简州			绿州		
（原属陈为越州）	越州				越州	合浦郡	178
（原属陈为合州）	合州				合州		
（原属陈为崖州）	崖州				崖州	珠崖郡	179
（原为陈崖州地）						儋耳郡	180
（原为陈崖州地）						临振郡	181

附录　隋代州郡沿革表

序号	182	183	184	185	186	187	188	189	190	191	192	193	194	195	196	197	198
617	宁越郡	交趾郡	九真郡	日南郡	比景郡	海阴郡	林邑郡	沅陵郡	武陵郡	九江郡	江夏郡	澧阳郡	巴陵郡	衡山郡	桂阳郡	零陵郡	熙平郡
605	钦州	交州	峰州	驩州	汤州	农州	冲州	辰州	朗州	江州	鄂州	澧州	罗州	衡州	郴州	永州	连州
601	钦州	玉州	峰州	驩州								崇州	岳州				
596	安州 / 钦州	黄州 / 玉州	兴州 / 峰州	德州 / 驩州				寿州 / 充州				衡州 / 崇州					
589	安州	黄州	兴州	德州	利州	明州		辰州	嵩州 / 朗州	江州	鄂州	松州 / 澧州	岳州 / 玉州	衡州	郴州	永州	连州
备注	原属陈，为安州	原属陈，为交州	原属陈，为兴州	原属陈，为德州	原属陈，为明州	原为林邑地	原为林邑地	原属陈，为武州	原属陈，为武州	原属陈，为江州	原属陈，为鄂州	原属陈，为武州	原属陈，为巴州	原属陈，为湘州及罗州地	原属陈，为湘州	原属陈，为湘州及西衡州地	原属陈，为桂州（湘州及西衡州地）

主要参考文献

"二十四史",中华书局点校本。
郦道元:《水经注》,上海人民出版社,1984年。
杜佑:《通典》,中华书局,1988年。
李吉甫:《元和郡县志》,中华书局,1983年。
司马光等:《资治通鉴》,中华书局,1956年。
乐史:《太平寰宇记》,清光绪八年金陵书局本。
欧阳忞:《舆地广记》,清光绪六年金陵书局本。
王象之:《舆地纪胜》,中华书局,1992年。
顾祖禹:《读史方舆纪要》,中华书局,1955年。
穆彰阿等:《嘉庆重修一统志》,商务印书馆《四部丛刊》续编本,1936年。
钱大昕:《廿二史考异》,江苏古籍出版社,1997年。
杨守敬:《隋书地理志考证附补遗》,湖北人民出版社,1997年。
臧励龢:《补陈疆域志》,二十五史补编本(第四册),中华书局,1955年。
王仲荦:《北周地理志》,中华书局,1980年。
谭其骧:《中国历史地图集》,中国地图出版社,1982—1987年。
谭其骧:《长水集》,人民出版社,1987年。

图书在版编目(CIP)数据

中国行政区划通史·隋代卷/周振鹤主编;施和金著.—2版.—上海:复旦大学出版社,2017.9
(2021.11重印)
ISBN 978-7-309-12697-6

Ⅰ.中… Ⅱ.①周…②施… Ⅲ.①政区沿革-历史-中国
②政区沿革-历史-中国-隋代 Ⅳ.K928.2

中国版本图书馆 CIP 数据核字(2016)第 283035 号

中国行政区划通史·隋代卷(第二版)
周振鹤　主编　施和金　著
出　品　人/严　峰
责任编辑/宋文涛

复旦大学出版社有限公司出版发行
上海市国权路 579 号　邮编:200433
网址:fupnet@fudanpress.com　http://www.fudanpress.com
门市零售:86-21-65102580　团体订购:86-21-65104505
出版部电话:86-21-65642845
浙江新华数码印务有限公司

开本 787×1092　1/16　印张 36.75　字数 608 千
2021 年 11 月第 2 版第 2 次印刷

ISBN 978-7-309-12697-6/K·597
定价:100.00 元

如有印装质量问题,请向复旦大学出版社有限公司出版部调换。
版权所有　侵权必究